SPEKTRUM
Berliner Reihe zu Gesellschaft, Wirtschaft und
Politik in Entwicklungsländern · ISSN 0176-277 X

Herausgegeben von

Prof. Dr. Volker Lühr
Freie Universität Berlin · Lateinamerika-Institut
Rüdesheimer Straße 54-56 · 1000 Berlin 33
Telefon (0 30) 8 38 55 74 oder 8 38 30 72

Prof. Dr. Manfred Schulz
Freie Universität Berlin · Institut für Soziologie
Babelsberger Straße 14-16 · 1000 Berlin 31
Telefon (0 30) 85 00 22 71 oder 85 00 22 74

Prof. Dr. Georg Elwert
Freie Universität Berlin · Institut für Ethnologie
Drosselweg 1-3 · 1000 Berlin 33
Telefon (0 30) 8 38 67 25

Erscheint in unregelmäßiger Folge. Für unverlangt
zugesandte Manuskripte keine Gewähr.

SPEKTRUM
Berliner Reihe zu Gesellschaft, Wirtschaft und Politik in Entwicklungsländern

Herausgegeben von
Prof. Dr. Volker Lühr, Prof. Dr. Manfred Schulz und Prof. Dr. Georg Elwert

Band 24

Gudrun Lachenmann

Ökologische Krise und sozialer Wandel in afrikanischen Ländern

Handlungsrationalität der Bevölkerung und Anpassungsstrategien in der Entwicklungspolitik.
Mit einer empirischen Studie über Mali.

Verlag **breitenbach** Publishers
Saarbrücken · Fort Lauderdale 1990

CIP-Titelaufnahme der Deutschen Bibliothek

Lachenmann, Gudrun:
Ökologische Krise und sozialer Wandel in afrikanischen Ländern: Handlungsrationalität der Bevölkerung und Anpassungsstrategien in der Entwicklungspolitik; mit einer empirischen Studie über Mali / Gudrun Lachenmann. – Saarbrücken; Fort Lauderdale: Breitenbach, 1989.

(Spektrum; Bd. 24)
Zugl.: Berlin, Freie Univ., Habil.-Schr., 1989
ISBN 3-88156-463-2

NE: GT

ISBN 3-88156-463-2

(c) 1990 by Verlag **breitenbach** Publishers
Memeler Straße 50, D-6600 Saarbrücken, Germany
P.O.B. 16243 Fort Lauderdale, Fla. 33318-6243, USA

Printed by arco-druck, Hallstadt

Grobgliederung

	Seite

Kap. A: Problemstellung und methodologische Orientierungen — 1

    I   Problemstellung: Verlust der Überlebenssicherung — 1

    II   Methodologische Aspekte — 10

Kap. B: Ökologischer und sozio-ökonomischer Wandel — 59

    III   Dynamik des ökologischen und sozio-ökonomischen Wandels — 59

    IV   Handlungsrationalität — 119

    V   Die mittlere Ebene der sozialen Organisation — 173

    VI   Staat und Entwicklungspolitik — 196

    VII   Strategien angepaßter Entwicklung — 230

Kap. C: Empirie: Das Beispiel Mali — 300

    VIII   Destabilisierung und soziale Organisation in Mali — 300

    IX   Folgen der Entwicklungspolitik und Überlebensstrategien in der Zone Lacustre — 349

Kap. D: Ausblick: Internationale Krisenbewältigung — 410

    X   Die gesellschaftlichen Bedingungen der "Strukturanpassungspolitik" — 410

Statistischer Anhang und Karten — 481

Literaturverzeichnis — 491

Inhaltsverzeichnis

Seite

Kap. A: Problemstellung und methodologische Orientierungen   1

Teil I: Problemstellung: Verlust der Überlebenssicherung   1

Teil II: Methodologische Aspekte   10

1 Methodologische Weiterführung entwicklungstheoretischer Erklärungsansätze   10

2 Grundzüge eines handlungstheoretischen Ansatzes und Fragestellungen der vorliegenden Arbeit   21

3 Schwächen des entwicklungspolitischen Diskurses   27

    3.1 Alltagstheorien in der Entwicklungspolitik   27
    3.2 Das Beispiel der Frauenförderung   36
    3.3 Eine mögliche Rolle für die Sozialwissenschaften in der Entwicklungszusammenarbeit   47

Kap. B: Ökologischer und sozio-ökonomischer Wandel   59

Teil III: Dynamik des ökologischen und sozio-ökonomischen Wandels   59

1 Ökologische Degradation   59

    1.1 Die Sahelproblematik   59
    1.2 Desertifikation: "Man-made desert"   63
    1.3 Ökosystem ohne den Menschen? Der Beitrag eines sozialwissenschaftlichen Erklärungsansatzes   70
    1.4 Sozialstruktureller Ansatz   78
    1.5 Aufbrechen der nomadischen Lebensweise und Konflikt mit den Ackerbauern   83
    1.6 Ökologisch belastende sozio-ökonomische Prozesse   90

2 Destabilisierung der ländlichen Produktions- und Sozialsysteme   99

    2.1 Marginalisierung durch Integration   99
    2.2 Destabilisierungsprozesse   107

Teil IV: Handlungsrationalität   119

1 Die Handlungsrationalität der bäuerlichen Produzenten   119

2 Die ökologische Handlungsrationalität 133

  2.1 Die ökologische Handlungsrationalität der Bauern 133
  2.2 Die Umweltbeziehung und Handlungsrationalität in den traditionalen Viehhaltersystemen - "cattle complex" 150

3 Die technologische Handlungsrationalität 162

Teil V: Die mittlere Ebene der sozialen Organisation 173

1 Die institutionelle Regelung der Landnutzungsrechte - "The tragedy of the commons" (Hardin) 173

2 Die soziale Organisation der Agrarproduzenten - "The uncaptured peasantry" (Hyden) 187

Teil VI: Staat und Entwicklungspolitik 196

1 Staat und Gegenbewegungen 196

2 Folgen der Entwicklungspolitik 200

  2.1 Wirkungslosigkeit der staatlichen Entwicklungspolitik - "Le développement n'a pas de mémoire" 200
  2.2 Ökologisch schädliche Wirkungen der Entwicklungspolitik 210
  2.3 Erfolglosigkeit von Programmen der kontrollierten Vieh- und Weidewirtschaft 216

Teil VII: Strategien angepaßter Entwicklung 230

1 Stand der internationalen Anstrengungen zur Bewältigung der Sahelproblematik 230

2 Umorientierung der Entwicklungskonzepte im Hinblick auf Partizipation und Ressourcenschutz 234

3 Erfahrungen mit ökologisch orientierten Entwicklungsansätzen 241

  3.1 Agroforstwirtschaft 241
  3.2 Kontrollierte Weidewirtschaft und Agropastoralismus 246
  3.3 Ökologischer Landbau 249

4 Kritik der Ökoentwicklungskonzepte 255

  4.1 Handlungsfreiheit und Wandel der Subsistenzwirtschaft 256
  4.2 Die soziale Organisation und Vergesellschaftung 265
  4.3 Staat und neue Technologien 270

5　Perspektiven: Eigenständiger sozialer Wandel　　　　　275

　　5.1　Stärkung der Handlungsautonomie　　　　　　　　277
　　5.2　Institutionalisierung des sozialen Wandels　　281
　　5.3　Eigenständiger technologischer Wandel　　　　　287
　　5.4　Struktureller Ansatz　　　　　　　　　　　　　　289

Kap. C: Empirie: Das Beispiel Mali　　　　　　　　　300

Teil VIII: Destabilisierung und soziale Organisation in Mali　　　　　　　　　　　　　　　　　　　　　300

1　Umsetzungsprobleme der Entwicklungspolitik　　　　　300

2　Sozialstruktur und 'Blockade' des politischen Prozesses　　　　　　　　　　　　　　　　　　　　　　　312

3　Destabilisierung der ländlichen Produktions- und Sozialsysteme in Mali　　　　　　　　　　　　　　　319

4　Nomaden- und Ökologiepolitik　　　　　　　　　　　　325

5　Konzeptionen und Institutionen der ländlichen Entwicklung　　　　　　　　　　　　　　　　　　　　　　332

6　Das Beispiel des Office du Niger (ON)　　　　　　　338

7　Organisationsformen an der Basis　　　　　　　　　344

Teil IX: Folgen der Entwicklungspolitik und Überlebensstrategien in der Zone Lacustre　　　　349

Exkurs: Methodisches Vorgehen　　　　　　　　　　　　349

1　Sozialer Wandel in der Zone Lacustre　　　　　　　359

2　"On partage" (wir teilen)　　　　　　　　　　　　　368

3　"On va chercher à manger" (wir besorgen etwas zu essen)　　　　　　　　　　373

4　"Les femmes portent la charge" (die Frauen tragen die Last)　　　　　　　　　　375

5　"Ils ont amené de l'argent dans le village" (sie brachten Geld ins Dorf)　　　　　　　　　　384

6　"J'ai corrompu les gens" (ich habe die Leute bestochen)　　　　　　　　387

7 "Nous sommes tous des Bella"   389
   (wir sind alle Hintersassen der Tuareg)

8 "Nous avons besoin du nomade moderne"   394
   (wir brauchen den modernen Nomaden)

9 "Il y a encore un peu de tout"   398
   (es gibt noch von allem etwas)

10 "Nous n'avons pas les forces"   402
   (wir haben nicht die Kraft)

11 "Il faut les rappeler à l'ordre"   403
   (man muβ sie zur Ordnung rufen)

Kap. D: Ausblick: Internationale Krisenbewältigung   410

Teil X: Die gesellschaftlichen Bedingungen der "Strukturanpassungspolitik"   410

1 Problemstellung: fehlende Verankerung der Strukturanpassungspolitik bei der Bevölkerung   410

2 Grundprinzipien der Strukturanpassungsmaβnahmen und ihre methodische Erfassung   414

3 "Eine gerechte Verteilung der sozialen Kosten"   420

4 "Weniger Staat"   428

   4.1 Staatseinnahmen und Akkumulationsmodell   429
   4.2 Personalkürzungen und Ineffizienz   431
   4.3 Faktor Arbeitskraft   434
   4.4 Ökonomische und soziale Verflechtung des Staatsapparats   436
   4.5 'Urbane' Schichten in der Landwirtschaft   438
   4.6 Kürzung im Dienstleistungsbereich   441
   4.7 Verlust der entwicklungspolitischen Gestaltungskraft   445

5 "Get prices right"   448

6 Ernährungssicherung   453

7 Politische Dimensionen   459

   7.1 Fehlen eines politischen Aushandlungsprozesses   460
   7.2 Gefährdung der politischen Stabilität   464
   7.3 Erfahrungen und Abbrüche   467

8 Die afrikanische Sichtweise   471

9 Schlußbemerkung: Destabilisierung der Gesellschaften
   als Chance für eine radikale Strukturveränderung?   477

Statistischer Anhang und Landkarten   481

Tabelle 1: Kernindikatoren zum Entwicklungsstand in
            Schwarzafrika und im Sahel   483

Tabelle 2: Getreideproduktion und Nahrungshilfe in eini-
            gen Sahel-Ländern, 1964 - 1985, in 1.000 t   484

Tabelle 3: Entwicklung der Agrar- und Nahrungsmittel-
            produktion pro Kopf (in % p.a.)   485

Tabelle 4: Indikatoren des sozialen Entwicklungsstands
            im Sahel   486

Karte 1:   Die Sahelländer   487

Karte 2:   Mali   488

Karte 3:   Dorfstudien in der Zone Lacustre   489

Literaturverzeichnis   491

Kap. A: Problemstellung und methodologische Orientierung

Teil I: Problemstellung: Verlust der Überlebenssicherung

Die ökologische und wirtschaftliche Krise in Afrika südlich der Sahara ist auch eine Krise der Gesellschaft. Sie hat in den Ländern des Sahel zu einem Zusammenbruch der Nahrungsmittelversorgung sowie einem rapiden Fortschreiten der Desertifikation geführt und macht sich angesichts von Trockenheit, Bevölkerungsdruck und fehlender Produktivitäts- und Technologieentwicklung auch in den übrigen afrikanischen Ländern immer stärker in Form einer Zerstörung des natürlichen Potentials und Verschlechterung des Lebensstandards bemerkbar. Die Krise der Länder Afrikas südlich der Sahara[1] ist dadurch gekennzeichnet, daß es nicht nur <u>nicht</u> zu wirtschaftlichem Wachstum durch Produktivitätserhöhung kommt, sondern

- die Nahrungsmittelproduktion zurückgeht;

- keine technologische Entwicklung stattfindet;

- sich die Umweltproblematik rapide verschärft (Desertifikation).

D.h., daß insgesamt das Überleben aus eigener Kraft nicht mehr gesichert ist.

Meine These ist, daß die Krise dadurch verursacht ist, daß kein eigenständiger sozialer Wandel stattfinden kann. Im Gegenteil, durch Prozesse der sozialen Differenzierung und ökonomischen Veränderung - einschließlich des Technologietransfers - wird die Logik der traditionellen Produktions- und Sozialsysteme aufgebro-

---

[1] Siehe statistischer Anhang, S. 481 ff.

chen, es kommt zu einer Destabilisierung, zu einer zunehmenden Unsicherheit und Zerstörung ihrer Existenzgrundlage. Aufgrund dessen ist der Handlungsspielraum der Bevölkerung so gering geworden, daß sie das Risiko von außen an sie herangetragener technischer Neuerungen nicht eingehen und ökologische Gesichtspunkte nicht mehr in Betracht ziehen kann.

Von der internationalen Gemeinschaft werden folgende Lösungsansätze vertreten:

- der allgemein als Strukturverzerrung diagnostizierten Problematik (die allerdings nach sehr unterschiedlichen theoretischen Konzepten analysiert wird - z.B. als "urban bias"[2]) soll mit Strukturanpassungsprogrammen auf der makroökonomischen Ebene begegnet werden,

- es wurden Ernährungssicherungsprogramme in konzertierter Aktion verschiedener Geber erarbeitet,

- nach der großen Saheldürre Anfang der 70er Jahre wurden konzertierte Aktionen zur Bekämpfung der Desertifikation propagiert, die nach der neuerlichen Dürre 1982 - 1984 angesichts der Wirkungslosigkeit etwas zurückgedrängt wurden.

Implizit liegen diesen Strategien folgende Erklärungsansätze und Annahmen zugrunde:

- der Rückgang der Nahrungsmittelproduktion sei eine Frage der Wirtschaftsordnung; bei Liberalisierung des Marktes, d.h. Zurückschrauben der Staatstätigkeit und Schaffung von Preisanreizen, würde die Marktproduktion sich erhöhen,

----

[2] Vgl. M. Lipton, 1977, 1984

- die Ernährungsproblematik sei eine quantitative Frage der nationalen Autonomie und Sicherheit (nationale Reservehaltung),

- die Desertifikation sei verursacht durch Bevölkerungswachstum und Landknappheit, unangepaßte Landnutzungssysteme sowie eine Verschlechterung der natürlichen Bedingungen.

Dabei werden nicht berücksichtigt

- die besondere Rationalität der Subsistenzwirtschaft in ihrer sozialen Einbindung,

- die Sicherheit der Nahrungsmittelversorgung und der Existenzgrundlage an der Basis,

- die sozio-ökonomischen Prozesse, die den auslösenden Faktoren der Übernutzung, -weidung, -abholzung zugrundeliegen.

Das Problem ist nicht nur, daß die Masse der Bevölkerung bisher nicht in den Entwicklungsprozeß einbezogen wurde, sondern daß Ressourcen von der Basis abfließen und sich aufgrund dieses Verflechtungsmechanismus die Lage zunehmend verschlechtert. Entscheidend ist nicht nur die absolute Armut, sondern die zunehmende Verarmung, die Prozesse, die zu wachsender Unsicherheit aufgrund der Strukturverzerrungen führen. Es kommt zu einer Destabilisierung der ländlichen Produktions- und Sozialsysteme. Das sozialstrukturelle Problem, dem in der Entwicklungspolitik viel zu wenig Aufmerksamkeit gewidmet wurde, ist der Verlust der Sicherheit, der Flexibilität und der Autonomie der Bevölkerung. Deswegen geht die Nahrungsmittelproduktion zurück, die Anfälligkeit für Dürre steigt, die Übernutzung der natürlichen Ressourcen nimmt zu, und es findet keine technologische Entwicklung statt. Die hierfür notwendige Kompetenz auf der mittleren Ebene der sozialen Organisation ist gar nicht vorhanden, insbesondere weil die früheren sozialen Regelungen des Ressourcenzugangs nicht mehr gelten und legitime andere nicht an ihrer Stelle getreten sind. Aufgrund der entstehenden Klientelbeziehungen ist weder Ressourcenschonung notwendig, noch kann eine dynamische Produktivkraftentwicklung eintreten. Der Staat ist aufgrund seiner ressourcenabschöpfenden und bürokratischen Herrschaftsausübung weder in der Lage, eine ökologisch sinnvolle Agrartechnik zu fördern, noch eine umfassende Ökologiepolitik voranzutreiben.

Hauptaufgabe muß sein, diese Prozesse aufzuhalten, weswegen es zunächst viel mehr um Stabilisierung als um Wachstum geht. Den mit der internationalen Gemeinschaft ausgehandelten und durchzuführenden Stabilisierungs- und Strukturanpassungsprogrammen fehlt die Verankerung in der Gesellschaft, um wirksam zu sein, jedoch sind die maßgeblichen strukturellen Voraussetzungen und Konzepte dazu nicht vorhanden. Die Bevölkerung hat keinen Spielraum für eigenständiges Handeln. Es fehlen die Vermittlungsstrukturen für die Reformanstrengungen zwischen Makro- und Mikroebene, sichere und angepaßte Konzepte einer ökologisch fundierten Produktionsverbesserung sowie die Unterstützung der erforderlichen sozialen Organisation an der Basis.

Eine sozialstrukturelle Analyse zur Erfassung dieser Voraussetzungen fehlt bisher bei der Diskussion der Konzeption und der Einschätzung der Folgen der derzeit in Angriff genommenen Austeritäts- und Strukturanpassungspolitikmaßnahmen.[3] Die Diskussion beschränkt sich auf die - zweifellos sehr wichtigen - unmittelbaren sozialen Folgen für die Lebenssituation und die relative Benachteiligung der größeren, ärmeren Teile der Bevölkerung. In der Diagnose der Strukturprobleme Afrikas und den daraus abgeleiteten Maßnahmen wird kein Dissens gesehen. Dies bedeutet jedoch, daß auch die Logik der Wachstumsrezepte akzeptiert wird und von einer - in der Entwicklungspolitik bereits früher kritisierten -

---

[3] P. Hugon spricht von dem "le non dit des structures sociales et politiques", 1986, S. 3.

automatischen oder voluntaristischen Umverteilungs- und kompensatorischen Sozialpolitik ausgegangen wird, die mit wirtschaftlichem Wachstum einhergehen soll. Weder wird in einer Gesellschaftsanalyse aufgezeigt, welche strukturellen Verzerrungen zu einer grundsätzlichen Benachteiligung bestimmter Personengruppen führen, noch wird in Betracht gezogen, daß die vorgeschlagenen Anpassungsmaßnahmen zu einer tiefgreifenden sozialen Scherenentwicklung führen müssen. Es wird höchstens nach sozialen Kompensationsmaßnahmen gerufen.

Zunächst geht es also um die Frage, warum die afrikanischen Dorfgemeinschaften ihre Fähigkeit verloren haben, ihre Mitglieder ausreichend zu ernähren, darüber hinaus Arbeitskräfte und Kapital für die 'moderne' Wirtschaft bereitzustellen sowie die zurückkehrenden kranken, invaliden, alten Arbeitskräfte zu versorgen. Denn sie hatten bisher nicht nur das eigene Überleben sichergestellt, sondern als soziale Sicherung und Ressourcenquelle für die gesamte Wirtschaft und Gesellschaft fungiert.

Die afrikanischen Dorfgemeinschaften haben in ihrer bewegten Geschichte vielen Stürmen standgehalten und extreme Situationen bewältigt, waren diese nun durch äußere Einflüsse oder innere Auseinandersetzungen und Katastrophen verursacht: Völkerwanderungen, Fernhandel, Sklaverei, Missionierung, Kolonisierung und nationale Staatenbildung. Sie können zwar in dem Sinne als statische Gesellschaften bezeichnet werden, als sie keine ökonomische Wachstumsdynamik aufweisen, aber gerade deswegen konnten sie diesen Einflüssen widerstehen und externe Elemente integrieren und haben relativ unbeschadet überlebt. Damit ist nicht gesagt, daß es die "traditionelle Gemeinschaft" im herkömmlichen Sinne noch gibt, denn es besteht eine klare Hierarchie und Abhängigkeit der ländlichen Gesellschaft von den 'modernen' Strukturen.

Seit Sahel-Dürre und Ölkrise bzw. internationaler Wirtschaftsrezession in den 70er Jahren scheint die afrikanische Bevölkerung nun plötzlich diese einzigartige Fähigkeit zum Überleben verloren zu haben, sie ist im Rahmen des Kampfes gegen den Hunger in der Welt zum Adressaten internationaler Bemühungen und Nahrungshilfe geworden. Warum rückt sie plötzlich ins Licht der Öffentlichkeit, was hat sich an ihrer Existenz geändert? Ist sie einfach zu schnell gewachsen?

Wahrscheinlich konnte bisher von einer Gleichgewichtssituation ausgegangen werden, wenn auch bei meist stagnierender Produktion und auf niedrigem Niveau; die Produktionssteigerungen wurden entweder durch zusätzliche Landbebauung oder in 'modernen' Betriebssystemen, d.h. vor allem Plantagen und Großbetrieben, erwirtschaftet. Jetzt ist offensichtlich, daß dieses Gleichgewicht instabil geworden und ein kumulativer Prozeß der Verschlechterung der Lebenslage der Mehrheit der afrikanischen Bevölkerung eingetreten ist, in dem ökonomische, ökologische und soziale Faktoren sich gegenseitig verstärken. Es geht immer weniger um eine Steigerung der Produktion - also Wachstum -, als um den verzweifelten Versuch, den Degradierungsprozeß aufzuhalten.

In dieser Arbeit wird insbesondere danach gefragt, welche soziale Realität sich hinter der Sahel- bzw. Ökologieproblematik verbirgt, insbesondere, wie hängt der konstatierte Prozeß der Ressourcenzerstörung und Wüstenausdehnung (Desertifikation) in den semi-ariden Gebieten Schwarzafrikas mit dem alltäglichen ökonomischen und sozialen Handeln der Menschen zusammen, wie mit den strukturellen Wandlungsprozessen und wie mit den von außen auf die Gesellschaft einwirkenden Faktoren? Die zugrundeliegende Destabilisierung der ländlichen Produktions- und Sozialsysteme kann dabei am deutlichsten am Beispiel des Nomadismus sichtbar gemacht werden, wo sie auf ein äußerst labiles Umweltsystem trifft.

Im Anschluß an eine Skizzierung der methodologischen Schwachstellen und Prämissen der Weiterführung der vorhandenen entwicklungstheoretischen Ansätze wird versucht, einer Erklärung dadurch näherzukommen, daß die Handlungsrationalität der Betroffenen, die zu einem Rückgang ihrer Nahrungsmittelproduktion, zu Umweltzerstörung und völligem Fehlen kreativer Technologieentwicklung führt, herausgearbeitet wird. Dazu müssen die gesamtgesellschaftlichen und -wirtschaftlichen Prozesse untersucht werden, insofern sie den Handlungsrahmen und die Handlungszwänge für die ländliche Bevölkerung darstellen. Die "Situationslogik" wird durch den Lebenszusammenhang der Bevölkerung, ihre "soziale Welt" bestimmt, bestehend aus sozialen Beziehungen, Weltanschauung, Wissenssystemen, tradierten Handlungsmustern und Institutionen. Auf diese Weise werden die Handlungsstrategien der ländlichen Bevölkerung im Kontext ihres eigenen Produktions- und Sozialsystems untersucht und nicht lediglich - wie dies häufig geschieht - als Anhängsel der Gesamtwirtschaft. Gleichzeitig werden Prozesse der sozialen Differenzierung und der sozio-ökonomischen Marginalisierung Untersuchungsgegenstand, und die strukturellen Zusammenhänge werden auf der mittleren Ebene der sozialen Organisation sowie der gesamtgesellschaftlichen des Staates angegangen. Dabei können insbesondere Gründe für die fehlende Wirksamkeit bzw. unbeabsichtigten Folgen der Entwicklungspolitik aufgezeigt werden.

Zur Strukturierung der vorliegenden Arbeit wird versucht, das Problem jeweils in drei Bereichen abzuhandeln: Erstens die Frage der Ökologieproblematik, besonders am Beispiel der Nomaden, aber auch der bäuerlichen Produzenten; zweitens die Frage der Destabilisierung der bäuerlichen Produktions- und Sozialsysteme im Hinblick auf die Ernährungssicherung, und drittens die Frage des fehlenden eigenständigen Wandels in der Agrartechnologie.

Die Analyse erfolgt methodologisch mit einem handlungstheoretischen Ansatz, der von der Handlungsrationalität der Betroffenen ausgeht und eine Verbindung zu den Prozessen des sozialen Wandels und der Konstitution gesellschaftlicher Strukturen herstellt. Analytisch können dabei drei Ebenen unterschieden werden: die der Handelnden, die mittlere Ebene der sozialen Organisation, und die Ebene des Staates und der Entwicklungspolitik.

Die Analyse führt zu der Frage, ob das als fundamentale Umorientierung des bisherigen Entwicklungsmodells verstandene Konzept der Ökoentwicklung eine Chance hat, diesen Prozeß der Destabilisierung und Umweltzerstörung aufzuhalten und den Handlungsspielraum der Bevölkerung im Hinblick auf eine eigenständige Entwicklung tendenziell zu vergrößern.

Es werden Perspektiven der ländlichen Entwicklung aufgezeigt. Dabei wird die bisherige entwicklungspolitische Fragestellung, ob und welche Art von Technologie übertragen werden soll - ob "angepaßte", "intermediäre" oder "neue" - relativiert. Es geht vielmehr darum, ob technologischer und institutioneller Wandel in einem wechselseitigen Verhältnis so stattfinden können, daß auf der Handlungsebene die notwendige Produktivitätssteigerung in die eigene Identität und Rationalität integriert werden kann, und ob auf der strukturellen und institutionellen Ebene Technologiehandhabung und -entwicklung gesellschaftlich gesteuert werden können.

Der Analyseansatz und die Fragen der Perspektive werden an dem Fall Mali, insbesondere mit einer empirischen Untersuchung der Zone Lacustre, exemplifiziert, die das Existenzsicherungs- und das Ökologieproblem vom Standpunkt der sozialen Welt der Bevölkerung aus betrachtet.

Über diese Hauptfragestellung der Arbeit hinaus geht das letzte Kapitel der Arbeit, das - wie bereits für den Fall Mali - in einem Ausblick die derzeit den Schwerpunkt der internationalen Entwicklungspolitik für Afrika bildenden Strukturanpassungsprogramme im Hinblick auf ihre gesellschaftliche Verankerung und Wirksamkeit hinterfragt.

Nicht nur für das letzte Kapitel gilt, daß kein normativer Ansatz verfolgt wird im Sinne einer Ausformulierung entwicklungspolitischer Modelle oder Lösungsansätze, vielmehr wird versucht, der (z.B. von Max Weber aufgezeigten) sozialwissenschaftlichen

Aufgabe gerecht zu werden, Bedingungen des (politischen) Handelns zu analysieren und Widersprüche aufzuzeigen. Einerseits können dazu die entwicklungspolitisch formulierten Ziele in der Form von "wenn ...-dann ..."-Sätzen operationalisiert werden, andererseits kann ein normatives Fundament der Sozialwissenschaften (Kambartel/Mittelstraß) im Sinne der Erfüllung des menschlichen Potentials vorausgesetzt werden, als deren Gradmesser ein eigenständiger sozialer Wandel genommen wird.

Die vorliegende Arbeit stellt im Grunde die theoretische und entwicklungspolitische Herangehensweise an diese Problematik als dem Gegenstand nicht angemessen heraus. Die Kritik bezieht sich auf die unzureichenden - von einem sozialwissenschaftlichen (und damit auch ideologiekritischen) Standpunkt aus gesehen - Erklärungsansätze, die expliziten und impliziten Ursachenzuschreibungen der entwicklungspolitischen Konzepte und damit auch ihrer Lösungsansätze und praktischen Politikmaßnahmen. Es wird herausgearbeitet, daß diese infolge unzureichender Analyse und theoretischer Fundierung gar nicht wirksam sein können; im Gegenteil, Entwicklungspolitik im weitesten Sinn führt zu ungewollten Folgen, die in die komplexe Entstehung und Perpetuierung der Destabilisierungsprozesse mit verflochten sind.

Die Arbeit basiert auf den Erfahrungen der zehnjährigen Tätigkeit im Bereich entwicklungspolitischer Forschung und Beratung, die auch verschiedene Felderhebungen und empirische Fallstudien in Afrika, neben der hier besonders aufgenommenen Fallstudie in Mali insbesondere in der Volksrepublik Benin, Namibia, Malawi und Zaire, einschloß.

Teil II: Methodologische Aspekte

1 Methodologische Weiterführung entwicklungstheoretischer Erklärungsansätze

Unterscheidet man zwischen theoretischer Analyse der aufgezeigten Problematik in Afrika und praktischer Herangehensweise in der Entwicklungspolitik, so zeigt sich, daß der Einfluß entwicklungssoziologischer Konzepte des sozialen Wandels auf Analysen der entwicklungsökonomischen Problematik in Afrika im allgemeinen oder der Stagnation der Nahrungsmittelproduktion seitens 'traditioneller' ländlicher Produzenten und der durch menschliches Handeln verursachten Zerstörung der natürlichen Ressourcen im besonderen derzeit sehr gering ist. Die zu konstatierenden Prozesse der sozialen Differenzierung und der sozio-ökonomischen Marginalisierung werden kaum erklärt oder erscheinen erst gar nicht als Fragestellung.

Die praktische Herangehensweise in der Entwicklungspolitik kann durch die Zugrundelegung eines im Grund statisch gefaßten Armutskonzepts[1] gekennzeichnet werden. Auf dessen Grundlage werden "Zielgruppen" entwicklungspolitischer Maßnahmen definiert, deren sozio-ökonomische Defizite (Einkommen, Bildung, Gesundheit) und soziale Defizite (Innovationsbereitschaft) oder "constraints" aufgezeigt, die bestimmten sozio-kulturellen Faktoren zugeordnet werden, und ihr Handeln als Reaktion auf ökonomische Größen des 'modernen' Bereichs (v.a. Preise) erklärt. Von diesen "constraints" werden auf Makroebene Maßnahmen zur Veränderung bestimmter Größen (z.B. Produktivität) abgeleitet und Investitionen in menschliche Ressourcen betrieben.[2]

---

[1] Vgl. S. Schönherr, 1983

[2] Vgl. G. Hyden, 1980

Das bedeutet, daß die derzeitige entwicklungspolitische Diskussion deutliche theoretische Lücken aufweist, was methodologische Herangehensweise und zugrundegelegte Konzepte anbelangt. Hier geht es um den Versuch, diese zu charakterisieren und einen Beitrag zu ihrer möglichen Überwindung zu leisten. Angestrebt wird also, beschränkt auf die hier angesprochene Thematik, eine konstruktive Kritik und Weiterführung bisheriger entwicklungstheoretischer Ansätze. Bestimmte Fragestellungen der beiden bisher grundsätzlich zu unterscheidenden Theorierichtungen - Theorien der Modernisierung bzw. abhängigen Entwicklung[3] - sind hierbei relevant, beide haben jedoch wichtige Aspekte vernachlässigt, insbesondere was die gesellschaftliche Einbettung sozialen Handelns und die von diesem aus aufzurollenden Wandlungsprozesse anbelangt. Ökonomische und soziologische Modernisierungstheorien sind modelltheoretisch bzw. subjektivistisch ausgerichtet; Dependenztheorien sind v.a. strukturell ausgerichtet; beider Gegenstand ist jedoch entweder das Individuum oder die Gesamtgesellschaft. Sie müssen weitergeführt werden, damit die "gesellschaftliche Konstruktion" dieser Wirklichkeit (Berger/Luckmann) aufgrund der Handlungen der Menschen erfaßt werden kann.

Es geht hier also keineswegs um die Herausarbeitung einer neuen Entwicklungstheorie oder auch nur um eine umfangreiche Aufarbeitung der vorhandenen Theorieansätze, sondern um die Herausstellung einiger methodologischer Aspekte und Konzepte, die für die

---

[3] Vgl. z.B. T. Evers / P. v. Wogau, 1973, Th. Hurtienne, 1974 zu den Dependenzansätzen für Lateinamerika; zu den Theorien des peripheren Kapitalismus in bezug auf Afrika, S. Amin, 1975

Analyse der ökologischen und sozialen Krise im Sahel und in anderen armen afrikanischen Ländern relevant sind.[4]

Die Modernisierungstheorien büßten an Politikrelevanz ein, weil die von ihnen angeleiteten Strategien nicht zur Entwicklung im Sinne einer Verbesserung der Lebensbedingungen der gesamten Bevölkerung führten, auch wenn es durchaus zu nachholender Industrialisierung kam, und ihnen Ideologieträchtigkeit nachgewiesen werden konnte. Darüber hinaus zeigt sich in der weltweiten Wirtschaftskrise, daß das propagierte Wachstums- und Gesellschaftsmodell nicht einmal in den Industrieländern stabil ist und soziale und ökologische Probleme nicht aus der Systemlogik her integrieren und lösen kann; wie viel weniger wird es in Anbetracht der beschränkten Weltmarktkapazität und der Energieknappheit sowie Umweltproblematik auf Entwicklungsländer übertragbar sein.

Die Theorien der abhängigen Entwicklung bzw. der strukturellen Abhängigkeit wurden kritisiert, weil sie die teilweise stattgefundenen Entwicklungen, z.B. in den sog. Schwellenländern, sowie die in dieser Arbeit besonders interessierende Überlebensproduktion nicht erklären konnten und keine Bedingungen für eine (jeweils inhaltlich zu definierende) Entwicklung nennen.[5] Es trat vielmehr ein Rückzug auf die historische Analyse stattgefundener

---

[4] Es soll dabei nicht um eine geschichtsphilosophisch verstandene "kritische Theorie der Modernisierung" im Sinne von H.C.F. Mansilla, 1986, gehen, die die bisherigen Polarisierungen zu überwinden trachtet und "die Ausarbeitung von Kriterien, nach denen ein vernünftiges Urteil über eine gegebene Gesellschaftsordnung, einen bestimmten Entwicklungsplan oder ein gewisses sozialrevolutionäres Experiment gebildet werden kann", beabsichtigt. Einem Verzicht auf Leitbegriffe - Wachstum, Fortschritt, Modernisierung - wird "eine Gesamtbeurteilung anhand qualitativer, kultureller und humanitärer Maßstäbe" gegenübergestellt. Der Anspruch der Überwindung der bisherigen Polarisierungen erscheint notwendig, es erstaunt jedoch die Polemik (z.B. S. 92).

[5] Vgl. F. Nuscheler, 1974, S. 204

Entwicklung sowie auf Theorien mittlerer Reichweite (zu Marginalisierung, informellem Sektor etc.) sowie eine Spaltung zwischen 'Weltmarkttheoretikern' und den Anhängern der Diskussion über Produktionsweisen ein.[6] Es wird darauf hingewiesen,[7] daß die Peripherie kein homogenes Entwicklungsprofil aufweist, sondern im Gegenteil die Heterogenität der sozial-ökonomischen Entwicklungsprozesse zunimmt. Der globale Erklärungsanspruch der Theorien mußte aufgegeben werden.

Modernisierungsansätze haben sich zunächst primär mit internen Faktoren der Entwicklungsländer beschäftigt, Dependenztheorien mit externen Faktoren; beide bezogen auf ein eurozentrisches Referenzmodell. Interessant ist gerade das Zusammenwirken von externen und internen ökonomischen, politischen und gesellschaftlichen Faktoren, die Eigendynamik und der besondere Charakter der so entstandenen Gesellschaftsformation über ein postuliertes Modell des peripheren Kapitalismus hinaus, denn die Problematik der wirtschaftlichen und sozialen Stagnation und der Verschlechterung der Lebensbedingungen entsteht gerade durch die Verbindung der traditionellen mit der modernen Macht. Modernisierung wurde begriffen als endogener sozialer Wandel, weswegen eine kausale Bestimmung der gesamten Entstehungszusammenhänge der Armut z.B. unmöglich ist. Allerdings operieren die Kritiker der Modernisierungstheorie i.a. ebenfalls mit der Annahme, daß traditionelle Gesellschaften statisch seien.[8]

Dependenztheorien und ihre Weiterentwicklung haben - auch bei nicht strukturalistischem Selbstverständnis - vor allem Prozesse

---

[6] Vgl. D. Senghaas (Hrsg.), 1979, bzw. Arbeitsgruppe Bielefelder Entwicklungssoziologen (Hrsg.), 1979; J.G. Taylor, 1979

[7] Vgl. Th. Hurtienne, 1986, vor allem S. 93 ff.

[8] Vgl. F. Nuscheler, 1974, S. 202

und Strukturen herausgearbeitet, die durch die Integration in das internationale System zustandekommen; Fragen der Penetration und Interaktion mit fremden Elementen wurde kaum ein eigenständiges Forschungsinteresse zugebilligt. Diese Entwicklungstheorien haben wirtschaftliche Unterentwicklung ebenfalls nur unzulänglich erklärt, "weil sie 'Verhaltensorientierung handelnder Menschen und handelnder gesellschaftlicher Klassen' als Bedingungen von Entwicklung zu wenig berücksichtigen".[9]

Modernisierungstheorien haben den Prozeß der Entwicklung gleichgesetzt mit einer quasi naturgemäßen, im Grunde immer (wenn auch implizit) normativen Modernisierung nach dem Muster der Industrieländer bzw. wurden als "Strategietheorien" so interpretiert. Die ursprünglich von Parsons aufgezeigten Orientierungs- und Verhaltensalternativen (pattern variables) - partikularistisch/universalistisch, statusgebunden/leistungsorientiert, affektiv/instrumentell, diffus/spezifisch[10] - sind auf das Individuum bezogene, für bestimmte Bedingungen als notwendig erachtete normative Handlungsvorstellungen. Sie können als theoretische Konzepte nur dann nützlich sein, wenn sie diese Handlungsmuster durch die Dialektik der gesellschaftlichen Verhältnisse und damit ihre gesellschaftliche Konstruktion erklären. So ist die Aneignung der Produktionsmittel durch die Beschäftigten, die in einer 'modernen' Bürokratie qua definitione ausgeschlossen und dysfunktional für ihre Zwecke ist, in einer Gesellschaft rational, in der ein Großteil der Bevölkerung in ihrer Existenz von ihren Beziehungen zur Bürokratie abhängig ist und umgekehrt die Angehörigen der Bürokratie aus anderen Normensystemen rührende Verpflichtungen haben.

---

[9] G. Brandt, 1972, S. 9
[10] Vgl. T. Parsons, 1951, S. 58 ff.

Selbst wenn man den Vorwurf der Übertragung von Erklärungsmustern und Theorien auf fremde Gesellschaften als bekannt beiseite läßt, der für ökonomische Wachstumsmodelle gleichermaßen gilt wie für polit-ökonomische Klassenmodelle, so muß doch erwähnt werden, daß nach wie vor Modelle traditioneller Verhaltensweisen vorherrschen, die das Handeln der Menschen nur als negative Spiegelungen des 'modernen' Handelns analysieren und damit noch einem reinen Modernismus anhängen bzw. lediglich Strukturen (der Abhängigkeit, Ausbeutung etc.) aufzeigen, ohne die Handlungen, die diese perpetuieren, zu erklären.

Beiden Theorierichtungen kann also der Vorwurf des Ethnozentrismus gemacht werden, da sie Entwicklung nicht von den jeweiligen unterschiedlichen Bedingungen einer Gesellschaft her definieren. Auch Theorien der "Abkopplung" und "autozentrierten" Entwicklung[11] hinterfragen das zugrundegelegte Industrialisierungsmodell nach westlichem Muster nicht ausreichend. Zum Teil wird von einem dichotomen Klassenmodell ausgegangen, das von kapitalistischen Gesellschaften auf solche mit starker Subsistenzkomponente übertragen wird. Neuere Ansätze beschäftigen sich vorwiegend mit der Herausbildung einer neuen Klasse der Bürokraten oder Staatsklasse,[12] wobei der Gesamtzusammenhang der Gesellschaftsformation und deren Schichtung zu kurz kommt bzw. lediglich auf die ungleiche Einkommensverteilung beschränkt wird. Ansätze der Analyse strategischer Gruppen[13] können hier weiterführen, da sich herkömmliche Klassenanalysen oder Schichtungskonzepte für die afri-

---

[11] Vgl. D. Senghaas, 1977; zu diesem Vorwurf vgl. G. Simonis, 1981

[12] Vgl. z.B. H. Elsenhans, 1981

[13] Vgl. H.-D. Evers, 1982; ders., T. Schiel, 1988

kanischen Länder mit hohem Subsistenzproduktionsanteil als wenig ergiebig erwiesen haben.[14]

Eine flexible Handhabung der Sozialstrukturanalyse ist hier erforderlich.[15] Wenn in der vorliegenden Arbeit vor allem auf Prozesse der sozialen Differenzierung hingewiesen wird, so wird darunter lediglich allgemein die Herausbildung sozio-ökonomischer Ungleichheit bzw. Transformation der Reproduktionsweise und Revenuequellen (z.B. "peasantization") verstanden, ohne daß damit schon etwas über den Klassencharakter der verschiedenen Gruppen gesagt werden könnte. Besonderes Augenmerk wird dabei auf die Veränderung der Position der einzelnen Gruppen zueinander gelegt (z.B. Marginalisierung). Es handelt sich also hier nicht im weiteren gesellschaftstheoretischen Sinne um die Durkheimsche Vorstellung zunehmender gesellschaftlicher Arbeitsteilung, oder gar um eine "neo-evolutionistische" Erklärung von Entwicklung.[16]

Fragen des 'Tribalismus' und Partikularismus und seiner möglichen Aufhebung in einer kulturell eigenständigen Entwicklung statt in der Übernahme westlicher Kultur sollten in der entwicklungstheoretischen Diskussion keineswegs verpönt sein und bedürfen politischer Lösungen. Hier gibt es theoretische Ansätze über Ethnizität, die beachtet werden sollten.[17]

---

[14] Allerdings werden selbst von Kritikern ständig Klassenbegriffe verwendet, worauf M. Schulz bereits 1977 hingewiesen hat.

[15] Vgl. den Abriß zu "Gesellschaftsklassen in den Ländern der Dritten Welt" bei H. Asche, 1984, S. 60 - 75

[16] Vgl. dazu D. Goetze, 1983, S. 16 ff.

[17] Vgl. z.B. F. Barth (Hrsg.), 1969

Ansätze, die sich auf Marginalisierungs- und Proletarisierungskonzepte sowie Peripherie-Zentrumspolarisierungen[18] beschränken, können zwar die Ursachen der 'Nichtentwicklung' aufweisen, nicht jedoch soziale Wandlungsprozesse und das Überleben der entsprechenden Bevölkerung nachvollziehen und ihr Handeln verstehen. Genausowenig bieten Thesen über traditionale Produktionsweisen (feudalistisch/afrikanisch)[19] eine befriedigende Erklärung der vorfindlichen empirischen Realität, da die konstatierte Stagnation (und tendenzielle Zerstörung) viel eher durch den Einfluß und die Dominanz von modernen Elementen eintreten kann. Auch Ansätze, die auf den Verlust des Zugangs zu Produktionsmitteln, die Ausbeutung im Distributionssektor und Abhängigkeitsverhältnisse (Klientelbeziehungen)[20] hinweisen, reichen zum Verstehen der Handlungsmuster nicht aus.

Nützlich ist dagegen für die verfolgte Fragestellung eine Untersuchung der miteinander verschränkten Produktionsbereiche, ausgehend von dem Subsistenzbereich, um so dessen "Relationen der Komplementarität, der Herrschaft und Ausbeutung"[21] auf verschiedenen Ebenen erfassen zu können - Transfer von Arbeitskräften, Gütern und Dienstleistungen, Transformation der Sozialstruktur des jeweiligen Bereichs - und dadurch die der ökonomischen Verschlechterung zugrundeliegende Destabilisierung und Zerstörung der ländlichen Sozialsysteme zu erklären. Damit wird einmal die Vorstellung einer dualistischen Wirtschafts- und Gesellschaftsstruktur mit einem intakten bzw. aufzulösenden 'traditionellen Bereich' und zum zweiten die Betrachtung der gesamten ländlichen

---

[18] Vgl. z.B. V. Bennholdt-Thomsen (Hrsg.), 1979

[19] Vgl. H. Raich, 1977

[20] Vgl. R. Hanisch / R. Tetzlaff, 1979

[21] G. Elwert, 1980, S. 346

Bevölkerung als Reservearmee, marginalisierte Masse oder Residualkategorie gegenüber dem modernen Sektor überwunden.[22]

Die Analyse dieser Verflechtung erlaubt wichtige Schlüsse auf das ökonomische und soziale, ja sogar politische Handeln der Menschen, die oft als Individuen eine Verflechtung der verschiedenen Bereiche in ihren eigenen Lebenszusammenhängen zu bewältigen haben. Daher müssen aufgrund dieser Verflechtungen Schlußfolgerungen in bezug auf die Handlungsrationalität in beiden Bereichen gezogen werden.

Dabei wird z.B. der Zusammenhang von Arbeitskräfteabzug durch Plantagenwirtschaft und Tribut-/Steuerpflicht aufgezeigt, der soziale Funktionsverlust traditioneller Hausgemeinschaften durch isolierte agrarpolitische Maßnahmen (z.B. Saatgutlieferung), die dadurch entstehende Abwanderung als sich selbst perpetuierender Prozeß, die fehlende Akkumulationsmöglichkeit und Produktivitätsverbesserung, der Wandel der Boden- und Sozialstruktur sowie die Behinderung 'moderner' Industrialisierung durch fehlende Belieferung der Agroindustriebetriebe aufgrund der sicherheitsorientierten Handlungsrationalität (statt Einkommensmaximierung). Außerdem können soziale Differenzierungsprozesse und der Abbau traditioneller Solidaritätsbeziehungen aufgezeigt werden sowie die Verfestigung und Verfremdung bestimmter Institutionen (z.B. Wucher, Brautpreis) erklärt werden.

Die Notwendigkeit der Weiterführung, ja Aufhebung der vorhandenen Ansätze der Erklärung und Anleitung zur Überwindung der hier interessierenden afrikanischen Problematik im methodologischen Sinne kann letztendlich an der zu konstatierenden häufigen Verwendung eines positivistischen Erklärungsmodells von Ursache-Wir-

---

[22] Vgl. G. Elwert, 1980a, S. 343 f.; vgl. dazu auch G. Elwert, 1984; zum Konzept der Verflechtung (articulation) vgl. P.-Ph. Rey, 1973

kungszusammenhängen in entwicklungspolitischen Analysen und Handlungsanleitungen gezeigt werden, das dem Gegenstand der Untersuchung - der sozialen Realität z.B. der Produktionstätigkeit - nicht angemessen ist. Ein sozialwissenschaftliches Erklärungsmodell, das seinem sozial konstituierten Gegenstand angemessen ist, versucht dagegen, den Gegenstand aus seinen eigenen Strukturen und den Handlungen, die diese konstituieren und perpetuieren, und damit über den Sinn, den die Menschen mit ihren Handlungen verbinden, aufzurollen. Aussagen, die Kausalverbindungen aufgrund gesetzmäßiger Zusammenhänge herstellen wollen, haben keinen tieferen Erklärungswert und können damit nicht zu Politikempfehlungen führen, die das Handeln der Menschen betreffen. Wenn Armut statistisch mit ungleicher Verteilung erklärt wird, geringe Produktion mit niedriger Bildungsqualifikation, jedoch keine Theorie über Ungleichheit - ihre Entstehung und Perpetuierung - vorhanden ist, keine Theorie über die gesellschaftliche Funktion von Bildung, dann nützt die Empfehlung der Umverteilung bzw. der Errichtung von Schulen nichts, sie ist inhaltsleer und tautologisch. Das Gleiche gilt, wenn ein niedriges Bruttosozialprodukt mit geringer Produktivität erklärt wird und ländliche Beratung zur Hebung derselben über die Einführung von 'Innovationen' empfohlen wird. Kurz, eine ökonomistische Pseudotheorie, ohne Analyse der politischen und sozialen Hintergründe, ist entwicklungspolitisch nutzlos.

Dieses methodologische Modell begründet das Dilemma aller Sozialindikatorenansätze, die in der Diskussion über eine grundbedürfnisorientierte Entwicklungsstrategie und neuerdings über die Strukturanpassungspolitik[23] eine Rolle spielen. Sie stellen keine Theorie dar, mit Hilfe derer die aufgezeigten Phänomene erklärt werden, können daher auch keine Politik- und Handlungsanleitun-

---

[23] Vgl. z. B. M. Hopkins, R. v. der Hoeven, 1983; G. A. Cornia, R. Jolly, F. Stewart (Hrsg.), 1987; Ch. Leipert, U.E. Simonis, 1982

gen geben. Sie geben keinen Aufschluß darüber, wie die aufgezeigte ungleiche Vermögens- oder Einkommensverteilung geändert werden kann, wie die hohen nationalen Gesundheitsausgaben tatsächlich eine gesundheitsfördernde Wirkung entfalten können etc.

Zusammenfassend kann gesagt werden, daß zu einer angemessenen Erfassung der afrikanischen Überlebensproblematik die Überwindung folgender methodologischer Mängel oder blinder Flecke in den bisherigen Ansätzen erforderlich ist:

- Stagnationsthese "traditionaler" Produktionsweisen oder Gesellschaften/statische Betrachtungsweise

- Ethnozentrismus der Analysekonzepte und Leitbilder (Industrialisierungsmodell, Staatsfunktion)

- dichotomes Klassenmodell; dualistische Elitentheorie

- Ausklammerung interner sozialstruktureller und Verabsolutierung sozio-kultureller Faktoren

- strukturalistisch-funktionalistische bzw. subjektivistische Herangehensweise

- unzulässiges Schließen von der unteren Handlungsebene auf die gesamtgesellschaftliche Ebene und umgekehrt von der aggregierten auf die individuelle, ohne daß Strukturen und Prozesse sowie die gesellschaftliche Einbindung analysiert werden

- Verwendung eines positivistischen Erklärungsmodells, das ein Verstehen der Handlungen und deren gesellschaftliche Einbettung nicht erlaubt.

2 Grundzüge eines handlungstheoretischen Ansatzes und Fragestellungen der vorliegenden Arbeit

Ziel dieser Untersuchung ist eine Aufhellung der Zusammenhänge und Wechselwirkungen zwischen ökologischen Veränderungen, ökonomischen Aktivitäten und sozialstrukturellem und sozio-kulturellem Wandel. Wichtig ist, die sozio-ökonomischen Hintergründe zu erhellen und das Handeln der betroffenen Menschen zu verstehen. Denn nur dann ist es möglich, den Degradationsprozeß aufzubrechen. Welche soziale Realität verbirgt sich hinter der desolaten Situationsbeschreibung? Insbesondere wie hängt der konstatierte Prozeß der Ressourcenzerstörung und Wüstenausdehnung mit dem alltäglichen menschlichen Handeln in ökologischen und sozialen Bereichen zusammen, wie mit den strukturellen Wandlungsprozessen und wie mit den von außen auf diese Gesellschaften einwirkenden Faktoren?

Die Erkenntnisse sollen entwicklungspolitisch hilfreich sein im Hinblick auf eine Verhinderung der weiteren Umweltverschlechterung im Zusammenwirken von natürlichen und menschlichen Faktoren, Ressourcenschutz und -verbesserung sowie eine grundbedürfnisorientierte Entwicklung. An diesem Beispiel soll auf die Bedeutung sozialstruktureller und sozio-kultureller Faktoren für die Entwicklungspolitik hingewiesen werden.

Erforderlich ist eine Erklärung, wie die aufgezeigten Strukturverzerrungen und Prozesse durch die Handlungen, durch die sie konstituiert werden, reproduziert werden und damit fortbestehen. Es fehlt eine Analyse der Sozialstruktur, der Institutionen, der Sozialbeziehungen, der kulturellen Fundierung, der Wissens- und Handlungssysteme. Auszugehen ist dabei von einem verstehenden Ansatz, der bei dem (subjektiv vermeinten) Sinn der Handelnden und deren Weltsicht und Lebenszusammenhängen beginnt, deren soziale Entstehung bzw. Vermittlung begreift und gleichzeitig auf die 'objektiven' Bedingungen und Zwänge hinweist, in denen dieses

Handeln stattfindet, das sich in Institutionen und Strukturen verfestigt, also auf die gesellschaftliche Eingebundenheit.

Ausgangspunkt ist die Überlegung, daß es sich bei der konstatierten Problematik weder um eine unabhängige Verschlechterung der natürlichen Bedingungen handelt noch um die einseitigen Auswirkungen demographischer Bedingungen, sondern daß diese Faktoren - über ein komplexes Geflecht aus Produktionsformen, entwicklungspolitischen Maßnahmen und Handlungsmustern vermittelt - zu den genannten fatalen Wirkungen führen können.

Dieses Zusammenwirken kann nur ausgehend von der Lebenswelt[1] - den sinnhaft verwobenen Interaktions- und Handlungsmustern der Bevölkerung - verstanden werden. Ausgangspunkt der Betrachtung muß die "soziale Welt", die kulturellen, ökonomischen und sozialen Lebensbedingungen der Bevölkerung sein, aus der die "Situationslogik" (Hyden) für ihre Handlungsmuster entsteht. Die Handlungen sind aus der immanenten Rationalität der Produktions- und Sozialsysteme heraus zu verstehen und zu erklären. Ein individueller Ansatz, der Einstellungen und Werte entweder absolut setzt oder einseitig verändern will, berücksichtigt nicht, daß es um soziales Handeln geht, das durch strukturelle Bedingungen, soziale Beziehungen und Institutionen geprägt ist. Die Handlungsrationalität kann nicht nach allgemeingültigen Modellen, sondern muß aus den je unterschiedlichen Konstellationen und konkreten Bedingungen erklärt werden. Eine einseitige Verursachungszuschreibung durch "irrationales" Verhalten, das durch Aufklärung zu verändern wäre, bringt keine Erklärung oder Veränderung.

Auf der Handlungsebene geht die Entwicklungspolitik und Technologieentwicklung von der "Irrationalität" der handelnden Bauern

---

[1] Vgl. T. Luckmann, 1980a, zum Konzept der Lebenswelt; allerdings handelt es sich um keine empirische Kategorie.

und Nomaden aus. Tatsächlich wird durch Prozesse der sozialen Differenzierung und ökonomischen Veränderung - einschließlich des Technologietransfers - die Logik der traditionellen Produktions- und Sozialsysteme aufgebrochen, es kommt zu einer Destabilisierung.

Die Destabilisierung der ländlichen Sozial- und Produktionssysteme, deren innere Logik aufgebrochen wurde, bedeutet, daß das Streben nach Sicherheit und sozialem Zusammenhalt zu Reaktionen führt, die einem modernen Marktverhalten widersprechen; andererseits führen Bedingungen der modernen Wirtschaft (monetäre Bedürfnisse, Konsummuster, Lohnarbeit, moderne Technologie und Betriebsmittel etc.) innerhalb der traditionellen Sozial- und Produktionssysteme zu ungewollten negativen Folgen.

Der Verlust der Autonomie, die Destabilisierung der ländlichen Produktions- und Sozialsysteme führt dazu, daß weniger produziert, ökologisch schädlich gehandelt wird und keine technische Entwicklung stattfindet. Der Handlungsspielraum ist so gering geworden, daß die Bevölkerung ökologische Gesichtspunkte nicht mehr in Betracht ziehen kann bzw. die dafür notwendige Kompetenz und der Wissensvorrat auf kollektiver oder aggregierter Ebene fehlt.

Das Problem ist auf drei Ebenen zu analysieren, der Ebene der Handlungsrationalität und -strategien, der sozialen Organisation, d.h. der mittleren oder regionalen Ebene, und der der Gesamtgesellschaft bzw. des Staates. In dieser Arbeit soll versucht werden, einer Erklärung dadurch näher zu kommen, daß die Handlungsrationalität der Betroffenen, die zu der Zerstörung der natürlichen Ressourcen, einem Rückgang ihrer Nahrungsmittelproduktion und dem Scheitern von technologischen Verbesserungen führt, herausgearbeitet wird. Dazu müssen die gesamtgesellschaftlichen und -wirtschaftlichen Prozesse untersucht werden, insofern sie den Handlungsrahmen und die Handlungszwänge für die ländliche Bevölkerung darstellen. Danach wird die Handlungsrationalität der ländlichen Bevölkerung im Zusammenhang ihres eigenen Produktions- und Sozialsystems untersucht und nicht lediglich - wie dies häufig geschieht - als Anhängsel der Gesamtwirtschaft.

Bestimmte sozio-kulturelle Handlungsmuster, Institutionen und Produktionsformen verloren ihre Sinnhaftigkeit (wurden dysfunktional und oft damit umweltzerstörend), da ihnen kein eigenständiger Wandel zugebilligt wurde. 'Moderne' Elemente verlieren innerhalb dieser Umgebung ihre Wirksamkeit, weil sie der Systemlogik nicht Rechnung tragen. Für die traditionelle Subsistenzwirtschaft gilt eine andere Handlungslogik als für moderne kleinbäuerliche Betriebe. Die unvollkommene Transformation in solche ("peasantization") verhindert einerseits modernes Markt- und Investitionsverhalten, andererseits zerstört es die herkömmliche soziale Sicherung.

Durch die Mißachtung der Lebensverhältnisse und der Kultur konnten von außen induzierte Veränderungen zu ungewollten Folgen führen, die durch das Fehlen eines eigenständigen, von innen heraus getragenen sozio-ökonomischen Wandels bedingt waren. Entwicklungspolitische Maßnahmen müssen, um effektiv zu sein, bei diesem Handlungsspielraum und den das Entscheidungsfeld der Produzenten beeinflussenden Faktoren ansetzen und an dort vorhandene Potentiale anknüpfen und die strukturellen Bedingungen für ihre Realisierung schaffen.

Die geforderte handlungstheoretische Fundierung ist besonders wichtig für die Diskussion von Partizipation und Selbsthilfe in der Entwicklungspolitik. Darüber hinaus ist eine wesentliche Frage die Möglichkeit der Überbrückung des Widerspruches zwischen Basis und zentraler Planung durch den Aufbau intermediärer Stufen kollektiven Handelns auf allen Ebenen. Dem Einwand des ausbeuterischen Staates muß mit Vorschlägen für den Aufbau kollektiver Zusammenschlüsse auf der mittleren Ebene begegnet werden, die einen zweiseitigen Planungsprozeß ermöglichen. Der Vorwurf, daß der Anspruch der Partizipation und Selbsthilfe nicht eingelöst werden kann, muß zur Ausarbeitung von Vorschlägen führen, wie die Artikulationsfähigkeit der Basis - z.B. durch Selbstverwaltung von Betrieben, Stärkung der Autonomie der Gemeinden und regionalen Einheiten, die Schaffung von Bauernorganisationen oder politischen Ständevertretungen - erhöht werden kann, ohne ein westliches Demokratiemodell kritik- und erfolglos zu übertragen.

Entwicklungspolitik und -theorie kranken an einem individualistischen Ansatz der Einstellungen und Werte, die modernistisch zu verändern seien. Das Handeln der Menschen ist jedoch ein soziales, das durch strukturelle Bedingungen, soziale Beziehungen und Institutionen geprägt wird. Daher müssen bei jedem Vorschlag, der veränderte Handlungsmuster impliziert, die ökonomischen, politischen und sozialen Handlungszwänge berücksichtigt werden.

Mit dem durchaus als theoretisch zu verstehenden Konzept der Handlungsrationalität soll ein sehr unvollkommener Versuch für eine handlungstheoretische Soziologie der Entwicklungsländer gewagt bzw. die Richtung aufgezeigt werden, in welche diese zu gehen hätte. Es handelt sich um theoretische (Re-)Konstrukte(ionen) und bedeutet methodologisch eine Zusammenführung des verstehenden mit dem kausalen Erklärungsansatz (im Sinne von Max Weber), in dem das sinnorientierte soziale Handeln unterschiedlicher Akteure in den Zusammenhang gesellschaftlicher Strukturen und Wandlungsprozesse gestellt wird. Es wird darunter also nicht lediglich rationales Handeln (und schon gar nicht nur zweckrationales Handeln im Sinne Max Webers) gefaßt, und ganz besonders versucht, auch auf Widersprüche hinzuweisen, die sich ergeben (z.B. auch im Hinblick auf soziale Identität oder Geltung von Orientierungen bei der Interaktion in und zwischen verschiedenen Organisationen).

Es ist klar, daß bei der konkreten Analyse der gesellschaftlichen Hintergründe der ökologischen Krise in Afrika Schwierigkeiten entstehen, wenn analytisch zwischen Handlungsebene, mittlerer Ebene der sozialen Organisation und gesamtgesellschaftlicher oder staatlicher Ebene unterschieden wird und so die Handlungsrationalität als empirische Kategorie auf der 'untersten Ebene' erscheint, was einem Systemansatz nicht unähnlich ist und notwendigerweise eine Vermischung oder Unschärfe von theoretischen Konstrukten und empirischen Kategorien mit sich bringt.

Auf der anderen Seite wird zunächst die Dynamik und die strukturellen Bedingungen und Veränderungsprozesse der Krise und damit des Handelns aufgezeigt, innerhalb derer auch auf Prozesse der sozialen Differenzierung hingewiesen wird, ohne daß eine eigenständige Untersuchung gesellschaftlicher Strata oder Klassen durchgeführt wird. Wenn dies auch noch nicht voll zu befriedigen vermag, so kann doch beansprucht werden, daß die Verbindung der drei Ebenen sinnvollerweise durch das Konzept der Verflechtung verschiedener Produktions- (und Gesellschafts-)bereiche herzustellen ist und gerade durch die Anwendung einer handlungstheoretischen Konkretisierung dieses Verflechtungsansatzes der mögliche Vorwurf einer mechanistischen bzw. unklar theoretisch/empirisch spezifizierten Herangehensweise entkräftet werden kann.

3 Schwächen des entwicklungspolitischen Diskurses[1]

3.1 Alltagstheorien in der Entwicklungspolitik

In dem sogenannten entwicklungspolitischen Diskurs der gängigen Entwicklungsrhetorik oder der Alltagstheorie der Entwicklungsexperten - verstanden als verwendete Theoriestücke, Konzepte und damit verbundene implizite Annahmen - besteht die Gefahr, die Handlungen der Menschen sozialtechnologisch zu vereinnahmen und bürokratisch zu verwalten. Die Kritiker an dieser Art der Vereinnahmung - Etikettierung (labelling) sagen Theoretiker, wie z.B. Geof Wood,[2] in Anlehnung an kritische sozialpolitische Theorien abweichenden Verhaltens - bringen vor, daß das Problem entsozialisiert, entpolitisiert und damit verwaltbar gemacht wird. Dadurch wird weder eine kritische sozialwissenschaftliche Analyse noch die Zubilligung einer echten Handlungsautonomie möglich, was die Unwirksamkeit der Entwicklungspolitik bedeutet.

Die methodologische Kritik an den vorhandenen entwicklungspolitischen Ansätzen bzw. den Entwicklungsstrategien implizit zugrundeliegenden Theorien zur Erfassung der Situation der ländlichen Bevölkerung und der Erklärung ländlicher Armut kann vor allem an

- den Annahmen über menschliches Verhalten
- der Einbettung des Handelns
- und der Art der Vergesellschaftung

festgemacht werden.

---

[1] Es wird größtenteils verzichtet, auf einzelne Dokumente entwicklungspolitischer Institutionen hinzuweisen, sondern auf die Erfahrung aufgrund der persönlichen Beteiligung in der Rolle der Politikanalyse und -beratung zurückgegriffen.

[2] G. Wood, 1985

Dabei wird das Handeln nicht als sinnorientiertes soziales, sondern individuelles aufgefaßt - als Reaktion auf äußere Reize oder als Folge nicht weiter zu erklärender subjektiver Prioritäten und Werte. Eine ökonomistische trifft sich hier mit einer behavioristischen, psychologisierenden Erklärungsweise. In der kulturellen Umgebung in Entwicklungsländern sind diese Handlungsannahmen besonders problematisch, auch gerade dann, wenn den handelnden Menschen "Rationalität" zugeschrieben wird und so ein negatives Klischee gerade durch seine explizite Verneinung reproduziert wird. Die Rationalität, die ihnen hier im Hinblick auf eine Produktionserhöhung bei entsprechendem "Anreiz" zugestanden wird, ist eine externe, die (vielleicht) für ein Marktsystem in einer Industriegesellschaft gilt, nicht jedoch für ländliche Produzenten, die zum Teil in traditionellen Gemeinschaften, zum Teil in kleinbäuerlichen Einheiten wirtschaften, jedenfalls keine Unternehmer sind, die nach einer maximalen Rentabilität ihres eingesetzten Kapitals streben, sondern in Sozialsystemen verankert sind, in denen ganz andere Werte gelten und in denen vor allem der Produktionsbereich (Markt) sich von dem Reproduktionsbereich (Hauswirtschaft, Familie) (noch) nicht klar getrennt hat. Die Erklärung auch des wirtschaftlichen Handelns muß daher die Logik des kleinbäuerlichen Systems als Ausgangsbasis nehmen; in einem zweiten Schritt können dann gewisse theoretische Abstraktionen vorgenommen und die Analyse in einen größeren Zusammenhang gestellt werden.

Auf der anderen Seite herrschen nach wie vor Annahmen über traditionelle Verhaltensweisen vor, die das Handeln der Menschen nur als negative Spiegelungen des 'modernen' Handelns analysieren. Hier trifft der Vorwurf des Ethnozentrismus zu, da Entwicklung nicht von den jeweiligen unterschiedlichen Bedingungen einer Gesellschaft her definiert wird. Dieser "Mythos des Traditionalismus" (Elwert)[3] ist abzulehnen, da die afrikanischen Produktionsweisen sich als durchaus wandelbar erwiesen haben.

Die Berücksichtigung sozio-kultureller Zusammenhänge,[4] in denen das Handeln eingebunden ist, und sozialstruktureller und sozioökonomischer Wandlungsprozesse fehlt in bisherigen Ansätzen, auch wenn diese nach Einbeziehung der "Zielgruppen" und soziokultureller Faktoren rufen, aber diese statisch als feststehende 'Tradition' fassen. Es besteht die Gefahr, daß das Problem fälschlicherweise auf eine Modernisierung des Bewußtseins der Menschen ausgerichtet wird und die Frage der Veränderbarkeit ihrer Lebensbedingungen vergessen wird.

Dies ist der Fall, wenn als "besonderes Problem der Entwicklungszusammenarbeit in diesem Förderbereich" die Aufgabe angesehen wird, "die Bevölkerung der von der Wüstenausbreitung bedrohten Trockengebiete von der Notwendigkeit zu überzeugen, ihre traditionellen Formen der weidewirtschaftlichen und ackerbaulichen Bodennutzung sowie der Energieversorgung ... an die durch höhere Bevölkerungsdichte und Landverknappung geprägten heutigen Bedingungen anzupassen und entsprechende Eigenanstrengungen, z.B. auf dem Gebiet der Aufforstung, zu unternehmen."[5] Es müßte vielmehr heißen, daß der Bevölkerung die strukturellen Bedingungen eingeräumt werden müßten, ihre Lebensbedingungen im Einklang mit ihren sozialen Verhältnissen und kulturellen Werten so zu verändern, daß sich eine ökologisch sinnvolle Landnutzung ergibt.

----

[3] G. Elwert, 1983a

[4] Siehe G. Lachenmann, 1986b; vgl. dazu G. Lachenmann, 1988b

[5] Stopp der alarmierenden Wüstenausbreitung: "Wichtigster Faktor ist das Umdenken der in den Trockengebieten ansässigen Bevölkerung", in: BMZ-Informationen, Bundesministerium für wirtschaftliche Zusammenarbeit, Nr. 8, 1983

Unzulässig ist die Abgrenzung sozio-kultureller Faktoren/Sozialstruktur, da sonst Herrschaftsstrukturen und soziale Ungleichheit (und deren Verstärkung bzw. Perpetuierung) außerhalb des Blickfelds verbleiben. Die Forderung kann lediglich einen Sprung von dem technokratischen Ansatz zum sozio-kulturellen 'Rezeptwissen' bedeuten, da einerseits die früheren Skrupel gegenüber kolonialer/imperialistischer Hilfswissenschaft aufgegeben werden, andererseits nach wie vor Angst vor Einmischung in gesellschaftliche Strukturen besteht (die jedoch auch bei Nicht-Reflexion nicht aus der Welt geschaffen werden kann).

Es besteht die Gefahr einer statischen statt dynamischen Sichtweise von Kultur und Gesellschaft. Tradition, Normen, Werte werden absolut gesetzt. Tatsächlich hat es immer überall unterschiedliche soziale Welten gegeben, in denen unterschiedliche Normen und Werte herrschten, die innerhalb sozialer Identität vereinbart werden mußten.[6] Wesentlich ist die historische Entstehung, die sozialstrukturelle Bedeutung und der Wandel von kulturellen Inhalten und Werten, die hinsichtlich der sozialen Organisation der Produktion sowie des Bezugs zu Natur und Raum relevant sind.

Es sollte vor allem um die Ermöglichung eines eigenständigen Wandels bzw. die Verhinderung der sinnlosen Zerstörung von Kulturen gehen. Zu betrachten sind die ablaufenden Prozesse der Veränderung von Normen, Handlungsmustern, sozialen Institutionen und Beziehungen, Schichtungen etc. Wenn dies nicht geschieht, bedeutet die Forderung der Einbeziehung von sozio-kulturellen Faktoren die Suche nach Patentrezepten, wie die Bevölkerung über ihre traditionellen Werte dazu gebracht werden kann, Innovationen zu akzeptieren, die von außen an sie herangetragen werden (die Begriffe "Akzeptanz", "Zielgruppe" sprechen dafür). Es han-

----

[6] Vgl. T. Luckmann 1980b

delt sich nicht zuletzt um ein wissenschaftstheoretisches Mißverständnis, da es in diesem Sinne keine Sozialtechnologie geben kann.

Bei einem unreflektierten Ansetzen an traditionellen Werten und Institutionen besteht die Gefahr ihrer Verfestigung, ihres Bedeutungsverlusts und der Schaffung von sozialer Differenzierung z.B. durch die Kombination von traditionellen mit modernen Privilegien, Klientelbeziehungen etc. Nach wie vor werden soziokulturelle Faktoren nicht als Potential und Ausgangspunkt für eine eigenständige Entwicklung angesehen, sondern als Engpässe und "Störfaktoren" (Wurzbacher), die beachtet werden müssen, wenn Projekte nicht scheitern sollen.

Dies wird auch von einem psychologischen, lern- und verhaltenstheoretisch ausgerichteten, Ansatz versäumt,[7] in dem einerseits von "psychologischen Gesetzen umweltschädigenden Verhaltens" gesprochen wird (deren Existenz anzuzweifeln wäre), andererseits auf den Zwang des Überlebensdrucks sowie die "sogenannten sekundären Bedürfnisse" hingewiesen wird, zu denen soziale und kulturelle gerechnet werden, und die "mit dem umweltbelastenden Verhalten befriedigt werden". Diese soziale und kulturelle Vermittlung sowie die ökonomischen und sonstigen Zwänge, die das Handeln bestimmen, gilt es gerade aufzudecken, wobei nicht die Ebene des einzelnen Individuums interessant ist, sondern das soziale Handlungsmuster.

Nicht die kulturellen Werte als solche sind wichtig, sondern die sozio-kulturelle und politisch-ökonomische Situation, Strukturen und Mechanismen, die durch Entwicklungspolitik beeinflußt werden und an denen ihre Wirkung abgeschätzt werden muß. Wichtig sind

---

[7] Vgl. B. Schade, 1983

die daraus entstehenden Handlungsmuster und Handlungsspielräume, die vorhandenen Potentiale[8] und Rationalität der neu angebotenen Entwicklungen vom Standpunkt des vorhandenen Produktions- und Sozialsystems aus.

Das in der Entwicklungspolitik vorherrschende Menschenbild kann einerseits als ökonomisch nutzenmaximierend, andererseits als irrational, traditional, in statischen sozio-kulturellen Verhältnissen verhaftet gekennzeichnet werden. Die handelnden Menschen werden plötzlich zur "Zielgruppe" oder zu "Zielgruppen", ohne daß überhaupt gesagt wird, wer hier auf wen zielt und womit. Auch in entsprechenden entwicklungspolitischen Dokumenten ist statt von Bevölkerung oder Menschen einfach von "Zielgruppen" die Rede. Die Herkunft dieses Begriffes aus der Militärtheorie - über den Weg der entsprechenden sozialtechnologischen Tradition der natürlich nicht grundsätzlich abzulehnenden zielgerichteten sozialen Aktion - ist offensichtlich. Durch diese Art der Rationalitäts- und Effektivitätserhöhung politischen Handelns werden die Menschen zum Objekt technokratischer Aktionen gemacht. Die ursprünglich mit dem Konzept der Zielgruppe[9] implizierte besondere Hinwendung auf den Teil der Bevölkerung, der tatsächlich der Zuwendung bedarf (ohne die Reichen nur reicher zu machen), das Eingehen auf deren besondere Bedürfnisse und ganz konkrete soziale Situation, ist verlorengegangen. Denn gerade die Berücksichtigung der Besonderheit der Situation bedeutet die Analyse der sozialen Lage in bezug auf andere Bevölkerungsgruppen, Interessenkonstellationen, Macht- und Herrschaftsverhältnisse. Dies ist bei der Gleichsetzung mit "der Bevölkerung" oder "den Armen" nicht mehr der Fall, d.h., das Problem wird entpolitisiert.

---

[8] Vgl. zum Konzept der Handlungsspielräume und Potentiale für die Entwicklungsprojekte P. Teherani-Krönner, Michel-Kim, Weiler, 1982; P. Teherani-Krönner, 1988

[9] Vgl. K. M. Fischer et al., 1981

Der Begriff der "Akzeptanz" bedeutet ebenfalls, daß einerseits ein statischer Gesellschaftsbegriff zugrundegelegt wird, andererseits eben doch von außen oder oben Neuerungen übertragen werden. Es kann nicht darum gehen, daß Neuerungen entweder akzeptiert werden oder nicht, ihnen sozusagen immanent die Qualität der "Sozialverträglichkeit" innewohnt. Dieser Begriff schließt die Vorstellung eines dynamischen, eigenständigen Wandels aus. In bestimmten Projekten der Entwicklungszusammenarbeit gibt es die Möglichkeit der sogenannten Orientierungsphase, bevor in größerem Umfang Maßnahmen durchgeführt werden. Dabei kann es jedoch nicht darum gehen, Maßnahmen wie in einem Labor hinsichtlich ihrer "Akzeptanz" bei der Bevölkerung zu testen. Diese kann sich erst in einem Dialog und wechselseitigen Lernprozeß entwickeln, in den gewisse neue Ideen von außen eingebracht werden, diese jedoch in einem offenen Planungsprozeß bei voller Partizipation der Betroffenen in die selbstverantwortliche Praxis umgesetzt werden.

Bei den in der Entwicklungspolitik für die handelnden Einheiten verwendeten Begriffen "Betrieb", "Haushalt" und der ihn gemäß den entwicklungspolitischen Vorstellungen betreibenden "Kleinfamilie" handelt es sich um ausgesprochen ethnozentrische Begriffe, die nicht nur die Übertragung von Mustern aus anderen Kulturen implizieren, sondern auch dazu führen, daß die soziale Realität nicht verstanden wird. Eine afrikanische häusliche Produktionseinheit ist kein Betrieb, der vorhandenes Kapital einsetzt, über eine bestimmte Anzahl von Arbeitskräften verfügt bzw. über den freien Arbeitsmarkt hinzukaufen kann. Seine physischen und sozialen Grenzen sind nicht klar definiert, es bestehen darüber hinausgehende Verpflichtungen, die jedoch auch Zugangsrechte zu Ressourcen sichern. Der Begriff des Haushalts, wie er aus der Industriegesellschaft übertragen wird, ist irreführend, da in afrikanischen Gesellschaften die Produktions- noch nicht von der Reproduktionssphäre getrennt ist. Es wird von einem Haushaltsvorstand oder Betriebsleiter ausgegangen, ohne daß die ganz besonders festgelegte Arbeitsteilung zwischen den Geschlechtern[10] und jungen und alten Personen sowie die Zuschreibung von Aufgabenbereichen und Verteilungsregeln des Produkts berücksichtigt werden. Die den Betriebs- (farming-systems-research) und Haushaltsuntersuchungen[11] zugrundeliegende abstrakte Idee der Arbeitskraft und der Produktionsfaktoren, die je nach Preisverhältnissen (oder auch Ökosystemlogik) eingesetzt werden, abstrahiert völlig von der konkreten sozialen und kulturellen Nicht-Gleichheit dieser Faktoren.

In den Betriebs- und Haushaltserhebungen wird die Vergesellschaftung simpel und einfach durch Aggregation der einzelnen Haushalte und Betriebe vorgenommen. Die weitergehenden sozialen Beziehungen werden nicht thematisiert; Partizipation an Gemeinschaftsaufgaben wird einfach postuliert. Dieses Verständnis von Vergesellschaftung impliziert, daß keine sozialen und politischen Unterschiede vorhanden sind, und berücksichtigt daher auch solche nicht, die künstlich durch die Entwicklungspolitik geschaffen oder verstärkt werden können. Dies entspricht einmal der Gleichheitsvorstellung von Betrieben und Haushalten, zum anderen auch einer Traditionalismusideologie der Dorfgemeinschaft, die alle Dinge selbst regeln könne.

Wenn zur Behebung der an der Basis konstatierten Probleme auf einer aggregierten Ebene Politikvorschläge gemacht werden, bedeutet dies den Sprung zur falschen Ebene. Umgekehrt wird von einer aggregierten Ebene der Problemanalyse (z.B. fehlende Ar-

----

[10] Zur exemplarischen Rolle der Behandlung der Frauenfrage im Hinblick auf die methodologische Grundlegung der Entwicklungstheorie und -politik siehe Teil II, 3.2, S. 36 ff.

[11] Vgl. R. Billaz, 1984: "Conséquemment, vouloir isoler, extraire artificiellement l'exploitation agricole de ce tissu complexe de relations sociales constitue une entreprise à la fois absurde et vaine.", S. 49; J.I. Guyer, P.E. Peters (Hrsg.), 1987

beitskräftequalifikation, unzureichende nationale Nahrungsmittelproduktion) auf die Basis geschlossen und Empfehlungen gegeben (z.B. Errichtung von technischen Schulen, Produktivitätssteigerung durch Anreizsysteme). In beiden Fällen fehlt die mittlere Ebene, die strukturelle Einbettung und die gesellschaftlichen Hintergründe der individuellen und aggregierten Phänomene sowie ihr sozialer Entstehungszusammenhang. Im Falle der Bildung müßte z.B. betrachtet werden, welche Arbeitskräftesituation in den Produktionssystemen der Herkunftsfamilien herrscht, welche soziale Bedeutung dort Bildung hat, welche Werte und Inhalte in den Bildungseinrichtungen vermittelt werden, welche Auswirkungen diese auf die Art der späteren Tätigkeit haben, welches Prestige mit welcher Art von Bildung verbunden ist. Z.B. stellt ein Sohn mit moderner Bildung und damit Zugang zum Staatsapparat das soziale Bindeglied zum 'modernen' System her und begründet ganz bestimmte Beziehungen zwischen 'traditionellem' und 'modernem' Bereich. In der eigenen Landwirtschaft kann und soll er daher natürlich nicht mehr eingesetzt werden. Dies führt zu den bekannten Umsetzungsschwierigkeiten des Konzepts der funktionalen Erziehung. Auch das Phänomen der Korruption z.B. kann nicht auf der individualpsychologischen Ebene erklärt werden, sondern ist ein Ausdruck für die spezifische Einbindung der Bürokraten in soziale und ökonomische Verhältnisse - Kontrolle über Produktionsmittel, Verpflichtung gegenüber sozialer Herkunftsgruppe, Klientelbeziehungen, durch die die Verflechtung der verschiedenen Gesellschaftsbereiche konstituiert wird.

Insgesamt wird der Bezug zur Gesamtgesellschaft und zum Staat in den Entwicklungskonzepten nicht angemessen hergestellt. Die Entpolitisierungsthese kann damit belegt werden, daß die Begriffe Gesellschaft, politische Bedingungen, Machtverhältnisse nicht auftauchen. Gemäß der herrschenden Alltagstheorie der internationalen Entwicklungspolitik wird die Krise insgesamt, wie auch das Mißlingen der Entwicklungshilfe und des Technologietransfers, der sogenannten Elite und den "Rahmenbedingungen" angelastet.

Zum einen wird nicht berücksichtigt, daß sich diese gesellschaftlichen Verhältnisse im konkreten Handeln jedes einzelnen Staatsfunktionärs und der Menschen selbst abbilden. Zum anderen wird durch diese Trennung völlig unrealistisch davon ausgegangen, daß die Regierung diese Rahmenbedingungen nach Belieben ändern könne. Die Gesellschaft wird hier als Apparat gesehen, an dem die Regierung drehen kann, vorausgesetzt, man setzt sie nur durch die sogenannte Auflagenpolitik entsprechend unter Druck. Die Gefahr, daß dadurch lediglich autoritäres Obrigkeitsverhalten und Repression gefördert wird, ist groß.

3.2 Das Beispiel der Frauenförderung

Der Behandlung der 'Frauenfrage' in der Entwicklungspolitik kommt neben der eigenständigen auch exemplarische Bedeutung für die hier angesprochenen entwicklungstheoretischen und methodologischen Grundlegungen in der Entwicklungspolitik zu. Dies zeigt sich insbesondere in bezug auf[12]

- die Konzeptualisierung, d.h. den theoretischen und methodologischen Ansatz zur Erfassung der Problematik, insbesondere im Hinblick auf die Übertragung von Analysekonzepten und damit Modellen

- die Notwendigkeit eines dynamischen, strukturellen und handlungsorientierten Ansatzes, um die in den Prozessen des sozialen und institutionellen Wandels auftretenden Widersprüche und ungewollten Folgen zu erfassen

---

[12] Siehe G. Lachenmann, 1987 f

- die Frage der Organisation auf der mittleren Ebene und die Bedeutung sozialer Bewegungen für die Stärkung der Handlungsautonomie bei den Subjekten dieses Wandels.

In dem Bereich der Frauenforschung und -förderung hat sich die Erkenntnis der fehlenden gesellschaftlichen Ausrichtung in der Entwicklungspolitik besonders deutlich manifestiert. In der Entwicklungspolitik kann heute nicht mehr davon ausgegangen werden, daß unabhängig von kulturellen Werten, gesellschaftlichen Institutionen und sozialer Macht die Vorzüge der Entwicklung sich quasi-automatisch auf alle Mitglieder der Gesellschaft gleichmäßig ausdehnen. Im Gegenteil, es muß konstatiert werden, daß unreflektiert Wertemuster übertragen werden und Annahmen über geschlechtliche Arbeitsteilung, Zugang zu Ressourcen und Produkt, kurz: die soziale Welt der Frauen, gemacht werden, die zu Prozessen der tendenziellen Verschlechterung ihrer sozialen und ökonomischen Lage und ihrer gesellschaftlichen Position führen. Ganz abgesehen davon, daß dies ein Bereich ist, wo Fehler besonders eklatant auch die Wirksamkeit von Entwicklungszusammenarbeit beeinträchtigt haben.

Die Frauen wurden aus unterschiedlichen Gründen und in unterschiedlichen Zusammenhängen zum 'Problem' in der Entwicklungspolitik definiert bzw. für die Entwicklungspolitik entdeckt. Im Rahmen der Diskussion über die Befriedigung von Grundbedürfnissen rückte der Reproduktionsbereich ins Blickfeld und damit die Rolle der Frauen; im Rahmen der Diskussion über die Beachtung der Bedürfnisse und die Partizipation bestimmter "Zielgruppen" entdeckte man, daß man oft die falsche "Zielgruppe" gefördert hatte; im Rahmen der Diskussion über unzureichende Nahrungsmittelproduktion und Ernährungsproblematik zeigte sich ihre entscheidende Rolle in der Subsistenzproduktion; im Rahmen der Diskussion über die Wirkungslosigkeit oder gar unerwünschten Folgen von Entwicklungshilfe und die Notwendigkeit der Berücksichtigung sozio-kultureller Faktoren zeigte sich die Bedeutung der Geschlechterrollen und die mögliche Benachteiligung und negati-

und der oft kaum zu erklärenden Überlebensstrategien der Bevölkerung erschienen plötzlich die Frauen als wichtige Akteure; bei der Diskussion alternativer Entwicklungsmodelle, von Selbsthilfe und Netzwerken stellte sich plötzlich heraus, daß ein Großteil der Beteiligten Frauen waren. Zur Inangriffnahme des Weltbevölkerungsproblems wurden entgegen allen Erkenntnissen einzelne Frauen in den Mittelpunkt von Aufklärungs- und teilweise sehr massiven Familienplanungsmaßnahmen gestellt. Bei der Diskussion über Strukturanpassung und ihre negativen sozialen Wirkungen zeigte sich plötzlich ein Übermaß der Betroffenheit von Frauen, die inzwischen als "verletzliche" (vulnerable) Gruppe tituliert werden. Es kam zu der typischen Polarisierung bzw. Koinzidenz konservativer und progressiver Positionen: die Diskussion um die Förderung der Subsistenzwirtschaft sah sich plötzlich auf einer Linie mit der Forderung nach Privatisierung weiter Bereiche im Produktions- und Dienstleistungsbereich und nach Stärkung der sozialen Rolle der Frau.

Was die Konzeptualisierung anbelangt, so wird insbesondere bei der Verwendung der Kategorien Betrieb und Haushalt nicht von den oft jeweils unterschiedlich organisierten Produktions- und Reproduktionseinheiten ausgegangen. Erstaunlicherweise wird zwar zwischen Produktion und (unproduktiver) Hausarbeit unterschieden (die in Entwicklungsländern natürlich einen großen Anteil von Verarbeitungsschritten und Dienstleistungen umfaßt, die in Industrieländern in die formale Wirtschaft integriert sind), andererseits sehr unscharf das Konzept des "informellen Sektors" verwendet, ohne daß in irgendeiner Weise reflektiert wird, daß gerade hier die Trennung zwischen (Frauen-) Hauswirtschaft und moderner (Männer-) Wirtschaft nicht gilt und hier der entscheidende Ort der Verflechtung beider ist.

Einerseits werden auf diese Art und Weise westliche Analysekonzepte und damit auch implizit gesellschaftliche Normen übertragen, andererseits besteht jedoch eine falsche Angst vor der Übertragung von westlichen Vorstellungen der Frauenemanzipation,

Einerseits werden auf diese Art und Weise westliche Analysekonzepte und damit auch implizit gesellschaftliche Normen übertragen, andererseits besteht jedoch eine falsche Angst vor der Übertragung von westlichen Vorstellungen der Frauenemanzipation, wo doch die 'traditionelle' Frauenrolle oft nicht die im Hause ist, sondern eine eigenständige soziale Welt beinhaltet, die gerade durch Entwicklungspolitik und die implizite Übertragung der Kleinfamilienlogik (hinsichtlich Arbeitsteilung, Umverteilung des Produkts, Zugang zu produktiven Ressourcen einschließlich Land, persönliche Absicherung und Verfügungsgewalt) gestört ist.

Dieser Widerspruch manifestiert sich in der Tendenz, von ausländischen Entwicklungsagenturen Entscheidungen über gesellschaftspolitische Modelle zu verlangen, z.B. wie die neue, in einem Projekt in Malawi zu schaffende bzw. stärkende Rolle der Frau in der Gesellschaft auszusehen habe - solle die Produktionseinheit als ganze abgesichert, oder jeweils für die Frauen eine eigenständige 'moderne' Sicherung geschaffen werden. Dies ist ein typischer Fall für die unreflektierte Beeinflussung sozialen Wandels durch Entwicklungspolitik. Andererseits werden derartige Fragen meist unter die (zu verändernden) "Rahmenbedingungen" gefaßt, d.h. pauschal eine angeblich traditionelle Frauenrolle als entwicklungshemmend deklariert. Derartige Fragen gesellschaftspolitischer Leitbilder müßten vielmehr im Rahmen der Entwicklungszusammenarbeit aufgeworfen und transparent gemacht werden, damit sie innerhalb der Gesellschaft überhaupt zu einer Fragestellung gemacht werden und in gesellschaftliche Aushandlungsprozesse eingehen.

Für die Wende im Hinblick auf die Beachtung der Frauen in der Entwicklungspolitik steht das in der Weltbank geprägte Konzept der "invisible woman",[13] das eher als 'Blindheit' der Theoretiker und Experten paraphrasiert werden könnte. Es geht hier also um eine unangemessene Konzeptualisierung, aus der dann eine unangemessene Entwicklungspolitik, da sozialtechnologisch und daher nicht umsetzbar, abgeleitet wird. Diese fordert statt der konstatierten Marginalisierung eine "Integration der Frau in den Entwicklungsprozeß"[14] (obwohl doch, wie daran kritisiert wurde, die Frauen die Hauptlast der Entwicklung trugen) und die Nutzung ihres "Potentials" gemäß einem politikanleitenden theoretischen Ansatz des "human investment". Was die konkrete deutsche Entwicklungszusammenarbeit anbelangt,[15] so wurde und wird nach wie vor darüber diskutiert, ob es eine besondere "Frauenförderung" geben müsse, oder ob Frauen "integraler Bestandteil aller Maßnahmen der Entwicklungszusammenarbeit" sein sollten, um einen "evolutionären Wandel der Situation der Frau" zu unter-

---

[13] Vgl. The World Bank, 1979. Gloria Scott, die Verfasserin, war auf der 1977 geschaffenen Stelle einer "Advisor on Women in Development" bei der Weltbank tätig.

[14] Zur Abfolge der verschiedenen entwicklungspolitischen Konzepte unterschiedlicher internationaler Institutionen seit der 1. Weltfrauenkonferenz 1975 in Mexiko vgl. R. Rott, 1987, S. 54 ff.; Ch. Wichterich, 1987, S. 124 ff.

[15] Vgl. GATE (Dorothee Obermaier), o.J. (1986). In der deutschen Entwicklungszusammenarbeit wird nach längerer Diskussion unterschieden zwischen frauenspezifischen Projekten, Pilotprojekten und Frauenkomponenten in sonstigen Entwicklungsprojekten. Es dauerte von 1978 bis Anfang 1988, bis die Bundesregierung eine neue Konzeption für Frauenförderung entwickelte. Erst allmählich versucht man, den Projektrahmen etwas zu überwinden, indem man z.B. anstrebt, Sektorkonzepte in bezug auf den Frauenaspekt zu verändern. Bei der Weltbank sollen Aktionspläne für Frauenförderung in bestimmten Ländern durchgeführt werden; die Niederlande engagieren spezielle Beraterinnen für Frauenfragen in ihren Botschaften in Entwicklungsländern etc.

stützen, damit sie tatsächlich zu "Trägerinnen und Nutznießerinnen der Entwicklung"[16] werden könnten.

Die 'Blindheit' zeigt sich in vielen der verwendeten theoretischen Konzepte zur Analyse der Entwicklungsproblematik[17] und leitet Politikansätze an, wodurch die soziale Realität auch entsprechend geprägt wird. Die vorne ausgeführte Unschärfe in bezug auf die Analyseeinheit Betrieb bzw. Haushalt hat besonders negative Auswirkungen für die angemessene Analyse der Situation der Frauen und entsprechende Politikmaßnahmen. Besonders für die Wirtschaft und die soziale Sicherung der Frau sind die über unterschiedliche soziale Beziehungen und Institutionen geknüpften Bande über diese Einheiten hinaus von höchster Bedeutung und ihr Kappen fatal, jedoch meist unbemerkt. Produktionsfaktoren werden fälschlicherweise als geschlechtsneutral angesehen, es wird undifferenziert von Familienarbeitskräften in ländlichen Produktionseinheiten gesprochen. Natürlich macht es jedoch einen entscheidenden Unterschied, wer der "Haushaltsvorstand" oder der viel berufene "Kleinbauer" (small farmer) ist, wer was verdient, wer welche Aufgaben und Arbeiten ausführt, wer Zugang zu welcher Art Technologie hat, wer das Recht auf Landbesitz hat, wer welches Produkt erzeugt. Sobald die Analyse etwas genauer wird, setzt allerdings der erwähnte Prozeß der Etikettierung ein, und

---

[16] Unter diesem Titel fand 1986 ein Fachseminar zur ländlichen Entwicklung für MitarbeiterInnen der Deutschen Gesellschaft für Technische Zusammenarbeit (GTZ) bei der Deutschen Stiftung für Internationale Entwicklung (DSE) in Feldafing statt.

[17] Verblüffend zu beobachten ist, wie Erkenntnisse der Sozialwissenschaften - bezeichnenderweise von der Autorin als "feminist studies" abqualifiziert - in der Weltbank zum Teil durchaus aufgegriffen und in ökonomisch und administrativ handhabbare Kategorien übersetzt werden, wobei allerdings ständig mehr "Belege" gefordert werden, vgl. U. Lele, 1986

Frauen werden als "verletzliche" (vulnerable) Gruppe[18] oder besondere "Zielgruppe" der Entwicklungszusammenarbeit bezeichnet.

Frauen sind jedoch eine verletzliche Gruppe nur insofern, als ihre Situation immer unsicherer wird im Zuge der Art der 'Modernisierung', die zu einer Minderung des Status, der Rechte und der Lebenschancen der Frauen führt, wobei das als "urban bias" analysierte Gefälle zwischen Stadt/Land sich besonders ungünstig für die Frauen darstellt. Inzwischen gibt es genügend Studien, die zeigen, daß Frauen stark sind, ja gerade sie es sind, die das von den Entwicklungstheorien in den Zeiten der ökonomischen Krise und wirtschaftspolitischen Strukturanpassungsmaßnahmen kaum erklärte Überleben zu einem großen Teil sicherstellen. Wenn Männer schon lange aufgegeben haben oder abgewandert sind, halten sie die Subsistenzlandwirtschaft aufrecht, kümmern sich um die Ernährung und den Lebensunterhalt mittels einer Multiplizität von Tätigkeiten (ein weiteres, erst kürzlich entdecktes Etikett der Entwicklungspolitik), machen die schwersten und am schlechtesten bezahlten Arbeiten, arbeiten mehr Stunden etc.[19]

Anstatt nun dieser Situation abzuhelfen, etikettiert die Entwicklungspolitik Frauen als "nicht-innovativ", "änderungsunwillig", "abgeneigt gegenüber Investitionen", ja als ganz besonders "irrational die Umwelt zerstörend" und "technologiefeindlich". Jedoch kann gezeigt werden, daß gerade Frauen eine besonders ausgeprägte Fähigkeit der "Technologiefolgenabschätzung" und einen scharfen Blick gegenüber Prozessen haben, die ihre Existenzgrundlage unsicher gestalten, also gegenüber den in dieser Arbeit hier angesprochenen Destabilisierungsprozessen.

----

[18] Vgl. z.B. G. Cornia, R. Jolly, F. Stewart, 1987

[19] Vgl. G.S. Scott, 1987, S. 209 f.; von einer "Feminisierung des Elends" spricht Ch. Wichterich, 1984, S. 16

Zwar wurde in der Entwicklungspolitik das Konzept der Hausfrauenförderung zumindest konzeptionell überwunden, auch wenn in der Praxis noch viele Entwicklungshilfeprojekte sich primär auf den Bereich des 'Häkeln und Stickens' konzentrieren, jedoch gerieten auch die anschließend verfolgten entwicklungspolitischen Ansätze der "einkommenschaffenden Maßnahmen" in ein Dilemma. Angesichts der stark empfundenen monetären Bedürfnisse treiben sie die Frauen in eine totale Marktabhängigkeit, und dies meist mit Produkten, die angesichts der geringen Qualität und des Überangebots kaum Absatzchancen haben. Dazu kommt das Problem, daß es sich bei derartigen Fördermaßnahmen im Grunde immer um eine Arbeitsmehrbelastung handelt, und die entscheidende Frage der Arbeitserleichterung kaum in Angriff genommen wird bzw. immanente Probleme aufwirft, sofern sie sich auf den Eigenverbrauch bezieht, der nach bürokratischen Regeln nicht ohne Surplusproduktion gefördert werden kann. Diese Situation hat sich in vielen Ländern angesichts der Wirtschaftskrise und extremen Inflation zugespitzt, so daß ihre Versuche der Akkumulation kläglich scheitern müssen.[20]

Auffallend ist auch, daß in einigen der neueren, armuts- und selbsthilfeorientierten Entwicklungskonzepte die Klientel der Frauen überwiegt; sie betreiben Ernährungszentren mit Nahrungsmittelhilfe, sind Mitglieder von Sparclubs, sind an Gemeinschafts- und Selbsthilfearbeiten beteiligt und tragen die Steine in angepaßten Ressourcenschutzprojekten. Hier stellt sich ernsthaft die Frage der Angemessenheit und Ideologieträchtigkeit dieser Konzepte in bezug auf Selbstausbeutung und Überbelastung.

---

[20] Vgl. hier symptomatisch den von E.-M. Bruchhaus, 1988, S. 59, geschilderten Fall aus Tansania, wo angesichts der hohen Inflationsrate ein Busprojekt einer Frauengruppe völlig an den immensen Kapitalerfordernissen für eine Neuinvestition und der extremen Abwertung der Ersparnisse scheiterte.

Der Frauenbereich ist ein besonders markantes Beispiel für die ablaufenden Destabilisierungsprozesse, die einen eigenständigen Wandel sozialer Institutionen wie z.b. des Brautpreises verhindern und sie vielmehr in ihrer Funktionalität verzerren. Diese Institution, die früher soziale Beziehungen und ökonomischen Austausch langfristig begründet hatte, hat jetzt zu einem gewissen Ausmaß ungewollte Wirkungen und trägt zu den zu konstatierenden Prozessen der Monetarisierung gesellschaftlicher Beziehungen und dem Entstehen von Käuflichkeit (Venalität)[21] bei.

Wie allgemein in der Entwicklungspolitik wird ein statisches Verständnis von Gesellschaft zugrundegelegt, wenn darauf hingewirkt werden soll, daß Frauenbelange berücksichtigt und "negative Wirkungen vermieden" werden sollen. Was vielmehr nötig wäre, ist den Prozessen der tendenziellen Benachteiligung, Ausgrenzung etc. im Laufe der sozio-ökonomischen Wandlungsprozesse gegenzusteuern und positive 'Entwürfe' eines neuen Frauenbildes und einer anderen Frauenrolle möglich zu machen.

Es ist notwendig, von einem statischen Bild der armen, diskriminierten Frauen abzugehen; erst allmählich wird die Aufmerksamkeit auf Prozesse der Verarmung gelenkt, innerhalb derer strukturelle Faktoren (im Hinblick auf vorhandene gesellschaftliche Institutionen sowie externe Interventionen) sich gegenseitig verstärken, auf die von diesen Prozessen bewirkte Reproduktion und Perpetuierung des Zustands der Armut und Diskriminierung z.B. durch die Einbeziehung von Kindern, sowie auf die Reproduktion der Armut produzierenden Strukturen der Unterentwicklung in der Gesellschaft als ganzer.

Das Problem liegt nicht so sehr in einer angeblich traditionell unterdrückten Position der Frau in 'rückständigen' Gesellschaf-

---

[21] Vgl. G. Elwert, 1984, S. 397

ten, sondern in dem ablaufenden Prozeß der "Hausfrauisierung", wie er in einem interessanten Theorieansatz herausgearbeitet wurde.[22] In diesem Prozeß findet eine Entwertung des Status und der Aufgaben der Frau statt, indem sie z.B. von einer eigenständigen wirtschaftlichen und sozialen Welt in die zweite Ebene des Haushalts analytisch und de facto verbannt wird, wodurch ihre Arbeit tatsächlich "unsichtbar" wird - wenn auch extrem notwendig für die Reproduktion, ganz besonders auch von Lohnarbeitern, die entgegen der sozialpolitischen Absicht keinen "Familienlohn" erhalten - und verhindert wird, daß eine neue gesellschaftspolitische Frauenrolle in der Gesellschaft definiert wird. Dieser Prozeß wird durch Entwicklungspolitik verstärkt und historisch gesehen sogar überhaupt erst in Gang gesetzt, unter anderem durch die Verwendung der genannten Konzepte, und ganz konkret durch den Entzug von Landrechten z.B. bei der Einführung von Bewässerungsprojekten, der Verantwortung für bestimmte Produkte bei Einführung von Technologie etc., etc.

Als symptomatisch dafür, wie der Prozeß der 'Modernisierung' die Existenzgrundlage der Bevölkerung in Frage stellt und keine angemessenen neuen ökonomischen und gesellschaftlichen Rollen zur Verfügung stellt, wie die Einführung von selbst als "angepaßt" zu bezeichnender Technologie Frauen marginalisiert und gleichzeitig ihre Arbeitsbelastung und Verantwortlichkeit erhöht, und Männer in die Lage versetzt, ihr Produkt zu Lasten der Ernährung der Familie anzueignen, sei aus einer eigenen Feldstudie in Zaire berichtet:[23]

---

[22] Vgl. C. v. Werlhof, M. Mies, V. Bennholdt-Thomsen, 1983, S. 10

[23] Vgl. K. Fresenius, G. Lachenmann, 1984, S. 79 ff.

In einem Dorf in der Region Bandundu fragte ich, wer die Feldarbeit macht und wer die Produkte transportiert - und man sagte mir "die Frauen". Als ich fragte, was die Männer tun, sagten sie mir, sie seien Jäger. Als ich fragte, was für Tiere sie jagten, sagte man mir, daß es keine Tiere mehr gäbe seit der Kolonialzeit und sonstigen Ereignissen. Um dieses Beispiel weiter zu nutzen, sei gesagt, daß in einem ländlichen Entwicklungsprojekt in der gleichen Region Schubkarren als angepaßte Technologie eingeführt wurden. Nun hatten die Männer keine Statusprobleme mehr, um Lasten zu transportieren, sie nahmen den Maniok von den Feldern der Frauen und verkauften ihn auf dem Markt ...

Die exemplarische Bedeutung des Frauenbereichs kann auch hinsichtlich der Frage der Organisation deutlich gemacht werden, wenn die verschiedenen entwicklungspolitischen Versuche des institution-building und der Organisation der Armen dem ganz anderen Charakter der sozialen oder volkstümlichen Bewegungen[24] gegenübergestellt werden, für die die Frauenbewegung ein Beispiel darstellt. Es ist offensichtlich, daß letztere die realistischeren Perspektiven bieten im Hinblick auf eine Organisation der Armen für gemeinsames Handeln, eine Zusammenlegung von Ressourcen und die Ausübung politischen Drucks, um so die Machtverhältnisse in der Gesellschaft in Frage zu stellen (die oft in der Entwicklungspolitik als Ursachen der Armut genannt werden, ohne daß daraus Konsequenzen im Hinblick auf die verwendeten Entwicklungsmodelle und ihre Implikationen gezogen würden) und neue Vorstellungen sozialen Wandels zu verbreiten.

Damit wird der unterschiedliche methodologische Ansatz deutlich, der einem aus der ökonomischen Theorie abgeleiteten Konzept der "Investition in menschliche Ressourcen" zugrundeliegt, das Frau-

---

[24] Siehe Teil VI, 1, S. 196 ff.

en als "menschliches Kapital und ungenutzte Ressource für die Besserstellung der Familie, der Gemeinschaft und des Landes"[25] anpreist. Da es nicht handlungsbezogen ist, kann es weder methodologisch noch entwicklungspolitisch, noch politisch befriedigen. Weder können damit sozialstrukturelle Bedingungen und das komplexe System der Diskriminierung von Frauen in einer Gesellschaft erklärt werden, noch kann damit Entwicklungspolitik angeleitet werden. Mehr moderne Bildung korreliert zwar ex post mit niedrigeren Säuglingssterblichkeitsraten und mit ökonomischem Wachstum, entscheidend sind jedoch die intervenierenden Faktoren, für deren Analyse emische Konzepte erforderlich sind, um die vermittelnden Handlungen zu verstehen. Ganz davon abgesehen, daß es absurd scheint, die Förderung von Frauen aufgrund ihrer Wirkung auf Wirtschaftswachstum zu rechtfertigen. Man hätte in der Entwicklungspolitik umgekehrt erwartet, daß Investitionen, Wachstum und Entwicklung sich dadurch rechtfertigen, daß Ressourcen so alloziiert werden, daß die Situation der Frauen sich nicht verschlechtert, sondern sie zu Subjekten eines eigenständigen Wandels werden.

3.3 Eine mögliche Rolle für die Sozialwissenschaften in der Entwicklungszusammenarbeit

Wenn derzeit kritische Bilanz gezogen wird über die Sinnhaftigkeit der bisherigen Entwicklungszusammenarbeit, ihre möglicherweise übersehenen unerwünschten sozialen Folgen, die 'Verweigerung' der Adressaten, die sich nicht so verhalten, wie das Modernisierungstheoretiker gewünscht hätten, ja die nicht einmal mehr in der Lage sind, ihre eigenen Nahrungsmittel zu produzieren, die durch anscheinend irrationale Landnutzungsmuster die Umwelt

---

[25] Vgl. G. Scott, 1987, S. 227 f.

ruinieren ..., scheint genügend Problembewußtsein vorhanden, um Sozial- und Kulturwissenschaften (Ethnologie, Ethnosoziologie und Soziologie fasse ich hier zusammen)[26] in stärkerem Maße, als dies bisher geschehen ist, heranzuziehen. Die gängigen Forderungen nach Berücksichtigung der sozio-kulturellen Dimension der Entwicklung,[27] nach einem zielgruppenorientierten, d.h. auf die konkreten Lebensverhältnisse bestimmter Menschen zugeschnittenen Ansatz, nach Integration der Frauen in den Entwicklungsprozeß, nach Grundbedürfnisbefriedigung und Armutsbekämpfung sowie Erhaltung der natürlichen Ressourcen, stehen dafür.

Dabei fehlt es jedoch an den Grundlagen für einen fruchtbaren Austausch, einerseits bestehen möglicherweise überzogene Erwartungshaltungen seitens der Entwicklungsadministration, andererseits darf die Wissenschaft diese nicht opportunistisch schüren, sondern muß ihre Fähigkeit zu Reflexion und Transparentmachung des entwicklungspolitischen Handelns einbringen. Nur wenn in der Entwicklungsadministration hier und in den Entwicklungsländern dort die Empfangsstrukturen vorhanden sind, wird dieses zweifellos vorhandene Potential abgerufen, gegenstandsangemessen aufbereitet und umgesetzt.

Die folgenden Thesen werden an Sprachfiguren festgemacht, mit denen die derzeitige entwicklungspolitische Diskussion gekennzeichnet werden kann.

---

[26] Zu den Ansätzen der verschiedenen Disziplinen vgl. D. Goetze, 1983

[27] Siehe früher G. Lachenmann, 1986b, vgl. dazu G. Lachenmann, 1988b

Ausgangsproblem:
"Entwicklungszusammenarbeit funktioniert nicht"

Entwicklungsprojekte erreichen ihre Ziele nicht, vielmehr kommt es zu einer Reihe von unerwünschten/ungewollten Nebenwirkungen. Auch diese tragen zu der in vielen Gesellschaften zu beobachtenden Destabilisierung der traditionellen Produktions- und Sozialsysteme, zur Entwicklung sozialer Ungleichheit, zur Verschlechterung der Ernährungssituation, zur Umweltzerstörung etc. bei. Notwendig ist

- die Einführung sozialwissenschaftlichen Denkens und kulturwissenschaftlichen Wissens

- die Schaffung der entsprechenden 'Empfangsstrukturen' hier und dort.

Entwicklungspolitische Antwort: Forderung der Einbeziehung sozio-kultureller Faktoren:
"Vom Störfaktorenkonzept zur Konservierungseuphorie"

Die 'Mode' der Forderung nach Einbeziehung sozio-kultureller Faktoren birgt gewisse Gefahren in sich, da sie zum Teil auf den erwähnten methodologischen Mißverständnissen beruht, die in einer verstärkten Kommunikation zwischen Wissenschaft und Administration ausgeräumt werden müßten.

Zur Zeit wird im Rahmen der Diskussion über die Wirksamkeit und die gewollten und ungewollten Folgen von Entwicklungspolitik vor allem in der französischen Diskussion darauf hingewiesen, daß die Entwicklungspolitik "kein Gedächtnis" habe: "Le développement n'a pas de mémoire". Stattdessen wird ein historischer Ansatz propagiert.[28] Dieser kritisiert an Evaluierungen und an der Entwicklungspolitik allgemein, daß die tatsächliche Annahme von Neuerungen und die Wirkungskonstellation oft völlig anders läuft, als postuliert oder angenommen wird. Es wird darauf hingewiesen, daß die Bauern die angebotenen Projekte umfunktionieren, deren Systemlogik aufbrechen und Ziele umlenken, ohne daß dies in Entwicklungstheorie und -politik berücksichtigt würde.

Empfangsstrukturen/Bedingungen für die Anwendung kulturwissenschaftlichen Wissens und Denkens hier:
"Gesunder Menschenverstand reicht nicht aus"

Die Erwartungshaltung der Administration bzw. von Vertretern anderer Disziplinen entspricht nicht den Möglichkeiten bzw. Absichten der Kulturwissenschaften aufgrund ihres Wissenschaftsbegriffes ('objektive' Aussagen, instrumentelles Erkenntnisinteresse), ihres Methodenverständnisses und der Logik administrativer und bürokratischer Rationalität. Die Instrumente der Entwicklungszusammenarbeit sind oft mit den sozio-kulturellen und -strukturellen Implikationen der neueren entwicklungspolitischen Konzepte nicht vereinbar. Eine wichtige Prämisse der Wissenschaft, der wissenschaftliche Diskurs, kommt wegen der administrativen Beschränkung der Veröffentlichung der Ergebnisse zu kurz. Es besteht kein Problembewußtsein hinsichtlich der Gültigkeit von Expertenwissen. (Beispiel: "Wenn Sie wissen wollen, was in den Dörfern los ist, fragen Sie die Projektmitarbeiter".)

Der Notwendigkeit, die Gesellschaft besser zu verstehen, mit der man zusammenarbeitet, wird inzwischen in einigen Fällen Rechnung getragen, indem sozialwissenschaftliche Vorstudien und Begleit-

---

[28] Vgl. J.-P. Chauveau, 1985; J.P. Olivier de Sardan, 1986

forschung in Auftrag gegeben werden. Allerdings befinden sich die entsprechenden Kapitel meist in einem getrennten Band oder im Anhang, die 'harten' Tatsachen werden nicht mit den 'weichen' verknüpft, was der Entwicklungsadministration natürlich die Rezeption nicht erleichtert. Bei den erwähnten Orientierungsphasen in bestimmten Projekten ist jedoch nicht zu verantworten, daß mit einer Personengruppe gearbeitet wird, diese an der Entwicklung von Projektideen mitarbeitet, und dann extern entschieden wird, daß sie der Zusammenarbeit nicht würdig ist. Allerdings heißt dies nicht, daß die Externen ihrer Verantwortlichkeit enthoben sind, da sie - gerade auch unterstützt durch Kulturwissenschaft - Implikationen und mögliche Folgen auf einer übergeordneten Ebene erkennen müssen (z.B. der Umweltverträglichkeit).

Dabei kann es nicht nur um eine 'Sensibilisierung' der ausländischen Experten für sozio-kulturelle Fragen gehen, sondern der sozial- und kulturwissenschaftliche Bereich muß als eigenständiger Bereich der Zusammenarbeit anerkannt werden. Das heißt nicht, daß Externe unmittelbar an der Basis mit der Bevölkerung arbeiten (obwohl dies in manchen kritischen Fällen von Machtstrukturen nützlich ist), aber daß sie diesen Bereich mitplanen, steuern und mit der Partneradministration aushandeln.

Empfangsstrukturen dort:
"Schuld sind die Rahmenbedingungen" bzw. "Mit der Staatsklasse reden wir nicht"

Hinlänglich bekannt und ständig erwähnt wird die Elite, ihre Korruptionspraktiken, Mißwirtschaft, verfehlte Politik etc. Man glaubt, in einem "Politikdialog" Bedingungen setzen zu können bzw. durch "Auflagenpolitik" Veränderungen der wirtschaflichen und sozialen Strukturen erzwingen zu können, die nicht qua Willensakt der Regierung veränderbar sind (z.B. Verringerung des Bevölkerungswachstums). Die Diskussion der Problematik der nicht erreichten Wirkungen bzw. ungewollten Folgen wird unzulässigerweise auf die schlechten "Rahmenbedingungen" geschoben, wobei impliziert ist, daß das Projekt 'an sich' gut sei, ohne Berücksichtigung der Tatsache, daß Rahmenbedingungen und Strukturen Konstitutionsbedingungen auch der sozialen Realität des Projekts sind, dessen Interventionsfeld nicht isoliert werden kann. Dies ist ein wichtiger Mechanismus seitens der Geber, um eine Grundsatzkritik über die unerwünschten Folgen ihrer Intervention abzuwehren.

Auf der anderen Seite ist es unsinnig - allein schon aufgrund der Entstehungsbedingungen der vorhandenen Herrschaftsstruktur und der sie tragenden Werte - eine Taktik des Umgehens der 'formal gebildeten' Elite zu verfolgen - ja geradezu arrogant, denn es muß um eine Auseinandersetzung um den dort vorhandenen Modernisierungsbegriff und die gesellschaftlichen Handlungszwänge gehen.

Es wird nach weniger Staat, nach Liberalisierung der landwirtschaftlichen Produzentenpreise und nach Stärkung der Selbsthilfe gerufen. (Die Bauern reagieren dann ob der konstatierten "Irrationalität" auch wieder nicht so, wie es diese Maßnahmen implizieren).

Bisher gibt es keinen offenen wissenschaftlichen Diskurs und keine gleichberechtigte politische Diskussion über Theorie und Praxis des sozialen und technologischen Wandels, gerade auch nicht innerhalb der betreffenden Länder.

Es sollte ein Diskurs praktiziert werden, der die kulturelle Eigenständigkeit und Identität anerkennt und fördert und eine kritische Diskussion über bestehende Verhältnisse einschließlich Ressourcenzerstörung zuläßt. Mit der sozialen Realität der Denk- und Herrschaftsstrukturen müssen sich gerade Kultur- und Sozialwissenschaftler auseinandersetzen. Daß hier Veränderungen möglich sind, zeigt die internationale Diskussion über die sogenannte "Grundbedürfnisstrategie", die zunächst von den Vertretern der Entwicklungsländer abgelehnt wurde, jetzt - wo sie in den Industrieländern kaum noch diskutiert wird - von vielen Vertretern der Dritten Welt im Hinblick auf Basisentwicklung, Armutsbekämpfung etc. aufgegriffen wurde.

Das Verständnis von Modernisierung und Entwicklung hängt auch hier mit einem bestimmten Methodenverständnis zusammen. Vertreter eines Landes selbst wissen deswegen nicht grundsätzlich 'besser' Bescheid über Kultur und Gesellschaft, ihr Methodenverständnis ist oft eine simple Übertragung längst kritisierter Forschungsinstrumente und gesellschaftlicher Konzepte, ihre Herangehensweise an die Bevölkerung autoritär und von oben. Ein Beispiel ist die Äußerung eines einheimischen Projektleiters zu Aussagen von Bauern bzw. zur sozialen Realität von Pachtsystemen: "Il faut les rappeler à l'ordre". D.h., nicht nur die oft hinderlichen Lieferbindungen seitens der Geber auch für Studien erschweren eine Einbindung einheimischer Wissenschaftler.

Ein vorsichtiger Dialog ist notwendig, bei dem von externer Seite keine Vorwürfe der Korruption, des Tribalismus, der Frauenunterdrückung etc. gemacht werden dürfen, so daß auch auf Seiten der Entwicklungsländeradministration das Denken in ethnischen Gruppen, unterschiedlichen kulturellen Identitäten etc. wieder möglich wird und die Ethnologie endgültig aus ihrem früheren Ruf der Kolonialwissenschaft entlassen wird.

Möglicher Beitrag der Kulturwissenschaften:
"Störfaktor" oder "kritische/parteiliche Kulturwissenschaft"

Ein so bedeutender Bereich des interkulturellen Austausches wie die Entwicklungszusammenarbeit kann die Erkenntnisse der Kulturwissenschaften nicht außer acht lassen und sollte sich weder vor ihrer Kritik scheuen noch ihr Potential ungenutzt lassen, das wie folgt gekennzeichnet werden kann:

- Verständnis für andere Kulturen schaffen, Verhinderung der unreflektierten Zerstörung traditioneller Kulturen von außen.

- Über das Einbringen von Wissen über traditionelle Kulturen hinaus geht es um das Aufzeigen ihrer Verletzlichkeit gegenüber Außeneinflüssen und der Art des sozialen Wandels, zu dem es durch den Kontakt mit (dominanten) wirtschaftlichen und technischen Strukturen kommt.

- Aufzeigen vorhandener Potentiale der betreffenden Gesellschaft (technische Lösungsansätze, soziale Solidarität und Organisationsformen), Sinnzusammenhänge / Strukturierung von Handlungssystemen (z.B. Landnutzungssysteme etc.).

- Aufzeigen der Suchrichtung hinsichtlich möglicher Konsequenzen von Projekten und der dabei implizierten Annahmen. Es gibt einen breiten Wissensstand über ungewollte Folgen sozialen Handelns.

- "Verstehen" der sozialen Wirklichkeit der Bevölkerung, der Rationalität ihres Handelns, ihrer Handlungsspielräume, der Bedeutung ihrer Werte und Normen, Institutionen, Wirtschaftslogik.

- Aufzeigen der Implikationen von bestimmten Konzepten der Entwicklungszusammenarbeit wie Partizipation, Selbsthilfe, Zielgruppenorientierung, Eigenständigkeit im Hinblick auf Planungsverfahren (offene Planung, Aktionsforschung, Zeithorizont), Prüfkriterien etc.

- "Advocacy planning", d.h. Parteilichkeit, Vertretung des Standpunktes der Betroffenen, Minderheiten etc. gegenüber 'Sachzwängen', übergeordneten Systeminteressen etc., was allerdings nicht die Partizipation der Bevölkerung ersetzen kann.

- Vermittler in der (Entwicklungs-)Zusammenarbeit, wobei jedoch auch keine noch so 'angepaßten' Konzepte und Modelle von außen übertragen werden dürfen, sondern nur der Dialog überhaupt erst möglich gemacht werden soll.

- Herstellen von Interdisziplinarität, die für eine sektorübergreifende, integrierte Vorgehensweise unabdingbar ist, durch das Aufzeigen sozialer/kultureller Implikationen von Technik, Ökologie, Arbeitsteilung etc.

- Eine größere Zahl von Kulturwissenschaftlern sollten unmittelbar in der Entwicklungszusammenarbeit tätig sein.[29]

- Ausübung von Druck von außen auf die Institutionen durch Basisprojekte über Nichtregierungsorganisationen etc., durch Zusammenarbeit mit Kulturwissenschaftlern in der Dritten Welt, durch mehr wissenschaftliche Behandlung des Gegenstands von Entwicklungszusammenarbeit und entsprechende Öffentlichkeitsarbeit.

Trotz der aufgezeigten Widersprüche kann es nicht darum gehen, die Entwicklungspolitik in ihrer Sinnlosigkeit zu 'entlarven'. Denn sie wird hier sehr viel weiter gefaßt als die oft implizit lediglich darunter verstandene Entwicklungshilfe oder Intervention von außen in eine Gesellschaft. Denn Gesellschaft ohne (gestaltende) Politik gibt es nicht - was interessiert, ist allerdings der Autonomiegrad des sozialen Wandels. Und Entwicklungstheorie ist immer anwendungsorientierte Sozialwissenschaft, die

---

[29] Bisher ist die Zahl gering, auch wenn jährlich in der Bundesrepublik Deutschland insgesamt ca. 1.220 Stellen im In- und Ausland neu besetzt werden (ausgenommen Gutachterwesen). Allerdings waren von 1965 bis 1981 in den Kursen des Deutschen Instituts für Entwicklungspolitik in Berlin von 324 Teilnehmern nur 16 Soziologen und 37 "Verschiedene" (unter diese Kategorie fallen Ethnologen), vgl. B. Claus, 1985

kritisch sein kann. Zwar stellt sich sicherlich oft die (mit der externen Finanzierung und dem Kulturpatriarchalismus verbundene) Machtfrage bei Entwicklungspolitik, jedoch sind die Grenzen durchaus fließend zwischen (extern finanzierter) nationaler Politik und (von ausländischen 'Helfern' durchgeführten) isolierten Projekten. Eine Forderung nach Einstellung jeglicher "externer Intervention oder Hilfe" erscheint daher theoretisch (und praktisch) unrealisierbar, natürlich sind die Arten der "Zusammenarbeit" (Projekt-, Programmform, internationale Wirtschaftspolitik) in Frage zu stellen.

Zusammenfassend ist festzustellen, daß entwicklungssoziologische Konzepte des sozialen Wandels kaum Analysen der entwicklungsökonomischen Problematik beeinflussen. Das bedeutet, daß die Behandlung der hier angeschnittenen Problematik in der entwicklungspolitischen Diskussion einer theoretischen und methodologischen Grundlage bedarf. Eine kritische Weiterführung, ja Aufhebung der beiden bisherigen Theorierichtungen - Modernisierungs- und Theorien der abhängigen Entwicklung - ist erforderlich, um die "gesellschaftliche Konstruktion" dieser Wirklichkeit aufgrund der Handlungen der Menschen erfassen zu können. Für die hier interessierende Fragestellung sind dabei folgende methodologische Aspekte relevant: An die Stelle der Stagnationsthese "traditionaler" Produktionsweisen oder Gesellschaften muß eine dynamische Betrachtungsweise einschließlich der Wechselwirkung externer und interner Faktoren treten; an die Stelle des Ethnozentrismus der Analysekonzepte und Leitbilder (bezüglich Industrialisierungsmodell, Staatsfunktion etc.) muß eine emische Sozialwissenschaft treten; an die Stelle des dichotomen Klassenmodells bzw. der dualistischen Elitetheorie eine Analyse der Sozialstruktur mittels neuerer Ansätze der Verflechtung von Produktionsbereichen und politischen Bereichen, strategischer Gruppen etc.; statt der Ausklammerung interner sozialstruktureller und Verabsolutierung sozio-kultureller Faktoren eine Analyse des sozialen Wandels von Institutionen, Handlungssystemen etc. und deren soziale Konstitution; statt der subjektivistischen bzw.

struktur-funktionalistischen Herangehensweise die verstehende Erklärungsweise von Handlungen und deren gesellschaftliche Einbettung. Aus der Analyse der methodologischen Defizite wird ein handlungstheoretischer Ansatz entwickelt, der von der Rationalität, der sozialen Welt der Bevölkerung ausgeht, ihre Beeinflussung durch strukturelle Veränderungen, andererseits die Konstitution der Strukturen durch die Handlungen der Menschen berücksichtigt.

Anliegen dieser Untersuchung ist eine Aufhellung der Zusammenhänge und Wechselwirkungen zwischen ökologischen Veränderungen, ökonomischen Aktivitäten und sozialstrukturellem und soziokulturellem Wandel. Insbesondere, wie hängt der konstatierte Prozeß der Destabilisierung und Ressourcenzerstörung mit dem alltäglichen menschlichen Handeln zusammen, wie mit den strukturellen Wandlungsprozessen und wie mit den von außen auf die Gesellschaften einwirkenden Faktoren? Entwicklungstheorie und -politik kranken an einem individualistischen Ansatz der Einstellungen und Werte, die modernistisch zu verändern seien. Das Handeln der Menschen ist jedoch ein soziales, das durch strukturelle Bedingungen, soziale Beziehungen und Institutionen geprägt wird. Daher müssen bei jedem entwicklungspolitischen Vorschlag die ökonomischen, politischen und sozialen Handlungszwänge berücksichtigt werden.

Eine Kritik des entwicklungspolitischen Diskurses zeigt jedoch die Gefahr, daß die Handlungen der Menschen sozialtechnologisch vereinnahmt und bürokratisch verwaltet werden. Dies ist an den zugrundeliegenden Annahmen über menschliches Verhalten, der fehlenden Analyse seiner sozialen Einbettung und der Vergesellschaftung zu zeigen. In der Entwicklungspolitik wird von einem statisch gefaßten Armutskonzept zur Kennzeichnung der "Zielgruppen" entwicklungspolitischer Maßnahmen ausgegangen, das untheoretisch sozio-ökonomische Defizite und modernistisch soziale Defizite aufzeigt und ökonomistisch Verhalten als Reaktion auf extern gesetzte wirtschaftliche Größen erklärt. Davon abgeleitet werden Maßnahmen zur Veränderung bestimmter Größen auf der Makroebene, z.B. die Investition in menschliche Ressourcen. Das in der Entwicklungspolitik vorherrschende Menschenbild kann einerseits als ökonomisch nutzenmaximierend, andererseits als irrational, traditional, in statischen sozio-kulturellen Verhältnissen verhaftet gekennzeichnet werden.

Trotz der Partizipations- und Selbsthilferhetorik bedeutet der Begriff der "Akzeptanz" ebenfalls, daß einerseits ein statischer Gesellschaftsbegriff zugrundegelegt wird, andererseits von außen Neuerungen übertragen werden. Der Begriff der "Sozialverträglichkeit" schließt die Vorstellung eines dynamischen, eigenständigen Wandels aus. Die Vergesellschaftung wird simpel und einfach durch Aggregation der angeblich handelnden Einheit "Betrieb" bzw. "Haushalt" - ausgesprochen ethnozentrische Konzepte - hergestellt. Die weitergehenden sozialen Beziehungen werden nicht thematisiert. Dieses Verständnis von Vergesellschaftung impliziert, daß keine sozialen und politischen Unterschiede vorhanden sind und berücksichtigt daher auch solche nicht, die künstlich durch Entwicklungspolitik geschaffen oder verstärkt werden können. An dem Bereich der Frauenforschung und -förderung tritt die konzeptionelle und methodologische Beschränkung besonders deutlich hervor. Die Entpolitisierung zeigt sich daran, daß die Begriffe Gesellschaft, Macht, Herrschaft etc. nicht auftauchen. Die Krise und das Mißlingen der Entwicklungshilfe und des Technologietransfers wird der "Elite" und den ungünstigen "Rahmenbedingungen" angelastet. Die Rolle der Sozialwissenschaften kann an Sprachfiguren festgemacht werden, die die derzeitige Diskussion kennzeichnen. Die Stärkung ihrer kritischen Rolle gerade auch seitens der Entwicklungsländer ist erforderlich.

Kap. B: Ökologischer und sozio-ökonomischer Wandel

Teil III: Dynamik des ökologischen und sozio-ökonomischen Wandels

1 Ökologische Degradation

1.1 Die Sahelproblematik

Die Sahelländer wurden in der ersten Hälfte der 70er Jahre von einer schweren Dürre heimgesucht, in deren Folge es zu einer internationalen Hilfsaktion und anschließenden großangelegten internationalen Entwicklungsanstrengungen kam, die jedoch, wie allgemein konzediert wird,[1] den Degradierungsprozeß nicht aufhalten und insbesondere die frühere relative Eigenständigkeit der Ackerbau- und Herdenwirtschaft nicht wiederherstellen konnten. Nach einer weiteren Dürre 1982 - 1984 scheinen die Sahelländer nun endgültig ausländischer Hilfe, insbesondere Nahrungshilfe, ausgeliefert zu sein.

Die Sahelzone ist geographisch gesehen der Übergang von der Wüste zur semi-ariden Dorn- und Trockensavanne der nördlichen Randtropen und hat eine Nord-Südausdehnung von 200 - 250 km (zwischen 200 und 500 mm Niederschlag). Sie zieht sich 7.000 km lang durch acht westafrikanische Länder - Gambia, Kapverden, Mali, Mauretanien, Niger, Burkina Faso, Senegal, Tschad -, die sich in dem Comité Inter-Etats de Lutte contre la Sécheresse du Sahel (CILSS) zusammengeschlossen haben, sowie durch Sudan und Äthiopien. Jedoch trifft die "Sahelproblematik", d.h. der Degradationsprozeß der Ressourcenbasis mit unmittelbaren tödlichen Folgen und akutem Hunger für eine Reihe betroffener Menschen und mittelfristig dauerhaftem Verlust der Sicherung der Ernährungs-

---

[1] Vgl. z.B. A. Rondos, 1981

basis, auch in unterschiedlichem Ausmaß für andere Gebiete und Länder zu, wie Somalia, Teile Ostafrikas, d.h. von Tansania, Kenia, Uganda, die nördlichen Bereiche anderer westafrikanischer Länder wie Benin, Togo etc., in denen der Sahelgürtel in Savanne übergeht.

Von den Sahelländern werden Gambia, Kapverden, Mali, Niger, Burkina Faso und Tschad zu den ärmsten Ländern gerechnet, Mauretanien zu den armen Ländern. Nur Senegal hat ein höheres Pro-Kopf-Einkommen. Seit 1975 kam es zu negativen Wachstumsraten des realen BIP[2]. Alle Länder sind ausgesprochene Agrarländer, in denen 70 - 80 % der Bevölkerung von der Landwirtschaft lebt, die mit etwa einem Drittel zum Bruttosozialprodukt beiträgt.

Die Agrarsysteme der Sahelländer beruhen auf Regenfeldbau mit traditioneller Agrartechnologie (Hackbau) und ungeregelter Feldgraswirtschaft (d.h. unterschiedlich lange Brachezeiten der um die Dörfer herum gelegenen Landwechselwirtschaft). Hauptanbauprodukte und -nahrungsmittel sind verschiedene Hirsearten, Erderbsen, Mais und Reis. In geringem Maße wird Bewässerungsfeldbau betrieben (am meisten in Mali mit ca. 5 % der agraren Nutzfläche). Dazu kommt die Viehhaltung - die im Rückgang begriffene Kamelhaltung, Rinderhaltung und Kleintierhaltung - in verschiedenen mobilen Formen.

Über die Höhe des Verlustes an Menschen (es wird von 100.000 gesprochen[3] bzw. 25 Mio. von Hungersnot betroffenen Menschen) und Vieh (40 - 60 %) in der ersten Dürre 1968 - 1974 liegen keine ge-

---

[2] Siehe statistischer Anhang S. 481 ff.

[3] Vgl. M. Redclift, 1984, S. 66, unter Hinweis auf UNEP; E. Scott, 1984

nauen Erkenntnisse vor; am stärksten wurden Mauretanien, Mali und Niger betroffen.[4] Die internationalen Hilfsmaßnahmen waren umfangreich, setzten jedoch spät ein.[5] Die Katastrophe löste eine breite Diskussion über die strukturell bedingte Entstehung der Hungersnot aus - nicht aufgrund von Nahrungsmittelknappheit, sondern -verfügbarkeit, die inzwischen zu einer allgemeinen Diskussion über Nahrungsmittelhilfe und Ernährungssicherungspolitik geführt hat.[6] Zwar war die Pro-Kopf-Nahrungsmittelproduktion stark gesunken, am stärksten in Niger von 100 (1961 - 1965) auf 57 im Jahr 1973, jedoch hätte außer Mauretanien jedes Sahelland selbst im schlechtesten Trockenjahr mit seiner Getreideproduktion seine Bevölkerung ernähren können.[7] Dies ist inzwischen auch nach Ende der zweiten Dürre 1982 -1984 nicht mehr der Fall. Opfer[8] der Hungersnot waren fast ausschließlich die nomadische und Viehhalterbevölkerung sowie in geringerem Maße die seßhaften Ackerbauern und Fischer in der Sahelzone, in der ein geringerer Teil der Bevölkerung im Gegensatz zur Savannenzone lebt.

Von den 25 Millionen Einwohnern der sechs Sahelländer Mali, Mauretanien, Niger, Tschad, Obervolta, Senegal waren 1974 10 % Nomaden (im weiteren Sinne); zum Zeitpunkt der extremen Dürre (1968 - 1974) waren es etwa 5 - 6 Millionen, was etwa der Hälfte der Bevölkerung in den Trockengebieten entspricht. Die Zerstörung der ökonomischen Grundlage der Nomaden ist noch extremer, als

---

[4] Vgl. A. Sen, 1981, S. 115 ff. Für eine Aufschlüsselung der Verluste nach unterschiedlichen sozio-ökonomischen Gruppen im NO des damaligen Obervolta vgl. Th. Krings, 1980, S. 83 ff.; auch P. Marnham, 1977, S. 16 f.

[5] Vgl. z.B. P. Marnham, 1977, S. 7 ff.

[6] Vgl. z.B. A. Sen, 1981, der das Konzept des "entitlement" einführt; R.W. Franke, B.H. Chasin, 1980

[7] Vgl. J. Collins, F.M. Lappé, 1978

[8] Vgl. A. Sen, 1981, S. 121

aus den Zahlen über Tierverluste und Hungersnot hervorgeht, da sie ihr weniges verbliebenes Vieh zu extrem gefallenen Preisen verkaufen mußten, um Eßgetreide zu erhalten. Um der Dürre zu entgehen, wanderten Nomaden in großer Zahl in Richtung Süden, auf der Suche nach besseren Weiden, Lohnarbeit und Hilfslieferungen - bei denen sie allerdings eindeutig benachteiligt worden sein sollen. Eine massive permanente Verlagerung der Bevölkerung nach Süden wäre weder wünschbar noch machbar, was das dortige Ressourcenpotential anbelangt. Allgemein wird die Ansicht vertreten, daß eine Trockenheit nicht zu vermeiden sei, eine Dürrekatastrophe aber doch. Bevor noch die strukturellen, mittel- und langfristigen Folgen der großen Dürre analysiert waren, kam es 1982 - 1984 schon wieder zu der nächsten. Sie zeigte klar, daß die Anfälligkeit zugenommen und die Bewältigungskapazität der Produktions- und Sozialsysteme, der nationalen Verwaltung und der internationalen Hilfsorganisationen zusammengebrochen ist bzw. nicht in ausreichendem Maße wiederhergestellt werden konnte.

In Gang gesetzt wurde der Dekadenzprozeß durch eine Periode von extrem niedrigen Regenfällen zwischen 1968 und 1973. Die negativen Folgen der Dürre konnten nur deswegen so hoch sein, weil zwischen 1956 und 1965 relativ hohe Niederschläge zu verzeichnen waren, die (neben anderen Faktoren) zu hohem Tierbesatz und Ausdehnung des Ackerbaus nach Norden führten. Außerdem hatten soziale und ökonomische Wandlungsprozesse stattgefunden, die zu einer Destabilisierung der traditionalen Produktionssysteme geführt hatten. Gewisse Veränderungsprozesse wie Expansion des Ackerbaus, Strukturwandel der Viehhaltung, Änderung der Lebensweise und Seßhaftwerdung, ja sogar die soziale Emanzipation vormals unterworfener Gruppen erhielten eine besondere Dynamik durch die Dürre von 1968 - 1974.[9] Als Folge kam es zu einer

---

[9] Vgl. Th. Krings, 1980, S. 82

strukturellen Schwächung des Raumes, es fanden weitere Abwärtsentwicklungen statt, die die Existenzsicherheit sinken und die Anfälligkeit für weitere Dürren stark zunehmen ließen.

1.2 Desertifikation: "Man-made desert"

Seit den beiden Saheldürren in den 70er und 80er Jahren geht man davon aus, daß jedes Jahr etwa 6 Mio. ha (60.000 km^2) landwirtschaftlich nutzbares Land verloren gehen[10], und es besteht Einigkeit darüber, daß keiner der zugrundeliegenden Trends bisher umgekehrt werden konnte. Außer den ariden und semi-ariden (sudano-sahelischen) Gebieten des Sahels sind auch die dicht besiedelten und/oder Bergregionen, z.b. von Ruanda und Burundi, die Hochebenen von Guinea und Kenia, Äthiopien, die communal lands in Simbabwe usw., von Desertifikation betroffen. Dort schreitet die Desertifikation nicht im Sinne einer großflächigen Wüstenausbreitung voran, sondern es bilden sich sogenannte Taschen in übernutzten Gebieten, z.B. um Großstädte, Plantagen etc.

Über die entscheidenden Ursachen - und damit die Ansatzpunkte der Bekämpfung - besteht je nach politischem Standpunkt und wissenschaftlicher Disziplin gewisse Uneinigkeit; die Sahelländer selbst führen sie eher auf niedrige Regenfälle zurück, die (z.B. im Sahelclub zusammengeschlossenen) westlichen Länder auf unangemessene Landnutzungspraktiken.[11]

Allgemein wird von einer Dynamisierung der seit einiger Zeit zu beobachtenden Transformationsprozesse ausgegangen, die sich in

---

[10] Vgl. Protecting natural resources. Fighting desertification in Africa, in: The Courier, no. 96, 1986, S. 13 - 14, hier S. 13

[11] Vgl. H. Schissel, 1983a

dem Vordrängen der Wüste nach Süden (desert encroachment) und der gegenläufigen Ausdehnung des Ackerbaus nach Norden, verbunden mit permanenter Ansiedlung, darstellen, so daß der klassischen Produktionsform des Sahelgürtels, der Nomadenwirtschaft, immer weniger Raum bleibt. Als Folge treten ökologische Schäden auf wie Entwaldung, Wüstenausbreitung, Bodenerosion und -verschlechterung (Versumpfung, Versalzung), Wasserverschmutzung, Grundwasserschädigung, deren fortschreitender Prozeß als Desertifikation bezeichnet wird, für den der anthropogene Zusammenhang als konstitutiv angesehen wird.

Mensching/Ibrahim faßten unter dem Begriff "Desertification" die "Ausdehnung oder verstärkte Ausprägung wüstenhafter Bedingungen durch den Eingriff des Menschen in das labile Ökosystem semiarider Gebiete", oder Ibrahim den "Prozeß der schleichenden Zerstörung der Regenerationsfähigkeit der ariden und semiariden Ökosysteme durch eine den natürlichen Bedingungen nicht angepaßte Landnutzung".[12]

Die Interaktion des Menschen mit der Natur nimmt also grundsätzlich zerstörerische Formen an; es kommt zu übermäßiger Ausdehnung des Ackerbaus, Überkultivierung, Überweidung, exzessiver Abholzung, und das ausgerechnet in Gesellschaften, die trotz jahrhundertealter Islamisierung zum Teil noch animistische Züge aufweisen, für die die Natur also Teil der beseelten und damit sozialen Welt ist.

Durch die flächenhafte Vernichtung des natürlichen Gras-, Busch- und Baumbestandes wird der Boden freigelegt und ist dem Abtrag durch tropische Starkregen sowie Ausblasung durch den Harmattan-

---

[12] H. Mensching, F. Ibrahim, 1976; F.N. Ibrahim, 1982a, S. 50

wind mit einhergehender Neuentstehung bzw. Reaktivierung von
Dünen preisgegeben.[13] Die weitverbreiteten Ton- und Lateritböden
trocknen nach Verschwinden der natürlichen Vegetation stark aus,
und das Niederschlagwasser fließt schneller ab.

Als Folge der Ressourcenüberausbeutung kommt es zu einem Verlust
an agrar- und viehwirtschaftlich nutzbarem Land, jedoch auch zu
einer abnehmenden Produktivität[14] der bebauten Flächen und einer
Verminderung der Tragfähigkeit aufgrund fehlenden Ressourcenschutzes (Intensivierung der Nutzung, Kürzung der Brachezeiten).
Dadurch kommt es dann zu einer extensiven Produktionsausweitung,
und der Kreis ist geschlossen.

Eine hohe Bestockungsdichte der Viehherden aufgrund der niederschlagsreichen 60er Jahre führt besonders dort, wo seßhafte
Bauern und nomadische Viehhalter in enger Nachbarschaft zusammenleben, während der Trockenzeit zu einer fast vollständigen
Beseitigung der Vegetationsbedeckung. Der Umkreis der Dörfer,
der nomadischen Lagerplätze, Mare und Brunnen ist besonders betroffen. Selbst in der Regenzeit erfolgt die Regeneration der
Grasdecken nur langsam, weil der Viehtritt und das Abweiden dies
verhindern.[15] Trotz einer erheblichen Reduktion der Viehbestände
wegen Futtermangel treten aufgrund des Strukturwandels in der
Viehhaltung - Ziegenhaltung und ganzjährige Nutzung der Weidezonen im Umkreis der Dörfer - weitere Überweidungserscheinungen

----

[13] Vgl. Th. Krings, 1978, S. 124

[14] Vgl. A. Rondos, 1981, S. 545

[15] Vgl. Th. Krings, 1980, S. 102; D. Klaus, 1981, S. 125. Laut
   Klaus lag vor der Dürre eine bedeutende Überstockung vor
   (8,6 ha pro UBT statt der theoretisch wünschenswerten 10 -
   12 ha/UBT); nach der Dürre sei dieser letztgenannte Wert
   erreicht worden. Er plädiert durchaus für eine Nutzung der
   Variabilität der Weidekapazität, jedoch mit rascher Vermarktung und Schlachtung bei plötzlichem Niederschlagsrückgang.

auf. Der dritte Faktor neben Überkultivierung und -weidung - Abholzung als Brenn- und Nutzholz sowie Versorgung mit Viehfutter[16] - führt zusammen mit dem Viehtritt und Verbiß an Zweigen zu einer zunehmenden Verringerung der Vegetationsbedeckung auch durch Veränderung des Mikroklimas durch die Reduktion des Baumbestands, wodurch der Bodenabtrag bei den tropischen Starkregenfällen zunimmt.[17]

Die anthropogene Erklärung ist zwar auf der Erscheinungsebene zutreffend, jedoch ist es auf jeden Fall erforderlich, den Prozeß nicht unilinear oder unifaktoriell zu erklären, sondern im Hinblick auf die Wechselwirkung verschiedener Faktoren als einen komplexen Ursachenzusammenhang und zirkulären Verursachungsprozeß[18] zu begreifen. Erklärungsansätze, die den Prozeß von einer einzigen Ursache aus aufrollen, führen nicht weit. "Desertification so inextricably intertwines physical and human factors that separation of cause and effect is often difficult."[19]

Es geht dabei nicht darum, ob menschliche Intervention als primärer Verursachungsfaktor anzusehen ist, sondern vor allem darum, wie die zweifellos vorhandenen menschlichen Einwirkungsfaktoren in einem weiteren Zusammenhang zu erklären sind. D.h., es dürfen nicht die prima facie vorhandenen Faktoren auf der unmittelbaren Erscheinungsebene betrachtet werden (Bevölkerungszunahme, ökologisch schädliches Verhalten), sondern die den Bevölkerungsdruck und die Handlungsweisen begründenden sozio-ökonomischen Prozesse und Zusammenhänge.

----

[16] Vgl. V.J. Hartje, 1982, S. 15

[17] Vgl. Th. Krings, 1980, S. 103 f.

[18] Der zirkuläre Prozeß ist graphisch dargestellt bei F.N. Ibrahim, 1982a, S. 51

[19] D.L. Johnson, 1977, S. 317

Ein Defizit der vorhandenen Literatur liegt in der Aufdeckung der tieferliegenden Verursachungszusammenhänge der Anfälligkeit für Dürre, von Bevölkerungsdruck und Überausbeutung der natürlichen Ressourcen. Der Teufelskreis und die komplexen Ketten ökologischer Verschlechterung werden genannt, ohne daß die sie auslösenden und perpetuierenden sozio-ökonomischen Prozesse aufgezeigt würden. Von den nicht-sozialwissenschaftlichen Disziplinen wird bezeichnenderweise der in ihrem System als unabhängiger Parameter gesetzte humane Faktor als auslösend gesehen. Hier zeigt sich die fehlende Kommunikation zwischen den einzelnen Disziplinen. A. Hjort weist darauf hin, daß inzwischen alle Forscher die Notwendigkeit der Berücksichtigung der jeweils von der anderen Disziplin untersuchten Faktoren konstatieren, jedoch nicht wirklich den jeweils anderen Standpunkt einarbeiten.[20]

In einem Beratungspapier des National Research Council der USA werden folgende historische Indikatoren für die "Rolle der menschlichen Tätigkeit bei der Änderung der Ökosysteme des Sahel" genannt: Buschfeuer, Transsaharahandel, Standortwahl für Siedlungen, Gummi arabicum-Handel, Ausdehnung des Ackerbaus, Verbreitung von Vieh, Einführung von Feuerwaffen, Entwicklung moderner Transportwege und Urbanisierung.[21]

Normalerweise werden drei Ursachen genannt, die den ressourcenzerstörerischen menschlichen Tätigkeiten der Ausdehnung des Ackerbaus, der Überstockung und Abholzung zugrundeliegen: Ver-

---

[20] Vgl. A. Hjort, 1985, S. 9 f.: "Both would refer politely to the other's discipline without really trying to incorporate the other's points of view. One result is obviously a lack of interdisciplinary work in a field where an acute need is felt for such work; marginalized people's battles against an erroneous nature and a threatening desert encroachment."

[21] Advisory Committee on the Sahel, 1984, S. 24

schlechterung der natürlichen Bedingungen, Bevölkerungswachstum bzw. -druck und Landknappheit.

Hinsichtlich der natürlichen Bedingungen scheint es sich nicht um eine säkulare Verschlechterung, sondern um eine extreme Variabilität zu handeln; allerdings kann erstere möglicherweise durch die sozio-ökonomischen Reaktionen entstehen.

Die Aussage, daß die Hirseproduktion aufgrund des Bevölkerungswachstums immer weiter nach Norden dränge, kann so nicht stehenbleiben. Die Fläche für Nahrungsgetreideproduktion in den Sahelländern stieg zwischen 1970 und 1979 insgesamt nur um 3 %, der Hektarertrag ging leicht zurück, wodurch die Pro-Kopf-Produktion etwa gleich blieb. Dieser Rückgang des Hektarertrags ist teilweise auf Bodendegradation zurückzuführen und zeigt, daß dieser Bereich kaum von der Agrarpolitik gefördert wird. Entscheidend müssen daher Verdrängungsprozesse sein, die die Subsistenzlandwirtschaft benachteiligen. Allerdings nahm auch die Anbaufläche für Baumwolle nicht zu (der Flächenertrag stieg aufgrund intensiver Förderung), die Erdnußproduktion ging sogar zurück. Obwohl es die deklarierte Strategie von CILSS (Comité Permanent Inter-Etats de Lutte contre la Sécheresse au Sahel), des Zusammenschlusses von acht westafrikanischen Ländern, ist, die Bewässerungslandwirtschaft zu fördern, ging die tatsächlich bebaute bewässerte Fläche zwischen 1975 und 1979 von 232.600 auf 227.000 ha zurück,[22] wobei ein Teil aufgelassen wurde und damit für landwirtschaftliche Nutzung verloren ging.

Selbst wenn gesehen wird, daß andere Faktoren eine wichtige Bedingung darstellen, wird oft von der Bevölkerungszunahme als primärer Ursache ausgegangen: "Primäre Ursache dieser Zunahme der

----

[22] Vgl. A. Rondos, 1981, S. 545

Inanspruchnahme der Wüstenrandgebiete ist die Bevölkerungssteigerung bei mangelnder alternativer Beschäftigungsmöglichkeit".[23] Hier wird z.B. eine unmittelbare Verursachungskette Bevölkerungszunahme - Aufstockung des Viehbestands hergestellt, wenn auch Brunnenbohrprogramme sowie Vordringen des Ackerbaus und Abholzung als bedingende Faktoren genannt werden.

Über den tatsächlichen Bevölkerungsdruck im Sahel gibt es keine differenzierten Informationen, v.a. Statistiken über nomadische Viehhalter sind sehr unzuverlässig, und der Informationsstand der Regierungen ist schlecht. Die FAO[24] geht allerdings von einer demographischen "Sättigung" des Raumes und einer Überstockung mit Vieh aus. Die Variable Bevölkerung ist erst erklärungskräftig, wenn sie nach unterschiedlichen sozialen Gruppen mit unterschiedlichen Produktionssystemen, Zentralisierungserscheinungen etc. differenziert wird. Auf jeden Fall ist die Problemcharakterisierung "Überweidung" nicht mit einer explosionsartigen Zunahme der Nomadenbevölkerung gleichzusetzen. Im Gegenteil, teils durch zwangsweise Ansiedlung der Nomaden durch die Regierungen, die aufgrund eines bestimmten Modernisierungsverständnisses, jedoch auch ganz klar zur Reduktion der politischen Unsicherheit erfolgt, teils durch armuts- und dürrebedingte Niederlassung ging deren Anteil extrem zurück. Auch kann angenommen werden, daß die allgemeine Fertilitätsrate bei Nomaden niedriger ist als bei Bauern.[25]

Zwischen die Verkettung Bevölkerungsdruck - Überstockung - Überweidung ist eine Reihe komplexer sozio-ökonomischer Faktoren zu schalten: Einschränkung des verfügbaren Raumes in quantitativer

---

[23] V.J. Hartje, 1982, S. 15

[24] Vgl. FAO, 1977, S. XII, 15

[25] Vgl. C. Arditi, 1980, S. 81

und qualitativer Hinsicht durch Verdrängung durch andere Wirtschaftsformen, staatliche hoheitliche Regelungen und Begrenzungen der nationale Grenzen überschreitenden Bewegungsmöglichkeiten, Wandel der Viehhaltung von Nomaden zu Seßhaften (teilweise Seßhaftwerden der Nomaden, teilweise Einführung der Viehhaltung durch Ackerbauern und kommerzielle Landwirtschaftsunternehmer), höheres Sicherheitsrisiko, Zunahme der kommerziellen Viehhaltung (Fleischproduktion) durch gestiegene Nachfrage (v.a. Export), fehlende Investitionsmöglichkeiten in Landwirtschaft, Kapitalbildung in Viehhaltung durch Angehörige anderer, 'moderner' Wirtschaftszweige (Händler, Staatsbedienstete etc.) in Abwesenheit von allgemein anerkannten Regelungen des Landeigentums, einseitige Eingriffe in die Wirtschaftsweise durch Schaffung zentraler Brunnenstellen, Veterinärdienste etc.

Es besteht natürlich kein Zweifel darüber, daß die Zerstörung der natürlichen Umwelt anthropogen, vom Menschen gemacht ist. In dem herrschenden entwicklungspolitischen Diskurs wird jedoch als Grund einerseits irrationales Handeln oder Irrationalität der Landnutzung (einschließlich Bodenverfügbarkeit) angenommen, andererseits nur auf der Erscheinungsebene zutreffende Faktoren des Bevölkerungswachstums, der Bodenknappheit und der Verschlechterung der natürlichen Bedingungen als Ursache gesehen. Entscheidend sind vielmehr die Prozesse der Verdrängung auf marginales Land, der Benachteiligung der Landwirtschaft überhaupt, und der Destabilisierung der Existenzgrundlagen der Subsistenzwirtschaft.

1.3 Ökosystem ohne den Menschen? Der Beitrag eines sozialwissenschaftlichen Erklärungsansatzes

Es ist wichtig zu sehen, von welchem Menschenbild bei der Erfassung der Ökologieproblematik ausgegangen wird, von welchen Vorstellungen über die Motivation und Ursachen des Handelns einschließlich des auf die Natur bezogenen. Dabei wird hier also der Spieß herumgedreht und einmal nicht gefragt, welches Naturverständnis oder -verhältnis die Menschen haben, sondern welches Gesellschaftsverständnis die Ökologen haben.

Zunächst handelt es sich um ein wissenschaftstheoretisches Problem. Innerhalb des Entwicklungsdiskurses besteht die Gefahr, daß soziale Kategorien - Zielgruppe, Partizipation etc. - verwendet werden, ohne ein sozialwissenschaftliches Verständnis des Gegenstands und der Methode. Oft wird von dem Konzept des Ökosystems ausgegangen, in dem Natur und Mensch als verschiedene Elemente zusammenwirken und dessen Gleichgewicht sicher- bzw. wiederhergestellt werden muß. Dieser Ansatz bedeutet im Hinblick auf die Erfassung des sozialen Gegenstandes einen 'Biosoziologismus', in dem der Mensch als einer von vielen Elementen, die Gesellschaft als ein Organismus wahrgenommen wird, das Ökosystem als ein nach allgemeinen Gesetzen funktionierendes kybernetisches System gesehen wird.

Eine systemtheoretische Betrachtungsweise der Umweltproblematik durch Zugrundelegung des Konzepts des "Ökosystems" entspricht dem Stand der Diskussion. Gerade um jedoch die besonderen Einwirkungs- und Veränderungsgefahren durch die menschliche "Aneignung" der Natur im Produktions- und Reproduktionsprozeß zu erfassen, ist die Subsumption der menschlichen Gesellschaft unter dieses Konzept nicht sinnvoll. Als übergreifendes Konzept wird zum Teil "Ökogefüge" verwendet, das natürliche Umwelt und menschliche Gesellschaft in ihren wechselseitigen Beziehungen untersucht als "ein Stück Natur, dessen Grenzen und Charakter sozial, nämlich durch die zu seiner Aufrechterhaltung notwendige Reproduktionsarbeit definiert sei, dessen Zustand aber biologisch-chemisch beschrieben werden müsse."[26] K. Deutsch spricht von "ecosocial systems", worunter er das Zusammenspiel von "natürlichen

---

[26] Vgl. G. Elias, U.-H. Brockner, 1983

Ökosystemen und menschlichen Kulturen und Gesellschaften" versteht.[27]

Ein systemtheoretischer Ansatz erscheint angemessen, insofern komplexe Zusammenhänge und Strukturen aufgedeckt werden müssen, reicht jedoch nicht aus im Hinblick auf eine Erklärung des menschlichen Handelns sowie der ständig ablaufenden Wandlungsprozesse. Dazu ist ein verstehender Ansatz erforderlich.

Die Sozialwissenschaften können sich nicht mit Erklärungen durch traditionales Verhalten und irrationale Landnutzung auf der einen Seite, oder gesamtwirtschaftliche Tendenzen wie Bevölkerungswachstum, Landknappheit etc. auf der anderen Seite begnügen. Sie müssen hier einen anderen Standpunkt vertreten, was methodologischen Ansatz und entwicklungspolitisches Handeln anbelangt. Der Mensch, sein Handeln und seine Vergesellschaftung dürfen nicht als biologisch geprägtes (vielleicht nur analoges) Verhalten des Reagierens und Interagierens erfaßt werden, sondern das Handeln der Menschen muß als ein von seinem sozialen Sinn aus gesteuertes angesehen werden, der "sinnhafte Aufbau der sozialen Welt" (Schütz) aufgezeigt werden. Auch "Natur" ist ein gesellschaftliches Konstrukt des Menschen. Der Vorwurf des Anthropozentrismus des Weltbildes kann dabei durchaus verkraftet werden. Entscheidend ist die aus einer solchen gesellschaftlichen Konstruktion des Gegenstands (und der Beeinflussung durch Politik) abgeleitete Analysemethode und Politikempfehlung, die von dem Handeln der Menschen ausgehen müssen.

Diese wissenschaftstheoretische Position bedeutet nicht, daß der Standpunkt der notwendigen "Aneignung oder Beherrschung" der Natur durch den Menschen eingenommen wird. Im Gegenteil, ein entscheidender Analysegegenstand ist die Interaktion des Menschen

---

[27] K.W. Deutsch, 1977

mit der Natur, nicht im Sinne eines biologischen Verhältnisses, sondern im Sinne der symbolischen Repräsentation und Interpretation der Natur durch den Menschen. Auf diese Art können überhaupt unterschiedliche Interaktionsmuster analysiert und die ausbeuterische Aneignung einer bestimmten Produktionsweise zugeordnet werden.

Nicht zu akzeptieren ist dabei, daß sich die gesellschaftlichen Institutionen und die Kultur insgesamt quasi deterministisch durch die Art ihrer natürlichen Umwelt erklären lassen. E.E. Evans-Pritchard sagt von den Nuer, daß wir ihre Lebensweise nur verstehen können, wenn wir ihre Umwelt in Betracht ziehen. Er versucht jedoch nicht, ihre Lebensweise als eine "Funktion ihrer Umwelt" zu erklären.[28] Mitglieder einer Forschungsrichtung, vertreten durch eine Arbeitsgruppe "Equipe écologie et anthropologie des sociétés pastorales", sehen zwar keinen Determinismus zwischen viehwirtschaftlichen Produktivkräften und den Formen ökonomischer und sozialer Organisation - im Gegensatz zum geographischen Ansatz, der eine eigenständige Lebensweise aufgrund der natürlichen Bedingungen definiert -, sehen jedoch den Menschen als Bestandteil des Ökosystems, und zwar als den dynamischen und determinierenden, an.[29]

Entsprechend ist das Konzept der quasi-automatischen Anpassung an natürliche Bedingungen so nicht sinnvoll. Für die sogenannte

---

[28] E.E. Evans-Pritchard, 1977 (1956), S. 320: "I tried to show that some features of their modes of livelihood can be understood only if we take their environment into account; and also that some features of their political structure can be understood only if we take their modes of livelihood into account. I did not, however, try to explain their modes of livelihood as a function of their environment or their political structure as a function of their economy."

[29] Equipe écologie, 1979; darin: C. Lefébure, 1979, S. 2; E. Bernus, 1979, S. 74; A. Bourgeot, 1979, S. 142

human-ökologische Perspektive, auf die sich vor allem Sozialgeographen[30] berufen, ist typisch, daß von einer 'Anpassung' an die natürliche Umwelt ausgegangen wird, ohne dieses Konzept wissenschaftstheoretisch zu hinterfragen. Nach dieser 'Anpassung' wird allgemein hinsichtlich Landnutzung gefragt, aber auch speziell hinsichtlich Krisen (Dürre), Naturkatastrophen sowie Unsicherheit allgemein der natürlichen Bedingungen.[31] Die kulturgeographische Forschungstradition spricht von "cultural adaption",[32] d.h., sie geht davon aus, daß die sogenannten traditionellen Produktionssysteme unmittelbar an die natürlichen Bedingungen angepaßt sind.

Eine sozialwissenschaftliche Erklärungsweise kann den Primat der natürlichen Umwelt für die Herausbildung einer Gesellschaftsformation nicht gelten lassen, auch eine struktur-funktionalistische Betrachtungsweise, gemäß welcher gesellschaftliche Ausprägungen in ihrer Funktion für den Erhalt des Ökosystems erklärt würden, kann nicht befriedigen.

Der nicht-vollzogenen Trennung verschiedener funktionaler Bereiche in afrikanischen Gesellschaften entspricht eine ganzheitliche Weltanschauung und ein ganzheitlicher sozialwissenschaftlicher Ansatz. Dieser ist jedoch lebensgeschichtlich und sinnvermittelt und ist nicht grundsätzlich gleichzusetzen mit einem Systemansatz.

---

[30] Vgl. z.B. E.P. Scott, 1984; D.L. Johnson (Hrsg.), 1977

[31] K. Hewitt (Hrsg.), 1983

[32] Vgl. Unesco/UNEP/FAO, 1979, Kap. 8 Human occupation, S. 260 ff.

Ein interessanter Ansatz ist der der "ethno-ökologischen Zone"[33], der im Rahmen einer emischen Sozialwissenschaft die sozial relevante Umgebung als die selbst von den Handelnden wahrgenommene (perceived environment) als handlungsrelevant ansieht. Innerhalb dieses 'sozialen Raumes' werden unterschiedliche Ressourcenpotentiale (z.B. Weiden) und Nutzungsmuster (z.B. Wanderbewegungen) von der Bevölkerung selbst definiert. Die Definition dieses Raumes erfolgt bei den Nomaden über die soziale Organisation in segmentären Systemen. Ein Gebiet wird als Clan-Territorium definiert, lineages sind Brennpunkte territorialer und politischer Interessen. Damit wird dem großen Mangel in Entwicklungstheorie und -politik begegnet, der darin besteht, daß diese sozialen Systeme als 'traditionale' Faktoren angesehen werden und ihre entscheidende Bedeutung für die Strukturierung des Raumes sowie die Regelung des Ressourcenzugangs übersehen wird.

Dies ist ein anderer Ansatz, als er in der Sozialökologie (social ecology) vertreten wird, die im Diskussionsrahmen der Agrarsoziologie die Umweltperspektive systematisch miteinbeziehen will.[34] Bisher haben Agrarsoziologen vor allem das Problembewußtsein von Bauern in bezug auf Bodenerosion und die Annahme von Bodenkonservierungspraktiken untersucht, die Auswirkungen des Standorts auf die Betriebswahl und den Zusammenhang von Landnutzung und Technologie. Der sozialökologische Ansatz in der Agrarsoziologie will Umweltvariablen in die Betrachtung des Produktionssystems einbeziehen. Anliegen ist, die Beziehungen der landwirtschaftlichen Produktion mit der biophysischen Umwelt, die Interaktion der Bauern mit der Umwelt in der Produktion, Konzepte des Umgangs mit Variabilität und Wandel sowie die "Anpassungsreaktion" (adaptive response) auf individueller und aggregierter und/oder kollektiver Ebene zu untersuchen. Was die Erklä-

---

[33] Vgl. B. Helander, 1986, S. 96 f.

[34] Vgl. C.M. Coughenour, 1984, S. 1 f.

rung des menschlichen Handelns anbelangt, so wird die Umwelt als natürliche Ressource betrachtet, die von verschiedenen Standpunkten aus als Soll und Haben von den Bauern beurteilt wird.

Es wird von Anreizen, Arten und Schnelligkeit der Anpassung instrumenteller Systeme der Agrarproduktion gesprochen. Es werden Strategien der Ressourcennutzung gemäß verschiedener Faktoren, z.B. dem Lebenszyklus des Bauern, betrachtet. Dabei werden solche Verhaltenstypen wie "risk-takers", "pushers", "plungers" gebildet, die sich auf den Grad der Naturausbeutung beziehen. Die Verbindung zu ökonomischen Faktoren wird insofern hergestellt, als die Wahrnehmung des Landes als Ressource seitens des Bauern von den erwarteten Warenpreisen und natürlichen Bedingungen, z.B. Regen, abhängend gesehen wird.

Hinsichtlich der Anpassung von Bevölkerungsgruppen an Naturressourcen wurde ökologische Theorie und Organisationstheorie verbunden, wobei konkurrierende Formen untersucht werden. Die über den Betrieb hinausgehenden politischen und ökonomischen Verhältnisse werden insofern betrachtet, als sie Opportunitäten bzw. Engpässe darstellen, als Parameter der "Nischen", innerhalb derer Bauern operieren. Darunter fallen auch Agrartechnologie und Betriebsmittel. Faktoren wie Regierungspolitik und Marktstruktur werden genannt, jedoch anscheinend nicht analysiert.

In dem kulturgeographischen Ansatz wird die Fragestellung nicht nur in eine Richtung verfolgt, wie die Menschen die Umwelt beeinträchtigen, sondern nach den "Auswirkungen der jüngsten Dürreperiode (1968 - 1973) auf die Landnutzung und Lebensweisen der nomadischen Viehhalter und Hirten" einerseits sowie den "Auswirkungen der kulturgeographischen Wandlungen und Landnutzungsweisen der verschiedenen Volksgruppen auf das sahelische Naturpotential" andererseits gefragt. Ibrahim beabsichtigt die "Erfassung des natur- und kulturgeographischen Prozeßkomplexes der Desertification", wobei die natürlichen und die sozio-ökonomischen Faktoren analysiert werden.[35]

Wichtig ist, daß afrikanische Gesellschaften ursprünglich einen anderen Naturbegriff hatten, der zu einem Tauschverhältnis im Gegensatz zu Aneignung führte. Besonders deutlich ist dies noch bei sog. Rückzugsgesellschaften wie den Dogon (Mali) oder den Baule (Elfenbeinküste).[36] Die Grenzen der sozialen Welt waren andere, einmal gegenüber der Natur, zum anderen gegenüber der spirituellen Welt - wobei alle drei in einem wechselseitigen Verhältnis standen, die gleichen Regeln galten und die gleichen Gesetze des Funktionierens angenommen wurden. Ein Eingriff in die Natur - das Roden neuer Felder, das Fällen eines Baumes - wurde innerhalb der allgemeinen kulturellen und gesellschaftlichen Handlungsregeln gerechtfertigt und in kulturelle Rituale eingebunden, konnte daher kontrolliert werden. Es ist sicherlich falsch, von einem einseitigen Nehmen der Menschen gegenüber der Natur auszugehen, das oft mit dem Fehlen von Privateigentum an

---

[35] Vgl. Th. Krings, 1980, Kap. 6.1 bzw. 7, S. 83 ff.; F.N. Ibrahim, 1980, S. 5. In der deutschen Literatur überwiegt bei weitem der (kultur-)geographische Ansatz (vertreten z.B. durch Mensching, Ibrahim, Krings, Weicker etc.). In der internationalen anthropologischen Diskussion, die sich v.a. auf die Viehhaltergesellschaften dieser Region konzentriert und englisch- und französischsprachige Forschung vereint, ist die deutsche Wissenschaft nicht vertreten; vgl. z.B. J.G. Galaty, Ph.C. Salzmann (Hrsg.), 1981; J. Gallais (Hrsg.); 1977; W. Weissleder (Hrsg.), 1978; Die explizite sozialwissenschaftliche Fragestellung über den Zusammenhang zwischen sozio-ökonomischem Wandel und ökologischer Verschlechterung wird jedoch bisher nur selten verfolgt, z.B. von G. Dahl, A. Hjort, 1979. Allerdings ist der Bezug zum Raum und den natürlichen Ressourcen ein wichtiges sozial-anthropologisches Thema, z.B. bei W. Weissleder (Hrsg.), 1978.

[36] Vgl. z.B. U. Luig, 1986. Es kann dabei nicht darum gehen, einen allgemeinen 'ökologischen Funktionalismus des Rituals' zu vertreten.

Natur - hier Boden - gleichgesetzt wird. Im Gegenteil, gerade durch die soziale Einbindung war ein Schutz möglich.

Niemand fordert die Rückkehr zu einem magischen Denken im Hinblick auf die Natur. Wichtig ist jedoch der Versuch, im Rahmen der Ökoentwicklung die Logik der nicht-ausbeuterischen Naturbeziehungen wiederherzustellen, die gleichen Prinzipien des Austausches zu gewährleisten.[37] Die Frage ist, wie diese Prinzipien innerhalb des sozial, ökonomisch und politisch konstituierten Handlungsrahmens von den Menschen realisiert werden können, ohne daß die Gefahr besteht, daß das "System" über den Menschen gestellt wird.

1.4 Sozialstruktureller Ansatz

Die endogenen und exogenen Faktoren, die zu dem Verlust des - wenn auch mit großen Schwankungen verlaufenden - Gleichgewichts geführt haben, gilt es, aus dem Zusammenwirken des Rationale der traditionalen Wirtschaftsformen mit den übergreifenden Entwicklungen zu erklären. Dazu ist eine Betrachtung der ständig ablaufenden Wandlungsprozesse sowie des menschlichen Handelns notwendig, wozu ein verstehender Ansatz erforderlich ist. Dieser verstehende Ansatz fehlt in einer Studie der FAO,[38] die jedoch richtig darauf hinweist, daß demographische Faktoren allein nicht simulierbar sind (wie anscheinend ursprünglich intendiert), und einen systemtheoretischen Ansatz im Gegensatz zu einem Sektoransatz vorschlägt, in dem die Komplexität der Interdependenz der verschiedenen Subsysteme der sozialen und ökonomischen Realität erfaßt werden soll. Als "milieu sahélien" werden die Subsysteme

----

[37] Im Gegensatz zu einem "bookkeeping or accounting approach to nature", wie J. Galtung, 1984, S. 11, sagt.

[38] Vgl. FAO, 1977, S. 5 bzw. XIII

Gesellschaft, Produktion, Ökosystem, Staat und Außenbeziehungen nach erklärenden Merkmalen untersucht.

Haaland[39] sieht als seinen Untersuchungsgegenstand den sozialen Kontext der Produktion und hält als Implikation für die Planung vor allem eine "Modernisierungsstrategie" für die Landnutzungspolitik für erforderlich, die aufgrund der Interessenkonstellation derzeit zu einer Verschlechterung der natürlichen Ressourcenbasis und zukünftig zu einer Vergrößerung der Einkommensunterschiede beitragen wird. Als methodologischen Ansatz empfiehlt er die Herausarbeitung von Entscheidungssituationen in Fallstudien, bei Berücksichtigung der Beziehungen zwischen soziologischen, ökologischen, ökonomischen und veterinärwissenschaftlichen Faktoren.

Manger analysiert in einem verstehenden Ansatz "die Faktoren, die zu dieser Verwüstung führen, in bezug auf die Faktoren, die die Bevölkerung dazu bringen, solche Strategien zu verwenden, die ökologisch gesehen auf längere Sicht kontraproduktiv sind".[40] Er weist darauf hin, daß sich das Konzept des Landnutzungssystems im Zusammenhang mit der Ökologieproblematik oft nur auf die technische Seite bezieht - Technologie, Anbauprodukte, Rotation -, nicht jedoch auf die soziale und sozio-kulturelle, nämlich die soziale Organisation der Produktion, Eigentumsrechte, Arbeitsteilung, Austauschmechanismen, wo doch beide zusammen das Handlungssystem ausmachen. Außerdem betont er, daß durchaus technologischer Wandel und Anpassung stattfinden, jedoch die Wahl der angepaßten Strategien Beschränkungen durch das Sozialsystem unterliegt, das den Zugang zu produktiven Ressourcen und die Zirkulation von Werten zwischen ökonomischen Einheiten steuert. Er zeigt, daß die Anpassungsstrategien unterschiedlicher Einheiten

---

[39] G. Haaland, 1980a

[40] L. Manger, 1980, S. 133

von ihrem jeweiligen Standpunkt (der Arbeitskräfte- und Kapitalverfügbarkeit aus) rational sind, jedoch negative ökologische Folgen haben, die auf längere Sicht ihre Existenzfähigkeit beeinträchtigen.

Ausgehend von den traditionellen Strukturen sind auf externen Einflüssen beruhende Optionen und Zwänge zu untersuchen, wie diese die Form der Wirtschafts- und Sozialeinheiten verändern (im Hinblick auf Ressourcenallokation, Umweltbeeinflussung) sowie die Struktur des Wirtschaftssystems, dessen Elemente sie sind. Entwicklungspolitik muß versuchen, diesen Wandel in eine wünschbare Richtung zu beeinflussen.[41]

Es gibt eine breite Literatur im Zusammenhang mit Dürre und Umweltproblematik, die als Diskussion der "Hungerproblematik" apostrophiert werden könnte.[42] Außerdem gibt es eine Literatur, teilweise in Überschneidung, die sich mit der Erklärung von Katastrophen, einschließlich Dürre, sowie den Bewältigungsstrategien der Bevölkerung beschäftigt.[43] J. Copans stellt die (erste) Sahel-Dürre in den sozialwissenschaftlichen Erklärungszusammenhang der politischen Ökonomie der Unterentwicklung.[44] Er sieht ein Defizit in der Erklärung der ökonomischen und politischen Ursachen der ökologischen Ungleichgewichte, wie sie nach der Dürre weiterbestehen. Er plädiert gegen den Ansatz, Dürren als Krisen und Krisen als Unfälle zu betrachten. Er weist darauf hin, daß es nicht damit getan ist, die unmittelbaren Auswirkungen der Dürre zu beklagen, nicht nur die unmittelbaren Todes-

---

[41] Vgl. G. Haaland, 1980b, S. 75

[42] Vgl. L. Timberlake, 1985, bes. Kap. 2 "Why famine?", S. 15 - 31

[43] Vgl. K. Hewitt (Hrsg.), 1983; J. Gallais (Hrsg.), 1977

[44] J. Copans, 1983

opfer, sondern das ungeheure Ausmaß der sozialen und ökonomischen Desorganisation, die zu Abwanderung und Abhängigkeit von Nahrungsmittelhilfe führte.

Er vertritt einen sozial- und naturgeschichtlichen Ansatz und zeigt, daß ökonomische Ausbeutungsstrategien gleichzeitig Ausbeutungsstrategien der Natur sind. Die tatsächlichen Auswirkungen der Dürre können demzufolge nur erfaßt werden, wenn auch gesehen wird, wie die Bürokratie und Bourgeoisie sie benutzt haben, um ihre Position zu festigen.

Während die sozio-politischen Zusammenhänge in bezug auf Viehhaltergesellschaften vor allem von skandinavischen Autoren behandelt werden (Dahl, Haaland, Hjort etc.),[45] gibt es aus England einige Ansätze zu einer polit-ökonomischen Analyse der Bodenzerstörung vor allem im Bereich des Ackerbaus (Blaikie, Redclift).[46]

Ein entwicklungstheoretischer, notwendigerweise interdisziplinärer Ansatz kann die Dürre nicht als ökologisches Phänomen betrachten, sondern sieht die Ursache des Schwunds der Ressourcenbasis in sozio-politischen Faktoren. Desertifikation wird hier ökonomisch als Rückgang der Produktivität des Landes gefaßt, die innerhalb eines Teufelskreises sich gegenseitig bedingender Faktoren steht, der durch Abhängigkeits- und Ausbeutungsbeziehungen aufrechterhalten wird.[47] Es wird gezeigt,[48] daß die Verschlechterung der Lebensbedingungen z.B. für Nomaden vor allem auf Veränderungen des Zugangs zu Ressourcen zurückzuführen ist, die
----

[45] G. Daal, A. Hjort, 1979; G. Haaland (Hrsg.), 1980; A. Hjort (Hrsg.), 1985 etc.

[46] P. Blaikie, 1981, 1985; M. Redclift, 1984

[47] Vgl. B. Wisner, 1982; P. Blaikie, 1981, 1985; J.W. Bennett, 1984; P. Blaikie, H. Brookfield (et al.), 1987

[48] Vgl. G. Dahl, H. Hjort, 1979, S. 9 ff.

Teil eines systematischen Prozesses politischer Zentralisierung und kapitalistischer Expansion im Bereich der Agrarproduktion und des Arbeitsmarktes sind. Die ökologischen Störungen sind dabei einerseits Symptome der Schwächung der Subsistenzwirtschaft aufgrund ihrer Einbeziehung in das nationale und internationale Wirtschaftssystem, andererseits öffnen sie das Tor für das Eindringen der Weltwirtschaft. Durch jedes weitere Dürrejahr wird z.B. der Nomade noch abhängiger vom Verkauf eines Teils seines Produkts, um seinen Bedarf an Nahrung und sonstigen Gütern zu befriedigen. Die Widersprüche der Wirtschaftsstruktur kommen darin zum Ausdruck, daß Surplus von den Agrarproduzenten abgeschöpft wird, die ihrerseits gezwungen sind, 'Überschüsse' aus der Umwelt abzuschöpfen.[49] Die Krise ist so weit fortgeschritten, daß es jetzt um reine Überlebensstrategien geht. Diese bestehen einerseits in einer zwangsweisen und übermäßigen Produktion für den Markt, wodurch das Produktionssystem destabilisiert wird und ökologisch aus dem Gleichgewicht gerät,[50] andererseits in der unmittelbar destruktiven Nutzung der Umwelt in der Notsituation, die die eigene Subsistenzbasis zerstört.

Dieser Prozeß des 'Aufbrechens' und des Zusammenbruchs quasi geschlossener Lebensweisen kann allerdings nur dann verstanden werden, wenn die Schwächen und kritischen Punkte der traditionellen Produktions- und Sozialsysteme vom ökologischen Standpunkt aus betrachtet werden.

---

[49] P. Blaikie, 1981, S. 21: "surpluses are extracted from cultivators who then in turn are forced to extract 'surpluses' ... from the environment ..."

[50] M. Redclift, 1984, S. 61: "Increased commodity production is thus a vital factor in physical survival, undermining the peasant farmer's system of production, and ensuring ecological imbalance" (unter Bezug auf Bernstein, 1979)

Der sozio-politische Erklärungsansatz besagt, daß der Prozeß der Eingliederung in die nationale und internationale Wirtschaft, mit den begleitenden Erscheinungen der Abhängigkeit und der Benachteiligung im Hinblick auf Ressourcenzugang, zu ökologischen Degradationserscheinungen führt, andererseits jedoch durch ökologische Katastrophen beschleunigt wird. Die Dürre stellte einen Einschnitt im Produktionsprozeß dar, hat die bereits vorher vorhandenen Strukturschwächen des Systems zutagetreten lassen und die entsprechenden sozialen Wandlungsprozesse ermöglicht. Dieser Zusammenhang wird im folgenden ausgehend von den ökologischen Schwachpunkten der traditionalen Produktions- und Sozialsysteme untersucht, an denen das 'Aufbrechen' erfolgt.

1.5 Aufbrechen der nomadischen Lebensweise und Konflikt mit dem Ackerbau

In der Literatur wird zum Teil unterschieden[51] zwischen echten Nomaden, die mit ihrem ganzen Besitz und ihrer ganzen Familie räumlich mobil sind (ohne unbedingt feststehenden Wegen zu folgen), und solchen "Pastoralisten", die Transhumanz oder Wanderweidewirtschaft als Fernwanderung von Herden während der Regenzeit betreiben. Nomaden werden also unterschieden von teilweise halbseßhaften Gruppen, die eine saisonale Aufteilung der Familien und Herden praktizieren, wobei nur die männlichen Hirten jeweils traditionalen Wanderwegen folgen, um optimale Weidebedingungen wahrzunehmen. Daß es sich hier bei der Viehhaltung nicht um lediglich eine ökonomische Tätigkeit handelt, sondern eine gesamte Lebensweise und Identität, ist allgemein anerkannt.

Die bekanntesten Nomaden Nord- und Westafrikas sind die Tuareg, teilweise Berber-sprechende Viehhalter, die über Jahrhunderte in

---

[51] Vgl. St. P. Reyna (Hrsg.), 1980, S. 112 ff.

politisch strukturierten Verbänden die Sahara und den Sahel beherrschten und ursprünglich eine Sklavenhaltergesellschaft waren. Die zahlreichsten Viehhalter sind die Fulbe (im französischsprachigen Raum Peul), die im Zuge ihres islamischen Kreuzzuges in einzelnen Gruppen Teile von Niger, Mali, Burkina Faso, Senegal sowie den Norden von Nigeria (wo sie zahlenmäßig am bedeutendsten sind) besetzt haben, jedoch über keine zentrale politische Organisation und daher keine gemeinsame Identität verfügen.[52] Dann gibt es verschiedene arabische oder maurische sowie lybische und tschadische Nomadenstämme.

Die nomadische Kontrolle des Sahel, einschließlich des Fernhandels (Salz-), in Konkurrenz aber auch im Austausch mit den seßhaften Ackerbauern der sahelischen Flußsysteme, dauerte bis ins 19. Jahrhundert, am westlichen Rande bis ins 20. Jhdt. Offiziell wurde die Sklavenhaltung bei den Tuareg erst 1930 durch die französische Kolonialmacht abgeschafft. Die koloniale Grenzziehung war äußerst beliebig und führte zu einer ernsthaften Behinderung der nomadischen Bewegungsfreiheit. Als die Länder 1962 unabhängig wurden, waren die Nomaden bereits aufgrund des Seehandels auf Westafrika zurückgedrängt und auf den Status nationaler Minderheiten reduziert worden.

Die echten Nomaden gehen stark zurück - ihre Zahl wird allerdings auch von den Regierungen systematisch unterschätzt. Z.B. stellte 1977 in Mauretanien der Zensus fest, daß nur noch 17 % der Nomaden eine Entfernung von über 200 km pro Jahr zurücklegten und sich auf bestimmte Regionen, den NO und SO, konzentrierten. Halbnomadentum und Weidewanderung (nur der Herden) wurden die vorherrschende Lebensform. Etwa 30 % der (klassisch am we-

---

[52] Vgl. Ch. Frantz, 1981

nigsten auf Landwirtschaft orientierten) maurischen Nomaden praktizierten Ackerbau, im SO waren es bis zu 52 %.[53]

Die Tuareg[54] Burkina Fasos, Malis und Nigers hatten als reine Nomaden mit Kamel- oder gemischten Herden ihre ackerbauliche Basis in Form von Bewässerungskulturen in Talsenken durch die Hörigen, die nach ihrer Befreiung zunehmend Ackerbau betrieben. Die reinen Viehhalternomaden der Mauren (Mauretanien, Mali) ließen ebenfalls von ihren Sklaven Ackerbau in Oasen betreiben. Hier führte die Sklavenbefreiung zur Vergrößerung der Viehzahlen. Die Fulbe betreiben als "Agropastoralisten" transhumante Rinder-Wanderweidewirtschaft sowie an der Grenzzone zwischen Weidewirtschaft und Ackerbau zunehmend eigenen Hackfeldbau neben einem Austausch und traditionellen symbiotischen Beziehungen mit den Ackerbauern.

Ökologisch gesehen sind die Kontaktzonen zwischen Viehhaltung und Ackerbau aufgrund verschiedener Entwicklungen am stärksten gefährdet,[55] die vor allem zur Überweidung in der Trockenzeit führen. Dies, obwohl eine halbseßhafte Lebensweise (mit Transhumanz), wie die der Fulbe, als die dem Naturraum am besten angepaßte und am meisten Sicherheit bietende angesehen wird.[56] Auch gab es in der Geschichte neben den symbiotischen Beziehungen der verschiedenen Systeme durchaus auch integrierte Systeme und Mischformen, die ökologisch im Gleichgewicht waren, z.B. im

---

[53] Vgl. H. Schissel, 1983b

[54] Vgl. E.P. Harsche, 1974

[55] Übereinstimmend u.a. FAO, 1977, S. 44; F. Ibrahim, 1982a, S. 52; Th.F. Krings, 1980, S. 106

[56] Vgl. St.P. Reyna (Hrsg.), 1980, S. 128

19. Jahrhundert in Burundi bei einer hohen Bevölkerungsdichte oder bei den Nuern im Südsudan.[57]

Viehhalter- und Ackerbausysteme sind immer weniger streng voneinander zu trennen. Hier sollen fünf Typen unterschieden werden, wobei jedoch die Übergänge fließend sind und unterschiedliche Grade der Subsistenzwirtschaft bzw. Markteingebundenheit vorhanden sind:

- reine Nomaden, die in unterschiedlichem Grad Austausch mit Ackerbauern treiben (und heutzutage vom Markt für ihre Subsistenz abhängig sind) oder herkömmlicherweise über Sklaven und Hörige Ackerbau betreiben lassen oder inzwischen selbst betreiben

- Halbnomaden, die Transhumanz, Weidewanderschaft betreiben, mit der saisonalen Trennung von Familien und Herden zur optimalen räumlichen Weidenutzung, mit zunehmendem Landbau durch die nicht-wandernden Familienmitglieder (auch als "Agropastoralisten" bezeichnet)

- Symbiose von nomadischen/transmigranten Viehhirten und Ackerbauern in der Regelung von Weiderechten, in Form von Mechanismen zur Beweidung/Düngung abgeernteter Felder

---

[57] Vgl. R. Botte, 1979, S. 399 ff.; J. Mtetwa, 1982, S. 33; E.E. Evans-Pritchard, 1940. Burundi ist allerdings der Fall einer Gesellschaft, in der sich bekanntermaßen sehr ausgeprägte hierarchische Strukturen über Landeigentum, Abgaben- und Arbeitspflicht der Bauern und Abhängigen herausbildeten, die sich an dem Besitz von Vieh als Herrschaftsmittel (über auf Vieh basierende Klientelbeziehungen) festmachten. Die ethnische Zuschreibung kommt dazu.

- gemischte ackerbauliche und viehhalterische Systeme, teils seitens seßhaft gewordener Nomaden, teils seitens Ackerbauern, die Vieh erwerben

  . in Form einer Arbeitsteilung zwischen Viehhirten und Ackerbauern einschließlich Auftragsrinderhaltung

  . teils in einem System integriert, z.B. bei Einführung von Ochsenanspannung

- Landwirtschaftsbetriebe mit Ackerbau (oft mechanisiert, Bewässerungs-) und Viehzucht (ranching) mit unterschiedlichen Graden der Modernisierung, unternehmerisch und marktorientiert betrieben durch reiche Viehhalter, islamische Würdenträger, Händler, städtische Bürokraten etc.

Die ausgesprochen nomadischen Produktionsformen gehen stark zurück, in beschleunigtem Maße durch die Dürre, jedoch bereits vorher durch Seßhaftmachungsprogramme[58] und Einschränkungen der Weiderechte. Auch die saisonale Weidewanderschaft geht zurück, zumindest was das Ausmaß der Entfernungen anbelangt.

Die Beziehung zwischen Viehhaltung und Ackerbau bestand bei den Tuareg und Mauren in einem Herrschaftsverhältnis, wobei die Hörigen bzw. Sklaven Acker- bzw. Oasen-Gartenbau für ihre Herren betrieben. Die Auflösung dieser Herrschaftsverhältnisse führt hier zu einer Ausdehnung des Ackerbaus durch die Befreiten mit eigener Viehhaltung.

Ein besonderes Verhältnis zwischen Viehhaltern und Ackerbauern kam auch traditionellerweise in lokalen Märkten und Fernhandel

---

[58] Vgl. grundsätzlich zur Problematik der Niederlassung von Nomaden R. Herzog, 1963; P.C. Salzmann (Hrsg.), 1980

zum Ausdruck. Die großen Sahelviehhalter handeln mit Vieh, Viehprodukten und Salz im Austausch mit Getreide und anderen Produkten. Die Savannenregionen tauschen Vieh, Salz, Trockenfisch etc. gegen die Produkte der Waldzonen. Diese noch vorhandenen und durchaus flexiblen Handelsbeziehungen werden oft bei Entwicklungsprojekten, v.a. Bewässerungslandwirtschaftsprojekten, nicht beachtet und führen zu deren Scheitern.[59]

Zwischen Nomaden und Transhumanten kommt es bereits zu einer Konkurrenz um knappe Räume; die halbnomadischen Fulbe betreiben aufgrund des Bevölkerungsdrucks Transhumanz in Richtung Norden, wo sie mit Tuareg- und anderen Nomaden in Konkurrenz treten.[60]

Die ursprünglich in dem Überschneidungsgebiet vorhandenen symbiotischen Beziehungen zwischen Nomaden und Ackerbauern wie sie zwischen Fulbe-Pastoralisten (nomadisch, halb-, niedergelassen) und Hausa-Bauern, z.B. in Nord-Nigeria,[61] existierte, ist häufig verschwunden und zu einer Konflikt- und Konkurrenzbeziehung[62] geworden, meist aufgrund des Vordringens des Ackerbaus und der damit einhergehenden Einschränkung der Weiderechte, der Einführung von Viehhaltung und besonders Zugviehhaltung bei den Bauern mit entsprechender Vermarktung von Viehfutter (statt Abweidung durch Nomadenvieh), Einführung moderner Betriebsmittel (chemi-

---

[59] Vgl. G. Haaland, 1980b, S. 96

[60] Sogar aus Süd-Darfur (Sudan) berichte von G. Haaland, 1980b, S. 66 ff.

[61] Vgl. H.G.T. van Raay, P.N. de Leeuw, 1974, S. 6, wo ein Vergleich im Herdenbewirtschaftungssystem zwischen seßhaften und nicht- Fulbe vorgenommen wird (S. 13 ff.). Die Effizienz in bezug auf Ernährungsanforderungen sei höher bei Seßhaften.

[62] Z.B. berichtet aus Senegal: M. Weicker, 1982; M.A.R. Mustaba, 1980

scher Dünger ersetzt Naturdünger, mit Pflanzenschutzmittel behandelte Felder schaden den Tieren),[63] Rückgang der Hirseproduktion (die gegen Milchprodukte der Nomaden getauscht wurde) zugunsten von industriellen Verkaufsfrüchten, d.h. insgesamt der zunehmenden Marktintegration der Ackerbauern. Gemischte ackerbauliche und viehhalterische Systeme nehmen im Anschluß an groß angelegte Brunnenbauprogramme und integrierte Entwicklungsprojekte zu. Eine stärkere Beanspruchung der Ressourcen erfolgt meist, wenn Bauern zur Viehhaltung übergehen. Moderne Landbau- und Viehhaltungsbetriebe nehmen im Gefolge der erhöhten Fleischnachfrage und Förderung der Viehvermarktung zu.

In dem Augenblick, wo einer (oder auch beide) der Partner in den Markt integriert wird, werden die traditionellen Austauschbeziehungen vernachlässigt und das System der Koexistenz zum gegenseitigen Nutzen bricht zusammen. Für den Austausch über den lokalen Markt zeigt sich klar, daß sich die terms of trade hinsichtlich Fleisch- bzw. Hirsepreisentwicklung für die Nomaden auf jeden Fall seit den letzten beiden Saheldürren verschlechtert haben.[64]

Einer Renomadisierung, die als ökologisch sinnvoll angesehen wird,[65] steht entgegen, daß inzwischen ein sozialer Differenzierungsprozeß eingetreten ist und viele der seßhaft gewordenen Viehhalter oder der Seßhaften (ehemalige Untertanen von Nomaden, zum Islam Übergetretene, Händler und sonstige Vertreter urbaner Berufe) auch sozial und kulturell nicht mehr als traditionale Viehhalter anzusehen sind, sondern entweder zu der reicheren Bevölkerung gehören oder so verarmt sind, daß sie nicht mehr zu

---

[63] Vgl. N.V. Lateef, 1980, S. 139

[64] Z.B. in Tahoua/Niger, vgl. C. Arditi, 1980, S. 93 ff.

[65] Vgl. Th. Krings, 1980, S. 108

einer ökologisch sinnvollen nomadischen Lebensweise zurückkehren können.

1.6 Ökologisch belastende sozio-ökonomische Prozesse

Die Ausdehnung v.a. des Hirseanbaus nach Norden kann nicht primär als Folge des absoluten Bevölkerungswachstums angesehen werden. Einerseits handelt es sich um eine Reaktion auf die abnehmende Bodenproduktivität durch Dürre, Auslaugung (auch durch Anbau von Verkaufsfrüchten) und - in einem Teufelskreis - durch zu intensive Nutzung. Vor allem aber handelt es sich um einen Verdrängungsprozeß der primär subsistenzorientierten Wirtschaft durch 'moderne' Agrarwirtschaft.

Durch den Druck auf Land verschiebt sich die Grenze zwischen subsistenzorientierten Viehhaltern, Viehhalter-Ackerbauern und Ackerbauern stetig nach Norden, so daß es zu einer Konkurrenz um Ressourcen zwischen den verschiedenen subsistenzorientierten Produktionssystemen kommt. Ausgelöst wird der Prozeß durch eine Veränderung der Bodennutzungsverhältnisse zugunsten moderner Produktionssysteme einschließlich Bewässerung sowie durch eine fortschreitende Bodenerschöpfung dieser Gebiete, die wiederum die unmittelbare Auswirkung der Ausweitung des Verkaufsfrüchteanbaus, vor allem Erdnuß- und Baumwollanbau,[66] zusammen mit einem trockenheitsbedingten Ertragsrückgang, ist.

Ein gegenläufiger Druck wird jedoch durch die Viehhalter aufgrund von Dürre, politischer Einschränkung der räumlichen Bewegungsfreiheit und ökonomischer Begrenzung der Weiderechte in der Nutzungskonkurrenz ausgeübt, wobei die Kontaktzone, in der eine tendenzielle Ansiedlung und Konzentration stattfindet, ökolo-

---

[66] Vgl. D. Dahl, A. Hjort, 1979, S. 5

gisch besonders in Mitleidenschaft gezogen wird. Es kommt dabei gleichzeitig zu sozio-ökonomischen Differenzierungsprozessen, bei denen die traditionellen Viehhalter meist am schlechtesten abschneiden, da sie aufgrund der systemimmanenten räumlichen Ungebundenheit sowie ihrer politischen Schwächung durch die Nationalstaaten unterlegen sind.

Die Verdrängungsprozesse setzten schon in den 50er Jahren ein. Im Sudan z.B. wurden arabische Nomaden durch die Ausweitung von mechanisierten Großbetrieben für den Anbau von Hirse und Sesam in den 50er und 60er Jahren verdrängt. In der Khasm-el-Ghirba-Bewässerungseinrichtung wurden nubische Farmer aus dem Gebiet des Assuan-Staudamms angesiedelt, wodurch Weideland in Ackerland für Baumwoll-, Weizen- und Erdnußanbau[67] umgewandelt wurde. In Mali wird die Viehhaltung durch Reisproduktion verdrängt.[68]

In Senegal,[69] dem Land mit den erfolgreichsten Agrarexportzahlen (Erdnüsse, Baumwolle), fanden und finden starke Verdrängungsprozesse statt, die auch zu einer sozio-ökonomischen Differenzierung und Benachteiligung der Nomaden führen. Die Steigerung der Erdnußproduktion geschah dort unter weitgehender Vernachlässigung der bäuerlichen Subsistenzproduktion; die Steigerung der Agrarproduktion allgemein geschah auf Kosten der traditionellen Viehwirtschaft. Die ökonomische Verdrängung geht einher mit einem zunehmenden Einfluß des Islam, der die Seßhaftwerdung und Übernahme einer städtischen Lebensweise begünstigt und dessen Vertreter gegenüber der Regierung eine starke pressure-group hinsichtlich der öffentlichen Regelung des Ressourcenzugangs bilden. Islamische Viehhalter betreiben zunehmend seßhafte Viehhal-

---

[67] Vgl. D. Dahl, A. Hjort, 1979, S. 5
[68] Vgl. St.P. Reyna (Hrsg.), 1980, S. 117
[69] Vgl. Ch. Frantz, 1981, S. 103

tung, wodurch sie einerseits die Ressourcen stärker belasten, andererseits durch Weidekontrolle und Marktintegration andere Viehhalter von Weideland verdrängen und den Mehrwert in Handel und Viehmast abschöpfen. Im Bereich des Ackerbaus, besonders des Anbaus von Verkaufsfrüchten, speziell im Erdnußanbau, sind die mohammedanischen Brüderschaften im Senegal die dynamischste Gruppe,[70] die aufgrund ihres politischen Einflusses gegenüber Nomaden, aber auch anderen bäuerlichen Gruppen hinsichtlich Landnahme im Vorteil ist. Zu dieser tendenziellen Benachteiligung der nomadischen Viehhaltung durch den Druck der ackerbaulichen Landnahme kommt, daß im Süden große Bewässerungssysteme entstehen, die ein Ausweichen der Nomaden auf variable Weidegebiete endgültig verhindern und die Konkurrenz zwischen Kleinlandwirtschaft und Viehhaltung weiterhin verschärfen werden.[71]

Weicker[72] zeigt für ein Gebiet am Südrand des Ferlo, einem traditionellen Viehhalter-/Waldgebiet, die Verdrängungsprozesse durch die Erdnußproduktionsförderung und ihren Einfluß auf die Konfliktsituation zwischen Nomaden (Fulbe) und Bauern auf. Seit dem Bau von Tiefbrunnen in den 50er Jahren wurden in dem ursprünglichen Viehhaltergebiet systematisch bäuerliche Ansiedlungen, besonders für Erdnußanbau, und die Einwanderung von Nomaden, die aus den benachbarten Ackerbauregionen vertrieben worden waren, gefördert, was mit einer Aufhebung von Waldschutzgebieten einherging. Eine frühere Symbiose zwischen Ackerbauern und Vieh-

---

[70] Vgl. dazu J. Copans, 1980, siehe auch Teil IV, 1, S. 129

[71] Damit ist auf längere Sicht auf jeden Fall in dem deutsch-senegalesischen Aufforstungsprojekt (bäuerliche Aufforstung) zu rechnen, das sich um den Aufbau von Weidekontrollsystemen mit den örtlichen Nomaden bemüht, traditionell durchziehende Nomaden, außer der Bereitstellung von Korridoren, jedoch nicht berücksichtigen kann. Allgemein zu diesem Projekt vgl. H.-J. v. Maydell et al., 1983, siehe auch Teil VII, 4.1, S. 259 f.

[72] Vgl. M. Weicker, 1982, besonders S. 122 ff.

haltern verwandelt sich immer mehr zu einer Konfliktsituation; letztere werden in Randgebiete abgedrängt, es erfolgt eine starke Viehkonzentration auf die verbliebenen Weideflächen, die Nomaden werden zunehmend seßhaft wegen der ganzjährigen Sicherung der Wasserversorgung, der Erschwerung der traditionellen Weidewanderungen infolge zunehmender ackerbaulicher Nutzung und wegen zunehmenden Streitigkeiten. Darüber hinaus kommt es zu Konflikten mit Nomaden anderer Regionen, die die Weidegebiete in der Regenzeit nutzen, die den ansässigen Nomaden sonst in der Trockenzeit zur Verfügung stünden. "Das Zusammenwirken von bäuerlicher Kolonisation und verringerter Mobilität der Nomaden ohne entsprechende Regelung der Landnutzung führt langfristig zu einer Störung des ökologischen Gleichgewichts infolge Überweidung und Degradation der Böden".[73] Niasse/Vincke[74] bezeichnen diese Entwicklung als schwerwiegende Desorganisation des "Agrarraumes", da keine geregelte Landnutzung mit den entsprechenden ressourcenschonenden Techniken mehr praktiziert wird.

Santoir[75] berichtet von der zunehmenden Verdrängung der Fulbe auf marginale Ressourcen in der Walo-Region. Da sie selten eigene Felder haben, sondern diese von den Woloff-Bauern pachten, erhalten sie nur solche mit mittelmäßiger Bodenqualität, die nur bei starker Überflutung fruchtbar sind, zu der es seit 1973 jedoch nicht mehr kam. Darüber hinaus hat der Bau der Dagana-Bewässerungseinrichtung es den Fulbe unmöglich gemacht, auf traditionelle Weise Land zu pachten. Die 1974 durch die Bulldozer zerstörte Ernte wurde den Landeigentümern bezahlt, nicht den Pächtern. Durch die unterschiedliche Behandlung bei Entwicklungsmaßnahmen entstehen Konkurrenzbeziehungen zwischen den einzelnen
----

[73] Vgl. M. Weicker, 1982, S. 85, Zitat S. 123

[74] M. Niasse, P.-P. Vincke, 1985, S. 639 f.

[75] Ch. Santoir, 1977, S. 53 f.; vgl. auch M. Niasse, P.-P. Vincke, 1985

Gruppen, wo früher eine ökologisch sinnvolle Zusammenarbeit bestand. Aufgrund der Verdrängung der Fulbe vom Land oder auf marginale Böden kommt es bei ihnen zu Nahrungsmittelknappheit. Die Bewässerungsanlage von 3.000 ha wurde an Woloff-Bauern aufgeteilt und nachher sechs Fulbe-Produzentengruppen ausschließlich für den Hochleistungsanbau von Tomaten als Verkaufsfrüchte zugelassen, worauf diese sich nur zögernd einlassen, besonders da sie auch ihr Vieh verkaufen mußten, um die Zeit bis zu den Erträgen zu überbrücken.

Nach dem Bau des Richard-Toll-Staudamms über den Taouey 1947 wurden großflächige Bewässerungsanlagen errichtet, auf denen die ehemaligen Bauern als Lohnarbeiter arbeiteten, nachdem der traditionelle Überflutungsfeldbau unmöglich geworden ist.[76] Um den See wurde alles Land großen und kleineren Unternehmen zugeteilt, so daß kein Gemeinschaftsland mehr vorhanden ist; die Dorfbevölkerung beteiligte sich dagegen nicht, da die traditionelle Landnutzungsregelung schon früher aufgeweicht war und aufgrund der Dürre der Wert des Landes geschwunden war.

Die traditionellen Transhumanzwege der Fulbe sind durch die Wasserbauwerke am See Guiers eingeschränkt, seitdem 1956 der Staudamm Keur Momar Sarr gebaut wurde, um den Verlust des Wassers des Sees in den Bounoum zu verhindern. Das Vieh hat keinen direkten Zugang zum See mehr, da bei der Landzuteilung keine genügend breiten Zugangswege offengehalten wurden.

Durch die politisch und entwicklungspolitisch geförderte Niederlassung werden eigene soziale und ökologische Sicherungsmechanismen außer Kraft gesetzt.[77] In diesem Gebiet zeigte sich, daß bei

----

[76] Vgl. M. Niasse, P.-P. Vincke, 1985, S. 641 ff.

[77] Z.B. bei Turkana das Zusammenbrechen der Heiratsverbindungen, vgl. G. Best, 1986

den Fulbe von Galodjina, die sich aufgrund der Wasserpolitik bereits weitgehend fest niedergelassen hatten, der Verlust bei der Dürre besonders hoch war. Nur ein geringer Teil hat jedoch daraus die Lehre gezogen, daß eine weniger feste Lebensweise einen höheren Sicherheitsfaktor darstellt. Die Ansiedlung hat zu einer starken Aufsplitterung der großen Fulbe-Stämme geführt. Die Identifizierung mit dem größeren Verband geht zurück, durch die Individualisierung verlieren sich Mechanismen der gegenseitigen Hilfe und der Regelung des Ressourcenzugangs. Andererseits entsteht das pseudo-traditionelle Korrelat des Nationalstaats,[78] der Tribalismus, durch die unterschiedliche Behandlung im Hinblick auf die Ressourcenallokation bei Entwicklungsprojekten.

Nicht nur entwicklungspolitische und administrative Maßnahmen führten zur Seßhaftwerdung, ebenso jedoch zwang die Dürre viele Nomaden dazu. Ein ökologisch zu begrüßender Renomadisierungsprozeß findet nur sehr selten statt, teils weil es meist nicht gelingt, eine viable Haushalts- und Produktionseinheit wieder aufzubauen (durch Ackerbau und sonstige Tätigkeiten), teils wegen der Behinderung durch moderne Produktionsanlagen, teils jedoch auch dadurch, weil sich nach der Dürre der Viehbesitz aufgrund des sozio-ökonomischen Wandels sozial verändert hat.[79] Viehbesitzer sind jetzt eine relativ geringe Anzahl reicher Personen, Händler, Bürokraten und Angehörige religiöser Berufe oder Ackerbauern; vor allem letztere halten Vieh in größerer Zahl und verkaufen weniger, da sie einen Großteil ihres Lebensunterhalts durch andere Einkommensquellen decken können. Es gibt auch spekulative Viehhaltung, die kurzfristige Marktgewinne mitnimmt.

Der Verlust von Vieh führt zu einer Zunahme der ungelernten Lohnarbeiterschaft, die in die zentralen Orte strebt. Teilweise

---

[78] Vgl. Al Imfeld, 1982a, S. 15

[79] Vgl. dazu für den Sudan H. Mayer, A.A.R. Belal, B. Bös, 1983

werden die Betroffenen für öffentliche Arbeiten eingesetzt und mit Nahrungsmittelhilfe entlohnt (food-for-work).

Die Viehhaltung insgesamt nimmt aus verschiedenen Gründen nicht ab, jedoch verändert sich ihre sozio-ökonomische Struktur: Profite aus dem Handelsbereich werden nicht in industriellen Unternehmen investiert, auch nicht in Land (wegen der herrschenden Bodengesetzgebung), daher ist die Viehhaltung die Investitionsmöglichkeit, die sich am besten anbietet, noch dazu wo Vieh- und Fleischhandel eine der wichtigsten Branchen der Sahelländer ist. Teilweise kommt es zu inter-ethnischen Auseinandersetzungen, da der Ressourcenzugang und die ökonomische Differenzierung meist zwischen ethnischen Gruppen verläuft. Z.B. können in Süd-Darfur im Sudan vor allem die arabischen Jellaba-Händler aus dem Niltal eine sozio-ökonomische Modernisierung in der Landwirtschaft vornehmen, wodurch es zu einer "landlordization" kommt.[80]

Selbst soziale Emanzipationsprozesse können sich in diesem Zusammenhang negativ auswirken. Z.B. erfolgte die Ausdehnung des Hirseanbaus im Sahel des früheren Obervolta laut Krings[81] u.a. aufgrund der sozialen Emanzipation der ehemaligen Hörigen der Tuareg (Iklan), die mit dem Markterlös aus dem Ackerbau Rinderherden akkumulieren. Zwecks Aufrechterhaltung dieser ackerbaulichen Akkumulationsquelle können sie jedoch nicht in der gleichen, ökologisch sinnvollen Weise wie ihre früheren Herren nomadische Viehwirtschaft betreiben. Früher nomadisierende Fulbegruppen werden zunehmend seßhaft, und auch bereits früher seßhafte Ackerbauern haben ihre Felder ausgedehnt.

---

[80] Vgl. G. Haaland, 1980b, S. 92 f.
[81] Vgl. Th. Krings, 1980, S. 89

Die Einbeziehung in den überregionalen Fleischmarkt[82] hat die Logik der traditionalen Viehhaltung aufgebrochen. Die besonderen Bedingungen führen dazu, daß diese Einbeziehung nicht gleichmäßig stattfindet und zu einer allmählichen Veränderung führt, sondern zu einer sozio-ökonomischen Differenzierung, der Intensivierung durch wenige auf der einen Seite, der Marginalisierung der Mehrheit auf der anderen Seite, mit negativen ökologischen Folgen auf beiden Seiten. Die Fleischnachfrage von den westafrikanischen Küstenstaaten bzw. den Golfstaaten führt zu einer Umstrukturierung. Die Handelsnetze werden i.a. durch Kräfte außerhalb der nomadischen Gemeinschaft kontrolliert. Die Veterinärdienste und Infrastrukturmaßnahmen haben es technisch ermöglicht, eine unternehmerische Akkumulation in der Viehwirtschaft vorzunehmen. Die Schaffung von Viehmärkten führte zu grundlegenden Veränderungen der Raumnutzung und verstärkte das Ungleichgewicht.

Die Akkumulation von Vieh hat jetzt nicht mehr den Zweck der Sicherung gegenüber klimatischen Veränderungen, sondern des Verkaufs als Ware. Dies führt zu einer Spezialisierung und Konzentration der Produktion. Der Arbeitsmarkt modernisiert sich jedoch aufgrund der strukturellen Situation nicht; den wenigen großen Viehhaltern stehen ungeschützte Arbeitskräfte zur Verfügung - zum Teil ehemalige, in der Dürre verarmte Nomaden -, und es kommt zu einer Ausbeutung der traditionellen Arbeitsbeziehungen.

Die sog. Stratifizierung der Viehhaltung, die den Pastoralisten, z.B. den Fulbe im Ferlo, lediglich die Aufzucht der Jungtiere überläßt, führt zu sozialer Differenzierung. Die Nomaden verarmen, da von ihnen das Hauptrisiko getragen wird. Die Verbrei-

---

[82] Vgl. A. Bourgeot, 1981. Für früher kommerzialisierte arabische Viehhaltergesellschaften gilt diese negative Funktion von überregionalen Märkten nicht grundsätzlich; vgl. K. Beck, 1988.

tung von Zusatzfutter zur Überbrückung der Trockenzeit führt zu Verschuldung. Die Viehmast für den Markt wird von der Händlerschicht monopolisiert. Die Nomaden, die vor allem nur noch Jungvieh abgeben sollen, würden benachteiligt, da die Aufzucht arbeitsintensiver und risikoreicher[83] ist.

---

[83] Vgl. F. Pouillon, 1986, S. 16 f., über ein Projekt für die Fulbe im Ferlo/Senegal, siehe auch Teil VI, 2.3, S. 221 f.

2 Destabilisierung der ländlichen Produktions- und Sozialsysteme

Die strukturellen Verzerrungen, die in den afrikanischen Gesellschaften über ökonomische, politische und soziale Mechanismen entstanden sind, aufrechterhalten und fortlaufend verschärft werden, führen dazu, daß gewisse soziale Gruppen absolut und relativ benachteiligt und in eine marginale Position gedrängt werden; ein Großteil der Bevölkerung ist zunehmender Armut ausgesetzt. Entscheidend für die Entwicklungspolitik ist, daß die ökonomischen Krisensymptome in einer Wechselwirkung zu den sozialen Strukturen stehen, und es sich nicht um eine statische Situation handelt, sondern um sich kumulierende Prozesse. Diese beeinflussen das - ökonomische und soziale - Handeln der Bevölkerung, das jeglicher Entwicklung zugrundeliegt, und schränken es in seinem Spielraum derart ein, daß nicht nur keine Produktionssteigerung möglich ist, sondern ihr Überleben nicht mehr gesichert ist. Es geht darum, die Handlungsmuster und -möglichkeiten der Betroffenen innerhalb ihres jeweils spezifischen Lebenszusammenhangs zu verstehen, um so die Bedingungen für eine Veränderung überhaupt zu schaffen.

2.1 Marginalisierung durch Integration

Bei der agrarischen Bevölkerung kann unterschieden werden zwischen Produzenten, die in traditionellen Produktionsverhältnissen eingebunden sind (Subsistenzwirtschaft),[1] und solchen, die als moderne Kleinbauern anzusehen sind, die für den Markt und den Eigenbedarf produzieren, sowie Farmern, die als Unternehmer

---

[1] Dieser Begriff wird hier vor allem zur Kennzeichnung eines Handlungsbereiches verwendet; siehe auch Teil IV, 1, S. 119 ff.

fungieren. Der Differenzierungsprozeß zwischen den ersten beiden Kategorien wird als "peasantization" bezeichnet.[2]

Subsistenzbauern setzen meist ihren Überschuß auf dem Markt ab bzw. müssen einen Teil ihrer Produktion verkaufen, um Geldeinkommen zu erhalten. Subsistenz- und Kleinbauern leisten Saisonarbeit in benachbarten Klein- und Mittelbetrieben auch traditioneller Organisation, bzw. werden für kürzere oder längere Zeit zu Wanderarbeitern. Plantagenarbeiter betreiben oft noch ihre eigene Subsistenzwirtschaft. Die verschiedensten Arten von Pachtsystemen haben sich erhalten, und es entstehen neue Arten der Abhängigkeit in der Kontraktlandwirtschaft. Die reiche Landbevölkerung zieht ihren Nutzen aus traditionalen Verhältnissen, zu denen moderne Klientelbeziehungen kommen, oder betreibt moderne Plantagen. Eine immer größere Zahl von Produzenten hat keine Bindungen und Ansprüche traditionaler oder moderner Art an Land.

Das Hauptproblem in der derzeitigen Situation ist die besondere Verletzlichkeit großer Teile der ländlichen Bevölkerung in bezug auf ökonomische und ökologische Veränderungen und Schwankungen auch geringen Ausmaßes, die das prekäre Gleichgewicht in ihrer sozio-ökonomischen Lage stören können und den beschriebenen tendenziellen Degradierungsprozeß einleiten. Demgemäß ist der entscheidende Faktor, der das Handeln der ländlichen Bevölkerung bestimmt, der Sicherheitsfaktor. Dieser stellt sich für die einzelnen Einkommensquellen wie folgt dar:[3]

---

[2] Vgl. dazu K. Post, 1977; zur Kritik des Konzepts G. Kitching, 1985, S. 134 f.

[3] Vgl. Ch. Elliott, 1980, S. 14 ff.; zur Analysekategorie "Sicherheit" G. Elwert, H.-D. Evers, W. Wilkens, 1983

Grundsätzlich hat die Subsistenzproduktion Vorrang und stellt ein natürliches Versicherungs- und Überlebenssystem dar. Angesichts des steigenden Bedürfnisses nach Bareinkommen aufgrund der fortschreitenden Monetarisierung der wirtschaftlichen und sozialen Beziehungen (Steuern und Abgaben, Dienstleistungen, Konsumgüter, Brautpreis etc.) besteht zunehmend die Notwendigkeit und Bereitschaft, Marktprodukte herzustellen, deren Erlös i.a. vom Manne verwaltet wird und in geringerem Maße für die Ernährung der Familie zur Verfügung steht. Nicht nur werden die für die Subsistenzproduktion erforderlichen schweren Arbeiten immer weniger von Männern ausgeführt, die Frauen und Kinder sind auch zu Hilfsarbeiten auf den Feldern der Männer gezwungen, die insbesondere bei mechanisierter Produktion große Ausmaße annehmen. Es kommt zu einer ausgeprägten Konkurrenzsituation in bezug auf Arbeitskraft in Stoßzeiten, die meist zum Nachteil der Subsistenzproduktion ausgeht.

Je ärmer die Produzenten und je stärker sie noch in der Subsistenzwirtschaft eingebunden sind, um so weniger geplant und unsicherer ist ihr Einkommen aus Vermarktung. Der von den Frauen angebotene Überschuß an Grundnahrungsmitteln hat oft eine relativ geringe Nachfrage, da die Art der Produkte nicht auf den Konsum moderner städtischer Schichten abgestimmt ist.

Der geplante Verkauf von Marktfrüchten ist nur bei funktionierenden Absatzorganisationen weniger risikoreich, meist wird das klimatische und weltmarktökonomische Risiko jedoch voll an die Produzenten weitergegeben. In (extern oder klimatisch bedingten) Notsituationen ist die Rückkehr zur Nahrungsmittelproduktion (d.h. Abkehr von Industrierohstoff-Produktion und Dauerkulturen) nicht zuletzt aufgrund der Verschuldungssituation nicht ohne weiteres möglich.[4]

---

[4] Vgl. R. Fett, E. Heller, 1978, S. 217

Die negativen Begleiterscheinungen der forcierten Marktproduktion von Exportfrüchten und Industrierohstoffen können wie folgt zusammengefaßt werden:

- Vernachlässigung der Nahrungsmittelproduktion
- Risikosteigerung aufgrund der Preisabhängigkeit von nationalem und Weltmarkt
- kapitalintensive(re) Technologie (negative Beschäftigungswirkung)
- Abzug von Arbeitskräften aus Subsistenzbereich v.a. für Erntearbeit (Arbeitskräftekonkurrenz)
- Veränderung der intrafamiliären Einkommensverteilung zu ungunsten von Nahrungsmitteln sowie von Frauen und Kindern
- Verteuerung des Landes (Kapitalwert)
- Eintritt in die Verschuldungsspirale - d.h. Abhängigkeit bis hin zu Landverlust - aufgrund der erforderlichen Betriebsmittel
- Zerstörung der Bodenfruchtbarkeit bei Monokultur

Die Sicherheit der abhängigen Beschäftigung ist in einem Land mit einer heterogenen Wirtschaftsstruktur extrem gering. Man versucht vor allem, in den Staatsdienst zu kommen, in anderen Bereichen fehlen qualifizierte Arbeitskräfte v.a. auf der mittleren Ebene.

Die Staatsbediensteten verteidigen ihre Pfründe bzw. nutzen ihre Position, um sich und ihrer sozialen Herkunftsgemeinschaft und Klientel die wirtschaftliche Existenz zu sichern. Die soziale Sicherung der Arbeitskräfte ist nicht garantiert, mit Ausnahme einer kleinen Gruppe im modernen Sektor, weswegen die Bindungen zum Land aufrechterhalten werden müssen. Neben den Staatsbediensteten entsteht eine kleine Arbeiteraristokratie, die ihre Privilegien gegenüber der Masse verteidigt.

Nicht nur im informellen (und oft auch formellen) Sektor in der Stadt sind die Arbeitsplätze extrem unsicher; auch für die Lohnarbeit auf dem Land, besonders die Gelegenheitsarbeit innerhalb der Landwirtschaft, trifft dies zu. Sie fällt gerade dann aus, wenn die Subsistenzwirtschaft in Krisenzeiten den eigenen Lebensunterhalt nicht mehr sichert. Dies ist besonders problematisch, da die Entlohnung aus Kostengründen meist auch Nahrungsmittel umfaßt, wodurch auf jeden Fall die intrafamiliäre Verteilung und die Eigenproduktion beeinträchtigt werden.

Die traditionale Gemeinschaft verfügte über soziale Mechanismen, die zu einer Umverteilung von Reichtum anläßlich von Festen usw. führten, sowie über Solidargemeinschaften. Im Zuge der allgemeinen sozialen Differenzierung und der Entwicklung hin zu Betrieben, die nach marktwirtschaftlichen Kriterien arbeiten und investieren müssen, gehen diese immer mehr zurück. Die Produktion von Verkaufsfrüchten ist ein Weg zur individuellen Hebung des Lebensstandards, weswegen ihre Einführung die traditionelle Solidarität aufbricht. Der Rückgang der Solidarleistungen innerhalb des traditionellen sozialen Netzes geht insbesondere zu Lasten der Frauen.[5]

Zum Teil müssen abgewanderte Familienangehörige, Schüler usw. mit Nahrungsmitteln aus der Subsistenzwirtschaft versehen werden, obwohl ihre Arbeitskraft nicht mehr in ausreichendem Maße zur Verfügung steht. Die Transferleistungen, die umgekehrt aufgrund sozialer Beziehungen von der Stadt auf das Land kommen, sind unregelmäßig und gehen mit abnehmender sozialer Bindung zurück. Außerdem bestehen sie meist aus Konsumgütern, die weder der Ernährung noch der Produktivitätssteigerung dienen. Da die Funktion der Geschenke oft darin besteht, daß sich die in die Stadt abgewanderte Bevölkerung ihre traditionellen Landrechte erhält, sind die Empfänger meist die (einfluß-)reicheren Dorfbewohner.

---

[5] Vgl. G. Elwert, 1980b, S. 700

Als letzte Einkommensquelle ist die staatliche Umverteilungspolitik zu nennen. Es kann davon ausgegangen werden, daß die arme ländliche Bevölkerung über Steuererhebung und Abgaben - ganz zu schweigen von dem indirekten Ressourcenabfluß über Preisabschöpfungen und Arbeitskräfte - weit mehr an den Staat abgibt, als ihr über Transfer- oder Dienstleistungen wieder zufließt.[6]

Verschiedene Mechanismen wirken für die einzelnen sozio-ökonomischen Gruppen und Einkommensquellen unterschiedlich zusammen. Als weitere Ursache für die Verarmung eines Großteils der Bevölkerung sind auch die natürlichen Produktionsbedingungen zu nennen, deren Verschlechterung in einem wechselseitigen Prozeß mit den sich verändernden Wirtschafts- und Lebensbedingungen als Resultat menschlicher Tätigkeit eintritt.

Der verminderte Zugang zu ihren ursprünglichen Ressourcen (Land, Bewässerung) und die fehlende Verfügbarkeit von modernen Ressourcen (Technologie, Betriebsmittel) sowie die wachsende Unsicherheit ihrer Einkommensquellen bedeutet einen kumulativen Verarmungsprozeß. Er wird verstärkt durch die ursprünglich in der Kolonialzeit entstandenen Mechanismen des Steuern- und Abgabenzwangs und der Rekrutierung von Arbeitskräften für die Plantagenwirtschaft. Die Verschuldung verhindert Investitionen und führt zu geringer Produktivität, zur Arbeitsaufnahme außerhalb des eigenen Betriebs bis hin zu Abwanderung und Verkauf des Landes. Inzwischen ist die Migration zu einem sich selbst perpetuierenden Prozeß geworden.

Dieser Prozeß kann jedoch nicht als Proletarisierung in dem Sinne angesehen werden, daß Klasseninteressen über gewerkschaftliche und politische Organisation in Richtung auf eine höhere

---

[6] Dies wird z.B. für unterschiedliche Epochen gezeigt für Niger, Benin, Mali von G. Spittler, 1978, G. Elwert 1983, R. Anhut, 1987

Bedürfnisbefriedigung durchgesetzt werden könnten. Dies hängt mit der erwähnten Überschneidung einzelner Arbeitskategorien - Subsistenz-, Kleinbauern, Saison-, Wanderarbeiter, Pächter, Plantagenarbeiter etc. - aufgrund der unsicheren Lohnbeschäftigung zusammen und der dadurch erforderlichen Aufrechterhaltung der ländlichen Bindungen, soweit dies irgend möglich ist.

Von der Eigenproduktion erfolgt eine Abschöpfung über den Markt.[7] Selbst beim geplanten Verkauf von Marktfrüchten enthalten die Preise im allgemeinen nicht die Kosten für den Lebensunterhalt, da Nahrungsmittel für den Eigenbedarf zusätzlich angebaut werden. Auf diese Weise fließt das Mehrprodukt des ländlichen Sektors an den modernen Sektor ab, der Subsistenzsektor alimentiert den modernen Wirtschaftssektor.[8]

Dies geschieht meist über private Händler, die die ländliche Bevölkerung als Anbieter von landwirtschaftlichen Erzeugnissen und Konsumenten von industriellen Erzeugnissen ausbeuten. Sie monopolisieren bestimmte Dienstleistungen wie Transport und nutzen Notsituationen der bäuerlichen Bevölkerung in Krisenzeiten aus, die z.B. zum Verkauf der Ernte auf dem Halm zu einem niedrigen Preis gezwungen ist.

Nicht nur aufgrund der hohen Gewinnmargen im Handel, sondern auch aufgrund der lukrativen Geldverleihmöglichkeiten zu konsumptiven Zwecken der armen Bevölkerung, wird das Kapital nicht produktiv investiert, auf keinen Fall in der Landwirtschaft. Die 'unmoderne' Erscheinung des Wucherzinses hält sich auf erstaunliche Weise. In dem traditionellen Rahmen kommt es zu immer tieferen Schuldknechtschaftsverhältnissen und Klientelbezie-

---

[7] Vgl. R. Hanisch, R. Tetzlaff, 1979, S. 10 f.; dazu z.B. M. Lipton, 1977, S. 244 f.

[8] Vgl. C. Meillassoux, 1976, S. 109 ff.

hungen, oder zu Abhängigkeit von 'modernen' Institutionen oder Landbesitzern.

Besonders fatal wird die Situation, wenn es zu einer Verflechtung zwischen Händlerschichten und Behörden kommt. Diese wirkt sich auf die Durchsetzbarkeit handelspolitischer Maßnahmen aus,[9] aber auch auf der unteren Ebene besteht die Gefahr, daß Funktionäre aufgrund ihrer tatsächlich oft niedrigen Einkommen und hohen sozialen Verpflichtungen, aber auch aufgrund von sonstigen privaten Geschäften, den Händlern gegenüber verpflichtet bzw. tief verschuldet sind. Dadurch wird eine Kontrolle der Händler praktisch unmöglich.

Das Einkommensgefälle zwischen Stadt - Land und die Schaffung von modernen Betrieben (Plantagen) erzeugt Landflucht. Die ungleichgewichtige Preisrelation von landwirtschaftlichen Erzeugerpreisen und industriellen Konsumgüterpreisen erhält die Migration aufrecht und bietet keinen Investitions- und Produktionsanreiz. Dieses ungleiche Tauschverhältnis wurde im Interesse der städtischen Bevölkerung und der Staatsbürokratie aufrechterhalten.[10]

Der Surplus, der von den privaten Händlern nicht auf dem Markt abgeschöpft wird, fließt an den Staat, der Betrieb und Ausbau seines eigenen Apparats finanzieren muß und bisher meistens das Ziel verfolgte, für ein herkömmlich konzipiertes Industrialisierungsmodell zu akkumulieren, das jedoch trotz teilweise agroindustrieller Ausrichtung nicht organisch mit dem Agrarsektor zusammenarbeitet.

---

[9] Vgl. z.B. W. Hummen, 1981, zu Somalia

[10] Vgl. M. Lipton, 1977

Bestimmte, während der Kolonialzeit initiierte agrarische Produktionsmuster und Strukturen werden trotz gegenteiliger Absichtserklärungen fortgeführt: der agrarische Exportsektor wird wegen der erforderlichen Deviseneinnahmen einseitig gefördert, der Grundnahrungsmittelanbau vernachlässigt und der Subsistenzbereich zerstört. Die Diskriminierung des ländlichen Sektors durch Besteuerung und Abschöpfung im kleinbäuerlichen Exportsektor, die Investition staatlicher Ressourcen primär im urbanen und industriellen Sektor, die künstliche Verbilligung industrieller (v.a. ausländischer) Investitionen, die Verteuerung von Konsumgütern und die Preisdrückung bei Nahrungsmitteln sind verantwortlich für die Krise in der Produktion von Grundnahrungsmitteln.

2.2 Destabilisierungsprozesse

Die ökonomischen (Veränderung der Landnutzung, Ausbeutung auf dem Markt und durch den Staat), ökologischen (Verminderung der Bodenqualität, Erosion) und sozialen (Migration, soziale Differenzierung) Wandlungsprozesse, die in den ländlichen Gesellschaften Afrikas zu Verarmung führen, können als Destabilisierung der ländlichen - traditionellen und kleinbäuerlichen - Produktions- und Sozialsysteme verstanden werden.

Dieser Prozeß führt zu einer unvollständigen Ablösung der traditionellen Subsistenzwirtschaft durch kleinbäuerliche Wirtschaft, deren Existenzgrundlage nicht gesichert ist. Die Subsistenzwirtschaft als ökonomisches und soziales System wird in ihrem Gleichgewicht gestört: Der Bedarf nach monetärem Einkommen nimmt aufgrund der direkten und indirekten Abschöpfung zu, die Tauschrelation zwischen produziertem Überschuß an Nahrungsmitteln und sonstigen landwirtschaftlichen Rohstoffen sowie nachgefragten Konsumgütern verschlechtert sich ständig. Gleichzeitig wird durch technologische Neuerungen, Veränderungen der Konsummuster und Statussymbole dieser Geldbedarf immer höher.

Die schnelle Abhilfe liegt in der Abwanderung, wodurch es zu Arbeitskräfteknappheit in Stoßzeiten bis hin zur endgültigen Abwanderung kommt.

Die Abwanderung wird zu einem sich selbst tragenden Prozeß und wird nicht durch eine Erhöhung der Arbeitsproduktivität der verbleibenden Arbeitskräfte kompensiert; das Verhältnis zwischen aktiver und abhängiger Bevölkerung verändert sich ungünstig, die Subsistenzreserve schwindet.

Die Landbevölkerung muß daher in zunehmendem Maße nicht nur ihren Bedarf an Konsumgütern, für deren Eigenherstellung keine Zeit mehr vorhanden ist und die neuen Konsummustern unterliegen, auf dem Markt decken, sondern auch den an Nahrungsmitteln. Das bedeutet, daß das Ungleichgewicht v.a. als Fehlen von Geldeinkommen wahrgenommen wird, weniger als Fehlen von Arbeitskraft. Daher besteht wenig Anreiz zur Verbesserung der landwirtschaftlichen Produktionsbedingungen z.B. durch den Einsatz verbesserten Geräts, vielmehr werden neue Quellen monetären Einkommens gesucht (Kleinhandel, Abwanderung).

Angesichts von wachsendem Konsum-, Betriebsmittel- und Abgabenbedarf sowie fehlenden Arbeitskräften kommt es zu wachsender Verschuldung. Diese verhindert einen allmählichen technologischen Wandel, der zu Produktivitätssteigerungen führen könnte. Darüber hinaus setzt sie einen Dekadenzprozeß in Gang, der durch die Abwanderung von dringend benötigten Arbeitskräften aufgrund von Rückzahlungsverpflichtungen zur Vernachlässigung des Landes bis hin zur Aufgabe und Verkauf führt. Diese Art der Verschuldung wird selbst aus Genossenschaftsprojekten berichtet, die dadurch zum Scheitern gebracht werden, oder aus Kontraktlandwirtschaftssystemen.

Dumont[11] bezeichnet diesen Prozeß als verfrühte Monetarisierung und Kommerzialisierung einer stagnierenden Landwirtschaft. Er verhindert generell ein Wachstum der landwirtschaftlichen Produktion und führt nicht nur zur Verarmung der Mehrheit der ländlichen Bevölkerung, sondern auch speziell zu einem Rückgang der Nahrungsmittelproduktion. Diese fand bisher zum großen Teil in dem Bereich der Landwirtschaft statt, der nicht in die moderne monetäre Wirtschaft integriert ist. Hier herrschen noch häusliche Produktionsverhältnisse (Meillassoux),[12] d.h. die Produktion findet nicht in abhängiger Lohnarbeit statt, sondern im Rahmen der Familie, es wird kein Kapital investiert zwecks Gewinnerzielung, sondern für den eigenen Lebensunterhalt gearbeitet, die Wirtschaft ist nicht von der Privatsphäre getrennt. Lediglich für die Verteilung des produzierten Überschusses wird der Markt herangezogen, seien es lokale Märkte oder Händler und staatliche Organisationen. In diesem Nahrungsmittel produzierenden Bereich werden - zum großen Teil über die weder auf dem Produkt- noch auf dem Arbeitsmarkt honorierte Arbeit der Frauen - Arbeitskräfte erhalten, die andernfalls im modernen Sektor nicht zu so geringen Löhnen arbeiten könnten.

Durch die kulturelle Marginalisierung, den fehlenden Zugang zu modernen Bildungseinrichtungen bzw. deren mangelnde Nutzung aufgrund ökonomischer Zwänge (Arbeitsintensität der Landwirtschaft, Abwanderung), sozialer Beschränkungen (z.B. wenig Mädchen) sowie des tendenziellen Rückzugs zur Vermeidung der Abwanderung der Jungen besteht kaum Zugang zu moderner Beschäftigung bzw. keine Qualifikation für Selbstbeschäftigung.

---

[11] R. Dumont, 1978, S. 287

[12] C. Meillassoux, 1976

Dieser Destabilisierungsprozeß wird von M. J. Watts[13] als der Auflösungsprozeß der Moralökonomie (demise of the moral economy) bezeichnet, wobei Moralökonomie der von J. Scott geprägte Begriff für eine auf sozialen Beziehungen beruhende Subsistenzwirtschaft ist, der der "economy of affection" bei Hyden[14] entspricht.

Als Ergebnis dieses durch die Verflechtung mit der Kolonial- und Gesamtwirtschaft entstandenen Prozesses bezeichnet Watts eine "verminderte Subsistenz-Sicherheit für kleinbäuerliche Haushalte" in Form der "kolonialen Triade Besteuerung, Exportproduktion, Monetarisierung". Charakteristisch ist die zunehmende Verletzlichkeit durch Umwelteinflüsse, die für die vier größeren Hungersnöte in der Kolonialzeit im Hausaland/Nigeria für 1914, 1927, 1942 und 1951 gezeigt werden kann. Heute trifft diese extreme Verwundbarkeit für die mindestens 20 % armen Haushalte zu.

Dabei entsteht ein neuer Bereich nicht marktintegrierter Produktion neben dem in Auflösung begriffenen ländlichen Subsistenzbereich - inzwischen allgemein als informeller Sektor bezeichnet.[15] Dieser umfaßt selbstgeschaffene Beschäftigungsmöglichkeiten - Kleinlandwirtschaft, Handwerk, Straßenhandel, Heimarbeit, private Dienstleistungen und unregelmäßige Lohnbeschäftigung in wechselnder Kombination. Diese Bereiche, der ländliche Subsistenzbereich wie der informelle Sektor, werden zwar nicht direkt

----

[13] M. J. Watts, 1984, S. 136: "In short, the social nature of the subsistence system had been disrupted in the sense that the distribution and production of foodstuffs was no longer based upon the old, socially established norms of gift-giving."

[14] J. Scott, 1976; G. Hyden, 1980

[15] Vgl. V. Bennholdt-Thomsen, 1979, S. 72

durch den Markt gesteuert, sind jedoch dessen Bedingungen untergeordnet.

Zwischen den beiden Modellen der ländlichen Produktionsorganisation bestehen wesentliche Unterschiede, was die Landnutzung, Arbeitsteilung und politische Macht anbelangt. Im Hinblick auf die entsprechende Handlungsrationalität sind vor allem die Beziehungen zum Land, zum Markt, zu den Arbeitskräften und zum Staat von Bedeutung. In der traditionellen Wirtschaft existiert gemeinschaftliches Eigentum[16] am Boden, die Nutzung erfolgt in Gruppen oder individuell. In der kleinbäuerlichen Wirtschaft herrscht Privateigentum am Boden oder es bestehen langfristige individuelle Besitztitel, die Nutzung erfolgt individuell oder in formalen Organisationen (Genossenschaften).

In der traditionellen Wirtschaft werden die Rechte am Land, die Arbeitsteilung und die Sozialbeziehungen gleichermaßen durch die Verwandtschaftsverhältnisse geprägt. In der kleinbäuerlichen Wirtschaft ist die Arbeit zwar um den Kern der Kleinfamilie organisiert, ansonsten besteht eine formale Arbeitsteilung über den Arbeitsmarkt. Der Marktbezug ist bei ersterer trotz der in vielen Fällen vorhandenen Produktion für einen Austausch unterschiedlicher Reichweite und Ausmaßes[17] unwesentlich für die Wirtschaftslogik; kleinbäuerliche Betriebe sind in die Marktwirtschaft einbezogen und damit in Entwicklungsländern vom Staat abhängig.

In der traditionellen Gemeinschaft gehen Machtstrukturen mit Verwandtschaftsverhältnissen und sozialen Verpflichtungen ein-

---

[16] Zu einer Erläuterung dieses Begriffs siehe Teil V, 1, S. 173 ff.

[17] Vgl. zu der hier nicht behandelten Diskussion über "kleine Warenproduktion" z.B. H. Bernstein, B.K. Campbell, 1985

her. In der kleinbäuerlichen Wirtschaft in Afrika konnten keine Strukturen aufgebaut werden, die die Bauernschaft als politische Macht auf regionaler und nationaler Ebene vertreten. Sie kommen nicht in den Genuß von 'modernen' Systemen sozialer Sicherung. Sie sind zwangsweise auf Klientelbeziehungen zu traditionellen Führungspersonen und moderner Funktionärsschicht und Politikern angewiesen, wollen sie sich vor einem unkontrollierten Zugriff seitens des Staates und dessen Funktionären sowie der Händlerschicht schützen bzw. eine gewisse Umverteilung der öffentlichen Mittel zu ihren Gunsten erreichen.

Im Gegensatz zu diesen traditionellen Produzenten sind kleinbäuerliche Produktionssysteme über Inputs in ein größeres Wirtschaftssystem integriert und von diesem abhängig. Durch den Zugriff des modernen Staates auf den ländlichen Produzenten und die Abschöpfung seines Mehrprodukts wird die traditionelle Hauswirtschaft zum kleinbäuerlichen Betrieb. Dessen Existenzgrundlage ist jedoch aufgrund der ablaufenden sozio-ökonomischen Prozesse so unsicher, daß ein Teil verdrängt (zu Lohnabhängigen bzw. Marginalisierten) und ein (kleinerer) Teil zu einer bessergestellten Bauern- bzw. landwirtschaftlichen Unternehmerschicht wird.

Die Landwirtschaftspolitik - Beratung, Bereitstellung von Betriebsmitteln, Absatzorganisation, Kreditwesen, Genossenschaftsförderung - ist einseitig auf die Förderung der Produktion von Exportfrüchten oder Industrierohstoffen ausgerichtet. Dadurch kommt es zu einer Verdrängung des Nahrungsmittelanbaus, dessen Produktivität nicht gesteigert wird, und zur Zerstörung des ökologischen Gleichgewichtes.

Der Wandel in der sozialen Organisation der ländlichen Produktion von der traditionellen Hauswirtschaft zum kleinbäuerlichen Betrieb (peasantization) ist historisch gesehen auch durchaus erfolgreich verlaufen und bedeutete den entscheidenden Dynamisierungssprung, der für eine Steigerung der Produktivität und

Mehrproduktion für industrielle Entwicklung erforderlich war. In Afrika treten jetzt im Aufeinanderprallen externer und interner Faktoren jedoch Widersprüche auf, die eine erfolgreiche Umwandlung unmöglich machen und gleichzeitig die ursprüngliche Organisation auflösen. Diese Widersprüche werden von der herkömmlichen Agrarpolitik nicht beachtet und führen zu den genannten Stagnations- und Verschlechterungsprozessen in der Landwirtschaft.

Kenia wird i.a. als Beispiel einer erfolgreichen Einbeziehung der kleinbäuerlichen Wirtschaftsysteme in den Entwicklungsprozeß genannt. Während der Kolonialzeit hatte sich die Siedlerwirtschaft der Marktproduktion durch Afrikaner (Kaffee, Tee, Pyrethrum, Milchviehwirtschaft) widersetzt, jedoch bereits vor der Unabhängigkeit trat hier ein Wandel ein. Bei näherer Analyse zeigt sich,[18] daß der Hauptzuwachs bei der Schicht der Mittelbauern liegt in der Region mit bäuerlicher Produktion (Central Province). Dagegen hat sich die relative Einkommenssituation der unteren 20 - 30 % der Bevölkerung von 1965 bis 1970/71 verschlechtert. Die Kleinbauern sind zur Marktproduktion gezwungen, deren Bedingungen von ausländischen Investoren und Weltmarkt diktiert werden, in vielen Fällen sind sie zusätzlich zu Lohnarbeit gezwungen - 50 % des Einkommens der Kleinbetriebe stammt aus Löhnen und Überweisungen. Es handelt sich also um eine geschwächte Bauernschaft, die ihre Verbindung zum Land aufrechterhält und nicht voll in die moderne Wirtschaft mit Lohnarbeit integriert ist, also weder ihre Interessen als Landbesitzer noch als Arbeiter konsequent verfolgt. Dort, wo die Landwirtschaft sich nicht mehr trägt und aufgrund von Verschuldung das Land verkauft werden muß, fallen die Menschen zwischen beide Systeme: sie gehören entweder als landlose Arbeiter zur untersten ländlichen Schicht oder vergrößern das Heer der marginalen Massen in der Stadt.

---

[18] Vgl. A. Njonjo, 1981, S. 31 ff.

Auch aus dem Sudan wird von einer drastischen Minderung der Flächenproduktivitäten in der Subsistenzwirtschaft berichtet. Oesterdiekhoff/Tait[19] sprechen von einer "Reproduktionskrise der Subsistenzwirtschaft", einer "widersprüchlichen Einheit von Monetarisierung der Lebensverhältnisse einerseits und Konservierung wesentlicher Elemente der traditionellen Subsistenzorientierung ... andererseits".

Der Destabilisierungsprozeß setzte dort zu Beginn der 20er Jahre mit der Verbreitung der Marktproduktion und der Schaffung von Geldbedürfnissen über arabische Händler durch die verkehrsmäßige Erschließung ein. Es entstand ein permanenter Migrationsprozeß, die Expansion des Bewässerungsanbaus von Baumwolle führte zu einer wachsenden Arbeitskräfteknappheit in der Erntesaison. Die Einführung eines "Wasserprogramms" führte zu einer Erhöhung der Bevölkerungsdichte, zur Erschöpfung des Bodens und zum Verlust der Gummi-arabicum-Bäume als Folge des intensivierten Anbaus an den Wasserstellen, die vormals die wichtigste Quelle monetären Einkommens waren.

P. Ay[20] zeigt den Strukturwandel von traditioneller Wirtschaft zu kleinbäuerlicher Wirtschaft bei fehlender Existenzsicherheit derselben am Beispiel Nigerias auf, mit den üblichen Erscheinungen der Arbeitskräfteknappheit, Wanderarbeit, Landknappheit auf der einen, fehlender Nutzung von Land auf der anderen Seite. Die traditionelle familienorientierte Wirtschaftsform der Yoruba-Bevölkerung hat sich weitgehend aufgelöst; es kommt zu einer Individualisierung der Betriebe, zu Landknappheit durch Parzellierung, Erbteilung, teilweise auch Landverkauf, zu Wanderarbeit und Lohnarbeit in den ländlichen Betrieben, in denen

---

[19] P. Oesterdiekhoff, J. Tait, 1979, S. 136 bzw. 125

[20] P. Ay, 1980, S. 133 ff.

durch Abwanderung und Orientierung an den Löhnen des modernen Sektors Arbeitskräfteknappheit herrscht.

Ein wichtiger, den Destabilisierungsprozeß auslösender Faktor war im Süden in Benin der Arbeitskräfteabzug durch die Anlage von 30.000 ha Palmplantagen in der Zeit von 1963 - 78.[21] Durch diese Lohnarbeit verschlechterte sich die Versorgungslage der ländlichen Bevölkerung und es wurden monetäre Bedürfnisse geschaffen, die dem Produktivitätsstand nicht entsprachen. Beschleunigt wurde die Verminderung der v.a. für Nahrungsfrüchteanbau genutzten Flächen in Trockenjahren. Weitere, nicht wieder rückgängig zu machende Entwicklungen traten bei Mißernten und Preisrückgängen der vorzugsweise geförderten und einseitig eingeführten (ohne Beratung für Mischsysteme mit Nahrungsfrüchten) Industrierohstoffe ein. Auf diese Weise wurden Subsistenz- und kleinbäuerliche Wirtschaft viel anfälliger für klimatische und (externe) ökonomische Einflüsse der städtischen Kultur - das frühere Dahomey galt als "Quartier latin" Westafrikas -, die Bedürfnisse schaffen, die bei dem derzeitigen technischen Niveau im landwirtschaftlichen Sektor nicht befriedigt werden können.

E. J. Arnould[22] zeigt für die Zinder-Provinz in Niger die Destabilisierungsfolgen der Marktintegration über die letzten Jahrzehnte auf. Er spricht sogar von einer "commercial involution" (unter Anspielung auf Geertz' Begriff der "agricultural involution".) In den 50er Jahren mußte ein Anteil von 70 % der Haushaltseinkommen für Steuerzahlungen aufgewendet werden. Die Zwangsvermarktung führte zu Verschuldung, Migration, eine Verbesserung des Konsumniveaus trat nicht ein. Die jungen, für die Markt-Gemüseproduktion erforderlichen Arbeitskräfte waren nicht

----

[21] Vgl. A. Acakpovi et al., 1979; für eine Fallstudie Benin vgl. G. Lachenmann, 1981

[22] E. J. Arnould, insbes. S. 236 ff.; S. 241

mehr vorhanden, Investitionen erfolgten meist in Vieh, was zu ökologisch negativen Wirkungen führte, ökologisch geeignete Produktionsmittelangebote wurden nicht gemacht. Die zunehmende Monetarisierung führte nicht zuletzt zu einem Verlust der sozialen Sicherung. Letztendlich führte die Verschuldung der Bauern zu einem Rückzug vom Markt. In den 70er Jahren wurde die Erdnußproduktion forciert, wodurch die Bracheregelungen nicht mehr eingehalten wurden, jedoch wurden keine modernen Bodenerosionsschutzprogramme durchgeführt. Selbst nach der ersten Saheldürre kam es zunächst noch zu Steuereinziehung, weswegen dann kein Saatgut für die nächste Produktionsperiode mehr vorhanden war. Erst dann wurde die Kopf- und Viehsteuer abgeschafft (was in anderen Sahel-Ländern erst nach der zweiten Dürre der Fall war).

Zusammenfassend ist festzuhalten, daß die "Sahelproblematik" über die acht westafrikanischen Sahelländer hinaus in unterschiedlichem Ausmaß für andere Länder und Gebiete in Afrika zutrifft. Sie kann als Degradationsprozeß der natürlichen Ressourcenbasis mit unmittelbaren tödlichen Folgen und akutem Hunger für eine Reihe betroffener Menschen und mittelfristig dauerhaftem Verlust der Sicherung der Ernährungsbasis bezeichnet werden. Für die auftretenden ökologischen Schäden wie Entwaldung, Wüstenausbreitung, Bodenerosion und Grundwasserschädigung, deren fortschreitender Prozeß als Desertifikation bezeichnet wird, wird der anthropogene Zusammenhang als konstitutiv angesehen. Die Interaktion des Menschen mit der Natur nimmt also grundsätzlich zerstörerische Formen an, jedoch zeigt sich, daß zwischen den herkömmlicherweise als ursächlich angesehenen Faktoren - Bevölkerungsdruck, Überstockung, Überweidung - eine Reihe komplexer sozio-ökonomischer Wandlungsfaktoren zu analysieren sind. Das Hauptproblem in der derzeitigen Situation ist die besondere Verletzlichkeit großer Teile der ländlichen Bevölkerung in bezug auf ökologische und ökonomische Schwankungen. Die Folgen der Trockenheit können aber nur deswegen die Bevölkerung so hart treffen und zu irreversiblen Umweltschäden führen, da die ökonomische und soziale Grundlage bereits vorher destabilisiert war und ihre traditionellen Sicherungsmechanismen in hohem Maße beeinträchtigt waren. Um irgendwie das Überleben zu sichern, kommt es zu Raubbau an der Umwelt und zu kumulativen Prozessen der Ressourcenzerstörung. Die Betrachtung der unterschiedlichen wissenschaftlichen Erklärungen und methodologischen Ansätze arbeitet die Rolle der Sozialwissenschaften heraus. Eine systemtheoretische Betrachtungsweise der Umweltproblematik erscheint angemessen, insofern komplexe Zusammenhänge und Strukturen aufgedeckt werden müssen, für eine Erklärung des menschlichen Handelns sowie der ständig ablaufenden Wandlungsprozesse ist jedoch ein verstehender Ansatz erforderlich. Dieser fehlt in verschiedenen Disziplinrichtungen wie einer human-ökologischen Perspektive, Sozialökologie und auch Kultur- und Sozialgeographie. Wichtig ist die Herausarbeitung des ganzheitlichen Naturbegriffes der afrikanischen Gesellschaften. Es müßte darum gehen, die nicht-ausbeuterischen Naturbeziehungen wiederherzustellen, ohne das "Ökosystem" über den Menschen zu stellen. Ein sozialstruktureller Ansatz bezieht die sozio-politischen Verzerrungen des ungleichen sozioökonomischen Wandels ein und setzt die Umweltzerstörung in Zusammenhang mit einem verstärkten Verlust an Macht und Ressourcenzugang.

Es zeigt sich dabei ein Prozeß des 'Aufbrechens' und des Zusammenbruchs quasi geschlossener Lebensweisen, der einmal anhand der Art der Eingliederung in größere Wirtschaftszusammenhänge, auf der anderen Seite an bestimmten Merkmalen der Produktions- und Sozialsysteme festgemacht werden kann. Die ausgesprochen nomadischen Produktionsformen gehen stark zurück, in beschleunigtem Maße durch die Dürre, jedoch bereits vorher durch Seßhaftmachungsprogramme und Einschränkungen der Weiderechte. Das zum Teil symbiotische Verhältnis zwischen Viehhaltern und Ackerbauern wird aufgegeben bei Marktintegration; es ist häufig zu einer Konflikt- und Konkurrenzbeziehung geworden, meist aufgrund des Vordringens des Ackerbaus und der damit einhergehenden Einschränkung der Weiderechte sowie der Einführung von Viehhaltung bei den Bauern. Ökologisch belastende sozio-ökonomische Prozesse kulminieren in einer Verdrängung primär subsistenzorientierter Wirtschaft, die ausgelöst wird durch eine Veränderung der Bodennutzungsverhältnisse zugunsten moderner Produktionssysteme einschließlich Bewässerungslandwirtschaft sowie durch eine fortschreitende Bodenerschöpfung dieser Gebiete, nicht zuletzt durch die Ausbreitung von Exportmonokulturen. Beispiele solcher Verdrängungsprozesse sind Sudan und Senegal. Die Viehhaltung insgesamt nimmt nicht ab, jedoch verändert sich ihre sozio-ökonomische Struktur und es kommt zu sozialer Differenzierung bei Rückgang der mobilen Viehhaltung.

Allgemein kann eine Destabilisierung der ländlichen Produktions- und Sozialsysteme nachgewiesen werden, denen ein eigenständiger Wandel nicht ermöglicht wird und deren Existenzgrundlage nicht mehr gesichert ist. Die sozio-ökonomischen Prozesse, die zu Strukturverzerrungen führen, bewirken den Verlust der Sicherheit aller Einkommensquellen - Subsistenzlandwirtschaft, Lohnarbeit, Produktverkauf etc. -, die Beschränkung des Zugangs zu produktiven Ressourcen einschließlich Land, Verschuldung und Abwanderung als sich selbst tragende Prozesse. Durch die tendenzielle Benachteiligung des ländlichen Sektors kommt es zu neuen Abhängigkeiten sozialer (Klientelbeziehungen) und ökonomischer (Betriebsmittel, Preise) Art, die nur eine unvollkommene Transformation der ursprünglich primär um die Subsistenz organisierten Produktions- und Sozialsysteme in marktintegrierte, 'moderne' kleinbäuerliche Wirtschaftssysteme zulassen. Da deren konstituierende Bedingungen nicht gegeben sind - soziale Sicherungssysteme und Zugang zu Ressourcen und Wissen -, können auch nicht ihre Vorzüge - Überschußproduktion und technischer Wandel - eintreten. Im Gegenteil, es kommt zu einer Vernachlässigung und zu Rückgang der Nahrungsmittelproduktion, zu Übernutzung von Ressourcen statt produktiven Veränderungen.

Teil IV: Handlungsrationalität

1 Die Handlungsrationalität der bäuerlichen Produzenten

Nach dem herkömmlichen modernistischen Ansatz wird als Erklärung für das geringe Ausmaß der am Markt angebotenen Produktion die "Mentalität" der afrikanischen Bevölkerung genannt, die durch das Fehlen von Leistungsmotivation und längerfristigem Planungsdenken gekennzeichnet sein soll. Nach dem ökonomistischen Ansatz werden aus einem fremden Wirtschaftssystem stammende Kriterien für rationales Wirtschaftshandeln als allgemeingültig angenommen und vorausgesetzt, daß diese sich - bei Herstellung der gleichen (Markt-)Bedingungen - durchsetzen.[1]

Die eine wie die andere Erklärung trägt nicht der sozialen Einbettung des ökonomischen Handelns Rechnung und berücksichtigt nicht die Logik des Wirtschaftssystems und die Bedingungen, unter denen in Ländern der Dritten Welt ökonomisches Handeln stattfindet. Wenn Preisveränderungen als alleiniges Produktionssteuerungsinstrument angesehen werden, zeugt dies von einer eindimensionalen Betrachtungweise, da das Handeln der Produzenten allein als Reaktion auf externe Faktoren, speziell Preisanreize, gesehen wird und ökonomische und soziale Zusammenhänge vernachlässigt werden. Denn eine unterschiedliche soziale Organisation der Produktion impliziert auch bei gleichbleibenden Preisen verschiedene Prioritäten und Produktionspaletten.[2] Die wirtschaftspolitische Empfehlung, eine Preiserhöhung zwecks Produktions-

---

[1] Z.B. wenn eine "intuitive Anwendung des Grenznutzenprinzips bei archaischen Gruppen in Afrika" konstatiert wird: H. Priebe, W. Hankel, 1980. Die Autoren bedauern, daß es wenig Literatur über die "traditionellen Produktionsstrukturen" (S. 84) gäbe, scheinen jedoch sozial-anthropologische Literatur nicht zu beachten.

[2] Vgl. G. Elwert, 1980a, S. 347

steigerung vorzunehmen, impliziert die - wie vorne gezeigt nicht zutreffende - Annahme, alle ländlichen Produktionssysteme seien voll in das Marktsystem integriert, das ihre Systemlogik bestimme.

Wichtig ist, die Logik der ländlichen Sozial- und Produktionssysteme zu erkennen, die im Subsistenzbereich eine andere ist als bei kleinbäuerlichen Betrieben, und - dies ist charakteristisch für Afrika - durch unterschiedliche, unvereinbare Normen (übernommen aus den traditionellen Sozialbindungen, bezogen auf das moderne System) in Widersprüche verstrickt ist, die oft konsequentes Handeln verhindern. Selbst die Einführung moderner Produktionsformen wie Staatsfarmen bedeutet nicht, daß diese nach modernen Normen funktionieren, da wesentliche Sozialbeziehungen der traditionellen Produktionsweise überdauern, ebenso bei (Zwangs-)Ansiedlung in neue Dörfer.

Wichtige Handlungsparameter sind Sicherheitsüberlegungen, die vom Standpunkt des ländlichen Produzenten aus gesehen natürlich sich anders darstellen können als von dem eines modernen Unternehmers. Dazu kommen verfügbare Arbeitskraft, Zeitplanung, Arbeitseinsatz pro Fläche bzw. Menge, Produkt bzw. (durchaus!) erzielbarem Marktpreis sowie als dritter Faktor soziale Arbeitsteilung, soziale Verpflichtungen und Bindungen.

Der Idealtyp der afrikanischen Subsistenzwirtschaft im Sinne der häuslichen Produktionsweise (Meillassoux)[3] ist als Analyseinstrument von Wert, insbesondere die ihn konstituierende besondere Handlungsrationalität läßt sich als entscheidend für die Ausprägung des sozialen und ökonomischen Wandels und der Wirkung externer Einflüsse nachweisen. Sie ist im sozialen und politischen Sinne innerhalb einer acephalen Gesellschafsformation nur

---

[3] C. Meillassoux, 1976, Teil I

in größeren abstammungsmäßig definierten sozialen Gebilden (Sippe, Clan, Stamm) eingebunden und benötigt auch im wirtschaftlich/technischen Sinne keine höhere Organisation (Staat, asiatische Produktionsweise[4]). Allerdings nicht erst durch die grundlegenden sozialen, politischen und wirtschaftlichen Wandlungsprozesse der Kolonialzeit und die Herausbildung der Nationalstaaten dürften sich aufgrund sehr unterschiedlicher Konstellationen natürlicher und historischer Art sehr unterschiedliche empirische Formen herausgebildet haben.

Wenn nach traditioneller Erfahrung jede dritte Ernte schlecht ist, so ist es durchaus rational, die Subsistenzproduktion aufrechtzuerhalten, die sich bei Anwendung eines Marktkalküls nicht rentiert. Klima, Preise, Beschäftigung etc. stellen einen Handlungsrahmen dar, dessen Veränderung quasi als Naturgegebenheit hingenommen und vom Handelnden selbst nicht beeinflußt werden kann. In Anbetracht dieser Unsicherheit ist es ein fundamentaler Unterschied, ob eine Familie darauf angewiesen ist, die Güter für ihren Lebensunterhalt auf dem Markt zu kaufen, oder ob sie mit Hilfe ihrer eigenen Produktion auch in Krisenzeiten überleben kann.

Elwert[5] zeigt, wie sich Marktreaktionen gemäß der unterschiedlichen Verflechtung von Subsistenz- und Marktbereich verändern, die ihrerseits verschiedene Handlungsrationalitäten abbilden:

- reiner Subsistenzproduzent:
  Konzentration auf die Nahrungsmittelproduktion und die Sicherstellung des nächsten Produktionszyklus;

---

[4] Vgl. K. A. Wittvogel, 1964
[5] G. Elwert, 1980a, S. 357 ff.

- Subsistenzproduzent mit Überschußvermarktung:
  Maximierung des Geldertrages pro Fläche;

- Unternehmerischer bzw. kleinbäuerlicher Produzent:
  Maximierung des monetären Ertrags pro investiertem Kapital.

Die Produzenten der ersten beiden Kategorien bieten i.a. bei - nach unternehmerischem Kalkül - nicht kostendeckenden Preisen noch an. Sie sind aufgrund ihres monetären Bedarfs dazu gezwungen. Sie bieten allerdings nur eine begrenzte Produktpalette an, nämlich die Produkte, die sie auch für ihre eigene Subsistenz anbauen, da es sich lediglich um die Vermarktung von Überschüssen handelt. In dem Moment, wo sie Nahrungsmittel des höheren Bedarfs und Industrierohstoffe anbieten und diese nicht nur auf einem zusätzlichen Feld anbauen, muß sich die gesamte soziale Organisation und das ökonomische Kalkül ihres Produktionssystems ändern.

Der Verkauf von Ackerbauprodukten wird oft weder durch die Höhe der Preise noch durch Lagerhaltungsprobleme beeinflußt.[6] Verkauft wird entweder sofort nach der Ernte, um monetäre Bedürfnisse zu erfüllen, oder vor der nächsten Ernte, wenn sich ein Überschuß ergibt. In schlechten Zeiten muß Nahrung nachgekauft werden. Dafür werden Tiere verkauft bzw. andere Tätigkeiten übernommen. Erste Priorität genießen Subsistenzprodukte; Viehhaltung ist derzeit vielfach die einzige Möglichkeit, Sicherheit gegen schlechte Ernte zu gewährleisten.

Es ist für die Bevölkerung rational, landwirtschaftliche Produkte (z.B. Palmfrüchte) nicht an moderne Betriebe zu liefern, sondern die Verarbeitung im Hausbetrieb selbst vorzunehmen und jeweils kleine Mengen auf dem Markt zu verkaufen. Dadurch ist

----

[6] Vgl. P. Neunhäuser et al., 1983, S. 65

der Verdienst höher als bei direktem Verkauf des Rohprodukts zu staatlich festgesetzten Preisen, und die Sicherheit des Einkommens, das in Übereinstimmung mit der jeweils verfügbaren Arbeitskraft zeitlich abgestuft werden kann, ist größer.

Will ein ländlicher Produzent seinen Status in seiner sozialen Herkunftsgemeinschaft aufrechterhalten, so hat er bestimmten Verpflichtungen gegenüber Standespersonen und sozial schwächeren Mitgliedern der Gemeinschaft nachzukommen. Es ist daher nicht rational für ihn, das erwirtschaftete Mehrprodukt zu sparen und zu Investitionen zu verwenden, die nur ihm allein zugute kommen. Vertreter der 'modernen' ökonomischen Aktivitäten - Händler oder Personen, die in moderne Produktionsmittel investieren - sind des öfteren Fremde (ein extremer Fall ist die indische Minderheit in ostafrikanischen Ländern), da bei der einheimischen Bevölkerung der Umverteilungsdruck[7] viel höher ist. Andererseits behält die 'moderne' Wirtschaft dadurch Enklavencharakter. Darüber hinaus ergeben sich durch die einseitige Einbindung in das moderne System neue Abhängigkeitsverhältnisse, in denen die ursprüngliche Gegenseitigkeit nicht mehr sichergestellt ist.

Zum Beispiel wird in der traditionellen Sozial- und Produktionsform das Saatgut als Teil des Bodens betrachtet, der dem Kollektiv insgesamt zur Nutzung zur Verfügung steht und jeweils den einzelnen Kernarbeitsgruppen (Kleinfamilien) zur Bearbeitung zugewiesen wird, wogegen der Ertrag von der übergeordneten Einheit (Hauswirtschaft/Großfamilie) angeeignet wird. Wenn der soziale Zusammenhang der Gemeinschaft über die Bereitstellung des Saatgutes für den nächsten Produktionszyklus hergestellt wird, ist es nicht rational, das von der staatlichen Beratung empfohlene Hochertragssaatgut gegen Kredit zu kaufen.

---

[7] Zu dem Handlungssystem des "Teilens" siehe Teil IX, 2, S. 368 ff.

In einer häuslichen Produktionsgemeinschaft, in der die soziale Macht bei den Ältesten liegt, die die Kontrolle über die Produktionsmittel und - zum Teil primär, wie Meillassoux zeigt[8] - über die Reproduktionsmittel innehaben (Nahrungsspeicher, Saatgut, Heiraten), ist es nicht rational, wenn junge Leute Produktionsverbesserungen einführen, da sie über ihr Produkt nicht frei verfügen können. Sie werden eher abwandern, um den sozialen Zwängen zu entgehen.

Auch die "Alten" wollen lieber, daß die Jungen abwandern, als ihr eigenes Sozialgefüge zu ändern. D.h. durch die extern geschaffene Möglichkeit der Abwanderung und das intern sozial etablierte und ökonomisch notwendige entsprechende Handlungsmuster wird verhindert, daß sich - zumindest oberflächlich - die Sozialstruktur der Gemeinschaft verändert.

Die auf dieser Gemeinschaft beruhende Wirtschaftsform ist insofern nicht dynamisch, als die individuellen Arbeitskräfte kein Interesse haben, zusätzliche Arbeit zu leisten, und der Mehrertrag grundsätzlich verteilt und konsumiert wird. In dem Moment, wo der Zusammenhalt nachläßt und/oder monetäre Bedürfnisse an diese Gemeinschaft herangetragen werden, kommt es zur Abwanderung und damit zur Destabilisierung der Produktion.

Der Fortbestand der sozialen Sicherung durch die Herkunftsgemeinschaft tritt in Widerspruch zu den ökonomischen Notwendigkeiten der neu entstandenen kleinbäuerlichen Wirtschaft. Die Wirkungen der Aneignung des Einkommens auf der Ebene der Kleinfamilie werden zunichtegemacht, und produktives Sparen auf der Ebene des Betriebssystems wird unmöglich gemacht. Die sozialen Beziehungen sind im Vergleich zu den Produktionsbedingungen überholt und behindern deren Fortentwicklung. Der traditionelle

---

[8] C. Meillassoux, 1976, S. 64

Agrarsektor trägt fast ausschließlich die sozialen Risiken der Arbeiter der übrigen Sektoren durch diese Fortdauer der sozialen Beziehungen zwischen städtischen Beschäftigten und Landbevölkerung.

Die wirtschaftliche Entwicklung tritt deswegen nicht ein, weil die Rationalität der traditionellen und kleinbäuerlichen Produktions- und Sozialsysteme nicht in Betracht gezogen wird: durch die Lieferung einzelner Inputs (z.B. Saatgut) kommt es zu Funktionsverlust traditioneller Hauswirtschaften; durch den Verlust des Zusammenhalts entsteht die Möglichkeit der Abwanderung; durch die fehlende Propagierung von Mischanbausystemen, höhere Krisenanfälligkeit (Weltmarkt, Klima) der Produktion von Industrierohstoffen kommt es zu Nahrungsmittelknappheit und Rückgang der ersteren; der Anbau von Nahrungsmitteln für Schwarzmarkt (ohne Produktivitätsverbesserungen, da ohne Beratung) wird illegal; durch die Einführung der Agroindustrie, die an Mangel an Zulieferungen leidet, wird das Einkommen aus häuslicher Verarbeitung (z.B. Palmöl), das über einen längeren Zeitraum verteilt ist, geschmälert.

Nicht nur im ökonomischen Bereich, sondern auch im sozialen und kulturellen kann also festgestellt werden, daß sich traditionelles und modernes System - vermittelt über unterschiedliche Kombinationen - gegenseitig negativ beeinflussen. Auf traditionellen Strukturen beruhende Handlungsweisen verhindern ein "modernes" Wirtschaftsverhalten. Umgekehrt übernimmt die ländliche Bevölkerung Aspekte des "modernen" Bereichs, die das Funktionieren des traditionellen Sektors beeinträchtigen:

Die Fortexistenz des Brautpreises führt zu Abwanderung zwecks monetärem Ableisten; die Einführung der Kleinfamilie führt bei Frauen zu mehr Geburten nacheinander; die städtischen Konsummuster entsprechen nicht der Produktivität, daher kommt es zu Konsumkreditverschuldung (bis hin zu Verpfändung der Produktionsmittel).

Eine gemeinsame Weiterentwicklung findet nicht statt, sondern durch die Einflüsse der 'modernen' Welt werden die traditionellen Strukturen zerstört, wobei sich durch die externen Einflüsse gewisse ihrer Elemente verfestigen und somit bewirken, daß diese Gesellschaften nicht nur stagnieren, sondern sogar desintegrieren. Durch diese für den Bestand der Gesellschaft dysfunktionalen Elemente kann das 'moderne' System seine fortschrittlichen Komponenten nicht so zur Wirkung bringen und entfalten, wie dies in den Industriegesellschaften der Fall war.

Diese für den Bestand der Gesellschaft dysfunktionalen Beziehungen zweier unterschiedlicher Kultursysteme treten in vielen gesellschaftlichen Bereichen auf. Zum Beispiel gelten in den Dorfgemeinschaften nach wie vor die Regeln der Umverteilung von Surplus in Festen, Zeremonien etc. - unangemessenerweise oft als "kultureller Konsum" bezeichnet - und bestimmen den Grad der sozialen Anerkennung. Da die 'modernen' Einflüsse bewirkt haben, daß Reichtum in monetärer Form das höchste Prestige bedeutet, müssen die jungen Leute vom Land abwandern, um monetäres Einkommen zu erzielen. Dieses wird dann aufgrund der noch geltenden Regeln der sozialen Anerkennung nicht produktiv genutzt, es wird kein Kapital akkumuliert, wie dies der Geldwirtschaft entsprechen würde. Das gleiche trifft für den 'Brautpreis' als soziale Institution zu, der in der derzeitigen Situation die Desintegration der Sozialsysteme beschleunigt, da er bestimmte 'moderne', nur durch Lohnarbeit außerhalb des Dorfes erhältliche Prestigeobjekte beinhaltet. Ursprünglich erfüllte er eine gesellschaftlich rationale Funktion des Austausches von Gütern, der sozialen Sicherung der Frauen und der Loyalitätsbildung unter benachbarten Gruppen. Dieses Phänomen der dysfunktionalen Erhaltung traditioneller Kulturelemente kommt weiterhin darin zum Ausdruck, daß aufgrund der Reproduktionsweise der traditionellen Gesellschaften jemand, der erworbenen Reichtum akkumuliert und nicht verteilt, negativ sanktioniert wird. Dies bedeutet, daß das für die 'moderne' Gesellschaft funktionale Leistungsstreben zumindest in der eigenen Alltagswelt des Dorfes abgelehnt wird.[9] Der soziale Druck gilt vor allem hinsichtlich der Umverteilung des 'modernen' Produkts Geld, nicht so sehr - jedenfalls nicht im Rahmen der herkömmlichen sozialen Beziehungen - in bezug auf Vieh. Dieses stellt insgesamt gesehen einen weniger auffälligen Reichtum dar (und verleitet daher zu Akkumulation).

Als Erklärung für den aufgrund moderner Produktionsverbesserungen erworbenen ungewöhnlichen Reichtum wird oft die Verfügung über einen Zauber - also eine Erklärung aus dem traditionellen System - herangezogen.

Positiv sanktioniert wird dagegen die Teilhabe an der 'modernen' Welt in Form von monetärem Einkommen, Beschäftigung in der Verwaltung, Wohnung in der Stadt, Besitz von Fahrzeugen, was dann von engeren und weiteren Angehörigen bis zum Extrem ausgenutzt wird. Dabei treten folgende negative Wirkungen auf: Der Arbeitserlös wird im Dorf unproduktiv konsumiert und führt zu einer Vernachlässigung der traditionellen Lebensweise. Einheimische Produkte werden - schon allein wegen fehlender Arbeitskraft - weniger angebaut und weniger gerne konsumiert - gekaufte Waren bedeuten höheres Prestige. Der Einfluß der Geldwirtschaft auf die Subsistenzwirtschaft wirkt sich sehr schädlich auf die Existenzgrundlage aus: vor allem die Nahrungsmittelproduktion ist nicht mehr gesichert. Die Familienangehörigen, die über eine formale Bildung verfügen und in das 'moderne' System Eingang gefunden haben, wandern aufgrund der Doppelbelastung immer öfter endgültig ab und brechen den Kontakt mit der Herkunftsgemeinschaft ab. Dadurch wird der soziale Desintegrationsprozeß gefördert.

---

[9] Zum Verständnis der Verweigerung vgl. H. Bosse, 1979; siehe Teil IV, 3, S. 165 f.; V, 1, S. 190; VI, 1, S. 196 ff.; grundsätzlich in bezug auf Asien vgl. dazu D. Kantowsky, 1985, Vom Eingeborenen zum Unterentwickelten. Modernisierungstheorien und ihre Folgen, S. 149 - 174, insbesondere S. 162 zu "Absorptionspotential" bzw. "Lähmung"

Dieses Phänomen der gegenseitigen negativen Beeinflussung zweier unterschiedlicher Kultursysteme soll hier mit dem Stichwort "Cargo-Effekt" gekennzeichnet werden, in Anlehnung an die Analyse der Kulte, die in Neuguinea und Melanesien - zuletzt auf Manu (Paliau-Bewegung) nach Einrichtung der amerikanischen Versorgungsbrücke im Krieg gegen Japan - entstanden.[10] Diese hatten zum Ziel, die Frachtschiffe mit den westlichen Gütern zu dem "auserwählten" Volk zu bringen. Da Herkunft und Herstellungsprozeß dieser Güter nicht bekannt sind, wird eine völlig unrealistische Erwartungshaltung aufgebaut und die eigene Produktionstätigkeit aufgegeben. Der Cargo-Effekt besteht also darin, daß Erklärungsmuster des eigenen Wissens- und Weltanschauungssystems auf ein Phänomen eines anderen Systems übertragen werden mit der Folge, daß das eigene Handeln nach herkömmlichen Mustern gelähmt wird, aber in dem neuen System (gemessen an dessen Rationalität) falsch gehandelt wird.

Traditionelle Institutionen werden oft übernommen, um neue Inhalte oder Zwecke zu erfüllen. Dieses Phänomen soll hier als "Neo-Traditionalisierung" bezeichnet werden. Damit wird einerseits der Wandel bewältigbar - indem er auf der symbolischen Ebene des Handelns erfaßt wird -, andererseits wird damit die Verflechtung zu den 'modernen' Bereichen hergestellt.

Zum Teil sind also traditionelle Institutionen, z.B. fiktive Verwandtschaftssysteme oder Altersgruppen in an sich ethnisch und sozial völlig heterogenen urbanen Elendsbereichen, nur Hülsen, über die jedoch eine Abschöpfung möglich ist. Andererseits bleiben dadurch bestimmte traditionelle Elemente bestehen, an deren Grenzen eine dynamische Weiterentwicklung stößt. Sie erfüllen nur eine gewisse Zeit lang ihre Funktion als Formen des sozialen Wandels und werden dann kontraproduktiv im Sinne einer

---

[10] Vgl. dazu P. Worsley, 1973; F. Steinbauer, 1971

grundlegenden Veränderung der Gesamtstruktur. Zum Beispiel wird dadurch verhindert, daß reine moderne Formen der Lohnarbeit entstehen, indem neue Arten von Abhängigkeitsverhältnissen geschaffen werden, die aber bestimmten Bedürfnissen der Bevölkerung dienen und über die gleichzeitig der Abfluß über die Verflechtung der Produktionsbereiche stattfindet.

Z.B. war eine gewisse Dynamisierung und das Einführen des Erdnußanbaus im Senegal nur durch die Auflösung der häuslichen Produktionsverhältnisse möglich, andererseits bei einer Substituierung der traditionellen Sicherheit durch sozial und kulturell annehmbare Formen: die islamische Brüderschaft der Muriden, die neues Land erschlossen, die Produktion für den Markt ermöglichten und eine neue soziale und kulturelle Sinngebung schufen. Es schien, wie wenn diese neo-traditionellen Produktionsverhältnisse dann eine weitere Modernisierung verhinderten. Inzwischen sind sie jedoch - zumindest Teile von ihnen - auf den dynamischen Kurs der Einführung von neuen Produktionsmöglichkeiten eingeschwenkt.[11]

Eine neue Art der Umverteilung ist möglicherweise die Zunahme der Hexerei, die aus einigen Ländern berichtet wird, z.B. aus Benin. Über die Erklärungsmöglichkeit hinaus, daß es sich um das sozio-kulturelle Korrelat zu schnellen sozialen Wandels handelt, oder gar um eine sich in traditionellem Gewand verbergende Widerstandsbewegung (popular political movement)[12], könnte dieses Phänomen so erklärt werden, daß sich hier eine Bevölkerungsgruppe, die ansonsten vom sozialen und ökonomischen Wandel ausgeschlossen ist, Zugang zu dem in Zusammenarbeit mit modernen Ressourcen erwirtschafteten Surplus verschafft. Aus Benin wird z.B. berichtet, daß durch Vermittlung "guter" Fetischeure die (durch-

---

[11] Vgl. J. Copans, 1980

[12] Vgl. K. Elwert-Kretschmer, 1986

aus beträchtliche) Summe ausgehandelt wird, die als Opfer und für Gegenzauber gegen "böse" Hexer aufgebracht werden muß.

Dies wäre einerseits eine verzweifelte Überlebensstrategie bestimmter von Marginalisierung bedrohter Gruppen, andererseits würden die bekannten Phänomene der 'traditionellen Überbelastung' auftreten, die 'modernes' Wirtschaften unmöglich machen. Die Abschöpfung bei den teilaufgelösten Subsistenzwirtschaften fände also von beiden Seiten statt, der 'modernen' und der traditionellen, und würde sie dadurch aufreiben.

Da die ländliche Bevölkerung auf dem Markt ausgebeutet wird und den Staat primär als fremde Macht, die sanktionierend eingreift und Tribut erhebt, wahrnimmt, und aufgrund ihrer sozialen und kulturellen Marginalisierung über keinen institutionalisierten politischen Einfluß verfügt, bleibt ihr als Strategie nur Anpassung oder Verweigerung. Z.B. wird die ungerechte Agrarverfassung akzeptiert, wenn dadurch die angesichts des prekären ökonomischen und ökologischen Gleichgewichtes entscheidenden Sicherheitsinteressen gewahrt bleiben.[13] Es ist also kein Beweis für mangelnde 'Modernität', sondern zeugt von Rationalität, wenn sich die ländliche Bevölkerung zum Schutz vor dem direkten Zugriff der Staatsgewalt und der Willkür einzelner Funktionäre, aber auch zur Verteilung der knappen staatlichen Mittel zugunsten ihrer Gemeinschaft, in den Schutz traditioneller Sozial- und Klientelbeziehungen begibt, um den individuellen Ruin zu verhindern. Wenn sich in diesen allerdings traditionelle und moderne Privilegien verbinden, entstehen Strukturen, die einem ökonomischen und sozialen Wandel auch im Sinne einer eigenständigen Entwicklung besonders entgegenstehen.

---

[13] Vgl. R. Hanisch, R. Tetzlaff, 1979, S. 32

Die Rationalität der Verweigerung gegenüber dem Staat rührt aus dessen angestrebter Vereinnahmung der ländlichen Bevölkerung, deren Macht aus ihrer Kontrolle über die Subsistenzmittel besteht.[14] In dem Maße, wie eine Unterwerfung unter die Staatsgewalt und eine Einbindung in das staatlich gesteuerte ökonomische und das politische System erfolgt, wird diese Subsistenzgrundlage zerstört.

Die widersprüchliche Situation rührt daraus, daß im öffentlichen Bereich unterschiedliche Normen gelten.[15] Zum einen gibt es die Sphäre des modernen Nationalstaats, dessen Reichweite und Legitimität nicht ausreicht, um die private Sphäre zu beeinflussen oder völlig zu durchdringen. Seine Normen gelten nicht allgemein. Da es zum zweiten eine öffentliche Sphäre gibt, in der die gleichen sozialen Normen - nämlich traditioneller Art - gelten wie im privaten Bereich, entsteht ein Konflikt in bezug auf den durch moderne bürokratische, legale, ökonomische, demokratische etc. Normen bestimmten Bereich. Diese traditionellen Normen können nur auf der Basis der traditionellen Produktionsweise überleben; da diese gestört ist, sind sie jedoch auch zum Teil funktionslos geworden und haben sich verselbständigt.

Da aus strukturellen Gründen eine völlige Integration in das moderne System unmöglich ist, sieht das Individuum in afrikanischen Gesellschaften seine Verpflichtungen gegenüber der "anderen" öffentlichen Sphäre als vorrangig an ("Parallelwirtschaft und -gesellschaft"). Diese Primärbeziehungen sind hier in hohem Maße rational für die Bevölkerung; die 'patrons' sichern sich auf diese Weise persönliche Privilegien und den Zugang zu Res-

---

[14] Vgl. G. Hyden, 1980, S. 29
[15] Vgl. G. Hyden, 1980, S. 27 ff.

sourcen.[16] Diese Art der lokalen Steuererhebung in Form von Geld oder Arbeitsleistung kann die Bevölkerung eher akzeptieren als die staatliche, da ihr der unmittelbare Sinn einleuchtet. Eine wichtige Funktion der "patrons" ist es, die Verteilung der knappen staatlichen Mittel zugunsten ihrer Gemeinschaft zu bewirken bzw. diese vor dem unmittelbaren Zugriff des Staates zu schützen. Die in dieser "economy of affection" (Hyden) bestehenden sozialen Bindungen zwischen städtischer Funktionärsschicht und Kleinbürgertum mildern die andernfalls in dem Prozeß des sozialökonomischen Wandels existierenden Spannungen. Gleichzeitig verhindern sie eine moderne Wirtschaftsentwicklung, z.B. in Form von Kapitalakkumulation im industriellen Sektor.

Zusammenfassend ist zu sagen, daß auf der Handlungsebene die Entwicklungspolitik und Technologieentwicklung von der "Irrationalität" der Bauern und Nomaden ausgeht. Tatsächlich wird durch Prozesse der sozialen Differenzierung und ökonomischen Veränderung - einschließlich des Technologietransfers - die Logik der traditionellen Produktions- und Sozialsysteme aufgebrochen, es kommt zu einer Destabilisierung.

Die in dem gesamten Lebenszusammenhang der handelnden Menschen verankerte Rationalität ist eine andere in einer idealtypisch reinen Subsistenzwirtschaft als in einer Marktwirtschaft. Dabei handeln die Produzenten durchaus rational, wenn sie z.B. bestimmte Produkte wie Palmfrüchte selbst verarbeiten, um über längere Zeit ein höheres Einkommen zu erwirtschaften (weswegen hochtechnologische Verarbeitungsbetriebe Zulieferungsschwierigkeiten haben), wenn sie Produktionserlöse innerhalb ihrer sozialen Gemeinschaft und gemäß den dort herrschenden Status- und Solidaritätsregeln konsumtiv umverteilen. Bestimmte Handlungsmuster und sozio-kulturelle Institutionen werden dabei notwendigerweise aufrechterhalten, die nun dysfunktional geworden sind (z.B. Monetarisierung des Brautpreises, die zu immer mehr Abwanderung führt).

---

[16] Vgl. G. Hyden, 1980, S. 28 ff.

2 Die ökologische Handlungsrationalität

2.1 Die ökologische Handlungsrationalität der Bauern

Durch Verdrängungs- und Modernisierungsprozesse kommt es zu "agricultural involution" (Geertz), d.h. Intensivierung der gleichen Produktionsform ohne Wandlungsprozesse. Es kommt zu einer Reduktion der Brachezeiten, exzessiver Brandrodung, Überstockung, -weidung, Abholzung, es findet kein dynamischer sozialer und technologischer Wandel statt, was einer ökologischen Degradation gleichkommt.

Das komplexe Verständnis der ökologischen Zusammenhänge in afrikanischen Agrarkulturen kommt in verschiedenen Produktionssystemen zum Ausdruck, die von dem Wanderhackbau mit Brandrodung über Felderwechselwirtschaft bis zu quasi permanenten Ackerbausystemen reichen. Wanderhackbausysteme gibt es jetzt praktisch nicht mehr, Brandrodung wurde größtenteils dysfunktional bzw. wird mißbräuchlich von den anderen Gruppen als den früheren Ackerbauern zur Jagd eingesetzt.

Die traditionellen Weltanschauungssysteme waren funktional für eine umweltadäquate Landnutzung, der Animismus bedeutete Schutz von Quellen, Wäldern etc. und sicherte traditionelle Landansprüche. Die animistische Weltanschauung ist jedoch nicht von dem alltäglichen Handeln abgehoben, sondern bestimmt gleichzeitig die soziale Organisation der Produktion, ist daher unmittelbar mit institutionellen Regelungen wie Bodenrecht und Agrartechniken und -praktiken verbunden. Das entsprechende Erfahrungswissen hatte sich in Kulten und in institutionalisierten Regelungen der Landbebauung niedergeschlagen.

Die natürlichen Ressourcen sind Teil der Lebenswelt, von den Ahnen zur pfleglichen Behandlung überlassen. Der auf Kontinuität gerichtete Zeitbegriff, der die regelmäßige Wiederkehr der Naturerscheinungen beinhaltet, bedeutet eine fortlaufende Sicherung der gleichbleibenden Ressourcen. Weltanschauungssystem und Produktionsform zielen nicht auf eine Aneignung der Natur, noch implizieren sie Raubbau. Erst ihr Geltungsverlust und der Verlust der Zuständigkeit für die Ressourcennutzungsregelung sowie die Unterbrechung tradierter Praktiken von außen führen zu Auflösung.

Der von außen demonstrierte Geltungsverlust dieser Weltanschauung führt zu Anomie und logischerweise zu Verweigerung gegenüber staatlichen Regelungen. Wenn in einem Entwicklungsprojekt heilige Bäume oder Wälder abgeholzt werden, ohne daß den Verantwortlichen sichtbarer Schaden erwächst, werden die bisherigen Schutztabus auch von der Bevölkerung nicht mehr eingehalten.[1]

Wenn die religiöse und politische Funktion traditionaler Autoritäten verlorengeht, wie z.B. die des Erdherrn, geht auch die umwelterhaltende institutionelle Regelung des Zugangs zu natürlichen Ressourcen verloren. Auf der anderen Seite führen bestimmte Veränderungen der Religion, wie z.B. die Bedeutungszunahme des urbanen Islam, zu Seßhaftwerdung und damit zu einer möglichen ökologischen Belastung.

Charakteristisch ist ein Austauschverhältnis mit der Natur sowie ein auf Sicherheit zielendes komplexes Agrarproduktionssystem. Ressourcenschonende Produktionsmethoden und sicherheitsorientierte Strategien sind also eng miteinander verwoben. Kennzeichnend ist die soziale Organisation des Produktionsbereichs und der Ressourcennutzung in Form einer Vernetzung mit verwandtschaftlichen und kulturellen Institutionen. So steht z.B. in dem von U. Luig beschriebenen Fall der Abe-Nngongbo (Baule) im Zen-

---

[1] Z.B. in Aufforstungsprojekten im früheren Obervolta, berichtet in P. Teherani-Krönner, Michel-Kim, Weiler, 1982, S. 28

trum der Elfenbeinküste[2] dem Ältesten eines Gehöfts aufgrund seiner engen Beziehung zu den Ahnen die alleinige Verfügung über Boden und Arbeitskräfte zu; in anderen Gesellschaften liegt diese Funktion auf einer höheren Ebene, oder es gibt die spezialisierte Funktion des Erdherrn.

Das Verhältnis zur Natur kann als Interaktion zwischen Subjekten angesehen werden, wobei unberührte Natur, die durch den Wald verkörpert wird, durchaus als gewisse Bedrohung wahrgenommen wird - als der von Geistern beherrschte Bereich, die dem Menschen übelwollen können.[3] Ein anderes Verhältnis besteht bereits zur bearbeiteten Natur in Form von Feldern und Wegen, deren Geister durch das Handeln und Wohlverhalten der Menschen beeinflußt werden können. Die Beziehung hat den Charakter eines Bündnisses, das die Ahnen mit der Erde geschlossen haben, und das auf der Vorstellung eines Austausches, d.h. von Reziprozität, beruht, innerhalb dessen auch der Natur Bedürfnisse zugeschrieben werden, die erfüllt werden müssen. Feldbestellung und andere als Eingriffe wahrgenommene Handlungen - so auch das Fällen von Bäumen - sind über Opferhandlungen in ein kulturelles System eingebunden, das auf eine weitgehende Unversehrtheit der Erde und deren Bedürfnis nach Regeneration gerichtet ist, die über eine Vielzahl von Regeln und kultische Vorschriften sichergestellt wird.

In diesem reziproken Verhältnis mit der Natur werden detaillierte Naturkenntnisse und Kenntnisse über biologische und klimatische Zusammenhänge entsprechend repräsentiert. Die aus Zeiten der Migration akkumulierten und in den Wanderhackbausystemen erworbenen Kenntnisse der Bodenbeschaffenheit und Standortbedin-

---

[2] U. Luig, 1986, S. 33 ff.

[3] Vgl. U. Luig, 1986; auch T. Förster, 1985, S. 11 ff., zu den Senufo im N der Elfenbeinküste; ders., 1987

gungen werden von vielen Gesellschaften berichtet. Sie bilden die Grundlage von Mischkulturen, die nach genauen Regeln gepflanzt wurden, die den natürlichen Verhältnissen, den Klima- und Bodenbedingungen, sowie den Anforderungen an eine differenzierte Ernährung entsprachen. Z.B. wurde bei den Baule die wichtigste Kulturpflanze, der Yams, nur auf neu angelegten Feldern zusammen mit begleitenden Kulturpflanzen angebaut, im zweiten Jahr folgten Mais, Maniok, Erdnüsse und Taro, im dritten Jahr Tabak und Baumwolle, danach eine 15 - 20-jährige Brachezeit. Innerhalb dieser Yams-Kultur wurden auch Sorten mit verschiedenen Reifezeiten verwendet, um die Nahrungsverfügbarkeit möglichst lange über das Jahr auszudehnen. Die Fruchtfolge hing mit unterschiedlichen Ernte- und Lagerzeiten zusammen. In diesem Produktionssystem war auch die Baumwolle integriert; es bestand ein Textilgewerbe, das in den Fernhandel einbezogen war. Der Baumwollbereich oblag den Frauen. Das ausgefeilte Reproduktionssystem, in dem Maniok als Reservekultur fungierte, bezog die Lebenssicherung der Menschen sowie die Regeneration der Natur ein. Dazu kamen noch zusätzliche wirtschaftliche Tätigkeiten wie Jagd, Fischfang, Sammeln von Früchten, die einen Puffer gegen Hungersnöte darstellten. Eine wichtige kulturelle und wirtschaftliche Bedeutung hatte die Ölpalme.

Das bedeutet, daß in diesen Agrarsystemen Verkaufsfrüchte und insbesondere Industrierohstoffe durchaus integriert wurden. Dies trifft vor allem für das Kaffee- und Kakaogebiet der Elfenbeinküste zu, wo lange vor gezielten kolonialen Entwicklungsmaßnahmen eine Pflanzerökonomie auf kleinbäuerlicher Grundlage entstand, wobei die Weltmarktproduktion allerdings immer der Subsistenzproduktion untergeordnet wird. Diese extensiven Systeme wurden erst später durch Landknappheit und Verdrängung gestört.[4]

---

[4] Vgl. U. Luig 1986, S. 36; dazu J.-P. Chauveau, 1985

Das hier praktizierte Schwenden von neuen Feldern, die in den Wald hineingelegt wurden, war nicht in dem meist angenommenen Ausmaß umweltschädlich. Entgegen der weitverbreiteten Auffassung von "irrationalen" Brandrodungspraktiken der Wanderhackbauern ist es vielmehr so, daß unter "den Bedingungen ausreichender Landreserven im vorkolonialen Westafrika der extensive Schwendbau mit seinen langjährigen Brachezeiten eine weitaus angepaßtere Form der Bodennutzung (war), als dies etwa in Gesellschaften mit stabilen und kompakten Dorfformen der Fall war, die für die Umwelt und Bodenfruchtbarkeit eine größere Belastung darstellten."[5]

Andererseits gab es auch traditionelle seßhafte ressourcenschonende und damit nachhaltige Agrarsysteme. Z.B gab es bei den Sérèr vor 20 Jahren im Senegal ein agrosylvopastorales System unter Einbeziehung seßhafter Viehhaltung und des Baumes Acacia albida.[6] Ein permanentes Anbausystem bestand auch im Gamu-Hochland in Südäthiopien, ebenfalls mit Viehhaltung.[7]

Wesentlich ist, daß diese differenzierten Ackerbausysteme eine sehr grundlegende soziale Organisation beinhalteten, da die Bewirtschaftung trotz individueller Verantwortung - und nur teilweise gemeinsamer Arbeit - eng von Absprachen abhing, z.B. hinsichtlich Buschfeuern, Bekämpfung von Schädlingen, Zulassen von Tieren zur Abweidung, Erntezeit etc. Das von Ford[8] im Sahel untersuchte Ackerbausystem der Kurumba im nördlichen Yatenga in Burkina-Faso, das bereits vor Ankunft der jetzt vorherrschenden

---

[5] U. Luig, 1986, S. 39

[6] Vgl. P. Pélissier, 1966, S. 250 ff.

[7] Vgl. E. P. Eckholm, 1976, S. 95 (zitiert nach V. Janssen, 1984)

[8] R. E. Ford, 1984, hier S. 420 f.

Mossi-Ackerbauern vorhanden gewesen sein muß, weist eine wichtige Rolle dem Erdherrn zu, der zusammen mit den Älteren festlegte, welche Buschfelder brachliegen sollten, wie lange, wo neue Felder angelegt und wo Feuerholz geschlagen werden konnte, und wo die Fulbe-Tierhalter ihr Lager in der Trockenzeit anlegen konnten.

Auch hier war das ursprüngliche Ackerbausystem sehr differenziert, es gab eine Vielfalt von Anbauprodukten, die auch bei unterschiedlichen Regenfallmengen eine Ernte sicherstellten.[9] Dazu kam eine Felddifferenzierung gemäß der Entfernung vom Haus, die in ein geordnetes System nach Entfernung, Brachedauer, Produktdifferenzierung, geschlechtliche Arbeitsteilung etc. eingebettet war.

Die Sicherheitsstrategien der Bauern, die Umweltrisiken berücksichtigten, stellten sich wie folgt dar:[10] Es erfolgt eine indirekte Bekämpfung von Schädlingen und Pflanzenkrankheiten (Zugang zu modernen Produktionsmitteln war nicht gegeben) z.B. durch frühe Hirsearten mit langen Grannen, die Vogelfraß behindern. Ein geringerer Ertrag wird dabei in Kauf genommen.

Die Auswahl von Anbauprodukten wird nach strategischen Gesichtspunkten vorgenommen im Hinblick auf eine Minimierung des Schadens durch Vogelfraß. Das Risiko wird dadurch verringert, daß Produkte über mehrere, kleinere Felder verteilt werden. Dabei wird zwar der Ertrag nicht maximiert, da der Aufwand für die Differenzierung nicht unbeträchtlich ist, jedoch garantiert diese Strategie langfristig Sicherheit. Es wird mehr angebaut

---

[9] Als sog. Überlebensfrüchte können hier Mais, Fonio und Kuherbse (cow pea) gelten.

[10] R. E. Ford, 1984, S. 447 ff. Entsprechendes zeigt P. Richards, 1985, S. 23 f., für den Baumwollanbau in Sierra Leone

als das unbedingt Notwendige, auf verschiedenen Feldern, unter Einberechnung möglicher Verluste durch Schädlingsbefall, Pflanzenkrankheiten und klimatische Schwankungen. Außerdem wird in Mischkultur angebaut und verschiedene Sorten des gleichen Produkts verwendet.

Pflanzenarten werden im Hinblick auf eine Reihe von Gesichtspunkten ausgesucht; all diese Überlegungen werden von der Agrarberatung, die andere Sorten empfiehlt, nicht berücksichtigt:

- lokale Sorten werden gemäß ihrer Trockenresistenz sowie der Vermeidung von Pflanzenkrankheiten gemäß Reifungs-/Regenzeitdauer ausgewählt
- gemäß Verfügbarkeit der verschiedenen Bodenarten
- die Fruchtfolge berücksichtigt den Regenfallbedarf
- die Feldbearbeitung erfolgt im Hinblick auf die Nutzung des Oberflächenwassers
- die Standorte für eine Kultur werden zur Verminderung des Niederschlagsrisikos diversifiziert
- es erfolgt eine Kombination der spät reifenden Getreidekulturen, den wichtigsten Nahrungsmittelkulturen, mit frühreifenden Garten- und Feldprodukten für die Zeit der "soudure", der Vorerntezeit.

Die Tierhaltung wird sinnvoll integriert, indem

- die Pflanzenwahl gemäß Standort und Erreichbarkeit für das Vieh erfolgt,
- eine sorgfältige zeitliche Abstimmung zwischen Erntezeiten und Transhumanz der Tiere im Hinblick auf optimale Futterversorgung und Minimierung des Tierfraßes vorgenommen wird, so daß sich eine kostspielige Einzäunung erübrigt.

Es gibt traditionelle Methoden der Minimierung des Verlustes in der Lagerhaltung;[11] heutzutage werden sie auf etwas problematische Art mit modernen Mitteln kombiniert, z.B. wird DDT in den für das Auskleiden der Speicher verwendeten Gips gemischt.

Es erfolgt eine Investition in Tiere, oder bei den Fulbe auch in Schmuck, als längerfristige Absicherung gegen schlechte Ernten. Außerhalb der landwirtschaftlichen Saison werden andere Wirtschaftstätigkeiten durchgeführt, wie Gartenbau für Vermarktung sowie nicht-landwirtschaftliche Tätigkeiten (Holzwirtschaft, Handwerk etc.), um monetäres Einkommen auch für evtl. notwendigen Getreidezukauf in Mangelzeiten zu erwirtschaften oder Eigenbedarf zu befriedigen.

Es bestehen komplexe wirtschaftliche Reziprozitätsbeziehungen[12] zwischen Verwandtschaftsgruppen in und zwischen den Dörfern, die einen Ausgleich ermöglichen. Aufgrund dieses komplexen Systems bricht die Subsistenzsicherung nur unter Bedingungen extremer Trockenheit zusammen. Jedoch selbst in diesem Fall waren schon zwei Jahre nach der großen Dürre von 1968 - 1973 viele der während der Notzeit abgewanderten Personen wieder zurückgekehrt.

Der Bodenerosion war von den alteingesessenen Bauern (Kurumba, einer typischen Rückzugsethnie) bisher wie folgt begegnet worden (inzwischen ist das Problem von ihnen nicht mehr zu bewältigen)[13]:

- Pflanzen von Gräsern an Feldrändern zur Wasserrückhaltung
- Mulchen (Ernterückstände verbleiben auf dem Feld)

---

[11] R. E. Ford, 1984, S. 453 ff.
[12] R. E. Ford, 1984, S. 462
[13] R. E. Ford, 1984, S. 464

- Erdwälle und Furchen gemäß Höhenlinien (mounding & ridging)
- Vermeidung von Anbau an Hängen
- Belassen von Bäumen in Feldern
- Bau von kleinen Wasserrückhaltedämmen
- Bodenbedeckung durch Anbau verschiedener Arten
- lokale Sorten zur Bodenfruchtbarkeitserhaltung (Leguminosen wie Kuherbse, cow pea)

Auch im Niger z.B. gab es bei den Agropastoralisten (Bugaje und Fulbe) eine gemeinsame Achse um das Dorf aus Feldern, Brache und Dornbusch, wodurch eine allgemeine Brache-Regelung sichergestellt wurde und das Vieh während des Pflanzenwachstums von den Feldern ferngehalten werden konnte. Jetzt erfolgte mit der Aufteilung des Bodens der Zusammenbruch des Systems.[14]

Das geschilderte komplexe Ackerbausystem der Abe-Ngongbo (Baule) im Zentrum der Elfenbeinküste wurde nach dem 2. Weltkrieg durch eine massive Einwanderung gestört, die für die Lohnarbeit auf den Kaffee- und Kakaofeldern angezogen wurde, sowie durch das Ansteigen der Weltmarktnachfrage und -preise für die Produkte. In der Folge wurden die Brachezeiten verkürzt und die früher als heilig angesehenen Wälder nicht mehr geschützt. Nutzungsrechte am Boden wurden nun gegen Geld übertragen. U. Luig[15] zeigt am Beispiel der Baule, die seit ungefähr 1880 für den Weltmarkt produzierten, wie die Produktion auch von Verkaufsfrüchten für den Markt so lange ökologisch und sozial vernünftig sein kann, wie sie nur eine untergeordnete Rolle im Gesamtsystem spielt. Erst die Zunahme der Marktzwänge und neue gesamtgesellschaftliche Bedingungen verändern auch die Interaktion mit der Natur. Bezeichnend ist, daß sich die alten kulturellen Vorstellungen und

---

[14] J. T. Thomson, 1982, S. 172

[15] U. Luig, 1986, S. 40

ökologischen Praktiken bei der zentralen Kulturpflanze der Yams noch am längsten zu halten scheinen.

Auch aus dem System der Kurumba-Ackerbauern in Burkina-Faso wird seit Mitte der 40er Jahre eine Störung berichtet.[16] Es erfolgte eine Zuwanderung von Mossi-Ackerbauern sowie von weiteren Fulbe-Viehhaltern, die auf Dauer Land in Anspruch nehmen. Hier bearbeiten dann einzelne Familienangehörige eigene Felder mit Gärten oder Verkaufsfrüchten.

T. Kemper/M. Kleene[17] geben einen Überblick über die Zusammenhänge der Ressourcennutzung und -schonung im früheren Obervolta und betonen dabei die räumliche, zeitliche und soziale Risikostreuung, die Rolle der Religion für Ressourcenschonung und Krisenbewältigung, die Zerstörung der Widerstandsfähigkeit eines sozialen Systems gegenüber Krisensituationen durch die Reduzierung der zeitlichen und räumlichen Flexibilität, sowie die Verstärkung der internen Antagonismen und Konflikte durch äußere Intervention.

Aus der Zuschreibung des Desertifikationsprozesses an "eine den natürlichen Bedingungen nicht angepaßte Landnutzung"[18] könnte implizit geschlossen werden, daß die traditionellen Ackerbau- und Viehhalterwirtschaftsweisen den ökologischen Bedingungen nicht angemessen sind, was höchst wahrscheinlich in der Entwicklungspolitik eine verbreitete Meinung ist. Meist wird das hohe Bevölkerungswachstum als weiterer Beleg irrationalen Verhaltens angeführt.

---

[16] Vgl. R. E. Ford, 1984, S. 421

[17] T. Kemper, M. Kleene, 1985, S. 115, bzw. 109 ff.

[18] F. N. Ibrahim, 1982, S. 50

Auf jeden Fall ist klar, daß die gerade auch im Sahelgebiet praktizierten Produktionsformen und gesellschaftlichen Institutionen keine statischen sind, ihr Vorteil vielmehr in der großen Flexibilität und Nutzungsfähigkeit sich ändernder Umweltbedingungen liegt, daß diese Flexibilität der ökonomischen, technischen und sozialen Institutionen jedoch verloren gegangen ist. M. Redclift spricht von "reduced environmental flexibility".[19]

Al Imfeld weist darauf hin, daß die derzeit praktizierten Bearbeitungsformen der natürlichen Ressourcen nicht seit Jahrhunderten überkommen sind, sondern eine bewegte Geschichte an Veränderungen und Neuerungen aufweisen. "Die sogenannte PRIMITIVE LANDWIRTSCHAFT wurde in dieser Gegend (westafrikanische Sahelzone, G.L.) bereits in der europäischen Kolonialzeit nicht mehr praktiziert - mindestens nicht in 'reiner Form'". "Das, was frühe Reisende, Ethnologen oder heutige Entwicklungsfachleute als TRADITIONELLE LANDWIRTSCHAFT bezeichnen, ist sehr jungen Datums und bereits eine degenerierte, wenn nicht gar eine Endform." Den Zerfall einer artenreichen Mischwirtschaft und Agrarkultur setzt Al Imfeld dort mit dem Beginn des Sklavenhandels im frühen 16. Jahrhundert an. Der Kolonialismus brachte dann im 19. Jahrhundert "die Parzellierung eines Großkulturraumes, der nur in der Vernetzung lebensfähig war."[20] Dazu kam die Einführung von Monokulturen.

Das Problem entsteht gerade dadurch, daß die Logik der traditionalen Wirtschafts- und Sozialsysteme aufgebrochen wurde, und verschiedene ihrer Elemente dysfunktional angesichts bestimmter natürlicher und sozio-ökonomischer Entwicklungen geworden sind; zum anderen dadurch, daß externe Einflüsse und Interventionen, einschließlich entwicklungspolitischer Maßnahmen, bei ihrem
----

[19] M. Redclift, 1984, S. 66

[20] Al Imfeld, 1983, S. 11 bzw. S. 14

Auftreffen auf diese traditionalen Elemente zu unerwünschten Wirkungen geführt haben, was nicht für ihre natürliche und soziale Angepaßtheit spricht.

Es kommt zu einer Störung des grundlegenden Prinzips der herkömmlichen Landbauweise des Sahel, der Landwechselwirtschaft, bei der das gerodete Stück Boden nach 2 - 3 Jahren Bebauung aufgelassen wird und sich in der Brachezeit regeneriert. Die immer kürzeren Brachezeiten führen tendenziell zu einer Erschöpfung des Nährstoffgehaltes des Bodens bei fehlender Zufuhr externer Betriebsmittel. Außerdem erfolgt eine Ausdehnung der Ackerbaugrenze nach Norden um etwa 200 km. Neben Bevölkerungsdruck und Verdrängung kommt es aufgrund der Dürre dazu, daß wegen sinkender Flächenproduktivität aufgrund der Rationalität der Subsistenzwirtschaft während Dürrezeiten absolut eine noch größere Fläche bestellt wird, um den Nahrungsbedarf zu befriedigen, wodurch der kumulative Verschlechterungsprozeß beschleunigt wird.

Da die traditionellen Rechte am Boden und die traditionellen Systeme der Landnutzung nicht mehr gelten, erfolgt jetzt eine Einschränkung der Brache, da sonst die Gefahr der Nutzung durch andere besteht. (Das Gleiche trifft für frühere Reserveweiden zu.)

Eine intensivere Ressourcennutzung und -übernutzung erfolgt meist, wenn Bauern zur Viehhaltung übergehen. Ein ökologisch schwacher Punkt in der Landwirtschaft ist bei Abwesenheit von technischen Neuerungen und bei im Prinzip frei verfügbarem Produktionsfaktor Boden die Tatsache, daß sich nur Viehhaltung als Akkumulationsmöglichkeit anbietet. Je unsicherer der Ackerbau wird (durch verschiedene Faktoren, u.a. Variabilität der Niederschläge, Abnahme der Bodenfruchtbarkeit, aber auch Monokulturen, Abhängigkeit von externer Preisbildung), um so angemessener ist es, Viehbesitz als Sicherheit gegen Mißernten anzustreben, obwohl dieser insgesamt gesehen ökologisch bedenklich ist und vor allem bei seßhafter Haltung ohne Weidekontrolle zu hohen Schäden führt.

Jedoch mindestens von ebenso großer Bedeutung für die ökologische Verschlechterung sind die Auswirkungen des sozio-ökonomischen Wandels auf den Ackerbau. Die ackerbauliche Tätigkeit durch (gesteuert und notgedrungen) niedergelassene ehemalige Nomaden ist qualitativ schlechter, da das überlieferte Wissen fehlt, und führt eher zu Raubbau, besonders wenn es sich sofort um den Anbau von Verkaufsfrüchten (z.B. Erdnüsse) handelt.[21]

In vielen Ländern besteht ein konstanter Nomadisierungsprozeß von aufstrebenden Ackerbauern, der allerdings durch einen viel stärkeren Seßhaftwerdungsprozeß verarmter Nomaden überkompensiert wird (was die Bevölkerungszahlen anbelangt).[22]

Ein weiteres Strukturmerkmal,[23] das tendenziell zu einer Übernutzung der Ressourcen und Inkulturnahme marginaler Böden führen kann, ist die Tatsache, daß bei der Verbindung von Ackerbau und Viehhaltung in schlechten Jahren so lange kein Zwang zur Minderung der Viehzahlen besteht, wie der Ackerbau extensiv ausgeweitet werden kann (marginale Böden, tendenzielle Verminderung des Weidelandes, Kürzung der Brache). Nicht nur wenn extensive Landwirtschaft möglich ist, kommt es zu ökologisch negativen Folgen, sondern überhaupt wenn alternative Einkommensquellen vorhanden sind, aufgrund derer die Viehzahl erhöht wird. Je schlechter außerdem die terms of trade für die Viehhalter sind, um so mehr Vieh sind sie aufgrund ihrer Sicherheitsüberlegungen gezwungen zu halten.

---

[21] Vgl. M. Weicker, 1982, S. 90, für den Senegal
[22] Vgl. G. Haaland, 1980b, zum Bsp. Sudan
[23] Vgl. C. Toulmin, 1983, S. 21 f.

So wird aus der semi-ariden Zone Kenias[24] berichtet, daß Viehhaltung derzeit die einzige Möglichkeit darstellt, um Sicherheit gegen schlechte Ernten zu schaffen. In das Gebiet, das bis Anfang der 60er Jahhre von der Kolonialverwaltung als Kronland und Weidegebiet bestimmt war, wanderten eine hohe Zahl von Ackerbauern (Kamba) ein. In dieser nicht traditionell ackerbaulich genutzten Gegend stehen angepaßte Sorten nicht in ausreichendem Maße zur Verfügung, das Problem ist vor allem mangelnde Bodendeckung. Der Bauern praktizieren einige Maßnahmen zur Erhaltung der Bodenfruchtbarkeit, z.b. Terrassierung auf den Feldern, jedoch fehlt es an ausreichendem Wissen, und die Maßnahmen werden schlecht durchgeführt. Herkömmliche Maßnahmen wie Brache oder systematische Rotation bzw. Gründüngung sind nicht üblich.

Die sozio-kulturelle Identifikation und die damit verbundene Lebensweise und Handlungsrationalität sind meist noch klar an eine Lebensform gebunden. Z.B. kommt es vor, daß bei seßhaftgewordenen Nomaden nach wie vor die Feldarbeit ausschließlich von Frauen gemacht wird[25], und niedergelassene, ehemalige Abhängige der Nomaden streben den Besitz von Boden an.

Es besteht allgemeiner Konsens darüber, daß das ökologische Problem dort am stärksten ist, wo Viehhaltung seßhaft betrieben wird und eine Ausweitung des Regenfeldbaus erfolgt. Gewisse traditionale Praktiken werden hier lediglich beibehalten; die umweltfreundlichen gingen verloren (Brache, weiträumige Flexibilität), ohne daß der für eine Intensivierung von Ackerbau und Viehhaltung notwendige technische Wandel eingetreten ist, d.h. keine angemessene Weiterentwicklung der vorhandenen Produktionsformen stattgefunden hat.

----

[24] Wo seit 1978 ein integriertes Entwicklungsprojekt durchgeführt wird, vgl. P. Neunhäuser et al., 1983, S. 65 ff.

[25] Vgl. F. N. Ibrahim, 1982b, zu Darfur (Sudan).

Die ökologische Qualität der Bodenbearbeitung wird in hohem Maße durch den sozialen und sozio-ökonomischen Wandel beeinflußt. Nicht nur nehmen die ökologisch komplexen Agrarkenntnisse ab, sondern die angemessene Organisation und die Verfügbarkeit über den Boden ist nicht mehr gesichert.

Daß Ackerbau bei niedergelassenen Nomaden qualitativ schlechter ist, nimmt nicht wunder, jedoch nicht nur aufgrund fehlender Kenntnisse und sozio-kultureller Einschränkungen (z.B. arbeiten teilweise nur Frauen auf dem Feld, wie im Sudan, oder sie arbeiten gerade nicht auf dem Feld mit, wie im Norden Malis), sondern auch gemäß der Logik vorhandener Produktionsbedingungen.

Die ehemaligen Abhängigen der Fulbe, die Rimaibe im Yatenga, im jetzigen Burkina-Faso, sind ein gutes Beispiel. Ford[26] stellt bei ihnen mehr Vegetationsverlust auf dem Land, Bodenerosion sowie einen geringeren Grad organischer Düngung als bei den dort länger als Ackerbauern lebenden Mossi fest. Ein drastischer Rückgang der Brache ist bei den Rimaibe und auch bei den (nicht zuletzt im Zusammenhang mit der Islamisierung) niedergelassenen Fulbe zu verzeichnen. Ein wichtiger, häufig entscheidender Faktor ist die Zuweisung schlechteren Landes an später zuwandernde Bevölkerungsgruppen, wodurch eine Übernutzung präjudiziert wird.

Gerade aufgrund der Beziehungen zu den viehhaltenden Fulbe, die jedoch alte Unterordnungsbeziehungen sind, findet ein geringerer Austausch zwischen Viehhaltung und Ackerbau (z.B. Felderdüngung) statt. Aufgrund der größeren Landunsicherheit sind die Rimaibe weniger bereit, für die Bodenverbesserung etwas zu tun; da sie keine klaren Landrechte haben, erlauben sie sich eher keine

---

[26] Vgl. R. E. Ford, 1984, S. 250 ff.

Brache - obwohl der marginale Boden dies erforderlich machen würde.[27]

Die Veränderung der geschlechtlichen Arbeitsteilung und die Verschlechterung der Stellung der Frau ist auch ökologisch relevant. Nicht nur werden oft die eigentlichen Bearbeiterinnen des Bodens nicht in der Beratung angesprochen, sondern es wird auch deren soziale Stellung im Dorf nicht beachtet, die zu einem Desinteresse z.B. an der längerfristigen Ressourcenerhaltung führen kann. Bei bleibender starker Bindung an das Herkunftsdorf und wachsender Unsicherheit der Ehen haben Frauen z.B. in der Elfenbeinküste kein besonderes Interesse an den ihnen im Dorf des Mannes zugeteilten Feldern.[28] Entscheidend ist auch die Verfügungsgewalt über das Produkt.

Der Anbau von Verkaufsfrüchten befördert die (durchaus vorhandene) Individualisierung von Feldern, erst bei individueller Landnutzung treten gehäuft Landdispute mit den entsprechenden ökologisch negativen Folgen auf. Bei individueller Landnutzung geht die Brache zurück, da die Älteren nun auch nicht mehr über Brachezeiten entscheiden und die Möglichkeit einer neuen Landzuteilung nicht mehr besteht. Die kollektive Organisation der Landnutzung, die gemeinsame ökologisch relevante Strategien einschließt, geht zurück bei Islamisierung, Anbau von Verkaufsfrüchten, Migration. Durch die Individualisierung geht die Grup-

---

[27] R. E. Ford, 1984, S. 418: "In terms of long-term conservation, reward for initiative and incentive to try new techniques or crops, the present system does not appear to be a positive system. This is particularly so regarding the use of the free bush lands. Overgrazing is becoming severe in some areas and firewood cutting is greatly depleting the bush and gallery forests. The traditional system as presently structured has no organized way of encouraging or enforcing conservation or more efficient management."

[28] Vgl. K. Fiege, J. Kranz-Plote, 1985

penorganisation der Arbeit und die Durchführung kollektiver Ressourcenschutzmaßnahmen verloren.

Auch in Burkina-Faso war ein entscheidender ökologischer Einschnitt die zwangsweise Einführung des Baumwoll- und Erdnußanbaus zwischen 1925 und 1940 zwecks Export und Bezahlung der Kopfsteuer, die zu einer beschleunigten Rodung von Buschland und schwerwiegender Entwaldung führte.[29] Das soziale Sicherungssystem, das durch Redistribution und Geschenke aufrechterhalten wird, konnte nachweislich das Überleben in Dürreperioden sichern. Interessant ist, daß die Hungersnöte in dieser Gegend gar nicht immer aufgrund von Trockenheit eintraten, sondern z.B. durch die Einführung der Zwangsarbeit oder Wanderarbeit gerade in den wichtigsten landwirtschaftlichen Arbeitszeiten.[30]

Es scheint typisch, daß in Gebieten der späten Ansiedlung die ökologischen Probleme besonders akut sind.[31] Dies mag einerseits darauf zurückzuführen sein, daß es sich um eher marginale Standorte in bezug auf die natürlichen Bedingungen handelt, andererseits jedoch auch darauf, daß bei dieser Individualisierung der Bewirtschaftung die ökologisch sinnvollen Praktiken, die in einer räumlichen und sozialen Flexibilität lagen, nicht zur Anwendung kamen und die besonderen Kenntnisse und Erfahrungen für den entsprechenden Standort fehlten.

---

[29] Vgl. R. E. Ford, 1984, S. 538

[30] Vgl. J. Y. Marchal, 1983

[31] Z.B. in Kenia, im Bereich des Machakos Integrated Development Programme, vgl. P. Neunhäuser et al., 1983

2.2 Die Umweltbeziehung und Handlungsrationalität in den traditionalen Viehhaltersystemen - "cattle complex" (Herskovits)[32]

Nicht nur die Bauern verhalten sich angeblich irrational, wenn sie ihre Hirsefelder ausdehnen und nicht genügend für den Markt produzieren. Nomaden maximieren angeblich ihren Viehbestand, weil damit zum einen Prestige verbunden sei, zum anderen weil sie kein Privateigentum an Boden kennen und daher - hier nun in nutzenmaximierender Art und Weise - zwangsläufig die Umwelt ruinierten. Die Irrationalitätsthese bezüglich Überstockung, Überweidung und negativer Preisreaktion stammt aus den frühen Ranching Projekten in Ostafrika.[33] Tatsächlich ist die Nomadenwirtschaft der Inbegriff einer rationalen Nutzung der Umwelt aufgrund ihrer räumlichen, sozialen und organisatorischen Flexibilität.

Ein wichtiges Thema der anthropologischen Forschung über Nomaden ist ihr Verhältnis zu der natürlichen Umwelt in bezug auf Zeit und Raum und die Wechselbeziehungen zwischen Organisation der Produktion in kleinen Einheiten sowie politischer und räumlicher Organisation und Regelung des Ressourcenzugangs auf höherer Ebene.

Die soziale Regelung der Nutzung der Umwelt bezieht sich auf Wasser und Weide, Raum und Zeit sowie Herdenbewirtschaftung. Ihre ökologische Angemessenheit wird durch eine absolute räumliche, zeitliche und organisatorische (hinsichtlich Arbeitskräften und Aufspaltung der Herden) Flexibilität sichergestellt. Wenn diese Flexibilität nicht mehr aufrechterhalten werden kann, wird auch die Ressourcennutzung suboptimal. Die Vegetation ist

---

[32] M. J. Herskovits, 1926

[33] Vgl. J. W. Bennett, 1984

für ihre Rekonstitution abhängig von der Beweidung, die Nutzung der natürlichen Ressourcen erfolgt gemäß der Variabilität des Regenfalls. Insofern sind Mensch und Tier integraler Bestandteil des Ökogefüges.

Aufgrund dieser für die Gesellschaft konstitutiven räumlichen, zeitlichen und organisatorischen Mobilität weisen die Viehhaltergesellschaften jedoch keine endogenen dynamischen Faktoren der Transformation in komplexere Gesellschaftsformen auf, sondern der Wandel wird durch externe Faktoren verursacht, insbesondere aufgrund institutionalisierter Beziehungen zu seßhaften Gruppen.[34]

Die flexible Art der Raumnutzung legt nahe,[35] daß gewisse Gebiete ungenutzt erscheinen können und keine modernen rechtlichen Titel geltend gemacht werden können, weswegen sie jetzt oft anderweitig besetzt werden. Tatsächlich handelt es sich um den für die langfristige Viabilität der Herdenwirtschaft erforderlichen Spielraum. Teilweise wird die Vegetation intentional als Notreserve geschützt, teilweise ist bzw. war das Gebiet wegen Parasiten- und Tsetsefliegenbefalls nur in der Trockenzeit für Vieh geeignet, also nur saisonal nutzbar, teilweise bezogen sich alte Nutzungsrechte, außer auf Weide, auf Jagd, Wanderfeldbau, Sammeln sowie das Nutzen von Holzprodukten.[36]

Für das Phänomen der Objektivierung sozialer Beziehungen in Tieren wurde von Herskovits für Ostafrika der Begriff des "cattle

---

[34] Vgl. Ph. Burnham, 1979, S. 349

[35] Vgl. G. Dahl, A. Hjort, 1979, S. 8 ff.

[36] Vgl. C. Oxby, 1984, v.a. zu Sierra Leone, Burkina Faso, Nigeria

complex" geprägt,[37] der zweifellos einen Erklärungswert besitzt und hier als Idealtyp verwendet werden soll, auch wenn das Umgehen mit Tieren kulturell ganz unterschiedlich sein kann.[38] Es ist eine Tatsache, daß die hier interessierenden Räume in sehr hohem Maße kriegerische Auseinandersetzungen gekannt haben, die auf der einen Seite als Hintergrund der nicht immer so harmonischen ökologisch relevanten Strategien zu sehen sind; statt von "Viehfreundschaften" wäre also von "Kamelrazzien"[39] und gar von militärischer Produktionsweise zu sprechen. Auf der anderen Seite traten auch ökologische Schäden dadurch auf, daß es aufgrund der unsicheren Situation zu Konzentrationen, sei es an bestimmten Orten, sei es durch (ökologisch gesehen) zu große Weidewander- oder Migrationsgruppen kam. Für bestimmte Regionen (so Kurt Beck z.B. für den Sudan) wird die britische Kolonialzeit in ihrer Funktion der Befriedung von Räumen gesehen, die letztendlich auch ökologisch positiv war, und die Behinderung der räumlichen Mobilität durch neue koloniale Grenzen als weniger relevant betrachtet.

Eine Kritik[40] an dem "cattle complex" mit dem (impliziten) Argument, die 'traditionale' Bevölkerung würde als nicht-modern beleidigt und ihre Wirtschaftsform als ineffizient und irrational bezeichnet, beruht auf einem Mißverständnis, da dieses Konzept kein sozialpsychologisches ist, sondern einen Analysevorschlag für ein Organisationsprinzip einer Gesellschaft macht. Dies

---

[37] Vgl. M. J. Herskowits, 1926, zur Kritik J. W. Bennett, 1984, v.a. S. 29 ff.

[38] Besonders in bestimmten arabischen und maurischen Viehhaltungsgesellschaften ist die Markteinbindung der Viehhaltung teilweise seit langem stärker und damit das Verhältnis zum Tier distanzierter; vgl. dazu K. Beck, 1988

[39] Vgl. G. Spittler, 1984

[40] Vgl. J. Mtetwa, 1982, S. 33

zeigt klar die fehlende Kommunikation zwischen einzelnen Disziplinen, und der Gegensatz zu einer soziologischen Betrachtungsweise ist evident. Hier werden Kategorien und Kriterien (Überstockung, Vermarktungsniveau, Bereitschaft, große Herden in individuellem Eigentum zu begrenzen, Kauf von Waren) von außen an ein Wirtschafts- und Gesellschaftssystem herangetragen, die dieses zwar statistisch erfassen können, jedoch nicht seinem Sinn und seiner Handlungsrationalität nach verstehen. Das Typische an der ethnologischen Herangehensweise ist dagegen der Ansatz von innen heraus, um das Funktionieren des Systems in seinen eigenen Relevanzen zu begreifen. Für eine wirkungs- und sinnvolle Entwicklungspolitik kann nur dieses weiterführen.

Dabei erweisen sich als ökologisch angemessene und sicherheitsbezogene Handlungsstrategien in diesem Produktionssystem[41]

- Nomadismus/Transhumanz, d.h. räumliche Flexibilität
- Diversifizierung der Tiere
- Reservierung bestimmter Zonen für Notzeiten
- Abwanderung von Arbeitskräften
- Aufgabe der Viehhaltertätigkeit bei Verlust der Viabilität des Haushalts (definiert nach Arbeitskräften und Subsistenz derselben durch Milch- bzw. Viehverkauf).

Dagegen kommt es zu einer intensiveren, kontinuierlichen Nutzung durch eine (anfangs) größere Zahl von Tieren bei

- Verlust von Landrechten und der Zurückdrängung auf trockenere, weniger produktive Gebiete,
- bei entwicklungspolitischer Bekämpfung von Tsetsefliegenbefall, wo Trockenweidegebiet aufgrund neuer agrarischer Landnutzung verlorengeht,

---

[41] Vgl. FAO, 1977, S. 3

- bei Herdenverlusten, wo es entgegen der gängigen Annahme nicht zur automatischen Wiederherstellung des ökologischen Gleichgewichts kommt,
- bei Abwanderung von Arbeitskräften aufgrund von Notsituationen, wenn gewisse Gegenden nicht mehr genutzt werden können und andere überausgebeutet werden.

D.h. bei Verlust der Mindestbasis an Arbeitskraft und Vieh sowie Einschränkung der Landrechte kann die effiziente, nicht-zerstörerische Nutzung von Weideland und Wasser nicht mehr aufrechterhalten werden. Politisch-ökonomische, entwicklungspolitische und natürliche Faktoren brechen also die Effizienz des Systems auf und verstärken sich gegenseitig in ihrem degradierenden Einfluß, der auch zur Verschlechterung der Ressourcenbasis führt.

Betrachtet man die Handlungsrationalität in dem nomadischen Produktions- und Sozialsystem, so erscheint das primäre Handlungsprinzip[42] in der unsicheren Umgebung das der Sicherheit und Risikominimierung. Die Sicherheitsstrategie ist einmal

- in der individuellen hauswirtschaftlichen Organisation verankert,
- zum anderen sozialstrukturell in Form von sozialen Systemen der Risikoverteilung.

Auf der Ebene der einzelnen Hauswirtschaft[43] sind rational

- die Maximierung der absoluten Größe der Herde, da diese die Chance der Rehabilitation nach einer Dürre beeinflußt,

---

[42] Vgl. G. Dahl, A. Hjort, 1979, S. 18 ff. zu Ostafrika

[43] Zum Wirtschaftssystem der Tuareg vgl. z.B. J. Swift, 1981

- die Artendifferenzierung der Tiere wegen unterschiedlicher Überlebenschancen bei Dürre, Bedingungen der Rehabilitation, Zeiten der Subsistenz-Milchproduktion, Weideerfordernissen, Arbeitsaufwand, Eignung zum Verkauf (Kleintiere) bzw. Milchproduktion (Großvieh),
- die räumliche Herdenverteilung, um bestimmte Ressourcen auszunutzen und das Risiko zu verteilen.

Daraus geht hervor, daß größere Herden und Verfügung über Arbeitskraft grundsätzlich eine höhere Sicherheit geben und stabilere Lebensbedingungen hinsichtlich absoluter Zahl des Viehverlusts, Menge der Nahrungsproduktion und Reproduktionskapazität gewähren. Eine Begrenzung war ursprünglich die Verfügbarkeit (familiärer) Arbeitskraft. Wenn diese aufgrund des Zugangs zu Lohnarbeit nicht mehr gegeben ist bzw. die räumliche Verteilung durch Einschränkung von Weiderechten und Bewegungsfreiheit behindert wird, oder durch entwicklungspolitische Interventionen wie Wasserbohrungen verändert wird, führt diese ursprünglich logische Strategie zu einer ökologisch unangemessenen Maximierung.

Auf der Ebene der Gruppe gibt es sozio-kulturell definierte und sozialstrukturell verankerte Sicherheitsstrategien. In dem Moment, wo der soziale Zusammenhalt und die kulturelle Identifizierung aufgrund von sozio-ökonomischen Differenzierungsprozessen nicht mehr gegeben ist, verlieren diese primär ökologisch sinnvollen institutionellen Regelungen[44] ihre Wirkungskraft bzw. gewinnen sogar eine Eigendynamik, die sie bei dem Zusammentreffen mit neuen Faktoren ökologisch schädlich werden läßt.

Das Charakteristische für die Viehhaltergesellschaften ist, daß Vieh als Pfand in allen wesentlichen Sozialbeziehungen verwendet

---

[44] Vgl. dazu Ch. Bundt et al., 1979

wird, d.h. Tiere sind die Materialisierung interpersoneller Beziehungen, soziale Bindungen werden in der Sprache des Viehtausches ausgedrückt, seien es verwandtschaftliche Verhältnisse über Erbrecht oder Brautpreis, soziale Netzwerke, oder sogar Klientel- und Abhängigkeitsverhältnisse.[45] Die Tiere einer Herde sind daher nicht grundsätzlich frei verfügbar für Vermarktung.

Die stock association (Viehfreundschaft) in ostafrikanischen, nicht stratifizierten Gesellschaften z.B. ist ein System der gegenseitigen Hilfe und besteht darin, daß innerhalb des primären sozialen Netzwerks bei akutem Mangel an Tieren für die Ernährung der Familie bzw. die Reproduktion der Herde individuelle Verluste durch Geschenke oder Leihgaben von Tieren ausgeglichen werden können, bzw. ein besonderer Bedarf (z.B. zur Zahlung des Brautpreises) befriedigt wird.[46] Unterschieden wird zwischen stock alliance (Geschenke auf Gegenseitigkeit) und stock-patronage oder clientage (Vieh als Leihgabe).

Im ersten Fall kann der Schenkende erwarten, daß ihm in einem ähnlichen Fall geholfen wird; im zweiten Fall werden politische Loyalitäten geschaffen und vorhandene Ungleichheiten durch den gleichen Zugang zu Nahrung überdeckt. Dadurch tritt eine soziale Differenzierung ein (die armen Viehhalter schließen sich möglicherweise als Abhängige einem größeren Herdenbesitzer an), und eine negative Verbindung des traditionalen Patronage-Systems mit modernen Privilegien ist möglich (Zugang zu Handelslizenzen, Ressourcen, öffentlichen Ämtern etc.), die ihrerseits zu einer ökologisch unausgewogenen Wirtschaftsweise führen.

---

[45] Vgl. W. Goldschmidt., 1979, hier S. 21 ff., der eine allgemeine Systematisierung der Sozialsysteme von Viehhaltergesellschaften vornimmt.

[46] Vgl. G. Dahl, A. Hjort, 1979, S 21 f.

Es zeigt sich, daß diese kollektiven Strategien für die Absicherung einzelner Haushalte geeignet sind, nicht jedoch bei Krisen, die die ganze Gruppe betreffen, wo tendenziell das Prinzip der Reziprozität nicht mehr gilt und wo reichere Herdenbesitzer ihre Leihgaben zurückfordern können. Sie wirken auch nicht mehr bei der Verarmung ganzer Gruppen (wie z.B. aufgrund von Kriegen oder wiederholten Dürren), da diese nicht mehr zum Aufbau von entsprechenden sozialen Beziehungen in der Lage sind.

Dieses Prinzip der gegenseitigen Hilfe in Form von Vieh ist traditionell sehr rational. Es verliert jedoch seine Funktionalität im Hinblick auf eine Modernisierung der Viehhaltung, da ein über den herden- und hauswirtschaftlich üblichen hinausgehender Viehverkauf die Aufkündigung der Reziprozitätsbeziehungen bedeutet.

Bei einer einseitigen Einbeziehung der Viehhalterwirtschaft in ein modernes Wirtschaftsystem entsteht höhere Unsicherheit des Haushalts, denn

- die geringere Verfügbarkeit von Milch bedeutet höhere Abhängigkeit von Nahrungszukauf
- der Viehverkauf findet oft gegen Ende einer Dürre statt, ist qualitativ schlecht und bringt wenig Geld
- da der Verkauf nicht aus einem Rentabilitätskalkül, sondern unmittelbar für den eigenen Konsum erfolgt, kommt es zu sog. perversen Angebotsreaktionen, d.h. es wird um so weniger angeboten, je höher die Preise sind.

Die konstitutive Flexibilität des Arbeitskräfteeinsatzes machte die Nomadengesellschaften offen für den Kontakt mit anderen Wirtschaftsformen - einschließlich der modernen Marktwirtschaft. Zum Teil handelt es sich um eine Anpassungsstrategie zur Überlebenssicherung, zum Teil führt die armutsbedingte Abwanderung zu den o.a. negativen Erscheinungen der Arbeitskräfteknappheit, gemessen am ökologisch sinnvollen Einsatz. Laufend verlassen einzelne Individuen die Herdenwirtschaft, um sog. Reserveaktivitäten - früher Ackerbau, jetzt Lohnarbeit - als zusätzliche oder Sicherheit gewährende Einkommensquelle auszuüben. In Notzeiten werden alle irgend entbehrlichen Haushaltsmitglieder weggeschickt, um den aus der Herde zu ziehenden Subsistenznahrungsbedarf zu reduzieren. Während einer Dürre kommt es zu einem permanenten Abwanderungsprozeß. Allerdings sind auch oft diese alternativen Einkommensquellen die einzige Möglichkeit zur Rehabilitation der Herde, die dann absurderweise am ehesten möglich ist, wenn eine anspruchsvolle Tätigkeit ausgeübt wird (Händler, Lehrer etc.), wodurch es dann zu der sozialen Differenzierung der Viehhalter und ihrer tendenziellen Seßhaftwerdung kommt.

Zwar besteht einerseits ein gewisses Gleichgewicht[47] zwischen Hauswirtschaft - als autonomer, räumlich flexibler Produktionseinheit - und Herde in bezug auf die Subsistenzanforderungen, den Arbeitskräftebedarf sowie auch in bezug auf die Bewegungen von Tieren im Zusammenhang mit Brautpreis, die Teilungen der Herde für Erbschaft etc. Andererseits hat die größere Gemeinschaft der segmentären, d.h. nicht zentralistisch geführten, Sippengesellschaft Schwierigkeiten, eine eventuelle Überakkumulation von Vieh bei den Hauswirtschaften zu kontrollieren, obwohl sie den Zugang zu kollektiven Ressourcen sicherstellt. Daraus entstehende Krisen werden, solange dies möglich ist, durch extensive Landnahme gelöst, als Rückgang der Arbeitsproduktivität und Verarmung, oder früher zumeist in militärischen Niederlagen oder natürlichen Katastrophen (früher neben Dürre Rinderseuche). Als graduelles Lösungsmuster von Überakkumulationskrisen gab es schon immer die Intensivierung des Ackerbaus. Diese beschränkt jedoch die Mobilität der Tiere gerade wenn sie am notwendigsten wäre und führt daher oft zur endgültigen Aufgabe der Nomadentätigkeit.

---

[47] Vgl. C. Lefébure, 1979, S. 3

Die Akkumulation von Vieh ist rational in Viehhaltergesellschaften, da sie über die damit herstellbaren sozialen Beziehungen sozialen Status und politische Macht verleiht und außerdem das Sicherheitsrisiko durch räumliche Teilbarkeit und inhaltliche Differenzierung reduzieren hilft. Das Prinzip der Akkumulation von Vieh und der gegenseitigen Hilfe über Viehfreundschaften und Austausch mit dem Ackerbau verliert seine Sinnhaftigkeit im Hinblick auf eine Marktintegration und technische Verbesserung der Viehhaltung, da Viehverkauf in größerem Ausmaß die Aufkündigung von Reziprozitätsbeziehungen und die Abhängigkeit von Getreidezukauf bedeutet. Individuelles nutzenmaximierendes Verhalten wird in dem Augenblick rational (mit Überbeanspruchung der Ressourcen), wo kein größerer sozialer Zusammenhalt mehr gegeben ist und der Staat keinen Zugriff hat und keine Ersatzregelung anbieten und durchsetzen kann.

Das gleiche Verhalten, das keine übergreifende (ressourcenschonende) Rationalität kennt, kommt zum Teil in Knappheits- und Armutssituationen zum Vorschein in der Form von Bevölkerungsdruck, der jedoch meist durch komplexe externe Faktoren ausgelöst wurde (Verdrängung etc.). Zum anderen Teil ist es darauf zurückzuführen, daß die Verfügungsgewalt, die Verantwortung für die lokalen Ressourcen der Bevölkerung entzogen wurden, jedoch keine effiziente Institution (auf mittlerer Ebene) den Schutz übernimmt.

Durch koloniale und nationalstaatliche Interventionen sind Bewegungsfreiheit und traditionelle Regelungen des Zugangs zu Weide und Wasser jedoch außer Kraft gesetzt worden, der Staat verfügt nicht über genügend Legitimität, um neue durchzusetzen, moderne Schichten erhalten ungehindert Ressourcenzugang.

Die ursprünglich rationalen Handlungsweisen der Viehakkumulation in Hirtengesellschaften sowie des kollektiven Zugangs zu Land und Wasser führen nach dem Verlust der hoheitlichen Kompetenz für Weiderechtsregelungen, die nicht von durchsetzungsfähigen zentralstaatlichen Regelungen ersetzt werden, aufgrund einseitiger Marktintegration, sozialer Differenzierung und Verdrängung auf marginale Standorte zu Ressourcenübernutzung. Der Konflikt mit dem Ackerbau hat sich zugespitzt, da dieser sich auf traditionelle Weidegebiete ausgeweitet hat bzw. jetzt von ehemaligen Abhängigen der Nomaden selbständig betrieben wird, so daß letztere keinen Zugang zu Ackerbau haben.

Das Hauptproblem liegt darin, daß ein sozialer Differenzierungsprozeß eingetreten ist und für viele der seßhaft gewordenen Viehhalter oder emanzipierten Sklaven, Händler und sonstige Angehörige urbaner Berufe die Viehhaltung nicht mehr eine besondere Identität und Lebensweise in ihrer Gesamtrationalität darstellt, sondern sie entweder zu der reicheren Bevölkerung gehören oder sie so verarmt sind, daß sie nicht mehr zu einer ökologisch sinnvollen nomadischen Lebensweise zurückkehren können.

Zusammenfassend kann also die Nomadenwirtschaft als Idealtyp der rationalen Nutzung einer ressourcenknappen Umwelt in bezug auf Wasser und Weide, Raum sowie Herdenbewirtschaftung bezeichnet werden. Ihre ökologische Angemessenheit wird durch eine absolute räumliche, zeitliche und organisatorische Flexibilität sichergestellt. Wenn diese Flexibilität nicht mehr aufrechterhalten werden kann, verlieren die sicherheitsbezogenen Handlungsstrategien der Weidewanderung, Aufteilung von Arbeitskräften und Herden, Reservierung bestimmter Gebiete für Notzeiten etc. ihren Sinn. Größere Herden und Verfügungsmacht über Arbeitskräfte verleihen grundsätzlich höhere Sicherheit für die einzelne Hauswirtschaft, da sie stabilere Lebensbedingungen hinsichtlich absoluter Zahl des Viehverlusts, Menge der Nahrungsproduktion (vor allem Milchprodukte) und Reproduktionskapazität gewähren. Wenn die räumliche Verteilung durch Einschränkung von Weiderechten und Bewegungsfreiheit behindert wird, durch entwicklungspolitische Interventionen wie Wasserbohrungen verändert wird, durch Verarmung oder Arbeitskräftemigration nicht mehr die Diversifizierungsstrategien eingehalten werden können oder durch privilegierten

Zugang zu Arbeitskräften und Land nicht mehr müssen, nur dann kommt es zu einer ökologisch unangemessenen Maximierung. Das Prinzip der gegenseitigen Hilfe in Form von Vieh verliert seine Sinnhaftigkeit im Hinblick auf eine Modernisierung der Viehhaltung, da ein in größerem Umfang stattfindender Viehverkauf die Aufkündigung von Reziprozitätsbeziehungen bedeutet. Die entwicklungspolitisch gewünschte verstärkte Markteinbeziehung über Viehverkauf vermindert die Haushaltssicherheit; da der Viehverkauf notgedrungen gegen Ende der Trockenheit stattfindet, ist der Erlös gering, die Abhängigkeit von Nahrungszukauf steigt. Sog. kontrollierte Weidewirtschaft marginalisiert meist die Nomadengruppen, ebenso benachteiligt werden sie bei der propagierten Errichtung von Tiermastbetrieben.

3 Die technologische Handlungsrationalität

Der Rückgang der Brache - oft ausgelöst durch Landknappheit infolge Verdrängung und Unsicherheit des Bodenrechts - führt zu einem Rückgang der Produktivität, die mit technischen Verbesserungen wettgemacht werden müßte. Diese sind jedoch meist ökonomisch nicht tragbar bzw. können nur von der besser gestellten ländlichen Bevölkerung durchgeführt werden.

Es ergibt sich ein Teufelskreis abnehmender Produktivität:[1] die Brachezeiten sind nicht mehr ausreichend, die wünschbare Fruchtfolge kann nicht mehr eingehalten, das erforderliche Nutzholz kann nicht mehr unterhalten, bessere Anbautechniken können nicht übernommen werden. Bei der Viehhaltung nehmen zunächst Quantität und Qualität der Weiden ab - jeweils am Ende der Trockenzeit, besonders in Dürreperioden -, dadurch sinkt die Qualität der Herde, und die veränderte Alterszusammensetzung führt zu längeren Reproduktionszeiten.

Auch bei Surplusproduktion ist traditionellerweise eine Akkumulation zwecks Produktivitätsentwicklung nicht rational, der Surplus wird gehortet (traditionelle Sicherheit) bzw. umverteilt. Eine Akkumulation und technische Entwicklung bedeutet eine Individualisierung der Produktion und der Aneignung des Produkts - und damit ein Aufbrechen des traditionellen sozialen Zusammenhalts. Sie ruft dadurch einerseits Widerstand hervor, andererseits kann sie aufgrund der noch bestehenden sozialen Verpflichtungen nicht effizient stattfinden, vor allem weil das 'moderne' System keinen ausreichenden Ersatz für die traditionelle Sicherung bietet.

---

[1] Vgl. Ch. Elliott, 1980, S. 24

Eine Intensivierung der Landnutzung im Sinne einer Produktionssteigerung durch technische Verbesserungen entspricht außerdem weniger der Rationalität und dem Sicherheitsbedürfnis der Bauern, die eher die Produktion extensiv erhöhen und weniger von Betriebsmitteln abhängig sein wollen, für die sie sich verschulden müssen.

Die afrikanische Dorfgemeinschaft war hinsichtlich ihrer Technologie und der Regelung des Ressourcenzugangs bisher nicht auf eine höhere Instanz angewiesen.[2] Die heute angebotene Technologieentwicklung ist unsicher - bei fehlender gesamtgesellschaftlicher Marktrationalität wird das Risiko völlig auf den Produzenten abgewälzt - und dient lediglich als Instrument einer - schon seit langem stattfindenden - Ressourcenabschöpfung über Markt- bzw. Exportproduktion.

Die angebotene Beratung bezieht sich lediglich auf die Förderung von Markt- und Exportproduktion, Produktionsmittel werden in unzureichender Menge und zum falschen Zeitpunkt geliefert, staatliche Vermarktungseinrichtungen funktionieren nicht. Der Mischanbau zur Ernährungssicherung und Ressourcenschonung wird nicht gefördert, Kleinproduzenten werden zur Übernahme von Anbautechniken veranlaßt, die nicht für ihre Produktionssysteme entwickelt wurden und auf die Dauer negative Folgen haben.

Das Problem der grünen Revolution, d.h. des Transfers von moderner Technologie in der Landwirtschaft, besteht u.a. darin, daß die Produzenten aufgrund der Unsicherheit und ihrer sozialen Eingebundenheit Neuerungen nicht als ganze Pakete übernehmen. Hochertragssorten machen von - schlecht funktionierenden staatlichen und ausbeuterischen privaten - Zulieferbetrieben abhän-

------

[2] Vgl. G. Hyden, 1980, der daraus schließt, daß die Bauernschaft "nicht vereinnahmt ist", siehe später Teil V, 2, S. 187 ff.

gig, treiben in Verschuldung und führen zu Landkonzentration. Ganz davon abgesehen, daß sie oft nicht dürreresistent und allen Verwendungszwecken angemessen sind.[3] Außerdem können die angepriesenen Erträge nur dann erreicht werden, wenn gleichzeitig sog. Handelsdünger, d.h. mineralischer Dünger, und Schädlingsbekämpfungsmittel eingesetzt werden, wozu aber die notwendigen Mittel nicht vorhanden sind. D.h., auf der einen Seite wird das traditionelle Produktionssystem gestört, auf der anderen Seite im 'modernen' System nicht rational gehandelt, so daß dessen Nutzen nicht realisiert werden kann; das Gesamtergebnis ist unsicher und ressourcenzerstörend.

Der aufgrund der veränderten Bedingungen (Rückgang der Brache etc.) notwendige technische Wandel führt zu einer beschleunigten sozialen Differenzierung und zu Verarmung. Zusätzliche Arbeitsplätze werden nicht geschaffen. Das Ergebnis ist einerseits die Verringerung der durchschnittlichen Betriebsgröße, andererseits kommt es auch zu Landkonzentration, die dadurch möglich wird, daß Stadtbewohner Land nach modernem Bodenrecht kaufen oder ihre traditionellen Bodenrechte aufrechterhalten. Diejenigen, die das Land neu erwerben, betreiben weniger intensive Landwirtschaft und beschäftigen oft fremde Arbeitskräfte. Außerdem bauen sie in viel geringerem Maße Nahrungsmittel an; sie nutzen es meist zu intensivem oder extensivem Anbau von Industrierohstoffen.

Auf der einen Seite ist Produktionssteigerung oft nur aufgrund von Akkumulationsquellen außerhalb der Landwirtschaft möglich (wodurch 'urbane' Schichten hereindrängen). Teilweise fehlt es aber auch an Akkumulationsmöglichkeiten, so daß auf traditionelle Weise in Vieh akkumuliert wird (und dadurch Ressourcen

----

[3] Vgl. P. Richards, 1985, der von Sierra Leone über die Schwierigkeiten des "package"-Ansatzes für Naßreisanbau berichtet, wo die immanente Logik der bisherigen Kombination zwischen Naß- und Trockenreis nicht berücksichtigt wurde.

übernutzt werden). 'Moderne' Landwirtschaft nutzt traditionelle Elemente (frei verfügbarer Boden, Arbeitskraft, Akkumulation in Vieh), wirtschaftet extensiv, ohne Zwang zur Produktivitätsentwicklung und Ressourcenschonung. Auf der einen Seite findet zu intensive Nutzung statt, auf der anderen Seite Marginalisierung - in beiden Fällen mit negativen ökologischen Folgen und Verhinderung technologischer Entwicklung.

Die Technologieentwicklung berücksichtigt nicht die soziale und geschlechtliche Arbeitsteilung. Völlig unabhängig von früheren Bindungen an Tätigkeiten oder Produkte wird die moderne Technologieentwicklung auf den Mann bezogen. Einerseits wird der Umfang der erforderlichen 'Hilfsarbeiten' durch die Frau (z.B. Jäten) nicht berücksichtigt, andererseits richtet sich das Beratungsangebot oft an den falschen Adressaten, nämlich nicht an die Produzentin. So entsteht die Verweigerungshaltung und vermeintliche Technologiefeindlichkeit bei den Frauen.

Das verinnerlichte Bild des Kolonialherrn (Fanon) soll hier als "homo technologicus" charakterisiert werden, das die Vorstellung einer andersartigen Entwicklung als der nach westlichem Vorbild ausschließt und zu einer extrem autoritären Haltung der Staatsfunktionäre gegenüber den "rückständigen" Bauern und Nomaden und zu Mißachtung des Volkswissens geführt hat. Frauen dagegen haben keine Skrupel, Einfachtechnologie anzuwenden und sich moderner Technologie zu verweigern. Es fragt sich nur, ob sie angesichts der steigenden Arbeitsbelastung durch die ökonomische und ökologische Krise ihre Kreativität und ihr kritisches Potential der 'Technologiefolgenabschätzung' aufrechterhalten können.

Die Einführung neuer Agrartechnologie erfolgte nicht spontan, sondern durch Kolonialmacht bzw. Nationalstaat unter Verfolgung konkreter Zwecke: nämlich Ausfuhr bestimmter landwirtschaftlicher Rohstoffe, Versorgung von Militär und Arbeitskräften bzw. städtischer Bevölkerung, jeweils verbunden mit bestimmten technologischen Implikationen. Das entscheidende Problem ist, daß diese grundsätzlichen Zwänge der Abhängigkeit und der Aufrechterhaltung der Staatsautorität fortbestehen. Dies ist im kollektiven Gedächtnis durchaus präsent. Die Bevölkerung sieht keinen Unterschied darin, für ihren nomadischen Herrn, für einen Schullehrer oder Militärkommandanten arbeiten zu müssen oder sich an sog. Selbsthilfemaßnahmen zu beteiligen. Die Kontinuität von Zwangsarbeit, Steuern und Abgaben führt zur Verweigerung der Bevölkerung gegenüber den technischen Vorschlägen und Partizipationsangeboten.

All dies bedeutet das Aufbrechen der Projektrationalität. In der Entwicklungspolitik wird normalerweise die Annahme gemacht, daß (technische) Neuerungen entweder (meist von 'modernen' Pilotbauern) angenommen werden oder aufgrund der Vorstellung des Traditionalismus ein innovationsfeindliches Verhalten an den Tag gelegt wird, woraus die Unwirksamkeit der Maßnahmen folgt.

Diese Situation ist sehr viel differenzierter zu betrachten. Auf der einen Seite gilt es, die Rationalität der Verweigerung zu verstehen, da die angebotenen Neuerungen die eigene Systemlogik aufbrechen, und - wie hier argumentiert wird - keinen vollwertigen Ersatz bieten, d.h. die Subsistenzwirtschaft wird nicht in eine kleinbäuerliche Wirtschaft umgewandelt, die innerhalb eines Akkumulationsprozesses technischen Fortschritt realisiert. Das Argument der Destabilisierung geht hier in die Richtung, daß bei diesem Versuch die Existenzsicherheit und die eigenständige Lebensweise zerstört wird.

Es ist jedoch noch ein weiterer Aspekt in Betracht zu ziehen, der im Rahmen der neuerlichen Diskussion über den Erfolg oder Mißerfolg bzw. die Möglichkeit der Steigerung der Effektivität von Entwicklungshilfe aufgekommen ist. Die Wirkungen des Aufbrechens der Subsistenzwirtschaft in Form einer Destabilisierung sind, dies ist richtig, in Afrika nicht überall existenzbedrohend. Entscheidend ist die sozio-ökonomische Differenzierung;

allerdings dürfte der Anteil der stabilen Kleinbauernsysteme recht gering sein.

In dem vor allem in Frankreich vertretenen historischen Ansatz wird darauf hingewiesen, daß Erfolge durchaus eingetreten sind, Neuerungen übernommen wurden, jedoch in einer selektiven Art und Weise, deren Wirkung als ambivalent anzusehen ist. Selbst wenn die Veränderung zunächst durchaus erfolgreich war im Sinne einer Steigerung der ökonomischen Effizienz des Produktionssystems - z.B. Einführung der einheimischen Pflanzerökonomien für Kaffee, Kakao etc. in Westafrika - zeigt sich jetzt ihre Stagnation und möglicherweise ihre ökologisch negativen Wirkungen. Möglicherweise sind nicht nur die 'traditionellen Hülsen' der Institutionen an ihre Grenzen gelangt, was die Bewältigung des sozialen Wandels auf der Ebene der sozialen Institutionen anbelangt, sondern auch die ökonomischen Möglichkeiten dieser "selektiven Annahme" von Neuerungen.

Im Gegensatz zu den landläufigen Annahmen der Entwicklungspolitik und der Kolonialgeschichte waren nämlich Projekte zur Einführung bestimmter technologischer Systeme insofern nicht erfolgreich, als diese nicht in ihrer eigenen Logik angenommen wurden (damit auch nicht ihr Potential entfalten konnten), sondern selektiv in Anlehnung an die Eigenlogik der vorhandenen Sozial- und Produktionssysteme. In einem übergeordneten Sinne waren diese Maßnahmen um so erfolgreicher, je mehr Handlungsspielraum bei den "Entwickelten" vorhanden war. Die Annahme erfolgte oft sogar direkt gegen den Willen und die Absicht der Kolonialverwaltung. Olivier de Sardan[4] spricht von selektiver Annahme, durch die es zur Zerstörung der Projektkohärenz und durchaus zu 'perversen' Wirkungen kommt, zu einer Umkehrung und Aneignung. Das bedeutet, die Gründe für die Übernahme der Neuerungen waren

---

[4] J.P. Olivier de Sardan, 1986; F. Pouillon, 1986, S. 9

ganz andere, das Projekt wurde diffus, Planung und Umsetzung gingen auseinander, das System wurde umfunktioniert. Im positiven Sinne wird daher die Forderung nach Selbstregulierung in Projekten gestellt.

Das Entwicklungshandeln scheitert insofern, als die immanenten Ziele nicht erreicht werden, sondern diese gemäß der eigenen Logik eine völlige Verschiebung erfahren. Bei Mißerfolgen wird seitens der Entwicklungspolitiker von Widerstand gesprochen, bei Erfolgen auf das gezielte Handeln der Entwicklungsinstanzen verwiesen, jedoch zeigen historische Untersuchungen, daß dies gar nicht zutrifft. Aus Untersuchungen in der Elfenbeinküste und in Kamerun geht hervor, daß die Entwicklungsinstanzen oft nur auf fahrende Züge aufgesprungen sind.[5] Damit wird ganz klar widerlegt, daß es sich um stagnierende Systeme handelte; vielmehr beruhen die Innovationen auf den endogenen Bedingungen, die Maßnahmen werden in die Systemlogik übersetzt, auf der symbolischen Ebene neu interpretiert, wodurch sie einen anderen Sinn und damit auch andere Wirkungen erhalten.

Als extreme Position könnte man die Überlegung in Betracht ziehen, daß die Bevölkerung ihre ganze Energie dafür aufwenden muß, gegen den massiven Systemzwang ihre eigene Logik durchzusetzen und damit überhaupt die Bedingungen des Erfolgs zu schaffen. Auch dort, wo von Erfolgen in diesem Prozeß des Umfunktionierens berichtet wird, ist jetzt zu befürchten, daß die eigene Dynamik immer mehr zerstört wird,[6] und zwar wegen der Unterwerfung unter die externe Intervention, der autoritären Vorgehensweise, der Verschuldung der Produzenten und der grundsätzlichen Konfrontation mit dem Staat.

----

[5] Vgl. J.-P. Chauveau, 1985

[6] Vgl. J.-P. Chauveau, 1985, S. 154

In bezug auf die Technologie ist möglicherweise die Grenze des Systems erreicht, das einen 'Teilerfolg' erzielt hat, und mehr Beratung, Verbesserung der Landnutzung, der Anbautechniken und Betriebsmittel erforderlich. Das würde bedeuten, daß die Destabilisierung bei diesen Systemen möglicherweise erst jetzt im Sinne einer "Vereinnahmung" eintritt. Als Ausweg wäre hier nur als Technologie die der Ökoentwicklung denkbar, deren Prinzipien gerade im Nachvollzug der 'traditionellen' Eigenlogik besteht. Auf ihre Implikationen und Erfolgschancen wird später[7] eingegangen werden.

Zusammenfassend ist festzustellen, daß die in dem gesamten Lebenszusammenhang der handelnden Menschen verankerte Rationalität eine andere in einer idealtypisch reinen Subsistenzwirtschaft ist als in einer Marktwirtschaft. Dabei handeln die Produzenten durchaus rational, wenn sie z.B. bestimmte Produkte wie Palmfrüchte selbst verarbeiten, um über längere Zeit ein höheres Einkommen zu erwirtschaften (weswegen hochtechnologische Verarbeitungsbetriebe Zulieferungsschwierigkeiten haben), wenn sie Produktionserlöse innerhalb ihrer sozialen Gemeinschaft und gemäß den dort herrschenden Status- und Solidaritätsregeln konsumtiv umverteilen. Bestimmte Handlungsmuster und sozio-kulturelle Institutionen werden dabei notwendigerweise aufrechterhalten, die nun dysfunktional geworden sind (z.B. Monetarisierung des Brautpreises, die zu immer mehr Abwanderung führt).

Was die ökologische Handlungsrationalität der Bauern anbelangt, so kommt das komplexe Verständnis der ökologischen Zusammenhänge in afrikanischen Agrarkulturen in verschiedenen Produktionssystemen zum Ausdruck, die von dem Wanderhackbau mit Brandrodung über Felderwechselwirtschaft bis zu quasi permanenten Ackerbausystemen reichen. Charakteristisch ist ein Austauschverhältnis

---

[7] Teil VII, 4, S. 255 ff.

mit der Natur sowie ein auf Sicherheit zielendes diversifiziertes Agrarproduktionssystem. Das Beispiel der Baule im Zentrum der Elfenbeinküste zeigt, daß auch die Produktion von Verkaufsfrüchten integriert werden kann. Sicherheitsstrategien und Praktiken zur Bewahrung der natürlichen Ressourcen sind eng verknüpft, sie bestehen in einer Vielfalt der Anbauprodukte, Felddifferenzierung etc. Die Ackerbausysteme im Sahel waren, wie ein Beispiel aus Yatenga in Burkina-Faso zeigt, auch auf die extreme Variabilität der Niederschlagsmengen ausgerichtet und bezogen die Tierhaltung ein. Durch Verdrängungs- und Modernisierungsprozesse kommt es zu "agricultural involution" (Geertz), d.h. Intensivierung der gleichen Produktionsform ohne Wandlungsprozesse. Es kommt zu einer Reduktion der Brachezeiten, exzessiver Brandrodung, Überstockung, -weidung, Abholzung, es findet kein dynamischer sozialer und technologischer Wandel statt, was einer ökologischen Degradation gleichkommt. Der von außen demonstrierte Geltungsverlust der Weltanschauung, deren Kulte und institutionalisierte Regelungen der Landbebauung entsprechendes Erfahrungswissen verkörperten, führt zur Anomie und Aufkündigung der bisherigen Schutzregelungen.

Eine Ressourcenübernutzung erfolgt meist, wenn Bauern zur Viehhaltung übergehen, oft bietet nur sie sich als Akkumulationsmöglichkeit und Sicherheitsreserve an. Je unsicherer der Ackerbau wird, um so angemessener ist sie. Das Problem ist dort am stärksten, wo Viehhaltung seßhaft betrieben wird und eine Ausweitung des Regenfeldbaus erfolgt. Die ökologische Qualität der Bodenbearbeitung wird durch den sozialen Wandel beeinflußt; nicht nur nehmen die ökologisch komplexen Agrarkenntnisse ab, ehemalige Abhängige der transhumanten Fulbe pflegen einen geringeren (ökologisch sinnvollen) Austausch mit diesen; die Verschlechterung der Stellung der Frau insbesondere im bezug auf eigenen Landzugang und Arbeitsüberlastung vermindert die längerfristige Ressourcenerhaltung. Durch Individualisierung der Felder, nicht zuletzt aufgrund des Anbaus von Marktfrüchten, geht die gemeinsame ökologisch sinnvolle Organisation der Felderwirtschaft verloren.

Die Nomadenwirtschaft kann als der Inbegriff einer rationalen Nutzung der Umwelt in bezug auf Wasser und Weide, Raum sowie Herdenbewirtschaftung bezeichnet werden. Ihre ökologische Angemessenheit wird durch eine absolute räumliche, zeitliche und organisatorische Flexibilität sichergestellt. Wenn diese Flexibilität nicht mehr aufrechterhalten werden kann, verlieren die sicherheitsbezogenen Handlungsstrategien der Weidewanderung, Aufteilung von Arbeitskräften und Herden, Reservierung bestimmter Gebiete für Notzeiten etc. ihren Sinn. Größere Herden und Verfügungsmacht über Arbeitskräfte verleihen grundsätzlich höhere Sicherheit für die einzelne Hauswirtschaft, da sie stabilere Lebensbedingungen hinsichtlich absoluter Zahl des Viehverlusts, Menge der Nahrungsproduktion und Reproduktionskapazität gewähren. Wenn die räumliche Verteilung durch Einschränkung von Weiderechten und Bewegungsfreiheit behindert wird, durch entwicklungspolitische Interventionen wie Wasserbohrungen verändert wird, durch Verarmung oder Arbeitskräftemigration nicht mehr die Diversifizierungsregeln eingehalten werden können, oder durch privilegierten Zugang zu Arbeitskräften und Land nicht mehr müssen, nur dann kommt es zu einer ökologisch unangemessenen Maximierung. Das Prinzip der Akkumulation von Vieh und der gegenseitigen Hilfe in Form von Viehfreundschaften und Austausch mit dem Ackerbau verliert seine Sinnhaftigkeit im Hinblick auf eine Marktintegration und technische Verbesserung der Viehhaltung, auch im Sinne ökologisch orientierter Weidekontrolle, da Viehverkauf in größerem Ausmaß grundsätzlich die Aufkündigung von Reziprozitätsbeziehungen und die Abhängigkeit von Getreidezukauf bedeutet. Die entwicklungspolitisch gewünschte Markteinbeziehung über Viehverkauf vermindert die Haushaltssicherheit: Da der Viehverkauf notgedrungen gegen Ende der Trockenheit stattfindet ist der Erlös gering; die Abhängigkeit von Nahrungsverkauf steigt.

Die ursprünglich rationalen Handlungsweisen der Viehakkumulation in Hirtengesellschaften sowie des kollektiven Zugangs zu Land und Wasser führen nach dem Verlust der hoheitlichen Kompetenz für Weiderechtsregelungen, die nicht von durchsetzungsfähigen zentralstaatlichen Regelungen ersetzt werden, einseitiger Marktintegration, sozialer Differenzierung und Verdrängung auf marginale Standorte zu Ressourcenübernutzung.

Was die technologische Handlungsrationalität anbelangt, so bedeutet eine Akkumulation und technische Entwicklung eine Individualisierung der Produktion und der Aneignung des Produkts - und damit ein Aufbrechen des traditionellen sozialen Zusammenhalts. Sie ruft dadurch einerseits Widerstand hervor, andererseits kann sie aufgrund der noch bestehenden sozialen Verpflichtungen nicht effizient stattfinden. Die angebotene Technologieentwicklung ist unsicher und dient als Instrument einer Ressourcenabschöpfung über Markt- bzw. Exportproduktion. Infolgedessen können die Produzenten Neuerungen nicht als ganze Pakete übernehmen. Historisch orientierte Forschungen zeigen, daß Projekte zur Einführung bestimmter technologischer Systeme nicht in ihrer eigenen Logik angenommen, sondern bestimmte Elemente selektiv entnommen werden, wodurch es zu ungewollten, mittelfristig schädlichen Wirkungen kommen kann.

Teil V: Die mittlere Ebene der sozialen Organisation

1 Die institutionelle Regelung der Landnutzungsrechte - "The tragedy of the commons" (Hardin)[1]

Das von Hardin formulierte Konzept der "tragedy of the commons" impliziert, daß Naturressourcen, die gemeinsames oder öffentliches Eigentum sind, quasi zwangsweise übernutzt und zerstört werden. Es stellt einen wichtigen Stützpfeiler der auf Privateigentum an Grund und Boden beruhenden Wirtschaftstheorie dar. In bezug auf Umweltfragen wirft die Theorie der automatischen Übernutzung öffentlicher Güter natürlich Probleme auf, da das Allerheilmittel Privateigentum schlecht einzuführen ist (man behilft sich schlecht und recht mit dem Verursacherprinzip). Luhmann zeigt das Absurdum auf, daß eben gerade dadurch, daß Privateigentum an natürlichen Ressourcen existiert, Umweltkosten externalisiert, d.h. auf die Gemeinschaft abgewälzt werden können, bzw. kein immanenter Zwang zum systematischen Ressourcenschutz besteht.[2]

Der Irrtum im Zusammenhang mit der angeblichen Übernutzung von natürlichen Ressourcen bei Abwesenheit von Privateigentum, in das zwecks Ressourcenerhaltung automatisch investiert würde, beruht auf der fehlenden Unterscheidung von Gemeinschaftseigentum, (kollektiven)[3] Eigentums- oder Nutzungsrechten bzw. 'Niemands-

---

[1] G. Hardin, 1968; zur Kritik vgl. J. W. Bennett, 1984, S. 29 f.

[2] N. Luhmann, 1986, S. 15

[3] In einer Veröffentlichung der Weltbank wird angezweifelt, daß kollektives Eigentum langfristige Investitionen verhindere und auf verschiedene Formen kollektiven Eigentums hingewiesen und sie der freien Verfügbarkeit gegenübergestellt, die im Falle von Brunnen zu Desertifikation führt. Eine explizite bodenrechtliche Anerkennung von Kollektiveigentum wird gefordert. Banque Mondiale, 1985, S. 36 f.

land', Staatsland. Es gab und gibt teilweise noch unterschiedliche Formen von Gemeinschaftseigentum, wobei eine komplexe Gesellschaft wie die des Nigerbinnendelta in Mali vier verschiedene Eigentumsformen sowie Regelungen für Fremde kannte.[4] Allerdings wurden sie schwerwiegend gestört, zum Teil gerade durch die vermeintliche Sozialisierung. Andererseits führt gerade die private Aneignung von Ressourcen zu deren Zerstörung.

Es geht im Grunde nicht um den Gegensatz von privatem vs. öffentlichem Bodeneigentum, sondern um den Mobilitätsfaktor, der ursprünglich bei Ackerbau und Viehhaltung der ökologisch entscheidende war und dessen Einschränkung jetzt den Ressourcenschutz durch ständige Nutzer verhindert (gleichgültig bei welcher Form von Bodeneigentum).

Hier wird die These vertreten, daß der Handlungsspielraum der Bevölkerung so gering geworden ist, die Unsicherheit des Zugangs zu Ressourcen so zugenommen hat, daß sie ökologische Gesichtspunkte nicht mehr in Betracht ziehen kann bzw. die dafür notwendige Kompetenz auf kollektiver Ebene fehlt.

Neben Bevölkerungsdruck und extensiver Subsistenzwirtschaft bei fehlender technologischer Verbesserung ist das kommunale Landnutzungssystem insofern in vielen Fällen ein ökologisch belastender Faktor geworden, als es in seiner Sinnhaftigkeit aufgebrochen wurde. Sofern der Produktionsfaktor Arbeitskräfte aufgrund traditionaler und moderner Privilegien und sozio-ökonomischer Differenzierung (Klientelbeziehungen, Lohnarbeit) vorhanden ist und Möglichkeiten der privaten, z.B. externen Akkumulation in technische Produktionsmittel bzw. Vieh vorhanden sind, wird der ursprünglich gemäß bestimmten sozialen Regeln frei verfügbare Boden übernutzt.

----

[4] Vgl. S. Cissé, 1982, S. 186

Traditionellerweise ist Land, das (mehr als 2 Jahre) brach liegt, wieder verfügbar, wodurch kein Anreiz zu Ressourcenschutz im einzelwirtschaftlichen Sinne besteht. Wohl aber achtete die für die Verteilung des Bodens, der als der Gemeinschaft bzw. den Ahnen zugehörig angesehen wurde, zuständige Instanz (Erdherr, Dorfchef etc.) auf die langfristige und großflächige Erhaltung des gemeinschaftlichen Landes. Eine Bepflanzung mit Bäumen oder auch Dauerkulturen sichert dagegen traditionelle Rechte am Boden seitens Einzelpersonen in ihrer bestimmten sozialen Position, verschiedener sozialer Gruppen bis hin zu politischen Reichen.[5] Grundsätzlich werden am Boden durchgeführte Veränderungen und Verbesserungen, wie auch Bewässerungseinrichtungen oder Terrassierungen, privat angeeignet, d.h. von bestimmten Gruppen und auch Einzelpersonen innerhalb ihrer bestimmten sozialen Beziehungen.[6] Bei kollektivem Eigentum von Stämmen, Clans, Großfamilien etc. existiert durchaus individuelles Nutzungsrecht gemäß der sozialen Position in der jeweiligen Gemeinschaft.[7]

In sehr vereinfachter Form wird die Übernutzungsthese im Zusammenhang mit Viehhaltung in Afrika von H. E. Jahnke[8] vertreten: "The communal grazing land tenure prevents an individual from making an effort".

Tatsächlich besteht in der traditionellen Viehwirtschaft eine gewisse Tendenz zur Überstockung; da das Weideland nicht privat

---

[5] Z.B. wurde im Massinareich der Fulbe in Mali das Pflanzen von Bäumen angeordnet, vgl. J. Gallais, 1984

[6] In vielen Bewässerungsanlagen sind daher die Eigentumsverhältnisse im Hinblick auf Dämme etc. und die daraus abzuleitenden Wartungsverpflichtungen ungeklärt, wenn das Eigentum jetzt dem Staat oder einer entsprechenden Instanz zugeschrieben wird, vgl. M. Tiffen, 1985, S. 15

[7] Vgl. A. Mafeji, 1985, S. 28-29

[8] H.E. Jahnke, 1982, S. 96

angeeignet werden darf, Tiere jedoch persönliches Eigentum sind, entsteht ein gewisser Widerspruch.[9] Es ist seltsam, daß in diesem Falle allgemein das individuelle nutzenmaximierende Verhalten als irrational angesehen wird, wo doch gerade auch in einer Marktwirtschaft die gesamtwirtschaftliche Rationalität durch hoheitlichen, demokratisch legitimierten Eingriff sichergestellt werden muß, um die Ressourcenbasis zu erhalten (was bekanntlich auch in Industrieländern höchste Schwierigkeiten bereitet). Zwar trifft es zu, daß nach einer modernen Bewirtschaftungsweise eine qualitative Maximierung einer quantitativen vorzuziehen wäre, jedoch verfügt der Viehhalter nicht über die dafür insgesamt erforderlichen Voraussetzungen. Tatsächlich ist hier die Bodeneigentumsregelung (allgemeine Verfügbarkeit) verfremdet und zu einer Beschränkung für die Entfaltung der Produktivkräfte geworden, und ein Wandel ist erforderlich. Früher funktionierten gewisse Kontrollmechanismen und Regelungen des Zugangs zu Weideland auf kollektiver Ebene, die nun durch Gesetzgebung (Außerkraftsetzung der traditionellen Weiderechte, Erklärung des Bodens zu Staatseigentum und damit zu einem öffentlichen Gut) und die räumliche Begrenzung auf nationalstaatliche Grenzen wegfielen oder durch den eingetretenen Wandel unwirksam geworden sind.

Genauso wenig wie es sich primär um ein Problem der absoluten Bevölkerungszunahme, sondern der Verdrängung mit folgendem Bevölkerungsdruck auf Nutzland handelt, ist das Problem also nicht grundsätzlich die absolute Überstockung des Gebiets, sondern die Einschränkung der räumlich optimalen, dezentralen, jahreszeitlich flexiblen Weidenutzung.

---

[9] Vgl. A. Sen, 1981, S.128

Ein großes Problem rührt aus der ambivalenten Situation, die in den meisten Ländern in bezug auf das Bodenrecht herrscht.[10] Von den meisten Staaten wird das gemeinschaftliche Eigentum am Boden bei individueller oder kollektiver Nutzung bzw. Bearbeitung zurecht als unverzichtbarer Bestandteil einer eigenständigen Agrarentwicklung angesehen, da durch die Einführung von Privateigentum am Boden und entsprechender unbeschränkter Veräußerungsmöglichkeit fatale soziale und ökonomische Konsequenzen zu erwarten sind. Meist stehen Landreformen auf dem politischen Programm, sind jedoch politisch nicht durchsetzbar.[11] Duale Systeme in einem Land (wie jetzt stark ausgeprägt in Simbabwe) oder gar am gleichen Ort - Privateigentum, traditionelle Landnutzung und -verteilung - führen tendenziell zur Benachteiligung der traditionellen Bevölkerung. Dies hat Auswirkungen auch auf die Produktivität und die mögliche Einbeziehung in den Markt, da als moderne Sicherheit für Kredite i.a. private Bodentitel benötigt werden. Zum Teil wird das gemeinschaftliche Eigentum auch durch Staatseigentum verdrängt. Dies erfolgt nicht nur in Form von Staatsfarmen, sondern bei jeglicher Art von Infrastrukturmaßnahmen und Bodenverbesserungen (Bewässerungseinrichtungen etc.), auch wenn dann individuelle Nutzungsrechte vergeben werden. Eigenständige, neue Formen des Bodenrechts, die der kollektiven Nutzung Rechnung tragen, aber gleichzeitig im modernen System das Recht auf Land garantieren, werden nicht konsequent entwickelt.

Der Verlust der Autonomie an der Basis bzw. der Geltung der traditionellen Regelungen des Landzugangs und die Ressourcennutzung auf mittlerer Ebene führten zu einem anomischen Zustand. Eine neue Kompetenz ist nicht an ihre Stelle getreten. Traditionelle

---

[10] Vgl. zu entwicklungsrelevanten Fragen von Agrarverfassung und Bodenrecht H. H. Münkner (Hrsg.), 1984

[11] Vgl. H. Elsenhans (Hrsg.), 1979

Rechte gelten offiziell nicht mehr, der Staat verfügt jedoch nicht über genügend Legitimität, um neue Regelungen durchzusetzen. Dadurch kommen die traditionellen ressourcenschonenden Regelungen nicht mehr zur Anwendung, 'moderne' Schichten erhalten ungehindert Ressourcenzugang. Darüber hinaus verstärken die Dürrefolgen die chaotische Landnutzung.

Einerseits führt also oberflächlich gesehen die Freiverfügbarkeit von Land zu negativen ökologischen Auswirkungen, andererseits ist diese freie Landverfügbarkeit nicht traditional, sondern staatlich verordnet und ein Symptom des Machtvakuums. D.h., nicht die traditionalen Rechte als solche, sondern ihre Geltung außerhalb des ursprünglichen Lebenszusammenhangs führt zu Ressourcenzerstörung.

Das ökologisch relevante Problem liegt weniger in den traditionalen, kollektiven Landnutzungsrechten, die nicht mit einer grundsätzlich freien Verfügbarkeit von Boden gleichgesetzt werden können, als in der Tatsache, daß diese neuerdings in Staatseigentum an Grund und Boden überführt wurden, ohne daß aufgrund der stark divergierenden Interessen und der fehlenden sozialen Legitimation der Staatsmacht eine eindeutige Gesetzgebung und Regelung der Bodennutzung durchgesetzt werden könnte. Einerseits sehen die afrikanischen Staaten kollektives Bodeneigentum als unverzichtbar an, andererseits setzt sich chaotisch private Verfügbarkeit durch. Die Bodenverteilung wird zugunsten 'moderner' Schichten geregelt, die neuen Bauern und Viehhalter betreiben aufgrund der Fiktion des kollektiven Eigentums Raubbau. Es kommt zu Verdrängung, Marginalisierung, Traditionalisierung der Mehrheit der Bevölkerung und zu Landknappheit.

Einzelregelungen und Willkürakte überwiegen; wenn Land noch von traditionalen Autoritäten verteilt wird, so geschieht dies nicht unabhängig von Klientelverhältnissen und Beziehungen zu Administration und städtischer Schicht. Die Verteilung wird zugunsten dessen geregelt, der sein Interesse im Einzelfall am nachdrücklichsten äußern kann, und der über gewisse 'moderne' Fähigkeiten und Beziehungen verfügt, wodurch es zu sozialen Ungleichheiten kommt.[12] Traditionale Autoritäten verwenden ihre Landzuweisungsrechte, um ihre Beziehungen zu den 'modernen' Instanzen zu festigen. Diese Klientelbeziehungen sind rational zum Schutz gegen Staats-, Händler- und Funktionärswillkür. Die Staatsmacht dringt nicht gleichmäßig bis zur Basis vor, es besteht eine Situation der Rechtlosigkeit bzw. es herrscht das Gesetz des Stärkeren, das zu unterschiedlichsten Allianzen und Klientelbeziehungen führt. Oft wird der Druck für die Beteiligten nicht erkennbar ausgeübt, wenn Boden verkäuflich wird oder, selbst wenn es gesetzlich nicht die Möglichkeit des Verkaufs von Boden gibt, gewisse Kompensationen bezahlt werden. Da die traditionelle Bevölkerung keine Vorstellung über den Wert des Bodens als Produktionsmittel gegenüber ihrem persönlichen Besitz an Vieh hat, gibt sie ihre traditionellen Rechte praktisch umsonst auf. In Anlehnung an traditionelle Landvergabepraktiken zur zeitweisen Nutzung z.B. auch durch Zugewanderte und aufgrund der offiziellen Nichtveräußerbarkeit von Land werden nur 'Anerkennungsgeschenke' gemacht, und die Bevölkerung ist sich oft nicht klar darüber, daß damit im Gegensatz zu früher endgültig Zugangsrechte aufgegeben werden. Ein Marktwert des Landes ist nicht bekannt, Nutzungsrechte werden praktisch für nichts aufgegeben und endgültig dem kollektiven Zugang entzogen. Auch bei der Vergabe von Ackerland durch die Administration werden moderne Schichten bevorzugt und politischem Druck nachgegeben. Eine Marginalisierung und Verdrängung der traditionellen Bevölkerung setzt ein.

---

[12] Z.B. zuungunsten der Masai in Kenia, vgl. G. Dahl, A. Hjort, 1979, S. 32 f.; zugunsten der arabischen Händler im Sudan, vgl. G. Haaland, 1980b, S. 99, sowie A. Bourgeot, 1981, S. 125 f.

In Kenia zum Beispiel[13] wurde auch in dem Landesteil, der in der Kolonialzeit afrikanisch war (Central Province), die Grundbucheintragung individueller Eigentumstitel vorgenommen. Abgesehen von Landkäufen durch die afrikanische Bourgeoisie und die Ansiedlung einiger Landloser in Siedlungsprojekten bestand die sogenannte Landreform des unabhängigen Staates lediglich in der Grundbucheintragung der kleinen Landflächen, die für die Masse der Bevölkerung zur Verfügung stand. Aus gemeinschaftlicher Verfügungsgewalt wurde Gruppeneigentum z.B. im Gebiet der Masai, was ebenfalls Privateigentum bedeutet. In dem Großfarmsektor (Kiambu und Nakuru District) ist die Landkonzentration auch im internationalen Vergleich ungewöhnlich hoch. In den anderen Regionen können Kleinbauern weder von der Marktproduktion noch von der Lohnarbeit existieren. Sie verlieren ihr Land durch den Verkauf an Angehörige einer bessergestellten Schicht. Der Landverkauf nahm im Umfang stark zu, als der Anbau von Zuckerrohr eingeführt wurde. Er wird u.a. auf Verschuldung, aber auch Inanspruchnahme 'moderner' Dienstleistungen (z.B. Schulbesuch) zurückgeführt.

Auch wenn in einem Land mit sozialistischem Anspruch wie der Volksrepublik Benin kein Privateigentum an landwirtschaftlich nutzbarem Grund und Boden im Sinne der Veräußerbarkeit und unternehmerischen Nutzung besteht und ausbeuterische traditionale oder "feudalistische" Strukturen einer tributären Produktionsweise angeprangert werden und der Nutzen des Landes dem zustehen soll, der es bebaut, setzt sich in der Praxis privates Verfügungsrecht am Boden durch. Die Bodenverteilung erfolgt vor allem im Süden,[14] wo das Land nicht zuletzt durch die Einrichtung

---

[13] Vgl. S.B.O. Gutto, 1981, S. 54

[14] Vgl. K. Egger et al., 1980, S. 26 ff.; dazu auch F. Bremer (Hrsg.), 1986, v.a. 3.1 Régime foncier et accès à la terre, S. 37 ff.; G. Lachenmann, 1981

staatlicher Plantagen knapp ist, nicht mehr innerhalb der traditionellen Gemeinschaft, sondern der Boden wird in Kleinfamilien weitergegeben, allerdings haben traditionelle herrschende Schichten ihre Verfügungsgewalt in Form von 'modernen' Betrieben oder Klientelbeziehungen bewahrt. Die Teilpacht (gegen 1/3 oder 1/2 der Ernte) ist stark im Rückgang begriffen, es besteht ein Trend zur Monetarisierung des Landvergabemodus einschließlich des verfassungsmäßig nicht zulässigen Verkaufs von Boden. Die gesetzlich ebenfalls nicht zulässige Produktivverpfändung von Boden kommt in vielen Fällen faktisch einem Besitzwechsel gleich. Es kommt zu Erbteilung, die städtische Funktionärs- und Händlerschicht behält ihre traditionellen Landrechte bzw. erwirbt informell neue, und es gibt inoffizielle Möglichkeiten, das Land durch andere abhängige Personen bebauen zu lassen, sei es als persönliche Sicherung, sei es zwecks unternehmerischer Bewirtschaftung.

Auf die Unsicherheit der Bodennutzungsrechte wird immer häufiger hingewiesen, z.B. für Nigeria (Problem der saisonal zuwandernden Viehhalter/Fulbe aus dem Norden) und Sierra Leone, für die Elfenbeinküste, wo nichtbebautes Land als Staatseigentum angesehen wird, weswegen die Brache zurückgeht und mehr Buschfeuer eingesetzt werden; für große Bewässerungsperimeter, wo staatliches Eigentum an Boden aufrechterhalten wird und - hier ist der Einwand richtig - daher nicht in den Boden investiert wird, sondern in Vieh wie z.B. in Mali oder Sudan. Das nationale Bodenrecht und die Gebietsreform im Senegal, die die Selbstverwaltung des Bodens garantieren sollten, sind inhaltsleer geworden. Das vom Staat garantierte öffentliche Eigentum am Boden wurde zu einem Mittel der Enteignung der Bauern.[15]

---

[15] Vgl. C. Oxby, 1984; Banque Mondiale, 1985, S. 37; A. Ley, 1982, S. 138; M. Tiffen, 1985, S. 37

Die Unsicherheit des Bodenrechts führt zu tendenzieller Ressourcenübernutzung durch

- ständige Niederlassung, z.B. von Tierhaltern, um Rechte zu sichern;

- Aufgabe von Brache bzw. bei Neuansiedlung von Ackerbauern von vornherein intensive Nutzung;

- Akkumulation in Vieh, nicht in Bodenverbesserungen z.B. in Bewässerungsperimetern (wegen Unsicherheit der Landzuteilung);

- Aufteilung,[16] Festschreibung, Individualisierung der Bodennutzung, daher Zusammenbruch von agropastoralen Nutzungsabsprachen zwischen Bauern und Viehhaltern (Fulbe), die auch Buschfelder (als Brache) betrafen;

- Hinfälligkeit von großflächigen Regelungen über Brache, weswegen die Viehhaltung schwieriger wird;

- Bei fehlender Zuständigkeit für Ressourcennutzung (z.B. bei Einführung moderner staatlicher Forstverwaltung und Erhebung von Nutzungsgebühren) ist eine Überausbeutung vorprogrammiert.

Entgegen landläufiger Vorstellung kollektiver Ressourcennutzung erfolgte diese nämlich traditionellerweise nicht beliebig durch jedermann, sondern durch Gruppen, die ihre Rechte nach außen verteidigen bzw. aushandeln und intern ihre Größe im Hinblick auf Neuaufnahme von Mitgliedern regeln. Im Sahel zeigt sich ganz besonders deutlich, daß die nomadische Viehwirtschaft nicht den Boden als öffentliches Gut nutzte und damit zwangsweise übernutzte. Bei Wasserstellen erfolgt die Nutzung anerkanntermaßen

---

[16] Vgl. E. LeBris, 1982, S. 172, zum Bsp. Niger

ursprünglich nach sozialen Gruppen. Bei Viehhaltern wurde ein Brunnen von denjenigen genutzt oder Nutzungsrechte vergeben, die ihn gebaut oder in Auftrag gegeben haben.[17] In einheimischen Bewässerungssystemen in Ostafrika, z.B. in Tansania oder Kenia, wurde die Verfügungsgewalt über die "Alten" weitergegeben bzw. Einzelne erhielten Wasserrechte über Clan und Sippe gemäß ihrem Landrecht. Der Islam kannte immer Vorschriften über die Entnahme von Wassermengen.[18] Erst staatliche Brunnenbohrprogramme machten Wasser allgemein zugänglich, woran jetzt auch die von der Entwicklungszusammenarbeit propagierte Erhebung von Gebühren nichts ändert, durch die allerdings der Zugang nun auch nach individuellem Einkommen differenziert wird.

Andererseits wurde die Nutzung privatisiert und dadurch nicht eine soziale, sondern eine ökonomische Regelung des Zugangs eingeführt, so daß nun jeder, der über Geld verfügt, aufgrund der individuell für die (staatliche) Dienstleistung erhobenen Gebühr Ressourcen nutzen kann, ohne bisher gültige ökologische und soziale Regelungen einzuhalten. Wie Boden wurde Wasser zur Ware; damit kann jeder, der über Geld verfügt, zum Viehhalter werden.

Die Brache wird nicht mehr eingehalten, da einerseits Land knapper, andererseits jedoch der Zugang zu Boden unsicherer geworden ist, die alten Landrechte nicht mehr gelten. D.h., vor allem solche Gruppen, deren Landrechte unsicher sind, übernutzen den Boden, z.B. neuerdings niedergelassene Fulbe. Dazu haben staatliche Bodenrechtsregelungen beigetragen.[19]

----

[17] Vgl. St. P. Reyna (Hrsg.), 1980, S. 153

[18] Vgl. M. Tiffen, 1985, S. 7 f.

[19] Vgl. E. LeBris, E. LeRoy, F. Leimdorfer, 1982; zum Landrecht in Ostafrika vgl. J.W. Bennet, 1984, S. 18 ff.

Der Konflikt mit dem Ackerbau hat sich zugespitzt, da dieser sich auf traditionelle Weidegebiete ausgeweitet hat bzw. jetzt von ehemaligen Abhängigen der Nomaden selbständig betrieben wird, so daß letztere keinen Zugang zu Ackerbau haben. Die Landverteilung der bäuerlichen Produzenten ist relativ egalitär, es kommt zu Landverlust praktisch nur durch Dürreeinwirkung im Norden. Allerdings war bei den traditionellen Ackerbauern im Sahel der Konflikt um Land insofern angelegt, als die Landverfügbarkeit nach dem Anciennitätsprinzip bei den Dorfgründerfamilien lag, und die unteren Schichten keinen eigenständigen Landzugang hatten.

Ein besonderer Konflikt tritt bei der Errichtung von Bewässerungsanlagen auf, durch die einerseits der Staat seinen Eigentumsanspruch auf den Boden geltend macht und traditionelle Landrechte für ungültig erklärt. Dadurch kann eine Umverteilung an früher abhängige Schichten stattfinden, andererseits entstehen neue Unsicherheiten und Abhängigkeiten. Die Parzellen werden nach Gutdünken der Administration zugeteilt und entzogen, und 'modernisierte' Pachtsysteme werden begründet bzw. eine Schicht landloser Arbeiter entsteht, wenn die Parzellen der urbanen Schicht durch arme Bauern bebaut werden, oder die Parzelleninhaber die erforderlichen Tätigkeiten nicht bewältigen.[20] Es besteht Rechtsunsicherheit darüber, wessen Eigentum die Bauwerke in Bewässerungsperimetern sind und, dementsprechend, von wem sie gewartet werden sollen. Wenn keine Erbpacht besteht, wird eher in Vieh investiert als in Bodenverbesserung.[21]

In dem Moment, wo öffentliche Arbeiten zur Bodenverbesserung durchgeführt werden, führt der Staat eine 'moderne' Bodenrechtsregelung ein, wodurch die traditionelle Verfügbarkeit erlischt.

----

[20] Z.B. im Gezira im Sudan, vgl. H. Brandt et al., 1987

[21] Vgl. M. Tiffen, 1985, S. 37

Daher verweigert sich die Bevölkerung gegenüber Ressourcenschutzmaßnahmen.

Angesichts dieser zunehmenden Rechtsunsicherheit und aufgrund der Dürrefolgen wird fruchtbares Land knapp und es kommt zu Übernutzung. Immer benachteiligt werden Nomaden, da sie grundsätzlich ihre Weide- bzw. Landrechte schwerer geltend machen können als Ackerbauern; die Landnahme durch Dauerkulturen und technische Einrichtungen geht zu ihren Lasten. Ihre Rechte werden von allen Administrationen gezielt eingeschränkt. Z.B. erfolgt im Senegal eine grundsätzliche Bevorzugung bäuerlicher Siedler in ehemaligen Weidegebieten und speziell der Erdnuß anbauenden Muriden, die einen wichtigen politischen und ökonomischen Faktor darstellen.[22]

Die traditionalen Weiderechte können heutzutage von den Nomaden auch deswegen nicht mehr durchgesetzt werden, weil sich ihre Verbände durch interne und externe Einflüsse aufgelöst und gelockert haben, in vielen Ländern wurden sie auch qua Gesetzgebung aufgehoben.[23] Der Konflikt um Weideland, Beeinträchtigung des Ackerbaus durch Vieh, Freihaltung von Korridoren für Transhumanz und Zugang zu Wasserstellen ist heutzutage nicht in traditionellen Ackerbaugebieten am schärfsten, sondern in saisonal von Viehhaltern genutzten Gebieten, in die der Ackerbau vorgedrungen ist.

Für Weideland ist eine Regelung besonders schwierig, da es laut staatlicher Gesetzgebung grundsätzlich frei verfügbar ist. Ursprünglich waren Weiderechte von der politischen Stärke der jeweiligen Nomadengruppe abhängig, die auch durch Regelung der

---

[22] Vgl. M. Weicker, 1982, v.a. S. 105 ff.; R. W. Franke, B.H. Chasin, 1980, S. 63 ff.; siehe Teil III, 1.6, S. 91 ff.

[23] Vgl. G. Haaland, 1980b, S. 92 bzw. 93 f.

Neuaufnahme von Haushalten eine gewisse ökologische Kontrolle ausüben konnte.

Im Ader im Niger, das in der vorkolonialen Zeit durch die Tuareg beherrscht wurde, sieht Grosser "zwei miteinander nicht vereinbare Konzeptionen (des Bodenrechts, G.L.), die beide - mal die eine, mal die andere - angewandt wurden":[24] die des Staats als Universaleigentümer des Bodens und die der Gewohnheitsrechte der Bauern. Die Rechte der nicht seßhaften Viehzüchter sind hier noch insofern geschützt (per regional begrenzter Regelung), als die Felder nach der Ernte für grundsätzlich alle Viehhalter freigegeben sind. Die Bevölkerung schränkt in der Praxis die Nutzung gemäß ihrer Gewohnheitsrechte ein bzw. handelt sie aus. Zum Teil ist allerdings auch die ansässige Bevölkerung benachteiligt, wenn die Viehherden reichen städtischen Besitzern gehören, die aufgrund dieser freien Landnutzung akkumulieren.

Der Hauptkonflikt für die Rinder- und Kleinviehhaltung liegt in der Regelung von Weiderechten zwischen seßhaften und nomadischen Viehhaltern, die dadurch erschwert wird, daß kaum noch Weiden für die Trockenzeit vorhanden sind, da die seßhaften Viehhalter meist ihr Vieh in der Trockenzeit an ihrem Wohnsitz halten und den nomadischen Viehhaltern daher kein Raum bleibt.[25]

---

[24] E. Grosser, 1982, S. 50 f.
[25] Berichtet aus Süd-Darfur (Sudan) von G. Haaland, 1980b, S. 96

2 Die soziale Organisation der Agrarproduzenten - "The uncaptured peasantry" (Hyden)[1]

Die afrikanischen Produzenten waren für Ressourcenzugang und Einsatz von Technik nicht auf eine höhere Instanz angewiesen. Die heute von außen angeregte Technologieentwicklung impliziert das Aufbrechen der Subsistenzlogik und damit des traditionellen sozialen Zusammenhalts.[2] Dies ruft Widerstand hervor, nicht zuletzt, da die implizierte Marktintegration und die Transformation der ursprünglich primär um die Subsistenz organisierten Produktions- und Sozialsysteme in 'moderne' kleinbäuerliche Wirtschaftssysteme extrem unsicher sind und einer gesteigerten Ressourcenabschöpfung dienen. Die Bevölkerung verfügt nicht über die notwendige Autonomie für die soziale Organisation der Agrarproduktion. Die Verfügungsgewalt über Ressourcen einschließlich Technologie[3] und die Organisationskapazität auf der kollektiven, mittleren Ebene ist verloren gegangen, eine neue Kompetenz ist nicht an ihre Stelle getreten, daher herrscht in gewissem Sinn Anarchie bzw. Anomie.

Das traditionelle Produktionssystem beruht auf der Kontrolle von Produktions- und Reproduktionsmitteln auf der Ebene der Hauswirtschaft, die in einem größeren Netz von Tausch- und Reziprozitätsbeziehungen (z.B. Heiratsbeziehungen) eingebunden ist, die

---

[1] G. Hyden, 1980

[2] Die wenigen 'Erfolgsfälle' beziehen sich auf eine kreative Nutzung technischer Produkte zur Erleichterung innerhalb der bisherigen Produktionslogik (wie z.B. des Fahrrads als Transportmittel für die Hirse während der Transhumanz durch die Fulbe in Benin, so berichtet von Tilman Welte mündlich bei der Tagung der Sektion Entwicklungssoziologie der DGS in Blaubeuren 1988)

[3] M. Redclift, 1984, S. 120, sieht die soziale Kontrolle über den Zugang zu Technologie als wichtiger an als den zu Land und Arbeitskräften.

es autonom steuert. Grundlage ist das traditionelle Landrecht, das einer sozialen Gruppierung (sei es Clan, Sippe oder Dorf bzw. Camp) die Verfügungsgewalt über ein bestimmtes Territorium einräumt. Zwar haben sich in vielen Ländern, vor allem im Sahel, tributäre Produktionsverhältnisse herausgebildet, die höhere Autorität beruhte dort jedoch bei wirtschaftlich unabhängigen Einheiten auf militärischen Funktionen und erfüllte keine ökonomische Organisationsfunktion. Dies gilt auch für die unmittelbaren Abhängigkeitsverhältnisse zwischen Viehhalterherren und Ackerbau betreibenden Sklaven oder Abhängigen.

Im Bereich der Viehhaltung bestehen ausgedehnte Allianzbeziehungen zwischen kleineren ökonomischen Einheiten, d.h. die ökonomische Sicherheit wird auf höherer Ebene hergestellt, ohne daß jedoch die Entscheidungsbefugnis der unteren Ebene verlorengeht. Erst bei völligem ökonomischen Scheitern wechselt eine eigenständige Viehhaltereinheit in ein Klientelverhältnis über. Die auf mittlerer Ebene erforderlichen Regelungen der großräumigen Weideaktivitäten beruhen auf Absprachen zwischen Gleichberechtigten innerhalb eines größeren, losen Verbandes. Die ursprünglich hinter den Regelungen stehende Durchsetzungsmacht beruhte auf militärischer Gewalt.

Die traditionale afrikanische Landbauweise implizierte zwar eine gegenseitige Hilfe (z.B. in Altersgruppen), machte jedoch eine übergeordnete Instanz zur Produktionsorganisation (z.B. für Bewässerungsbauwerke oder Weidekontrolle) - über bestimmte Absprachen wie Bracheregelungen etc. hinaus - nicht erforderlich. Wird diese eingeführt, impliziert dies eine übergeordnete Instanz auf der einen Seite und eine permanente individuelle Bodenverfügbarkeit auf der anderen Seite (wobei es zu neuen Pachtverhältnissen kommen kann), deren Voraussetzungen oft nicht klar sind.

Zwischen Staat und Masse der ländlichen Bevölkerung entsteht ein fundamentaler Widerspruch, der zur Beeinträchtigung der bisher vorhandenen Bewältigungskapazitäten auf der einen Seite und zur Ineffizienz der staatlichen entwicklungspolitischen Maßnahmen auf der anderen Seite führt. Hyden[4] erklärt dies damit, daß der Staat in dem ökonomischen System der ländlichen Mehrheit keine Funktion hat; die Bevölkerung benötigt ihn nicht für ihre Reproduktion. Diese ursprüngliche Funktionslosigkeit des Staates für die ländlichen Produktionssysteme ist in deren technischem Stand begründet.

Die Mehrheit der afrikanischen ländlichen Bevölkerung lebt auf einem kleinen Stück Land von unter 6, oft unter 3 ha; Einkommensunterschiede entstehen nicht primär durch ungerechte Landverteilung, sondern durch unterschiedliche Lebenssituationen. Regionale Disparitäten sind i.a. auf unterschiedliche Ressourcenausstattung vor allem im Hinblick auf Bodenqualität zurückzuführen. Der Stand der Produktivkräfte verhindert eine Ausdehnung der Produktionseinheiten. Die afrikanische Landwirtschaft besteht zum großen Teil in Regenfeldbau. Dieser, sowie die dabei verwendete Art von Arbeitsmitteln, macht keine Zusammenarbeit zwischen den Produzenten in größerem Ausmaß erforderlich, wie dies bei bewässerter Landwirtschaft der Fall ist, die z.B. in Asien mit einer starken sozialen Differenzierung und der Stärkung der Zentralmacht verbunden ist.

Solange die Bauern Zugang zu Land haben, wird die Unterwerfung unter das staatliche System nicht geschehen. Da sie jedoch in starkem Maße von der natürlichen Umgebung abhängig sind, beschleunigen drastische Veränderungen derselben die Auflösung der traditionellen Produktionssysteme.

Denkt man die Hydensche These weiter, so ist der Verlust der Überlebenskapazität vieler ländlicher Produktionssysteme darauf

---

[4] Vgl. G. Hyden, 1980, S. 16 ff.

zurückzuführen, daß der Staat ihre Selbstgenügsamkeit aufgebrochen hat, ohne sie in gut funktionierende marktwirtschaftliche Systeme überführen zu können.

Bei den traditionellen und kleinbäuerlichen Produktions- und Sozialsystemen ist die ökonomisch und sozial rationale Reaktion auf die Unsicherheit und die unklaren Absichten des Staates die Verweigerung gegenüber Innovationen, insbesondere solchen, die die Kompetenz für bestimmte Funktionen auf eine neue Instanz auf mittlerer Ebene verlagern, die aufgrund der repressiven Herrschaftsausübung autoritär sein muß. Ein Beispiel ist die Anlegung von Getreidespeichern durch die staatliche Aufkauforganisation im Rahmen nationaler Ernährungssicherungsprogramme. Die Bauern werden damit großteils gezwungen, ihre traditionelle Lagerhaltung - die allerdings teilweise zu erheblichen Verlusten führt, jedoch mit einfachen Mitteln zu verbessern wäre - aufzugeben, da sie ihre Produkte an das offizielle Lagerhaus abgeben sollen. Angesichts der niedrigen offiziellen Aufkaufpreise ziehen sie es jedoch vor, ihre Produkte über den schwarzen Markt und illegale Exporte abzusetzen. Außerdem bedeutet diese Maßnahme eine Entmündigung und einen Verlust ihrer traditionellen Funktionen für die soziale Gemeinschaft. Aufgrund dieser Situation, in der die Bauern vermeiden müssen, daß der Staatsapparat aufgrund von Information über ihre Produktionskapazität Kontrolle ausüben kann, wird natürlich nicht das Vertrauensverhältnis gegenüber den Staatsbediensteten entstehen, das für eine erfolgreiche Beratung und die Übernahme von produktivitätssteigernden Neuerungen wichtig ist.

Was die Agrartechnik anbelangt, so besteht Autonomie an der Basis für Regenfeldbau wie für den sogenannten Überflutungsfeldbau an vielen Flußsystemen im Sahel - wo mit dem zurückgehenden Wasserstand in Becken und an Flußufern gepflanzt wird. Erst in dem Moment, wo durch Kunstbauwerke in den Wasserhaushalt eingegriffen wird, ist eine soziale Organisation der Wasserbewirtschaftung auf höherer Ebene notwendig. Ansätze dazu waren in geringem

Maße durch die Ausführung kleiner Wasserrückhaltevorrichtungen vorhanden, die entsprechende Technik wurde jedoch in größerem Maße erst durch die Kolonialmacht eingeführt. Eine hydraulische oder asiatische Produktionsweise, innerhalb derer eine übergeordnete Autorität Bau, Unterhaltung und Wasserzufuhr von Bauwerken kontrollierte, ansonsten die dörflichen Gemeinschaften jedoch frei wirtschaften konnten, gab es nicht.[5]

Eine wichtige technologische Fortentwicklung vor allem im Sahel ist die Bewässerungslandwirtschaft. Jedoch haben die ländlichen Produzenten ihre Autonomie verloren; sie können die angebotene Technik nicht beherrschen. Die Staatsfunktionäre eignen sich selbst produktive Ressourcen an.

Das klassische Beispiel ist das Bewässerungssystem des Office du Niger (ON) im südlichen Nigerbinnendelta in Mali, wo der Niger durch einen Damm aufgestaut wird. Ein weiteres großes Bewässerungsprojekt ist Gezira im Sudan.[6] Bei der modernen Ausprägung handelt es sich um weitreichende ökonomische Funktionen, die immer ein höheres als das Subsistenzniveau einschließen. Das heißt, externe Leistungen müssen umgelegt werden und Produktion erfolgt auf einem höheren technischen Niveau. Die externen Leistungen werden von einer bürokratischen Institution erbracht, sie betreffen in der modernen Version neben Bau und Wartung von Bauwerken die Bereitstellung von modernen Betriebsmitteln (Saatgut, Düngemittel, Herbi- und Pestizide), Energie (Anlagen, Treibstoff, Wartung) sowie Dienstleistungen (Beratung, Vermarktung, Verarbeitung der Produkte). Die Bewässerungsbehörde tritt den Produzenten mit einem Zwangssystem entgegen, was die Organisation der Arbeit und die Bestimmung der Produkte anbelangt, so-

---

[5] Vgl. dazu K.A. Wittfogel, 1964; H. Raich, 1977

[6] Siehe zum ON Teil VIII, 6, S. 338 ff.; zu Gezira, dem ursprünglichen Erfolgsfall, vgl. H. Brandt et al., 1987

wie mit der Erhebung von Abgaben zwecks Umlage der Kosten. Diese Abgaben bedeuten für die Produzenten die Kontinuität der Tributserhebungen in den früheren tributären Produktionsverhältnissen, wobei die Freiheit der Produktionsorganisation jetzt geringer ist.

Die Einführung von Bewässerungslandwirtschaft hat in vielen Ländern, obwohl hier von Kolonialmacht wie von unabhängigen Nationalstaaten das große Potential als Kornkammer und Devisenbringer aus Industrierohstoffen gesehen wird, zur Destabilisierung der traditionellen Produktionsverhältnisse beigetragen, ohne daß eine effiziente Produktionsorganisation auf der nächst höheren Ebene an ihre Stelle getreten wäre. Traditionelle Strukturen, auf denen diese neue Produktionsform hätte aufbauen können, gab es nicht. Die traditionellen Formen der Kollektivfelder und Gemeinschaftsarbeit innerhalb der häuslichen Wirtschaft bzw. innerhalb der Dorfgemeinschaften sowie der Altersgruppen und Akkerbaugemeinschaften waren dazu nicht geeignet bzw. hatten keine Möglichkeit, sich zu entwickeln, da es sich immer um von außen herangetragene Veränderungen der Produktivkräfte handelte.

Teilweise scheiterte die koloniale Zwangsorganisation nach kürzester Zeit aus sozialen und ökonomischen Gründen, teilweise konnte der bürokratische Apparat des unabhängigen Staates die rigide Zwangsorganisation nicht durchhalten bzw. die erforderlichen Dienstleistungen erbringen. Nur ein Grund war dabei die Abhängigkeit vom Weltmarkt für den Absatz der produzierten Güter (z.B. Baumwolle); ein weiterer lag in der parasitären Funktion des Nationalstaates, der aus den Bewässerungsanlagen einen hohen Surplus (z.B. zum Unterhalt seiner Funktionäre mit Reis in Mali) abschöpfen mußte und daher keine ausreichenden Reinvestitionen vornehmen konnte.

Alle derzeit im Sahel und Westafrika propagierten Rehabilitationsprogramme für Bewässerungssysteme beziehen sich auf eine Rücknahme der zentralen Funktionen und eine Stärkung der Selbstverwaltung.[7] Dies, nachdem die Autonomie der Bewirtschaftung zunächst durch die Großtechnik zerstört worden war. Z.B. propagiert jetzt die Weltbank im Senegal die Förderung der traditionellen Überflutungslandwirtschaft, die vorher durch die zentral gesteuerten Großdammwerke unmöglich gemacht worden war.

Die von allen afrikanischen Staaten eingeführten kooperativen Strukturen, die als Transmissionsriemen des technologischen Wandels fungieren sollten, erwiesen sich überall als Instrument der Auflösung der Subsistenzwirtschaft und sozialer Machtstrukturen. Die Ablösung der Kooperativen durch die zum politischen Programm erhobene Förderung der Wiederbelebung traditioneller Arbeitszusammenschlüsse - unterstützt durch die Programmatik der Selbsthilfeförderung der Entwicklungshilfe - leugnet soziale Differenzierung alter und neuer Art und sichert bürokratische Bevormundung durch Regulierung des Ressourcen- und Marktzugangs.

Zusammenfassend ist festzuhalten, daß, entgegen der als "tragedy of the commons" (Hardin) apostrophierten vermeintlichen Ressourcenzerstörung aufgrund nicht vorhandenen Privateigentums an Boden, kollektive Regelung des Zugangs zu Boden und Wasser sowie Weide keine automatische Übernutzung bedeutet.

Einerseits führt oberflächlich gesehen die Freiverfügbarkeit von Land zu Land zu negativen ökologischen Auswirkungen, andererseits ist diese freie Landverfügbarkeit nicht traditional, sondern staatlich verordnet und Symptom des Machtvakuums. D.h., nicht die traditionalen Rechte als solche, sondern ihre Geltung außerhalb des ursprünglichen Lebenszusammenhangs führt zu Ressourcenzerstörung.

----

[7] Vgl. Irrigation: les technologies appropiées, in: Marchés tropicaux et méditerranéens, 40. Jg., Nr. 2162, 1987, S. 909 - 915

Es geht im Grunde nicht um den Gegensatz von privatem vs. öffentlichem Bodeneigentum, sondern um den Mobilitätsfaktor und die Frage der Autonomie auf der mittleren Ebene. Ihre Einschränkung verhindert jetzt den Ressourcenschutz durch ständige Nutzer. Ein großes Problem rührt aus der ambivalenten Situation, die in den meisten Ländern in bezug auf das Bodenrecht herrscht. Das kommunale Landnutzungsrecht ist in seiner Sinnhaftigkeit aufgebrochen; bei sozio-ökonomischer Differenzierung einschließlich externer Akkumulation wird es ad absurdum geführt. Es kommt zu chaotischer individueller Aneignung bzw. zu Verdrängung der kollektiven Zuständigkeit durch Staatseigentum. Dies zeigt sich in Ländern wie Kenia, jedoch auch der Volksrepublik Benin.

Durch koloniale und nationalstaatliche Interventionen sind Bewegungsfreiheit und traditionelle Regelungen des Zugangs zu Weide und Wasser außer Kraft gesetzt worden. Der Verlust der Autonomie an der Basis bzw. der Geltung der traditionellen Regelungen des Landzugangs und der Ressourcennutzung auf mittlere Ebene führten zu einem anomischen Zustand. Eine neue Kompetenz ist nicht an ihre Stelle getreten. Traditionelle Rechte gelten offiziell nicht mehr, der Staat verfügt jedoch nicht über genügend Legitimität, um neue Regelungen durchzusetzen; moderne Schichten erhalten ungehindert Ressourcenzugang.

Die von allen afrikanischen Staaten eingeführten kooperativen Strukturen, die als Transmissionsriemen des technologischen Wandels fungieren sollten, erwiesen sich überall als Instrument der Auflösung der Subsistenzwirtschaft und sozialer Strukturen. Der für die Annahme der von außen herangetragenen technischen Neuerungen und die Beachtung ökologischer Gesichtspunkte erforderliche Handlungsspielraum ist nicht mehr vorhanden. Ebenso fehlt die hierfür notwendige Kompetenz auf der mittleren Ebene der sozialen Organisation. Aufgrund der entstehenden Klientelbeziehungen ist weder Ressourcenschonung notwendig noch kann eine dynamische Produktivkraftentwicklung eintreten.

Es gibt keine eigenständige soziale Organisation der Produktion, Distribution und Technologieaneignung sowie der großräumigen Ressourcennutzung auf mittlerer Ebene. Einerseits wurde der Staatsbürokratie der Zugriff auf das Produkt sowie die politische Kontrolle ermöglicht. Andererseits ist der zentralistische Staat unfähig zu effizientem ökonomischen Handeln, verhindert aber gleichzeitig die Herausbildung einer neuen sozialen Leitungsinstanz auf mittlerer Ebene.

Teil VI: Staat und Entwicklungspolitik

1 Staat und Gegenbewegungen

Die Bauernschaft ist keine Masse, die grundsätzlich nicht vereinnahmt (uncaptured, Hyden) oder passiv, resignativ ist. Zwar ist sie den destabilisierenden Wirkungen übergreifender sozioökonomischer Prozesse recht hilflos ausgeliefert bzw. versucht, über bestimmte Strukturen (Klientelbeziehungen etc.) Vorteile für sich zu erreichen bzw. Nachteile abzuwehren. Außer den gezielten Verweigerungsstrategien entwickelt sie jedoch auch selektive Neuerungsstrategien bei Entwicklungsangeboten, funktioniert diese für ihre eigenen Zwecke um und entwirft Überlebensstrategien.[1]

Die Verweigerung gegenüber von außen angeregten Entwicklungsvorschlägen bzw. die Eigeninitiative bezüglich der selektiven Annahme zu eigenen Zwecken steigert sich auch zu Aktionen von größerer gesellschaftlicher Bedeutung, die allerdings unter den gegebenen Verhältnissen keine 'modernen' Formen annehmen - weder Partei(en-)gremien noch Fachverwaltung noch, zumindest teilweise, die unterste Verwaltungsebene können aktive, zielgerichtete politische Handlungen durchführen und Gegensysteme durchsetzen.

Genauso wie bestimmte soziale Institutionen zur Selbstorganisation im neuen Kontext übernommen werden, können auch größere Bewegungen und kulturelle Institutionen zu politischen Aktionen verwendet werden, sozusagen als traditionelle Antwort auf 'modernen' Druck. Denn einerseits ist eine 'moderne' Ausdrucksweise aus Gründen der politischen und kulturellen Peripherisierung nicht möglich, andererseits sind die 'herkömmlichen' Wege der

---

[1] Siehe Teil IV, 3, S. 167 ff.

Verflechtung über Klientelbeziehungen im Sinne des Herrschaftsmechanismus besetzt und dienen lediglich der Absicherung und Aushandlung von Tolerierung.

Bei diesen 'neo-traditionalen' Bewegungen kann von "modes populaires d'action politique" (Bayart) im Sinne von volkstümlichen politischen Handlungsstrategien bzw. sozialen Bewegungen gesprochen werden. Damit kann das Hydensche Konzept der "nicht-vereinnahmten" Bauernschaft differenziert werden und das Konzept der Verflechtung der Produktionsweisen zu einer Analyse politischen Handelns herangezogen werden.[2]

Es zeigt sich, daß die volkstümlichen politischen Bewegungen um so erfolgreicher im Sinne des Widerstands gegen Staatsmacht und Entwicklungsinterventionen sind, die den eigenen Interessen entgegenstehen, je geringer ihr Organisationsgrad und je weniger greifbar sie für Verwaltungshandeln sind. Allerdings entsteht dabei der Widerspruch, daß in diesem Falle auch die Wirkungen diffuser sind.

P. Geschiere und J. van der Klei[3] nennen als Beispiel die Zunahme der Hexerei im Südosten Kameruns bei den Maka sowie die neuerliche Entstehung einer gegen die senegalesische Regierung gerichteten Bewegung in der Casamance. Die Verwurzelung in traditionellen Strukturen erfolgt hier über Zusammenkünfte in "heiligen Wäldern". Im ersten Fall der Maka hatten die Bauern in Eigeninitiative Pflanzungen angelegt, und eine gewisse Stabilität der Marktintegration ging mit einer Stabilität der staatlichen Herrschaftsformen einher. Dabei fungierten die traditionellen Führer als Handlanger des Staates. Angesichts der Fortdauer

---

[2] Vgl. G. Hyden, 1980; zum Konzept der Verflechtung der Produktionsweisen vgl. P.-Ph. Rey, 1973

[3] Vgl. P. Geschiere, J. v.d. Klei, 1985, 1986

der Zwangsmaßnahmen auch seitens des unabhängigen Staates und des Fehlens einer sozialen Basis bei den Projektansätzen kommt es zu Sabotage- und Vermeidungsstrategien, gleichzeitig werden jedoch persönliche Beziehungen, d.h. Klientelbeziehungen, aufgebaut. Es entsteht ein nach anderen Normen geregeltes politisches Handlungsfeld, dessen Struktur jedoch aufgrund bestimmter charakteristischer Züge 'traditionellen' politischen Handelns für autoritäre Umgestaltung anfällig ist. Gegen diese autoritäre Vereinnahmung hat sich der geheime Handlungsbereich der Hexerei gestellt, deren soziale Realität erst durch den Staat geschaffen wurde. Sie wird als Druckmittel für die Herstellung von Klientelbeziehungen gegenüber den 'modernen' Strukturen verwendet. Zum Teil drehen sich die Wirkungen jedoch wieder um; die Bedeutung der Hexerei für die Interessenwahrnehmung der 'traditionellen' Seite ist also sehr ambivalent. Einerseits kann dadurch das staatliche Handeln beeinflußt werden, andererseits kann der Staat die Hexerei auch als Apologie für Nicht-Entwicklung, für das Scheitern seiner eigenen Tätigkeit verwenden. Hexerei ist aufgrund ihrer diffusen sozialen Organisation durch beide Seiten einsetzbar, aber letztendlich können die neuen Eliten sie besser für ihre eigenen Zwecke benutzen. Man könnte sagen, daß sich diese Waffe gegen ihre ursprünglichen Besitzer wendet und gerade dadurch die 'traditionelle Lebenswelt' vereinnahmt wird. Dies rührt daraus, daß sie sich nicht gegen Käuflichkeit (Venalität)[4] schützen kann.

Im Falle der Widerstandsbewegung der Diola in der Casamance[5] sticht hervor, daß sich eine 'moderne' intellektuelle Opposition mit einer auf traditioneller Basis (Geheimbund) beruhenden Bewegung verbindet, wobei ebenfalls die Frage zu stellen ist, ob letztere dadurch nicht völlig vereinnahmt und zerstört wird. Ein

------

[4] Vgl. zum Begriff der Venalität G. Elwert, 1984, S. 397 ff.

[5] Vgl. P. Geschiere, J. v.d. Klei, 1985, 1986

gewisser eigenständiger Handlungsspielraum war dadurch gegeben, daß einerseits durch 'moderne' technologische Entwicklungen permanenter Reisanbau möglich wurde, allerdings für diesen kein Interesse der nationalen Wirtschaft bestand (Exportinteresse bestand vielmehr bei Erdnüssen). Deswegen entstand Abhängigkeit lediglich über den Entzug von Arbeitskräften, d.h. die ursprüngliche Gesellschaftsstruktur blieb einigermaßen intakt, und doch wurde gleichzeitig ein Mehrprodukt erwirtschaftet, das heutzutage sehr günstig auf dem Nahrungsmittelparallelmarkt abgesetzt wird. Ein weiteres Faktum war, daß im Gegensatz zu den Erdnußgebieten der Islam hier nicht weiter vorgedrungen ist. Interessant zu sehen ist, daß hier die Frauen eine relativ wichtige Rolle spielen, da keine Abtrennung der häuslichen Sphäre stattfand. Jedoch reicht auch hier die politische Dynamik nicht zu einer eigenständigen Gegenentwicklung aus, denn seitens der Intellektuellen bezog sich der Widerstand nicht auf das Modernisierungskonzept als solches, im Gegenteil, man reagierte lediglich auf staatliche Entwicklungsmaßnahmen, hatte Angst vor Landverlust (ein wichtiger politischer Faktor) und wollte Industrieprojekte in die eigene Region holen. Auch hier ist die Gefahr des Mißbrauchs der 'traditionellen Bewegung' gegeben, die sich selbstzerstörerisch gegen sich selbst richtet. Trotzdem zeigen sich hier Möglichkeiten, wie die Penetration des Staates abgewehrt werden kann.[6]

---

[6] Im Gegensatz dazu bezeichnet G. Kitching 1985, S. 132, 143, den Staat als kontinuierlichen Ort der Auseinandersetzung und spricht von einem Kampf _um_ den Staat.

2 Folgen der Entwicklungspolitik

2.1 Wirkungslosigkeit der staatlichen Entwicklungspolitik - "Le développement n'a pas de mémoire"

Die Ausbeutung der ländlichen Bevölkerung durch den Staat und die Ineffizienz der staatlichen Entwicklungspolitik sind zwei Seiten einer Medaille. Als These kann formuliert werden: Der zentrale Staatsapparat und seine Funktionärsklasse zerstört durch seinen Zugriff an die Basis die dort vorhandene Überlebensfähigkeit, ohne durch seine entwicklungspolitischen Maßnahmen einen funktionalen Ersatz, geschweige denn eine Verbesserung der Lebenssituation oder eine Dynamisierung der Wirtschaftsentwicklung erreichen zu können.

Die meist fortschrittlichen Ziele der nationalen Entwicklungspläne der afrikanischen Länder - Beseitigung der sozialen Ungleichheit, nationale Nahrungsmittelautonomie, Verbesserung des Lebensstandards der gesamten Bevölkerung - spiegeln sich nicht in entsprechenden Politikmaßnahmen und Programmen wider, bzw. diese haben keine oder sogar gerade entgegengesetzte Wirkungen, da die notwendigen strukturellen Bedingungen nicht gegeben sind und die politischen Machtverhältnisse dagegen stehen.

Außer an der stagnierenden bzw. rückläufigen Landwirtschaftsproduktion und vor allem der Nahrungsmittelknappheit läßt sich dies an der fehlenden Partizipation der Bevölkerung, der Nicht-Realisierung von Reformmaßnahmen bzw. der Wirkungslosigkeit und den ungewollten Folgen von Politikmaßnahmen (z.B. Schwarzmarkt), der Zunahme der sozialen Differenzierung und des regionalen Ungleichgewichts zeigen. Damit scheitert das gesamte Entwicklungsmodell und führt zu absoluter Abhängigkeit von externer "Strukturanpassungspolitik", wie es sich jetzt Mitte der 80er Jahre zeigt.

Ein zentraler Staatsapparat, der Repräsentant einer zahlenmäßig geringen Oberschicht ist und das prekäre nationale Gleichgewicht wahren muß, kann regionale und lokale Interessen nicht generell berücksichtigen, sondern tut dies, wenn überhaupt, dann nur aus partikular-zufälligen Gründen (über Klientelbeziehungen). Die starke Zentralisierung, die mit einem Mangel an politischer Interessenvertretung von unten nach oben einhergeht, bewirkt die Ineffizienz der regionalen und lokalen Planung und Verwaltung und einen Mangel an Ressourcen für die mittlere und untere Ebene. Insbesondere stehen für die Unterstützung von Selbsthilfeaktivitäten keine Mittel bereit. Dadurch kommt es zu Staatsfeindlichkeit und fehlender Kooperationsbereitschaft der Mehrheit der Bevölkerung aufgrund ihrer Angst vor Ressourcenabzug.

Die fehlende Mobilisierung der Bevölkerung macht Politikmaßnahmen wirkungslos. Die überkommene Verwaltungsstruktur und Ressortegoismen - die meist auf konkurrierenden Machtblöcken begründet sind - läßt eine Integration der verschiedenen Sektormaßnahmen nicht zu, weswegen eine wirkungsvolle Inangriffnahme der komplexen Probleme und eine integrierte Politikplanung und -durchführung unmöglich wird.

Die auf wenigen kapitalintensiven Projekten beruhende Industrialisierungsstrategie scheitert aus Mangel an qualifizierten Arbeitskräften und Investitionsanreiz, fehlender wirtschaftlicher Rückverflechtung und Mißwirtschaft aufgrund personeller Verflechtungen. Sie verdrängt dabei jedoch die häusliche Verarbeitung der landwirtschaftlichen Rohstoffe bzw. das einheimische Handwerk.

Die Abschöpfung des Mehrprodukts zwecks Aufbau des Staatsapparates, die Durchführung von Entwicklungs- und Umverteilungsmaßnahmen können nicht voll realisiert werden, da sie nicht gegen das Interesse bestimmter gesellschaftlicher Gruppen wie Großhändler, -viehhalter oder Pflanzerbourgeoisie durchgesetzt werden können.[1]

Die auf Erhöhung landwirtschaftlicher Exporte zwecks Deviseneinnahmen und neuerdings auch auf nationale Nahrungsmittelautonomie zielende Agrarpolitik scheitert, da sie die Strukturen der Monokulturen übernimmt, welche zu einer Existenzunsicherheit der kleinen ländlichen Produktionssysteme und zur Zerstörung des ökologischen Gleichgewichts führt. Wenn diese bestenfalls wieder zur Nahrungsmittelproduktion für den Eigenverbrauch zurückkehren,[2] findet keine Dynamisierung der Wirtschaft und keine Produktivitätssteigerung durch Technologieentwicklung statt; es kommt sogar zu einer gesellschaftlichen "Entdifferenzierung" (Schulz), d.h. Rückentwicklung der Arbeitsteilung. Die darin implizierte 'Abkopplung' der Produzenten von der 'modernen' Wirtschaft als Reaktion auf die Destabilisierung ist möglicherweise ein bedeutender Faktor, der Mitte der 80er Jahre zu der Wirtschaftskrise führte. Eine aktive Nomadenpolitik zur Stärkung der extensiven Viehhaltung wird nicht betrieben.

In letzter Zeit wird auf das fehlende Gedächtnis der Entwicklungsverwaltung hingewiesen und gezeigt, daß nicht nur Neuerungen nicht als Pakete übernommen werden, sondern auch nicht durch die entsprechenden zielgerichteten Aktionen. Die Annahme bestimmter Produkte und Techniken, z.B. der Anbau von Kaffee in den sog. Pflanzerökonomien der Kleinbauern in Kamerun und der

---

[1] Z.B. können in Botswana kaum wirkungsvolle Entwicklungsmaßnahmen für Kleinbauern gegen das Interesse der aus der Großviehhalter- und -exporteurschicht stammenden Regierung durchgesetzt werden, vgl. W. Zehender, 1982; zum entsprechenden Zusammenhang mit der Ökologieproblematik dort vgl. L. Cliffe, R. Moorsom, 1979

[2] Dies wurde vor allem aus Tansania, Zaire und Mozambique berichtet: vgl. G. Hyden, 1980; M. Schulz, E.O. Dinter, 1981; W. Schöller, 1981

Elfenbeinküste, erfolgte früher, anders und aus ganz anderen
Gründen als die entsprechenden Programme.³ Das wäre letztendlich
gleichgültig, wenn nur das Ergebnis im Sinne der ökologischen
Folgen und der dynamischen Weiterentwicklung günstiger wäre.

Die Entwicklungspolitik nimmt weder die konkreten Erfahrungen
der Bauern und Nomaden noch die ungewollten Folgen sowie den
historischen Verlauf des sozio-ökonomischen und technologischen
Wandels zur Kenntnis; die Zwänge bleiben jedoch bestehen. Die
Agrarpolitik muß wirkungslos sein und zu unerwünschten Folgen
führen, da sie der Rationalität der Produzenten zuwiderläuft und
den Zwängen der Ressourcenabschöpfung und Herrschaftserhaltung
dient. Wenn z.B. die Nahrungsmittelproduktion nicht gefördert
und technische Verbesserungen nur für die Industrierohstoffe als
Monokulturen angeboten und schon gar keine Mischkulturen gefördert werden, wird erstere in eine gewisse Illegalität gedrängt,
die technologische Neuerungen verhindert und Parallelmärkte
entstehen läßt, die dann die Staatseinkünfte schmälern. Außerdem leiden Selbstversorgung und Bodenfruchtbarkeit. Mali ist
z.B. für die Aufrechterhaltung seines Staatshaushaltes auf die
Ausfuhr von Baumwolle angewiesen, deren Produktion selbst während der Dürrejahre gesteigert worden ist. Die Rekordernte im
Jahr 1985, als es wieder regnete, erzielte jedoch auf dem Weltmarkt nach der chinesischen Öffnungspolitik nur noch den halben
Preis.

Nicht nur werden keine Pakete technologischer Neuerung ge-
schnürt, wie dies in der Entwicklungspolitik gefordert wird, das
Problem besteht darin, daß einerseits diese Pakete aufgeschnürt
werden und ihre immanente Rationalität hinfällig, ja dysfunktional wird, andererseits die technologische Abhängigkeit so
groß ist, daß diese Pakete nicht aufgeschnürt werden dürfen, da

----

³ Vgl. J.-P. Chauveau, 1985

eine eigenständige Handhabung seitens vorhandener Institutionen und Qualifikationen nicht möglich ist, also keinerlei Aneignung stattfindet.[4]

Das Potential der Bewässerungslandwirtschaft wird bei weitem nicht genutzt; die zum Teil seit der Kolonialzeit vorhandenen Anlagen arbeiten ineffizient oder sind funktionsunfähig, das transferierte Technologieniveau und der Komplexitätsgrad sind zu hoch, von der Bürokratie nicht zu bewältigen. Jedoch wird bisherige Produktion und Technik verdrängt, fruchtbares Land geht verloren und gleichzeitig eignen sich die Staatsfunktionäre selbst produktive Ressourcen an. Dabei spielen nicht zuletzt die international durchgesetzten Austeritätsmaßnahmen zur Einschränkung des Staatsapparates eine Rolle, wie auch Entwicklungshilfemaßnahmen, die 'moderne' Privilegien (z.B. Zugang zu Bewässerungsland) zu vergeben haben. Es kommt zu einer 'Modernisierung' von Hörigkeits- und Pachtsystemen, einer sozialen Differenzierung des Landzugangs und der Viehhaltung, wobei sich traditionelle Führungsschicht, religiöse Würdenträger und Händler mit der politischen und Verwaltungsstruktur so verflechten, daß die ländliche Bevölkerung keinen Spielraum mehr hat.

Ganz besonders sind auch bisher praktisch alle Versuche der kontrollierten Weidewirtschaft - einschließlich des Futteranbaus und der Neuanpflanzung von Sumpfweiden als Trockenzeitweiden - mit unterschiedlichen Organisationsformen bis hin zu Viehhalterkooperativen gescheitert, da sie meist eine Einschränkung der Rechte der traditionellen Viehhaltergruppen bedeuten.

----

[4] Es sei denn zum Teil im Sinne der Erzielung von Renteneinkommen. Jedoch wird auch von den schlüsselfertig gelieferten Industrieanlagen zur Weiterverarbeitung von Kohlenwasserstoffen in Algerien berichtet, daß sie aufgrund dieser fehlenden Technologiehandhabung weder ökonomisch noch technologisch in die Wirtschaft integriert sind, vgl. A. Djeflat, 1985

Da weder Mischproduktion mit Anteil für Eigenkonsum bestärkt, geschweige denn neue Mischsysteme entwickelt wurden, noch die Nahrungsmittelproduktion für Vermarktungszwecke gefördert wurde, geriet die Produktion derselben in eine marginale Stellung, was Produktionsbedingungen und Vermarktung anbelangt. In vielen Ländern entwickelte sich dadurch eine echte Parallelwirtschaft; die kleinen Produzenten bauen - entgegen den Bemühungen der ländlichen Beratungssysteme - Nahrungsmittel zum Verkauf an und bieten diese auf Schwarzmärkten an bzw. schmuggeln sie ins Ausland, da die staatlichen oder staatlich festgesetzten Marktpreise absolut uninteressant sind. Dadurch wurde ein Großteil der ländlichen Bevölkerung quasi in die Illegalität gedrängt, und ihre Zurückhaltung gegenüber öffentlichen Institutionen und angebotenen Neuerungen oder Mobilisierungsbemühungen wurde weiter verstärkt.

Durch die "strukturelle Heterogenität" in Form von Parallelmärkten für Nahrungsmittelprodukte traten negative Folgen für die gesamtwirtschaftliche Entwicklung auf: Das Steuerungsmittel der staatlichen Agrarpreispolitik für die landwirtschaftliche Produktion kann nicht greifen. Tatsächlich steigen die (inoffiziellen) Preise für Nahrungsmittelfrüchte oft schneller als die für Industrierohstoffe, weswegen die staatliche Förderungspolitik für deren Export und Verarbeitung im Lande ebenfalls nicht greift.

Die Subsistenz- und kleinbäuerliche Wirtschaft verliert weiter an Stabilität, da sie völlig der Spekulation der Händler ausgesetzt ist, die eine transparente Organisation des Marktes verhindert. Den aus der ineffizienten Marktorganisation rührenden Verlust haben die ländliche Bevölkerung sowie der Staat zu tragen. Die inoffizielle Organisation des Absatzes führt dazu, daß diese Nahrungsmittel an anderen Stellen des Landes fehlen und es in (klimatisch bedingten) Notsituationen zu Versorgungsschwierigkeiten kommt.

In solchen Fällen sinkt bei starker Inflation und Verteuerung der Nahrungsmittelpreise die allgemeine Kaufkraft; der Ertrag ist nicht für ein gezieltes Wachstum nutzbar. Die Überschüsse werden nicht produktiv investiert. Aufgrund des inoffiziellen Exports entstehen für die nationalen Verarbeitungsbetriebe (für Industrierohstoffe und in geringerem Maße Nahrungsfrüchte) Zulieferungsschwierigkeiten.

Wenn die Nahrungsmittelpreise erhöht werden in der Absicht, einen Produktionsanreiz zur Überwindung der Ernährungsproblematik zu schaffen, treten negative sozio-ökonomische Folgen auf. Es kommt zu einem Rückgang der Zahl der verfügbaren Lohn- und Saisonarbeiter für den modernen landwirtschaftlichen und städtischen Sektor; zu einem Rückgang der Export-Rohstoffproduktion und damit der Deviseneinnahmen; zur Anhebung auch deren Preise, die jedoch durch den Weltmarkt begrenzt sind; zu einer Anhebung der Löhne und Gehälter für die o.a. Arbeiter sowie die städtischen Schichten, vor allem die Staatsbürokratie; damit zum Beginn einer bisher politisch vermiedenen Einkommensdifferenzierung; zum Eintritt in die Lohn-/Preisspirale; zur Attraktivität des Landkaufes für städtische Schichten, damit Veränderung der Bodennutzung im Sinne einer stärkeren sozialen Differenzierung und Verdrängung der kleinen Bauern; Absinken des Lebensstandards der nicht fest integrierten Bevölkerung im städtischen und ländlichen informellen Sektor unter das Existenzminimum.

Die von außen durch Weltmarktintegration und Technologietransfer angeregten Prozesse treiben die Gesellschaft in eine sozialstrukturelle Heterogenität und kulturelle Anomie, in der zielgerichtetes gesellschaftliches Handeln, also Entwicklungspolitik, nicht möglich ist.

Die grüne Revolution führt mit ihrer ökonomischen und ökologischen Unsicherheit und bürokratischen Anwendung zu sozialer Differenzierung, wobei z.B. in der Landwirtschaft nur Händler und Funktionäre (die 'urbane' Schicht) akkumulieren können, ohne jedoch im modernen unternehmerischen Sinne zu wirtschaften, da sie zum einen Absentisten sind, ihr Land also nicht selbst bewirtschaften, zum anderen ihre traditionelle Position einschließlich Zugang zu Land und Arbeitskräften nutzen, also nicht zu gesamtgesellschaftlich rationalen Verbesserungen und Produktivkraftentwicklung gezwungen sind. D.h., 'moderne' Landwirtschaft nutzt traditionelle Elemente - verfügbaren Boden, Arbeitskräfte, Viehakkumulation -, ohne zu Produktivitätsentwicklung und Ressourcenschutzmaßnahmen gezwungen zu sein. Andererseits ist Produktionssteigerung oft nur aufgrund von Einkommensquellen außerhalb der Landwirtschaft möglich, weswegen Händler und Funktionäre sich Zugang sichern können. Auf der einen Seite kommt es zu Übernutzung, auf der anderen zu Marginalisierung - jeweils mit negativen ökologischen Folgen und Verhinderung technologischer Entwicklung.

Ökonomisch heißt das, daß eine Durchkapitalisierung nicht stattfindet, es in der heterogenen Wirtschaftsstruktur typisch ist, daß durch diese Privilegien das Mehrprodukt abgeschöpft wird, ohne daß der 'moderne' Sektor sich jedoch dynamisch entwickeln kann. Z.B. ist auch nach Liberalisierungsmaßnahmen nicht zu erwarten, daß die Händlerbourgeoisie, die eng mit den traditionellen, zu Klientelbeziehungen verkommenen Machtstrukturen verflochten ist, in produktiven Einrichtungen geschweige denn in solchen, die technisch innovativ sind, investieren wird, da sie in 'unwirtschaftlicher' Art von ihren Klientelbeziehungen nach unten und oben (zu den von solchen Zuwendungen abhängigen Funktionären und Politikern) abhängig ist.[5]

---

[5] Dies ist das Ergebnis aus laufenden Untersuchungen in Mali gemäß mündl. Mitteilung von Jean-Loup Amselle bei der Tagung der Europ. Gesellschaft für ländliche Soziologie in Braga, April 1986

Sofern in diesen Gesellschaften außerhalb der Landwirtschaft akkumuliert wird, geschieht dies im Handel, der tendenziell spekulativ ist und keine Investitionen in der Produktivkraftentwicklung vornimmt, sondern nur in traditionellen Bereichen: Auftragsarbeit durch abhängige traditionelle Handwerker, spekulatives Horten von aufgekauften Agrarprodukten - neben der Akkumulation in Vieh.

Moderner Handel und Industrie konnten sich durch die Art der Ausübung der ökonomischen Rolle des Staates nicht herausbilden, die wiederum Ergebnis externer Einflüsse einschließlich der durch ausländisches Kapital bedingten Zwänge war. Wenn jetzt eine Liberalisierung einschließlich Abbau des Staatsapparates erfolgt, so stärkt dies den o.a. privaten Handel und erhöht die Notwendigkeit der Staatsklasse, produktive Ressourcen anzueignen.

Innerhalb der betreffenden Länder gibt es keine offene politische Diskussion und keinen wissenschaftlichen Diskurs über Theorie und Praxis des sozialen und technologischen Wandels. Stillgelegte Zementfabriken, nicht ausgelastete Textilanlagen und Ölmühlenkomplexe - inmitten dürregeschädigter, für den klimatischen Standort nicht geeigneter Ölpalmenplantagen wie z.B. in Benin - symbolisieren das Scheitern eines auf Industrialisierung und Großtechnologie basierenden Modernisierungsmodells. Gleichzeitig perpetuieren sie die Strukturverzerrungen in bezug auf Verschuldung, Zwang zu Devisenerwirtschaftung, Vernachlässigung der kleinbäuerlichen Landwirtschaft etc. Bewässerungslandwirtschaft, Staudämme und Großplantagen führen zu Ressourcenzerstörung. Schwere Maschinen betreiben großflächige Rodung, Staudämme führen zu Versalzung des Bodens, verhindern jahrtausendealte Landwirtschaft auf fruchtbarem Flußschlamm, führen zu Umsiedlung und Marginalisierung der lokalen Bevölkerung, zur weiträumigen Verbreitung wassergebundener Krankheiten und verfestigen aufgrund ihrer hohen Folgekosten den Zwang zu Monokultur und Exportwirtschaft.

In dem Aufgabengebiet, das der Staat nach der Unabhängigkeit neben der Wirtschaftstätigkeit übernommen hatte - Forschung und Technologieentwicklung bzw. -transfer -, gibt es keine nationalstaatlichen Einrichtungen, die eine angemessene Technologie entwickeln und das Wissen und neue Produktionsmittel allgemein zugänglich machen würden. Nicht nur ist das von den staatlichen Agrarberatern propagierte Saatgut nicht den örtlichen Gegebenheiten angepaßt, es ist auch schlicht und einfach nicht erhältlich.

Technische Verbesserungen finden nur statt, wenn sie nicht mit dem Ziel der Exportproduktion konfligieren; z.B. erfolgte im Baumwollgebiet in Mali eine Einbeziehung der Schmiede für die Wartung und Herstellung von Pflügen und einfachen Gerätschaften.[6] Allerdings kommt es dann immer zu einer sozialen Differenzierung zugunsten der herausgegriffenen Gruppen.

Dazu kommt, daß es sogar der mit nordamerikanischer Entwicklungshilfe betriebenen Agrarforschung einige Zeit untersagt war, über afrikanische Nahrungsmittelkulturen zu forschen, da sonst die Überproduktion der Industrieländer nicht untergebracht werden konnte. Ganz zu schweigen von der Tatsache, daß es der internationalen Hilfe nicht gelungen ist, in bestimmte Dürregebiete Saatgut statt oder zusätzlich zur Nahrungsmittelhilfe zu schaffen, so daß der 1985 wieder einsetzende Regen außer einer Heuschreckenplage (geradezu biblischen Ausmaßes) dort nichts bewirken konnte.

Die Agrarforschung wird in international geförderten Institutionen meist völlig eingleisig zu sogenannten "Mandatskulturen"

---

[6] Vgl. U. Schmoch, 1983, S. 200 ff.

betrieben.[7] Sie findet unter Versuchsbedingungen statt, nicht auf Versuchsfeldern von Bauern, schon gar nicht ist sie auf die gesellschaftlichen und ökonomischen Verhältnisse bezogen.

Auf der Ebene von Staat und Gesellschaft zeigt sich also, daß die Zwänge aus Herrschaftserhaltung und internationaler ökonomischer Einbindung so stark sind, daß ein sinnvoller Technologietransfer bzw. eigenständige Technologieentwicklung nicht stattfindet und die Entwicklungspolitik wirkungslos bleibt.

2.2 Ökologisch schädliche Wirkungen der Entwicklungspolitik

Wie gezeigt wurde, trifft es zu, daß gewisse Merkmale der traditionellen Wirtschaft unter bestimmten Bedingungen ökologisch problematisch werden können, jedoch ist dies im wesentlichen dann der Fall, wenn gewisse ihnen exogene Faktoren hinzukommen. Ökonomische und politische Entwicklungen führen zu einer Eingliederung in größere Systeme, Zusammenhänge und Mechanismen, die die Selbststeuerung der Basissysteme aufgebrochen haben. Entwicklungspolitische Maßnahmen haben eine Reihe von Prozessen ingang gesetzt, die in hohem Maße zu unerwünschten Folgen geführt haben und in ihrem Destabilisierungstrend nicht aufzuhalten sind. Modernisierungsbemühungen und Produktivitätssteigerung haben sich genau in ihr Gegenteil verkehrt.[8] Die traditionellen Systeme wurden aufgebrochen, ihre Anpassung von innen heraus jedoch ver-

---

[7] Zur internationalen Agrarforschung vgl. z.B. UNDP/FAO, 1984. Ein typisches Beispiel ist das International Institute of Tropical Agriculture (IITA) in Ibadan, Nigeria, wo erst seit wenigen Jahren ansatzweise auf bäuerlichen Feldern experimentiert wird, ohne daß diese Experimente jedoch in das gesamte Produktionssystem integriert wären.

[8] Allgemein zu verschiedenen Aspekten der ökologischen Auswirkungen, einschl. Gesundheitsrisiken, von Entwicklung vgl. M. Taghi Farvar, J.P. Milton (Hrsg.), 1973

hindert, eine sinnvolle Fortentwicklung fand nicht statt. Die Ursache ist einmal Abhängigkeit von nicht selbststeuerbaren Parametern, zum anderen die Durchsetzung politischer und ökonomischer Interessen und eine totale Vernachlässigung von Gesamtzusammenhängen nicht nur sozialer, sondern selbst technologischer Art.

Zunächst handelt es sich um die Einführung der Kolonialverwaltung bzw. nationalstaatlichen Autorität, durch die die Autonomie der verschiedenen sozialen, politischen und ökonomischen Gruppen beschränkt wurde, ohne daß eine wirksame Ersatzautorität in das Machtvakuum getreten wäre.[9] Am Beispiel der Aufhebung der territorialen und ökonomischen Rechte der Nomadenverbände und der daraus resultierenden Beeinträchtigung der räumlichen Bewegungsfreiheit und des Zugangs zu Wasser- und Weideressourcen ist dies besonders klar. Der Zugriff durch Steuersysteme und Zwangsarbeit bzw. Zwangsanbau und einseitige Förderung von Exportverkaufsfrüchten kommen dazu.

Die Einschränkung der räumlichen Bewegungsfreiheit und der ohne begleitende Maßnahmen forcierte Anbau von Verkaufsfrüchten sind ökologisch besonders schädlich. Beim Anbau z.B. von Erdnüssen wird das Feld völlig gerodet, es bleiben keine Stoppeln, die von Tieren abgeweidet werden könnten mit entsprechendem Düngungseffekt, der Boden bleibt unbedeckt und ist Wind- und Wasserabtrag ausgesetzt. Auch Baumwolle laugt den Boden ganz besonders aus.

Die ungewollten negativen Folgen der entwicklungspolitischen Interventionen zeugen von einer rein technischen Vorgehensweise, die die Eingriffe weder in einen größeren Systemzusammenhang

---

[9] Allerdings ist zumindest teilweise die Rolle der Befriedung, v.a. in den Nomadengebieten des britischen Kolonialreiches, nicht zu unterschätzen; vgl. K. Beck, 1989, zum nördlichen Sudan

stellte noch die gesellschaftliche Einbettung von Produktion und Lebensorganisation berücksichtigte. Damit konnten weder die ausgelösten sozio-ökonomischen Veränderungsprozesse abgeschätzt oder bewußt in eine gewünschte Richtung gelenkt werden, noch die mit ökonomischen und sozialen Veränderungen einhergehenden ökologischen Verschlechterungen überhaupt in Betracht gezogen werden.

Technische Veränderungen können - vermittelt über die von ihnen ausgelösten, aber auch eigenständigen sozio-ökonomischen Wandlungsprozesse - zu ökologisch negativen Prozessen führen. Von Interesse sind hier die durch externe Eingriffe ausgelösten oder verstärkten sozio-ökonomischen Prozesse wie Verdrängung, Bevölkerungsdruck, Integration in das Marktsystem, soziale Differenzierung etc., die zu ökologisch negativen Folgen führen.

Entwicklungspolitische Maßnahmen fanden subsektoral und nicht kohärent statt.[10] Das bekannteste Beispiel, allerdings auch das krasseste, ist der durch Kolonial- und Nationalverwaltung sowie externe Entwicklungszusammenarbeit durchgeführte Brunnenbau zur, oberflächlich gesehen durchaus einleuchtenden, Behebung der Wasserknappheit. Die Brunnenbaumaßnahmen führten zu ökologischen Schäden im Einzugsbereich der zentralen Wasserstellen durch Niedertrampeln durch Tiere, zu einem Überbesatz an Vieh mit entsprechender Überweidung, zur Abkürzung der Weidewanderwege, da diese nicht mehr erforderlich schienen, zur Niederlassung von Nomaden sowie zur zentralisierten Ansiedlung von Bauern mit entsprechender Übernutzung der Ressourcen.

Nicht nur wurde durch die Zentralisierung der Wasserstellen die räumlich optimale Nutzung des Raumes verhindert, sondern durch die Tatsache der Verfügbarmachung durch den Staat als allgemein

---

[10] Vgl. FAO, 1977, S. XII

zugängliches Gut fiel eine vorher durchaus vorhandene soziale Regelung des Zugangs zu Wasser weg, wodurch es zu unangemessener Nutzung kam. Außerdem waren die Brunnen nach rein geologischen Gesichtspunkten gebaut worden, nicht nach sozio-ökonomischen, d.h. ohne Berücksichtigung von Wanderwegen, Aufenthaltsdauer, Gruppenstärken etc. Es wurden nur permanente Wasserstellen geschaffen statt dezentrale, saisonal nutzbare auszubauen und Oberflächenwasser einzubeziehen; die Arbeitsintensität der Tränkung bei Tiefbrunnen wurde nicht berücksichtigt. Nach der Dürre verhinderte das Vorhandensein von Wasserstellen eine Renomadisierung.[11]

Veterinärdienste zur Steigerung der Viehproduktivität wurden nicht von Weidekontrollmaßnahmen begleitet, so daß einerseits eine zahlenmäßige Explosion des Viehbestandes eintrat, andererseits Nomaden wegen der damit verbundenen Viehzählung und Steuererhebung die Maßnahmen mieden. Dadurch, daß die Tiere gegen gewisse Krankheiten resistent wurden, konnten sie in Gebieten weiden, wo dies früher während der Regenzeit nicht möglich war. Sie nutzten daher frühere Regenzeitweiden nicht mehr aus, sondern trugen zu einer Überweidung der jetzt zu intensiv von Ackerbau und Viehhaltern genutzten Gebiete bei. In Übergangsgebieten verdrängt der Ackerbau nach Ausrottung der Tsetsefliege und Einführung von Veterinärdiensten die Viehhaltung, die sie als Trockenzeitweiden nutzte.[12] Andererseits können sich die Viehherden das ganze Jahr in bisher gefährdeten Gegenden aufhalten, weswegen sich nun Viehhalter niederlassen und kaum noch Transhumanz betreiben.[13]

---

[11] Vgl. Ch. Santoir, 1977, S. 56

[12] Vgl. G. Dahl, A. Hjort, 1979, S. 7

[13] Dies wird von C. Oxby, 1984, aus Guinea aus der subhumiden Zone berichtet. Früher waren die Herden in der Regenzeit bis zu 250 km nach Norden (Burkina Faso) gezogen.

Die zur Steigerung der ackerbaulichen Produktivität angebotenen Betriebsmittel wie Düngemittel, Pestizide etc. können dort nicht genutzt werden, wo herkömmliche Viehwirtschaft betrieben wird, da sie das Vieh schädigen würden. Natürliche Methoden der Bodenfruchtbarkeitserhaltung und Schädlingsbekämpfung und die Integration von Ackerbau und Viehhaltung wurden in Beratungsdiensten nicht angeboten.

Viele Bewässerungssysteme, die mit der Absicht errichtet werden, die Produktion von Exportgütern und Nahrungsmitteln für den städtischen Bedarf zu steigern, führten zu Konzentration von Landbesitz sowie zur Überbeanspruchung des Bodens und zerstörten die herkömmlichen Tauschbeziehungen und Weidewanderwege. In ihrem Umkreis entstehen oft große Desertifikationstaschen. Nur ein Teil der Bevölkerung konnte von ihnen profitieren - entweder wurde der status quo der Bodennutzung festgeschrieben, oder es wurden solche Teilnehmer ausgewählt, die Investitionen vornehmen konnten, d.h. über externe Akkumulationsquellen verfügten. Ein Teil der Bevölkerung konnte sich formale Landrechte sichern, ein Teil wurde zu abhängigen Lohnarbeitern, ein Teil wurde völlig ausgeschlossen. Es kam zu sozialer Differenzierung und Verdrängung und einer tendenziellen Vernachlässigung des Nahrungsmittelanbaus bei zunehmender Kommerzialisierung der Landwirtschaft. Bewässerungssysteme können negative ökologische Folgen auf die Grundwassersituation haben sowie die Bodenfruchtbarkeit durch Versalzung mindern, wenn die fachliche Steuerung, Wartung bzw. Zugabe von Betriebsmitteln fehlen.

Noch heute verfolgen die meisten Sahelregierungen aufgrund ihres Modernisierungsbegriffes eine gezielte Politik der Seßhaftmachung[14] von Nomaden und Wanderhackbauern, jedoch vor allem zwecks

---

14 Zur Politik der Seßhaftmachung von Nomaden vgl. grundsätzlich R. Herzog, 1963; P. C. Salzmann (Hrsg.), 1980

politischer Kontrolle. Die lange Zeit vorgebrachte Begründung, die Nomadenbevölkerung in den Genuß öffentlicher Dienstleistungen kommen zu lassen, war schon immer zweischneidig, da auf Vereinnahmung zielend, kann aber heute wegen mobiler Formen der Dienste und Teilseßhaftwerdung nicht mehr aufrechterhalten werden.

Die seit der Kolonialzeit verfolgte staatliche Forstpolitik war seit jeher auf Ausbeutung von natürlichen und Abschöpfung von finanziellen Ressourcen gerichtet und ausgesprochen autoritär. Sie bewirkte die Schädigung der natürlichen Ressourcen einmal durch direkte Ausbeutung und Vordringen der Siedlungen, zum anderen durch die Beschränkung der autonomen Holzbewirtschaftung der Bevölkerung.

'Moderne' Schutzmaßnahmen schränken oft den Lebensraum der Bevölkerung ein und werden daher meist mit Gewalt durchgesetzt. Wenn die Bewirtschaftung von der Gemeinde- zur Staatsebene übergeht, kommt es meistens zu Übernutzung, da die Flexibilität und lokale Autorität verloren geht.[15] Waldressourcen werden durch die Vermarktung von Holz und Holzkohle ausgebeutet.[16] Im Niger[17] z.B. werden die Bauern entmutigt, Forstwirtschaft zu betreiben, oder gar aufzuforsten. Die Forstgesetzgebung (Code forestier) läuft der Notwendigkeit der Ressourcenerhaltung dadurch entgegen, daß die meisten Baumarten unter Schutz gestellt werden, die auf den

---

[15] Vgl. G. Shepherd, 1986, S. 14, unter Bezug auf Fernandes, 1983, S. 9. Die europäische Forstwirtschaft bezog sich auf die Bewirtschaftung von privaten oder staatlichen, unbewohnten Wäldern. Probleme entstanden bei der Anwendung der gleichen Prinzipien auf bewohnte, für die Lebensgrundlage der Gemeinschaften wichtigen Wälder: vgl. ebenda, S. 25

[16] G. Shepherd, 1986, S. 13, sieht das als Symptom des rural - urban bias

[17] Vgl. J.T. Thomson, 1982, S. 175

Feldern wachsen. Das heißt, sie können nur gegen Bezahlung einer Fällerlaubnis bewirtschaftet werden. Wer einmal eine Fällerlaubnis erworben hat, der fällt Bäume, wo er sie finden kann. Diejenigen (die Mehrzahl), die sich keine Fällgenehmigung leisten können, schlagen aus Furcht vor Strafe die Bäume auf ihren eigenen Feldern nicht, decken vielmehr ihren Bedarf ebenfalls anderweitig. Die nicht geschützten Arten sind Gemeingut und können jederzeit ausgebeutet werden.

Zusammenfassend kann also gesagt werden, daß entwicklungspolitische Maßnahmen ökologisch negative Folgen haben, da die Vernachlässigung von Gesamtzusammenhängen nicht nur gesellschaftlicher, sondern selbst technologischer Art total ist: Brunnenbaumaßnahmen führen zu Schäden im Einzugsbereich zentraler Wasserstellen, zu örtlichem Überbesatz mit Vieh und Abkürzung der Weidewanderwege sowie zu fester Ansiedlung mit Ressourcenübernutzung. Bewässerungssysteme führen zu Konzentration von Landbesitz und zu Zerstörung der Tauschbeziehungen zwischen Ackerbauern und Viehhaltern sowie der Weidewanderrouten und Weidereserven. 'Moderne', sogenannte kontrollierte Weidewirtschaft und Tiermastbetriebe benachteiligen die Nomadengruppen. Darüber hinaus mischt die Dürre die Bevölkerungsgruppen durcheinander und stört die räumliche und zeitliche Organisation der Ressourcennutzung.

2.3 **Erfolglosigkeit von Programmen der kontrollierten Vieh- und Weidewirtschaft**

Ein Beispiel für rigorose Erosionsschutzmaßnahmen, die so nur von einer extrem autoritären, durchsetzungsfähigen Verwaltung durchgeführt werden konnten, ist Irgani im Norden Tansanias, wo in der Dodoma-Region seit 1973 mit schwedischer Entwicklungszusammenarbeit ein Programm zur Verbesserung der Bodenfruchtbarkeit durchgeführt wird.[18] Seit 1979 ist dort das Vieh der Agropastoralisten (Rangi) nicht mehr zugelassen. 90.000 Stück Vieh sollen abgetrieben worden sein, teilweise wanderten Familien ganz oder teilweise ab, meist in die Ebene, mit der der wirtschaftliche Austausch dadurch verstärkt wurde. Tatsächlich wurde durch diese Maßnahme die Bodendegradation in beträchtlichem Maße reduziert und die ackerbauliche Produktion und Lebenssituation verbessert. Jedoch trug dies zweifellos dazu bei, daß in der Ebene nun auch Bodendegradation einsetzte, wo bis heute jedoch keinerlei ökologisch angepaßter, ressourcenschonender Ackerbau betrieben wird. Allerdings wurde die Wasserversorgung der Ebene durch die ökologische Verbesserung des Hochlands gesichert. Derzeit wird diskutiert, ob und in welcher Form im Hochland Vieh wieder zugelassen werden kann. Die Bevölkerung hatte von vornherein gefordert, einige wenige Tiere für Stallhaltung behalten zu können, allerdings ohne Erfolg.

Außerdem war im Rahmen des Dorfansiedlungsprogrammes (villagization) ein Gebiet von 125.000 ha um die Stadt Kondoa, das völlig erodiert war, auch von Menschen entsiedelt worden, und ist inzwischen wieder einigermaßen rehabilitiert. Es liegt in 1.000 - 2.100 m Höhe, die umgebende Hochebene (1.200 m) gehört zu dem semi-ariden Zentral-Tansania. Die geschätzte Bevölkerung lag bei 73.500 in 19 Dörfern; 25 % sollen auch Tiere gehalten haben. Zwar finden Versuche statt, jedoch wurden bisher keine neuen integrierten Produktionssysteme und bevölkerungsnahe Landnutzungspläne (z.B. zusammen mit den früheren Erdherrn) entwickelt.

Die bisherigen Erfahrungen mit dem sog. Ranching,[19] die vor allem in Ostafrika (Kenia, Tansania) weit in die Kolonialzeit zurück-

---

[18] Vgl. W. Östberg, 1986, insbes. S. 16 ff.; zu den natürlichen Bedingungen C. Christiansson, 1981

[19] Vgl. C. Toulmin, 1983, S. 99 ff.

gehen, haben keinerlei Verbesserung der Ressourcennutzung gebracht. Die ungelösten Probleme liegen in der Frage der Organisation und der Bewirtschaftung auf mittlerer Ebene sowie der Abgrenzung eines bestimmten Weidegebiets in einem Gebiet, wo der Niederschlag sehr variabel ist und daher räumliche Mobilität erforderlich ist. Bisher wird nur bestätigt, daß der politische Wille auf nationaler Ebene - man könnte auch sagen die Durchsetzungsfähigkeit - nicht vorhanden ist.

Typisch für Ranching-Ansätze ist die quasi-automatische Einführung individuellen Bodeneigentums,[20] inzwischen auf der Betriebsebene. Es ist eine begrenzte 'Modernisierungsstrategie', die kontrollierte Weidewirtschaft und kommerzielle Herdenbewirtschaftung bedeutet. In Ostafrika hatten sich bereits Anfang der 60er Jahre aufgrund einer ausgeprägten Dürre Hilfsprogramme dem Ressourcenschutz zugewandt, jedoch verfolgte der Ranching-Ansatz überall allein oder jedenfalls primär das Ziel der Steigerung der Viehproduktion.[21] Das 1960 initiierte "Kenya range, livestock and range development program" hatte als Ziel nicht Ressourcenschonung, sondern die Erhöhung der Viehproduktion. 1975/76 trat es mit Förderung von Weltbank und USAID in eine weitere Phase. Es legte als organisatorische Einheit die Ranch als Unternehmen oder Betrieb zugrunde, die einen kommunalen, kooperativen oder korporativen Status erhielt. 1968 wurde in Kenia eine "Range Management Division" gegründet, die später durch eine Viehvermarktungsbehörde ergänzt wurde. Das von der britischen Kolonialverwaltung eingeführte System der Weideblöcke (grazing-blocks) wurde 1968 durch einen "Group Representatives Act" gesetzlich festgeschrieben. Dadurch wurde im Bodenrecht, das bisher auf

---

[20] Dies wird als Forderung vertreten von H.E. Jahnke, 1982, S. 182

[21] Vgl. C. Toulmin, 1983, S. 99 ff.; allgemein dazu die Beiträge zu "Intensification of animal productivity" in M. Taghi Farvar, J.P. Milton (Hrsg.), 1973, S. 667 ff.

seßhafter Landnutzung aufbaute, eine Legalisierung der Weidereserven vor allem in den Distrikten der Masai vorgenommen. J.W. Bennett[22] berichtet über die lange Geschichte des Widerstands gegen dieses System. Hauptkritikpunkte sind, daß es keine Risikovorsorge beinhaltet und keine schnelle Anpassung an Schwankungen der natürlichen Bedingungen ermöglicht. Das bedeutet, daß die Flexibilität und damit die Sicherheit beeinträchtigt sind.

Wogegen in Kenia der Ansatz einer Gruppen-Ranch verfolgt wird, wurde in Tansania ein Dorf-Ansatz versucht.[23] Jedoch verlief dort die Entwicklung seit 1968/69 ähnlich. Das "Tanzanian livestock and ranch development program" wird seit 1973/74 durch die Weltbank und USAID gefördert. In Tansania gibt es staatliche Ranches (National Agricultural Company Ranches), die durch die District Development Corporations betrieben werden, die jedoch wie die Ujamaa-Dörfer in ihrer Bedeutung zurückgehen. In den Masai-Gebieten wird das "Masai livestock and range management project" durchgeführt.[24]

In Somalia wurde eine dritte Variante der Organisation auf mittlerer Ebene eingeführt, nämlich der Ansatz einer Weidegemeinschaft (grazing association) im Gegensatz zu dem Gruppenansatz in Kenia und dem Dorfansatz in Tansania. J. Janzen[25] bezeichnet dort die Einführung von Range-Management-Systemen (Northern Rangeland Development Project) als Beispiel eines gescheiterten Technologietransfers aus Industrieländern. Die Rotationsbeweidungsregelung wurde nicht strikt befolgt, die Projektinfrastruktur durch bestimmte Nomadengruppen zur privaten Bereicherung be-

---

[22] J.W. Bennett, 1984, S. 41 ff.

[23] Vgl. J.W. Bennett, 1984, S. 87 ff.

[24] Vgl. dazu C. Sonnen-Wilke, 1981

[25] Vgl. auch zum folgenden J. Janzen, 1984; 1987, S. 24 f.

nutzt, andere Nomadengruppen wurden bei ihren Wanderbewegungen behindert, es konnte kein guter Kontakt zwischen Nomaden und Projektmanagement hergestellt werden. Der Ausbau der Wasserinfrastruktur erfolgte, ohne daß ein Wasserwirtschaftsplan erstellt wurde. Trotzdem sollen ähnliche Projekte in den drei Großregionen Somalias mit Finanzierung multilateraler Institutionen, darunter Weltbank und EG, durchgeführt werden.

Die ökologische Fehlentwicklung in Somalia hat wie überall eine lange Geschichte. Nach 1969 war gemäß den Vorstellungen der Regierung, die einen sozialistischen Anspruch vertrat, das Häuptlingssystem geschwächt und alles Stammesland verstaatlicht worden. Die Folge war eine Rechtsunsicherheit, aufgrund derer einflußreiche Personen gute Weidegründe und Wasserstellen privat aneignen konnten. Im Norden kam es zu einer Kommerzialisierung und Monetarisierung der Viehhaltung und sozialer Differenzierung bei Herausbildung einer Schicht von Vieh- und Wasserhändlern, die selbst Viehhaltung betreiben. Durch die Kommerzialisierung wurde die Kameltierhaltung reduziert und daher die Weidewege verkürzt. Dazu kommt, daß die Nomaden durch den Konflikt mit Äthiopien von wichtigen Weidegebieten im Ogaden abgeschnitten sind. Die Einnahmen aus Viehverkauf und Geldüberweisungen von Arbeitsmigranten aus Erdölländern werden in den Bau von Wasserversorgungseinrichtungen investiert, die dann privat genutzt werden. Die Errichtung von Tiefbrunnen gefährdet das Grundwasser, das Vordringen des Regenfeldbaus leistet der Bodenerosion Vorschub, den traditionellen geht zugunsten der 'modernen', exportorientierten Viehhalter Weideareal verloren.

Nach der großen Dürre 1974 beschloß Somalia die Durchführung von Ansiedlungsprogrammen für Nomaden, wobei die Hälfte der ca. 250.000 in Auffanglagern 'gestrandeten' Nomaden sich für eine Umsiedlung in den Süden als Ackerbauern entschlossen. Noch 1984 erhielten die angesiedelten Nomaden Nahrungsmittelrationen aus dem Welternährungsprogramm. Die zuständige Organisation (Settlement Development Agency SDA) ist sehr autoritär, nach militäri-

schem Vorbild geleitet. Es kommt zu technischen Schwierigkeiten;
die Männer ziehen Tätigkeiten wie Traktorfahren vor, die Frauen
machen den größten Teil der physisch anstrengenden Feldarbeit.
Seit 1983 findet eine Abkehr von der kollektiven zu einer halb-
bzw. privaten Bewirtschaftung statt. Es besteht ein Trend zur
Abwanderung der jungen Männer in den traditionellen nomadischen
Lebensraum, wo sie neue Viehherden aufzubauen versuchen.

In Westafrika kam es bei den Fulbe[26] seit den letzten Jahren vor
dem ersten Weltkrieg zu einer Wiederaufnahme der Migration nach
Süden, wobei sie vor allem aus dem damaligen Obervolta sowie
Mali in die Küstenländer, vor allem die Elfenbeinküste, dräng-
ten. Auslöser war der Verlust ihrer politischen Vorherrschaft in
der ländlichen Gesellschaft, da die Kolonialmacht die Klasse der
Abhängigen, die bisher nicht nur Tribut geleistet hatten, sondern auch den Zugang zu Wasser und Weide sichergestellt hatten,
abschaffte. Dazu kam, daß die Ausbreitung des Anbaus von Verkaufsfrüchten die Viehhalter verdrängte. Durch die Dürre der
70er Jahre wurde diese Wanderbewegung verstärkt.

In der Elfenbeinküste wurde 1970 die Société de Développement
des Productions Animales (SODEPRA) gegründet, die auf die nationale Fleischversorgung durch private und dörfliche Viehhaltung
ausgerichtet war - im Gegensatz zu der ebenfalls möglichen Op-
tion der Errichtung weiterer staatlicher Ranchbetriebe. Für die
(mehrheitlich) gemeinschaftliche Viehhaltung wurde das Programm
der dörflichen Nachtpferchhaltung (taurins villageois) eingeführt. Mit diesem Konzept, das von Beratung und Veterinärdiensten begleitet wurde, sollte der ganze Norden abgedeckt werden,
um die traditionelle dörfliche Viehhaltung zu verbessern. Nach
und nach wurde eine selektive Beratungsstrategie entwickelt, und
die Dienste mußten bezahlt werden. Der Nutzen kam vor allem den

---

[26] Vgl. Ph. Bernardet, 1986

Viehhaltern zugute, die aufgrund ihrer traditionellen Herrschaftsposition die Masse der kleinen Viehhalter mobilisieren konnten, die sich allerdings jedoch teilweise verweigerten. Nach und nach gründeten die großen Viehhalter eigene Pferche, einige kleine schlossen sich an.

Als neues Modell wurden dann sog. fermes agro-pastorales eingeführt, also der Versuch der Integration von Landwirtschaft und Viehhaltung durch Einführung des Futteranbaus für die Trockensaison unternommen. Dabei wandte man sich von vornherein an Eigentümer von großen Herden. Ein Problem war die Verfügbarkeit von Arbeitskraft und die Unterhaltung des Futteranbaus, auch Pflanzenkrankheiten zerstörten große Teile, so daß 1982 das Projekt aufgegeben wurde. Seit 1975 wurden Mast-Kooperativen (groupements à vocation coopérative (GVC) d'embouche) gegründet.[27] Ihre Organisationsstruktur lief den traditionellen Abhängigkeitsstrukturen entgegen, und es bildete sich keine eigenständige Leitung heraus; sie waren nicht dynamisch, sondern von den Beratungsdiensten abhängig.

Um den Konflikt zwischen den einheimischen Ackerbauern (Senufo) und den zuwandernden Fulbe zu mildern, sollten diese in einem Programm (Opération "Zébu") ansässig gemacht werden. Wegen der Tsetsefliegenverseuchung wurde das 1976 begonnene Programm 1982 wieder aufgegeben. Neben der Ansiedlung der Fulbe wurde eine Verschmelzung von Ackerbauern und Viehhaltern versucht. Die Fulbe hatten selbst eine Verbindung von Ackerbau und Viehhaltung begonnen, indem sie den Dung in einer Felderrotation verwendeten, und Nachtpferchhaltung eingeführt. Die Senufo zwangen sie aber oft, ihnen ihre alten Landnutzungsrechte (für die inzwischen gedüngten Böden) wieder einzuräumen. Daher gaben die Fulbe

---

[27] Vgl. dazu auch Deutsche Gesellschaft für wirtschaftliche Zusammenarbeit (GTZ), 1983a

den Ackerbau praktisch wieder auf und die Viehhaltung nahm stark zu. Das Konfliktniveau zwischen beiden Wirtschaftsgruppen war hoch.

Als Ansatz der Weidebewirtschaftung wurden regionale Weideentwicklungseinheiten (unités d'aménagement pastoraux, UAP) eingerichtet. Es wurden Viehhalterkomitees gegründet, die die Herdenbewegungen kontrollieren und Konflikte regeln sollten, da die Fulbe nicht mehr unter Chefs organisiert waren und sie die traditionellen Autoritäten der einheimischen Bevölkerung nur beschränkt anerkannten. Diese hatten bisher Streitigkeiten geregelt. Das Gegenstück war die Festlegung von kleinen Integrationszonen (microzones d'intégration), innerhalb derer jedem Fulbe-Camp Land für Felder zugewiesen wurde. Seit 1984 wurden in der sog. Opération "tandem peul-sénoufo" entsprechende Mikrozonen eingeführt und zusätzlich die Aufteilung des Naturdüngers zwischen Viehhaltern und Ackerbauern vorgenommen. Dabei wurde die Zusammenarbeit zwischen einem und/oder mehreren Viehhaltern bzw. Ackerbauern durch Vertrag geregelt. Allerdings erfolgte keine Absprache mit den traditionellen Autoritäten. Eigene Experimente der Bevölkerung, z.B. die Rotation mit eingezäunten Pferchen und Feldern, wurden kaum beachtet, jedoch geht diese "Tandemlösung" in die gleiche Richtung.

Es zeigt sich also, daß die technische Kohärenz der ursprünglichen Projekte völlig aufgegeben wurde. Die Projekte wurden verändert, ohne daß jedoch den spezifischen Erfahrungen der Bevölkerung Rechnung getragen wurde. Bernadet folgert daraus die Notwendigkeit, die eigene Kreativität der Bevölkerung zu nutzen und die soziale Differenzierung zur Kenntnis zu nehmen. Das heißt, daß zwar die Konzentration auf reiche Bauern vermieden werden sollte, jedoch nicht selbstverständlich von einer Gleichverteilung der Ressourcen ausgegangen werden kann. Die Förderung muß sich an die Situation jeder Gruppe innerhalb der ländlichen Gesellschaft anpassen.

Im Ferlo im Senegal wurde die Viehhaltung der Fulbe modernisiert, indem ihr im Rahmen eines Programmes der Stratifizierung die Aufzucht der Jungtiere überlassen wird. Pouillon[28] konstatiert hier die Verarmung der Viehhalter, da von ihnen das Hauptrisiko getragen wird; die Lieferung von Zusatzfutter zur Überbrückung der Trockenzeit führte zu ihrer Verschuldung. Das Projekt der SODESP führte den Tausch von Futterkuchen gegen Kälber ein. Dadurch wurden die Viehhalter mit einer eigenen Logik und technischen Struktur konfrontiert, die der Gesellschaftsstruktur fremd sind. Daraus entstanden Widersprüche in den gegenseitigen Erwartungen und Rollenzuschreibung. Es kam zu einer Gegenbewegung seitens der traditionellen Führer, da die SODESP die vorhandenen Strukturen nicht beachtet hatte, sondern sich direkt an die "Privateigentümer" von Tieren wandte. Tatsächlich besteht keine anonyme Marktethik, sondern persönliche soziale Beziehungen, die über Verhandlung hergestellt werden und auf Legitimität beruhen. Außerdem wurde die Handlungsfreiheit der Akteure nicht beachtet; das Projekt ist zu starr, die Berater haben wenig Spielraum. Die Beziehungen wurden daher sehr instabil, mit einer Neigung zum Rückzug seitens der Bevölkerung. Die Kommunikation ist mangelhaft, repräsentative Komitees sind nicht vorhanden.

Der stärkste Konflikt besteht hinsichtlich des Wassers, dessen Bereitstellung von der SODESP (Société de Développement de l'Elevage en zone Sylvopastorale) als wichtigste Leistung hervorgehoben wird. Die eingesetzten Verwaltungsräte für die Wasserbohrungen haben meist nichts zu sagen. Die SODESP wurde daher zu einem Vertreter des Staates hochstilisiert und jede Unzufriedenheit auf ihn konzentriert und die technische Logik mit der Autorität des Staates gleichgesetzt. An den Bohrungen wird kostenlos Wasser gefördert, weshalb zu viele Nutzer angezogen werden. Die Fulbe akzeptieren nicht, daß dann der Betrieb eingeschränkt

---

[28] F. Pouillon, 1986, S. 16 ff.

wird. Die Zahlung von Gebühren wird abgelehnt, da sonst die traditionelle Gastfreundschaft zerstört würde.

Ein ebenfalls im Senegal durchgeführtes, an sich erfolgreiches "integriertes Viehzuchtprojekt" (Kreis Mbane sowie Département Podor)"[29] mit einer Fläche von 61.000 km^2 ist insofern problematisch, als eine gewisse Stückzahl an Vieh zur Teilnahme vorausgesetzt wird, jedoch nicht geklärt ist, was aus den ärmeren Viehhaltern bzw. den anderen Nomaden, die üblicherweise durchziehen, wird. Die 'Mustermitglieder' der Viehkooperativen sind meist traditionelle Führer oder religiöse Würdenträger, deren traditionelles Prestige dadurch so gestärkt wird, daß eine starke sozio-ökonomische Differenzierung eintritt.

In einem seit 1984/85 durchgeführten Projekt der deutschen technischen Zusammenarbeit zur Verbesserung der traditionellen Tierhaltung der Fulbe in Nordbenin[30] wird die Aufhebung der Transhumanz und eine verstärkte Einbindung in den Fleischmarkt angestrebt. Außer dem flächendeckenden Bau von kleinen Wasserrückhaltebecken und der Wiederbelebung des veterinärmedizinischen Dienstes war beabsichtigt, Weideeinheiten um die neuen Wasserstellen herum zu gründen. Dabei wurde nur die Viehhaltergruppe als "Zielgruppe" definiert, ohne deren Einbindung in das gesamtgesellschaftliche Umfeld, insbesondere ihre unterlegene Machtposition gegenüber den Ackerbauern, zu berücksichtigen. Das bedeutet, daß die Maßnahmen auf jeden Fall in den lokalen politischen Prozeß eingreifen. Die Folge war, daß die Konflikte zwischen beiden Gruppen verstärkt wurden, da sich primär die Ackerbauern die durch das Projekt errichteten Wasserstellen aneigneten und die Viehhalter tendenziell verdrängt wurden. Ursprünglich waren die angestrebten Weideeinheiten als kooperative Zu-

---

[29] Vgl. Ch. Santoir, 1977

[30] Vgl. Th. Bierschenk, 1986

sammenschlüsse der Viehhalter gedacht, inzwischen wurden sog. Verwaltungsausschüsse gegründet und diese paritätisch mit Viehhaltern und Ackerbauern besetzt. Bisher haben diese Verwaltungsausschüsse eine Einteilung in Weide- und Ackerland bzw. den Zugang für das Vieh zum Wasser nicht durchsetzen können. Nach dem offiziellen Bodenrecht gehört der Boden dem, der ihn bewirtschaftet; dies gilt jedoch nur für den Ackerbau, nicht für die Weidewirtschaft. Die impliziten Voraussetzungen des Projektes wurden dadurch konterkariert, daß ein Verfall der Fleischpreise durch Notverkäufe aufgrund der Schließung der Grenzen zum Hauptabsatzgebiet Nigeria 1983 eintrat. Von einer anderen externen Entwicklungsorganisation wird gleichzeitig, ohne Koordinierung mit dem Viehhalterprojekt, der extensive Baumwollanbau gefördert.

Sogar Ressourcenschutzprojekte können negative Auswirkungen haben. Ein Beispiel ist das Groupement Européen de Restauration des Sols en Haute-Volta (GERES), das 1966 aufgegeben wurde, als die ländliche Entwicklungsorganisation ORD sich stärker auf die Steigerung der Produktion ausrichtete. Da Dämme, Auffangbecken etc. nicht gewartet wurden, wurde die Erosion verstärkt und Agrarland ging verloren.[31] Seit 1962[32] waren auf dem Mossi-Plateau in dem heutigen Burkina Faso - mit EG- und Weltbankmitteln - Tausende von Kilometern von kleinen Gräben zur Wasseraufnahme und Erosionskontrolle mit einem aufwendigen Maschinenpark ausgehoben worden, wobei die Bevölkerung lediglich als Arbeitskräfte einbezogen wurde.[33] Bereits nach der ersten Regenzeit war ein

---

[31] Vgl. zur Entwicklungshilfe unter ökologischen Gesichtspunkten im Yatenga in Burkina Faso T. Kemper, M. Kleene, 1985, hier S. 115, ansonsten S. 109 f.

[32] Vgl. W. Kiene, 1987, S. 49

[33] Vgl. Ch. Reij, 1983

Großteil zerstört; ihre Existenz leitete verstärkt Erosionsprozesse ein.

Zusammenfassend ist festzuhalten, daß bei den traditionellen und kleinbäuerlichen Produktions- und Sozialsystemen die ökonomisch und sozial rationale Reaktion auf die Unsicherheit und die unklaren Absichten des Staates die Verweigerung gegenüber Innovationen ist, insbesondere solchen, die die Kompetenz für bestimmte Funktionen auf eine neue Instanz auf mittlerer Ebene verlagern, die notwendigerweise autoritär sein muß.

Die Verweigerung gegenüber von außen angeregten Entwicklungsvorschlägen bzw. die Eigeninitiative bezüglich der selektiven Annahme zu eigenen Zwecken steigert sich auch zu Aktionen von größerer gesellschaftlicher Bedeutung, die allerdings unter den gegebenen Verhältnissen keine 'modernen' Formen annehmen können. Denn einerseits ist eine 'moderne' Ausdrucksweise aus Gründen der politischen und kulturellen Peripherisierung nicht möglich, andererseits sind die 'herkömmlichen' Wege der Verflechtung über Klientelbeziehungen im Sinne des Herrschaftsmechanismus besetzt und dienen lediglich der Absicherung und Aushandlung von Tolerierung. Es zeigt sich, daß volkstümliche politische Bewegungen, für die aus Senegal (Casamance) und Kamerun Beispiele genannt werden, der Gefahr des Mißbrauchs unterliegen, und sich selbstzerstörerisch auswirken können. Trotzdem zeigen sich hier Möglichkeiten, wie die Penetration des Staates abgewehrt werden kann.

Die Ausbeutung der ländlichen Bevölkerung durch den Staat und die Ineffizienz der staatlichen Entwicklungspolitik sind zwei Seiten einer Medaille. Als These kann formuliert werden: Der zentrale Staatsapparat und seine Funktionärsklasse zerstört mit seinem Zugriff auf die Basis die dort vorhandene Überlebensfähigkeit, ohne durch seine entwicklungspolitischen Maßnahmen einen funktionalen Ersatz, geschweige denn eine Verbesserung der Lebenssituation oder eine Dynamisierung der Wirtschaftsentwicklung erreichen zu können.

Außer an der stagnierenden bzw. rückläufigen Landwirtschaftsproduktion und vor allem dem Rückgang der Nahrungsmittelverfügbarkeit zeigt sich dies an der fehlenden Partizipation der Bevölkerung, der Nicht-Realisierung von Reformmaßnahmen bzw. der Wirkungslosigkeit und den ungewollten Folgen von Politikmaßnahmen (z.B. Schwarzmarkt), der Zunahme der sozialen Differenzierung und des regionalen Ungleichgewichts.

Eine wichtige technologische Fortentwicklung, vor allem im Sahel, ist die Bewässerungslandwirtschaft. Das Potential wird jedoch bei weiten nicht genutzt; die zum Teil seit der Kolonialzeit vorhandenen Anlagen arbeiten ineffizient oder sind funktionsunfähig, das transferierte Technologieniveau und der Komplexitätsgrad sind zu hoch, von der Bürokratie nicht zu bewältigen. Jedoch wird bisherige Produktion und Technik verdrängt, fruchtbares Land geht verloren, und gleichzeitig eignen sich die Staatsfunktionäre selbst produktive Ressourcen an.

Die Entwicklungspolitik nimmt die konkreten Erfahrungen der Bauern und Nomaden, die ungewollten Folgen sowie den historischen Verlauf technologischen Wandels nicht zur Kenntnis. Die Agarpolitik muß wirkungslos sein und zu unerwünschten Folgen führen, da sie der Rationalität der Produzenten zuwiderläuft und den Zwängen der Ressourcenabschöpfung und Herrschaftserhaltung dient. Wenn z.B. die Nahrungsmittelproduktion nicht gefördert und technische Verbesserungen nur für die Industrierohstoffe als Monokulturen angeboten werden, wird erstere in eine gewisse Illegalität gedrängt, die technologische Neuerungen verhindert und Parallelmärkte entstehen läßt, die dann die Staatseinkünfte schmälern. Außerdem leiden Selbstversorgung und Bodenfruchtbarkeit.

Es kann keinen offenen wissenschaftlichen Diskurs über Theorie und Praxis des sozialen und technologischen Wandels geben innerhalb der betreffenden Länder. Stillgelegte Zementfabriken, nicht ausgelastete Textilanlagen und Ölmühlenkomplexe - inmitten dürregeschädigter, für den klimatischen Standort nicht geeigneter Ölplantagen - symbolisieren das Scheitern eines auf Industrialisierung und Großtechnologie besierenden Modernisierungsmodells. Gleichzeitig perpetuieren sie die Strukturverzerrungen in bezug auf Verschuldung, Zwang zu Devisenerwirtschaftung, Vernachlässigung der kleinbäuerlichen Landwirtschaft etc.

Entwicklungspolitische Maßnahmen haben auch ökologisch negative Folgen, da die Vernachlässigung von Gesamtzusammenhängen nicht nur gesellschaftlicher, sondern selbst technologischer Art total ist: Brunnenbaumaßnahmen führen zu Schäden im Einzugsbereich zentraler Wasserstellen, zu örtlichem Überbesatz mit Vieh und Abkürzung der Weidewanderwege sowie zu fester Ansiedlung mit Ressourcenübernutzung. Bewässerungssysteme führen zu Konzentration von Landbesitz und zu Zerstörung der Tauschbeziehungen zwischen Ackerbauern und Viehhaltern sowie der Weidewanderrouten und -reserven. Tiermastbetriebe benachteiligen ebenfalls die Nomadengruppen. 'Moderne' Ansätze zu sog. kontrollierter Weidewirtschaft sind gescheitert, da sie meist eindimensional auf Produktivitätssteigerung ausgerichtet waren. Entsprechende Erfahrungen wurden seit der Kolonialzeit in Tansania, Kenia und Somalia gemacht. In Westafrika, so z.B. in der Elfenbeinküste, Senegal und Benin entstand insbesondere ein hohes Konfliktniveau zwischen Viehhaltern (Fulbe) und Bauern, das jeglicher ökologisch sinnvollen Regelung entgegensteht.

Teil VII: Strategien angepaßter Entwicklung

1 Stand der internationalen Anstrengungen zur Bewältigung der Sahelproblematik

Es besteht i.a. stillschweigend Konsens darüber, daß die massiven Versuche der Entwicklungszusammenarbeit, eine zwischen den betroffenen Staaten koordinierte Bekämpfung der Sahelproblematik zu unterstützen und Programme der Produktionsförderung, Ernährungssicherung und des Ressourcenschutzes durchzuführen, bisher nicht zum Erfolg geführt haben. Nach der ersten Saheldürre haben sich die Kräfte durchgesetzt, die Ernährungssicherungsstrategien als entscheidende entwicklungspolitische Stoßrichtung ansehen, innerhalb derer nationale Selbstversorgung angestrebt wird und Nahrungsmittelhilfe nur als Instrument innerhalb dieses Rahmens eingesetzt werden soll. Der Ansatz war ursprünglich von der EG propagiert worden.[1] Angesichts der weiteren Dürre 1982 - 1984 gerieten beide Stoßrichtungen - Ernährungssicherungs- und Desertifikationsbekämpfungspolitik - in große Schwierigkeiten, die Erwartungen sind inzwischen sehr gedämpft, auch wenn 1985/86 und 1986/87 gute Erntejahre waren.

1977 war auf der Ebene der Vereinten Nationen, durch die United Nations Conference on Desertification in Nairobi (UNCOD), ein Aktionsplan verabschiedet worden, der die Überwachung und Erforschung des Phänomens der Desertifikation beinhaltete sowie die Erstellung nationaler Programme zu ihrer Bekämpfung vorsah. Die acht westafrikanischen Länder der Sahelzone - Gambia, Kapverden, Mali, Mauretanien, Niger, Obervolta, Senegal, Tschad - hatten sich 1976 in dem Comité Inter-Etats de Lutte contre la Séche-

-----

[1] Zunächst fünf, dann vier Länder wurden 1982 als Modellfälle für Ernährungssicherungsprogramme ausgewählt: vgl. Dossiers: La stratégie alimentaire (Mali, Kenia, Ruanda, Sambia), in: Le Courier, Nr. 84, 1984, S. 46 - 69

resse du Sahel (CILSS) mit Sitz in Ouagadougou im jetzigen Burkina Faso zusammengeschlossen. 1984 wurde von CILSS zusammen mit dem Entwicklungsprogramm der Vereinten Nationen (UNDP) und ihrer Umweltorganisation (UNEP) ein neuer Aktionsplan für die nächsten vier Jahre ausgearbeitet.[2] Er beruft sich auf sechs strategische Optionen für den Kampf gegen die Desertifikation:

- (freiwillige) Beteiligung der Bevölkerung auf Massenbasis
- integrierter Ansatz, d.h. Verbindung von Produktion und Ressourcenschutz
- Raumplanung unter Berücksichtigung von Ökosystem und Bevölkerung
- Unterstützung der Maßnahmen der Bevölkerung durch den Staat einschließlich gesetzlicher Absicherung
- Ausbildungsprogramme für Bevölkerung und Behörden
- Verstärkter Einsatz internationaler Hilfe.

1984 hat CILSS eine Entwicklungsstrategie verabschiedet,[3] die dem "Menschen seine Rolle als Motor der Entwicklung wiedergibt". Damit reklamiert CILSS - nach einer langen Zeit der Forderung nach externer Hilfe - selbst seinen Bezug auf die entwicklungspolitische Diskussion der self-reliance, autozentrierten Entwicklung oder Ecodevelopment.

Auch die sechs ostafrikanischen von der Dürre betroffenen Länder - Äthiopien, Djibouti, Kenia, Somalia, Sudan und Uganda - haben Anfang 1986 die Gründung einer zwischenstaatlichen Dürre- und

---

[2] CILSS, PNUD, UNSO, Sahel - Plan d'Action. Mesure d'urgence et assistance à moyen terme visant à combattre la sécheresse et la désertification dans les pays de la région du Sahel, Ouagadougou/New York, April 1984

[3] Vgl. M. Brah Mahamane, 1986

Entwicklungsbehörde vereinbart (East African Inter-governmental Authority on Drought and Development IGADD.)[4]

Die Antwort der EG auf die zweite große Dürre und Hungersnot in Afrika war die Erstellung des sog. Dublin Plans über 1,25 Mio. t Getreideäquivalent, der Ende 1985 bis Anfang 1986 umgesetzt wurde. Bei dem anschließenden "Rehabilitationsplan" für Afrika[5] geht es um die Rehabilitation der Landwirtschaft der von der Dürre am stärksten geschädigten Länder. Die Fähigkeit der Länder soll verbessert werden, mit derartigen Notsituationen in Zukunft besser fertigzuwerden und die landwirtschaftliche Produktion wieder anzukurbeln. Es geht um die Erstellung von Notplänen, Frühwarnsystemen, die Einrichtung von Sicherheitsreservelagern für Nahrungsmittel und Saatgut sowie die Bewältigung der Entlade-, Lagerungs- und Abtransportprobleme aus den überlasteten Häfen. Der Plan sieht auch vor, die betroffenen Länder besonders dabei zu unterstützen, die Anfang 1986 noch nicht wieder ausreichend vorhandenen Produktionsmittel (Saatgut, Düngemittel etc.) für 1986/87 zu beschaffen.

Im Januar 1986 hat die EG einen neuen Aktionsplan für den Schutz der natürlichen Ressourcen und eine Kampagne zur Bekämpfung der Desertifikation besonders in Afrika vorgelegt.[6] Es wird bezweckt, alle Anstrengungen der EG und der einzelnen europäischen Geber langfristig schwerpunktmäßig auf diesen Bereich zu konzentrieren und ihre Maßnahmen zu koordinieren. Angestrebt wird eine Konzentration und Koordination der Mittel, um eine größtmögliche

---

[4] Vgl. epd-Entwicklungspolitik 4/5/1986, S. 5; Protecting natural resources. Fighting desertification in Africa, in: Le Courier, Nr. 96, 1986, S. 13 - 14, hier S. 14

[5] Vgl. F. Thurmes, 1986

[6] Protecting natural resources. Fighting desertification in Africa, in: Le Courier, Nr. 96, 1986, S. 13 - 14; Kommission der Europäischen Gemeinschaften, 1986

Effektivität und Kohärenz zu erzielen. Damit sollen die Forderungen des Lomé III-Abkommens für den Europäischen Entwicklungsfonds erfüllt werden, dessen Schwerpunkt ländliche Entwicklung und Ernährungssicherung ist. Die Verbindung zur Ernährungssicherung besteht bei dem Ressourcenschutzplan darin, daß food for work-Programme bzw. Gegenwertmittel, d.h. im Lande erzielte Erlöse der Nahrungsmittelhilfe, für Ressourcenschutzprojekte eingesetzt werden.

2 Umorientierung der Entwicklungskonzepte im Hinblick auf Partizipation und Ressourcenschutz

Die seit Jahren international ständig wiederholten Beteuerungen zur Bekämpfung der Desertifikation und zur Förderung der Selbstversorgung mit Nahrungsmitteln in Afrika haben noch keinen Erfolg gehabt. Es geht jetzt darum, die Gründe zu analysieren und die Weichen umzustellen. Zunächst war, wie gezeigt wurde, die Ursachenanalyse falsch. Auslösend sind nicht Bevölkerungswachstum und irrationale traditionelle Ackerbau- und Viehhaltungsmethoden. Entscheidend sind Prozesse der Verdrängung auf marginales Land, der Benachteiligung der Landwirtschaft im gesamten Wirtschaftsprozeß, und der Destabilisierung der Existenzgrundlagen der Subsistenzwirtschaft mit entsprechender Einschränkung des Handlungsspielraums.

Zu einem wesentlichen Teil liegen die Gründe für das bisherige 'ökologische und gesellschaftliche Scheitern' der Entwicklungspolitik in der Nichtbeachtung systemischer Zusammenhänge (woraus sich die Notwendigkeit integrierten Vorgehens ableitet) sowie vor allem der konkreten Lebenszusammenhänge der Bevölkerung (woraus sich die Notwendigkeit partizipatorischen Vorgehens ableitet) und nicht zuletzt auch in der ökonomischen und kulturellen Nichtdurchführbarkeit großangelegter, technologischer Lösungsansätze (woraus sich die Notwendigkeit des Ansatzes an vorhandenen Technologien und ihrer Weiterentwicklung ergibt).

Als übergreifender Rahmen, innerhalb dessen Entwicklung stattfinden soll und in den sich Programme einpassen sollen, kann das Konzept der "Ökoentwicklung" (Ecodevelopment)[1] angesehen werden. Dieses trägt den Hauptpunkten der Sahelproblematik Rechnung, indem es ein ausgeglichenes Ökosystem als Kriterium zugrundelegt

---

[1] Vgl. H. Glaeser (Hrsg.), 1984

und die sozio-kulturelle Angemessenheit der Maßnahmen auf der Grundlage angepaßter Technologien anstrebt. Als Ziel, zu dessen Erreichung alle Maßnahmen einen Beitrag leisten müßten, steht die Sicherstellung der Befriedigung der Grundbedürfnisse der gesamten Bevölkerung. Daraus abgeleitet wird für Entwicklungskonzepte integriertes Vorgehen, Sicherstellung der Umweltverträglichkeit aller Maßnahmen und besonderer Ressourcenschutz, sowie Partizipation der Bevölkerung.

In dem EG-Ressourcenschutzplan[2] wird ein Systemansatz und ein integriertes Vorgehen gefordert. Innerhalb eines "Gesamtkonzepts" sollen ganze "Bündel von Maßnahmen" durchgeführt werden. Angestrebt wird die Kombination von Ressourcenschutz und Agrarproduktion durch ein ausgewogenes Produktionssystem: eine "Verbesserung der Produktionsverfahren, die das ökologische Gleichgewicht des Produktionssystems wahren (Landwirtschaft, Viehhaltung und Forstwirtschaft)", "Bevölkerungspolitiken die eine bessere räumliche Verteilung der Bevölkerung und eine Verlangsamung des demographischen Wachstums anstreben", sowie "direkte Maßnahmen zum Schutze der natürlichen Ressourcen ... (Aufforstung, Erhaltung der Bodenfruchtbarkeit), nicht nur als Ergänzung direkt produktiver Vorhaben, sondern auch als Hauptziel spezifischer Vorhaben", sowie eine "angepaßte Forschungspolitik".

Die Länder sollen nationale "Indikativprogramme" erstellen,[3] in denen eine "systematische Einbeziehung von Maßnahmen zum Schutz der Natur in die ländlichen Entwicklungsvorhaben/Programme" vorzusehen ist. Dieser langfristigen ökologischen Zielsetzung müsse bei der Rentabilitätsprüfung von Projekten Rechnung getragen werden. Forschungsprogramme sollen den "zum Eigenverbrauch bestimmten Nahrungskulturen und der Erhaltung des ökologischen

---

[2] Vgl. Kommission der EG, 1986, S. iv, 11

[3] Vgl. Kommission der EG, 1986, S. 28, S. 3 ff.

Gleichgewichts bei der Nutzung der Ressourcen einen größeren Platz einräumen". Es wird sogar gefordert, daß in der Forschung einer "Landwirtschaft mit begrenztem Risiko sowohl für den Bauern als auch für die natürlichen Ressourcen" Priorität eingeräumt wird, d.h. "widerstandsfähigen, dürreresistenten Sorten, zu deren Anbau kaum kommerzielle Produktionsmittel benötigt werden".

Angestrebt wird[4] eine Intensivierung vor allem im Regenfeldbau gemäß einem integrierten Konzept mit Eigenbedarfsdeckung bei Nahrungsmitteln, integrierter Viehhaltung und Forstwirtschaft. Erwähnt werden bodenschützende Anbaumethoden. Kleineren Bewässerungsvorhaben wird der Vorzug gegeben.

Unter Berufung auf einen Systemansatz[5] sollen zunächst Zonen abgegrenzt werden und dann Raumordnungspläne ausgearbeitet werden. Was die Viehhaltung anbelangt, so wird von dem EG-Ressourcenschutzaktionsplan noch eine konventionelle Haltung eingenommen, da "Transhumanz als Methode der extensiven Viehzucht" verkürzt als "äußerst wichtiger Desertifikationsfaktor" bezeichnet wird. Zur Bekämpfung der Überweidung soll "Rotationsbewirtschaftung der Weiden und Anpflanzung von Gebüschen und Futterpflanzen" erfolgen. Die "Viehzüchter" sollen sich zu "weidewirtschaftlichen Vereinigungen" mit exklusivem Weiderecht zusammenschließen.

Als spezifische Ressourcenschutzmaßnahmen werden[6] "Schutz der Wälder und Aufforstung", "rationellere Brennholzverwendung und alternative Energien" sowie "Aufforstungsprogramme" angesehen. Letztere sollen in Gebieten durchgeführt werden, wo sie die

----

[4] Vgl. Kommission der EG, 1986, S. 3 ff., S. 11 ff.

[5] Vgl. Kommission der EG, 1986, S. 3 ff.

[6] Vgl. Kommission der EG, 1986, S. 6 ff.

größte Schutzwirkung haben. Es wird ein Konzept der "grünen Inseln" (bisher Senegal, Mauretanien) propagiert und im Senegal-Tal der Baum in Bewässerungsvorhaben einbezogen.

Als Vorbedingung für die Umsetzung des EG-Ressourcenschutzaktionsplans[7] wird eine "Reformierung der nationalen Politiken" angesehen. Angesprochen ist "die Erhöhung der Effizienz der Verwaltungen (institution building), der Ausbau des Agrarkredits sowie der technischen Dienste (z.B. die Beratung)". Eine "bessere Organisation des wirtschaftlichen Umfelds des ländlichen Milieus" wird gefordert und darunter die "Politik der Erzeugerpreise und der Versorgung mit Betriebsmitteln und die Politik der Vermarktung" verstanden.

Was die Eigenkräfte der Bevölkerung anbelangt,[8] so wird von der Notwendigkeit der Organisation von Basisvereinigungen der Bevölkerung gesprochen und das bisherige Versagen der Verwaltung vor Ort, "durch geeignete technische Beratung den Erfolg der lokalen Initiativen sicherzustellen", angeprangert.

Von deutscher Seite waren im Anschluß an die Umweltkonferenz der Vereinten Nationen 1977 Leitlinien für die Bekämpfung der Desertifikation geschaffen worden, aufgrund derer - neben den laufenden Einzelprojekten - ein spezielles Koordinationsinstrument ge-

---

[7] Vgl. Kommission der EG, 1986, S. 17 ff.

[8] Vgl. Kommission der EG, 1986, S. 19

schaffen wurde, das Deutsche Sahelprogramm (DSP) mit Sitz in Ouagadougou, dem heutigen Burkina Faso.[9] Die Koordinationsprobleme der Sahelländer bei ihren eigenen Bemühungen spiegeln sich in solchen Anstrengungen wider. Es scheint bezeichnend, daß sich das DSP zunächst vor allem auf die modellhafte Ausarbeitung von Basisprojekten konzentrierte sowie den Ländern Koordinierungsfunktionen für Selbsthilfeprojekte anbot, jedoch die Veränderbarkeit laufender größerer Projekte der technischen Zusammenarbeit (TZ) im Hinblick auf mehr Anpassung an lokale Gegebenheiten und Einbeziehung der Bevölkerung als sehr gering einschätzte.

Inzwischen hat das deutsche Sahelprogramm Leitlinien zur Lösung institutioneller und organisatorischer Probleme entwickelt, die von CILSS offiziell übernommen wurden und sich auf Unterstützung bei der Vermittlung von Problembewußtsein und technischem Wissen vor allem bei den Bauern, Selbsthilfe-Ansätze, Forschungsförde-

---

[9] Damals wurde die traurige Selbstdiagnose gestellt, daß "Die meisten GTZ-Basisprojekte .. kurzfristig ökonomische Verbesserungen an(streben) und .. mit hohem materiellen und technischem Aufwand" arbeiten. ..."die Zielsetzung dieser Projekte ist festgeschrieben und spiegelt hohe Leistungserwartungen wider. Die zeitraubende Suche und Erprobung 'lokaler' Lösungen und nachahmbarer Wege wird hierdurch erheblich erschwert." Mit deutscher technischer Zusammenarbeit wurden im September 1980 in den CILSS-Mitgliedsländern (außer Tschad) 111 Projekte durchgeführt, davon 30 % im landwirtschaftlichen Sektor; nur 6 % hatten einen sektor-übergreifenden Charakter, 8 % leisteten einen direkten Beitrag zur Desertifikationsbekämpfung, 7 % ließen eine nennenswerte Beteiligung der Bevölkerung an der Durchführung zu. Von der finanziellen Zusammenarbeit wird sogar gesagt, daß bis Anfang 1981 "kein direkter Beitrag zur Desertifikationsbekämpfung" geleistet worden ist. Vgl. G. Winckler, 1982, S. 34 f., S. 12 bzw. 11. Zur Beachtung der Ökologiefrage in der deutschen Entwicklungszusammenarbeit allgemein vgl. V.J. Hartje, 1982

rung und "Dialog .. über die Beseitigung der Entwicklungshemmnisse im institutionellen und politischen Bereich" beziehen.[10]

1986 sollen etwa vierzehn Prozent aller Projekte der deutschen technischen Zusammenarbeit einen "positiven Beitrag zum Umweltschutz" geleistet haben.[11] Von den landwirtschaftlichen Projekten wiesen 1983 noch 45 % nur eine ökologische Maßnahmenkomponente auf, 1985 waren es im Durchschnitt vier Systemkomponenten.[12] Die Mehrheit der landwirtschaftlichen Projekte bezieht sich nicht auf Ökosysteme als ganze, vielmehr werden allmählich immer mehr einzelne, ökologisch 'vernünftige' Elemente wie Erosionsschutz, Mulching, Mischkulturen etc. eingeführt. Es besteht inzwischen die Einsicht, daß rein technische Lösungen ohne die Beteiligung der Bevölkerung nur zu kurzlebigen Projekterfolgen führen. Die GTZ vertritt derzeit, daß sich Projekte gezielt auf prioritäre Interventionsbereiche konzentrieren müssen, jedoch wird jetzt auch das "Vorhandensein einer Gesamtstrategie und entsprechender indikativer Pläne" als notwendig angesehen. Die in den letzten Jahren entwickelte überregionale CILSS-Strategie soll jetzt auf nationaler Ebene in indikative Pläne umgesetzt werden.[13] Im Gegensatz zur bisherigen Praxis soll jetzt für bestimmte Länder (Senegal, Mali, Burkina Faso, Niger) die Erstellung von Ressourcennutzungsplänen finanziert werden.[14]

---

[10] Vgl. Deutsche Gesellschaft für technische Zusammenarbeit (GTZ), 1987a, S. 10

[11] Vgl. Deutsche Gesellschaft für technische Zusammenarbeit (GTZ), 1987a, S. 10

[12] Vgl. W. Kiene, 1987, S. 43

[13] Vgl. W. Kiene, 1987, S. 55

[14] W. Kiene, mündl. Mitteilung Berlin 1986

Es wird inzwischen gesehen, daß "die auf Selbstversorgung ausgerichtete Landbewirtschaftung der kleinen Bauern in der Dritten Welt meistens gar keine kostspieligen Hilfs- und Produktionsmittel ... verkraftet." Die Ertragssteigerung soll "über eine nachhaltige Verbesserung der Bodenfruchtbarkeit und durch Hereinnahme von stabilisierenden Elementen mit niedrigen Kosten und niedrigem Risiko" erzielt werden.[15]

---

[15] Vgl. Deutsche Gesellschaft für technische Zusammenarbeit (GTZ), 1987a, S. 17

3 Erfahrungen mit ökologisch orientierten Entwicklungsansätzen

In den letzten Jahren wurden verschiedene ökologisch orientierte Ansätze entwickelt, die im Bereich der Forstwirtschaft und des Ressourcenschutzes, der Viehhaltung und des Landbaus in unterschiedlichen Ausprägungen in der Entwicklungszusammenarbeit vertreten und in Anfängen umgesetzt werden. Sie werden als Pilotprojekte oder bereits im Rahmen des Konzepts der sog. integrierten ländlichen Entwicklung (ILE) oder ländlicher Regionalentwicklungsprojekte (LRE) mit staatlicher Entwicklungszusammenarbeit[1] durchgeführt oder als Selbsthilfeprojekte mit sog. Nicht-Regierungsorganisationen umgesetzt. Im deutschen Bereich handelt es sich um den Ansatz der agroforstlichen Landnutzung (Agroforstwirtschaft), der integrierten Viehhaltung bzw. des Agropastoralismus und des standortgerechten Landbaus (GTZ) bzw. des Ecofarming (Egger), der vor allem aufgrund eines Projektes in Nyabisindu in Ruanda bekannt wurde. Diese Ansätze stellen die Überwindung der klassischen sektoralen Herangehensweise dar. Sie betreiben neben umweltschonendem Ackerbau zur Verhinderung von Bodenerosion und Absinken der Bodenfruchtbarkeit Weidekontrolle, Nutzung von Wildpflanzen und Nutzbäumen für menschliche und tierische Ernährung sowie Brenn- und Nutzholzbeschaffung.

3.1 Agroforstwirtschaft

Das Konzept der agroforstlichen Landnutzung[2] verfolgt anstelle der klassischen forstwirtschaftlichen Ansätze zur Bekämpfung der

---

[1] Vgl. T. Dams et al., 1985 (ILE); Deutsche Gesellschaft für technische Zusammenarbeit (GTZ), 1983b (LRE)

[2] Dieses Konzept wird vom Institut für Weltforstwirtschaft der Bundesforschungsanstalt für Forst- und Holzwirtschaft in Hamburg vertreten, vgl. H.-J. v. Maydell et al., 1983, hier S. 1 bzw. 17

Desertifikation durch isolierte Aufforstungsmaßnahmen eine integrierte Landnutzung durch Forstwirtschaft, Ackerbau und Viehhaltung. Es zeichnet sich dadurch aus, daß es gleichzeitig Ressourcenschutz (Erosionsbekämpfung) und Forstbewirtschaftung (Nutzung von Wildpflanzen und Nutzbäumen für menschliche und tierische Ernährung, Brenn- und Nutzholzbeschaffung) betreibt und sie mit Land- und Viehwirtschaft kombiniert, d.h. Baumpflanzungen in die Felderwirtschaft (zwecks Erosionsschutz, Weidekontrolle, Nahrungs- und Futternutzung) einbezieht. Außerdem werden Nutzgehölze dezentral in die dörfliche Wirtschaft integriert, gemäß dem Konzept der "bäuerlichen Aufforstung".

Agroforstwirtschaft[3] wird als "Sammelbegriff für eine Fülle von Formen integrierter und vielseitiger Landnutzung (bezeichnet). In ihrem Rahmen können forstliche Maßnahmen flexibel mit dem Akkerbau und/oder der Weidewirtschaft sowohl räumlich als auch zeitlich kombiniert werden". Betont wird die soziale und ökologische Angepaßtheit dieses Konzepts, das "für die ländliche Bevölkerung akzeptable und vor allem aus eigener Kraft durchführbare Möglichkeiten einer nachhaltig intensiven Landkultur und krisensicheren Versorgung" eröffnet. "Neu an der 'modernen' Agroforstwirtschaft ist der zielstrebige Übergang zu einer intensiven und nachhaltigen Landkultur, durch die, möglichst unabhängig von exogenen Hilfsmitteln, die humanökologische Tragfähigkeit einer gegebenen Region erhalten oder erhöht werden soll."

Die Tendenz geht also weg von Desertifikationsschutz durch staatlich organisierte und verwaltete Maßnahmen, deren Durchführung mit Lohnarbeit zu teuer ist und deren hoheitliche Verwaltung sozial nicht durchsetzbar ist, hin zur integrierten Landnutzung, gemäß derer Aufforstung innerhalb des Wirtschaftssystems der

---

[3] H.-J. v. Maydell et al., 1983, S. 1 bzw. 17

Bevölkerung eine bedeutende Rolle spielen soll. Im Rahmen der deutschen Zusammenarbeit wird versucht, mit dem Konzept der Agroforstwirtschaft bisherige sektorspezifische Forstmaßnahmen abzulösen. Die längste Erfahrung besteht mit einem Projekt der deutschen technischen Zusammenarbeit in Nord-Senegal, das auch als Modell zur Umorientierung anderer Projekte dienen sollte - "Aufforstung von Brunnenstellen im Norden Senegals".[4] Seit 1981 fand eine Verlagerung des Schwerpunktes von der "Regieaufforstung" hin zur Bauernaufforstung durch die seßhafte Bevölkerung im Umkreis von Brunnenstellen statt, die seit 1979 praktiziert wird, indem einheimische Akazien von den Bauern auf ihrem eigenen Ackerland mit externer Hilfe für Bodenbearbeitung und Einzäunung gepflanzt werden. Eine integrierte Landnutzung wird angestrebt, indem zwischen den neu gepflanzten Bäumen (100 pro ha) im Idealfall je ein Jahr Hirse, Erdnüsse und Bohnen angebaut werden. Nach einer zweijährigen Brache soll eine weidewirtschaftliche Nutzung möglich sein und die Ernte des Gummi arabicum beginnen. Der Gesamtzyklus der Nutzung soll 20 Jahre betragen, da nach dieser Zeitspanne die Bäume geschlagen und für den eigenen Energieverbrauch und Verkauf genutzt werden können.

Gemäß der Konzeption des genannten Projekts bestimmt der Dorfälteste die Landzuteilung für die jetzt permanente Nutzung (ca. 5 ha pro Haushalt) durch die traditionell Ackerbau treibenden Woloff. Das Projekt kann sich nicht selbst tragen, sondern der Boden wird für die Bepflanzung mit einem Unimog und Untergrundlockerer bearbeitet. Außerdem wird das gesamte Gelände eingezäunt, wofür Material zugeliefert werden muß; lebende Hecken wachsen zu langsam, Zäune aus lokalem Material (Holz, Dorngestrüpp) sind ökologisch nicht vertretbar. Eine mögliche Ver-

---

[4] Vgl. H.-J. v. Maydell et al., 1983, S. 72 ff.; ders., Bericht über die Evaluierung, 1983

besserung wird in der Einbeziehung anderer, von der Bevölkerung zu nutzender lokaler Baum- und Straucharten gesehen.

Am Beispiel Burkina-Faso wird kritisiert,[5] daß bisher das Desertifikationsproblem fast ausschließlich aus forstlichem Blickwinkel betrachtet wurde, der Schutz der Weidegründe, Erosionsbekämpfung, Wasserkonservierung und die Regulierung der Viehweide kaum Interesse findet. In den großangelegten Projekten der Boden- und Wasserkonservierung werden Hanggräben parallel zu den Höhenschichtlinien mit Traktoren und in Handarbeit angelegt. Die Arbeitskräfte werden mit Nahrungsmitteln entlohnt. Die Unterhaltung dieser Bauwerke ist nicht sichergestellt, da keine Nachbetreuung erfolgt. Wo die Dämme brechen, kommt es zu ernsten Erosionserscheinungen, da durch die Bauwerke ein stärkerer Wasserstrom als vorher entsteht. Das dort mit deutscher Hilfe durchgeführte Programm zur Bekämpfung der Desertifikation (Programme de Lutte contre la Désertification PNLD) ist 1984 aus dem seit 1973 durchgeführten industriellen Aufforstungsprojekt der deutschen technischen Zusammenarbeit hervorgegangen.[6] Der 20 km lange und 500 m breite Grüngürtel im Norden von Ouagadougou wird vom PNLD bewirtschaftet; auf 70 % der Fläche soll Agroforstwirtschaft betrieben werden. Die ärmsten Stadtrandbewohner sollen Gemüse und Getreide anbauen, die Dorfbevölkerung soll sich an innerdörflichen Baumpflanzungen (mit Baumschulen) beteiligen. Diese Maßnahmen befinden sich allerdings noch im Versuchsstadium. Schwerpunkt ist jetzt Desertifikationsbekämpfung und Verbesserung der Energiesituation. Inzwischen werden im Sahelbereich sechs Forststationen und Baumschulen sowie 1.500 ha semiurbane Pflanzungen betrieben. Neben agro-weidewirtschaftlichen Versuchsflächen werden dörfliche Aufforstungen durchgeführt.

----

[5] Vgl. G. Winckler, 1984

[6] Vgl. H.-J. v. Maydell, 1983a, Bericht über die Evaluierung; E. Grosser, 1983; B. Fahrenhorst, 1988, S. 264 ff.

Dort soll die Bevölkerung eigenständig Agrosilvopastoralismus betreiben können. Zusammen mit dem Deutschen Sahelprogramm werden verschiedene Erosionsschutzmaßnahmen getestet.

Im internationalen Bereich geht die Tendenz inzwischen schon wieder weg von der kollektiven Forstbewirtschaftung. Entweder wird private Forstwirtschaft im bäuerlichen Betrieb oder unternehmerische Bewirtschaftung als am effizientesten angesehen; weder Staatsforste noch Gemeindewälder seien so effizient, was die Aufforstungsgeschwindigkeit anbelangt. Auf jeden Fall wird in dem Konzept des "social forestry"[7] auf die Notwendigkeit hingewiesen, daß Einzelpersonen die von ihnen gepflanzten Bäume selbst nutzen können, und auch bei Gemeinschaftsaufforstung klar geregelt werden soll, daß der lokalen Bevölkerung die Nutzungsrechte zukommen. Die Bewirtschaftung - durchaus durch Forstverwaltungspersonal - soll zum Teil durch Vertreter der örtlichen Bevölkerung, die zu Forstberatern ernannt werden, vorgenommen werden. Unterschieden werden soll zwischen der Nutzung von Wäldern in Dorfnähe - durch die Dorfbewohner - und weiter entfernt liegenden - durch die Forstverwaltung. In diesem Konzept soll eine fruchtbare Kooperationsbeziehung zwischen Forstverwaltung und Dorfbewohnern aufgebaut werden, die an die Stelle der bisherigen Beziehung der territorialen Hoheitsverwaltung und kommerziell geregelter Nutzung tritt. Der Schwerpunkt soll auf die Bewirtschaftung auf Dorfebene unter Berücksichtigung der Subsistenzbedürfnisse gelegt werden, sowie auf die Demokratisierung der Verwaltung und Bewirtschaftung auf der nächst höheren Ebene.

Auch im Ökologiebereich entstehen trotz der unmittelbaren Betroffenheit soziale Bewegungen oder Selbsthilfeorganisationen erst in Ansätzen. In Kenia gibt es die sog. Grüngürtelbewegung

---

[7] Vgl. G. Shepherd, 1986, S. 39 sowie S. 21 ff.

(Green Belt Movement),[8] die mit der nationalen Frauenorganisation zusammenarbeitet (National Council of Women of Kenya NCWK). Frauengruppen betreiben bisher ca. 50 Baumschulen und geben Setzlinge an Schulen, deren Lehrer und Schüler das Pflanzen und die Betreuung übernehmen. Die Bäume werden in mehreren Reihen um Gehöfte oder Felder gepflanzt. Die Bewegung entstand, um städtischen Armutsgruppen in Nairobi bescheidene Einkommensmöglichkeiten zu beschaffen. Schulabsolventen werden zur Anleitung und Betreuung angeworben. Die Baumschulen werden durch ein Komitee aus der örtlichen Gemeinschaft geleitet, Freiwillige führen die Pflanzarbeiten aus. Inzwischen wurde die Tätigkeit über das Pflanzen einheimischer Nutzbäume hinaus auf Ressourcenschutz ausgedehnt, Methoden für ökologische Landnutzung sollen entwickelt und Beschäftigungsmöglichkeiten geschaffen werden. Zusammen mit der Universität Nairobi wird angewandte Forschung betrieben.

3.2 Kontrollierte Weidewirtschaft und Agropastoralismus

In dem erwähnten deutschen Projekt im Senegal[9] wird versucht, die halbnomadische Bevölkerung in kontrollierte Weidesysteme einzubeziehen. Dort war nach der ersten Dürre die angenommene Tragfähigkeit wieder überschritten worden. Es werden Parzellen eingezäunt, die als Viehwirtschaftseinheit von einer Familie betrieben werden, wenn diese sich zur Einhaltung einer bestimmten Stückzahl verpflichtet. Angelernte Kräfte übernehmen die Beratung. Es wäre interessant zu wissen, für welchen Anteil der Fulbe-Bevölkerung solche Systeme möglich wären, nachdem der Ak-

---

[8] Vgl. W. Maathai, 1985

[9] Vgl. H.-J. v. Maydell, 1983b, Bericht über die Evaluierung. 1987 gehört jetzt Senegal zu den Ländern, in denen die deutsche Entwicklungszusammenarbeit die Unterstützung der Erarbeitung von Ressourcennutzungsplänen vorsieht.

kerbau - auch durch das Projekt - bereits in diese traditionelle Weidewirtschaftszone vorgedrungen ist. Auf jeden Fall wird die Nomadenbevölkerung aus Mauretanien, die traditionell das Land als Trockenweide nutzte, nicht gezielt einbezogen. Der scheinbare Vorteil eines extern geförderten oder Pilotprojektes ist hier, daß es keine ganzheitliche Regelung für die gesamte Region treffen muß. Eine solche wäre jedoch dringend notwendig und müßte darüber hinaus den Austausch auch innerhalb der gesamten Region des Senegal-Beckens berücksichtigen. Das Projekt hat diese Frage bisher so gelöst, daß es neben Forstwirtschaft mit Ackerbau bzw. kontrollierter Viehwirtschaft einen dritten Bereich freiläßt, in dem übergangsweise die traditionelle semimobile Lebensweise möglich sein soll. Dies wird als "diversifizierte Gesamtnutzungsplanung" bezeichnet.

In der subhumiden westafrikanischen Zone können jetzt nach Ausrottung der Tsetsefliege Rinder auch in der Regenzeit gehalten werden, weswegen die Fulbe sich dort verstärkt niederlassen. In Nigeria wird von den Fulbe selbst Mischkultur mit Futterpflanzen bzw. das Anpflanzen von Futterfeldern betrieben und eine Zusammenarbeit zwischen Kaje- und Kamantan-Bauern und Abet-Fulbe betrieben.[10] Mit Hilfe eines Aktionsforschungsprojektes des International Livestock Centre for Africa (mit Sitz in Addis Abeba) wurde gezeigt, daß die Errichtung von Weidereservaten aufgrund der darin implizierten Trennung von Ackerbauern und - früher transhumanten - Fulbe-Pastoralisten Nachteile hat, da weder Ernterückstände als Viehfutter noch Naturdung zur Erhöhung der Bodenfruchtbarkeit genutzt werden können.

Ranch-Betriebe erhöhen zwar die Fleischproduktion, haben jedoch negative Auswirkungen auf die Milchwirtschaft. Diese ist ein

---

[10] Vgl. A. Waters-Bayer, W. Bayer, 1984; W. Bayer, A.H. Suleiman, R.v. Kaufmann, A. Waters-Bayer, 1987

wichtigerer Faktor der Interaktion der Pastoralisten mit den Bauern, als es die meist für den größeren Markt bestimmten Fleischverkäufe darstellen. In dem Projekt wird versucht, auf dem bestehenden pastoralen System aufzubauen, anstatt es grundsätzlich zu ändern oder zu ersetzen. Vor allem werden kleine verbesserte Weiden und Mischkulturen mit Futterpflanzen in das bestehende Produktionssystem integriert. Es handelt sich dabei um eine Nutzung auf individueller Betriebsebene, positive Gruppenerfahrungen unter Bezug auf einen größeren Raum scheint es nicht zu geben.

Aus dem Niger berichten Swift/Maliki[11] von einem Programm zur Gründung von Viehhalterzusammenschlüssen, das zwar erst am Anfang steht, jedoch vielversprechend im Hinblick auf die Institutionalisierung auf der Ebene funktionaler Einheiten zur Wahrnehmung wichtiger Aufgaben wie Herdenbewirtschaftung, Wasser- und Weidebewirtschaftung, teilweise auch Vermarktung und Gemeinschaftsarbeiten erscheint. Es handelt sich um das mit Hilfe von USAID seit 1979 durchgeführte "Niger range and livestock project herders' associations" im Zentral-Niger, wo Tuareg-Nomaden, Fulbe-Viehhalter, Tuareg-sprechende Agropastoralisten (also ehemalige Abhängige) und Hausa-Bauern zusammenleben.

Die Zusammenschlüsse folgen der Logik der traditionellen gesellschaftlichen Einheiten, liegen zwischen der Großfamilie und dem Camp, der Migrationsgruppe und dem Liniensegment, die tatsächlich bei alltäglichen Tätigkeiten und Entscheidungen beteiligt sind. Die Mitgliedschaft richtet sich also nach Verwandtschaftsbeziehungen und geographischer Nähe, z.B. in dem gleichen Trokkenzeit-Weidegebiet (Tal oder um einen Brunnen), danach, wer die natürlichen Ressourcen tatsächlich gemeinsam nutzt. Der gesellschaftliche wird also mit dem räumlichen Aspekt verknüpft. Pro-

---

[11] Vgl. J. Swift, A. Maliki, 1984

jektmaßnahmen sind Beratung, ein Kreditprogramm mit Rotationsfonds, einschließlich eines Getreidefonds zur Überbrückung der Vorerntezeit. Veterinärhilfskräfte werden aus den eigenen Reihen ausgebildet. Trotz des bisherigen Erfolges wird die Gefahr gesehen, daß die traditionellen Führer die kooperativen Strukturen vereinnahmen könnten.

3.3 Ökologischer Landbau

Das Konzept des Ecofarming (Egger) oder der standortgerechten Landwirtschaft (GTZ)[12] stellt ebenfalls die Notwendigkeit der Einbeziehung "ökologischer Oberziele", d.h. Systemzusammenhänge, sowie die Orientierung der Landwirtschaft an kulturellen Traditionen und der Partizipation der Bevölkerung heraus - neben ökonomischer und technischer Funktionalität.

Es besteht der Anspruch, sog. standortgerechte Landnutzungssysteme an den konkreten jeweiligen Gegebenheiten auszurichten und im Hinblick auf produktionstechnische und -organisatorische Neuerungsmaßnahmen weiterzuentwickeln, wie die Anwendung von Mischfruchtsystemen in Rotation mit intensiven Gründüngungsbrachen, Vegetationsgestaltung zu Erosionsschutz, Integration von Nutzsträuchern und -bäumen in den Ackerbau, Holzproduktion im Einzelbetrieb, Aufforstung degradierter Betriebsflächen etc.[13] Grundprinzip dieses Konzepts ist also die Integration von Produktion und Ressourcenschutz.

---

[12] Vgl. K. Egger, 1979; ders. et al., 1981; P. Rottach (Hrsg.), 1984; Deutsche Gesellschaft für technische Zusammenarbeit (GTZ), 1987c, darin Teil II: Desertifikationsbekämpfung durch standortgerechten Landbau. Grundsätzliche Überlegungen und Skizze eines konkreten Projekts; J. Kotschi, R. Adelhelm, 1984; Technische Universität Berlin, 1980

[13] Vgl. J. Kotschi, J. Pfeiffer, E. Grosser, 1982, hier vor allem S. 42 ff.

Der Ansatz der agro-ökologischen Basisprojekte[14] wurde im Gegensatz zu den früheren technologisch aufwendigen, große Summen beanspruchenden, mit sektorübergreifendem, integriertem Anspruch angelegten Projekten von dem Deutschen Sahel-Programm zusammen mit dem Deutschen Entwicklungsdienst (DED) und der Welthungerhilfe (WHH) seit 1982 im damaligen Obervolta in Form eines gemeinsamen Pilotprojektes durchgeführt und wird jetzt auch auf andere Sahel-Länder, z.B. Mali, übertragen. Es handelt sich insofern um ein eigenständiges Konzept, als Ressourcenschutz und Produktionsförderung gemeinsam angegangen werden und ein besonderer Schwerpunkt auf die Basisnähe, die Einbeziehung und Ermöglichung der Selbsthilfe der Bevölkerung, gelegt wird. Außerdem ist beabsichtigt, "mit den Bauern auf der Basis der traditionellen Landnutzung neue Produktionssysteme zu entwickeln, die den ökonomischen und ökologischen Standortbedingungen Rechnung tragen". Es sollen keine neuen Institutionen durch das Projekt geschaffen werden, sondern die vorhandenen nationalen Beratungsdienste einbezogen werden. Das in Burkina Faso bisher in zwei Provinzen (Yatenga und Soum) durchgeführte Pilotprojekt[15] soll Umweltschutz und Landwirtschaft miteinander verbinden und dazu Beratungsmethoden und gezielte Maßnahmen entwickeln - z.B. Erosionsschutzwälle entlang der Höhenschichtlinien, Integration der Tierhaltung, Kompostierung, Anbau von Futterpflanzen, Anpflanzen von Bäumen und Hecken, Dorfbaumschulen etc. Das Konzept wurde inzwischen vom Beratungsdienst der regionalen Entwicklungsorganisation (Organisme régional de développement ORD) übernommen.

---

[14] Vgl. Deutsche Gesellschaft für technische Zusammenarbeit (GTZ), 1987c, darin Teil II: Projekt Agro-Ecologie (PAE), S. 19

[15] Vgl. Deutsche Welthungerhilfe, Deutscher Entwicklungsdienst, 1987

In den dicht besiedelten westlichen Usambara-Bergen in Tansania wird eines der frühesten Projekte ländlicher Entwicklung der deutschen technischen Zusammenarbeit durchgeführt.[16] In dem traditionell ressourcenschonenden Anbausystem der Washamba in den warm-feuchteren Gebieten wurde durch Mais-Monokulturen auch an erosionsgefährdeten Steilhängen das traditionelle Mischanbausystem verdrängt. Bei den beiden anderen dort ansässigen Gruppen der Wapare und Wambugu, die ebenfall Mais anbauen, hat die Zunahme der Viehhaltung zu Überweidung und Bodenerosion geführt. In dem Projekt "Bodenerosionskontrolle, Agro-Forstwirtschaft und integrierte Tierhaltung" wurden Baumschulen in den einzelnen Dörfern eingerichtet und kommunales Land durch die Bauern aufgeforstet. Die Bauern haben sich in Zehnergruppen organisiert, die jeweils für einen bestimmten Teil der Baumschule zuständig sind. Man hat die etwas vage Absicht, die "Verantwortung für Aufforstung und Bestandspflege sowie Besitz und Nutzungsrechte in der Hand der Dorfgemeinschaft zu vereinigen."[17] Ansonsten ist der Einzelbetrieb Ansprechpartner für die Beratung, wobei als erschwerend angesehen wird, daß unterschiedliche Betriebsgrößen vorhanden sind. Auf ihren Feldern pflanzen sie inzwischen Bäume in Erosionsschutzstreifen an. Verbessertes Maissaatgut (das durch die Bauern selbst vermehrt werden kann, also keine Hybride) wird an die Bauern verteilt; eine entsprechende Menge muß nach der Ernte zurückgegeben werden. Die Intensivierung der Viehhaltung wird mittels Futteranbau, Fütterungswirtschaft und Einführung verbesserter Rinderrassen angestrebt. Über die Aufnahme seitens der Bevölkerung oder sozialstrukturelle Veränderungen oder Wirkungen wird in einem GTZ-Bericht 1984 kein Wort

---

[16] Vgl. J. Kotschi, R. Adelhelm, 1984, Kap. 3: Standortgerechte Landwirtschaft in Tansania - ein Fallbeispiel, S. 34 - 56

[17] Vgl. Deutsche Gesellschaft für technische Zusammenarbeit (GTZ), 1987a, S. 18

verloren, obwohl hier umfangreiche Vorstudien vorliegen.[18] Es wäre interessant zu wissen, ob nach wie vor[19] die Entscheidungseinheit über Neuerungen der "hamlet" ist, innerhalb dessen mehrere, durch die Verwandtschaftsbande eines Clans verbundene männliche Familienvorstände leben, und ob die Frauen, denen der Hauptteil der Feldarbeit und vor allem der Nahrungsmittelanbau zufiel, nach wie vor von Neuerungen, die von außen kamen, quasi ausgeschlossen sind.

In Kenia wurde seit 1978 das erste integrierte ländliche Entwicklungsprojekt in einem Distrikt in der ariden bzw. semi-ariden Zone durchgeführt, das von der EG geförderte Machakos Integrated Development Programme (MIDP).[20] Es ist einem Konzept der ökologischen Landwirtschaft verpflichtet, legt den Schwerpunkt auf die Nachhaltigkeit und Produktivitätssteigerung des Ackerbaus und strebt eine ökologisch sinnvolle Landnutzung einschließlich Boden- und Wasserschutz, Forstwirtschaft und Weidekontrolle an sowie die Verbesserung der Infrastruktur und Dienstleistungen. Diese "Tieflandregion" war im Laufe der Kolonialzeit und aufgrund der Siedlungs- und Landwirtschaftspolitik nach der Unabhängigkeit peripherisiert worden. Erst mit dem Projekt wurden bestimmte Charakteristika der lokalen Landwirtschaft in die Beratungspakete der Behörden integriert. In das Gebiet, das bis Anfang der 60er Jahre von der Kolonialverwaltung als Kronland und Weidegebiet ausgewiesen war, wanderten eine hohe Zahl von Ackerbauern (Kamba) ein. Das zum Teil aus außerbetrieblichen Tätigkeiten erwirtschaftete Einkommen wird zur Deckung der laufenden Bedürfnisse benötigt, es steht praktisch nicht für technische Innovationen und Investitionen zur Verfügung.

----

[18] Vgl. K. Egger, B. Glaeser, 1975; B. Glaeser, 1981

[19] Vgl. H. Schönmeier, 1977, S. 96

[20] Vgl. P. Neunhäuser et al., 1983, zur Vorgeschichte M. Silberfein, 1984, besonders S. 119 ff.

Es werden Rehabilitationsprojekte in kleinen Wassereinzugsgebieten initiiert. Dabei werden an Ressourcenschutzarbeiten Terrassierung, Wasserabläufe, Gully-Verbau, Aufforstung, Futterverbesserung, Weideverbesserung, Straßenverbesserung und Baumschulen durchgeführt. Die soziale Organisation dieser Ressourcenschutzmaßnahmen soll erfolgreich sein. Sie werden von sog. Mwethya-Gruppen durchgeführt, die auf Nachbarschaftsbasis mit einer formalen Struktur arbeiten, jedoch als traditionelle Selbsthilfegruppen bezeichnet werden. Sie arbeiten nacheinander auf den Feldern der Mitglieder. Für größere Arbeiten und für die Baumschulen arbeiten mehrere Gruppen zusammen. 75 % der Mitglieder seien Frauen. Die Betreuung der Gruppen erfolgt gemäß der Harambee-Philosophie durch die Dienststellen des Sozialministeriums, die den Kontakt zu den Landwirtschaftsdiensten herstellen. Die Beratung soll nicht direkt von Berater zu Bauer erfolgen, sondern über die Gruppe. Dafür wurden besondere Berater für Ressourcenschutz und Gruppenbetreuung ausgebildet. Nach drei Jahren sollen sie durch Promotoren aus den Reihen der Bauern selbst ersetzt werden, die in Kursen geschult werden. Die Berater werden vom Projekt finanziert, ebenso Produktionsmittel, Geräte, Setzlinge etc. Der gleiche Gruppen-Beratungsansatz soll jetzt für die landwirtschaftlichen Maßnahmen verwendet werden.

Entscheidend wird sein, wie die längerfristige Finanzierung der erforderlichen Betriebsmittel geregelt wird, sowie ob die Bodenbesitzverhältnisse abgeklärt sind. Es wird nichts darüber berichtet, auf welchen Flächen die Arbeiten durchgeführt werden, anscheinend auf solchen individueller Betriebe und auf nicht weiter definierten freien Flächen. Was die Ackerbaupraktiken anbelangt, so seien angepaßte Sorten nicht ausreichend vorhanden, es mangelt an Bodendeckung. Viehfutter ist knapp, die Viehproduktivität ist gering. Bisher gibt es (auch in dem Projekt) keine Maßnahmen zur Erhaltung der Bodenfruchtbarkeit - Brache, systematische Rotation bzw. Gründüngung. Einige Maßnahmen werden von den Bauern auf ihren Feldern durchgeführt, z.B. Terrassierung, die jedoch zum Teil schlecht angelegt wird; es fehlt an Betriebsmitteln und Wissen.

Nach der Dürre Anfang der 70er Jahre entstanden durch den einsetzenden Regen besondere Schäden. So wurden z.B. im Air-Gebirge im Niger Gartenflächen an Ufern von Flüssen völlig zerstört. Seit 1974 wurde daher mit deutscher technischer Zusammenarbeit das Projekt "Arbeitsintensive Infrastrukturmaßnahmen im Air-Gebirge" in den Oasen Iférouane und Timia durchgeführt. Es wurden Arbeitsbrigaden aus verarmten Nomaden, die in dem Flüchtlingslager bei Agadez untergekommen waren, rekrutiert, die Leitdeiche aus Bruchsteinen parallel zum Fluß entlang den Gärten aufschütteten; außerdem wurden Brunnen gebaut. Die Arbeiter wurden mit Nahrungsmitteln, später mit Geld entlohnt.[21] Zwischen 1979 und 1986 wurden im Téloua-Tal bei Agadez ähnliche Wasserbaumaßnahmen zur Sicherung der Gartenproduktion vorgenommen. Ein besonderes Problem liegt darin, daß Maßnahmen zur Bekämpfung der Dürrefolgen oft als Ziel die Lohnbeschäftigung von ehemaligen Nomaden haben, die ihr Vieh verloren haben. Wenn mit derartiger Lohnarbeit jedoch Aufforstungen oder Erosionsschutzmaßnahmen durchgeführt werden, verhindert keine Bevölkerungsgruppe das Abholzen oder fühlt sich für die Wartung zuständig, so daß die Wirkungen von geringer Dauer sind.[22]

---

[21] Vgl. Deutsche Gesellschaft für technische Zusammenarbeit (GTZ), 1987a, S. 28

[22] Vgl. Schüttrumpf et al., 1979, die sich auf eine Aussage von G. Spittler berufen

4 Kritik der Ökoentwicklungskonzepte[1]

Im folgenden soll gefragt werden, ob das als fundamentale Umorientierung des Entwicklungsmodells verstandene Konzept der Ökoentwicklung eine Chance hat, den konstatierten Prozeß der Destabilisierung und Umweltzerstörung aufzuhalten und den Handlungsspielraum der Bevölkerung im Hinblick auf eine eigenständige Entwicklung tendenziell zu vergrößern. Dazu soll gefragt werden

- von welchen Vorstellungen über die Motivation und Ursachen des Handelns, einschließlich des auf die Natur bezogenen, ausgegangen wird,

- welche Vorstellung von Vergesellschaftung diesem Konzept zugrunde liegt im Sinne der sozialen Organisation der Produktion

- und drittens, wie dabei gesamtgesellschaftliche, politische Prozesse, nicht zuletzt im Hinblick auf die Rolle des Staates für die Technologieentwicklung, berücksichtigt werden.

J. O. Müller[2] meint, daß "wahrscheinlich ... die Erforschung und Gestaltung von sozialen Bedingungen für operationale Agroforestry-Systeme größere Probleme als die Wahl und Gestaltung ihrer naturwissenschaftlichen Komponenten" aufwirft. Er fragt insbesondere, an welche tradierten sozio-kulturellen Systeme angesichts der sozialen Auflösungsprozesse die postulierte Anpassung erfolgen soll.

---

[1] Siehe G. Lachenmann, 1987b, 1987c

[2] J.O. Müller, 1985, S. 154

4.1 Handlungsfreiheit und Wandel der Subsistenzwirtschaft

Nicht nur von einem sozialwissenschaftlichen Standpunkt aus ist selbstverständlich, daß der Degradationsprozeß nur über das Handeln der Menschen aufgehalten werden kann. Die Konzepte der Ökoentwicklung haben den Anspruch, an den Bedürfnissen der Bevölkerung anzusetzen und ihre Partizipation und Selbsthilfe zu stärken. Sie wollen mit umweltschonenden Landnutzungsmustern an autochthonen Prinzipien und Praktiken anknüpfen und zielen auf Systemgeschlossenheit, Nachhaltigkeit und weiche Technologien ab.

Die Gefahr ist jedoch, daß genauso wie in anderen Entwicklungskonzepten die Bevölkerung sozialtechnologisch vereinnahmt und bürokratisch verwaltet wird. Handeln wird nicht in seiner sozialen Einbettung, sondern als Reaktion auf Faktorkostenkonstellationen aufgefaßt. Traditionelle Produktionssysteme und Handlungsmuster werden teilweise zum Mythos hochstilisiert. Auch bei Ökoentwicklungskonzepten wird ein paternalistischer Ansatz verfolgt und eine Sensibilisierung, Bewußtseinsbildung oder Umwelterziehung der Bevölkerung als isolierte Vorgehensweise betrieben.

Die Frage ist, ob Konzepte der Ökoentwicklung das Aufbrechen der Subsistenzwirtschaft und -logik und die Umwandlung in unsichere, teilmarktintegrierte Produktionssysteme verhindern. Hier kann die These formuliert werden, daß die sehr große Gefahr besteht, daß zwar diese Konzepte richtig die Nachteile einer extremen Marktintegration in Form von erhöhter Abhängigkeit, Unsicherheit etc. bekämpfen und tendenziell reduzieren und die mit ihr - bzw. der nicht erfolgreichen Umwandlung in marktintegrierte kleinbäuerliche Systeme - verbundenen Tendenzen der Umweltzerstörung rückgängig machen. Andererseits brechen diese Ökokonzepte ebenfalls die Subsistenzlogik auf, machen deren grundlegende Prinzipien der sozialen Solidarität, des Austausches etc. hinfällig. Gleichzeitig können sie jedoch aufgrund der zwangsweise damit verbundenen geringen Steigerung des Produktivitätsniveaus und der in der gesellschaftlichen Realität nicht vorhandenen 'modernen' sozialen Sicherung keine neue Sicherheit herstellen.

Auch bei den Ökoentwicklungskonzepten bleibt die postulierte Partizipation eine technokratische; die sozialstrukturellen Implikationen werden nicht voll durchdacht, geschweige denn können sie aufgefangen werden. Auch Ökobetriebe individualisieren und intensivieren Landnutzung und Aneignung von Produkt und Arbeitskraft, weswegen sie alten und neuen Handlungsmustern und Institutionen wie saisonale Migration, Austausch etc. entgegenstehen.[3] Dazu kommt das Problem, daß Entwicklungspolitik und -hilfe aus ihrer eigenen Logik heraus keine reinen Subsistenzsysteme fördern können, da jegliche externe Zuwendung auch in Form von Wissen langfristig selbst getragen werden muß und damit Marktintegration impliziert. Das Problem der kulturellen Aneignung und gesellschaftlichen Steuerung und Verfügungsgewalt von Technologie wird hier ebenso groß sein.

Der Sicherheitsmechanismus der Subsistenzwirtschaft beruhte auf einem in vielen Fällen relativ großräumigen, teilweise monetarisierten Tauschsystem (in das auch Fernhandel und Viehhalter im Sahel einbezogen waren), innerhalb dessen Schwankungen der natürlichen Bedingungen und sozio-politische Ereignisse aufgefangen werden konnten. Dieses System ist durch ein Zusammenwirken von sozio-ökonomischen Prozessen und Dürre - Einschränkungen der

---

[3] Aus Madagaskar, wo die Ernährungssituation besonders in den Städten - nicht zuletzt im Zusammenhang mit den vom IWF erzwungenen Reisimportbeschränkungen - sehr schlecht ist, wird von einem Farmschulprojekt einer privaten Trägerorganisation zur Vermittlung organisch/biologischer Landwirtschaft berichtet, daß das Problem vor allem in dem hohen Arbeitsaufwand der Maßnahmen und der üblichen Stadtwanderung der jüngeren Arbeitskräfte liegt. Bei Verdrängung des Nahrungsmittelanbaus auf marginale Böden wird ansonsten die 'Modernisierung' des Naßreisanbaus gefördert. Vgl. P. Rottach, 1987, S. 56

räumlichen und zeitlichen Flexibilität, Privatisierung von Land etc. - grundlegend geschwächt; die modernen Institutionen der ländlichen Entwicklung bieten jedoch keinen ausreichenden Ersatz.

Das Konzept des ökologischen Landbaus sieht sich hier zwei fundamentalen Widersprüchen gegenüber: Einmal bedeutet es eine Individualisierung der Produktion und Reproduktion. Durch den Übergang zu einer permanenten Landnutzung und der dauerhaften Festlegung der Bodenbesitzverhältnisse wird zwar einerseits eine Investition in den Boden im Sinne einer gezielten Bodenqualitätssteigerung möglich,[4] auf der anderen Seite bedeutet dies aber die zwangsweise Aufkündigung der bisherigen Solidaritäts- und Reziprozitätsbeziehungen. Wenn das Produkt im eigenen 'Betrieb' investiert und nicht umverteilt wird, hat die Gemeinschaft ihre Funktion des Zusammenhalts und der Sicherheit verloren und wird auch nicht mehr in Notfällen 'einspringen'. Daß gegen die Auflösung dieser gegenseitigen Verpflichtungen, die sich auf Landzuteilung, Austausch von Arbeit und Produkten bezogen hatten, Widerstand entgegengebracht wird, und dies nicht nur von den angeblich um ihre Privilegien bangenden 'Alten', ist verständlich.

Die Frage ist, ob nicht alte Sicherheits- und Solidaritätsbeziehungen aufgebrochen werden, ohne daß neue (konkurrenzfähige Markteingebundenheit, staatlich organisierte soziale Sicherheit) an ihre Stelle treten.[5] Es sind also immer zwei Seiten zu betrachten, auf der einen Seite steht die soziale Logik den neuen Prinzipien entgegen und führt daher zu Verweigerung und Wider-

---

[4] Im Gesamtzusammenhang wurde der Natur durchaus das ihr Zustehende gegeben, siehe vorne Teil IV, 2.1, S. 133 ff.

[5] Bereits diskutiert und in einigen Fällen eingeführt werden dörfliche Getreidebanken und Notfonds, vgl. V. Janssen, 1984

stand gegenüber den Maßnahmen. Auf der anderen Seite müssen zumindest Teile der alten Sicherheitsstrategien fortbestehen, da keine neuen an ihre Stelle getreten sind, weswegen das neue System nicht effektiv eingesetzt werden kann.

Durch die Festschreibung der Bodenbesitzverhältnisse treten soziale Differenzierungen ein, deren Folgen nicht bedacht sind. Da keine konsequenten Landreformen eingeführt werden und offiziell auf das afrikanische Grundprinzip der Unmöglichkeit der privaten Aneignung bestanden wird, setzt sich hier das Recht des Stärkeren durch. Einerseits besteht Widerstand gegen ökologische Schutzmaßnahmen, denn sie würden ja die endgültige Bodennutzung präjudizieren, andererseits können traditionelle und moderne Führungsschichten (Händler, Funktionäre) quasi-traditionelle Rechte des privilegierten Landzugangs nutzen. Bestimmte Personengruppen - später angesiedelte ethnische Gruppen, ehemalige Sklaven und Abhängige, Pächter, Nomaden - werden möglicherweise völlig vom Landzugang ausgeschlossen.

Die Landnutzung wird permanent, was Dauerrechte durch die individuellen Nutzer bedeutet. Damit wird in Projekten[6] eine national noch nicht getroffene Bodeneigentumsregelung vorweggenommen und mögliche soziale Konflikte durch das Geltendmachen von Landrechten seitens anderer Personen oder Gruppen, die traditionelle Landrechte haben, geschürt. Je nachdem, welche Bevölkerungsgruppen ausgeschlossen oder auch gerade einbezogen (städtische Absentisten) werden, kommt es dadurch zu sozialer Differenzierung. Auf den endgültigen Ausschluß der nomadischen Bevölkerung und die Verhinderung der früheren symbiotischen Beziehungen wurde schon früher hingewiesen. Eine grundsätzliche Differenzierung

---

[6] z.B. in dem genannten Senegal-Projekt der deutschen EZ, vgl. H.-J. v. Maydell et al., 1983, S. 72 ff.; ders., 1983b, Bericht über die Evaluierung; siehe Teil III, 1.6, S. 92, Anmerkung 71

tritt auch dadurch ein, daß zwar keine individuellen Musterfarmer mehr durch Projekte herausgehoben, jedoch bestimmte soziale Gruppen besonders gefördert werden, ohne daß klar ist, wie soziale Differenzen vermieden werden können. Im Projektgebiet im Ferlo im Norden Senegals richtet sich die Kombination von Forstwirtschaft mit Ackerbau z.B. an die traditionell Ackerbau betreibenden Woloff, wogegen die halbnomadisierenden Fulbe (über ein Drittel der Bevölkerung) ausgeschlossen sind.[7]

Durch die Festschreibung der Bodenbesitzverhältnisse wird zwangsweise eine Monetarisierung, d.h. die Möglichkeit des Verkaufs von Boden, eingeführt werden, da die alte Institution des Anerkennungsgeschenkes für Landzuteilung tatsächlich zum Verkauf übergehen wird, mit entsprechender Gefahr der Konzentration von Bodenbesitz und völligem Landverlust.

Wenn einerseits die soziale Solidarität durch die Notwendigkeit der Konzentration auf den eigenen Betrieb unmöglich gemacht wird, andererseits durch die Permanenz der Landarbeit über das Jahr herkömmliche Sicherheitsstrategien in Form von sonstigen Wirtschaftstätigkeiten - Landwirtschaft an anderen Orten, Handwerk bis hin zu Migration - unmöglich gemacht werden, wird sich bei nur geringfügig hebbarem Produktivitätsniveau der 'Betrieb' als zu klein herausstellen, besonders in persönlichen und natürlichen Krisenzeiten. Die Dürre schlägt oft regional sehr begrenzt zu; wenn man dann im Nachbardorf kein Anrecht auf Bebauung eines Feldes mehr hat, sieht es schlecht aus. Dann könnte passieren, was im Norden Malis und anderswo nach der offiziell verordneten Emanzipation von Abhängigen und der Abschaffung der Pacht eingetreten ist: Die Abhängigkeitsverhältnisse werden zu

----

[7] H.-J. v. Maydell et al., 1983, S. 70: "Aufgrund dieser landwirtschaftlichen Tradition ist es naheliegend, mit agroforstlichen Entwicklungsmaßnahmen bei diesen Menschen anzusetzen."

'modernen' Klientelverhältnissen, denn die 'Betriebe' sind allein nicht existenzfähig, und über diese wird der Abfluß zwischen den verflochtenen Produktionsbereichen ermöglicht.

Problematisch ist auch hier das Ansetzen bei den Einheiten "Betrieb", "Haushalt" und der sie in dem Ökoentwicklungsansatz betreibenden "Kleinfamilie".[8] Es wird fälschlicherweise von einem Haushaltsvorstand oder Betriebsleiter ausgegangen, ohne daß die ganz besonders festgelegte Arbeitsteilung zwischen den Geschlechtern und jungen und alten Personen, Zuschreibung von Aufgabenbereichen und Verteilungsregeln des Produkts berücksichtigt werden. Wenn Frauen in einem modernen Ökobetrieb plötzlich kein Recht mehr auf ein eigenes Stück Land und die Verfügungsgewalt über ein bestimmtes Produkt haben, verlieren die Heiratsregeln ihre Bedeutung, die soziale Bindungen zwischen verschiedenen Gruppen begründet hatten, die soziale Lage der Frauen wird dadurch unsicher, ihr Interesse an Mitarbeit geht zurück.[9] Die abstrakte Idee der Arbeitskraft und der Produktionsfaktoren, die je nach Preisverhältnissen oder eben auch Ökosystemlogik eingesetzt werden, abstrahiert völlig von der konkreten sozialen und kulturellen Nicht-Gleichheit dieser Faktoren.

Das Konzept des Einzelbetriebes ist höchstens dort anwendbar, wo durch späte Ansiedlung tatsächlich eine relative Autonomie des Gehöfts gegeben ist.

Nicht nur die soziale Einbindung, schon allein die biographische Dimension des Lebenszyklus wird nicht berücksichtigt. Ein Ökobetrieb geht von der Idylle der Kleinfamilie aus, die - Mann voran mit der Hacke auf der Schulter, gefolgt von den kräftigen Söhnen und der gesunden Frau - aufs Feld zieht. Die halbwüchsige Toch-

---

[8] Siehe Teil II, 3.1, S. 33 f.

[9] Vgl. K. Fiege, J. Kranz-Plote, 1985

ter kümmert sich um die Kuh im neu gebauten Stall sowie um die kleineren Geschwister. Was passiert in einem anderen Lebenszyklus, wenn die Söhne geheiratet haben, die Frau krank ist? Tendenziell wird die Notwendigkeit von mehr Kindern verstärkt.

Auch bestimmte soziale Handlungsmuster, die sich zu Institutionen entwickelt haben, sind aus einer Gesellschaft nicht mehr plötzlich, je nach Faktorkosten, wegdenkbar. Die Migration entstand aus Zwangsrekrutierung und Steuererhebung verbunden mit monetären Einkommenszwängen. Inzwischen gehört es zur Sozialisation eines jungen Mannes, in die Fremde zu ziehen. Außerdem muß er dort Geld verdienen für den (rationalerweise aufrechterhaltenen) Brautpreis, der Geldbedarf der Familie ist enorm, die Alten wollen die Jungen auch lieber temporär abwandern lassen, als ihnen an Ort und Stelle Rechte einräumen. Also wird die Verfügbarkeit von Arbeitskräften, die schon früher in den afrikanischen Produktionssystemen der entscheidende begrenzende Faktor war, die mögliche Steigerung der Arbeitsintensität in einem Ökobetrieb einschränken bzw. die Reichen privilegieren, die Lohnarbeiter einstellen können, und dadurch zu einer Proletarisierung eines Teils der Bevölkerung führen. Das Gleiche gilt für die einmal eingeführte Monetarisierung bestimmter Bereiche, z.B. Brautpreis, wo nicht einfach zum Naturaltausch zurückgekehrt wird. Oder für die teils aus Not eingeführte Kommerzialisierung z.B. von Viehfutter, die bei Einführung integrierter pflanzen- und tierwirtschaftlicher Systeme nicht so schnell aufgegeben werden wird.

In betriebswirtschaftlichen Untersuchungen erfolgt die Homogenisierung der Arbeitskraft in der Form, daß z.B. für das Projekt der deutschen technischen Zusammenarbeit in Nyabisindu in Ruanda von J. Dressler[10] die Arbeitskraft einer Frau über 19 Jahre als

---

10 J. Dressler, 1984, S. 49 f., 30, 99, 42 f. 43, 38, 121 ff.

0,67% der als Recheneinheit verwendeten Arbeitskraft eines Mannes über 19 Jahre berücksichtigt wird. Trotzdem werden angeblich "standort- und familiengerechte Betriebssysteme" als Kriterium gewählt, in denen die Ernährungssicherung Vorrang haben soll. Auf der anderen Seite wird eingeräumt, daß es "geschlechtsspezifische Präferenzen für verschiedene Kulturen" gibt, und "in wachsendem Maße ... auch schwere Arbeiten von Frauen erledigt" werden. Damit wird die Annahme der Austauschbarkeit begründet. Unverständlich bleibt, warum unter diesen Umständen die Frauen um 1/3 weniger arbeiten sollen als die Männer. Von ihrer besonderen Reproduktionsarbeit ist nicht die Rede, stattdessen scheint man der Frau ziemlich viel "Mußepräferenz" zuzuschreiben. Es wird eine Einteilung übernommen, die für "unproduktive Beschäftigung", "Landwirtschaft einschließlich Viehhaltung und Verarbeitung" und "Haushalt" die Proportion von 40-40-20 annimmt! Es werden keinerlei externe Beziehungen der sozialen Verpflichtungen oder Arbeitsaustausch erwähnt. Es wird lediglich die Einstellung von Lohnarbeitern in die Modellrechnung einbezogen.

Als "Problematik des Einsatzes" von Maßnahmen des standortgerechten Landbaus wird der "Zwang zum vorübergehenden Konsum- und Einkommensverzicht" gesehen. Verhaltensannahmen werden nach mikroökonomischem Nutzenkalkül gemacht, aufgrund der langsamen Einführung ein "drastischer Rückgang seines Einkommens und ebenso drastischer Rückgang der Flächenertragsfähigkeit" angenommen. Eine zusätzliche Arbeitsbelastung wird nicht angenommen, obwohl den "Landwirten" doch so viel Muße zugeschrieben wird.

In Ruanda hatte die belgische Kolonialmacht Zwangsanbau von Kaffee, aber auch von Nahrungsmittelkulturen - insbesondere Maniok zur Absicherung gegen Hungersnöte - eingeführt. Die traditionelle Landwirtschaft war ökologisch sinnvoll, aus den Talniederungen wurde Schilf als Mulch verwendet - was bedeutet, daß der Zugang zu räumlich weiter entfernten Ressourcen, die allgemein oder kollektiv zugänglich sein müssen, nicht durch Festlegung auf Betriebsgrenzen mit voller Arbeitskraftbeanspruchung behindert werden darf.

Das Problem ist also, daß möglicherweise durch die sinnwidrige, rigide Umsetzung der Ökokonzepte die konstitutive Flexibilität in räumlicher, sozialer und ökonomischer Hinsicht aufgegeben bzw. aufgebrochen wird, auf der die Logik der afrikanischen Produktions- und Sozialsysteme beruhte, ohne daß eine entsprechende Kompensation sichergestellt werden könnte. Es mag sein, daß diese Prinzipien auf eine andere Art in dem Ökokonzept impliziert sind, allerdings besteht die Gefahr, daß sie in dieser neuen Form in der sozialen Realität nicht umsetzbar sind.

Nicht nur ist die Anwendung grundlegender Prinzipien der Ökoentwicklung nicht sozial gesichert, sondern auch die grundsätzliche Anwendung von angemessenem Wissen. Wenn Ecofarming-Systeme nach 'weichen', ressourcenschonenden Prinzipien funktionieren, entsprechen sie noch lange nicht den lokalen Anwendungszusammenhängen, Sicherheitsüberlegungen und Wissensbeständen. Ökosysteme aus der Retorte, aus der Versuchsfarm, sind deswegen nicht automatisch umsetzbar bzw. ihre Logik leuchtet noch lange nicht ein. Die konkrete Situation ist wichtig.

In diesem Zusammenhang wird im Rahmen der Diskussion über "Ethnoscience", d.h. der Erfassung von autochthonen Wissenssystemen, vor allem auf die Notwendigkeit hingewiesen, vorhandenes Wissen, Landnutzungssysteme und Praktiken auf die dahinter stehende Logik hin zu untersuchen und das Experimentieren der Handlungsautonomie der Bauern selbst zu überlassen. Hier müssen ganz neue Forschungsansätze gefunden werden.[11]

---

[11] Vgl. P. Richards, 1985

Wie vorne behandelt, wird in einem historisch orientierten Ansatz[12] darauf hingewiesen, daß die Bauern die angebotenen Projekte umfunktionieren, ihre Systemlogik aufbrechen, Ziele umlenken. Für ein Ökoentwicklungskonzept, das relativ geschlossene Kreisläufe herstellen will, ist dies ein ernstzunehmendes Argument. Nicht nur bei der grünen Revolution greifen Bauern nur einzelne Elemente heraus - oft zu ihrem Schaden, oft auch zu ihrem zumindest mittelfristigen Nutzen. Wenn es aufgrund der sozialen Zwänge nicht möglich ist, das gesamte System in seiner Logik zu übernehmen, muß ganz klar sein, welche Auswirkungen die Übernahme welcher einzelner Elemente hat. Je höher die Freiheitsgrade, um so mehr wird das echte Prinzip der Ökoentwicklung erreicht. Systemansatz, kleine Kreisläufe etc. dürfen nicht mit Systemstarrheit verwechselt werden. Entscheidend ist der Grad der Handlungsfreiheit bei Übernahme.

4.2 Die soziale Organisation und Vergesellschaftung

Wie in den Betriebs- oder Haushaltsuntersuchungen[13] wird in den Ökoentwicklungskonzepten den weitergehenden sozialen Beziehungen kein Stellenwert an sich zugemessen, auch wenn oft sehr unrealistisch von der Selbsthilfe der Bevölkerung aufgrund traditioneller Arbeitsgruppen ausgegangen wird. Diese Gruppen wird es nicht mehr geben, wenn sie keinen sozialen und ökonomischen Sinn mehr haben. Unter Partizipation wird die Beteiligung an von außen geplanten Maßnahmen verstanden, unter Selbsthilfe der Einsatz von Arbeitskraft bis zum Punkt der Erschöpfung. Statt Partizipation müßte Autonomie zugebilligt werden.

---

[12] Siehe Teil IV, 3, S. 167 f.
[13] Siehe Teil II, 3.1, S. 33 f.

Andererseits wird nicht gesehen, daß die Art der gemeinschaftlichen Ressourcennutzung, die keineswegs eine allgemeine Übernutzung der Ressourcen bedeutete, ganz konkrete und notwendige Organisationsprinzipien auf der mittleren Ebene beinhaltete. Auch Ökobetriebe und eine ökologisch sinnvolle, 'modernisierte' Viehhaltung benötigen derartige gemeinschaftliche Regelungen, denen jedoch aufgrund der o.a. Individualisierung die Grundlage entzogen ist. Die Brache wurde grundsätzlich gemeinschaftlich für bestimmte Teile des Gebietes des Dorfes oder des Clans festgelegt, die Anbauprodukte, die Zeiten für Ernte, Viehweide auf den abgeernteten Feldern etc. abgestimmt, um die ökologischen Probleme zu bewältigen - Schädlings- und Krankheitsbefall zu reduzieren, Tierfraß zu minimieren, Tierdung möglichst nutzenbringend einzusetzen. Alle diese gemeinsamen notwendigen Regelungen sind hinfällig.

Die Alternative ist nun eine autoritäre Anordnung auf Verwaltungsebene. Bestimmte Kriterien der Zusammenarbeit und Abhängigkeit werden nicht berücksichtigt. Wie sollen Erosionsschutzbauwerke gemeinsam gewartet werden, wenn kein sozialer Zusammenhalt mehr besteht? Meist werden von außen geförderte Erosionsschutzmaßnahmen auf den Feldern der reicheren Bevölkerung ausgeführt.

Die soziale Differenzierung wird sich durch Ressourcenschutzmaßnahmen, wie sie derzeit entwicklungspolitisch vorgenommen werden, notwendigerweise verstärken, da solche Personengruppen bevorzugt werden, die bereits ihre Landrechte mehr oder weniger formalisiert durchsetzen konnten, und die aufgrund ihrer Marktintegration investieren können.

Dieses Verständnis von Vergesellschaftung impliziert, daß keine sozialen und politischen Unterschiede vorhanden seien und berücksichtigt daher auch solche nicht, die möglicherweise durch die Entwicklungspolitik geschaffen oder verstärkt werden. Dies entspricht einmal der Gleichheitsvorstellung von Betrieben und Haushalten, zum anderen auch einer Traditionalismusideologie der

Dorfgemeinschaft, d.h., daß sie alle Dinge selbst regeln könne. Dabei ist doch inzwischen klar, daß zwar der Staat in vielerlei Hinsicht keinen Zugriff zur Basis hat, die Bauern also noch nicht "vereinnahmt" hat (so sagt Hyden), andererseits natürlich ein enges Netz von Klientelbeziehungen besteht, die unmittelbar in die dörfliche Gemeinschaft hineinwirken. Einerseits dienen sie dazu, an staatliche Privilegien zu kommen, andererseits um sich vor dem allzu harten Zugriff des Staates zu schützen.

Nicht nur heutzutage reichen weitergehende ökonomische und politische Interessen bis in die Dorfgemeinschaft, ursprünglich fand die Ressourcennutzungsregelung in einem viel größeren Raum und in bezug auf eine Vielzahl sozialer und ethnischer Gruppierungen statt. Nicht nur durch die Integration der Viehhaltung in den individuellen bäuerlichen Betrieb, sondern vor allem auf dieser großräumigen Ebene werden bestimmte ethnische Gruppen und Viehhalter, die bestimmte Nutzungsrechte und Austauschverhältnisse pflegten, ausgeschlossen werden.

Ohne Regelungen der sozialen Nutzung sind ökologische Maßnahmen weder sinnvoll zu planen oder durchzuführen, noch zu unterhalten. Bei Aufforstungen unter der Hoheit der (meist erst im Aufbau befindlichen) staatlichen Forstbehörden gibt es erstens Schwierigkeiten mit Arbeitskräften (externe Lohnarbeiter werden von der Bevölkerung abgelehnt, sind sehr teuer) für die Aufforstung und die Bewirtschaftung, zweitens mit der Nutzung. Das Scheitern einiger auf Ressourcenschutz zielenden Entwicklungsprojekte ist auf die Nichtbeachtung der hier als Autonomieverlust konstatierten Zusammenhänge zurückzuführen. Die Baumbepflanzung präjudiziert eine ständige Besitzergreifung von Boden, dazu müssen die Bodenrechte klar sein - daher können Bemühungen zur Anpflanzung von Dauerkulturen oder Aufforstung scheitern.[14] Wenn die eigenständigen Bewirtschaftungsrechte entfallen - z.B. bei Einführung moderner staatlicher Forstverwaltung und Erhebung von Nutzungsgebühren - ist weder ein Schutz vor Überausbeutung gegeben, noch die Wartung von Infrastruktureinrichtungen und Anpflanzungen sichergestellt. Im Bereich des deutschen Senegal-Projekts[15] fehlt z.B. für die Regieaufforstung eine durchsetzbare Regelung der Nutzung (Holz, Gummi arabicum), wodurch der Projektnutzen eindeutig gefährdet ist.

Es ist unmittelbar einsichtig, daß hoheitliche Regelungen, die traditionelle und Gewohnheitsrechte und konkrete Interessenkonstellationen sowie sozio-kulturelle Faktoren völlig mißachten, keine Wirkung haben können. Wenn eine Gemeinschaft nicht an der Aushandlung der Nutzung von Bäumen beteiligt ist, die eine konkrete kulturelle und soziale Bedeutung haben und damit auch ökologisch geschützt waren, wird sie sich natürlich nicht im Sinne des übergeordneten Systems rational verhalten.

Die entwicklungspolitisch verfolgte Institutionalisierung besteht zum Teil in institution building, zum Teil in der Beratung bei rechtlichen Regelungen. Z.B. arbeiten die meisten deutschen Forstprojekte beim Aufbau nationaler Forstverwaltungen und -dienste mit. Die entscheidende Stärkung der mittleren Ebene über die Kompetenzzuweisung und den Aufbau von regionalen und lokalen Entwicklungskomitees etc. fehlt jedoch noch fast völlig.[16] Bei den 1987 in Diskussion befindlichen Vorhaben besteht

---

[14] Vgl. E. Grosser, 1983, S. 14: Die Bevölkerung zerstörte deswegen in einem deutschen Schaffarmprojekt im damaligen Obervolta sogar die vorgenommene Anpflanzung, die auf dem traditionell der Schmiedekaste zugesprochenen Land lag.

[15] Vgl. H.-J. v. Maydell, 1983b, Bericht über die Evaluierung

[16] Zu den Ansätzen in der deutschen technischen Zusammenarbeit siehe Teil VII, 2, S. 237 ff.

die Tendenz, diese mittlere Ebene gegenüber der Aufklärung bei
den Produzenten zu vernachlässigen, bzw. die unrealistische Vorstellung, auf der zentralen Ebene eine feste Ressourcennutzungsplanung bzw. Gesetzgebung durchsetzen zu können.

Im allgemeinen gilt nach wie vor, daß ein übergreifender Systemansatz für die Ressourcennutzungsplanung fehlt, der auch in weiterem Ausmaß ökologische, aber auch soziale, ökonomische und
kulturelle Faktoren einbeziehen würde.

Die Sinnlosigkeit von Ressourcenschutzmaßnahmen, die nicht von
der Bevölkerung getragen werden, ist evident - z.B. wird sie
aufgeforstete Wälder, die unter staatliche Verwaltung gestellt
wurden, wo sie ursprünglich ihrer Gemeinschaft unterstanden,
natürlich abholzen, oder Erosionsschutzanlagen, die sie nicht
gebaut hat und nicht ihrem Produktionszusammenhang entsprechen,
nicht warten. Ein weiteres Beispiel sind die unerschwinglichen
Kosten des ursprünglich euphorisch propagierten grünen Walls
gegen die Wüste.

Bei der Wahl von Arbeitskräften für Ressourcenschutzprojekte
besteht ein Widerspruch zwischen teilweise durchaus sinnvollen
Maßnahmen der Arbeitsbeschaffung - z.B. für verarmte Nomaden -
und der Übernahme der Eigenverantwortung auf der anderen Seite,
die verloren geht, wenn die Maßnahmen immer bezahlt werden. Andererseits ist die vorhandene Arbeitsbelastung möglicherweise
so hoch, daß kein Spielraum für zusätzliche Arbeitsleistung besteht.

Bei Durchführung in Lohnarbeit kann die grundsätzlich rationale
Abwehr-/Verweigerungshaltung gegenüber dem Staat nicht überwunden, die Wartung nicht sichergestellt werden. Traditionale Arbeitsgruppen können nicht automatisch in solche überführt werden, die einer individuellen Aneignung und Akkumulation dienen,
da damit lediglich eine Bewältigung einzelner Stoßarbeitszeiten
erfolgt und der soziale Zusammenhalt symbolisiert wurde. Bei Ein-

beziehung einzelner Männer in Ressourcenschutzmaßnahmen bleibt die Problematik der Felder der Frauen und der Verteilung des Entgelts ungeklärt.

4.3 Staat und neue Technologien

Auch in den Ökoentwicklungskonzepten ist eine Entpolitisierung der Problematik zu konstatieren, wenn wie in dem allgemeinen Entwicklungsdiskurs lediglich von Rahmenbedingungen gesprochen wird. Es wird nicht berücksichtigt, wie diese sich im konkreten Handeln der Menschen abbilden, bzw. wie dieses geändert werden könnte. Die Gefahr, daß dadurch lediglich autoritäres Obrigkeitsverhalten und Repression gefördert wird, ist groß. Wenn z.B. von Burkina Faso drakonische Maßnahmen gegen Buschfeuer, Holzeinschlag etc. als besonders ökologisch fortschrittlich propagiert werden, so läßt dies skeptisch werden. Dadurch werden Pfründe für die Funktionäre geschaffen, die Strafen einkassieren, sie und die Natur werden käuflich, eine illegale Nutzung der Natur ist quasi vorprogrammiert, die Förderung eines umweltschützenden Verhaltens ist durch diese Illegalisierung nicht möglich, bestimmte Bevölkerungsgruppen werden zwangsweise marginalisiert und andere privilegiert.

Ebenfalls erscheint es nur oberflächlich sinnvoll, bestimmte Gebiete unter Naturschutz zu stellen, die früher rational und eigenständig von der Bevölkerung genutzt wurden. In manchen Fällen - nicht nur in dem extremen Fall der Buschleute z.B. in Namibia, die durch Naturschutzregeln extrem in ihrer Lebensweise eingeschränkt werden[17] - wäre es vielleicht besser, die Menschen unter Menschenschutz zu stellen.

---

[17] Vgl. R. Gordon, 1985

Nicht nur unterliegt der Staat dem Zwang zur Erhöhung der Marktproduktion und gibt diesen in vielerlei Form weiter, sondern jegliche Beratung, Wissenstransfer etc. von außen muß in irgendeiner Weise durch Surplusproduktion wettgemacht werden. Es ist nun die große Frage, wo diese bei einer "low input"-Strategie herkommt. (Der erste Aspekt dieser Surplusproduktion ist der vorerwähnte Aspekt der Sicherheit und der Reserve).

Kein Staat wird Wissen übertragen und Beratungssysteme organisieren, ohne eine Grundlage für seine Finanzierung zu suchen. Entwicklungspolitische Zusammenarbeit könnte sich diesen Luxus leisten, tut sich jedoch extrem schwer, diesen Ansatz zu rechtfertigen, da bisher jeglicher Erfolg über eine marktwirtschaftliche Rentabilität legitimiert wurde. "Auch im Sahel muß sich ein Projekt rechnen" - so lautet ein Schlagwort des gängigen entwicklungspolitischen Diskurses. Wenn zum Beispiel ein Fruchtwechsel propagiert wird, in dem nur jedes dritte Jahr ein Industrierohstoff, z.B. Baumwolle, angepflanzt wird, so ist die große Frage, wie die Beratung und das System sich in den übrigen zwei Jahren finanzieren. Dieses grundsätzliche Problem stellt sich, wenn aufgrund der technischen Gegebenheiten sich z.B. ein Projekt wie das deutsche agroforstwirtschaftliche[18] im Senegal nicht selbst tragen kann, sondern mechanische Bodenbearbeitung und Einzäunungen erforderlich sind. Außerdem besteht nach wie vor die Frage, wie das Risiko der Neuerungen getragen wird.

Weder die international geförderte noch die nationale Agrarforschung zeigt bisher Neigungen, ökologisch sinnvolle Konzepte zu verfolgen, geschweige denn solche in Agrarberatung und Dienstleistungen umzusetzen.

---

[18] Vgl. H.-J. v. Maydell, 1983b, Bericht über Evaluierung

Da zwangsweise eine Förderung von Monokulturen stattfindet, kann eine ökologisch notwendige systemische Herangehensweise, d.h. die Produktivkraftentwicklung durch Verbesserung des gesamten Produktionssystems, infolgedessen nicht durchgehalten werden.

Das Konzept der Ökoentwicklung bedeutet zwar eine Abkehr von unilinearer Modernisierung, jedoch ist eine Fortentwicklung der ursprünglichen Landnutzungssysteme aufgrund der unwiderrufbaren sozio-ökonomischen Entwicklungen unabdingbar. Dabei muß es nun darum gehen, ökologisch schädliche Mechanismen abzubauen und auf jeden Fall zu verhindern, daß unerwünschte soziale Differenzierungsprozesse auftreten, z.B. die verbleibende nomadische Bevölkerung, die aus übergreifenden politischen und ökonomischen Gründen nicht in diese 'angepaßt modernen' Landnutzungssysteme eingegliedert wird, völlig marginalisiert wird.

Es gibt drei Varianten der Forderung nach einer neuen Technologie für Entwicklungsländer:

- Angepaßte Technologie soll gemäß der heterogenen ökonomischen und sozialen Struktur in unterschiedlichem Komplexitätsgrad verwendet werden.

- Konzepte der Ökoentwicklung konzentrieren sich darüber hinaus auf umweltschonende Landnutzungsmuster, die an autochthonen Prinzipien und Praktiken ansetzen, auf Nachhaltigkeit, Systemgeschlossenheit und weiche Technologie abzielen.

- Drittens gibt es die Extremforderung, die industrielle Revolution zu überspringen, also Hoch- und sogenannte neue Technologien zu nutzen.

Bei der angepaßten Technologie besteht die Gefahr, daß ein 'modernisiertes' evolutionäres Stufenmodell nachholender Entwicklung propagiert wird, das die "Akzeptanz" technologischer Neuerungen befördert und den sogenannten informellen Sektor funktionalisiert.

Bei den Ökoentwicklungskonzepten ist die Frage, wie bei der richtigen Auslegung auf Sicherung der Nachhaltigkeit und damit bescheidenen Produktivitätssteigerung genügend Surplus für die trotz allem notwendigen Dienstleistungen, Technologieentwicklung und den Aufbau kollektiver Strukturen erwirtschaftet wird.

Die Vertreter der neuen Technologien haben noch viel stärker als seinerzeit Hirschman[19] die Hoffnung, damit den 'Störfaktor' Mensch ausschalten zu können. Er hatte empfohlen, sofort Flugzeuge einzuführen, statt Straßen instandhalten zu wollen, weil die Logik komplexer technischer Systeme einen entsprechend rationalen Umgang erzwinge.

Das Problem der kulturellen Aneignung und gesellschaftlichen Steuerung und Verfügungsgewalt wird bei den sogenannten neuen Technologien noch größer werden. Mikroelektronik ist zwar im Einsatz dezentral, nicht jedoch in der Wissensverfügbarkeit und Steuerung. Nur wenige Industrieländer können die Satelliten "an-" und "abschalten". Selbst wenn jedoch die Sahelstaaten ungehindert Zugang zu den sie betreffenden Informationen erhielten, wären sie zur unmittelbaren Anwendung technischer Systeme, z.B. zur Begrünung der Wüste, nicht in der Lage (ganz abgesehen von eigener Technologieentwicklung).

Das Problem ist, daß Technologie im Gegensatz zu der im Prinzip allgemein zugänglichen Wissenschaft einen Preis hat. Oft werden daher nur einzelne technische Problemlösungen oder einzelne Produkte übertragen. Bei der Gentechnologie, die u.a. eine Verbes-

---

[19] Vgl. A.O. Hirschman, 1958, S. 142, 147

serung von Saatgut ermöglicht, streben internationale Chemiekonzerne das Forschungs- und Vertriebsmonopol an. Absicht ist, solche Getreidesorten zu züchten, die nur gegen die ebenfalls von ihnen vertriebenen Pflanzenschutzmittel resistent sind. Sicherlich sind im Agrarbereich noch viele Verbesserungen mit Hilfe von Biotechnologie möglich,[20] d.h., Gentechnologie ist noch gar nicht erforderlich. Ihre Anwendung in kleineren ökonomischen und ökologischen Kreisläufen stößt jedoch auf die genannten Hindernisse.

Der dritte große moderne Technologiebereich, Energie, kann hier nur kurz erwähnt werden. Die Entwicklung von erneuerbaren Energieträgern geht kaum voran, bisher findet sie meist in Industrieländern statt und ist ökonomisch nicht interessant. Bei der von außen geförderten Technologieentwicklung in den Entwicklungsländern werden teilweise dermaßen systemimmanente technische Fehler gemacht, daß die kulturellen schon gar nicht mehr erwähnt zu werden brauchen. Z.B. können mit Sonnenenergie betriebene Herde dann nicht kochen, wenn afrikanische Frauen das tun, nämlich abends. Ganz davon abgesehen, daß die drei Steine der Feuerstelle eine symbolische Bedeutung haben, die nicht aufgegeben werden kann.

Es gibt noch viele andere technisch mögliche Problemlösungen. Einige von ihnen werden schon lange praktiziert. Das Sprühen von chemischen Mitteln über afrikanische Hütten aus Flugzeugen hat allerdings bisher weder zur Ausrottung der Malaria noch zur Herausbildung neuer Cargokulte geführt, wohl aber dazu, daß die Menschen ihren eigenen Problemlösungen nicht mehr vertrauen und den neuen völlig hilflos gegenüberstehen.

----

[20] Vgl. dazu H. Gsänger, 1987

5 Perspektiven: Eigenständiger sozialer Wandel

Die ökologische und ökonomische Krise in Afrika ist fundamental gesellschaftlich. Die ländlichen Produktions- und Sozialsysteme, die bäuerlichen und nomadischen Lebensweisen wurden aufgebrochen, ihre Flexibilität und Sicherheit ging verloren, so daß kein Handlungsspielraum für ökologisch schonendes Wirtschaften und technologische Veränderung da ist.

Aufgrund der sozialstrukturellen und ökonomischen Zwänge staatlichen Handelns kann der erforderliche institutionelle Änderungsprozeß auf mittlerer Ebene zur Aneignung und sozialen Organisation des technologischen Wandels und der geregelten Landnutzung nicht stattfinden.

Es geht also nicht primär um die Frage, welche Art von Technologie über welche Institutionen transferiert werden soll, sondern wie die Prozesse aufgehalten werden können, die die Bevölkerung des Sahel zu internationalen Almosenempfängern machen bzw. große Teile der afrikanischen Gesellschaften bis auf das Existenzminimum marginalisieren, und wie autonomer Wandel von Gesellschaft und Technologie in Gang gesetzt werden kann.

Es geht darum, den Handlungsspielraum an der Basis zu stärken, so daß ökologisch vernünftiges, ökonomisch dynamisches Handeln wieder möglich wird. Dazu muß auch die Autonomie über die Ressourcennutzung an die mittlere Ebene zurückgegeben werden. Der Nationalstaat kann keine Regelungen durchsetzen, die traditionellen Rechte gelten nicht mehr.

Das Konzept der Ökoentwicklung muß so interpretiert werden, daß ein ausgeglichenes Ökosystem als Kriterium zugrundegelegt wird, dem die politische Richtlinie "self-reliance" entspricht, d.h. tendenziell ökonomische Autonomie, die eine Sahellösung durch massive Versorgung von außen ausschließt. Damit einher würde die politisch-kulturelle Unabhängigkeit in Form der sozio-kulturellen Angemessenheit der Maßnahmen auf der Grundlage angepaßter Technologien gehen. Ziel sollte die Sicherstellung der Befriedigung der Grundbedürfnisse der gesamten Bevölkerung sein, was der Produktionsorientierung im Gegensatz zu einem Sozialhilfeansatz entspricht.

Im Rahmen eines eigenständigen sozialen Wandels geht es um

- die Stärkung der Handlungsautonomie der Bevölkerung;

- die Institutionalisierung des sozialen Wandels, insbesondere auch was die Ressourcennutzungsregelung anbelangt, wodurch erst die Partizipation der Bevölkerung möglich wird;

- die Schaffung der Voraussetzungen eines eigenständigen technologischen Wandels;

- die strukturelle Einbettung und Sicherstellung der Machbarkeit der erwarteten Handlungsalternativen.

Natürlich kann es hier nicht darum gehen, ein Gesamtkonzept der ländlichen Entwicklung Afrikas zu entwerfen. Hinsichtlich der institutionellen Ausgestaltung wäre aufgrund der sehr unterschiedlichen natürlichen, ethnischen, ökonomischen und sozialen Strukturen auf keinen Fall ein starres, allgemein zu verfolgendes Konzept wünschenswert, sondern hohe Flexibilität und Anpassung an konkrete Gegebenheiten angemessen.

Die entwicklungspolitischen Konzepte, die sich in diesen Rahmen einfügen, müssen jedoch folgende Kriterien erfüllen

- integriertes Vorgehen (Produktionsorientierung bei Ressourcenschutz etc.)

- Sicherstellung der Umweltverträglichkeit der Maßnahmen, Ressourcenschutz und -rehabilitation

- Berücksichtigung ungewollter sozialer Folgen

- Förderung der Eigenproduktion (z.B. Subventionierung) vor Hilfe (z.B. Nahrungsmittelhilfe)

- Ausgangspunkt bei Handlungspotential und -spielraum der Bevölkerung, d.h. Bevölkerung als Subjekt der Maßnahmen.

5.1 Stärkung der Handlungsautonomie

Die genannten Konzepte der Ökoentwicklung müssen in sozialwissenschaftlicher Hinsicht weiter entwickelt werden, um zu vermeiden, daß primär bei abstrakt vorhandenen "Normen, Werten, Traditionen" angesetzt wird und diese statisch und absolut gesehen werden. Denn für die Entwicklungspolitik besteht die Gefahr, daß diese zur Manipulation und Durchsetzung vorher gescheiterter, von außen entwickelter technologischer Lösungen angewandt werden. Allerdings wäre diese Art von Berücksichtigung soziokultureller Faktoren genauso zum Scheitern verurteilt. Wichtig ist nicht so sehr die Wahrung der kulturellen Identität als Abstraktum, sondern die kulturelle Autonomie und eigenständige Weiterentwicklung.

Entwicklungspolitische Maßnahmen müssen, um effektiv zu sein, beim Handlungsspielraum und den das Entscheidungsfeld der Produktionseinheiten beeinflussenden Faktoren ansetzen und an dort vorhandene Potentiale anknüpfen[1] sowie die strukturellen Bedingungen für ihre Realisierung schaffen.

Es ist sinnlos, von einer Sensibilisierung, Bewußtseinsbildung oder Umwelterziehung der Bevölkerung als isolierte Vorgehensweisen auszugehen. Dieser in vielen Entwicklungskonzepten verfolgte paternalistische Ansatz muß aufgegeben werden und die von der Lebenslage der Bevölkerung her rationalen Handlungsalternativen (fort-)entwickelt werden, in die durchaus neue Ansätze und Vorstellungen (nämlich des expliziten Ressourcenschutzes und der Umwelterhaltung) eingebaut werden können. Erforderlich ist in diesem Sinne nicht angepaßte Technologie, sondern Technologie, die vorhandene Lösungsansätze aufgreift und durch - durchaus von außen kommende - Neuerungen fortentwickelt. Entscheidend ist die Zubilligung der kulturellen Aneignung und gesellschaftlichen Verfügungsgewalt.

Nicht nur müssen entwicklungspolitische Maßnahmen von den Lebensbedingungen ausgehen und ihr Potential weiterentwickeln, anstatt von oben und außen Neuerungen als Fremdkörper einzuschleusen. Auch können gerade aufgrund der sozialen Vermittlung der Umweltverschlechterung Maßnahmen zu ihrer Bekämpfung nur dann erfolgreich sein, wenn sie die Situationslogik und den Handlungsspielraum der Bevölkerung berücksichtigen und ihre Partizipation und Eigenständigkeit als wichtigstes Instrument und Ziel ansehen.

---

[1] Dieser Ansatz der ökologischen Potentiale traditioneller Agrarkulturen und der Handlungsspielräume wird auf drei Ebenen - der Beziehung Mensch und Naturraum, der Sozialstruktur und Arbeitsteilung, der Kommunikations- und Handlungsebene - herausgearbeitet von Teherani-Krönner, Michel-Kim, Weiler, 1982; P. Teherani-Krönner, 1988

Wenn ökologische Landbausysteme - Ecofarming, Agroforstwirtschaft - gefördert werden, muß man sich darüber klar werden, daß die Forderung nach geringem externen Input bedeutet, daß nicht kritiklos eine Marktintegration gefordert werden kann und langfristig Unterstützung von außen notwendig sein kann.

Daß Ressourcenschutzmaßnahmen sehr langsam vorangehen, hat nicht zuletzt Gründe in der Unsicherheit hinsichtlich der Instrumente der Entwicklungszusammenarbeit. Solche Vorhaben müssen ein Subventionselement haben, und die Entwicklungszusammenarbeit (insbesondere die finanzielle Zusammenarbeit (FZ)) ist sich bisher nicht klar darüber, wie hier zu verfahren ist. Hier besteht ein großes Defizit der Instrumentenentwicklung, denn es reicht ja nicht aus, Projekte auf Umweltverträglichkeit - d.h. die Abwesenheit von negativen Folgen - zu prüfen, wie dies seit einiger Zeit in der deutschen Entwicklungszusammenarbeit geschieht; es geht darum, solche Vorhaben zu fördern, die positiv auf die Umwelt einwirken, Ressourcen erhalten und rehabilitieren.

Um die Verankerung der Ressourcenschutzmaßnahmen bei der Bevölkerung zu erreichen, müssen alle Vorhaben eine Produktionsorientierung haben, Produktion und Ressourcenschutz verbinden. Deswegen, jedoch auch weil die Bevölkerung unmittelbar um ihr Überleben kämpft, sind Kombinationen mit Nahrungshilfe erforderlich, da auf diese Weise Ressourcenschutzmaßnahmen finanziert und Dürre- und Hungerzeiten überbrückt werden können. Während besonders kritischer Zeiten (Dürre etc.) muß auch die laufende Produktion subventioniert werden (z.B. Treibstoff für Bewässerungspumpen), ein herkömmliches betriebswirtschaftliches Kalkül ist hier fehl am Platz. Der Nutzen dieser Maßnahmen muß hier mit den Kosten der Nahrungsmittelhilfe und deren negativen Folgen verglichen werden.

Die derzeitige scharfe Trennung von (dem Anspruch nach sich selbst tragenden) Entwicklungshilfeprojekten und Nahrungsmittelhilfe sollte zugunsten einer Kombination von beiden aufgegeben werden, die subventionierte Eigenproduktion einschließt und die Ernährungssicherheit primär an der Basis garantiert. Auf einem Kontinuum lassen sich verschiedene Ausprägungen/Varianten der Integration denken: Neben Nahrungsmittelhilfe in akuten Notsituationen und besonderen food for work-Maßnahmen zur Erhaltung von Produktionsgrundlagen und natürlichen Ressourcen müßte Nahrungsmittelhilfe in Projekte der technischen bzw. finanziellen Zusammenarbeit eingegliedert werden. Dabei können z.B. Aufforstungsmaßnahmen in Projekten der Technischen Zusammenarbeit (TZ) über Nahrungsmittelhilfe-Entlohnung der mitarbeitenden Bevölkerung ermöglicht werden, deren Finanzierung einerseits bei sog. industrieller Aufforstung sonst nicht möglich wäre, andererseits die Partizipationskraft der Bevölkerung überfordern würde. In bestimmten Ausnahmesituationen - Umsiedlungen bei Staudammprojekten, Rückführung von Flüchtlingen, Überbrückung von Dürrejahren - sollte ein 'Paket' mit Nahrungs- und Produktionsmitteln (Saatgut, einfache Geräte), sei es über Projekte, sei es über sonstige Trägerstrukturen und im Rahmen von Entwicklungsfonds, an Kleinbauern verteilt werden, um einen mittelfristigen Produktionsengpaß zu überwinden.

Nachdem es 1985 im Sahel geregnet hat, wird sich herausstellen, ob die Hilfe die Bevölkerung der Mündigkeit und Eigenständigkeit beraubt hat, oder ob sie vielmehr die Organisationsstrukturen und Produktivkräfte so gestärkt hat, daß die Kraft zum Überleben die Oberhand gewinnt. Fehlendes Saatgut, Verschuldung, Verlust der Tiere, Abwanderung der wichtigsten Familienarbeitskräfte dürfen nicht zum unüberwindlichen Hindernis werden. Es muß vermieden werden, daß die urbanen Schichten eine Wiederaufstockung der Viehzahlen vornehmen und ein Großteil der von der Dürre betroffenen Bevölkerung endgültig verarmt.

5.2 Institutionalisierung des sozialen Wandels

Aufgrund der starken externen Einflüsse kommt es zu keinem endogenen sozialen Wandel, der die Herausbildung neuer, dynamischer sozialer Institutionen und sozio-ökonomischer Handlungssysteme fördern würde. Die externe Abhängigkeit und interne Schwäche der Nationalstaaten hat bisher diese Institutionalisierung verhindert, durch die z.B. traditionelle Regelungen von Weiderechten etc. durch formale neue ersetzt werden müßten. Wenn dies stattfand, erwies sich die Zentralmacht als zu schwach, um sie an der Basis durchzusetzen. Die offensichtlich fehlende Legitimität zentraler Regelungen, die in hohem Maße zur ökologischen Degradierung beiträgt, muß auf jeden Fall durch eine dezentrale Regelung auf der mittleren Ebene ersetzt werden. Nur dann besteht Aussicht auf Legitimität, wenn die Regelungen aufgrund der realen Interessen ausgehandelt wurden, und auf dieser Ebene konkrete Handlungskompetenzen eingeräumt werden.

Eine institutionelle Regelung ist auf jeden Fall erforderlich, um eine ökologisch sinnvolle Nutzung der natürlichen Ressourcen zu ermöglichen und die weitere Benachteiligung schwächerer sozio-ökonomischer Gruppen (Nomaden, marginale Bauern) mit entsprechender 'land-lordization' des Landes und Proletarisierung der Produzenten zu verhindern.[2]

Die Regelung muß also weit genug an der Basis stattfinden, um die Bevölkerung nicht vor einem anonymen Staat handlungsunfähig in die Verweigerung zu drängen, andererseits auf genügend hoher Ebene, um überlokale und überregionale Interessen z.B. von traditionell durchziehenden Nomaden zu berücksichtigen. Es ist klar, daß dies schwierig ist; nicht nur da es im Prinzip zwi-

---

[2] Vgl. G. Haaland, 1980b, S. 92

schenstaatliche Regelungen erfordern würde - oft in politisch brisanten Regionen -, sondern auch aus Gründen des nationalen politischen Gleichgewichts.[3]

Nicht nur als Zwischenlösungen anzusehen sind Regelungen auf der Ebene von Dorfgemeinschaften bzw. Nomadencamps, was Aufforstungsmaßnahmen, Ackerbauprojekte und Weidekontrolle anbelangt, auch wenn das weitere Systemumfeld einbezogen werden muß. In einigen Projekten werden vertragliche Vereinbarungen mit den Dorfgemeinschaften getroffen. Auf jeden Fall wird in der Literatur die Genehmigung von Landtransaktionen und der Einrichtung von modernen Viehhaltungsbetrieben durch die Dorfgemeinschaft empfohlen. Im allgemeinen geht man davon aus, daß Landtransaktionen in Form von Vergabe von Dauerpachten staatlichen Landes für Ackerbau von Dorfräten genehmigt oder organisiert werden sollen, wobei ein fließender Übergang von der Landvergabe durch traditionale Autoritäten stattfinden kann. Der Spekulation sollte vorgebeugt werden, indem zumindest längere Zeit keine Landrechte an Fremde vergeben werden. Es sollte eine Kontrolle der Weidepachtvergabe an Händler durch lokale Räte sowie die Gründung von Viehvermarktungszusammenschlüssen durch die viehhaltende Bevölkerung erfolgen.[4] Die globale Ressourcenerhaltung kann auf keinen Fall vom individuellen Tierhalter erwartet werden. Diskutierte Regelungen sind Besteuerungs- und Subventionssysteme, gesetzliche Herdenzahlbegrenzung, Bildung von Hirtenkooperativen.

Bei der Ausarbeitung von regionalen Ressourcennutzungsplänen, die die Interessen aller vorhandenen Akteure beachten, sind die Länder zu unterstützen. Dies ist wichtiger, als begrenzte Ranch-

---

[3] Im Niger ist dies 1987 bei einer nationalen Konferenz nicht gelungen.

[4] Vgl. G. Haaland, 1980b, S. 93 f., S. 102 f.

ing-Systeme einzuführen, die eine soziale Differenzierung verstärken und zur Marginalisierung bestimmter Gruppen führen.

Auch wenn dies oft sehr zeitraubend und wegen der bestehenden Interessengegensätze sehr schwer in Angriff zu nehmen ist, da alle Beteiligten das Aufbrechen latenter Konflikte vermeiden wollen, muß die bodenrechtliche Regelung Gegenstand eines Aushandlungsprozesses in entwicklungspolitischen Maßnahmen sein, allein schon, damit die Wartung z.B. von Aufforstungen oder Erosionsschutzbauwerken gesichert ist.

Erst auf der Basis entsprechender institutioneller Regelungen ist eine echte Partizipation der Bevölkerung möglich, die nicht an zentral oder von außen geplanten Maßnahmen durch Eigenarbeit beteiligt werden, sondern Subjekt dieser Maßnahmen sein soll, die ihr die Kompetenz für eigenes Handeln zugestehen und ermöglichen müssen.

Jede Aktivität und jeder Bestandteil eines Vorhabens muß daraufhin geprüft und Alternativen abgewogen werden. Es geht nicht darum, den status-quo zu perpetuieren, d.h. sozio-kulturelle Werte qua Selbstzweck zu erhalten, sondern einen eigenständigen Wandel zu ermöglichen. Nur dann wird die Bevölkerung vom ökologischen 'Störfaktor' zum eigenständigen Subjekt ökologisch sinnvoller Entwicklung.

Diese Zubilligung der Kompetenz führt dazu, daß Maßnahmen an der Basis getragen werden, wenn sie dort ausgehandelt und beschlossen wurden in Abstimmung mit externen Interessen, und die Projekte und Maßnahmen nicht als fremde angesehen werden. Nicht nur das Eigeninteresse von individuellen Haushalten und Gemeinschaften muß beteiligt sein, auch muß ihr Handlungsspielraum betrachtet werden und die Maßnahmen auf der sozialstrukturellen und sozio-ökonomischen Ebene machbar sein.

Dies trifft die Frage der Arbeitskräfte für Aufforstungs- und Erosionsschutzmaßnahmen, bodenrechtliche Regelungen, die Entscheidung über Standorte, die Gewohnheitsrechte und soziale Regelungen durch kulturelle Werte.

Die Verbesserung des sozialen Status und der Autonomie der Produzenten in Bewässerungs- und Umsiedlungsprojekten ist dringend erforderlich, wobei - wie auch im Bereich der Landnutzungsregelung zwischen Viehhaltern und Ackerbauern - wahrscheinlich zunächst ein pragmatischer Ansatz der Zusammenarbeit auf der Ebene benachbarter Gruppen der einzig mögliche Anknüpfungspunkt ist, um soziale Konflikte zu überwinden. Grundsätzlich ist die Förderung von Kleinbewässerungsvorhaben vorzuziehen, die eine eigenständige Organisation der betroffenen Bevölkerung ermöglichen, um so den bisher sehr starren, autoritären Organisations- und Beratungsansatz zu überwinden.

Es besteht allgemein Konsens darüber, daß eine Regelung der derzeit chaotischen Beweidung erforderlich ist, nachdem traditionelle Kontrollen und Absprachen nicht zuletzt in bezug auf den Ackerbau weggefallen sind und keine modernen, gesetzlich fundierten Regelungen an ihre Stelle traten. Entscheidend ist jedoch, auf welcher Ebene und unter Einbeziehung welcher Interessen diese vorgenommen wird und wieweit dadurch soziale Differenzierungen vermieden oder weiter verstärkt werden. Insbesondere besteht die Gefahr einer fortschreitenden Dualisierung der Viehwirtschaft, d.h. Modernisierung gewisser Viehhalterbetriebe und Integration mit dem Ackerbau bei Marginalisierung und 'Traditionalisierung' eines Teils der nomadischen Bevölkerung. Auf jeden Fall ist klar, daß Projekte und Politikmaßnahmen nicht die Verminderung der Viehzahlen betreiben dürfen, ohne daß andere sichere Einkommensquellen zur Verfügung stehen. Das ist jedoch de facto nur selten der Fall.

Als zu verfolgende Prinzipien des Ressourcenmanagements können genannt werden: Oberstes Ziel muß die Flexibilität der Landnutzung bleiben, so daß eine Übernutzung vermieden wird. Es können keine starren Regelungen eingeführt werden, sondern es kommt darauf an, die Autonomie auf den verschiedenen Ebenen zu stärken. Erforderlich sind nicht starre Landnutzungspläne, sondern zunächst die Erfassung der aktuellen Landnutzung und der verschiedenen traditionellen Ansprüche.

Feste Regelungen können sich nur auf das grundsätzliche Verbot der privaten Aneignung von Weidegebieten beziehen; notwendig ist die Garantie der Weidemöglichkeiten bei ackerbaulichen Projekten (Bewässerung), auch für durchziehende Nomaden, sowie die Rückgabe der Zuständigkeit für Ressourcenzugangsregelung an Kollektive (Dörfer, Nomadencamps). Das Prinzip sollte sein, vor allem die Verfügungsgewalt von Kollektiven über den Boden zu klären und damit chaotische private Aneignung zu vermeiden.

Es kommt darauf an, den Prozeß der Aushandlung über Ressourcennutzung auf den verschiedenen Ebenen in Gang zu bringen, so daß indikative Nutzungspläne erstellt werden können. Dabei können zentral (bzw. auf regionaler Ebene) lediglich bestimmte Grundzüge geregelt werden, z.B. für das Offenhalten von Zugangsmöglichkeiten von Nomaden aus anderen Gebieten.

Gestärkt werden müßte die Informationsverarbeitungs- und Regionalplanungskapazität auf der Ebene der Regionen, vor allem in bezug auf die Aufnahme der Situation sowie die allgemeine Durchführung von Konferenzen/Seminaren zur Bodennutzung auf allen Ebenen. Ein Beratungsdienst müßte hier "Animateurfunktionen" übernehmen.

Die Integration von Viehhaltung und Ackerbau ist sicherlich förderungswürdig (und unvermeidlich). Sie sollte jedoch nicht (allein) auf privater/bäuerlicher Ebene erfolgen, sondern gleichzeitig gezielte Weiderehabilitation eingeführt werden. Vor allem sollte nicht nur bei der Integration der Viehhaltung in den Akkerbau angesetzt werden, sondern auch den Viehhaltern die Aufnahme von Ackerbau ermöglicht werden durch Aufleben alter Landrechte, Betreuung von kleinen Bewässerungseinrichtungen, ohne daß deshalb eine feste Ansiedlung erfolgen bzw. die Weidewanderung aufgegeben werden müßte.

Für externe Förderung stellen sich insbesondere folgende Möglichkeiten:

- Kampagnen zur Erfassung der Landnutzung und ihrer Diskussion auf allen Ebenen im Hinblick auf die Aushandlung von Landnutzungsplänen

- Integrierte Projekte, in denen die "Desertifikationskomponente" tatsächlich umgesetzt wird

- Kombinierte Finanzierung von Produktionsmaßnahmen und Ressourcenschutzmaßnahmen

- Unterstützung angewandter Forschung und Beratung

Folgende Prinzipien können für die Selbsthilfeorganisation zur Schaffung der kollektiven Instanz und Überwindung der begrenzten Kapazitäten der individuellen Produktionseinheiten für Ressourcenschutz genannt werden:

- Abklärung der Rechte aller beteiligten Interessengruppen, Vermeidung der Marginalisierung bestimmter Gruppen

- Zugestehung der Autonomie auf kommunaler Ebene (Partizipation an zentral geplanten Maßnahmen reicht nicht aus)

- Verhinderung des Zugriffs/Vereinnahmung durch stärkere Interessengruppen

- Sicherung der Wartung durch Abklärung der Nutzung

- Durchführung in Lohnarbeit nur bei Abklärung der Nutzung

- keine automatische Selbsthilfe durch traditionale Arbeitsgruppen

- Beachtung der Problematik bei Einbeziehung einzelner Männer.

5.3 Eigenständiger technologischer Wandel

Die bisherige entwicklungspolitische Fragestellung, ob und welche Art von Technologie übertragen werden soll, ob "angepaßte", "intermediäre" oder "neue", ist falsch. Es geht vielmehr darum, wie technologischer und institutioneller Wandel in einem wechselseitigen Verhältnis so stattfinden können, daß auf der Handlungsebene die notwendige Produktivitätssteigerung in die eigene Identität und Rationalität integriert werden kann, und wie auf der strukturellen und institutionellen Ebene Technologiehandhabung und -entwicklung gesellschaftlich gesteuert werden können. Erst dann lassen sich Kriterien für die Technologie nennen: sie muß ressourcenschonend und mehrdimensional sein.

Der Schwerpunkt der Landwirtschaftspolitik zur Förderung der Nahrungsmittelproduktion wäre weniger auf Preispolitik und technische Neuerungen als auf Strukturverbesserungen grundsätzlicher Art zu legen: produktübergreifende, systemorientierte Beratung, Förderung freier Zusammenschlüsse, soziale Sicherungssysteme, angewandte Forschung etc. Wichtigstes Ziel muß sein, die Eigenversorgung zu stärken und die Nahrungsmittelproduktion aus ihrer marginalen und teilweise illegalen Position zu holen.

Notwendig ist ganz sicher eine technologische Entwicklung, die eine Steigerung der Produktivität mit sich bringt, jedoch im Rahmen einer mehrdimensionalen, ökologisch vernünftigen Entwicklung, die die Wiederherstellung einer sozialen Identität und die Herausbildung einer technischen Kultur ermöglicht.

Die Forderung nach "Sozialverträglichkeit" von Technologie ist undynamisch. Sie würde bedeuten, daß Neuerungen sozialtechnologisch von außen an sich nicht verändernde soziale Verhältnisse angepaßt werden müßten. Außerdem dürfte es sich von selbst verstehen, daß technische Neuerungen nicht um ihrer selbst willen eingeführt werden, sondern für eine sinnvolle Nutzung durch eine bestimmte Gesellschaft.

Es geht nicht primär darum, welche Art von Technologie zur Lösung extern definierter und fälschlicherweise als technisch bezeichneter Probleme über welche Art von (staatlichen, kollektiven oder privaten) Institutionen transferiert werden soll, sondern

- um die Frage der Autonomie, d.h. wie auf der Handlungsebene Technologie angeeignet werden kann,

- um die Herausbildung von Institutionen, die in einem wechselseitigen Prozeß die soziale Organisation des technologischen Wandels und des Ressourcenschutzes bewältigen können,

- um die Verhinderung der Funktionalisierung von Technologie innerhalb eines nationalen und internationalen Herrschaftssystems.

Es können aber trotzdem Aussagen darüber gemacht werden, welche Kriterien eine Technologie innerhalb eines eigenständigen sozialen und institutionellen Wandels erfüllen muß:

- nicht umweltzerstörend, sondern -erhaltend;

- nicht ein-, sondern mehrdimensional;

- nicht Uniformität, Standardisierung, sondern Diversität anstrebend;

- nicht vertikal, also bürokratisch strukturiert, sondern primär horizontal organisiert, also vernetzt.

Das heißt nicht, daß zuerst Institutionen revolutioniert werden müßten und dann Technologie erfolgreich transferiert oder entwickelt werden könnte - das haben die jetzt an der Macht befindlichen Eliten ja meist schon praktiziert. Gemeint ist vielmehr, daß nicht von vornherein ein bestimmtes evolutionäres Niveau der Technologieentwicklung übertragen werden kann (und soll), sondern daß die institutionellen Bedingungen einer Gesellschaft die eigene Definition technischer Probleme bestimmen und von außen angebotene Neuerungen entsprechend integrierbar sein müssen.

Das heißt auch nicht, daß die Bedingungen für Technologietransfer (noch) nicht gegeben sind. Vielmehr, daß bereits Technologie übertragen wurde, die nicht nur ihr Potential nicht entfalten konnte, sondern Strukturen entstehen ließ, die einer zielgerichteten Technikentwicklung und der wechselseitigen Veränderung von Gesellschaft und Technologie entgegenstehen.

Eine untechnokratische 'Technologiefolgenabschätzung' legt offen, welche Prozesse der sozio-ökonomischen Differenzierung und Destabilisierung verstärkt werden, wie diese den Ressourcenabfluß innerhalb der verflochtenen Produktionsbereiche ermöglichen, dadurch die Existenz einer Staatsklasse sichern, die über ihre Verschmelzung mit den traditionalen Führungsschichten auch diese korrumpiert und den Wandel der Institutionen verhindert.

5.4 Struktureller Ansatz

Es reicht nicht aus, wenn konkret betroffene Bevölkerungsgruppen an Planung und Durchführung beteiligt und ihre sozio-kulturellen Werte berücksichtigt werden. Wesentlich ist, einen strukturellen Ansatz zu verfolgen, aufgrund dessen der konkrete Handlungsspielraum an der Basis abgeschätzt werden kann, und mit Hilfe dessen ungewollte Folgen sozialen Handelns - sei es der Behandlung der Umwelt seitens der individuellen Bauern und Viehhalter, sei es der einzelnen entwicklungspolitischen Maßnahmen - verhindert werden können. Dies heißt nicht automatisch, daß alle Maßnahmen "integriert" stattfinden müssen, also keine einzelnen Sektormaßnahmen durchgeführt werden sollten, und das System nur als ganzes verändert werden müßte (was meist sehr schwierig ist und oft nicht realisierbar). Die Maßnahmen müssen jedoch in einem Ökosystem und in einem Sozialsystem mit den entsprechenden Wechselwirkungen, Prozessen und Mechanismen gesehen werden. Dies heißt z.B., es kann nicht mit einer "Zielgruppe" gearbeitet werden, ohne ganz genau deren sozialstrukturelle Position und alle anderen Interessengruppen und mögliche Auswirkungen auf sie zu kennen.

Wenn Nomaden als Arbeitskräfte für Erosionsschutzmaßnahmen eingesetzt werden: wer wartet diese dann nachher? Wenn mohammedanische Mossi-Bauern im Senegal gefördert werden: wie kann der exzessive Erdnußanbau verhindert, wenn dieser das Quasi-Monopol dieser Gruppe ist, wie die Interessen der mauretanischen Nomaden geschützt werden? Wenn Viehmastbetriebe in den Händen weniger nationaler Kapitaleigner oder staatlicher Betriebe gefördert werden: wie kann eine Verdrängung der Subsistenzviehhalter zu abhängigen Tagelöhnern verhindert werden?

Genauso wenig wie das ökologische System einseitig durch eine Intervention aus dem Gleichgewicht gebracht werden darf, dürfen Politikmaßnahmen ein soziales System von einer Seite aus aufbrechen, ohne daß die so induzierten und ökonomischen Veränderungsprozesse in Betracht gezogen werden.

Aus der vorhergehenden Analyse kann auf jeden Fall als wichtigstes Prinzip der ländlichen Entwicklung abgeleitet werden, die Sicherheit und den Handlungsspielraum der Bevölkerung zu stärken. Dies kann nur über die Förderung ihrer eigenständigen Organisation, die entsprechende Gestaltung der sozialen Organisation der Produktion, erfolgen. Nur Sicherheit und Eigenständigkeit werden die entscheidenden Voraussetzungen für Produktivitätssteigerung und Ressourcenschutz schaffen können.

Dies bedeutet eine bewußte Abkehr von autoritären, zentralistischen, abschöpfenden Strukturen und eine Stärkung lokaler Wirtschaftskreisläufe, von Basisinitiativen und Kleinprojekten. Da der grundsätzliche Antagonismus Bevölkerung/Staat nicht per Dekret abgeschafft werden kann, ist bei allen entwicklungspolitischen Maßnahmen wesentlich, zum einen auf die Entscheidungsfreiheit der Verantwortlichen zu achten, um Prestigeprojekte und Klientelbeziehungen zu verhindern, zum anderen abrupte sozioökonomische Veränderungen und Marginalisierung gewisser sozialer Gruppen zu vermeiden. Trotz aller Ineffizienz der staatlichen Entwicklungsbehörden kann den konkreten Lebens- und Produktionsbedingungen nur durch mehr Dezentralisierung und Regionalisierung der Planung und Politikdurchführung Rechnung getragen werden.

Was die entwicklungspolitische Zusammenarbeit anbelangt, so muß verhindert werden, daß die Auflagenpolitik weiterhin eine offene, landesweite Diskussion über Folgen und Möglichkeiten von Liberalisierungsmaßnahmen unterbindet, soll der sog. Politikdialog nicht reine Rhetorik bleiben. Die strukturellen Probleme der Umsetzung müssen offen diskutiert werden können, ohne daß völlig kritiklos lediglich nach Nicht-Regierungsorganisationen gerufen wird, die überfordert wären und letztendlich von einem unverändert starren Staatsapparat vereinnahmt würden. Die Interessen der urbanen Macht, die jetzt die Erhöhung der Autonomie an der Basis verhindern, müssen offen zur Sprache gebracht werden können.

Als unmittelbare Mechanismen zur Erleichterung der Umsetzung ist im Produktionsbereich zu fordern, daß die Nahrungsmittelautonomie nicht nur auf nationaler Ebene gefördert wird, sondern konkret beim einzelnen Produzenten angegangen wird. Das ökonomische

Risiko der Einführung produktivitätssteigernder Maßnahmen und, jedenfalls zum Teil, von natürlichen Schwankungen darf angesichts der prekären Subsistenzbasis nicht mehr vom einzelnen Produzenten getragen werden.

Auf der Ebene des nationalen Interessenausgleichs dürfte tendenziell am wichtigsten sein, die einzelnen Regionen zu stabilisieren, d.h. in den von Dürre und Desertifikation betroffenen Gebieten die Produktion zu subventionieren, die Produktionsgrundlagen und natürlichen Ressourcen zu erhalten, wozu die Einrichtung regionaler Entwicklungsfonds gehören würde. Dadurch würde einerseits eine unkontrollierte Abwanderung in andere Regionen aufgehalten. Andererseits müssen auch solche, die bereits durch Zuwanderung überbelastet sind, gestärkt werden.

Integraler Bestandteil jeglicher ländlicher Entwicklungsmaßnahme muß die Erhaltung der natürlichen Ressourcen sein. Gerade in diesem Bereich zeigt sich, daß die richtige Forderung nach Selbsthilfe nicht in die Aufforderung zu Selbstausbeutung ausarten darf.[5] Partizipative Ressourcenschutzmaßnahmen müssen immer mit produktionssteigernden Maßnahmen verbunden sein, wobei die externe Finanzierung der ersteren letztere ermöglichen kann.

Es muß alles getan werden, um in Afrika eine Sozialhilfeorientierung zu vermeiden und die Bevölkerung soweit zu stabilisieren, daß sie selbst produzieren kann. Alles andere ist menschenunwürdig.

In den Ländern, wo das Umweltproblem bisher noch nicht so spektakulär ist, muß in der Entwicklungszusammenarbeit dringend dieser Bereich angegangen werden, insbesondere auch die eigenen Ak-

---

[5] Vgl. zur Ambivalenz des Ansatzes "Armutsbekämpfung durch Hilfe zur Selbsthilfe?" V. Lühr, 1987

tionen (Holzwirtschaft mit deutscher Beteiligung, Exportmonokulturen) in Frage gestellt werden.

Als Perspektive der Entwicklungspolitik zeigt sich die absolute Notwendigkeit der Aufrechterhaltung bzw. Rückgewinnung der Eigenständigkeit an der Basis, des bewußten Aufbaus des nationalen Apparats von unten, d.h. durch Vertretung von regionalen und ständischen Interessen (z.B. über Bauernverbände), sowie der politischen Reallokation von Ressourcen und der bewußten Ausnutzung von Klientelbeziehungen, die allerdings kontrolliert werden müssen, um zu einer Personalrotation und zum ständigen Austausch zu kommen. D.h. die Herausbildung einer allein auf den Staatsapparat als ökonomische Grundlage bauenden Staatsklasse muß vermieden werden, indem ihre persönlichen und ökonomischen Verflechtungen zu der ländlichen Produktionsweise aufrechterhalten werden, ohne sich in persönlichen Privilegien zu verlieren.

Aus den bisherigen Überlegungen muß die Schlußfolgerung gezogen werden, daß die historische Situation der Länder Schwarzafrikas einen grundsätzlichen Widerspruch zwischen Staat und ländlicher Bevölkerung impliziert. Jegliche Entwicklungspolitik eines modernen Nationalstaates - ob er nun eine betont marktwirtschaftliche oder in verschiedenen Varianten sozialistische Programmatik verfolgt - setzt die Vereinnahmung der Bauern und das Aufbrechen ihrer eigenständigen Wirtschaftssysteme voraus. Die größere Gemeinschaft wird sich auf jeden Fall einen Teil des - durch Produktivitätserhöhung zu erzielenden - Mehrprodukts des ländlichen Sektors aneignen, um eine staatliche Entwicklungsplanung und eine gewisse städtische Industrialisierung und den Aufbau moderner Institutionen durchführen zu können. Allerdings gibt es politische Alternativen hinsichtlich der entstehenden Klassengegensätze, inwieweit den einzelnen Gemeinschaften Autonomie zugebilligt wird, wie weit die kulturelle Marginalisierung bzw. eigenständige Entwicklung geht, wie weit die Herausbildung der Staatsklasse eine persönliche Privilegierung im Gegensatz zu einer notwendigen funktionalen Differenzierung bedeutet, und nicht zuletzt welcher Umgang mit der Natur impliziert ist.

Die Tatsache bleibt bestehen, daß die Überlebensfähigkeit der afrikanischen Gesellschaft zunächst gesichert, eine weitere Verschlechterung der Situation dringend aufgehalten werden muß. Das Hauptproblem dürfte gemäß der vorhergegangenen Analyse dabei darin bestehen, wie dieser Prozeß der Vergesellschaftung, die Einbeziehung der ländlichen Bevölkerung in einen größeren wirtschaftlichen Zusammenhang, erfolgen kann, ohne daß die aufgezeigten Phänomene der Destabilisierung auftreten, sondern der Prozeß der 'peasantization' bzw. Kollektivierung erfolgreich stattfinden kann. Die fundamentale Frage ist hier, ob aufgrund der strukturellen Heterogenität dieser Gesellschaften die Voraussetzungen dafür überhaupt gegeben sind.

Die einzig mögliche Strategie ist sicherlich eine auf self-reliance basierende, nach innen gerichtete Entwicklung, in der die eigenständige Entfaltung als Agrargesellschaft oberstes Ziel ist und die Industrialisierung dieser untergeordnet wird.

Angesichts des Widerspruches zwischen Basis und Überbau, der in den afrikanischen Ländern viel extremer ist als in Industrieländern, müßten möglicherweise über Fragen der anderen als der bisher verfolgten Kollektivierung bzw. Liberalisierung des Marktes und der Kritik an der Übertragung westlicher Demokratiemodelle hinaus viel stärker alte Ideen der Selbstverwaltung aufgegriffen werden, bis hin zur Infragestellung des Nationalstaates als geeignetem formalen Rahmen für die Gesellschaft - dies trotz des Risikos, die von der Organisation für afrikanische Einheit (OAU) beschlossene Unanfechtbarkeit der vom Kolonialismus hinterlassenen nationalen Grenzen in Frage zu stellen. Viele Entwicklungen, darunter z.B. auch die Flüchtlingsproblematik, zeigen, daß diese Illusion auf die Dauer nicht aufrecht zu halten ist, da die Grenzen den natürlichen und sozialen Gegebenheiten absolut nicht entsprechen. Vielleicht wurde für eine Lösung bisher nicht weit genug gesucht, sondern diese immer auf den konventionellen Rahmen der nationalstaatlichen Gemeinschaften beschränkt. Allmählich scheinen solche Gedanken ausgesprochen werden zu können, wenn auch nur sehr vereinzelt; manche fordern gerade in Afrika den starken Staat, als Mittel gegen 'Tribalismus'. Dagegen sagt Mihailo Markoviç, einer der Denker des jugoslawischen Selbstverwaltungsmodells: "Was heißt stärken? Was heißt Nationalstaat? Es gibt keine Nationalstaaten. All das ist ideologische Fiktion..."[6].

Zusammenfassend kann gesagt werden, daß i.a. stillschweigend Konsens darüber besteht, daß die massiven Versuche der Entwicklungszusammenarbeit, eine zwischen den betroffenen Staaten koordinierte Bekämpfung der Sahelproblematik zu unterstützen, bisher nicht zum Erfolg geführt haben. Nach der ersten Saheldürre wurden Ernährungssicherungsstrategien als entscheidende Stoßrichtung verfolgt, auch sie gerieten angesichts der zweiten Dürre sowie der Wirtschaftsstrukturkrise etwas ins Hintertreffen. Der Zusammenschluß der Sahelländer CILSS (Comité de Lutte contre la Sécheresse du Sahel) hat 1984 eine Entwicklungsstrategie verabschiedet, wodurch das Schwergewicht weg von externer Hilfe hin zu self-reliance verlagert, und weg von der rein ökologischen Betrachtung hin zu einer auf die Bevölkerung orientierten. Der Lernprozeß bei der EG, der ursprünglichen Hauptvertreterin der Ernährungssicherungsprogramme, führte zu einem "Rehabilitationsplan" nach der zweiten Dürre, mit dem versucht wurde, die Bewältigungskapazität der Länder selbst für Notsituationen zu stärken. Der 1986 vorgelegte Aktionsplan für den Schutz der natürlichen Ressourcen und die Kampagne zur Bekämpfung der Desertifikation will die Hauptanstrengungen aller Geber im Rahmen des (im

---

[6] Bei einem Seminar der "World Futures Studies Federation" zur Vorbereitung einer internationalen Tagung über die Zukunft politischer Institutionen am Gottlieb-Duttweiler-Institut, Rüschlikon/Schweiz. Vgl. Al Imfeld, 1982b, S. 26.

Lomé-III-Abkommen festgelegten) Schwerpunkts ländliche Entwicklung und Ernährungssicherung konzentrieren.

Dies bedeutet die Anerkennung der allgemein zu konstatierenden Umorientierung der Entwicklungskonzepte aufgrund des 'ökologischen und gesellschaftlichen Scheiterns' der Entwicklungspolitik in diesem Raum. Aus der bisherigen Nichtbeachtung systematischer Zusammenhänge leitet sich die Notwendigkeit integrierten Vorgehens ab, aus der Nichtbeachtung der konkreten Lebenszusammenhänge der Bevölkerung die Notwendigkeit partizipatorischen Vorgehens und aus der Nichtdurchführbarkeit großangelegter, technologischer Lösungsansätze die Notwendigkeit des Ansatzes an vorhandenen Technologien und ihrer Weiterentwicklung. Als übergreifender Rahmen kann das Konzept der Ökologieentwicklung" ("Ecodevelopment") angesehen werden.

Seitens der deutschen technischen Zusammenarbeit werden inzwischen neben prioritären Interventionsbereichen Gesamtstrategien und indikative Pläne für Ressourcennutzung propagiert, die Beteiligung der Bevölkerung betont und gesehen, daß in der auf Selbstversorgung ausgerichteten Landbewirtschaftung stabilisierende Elemente in bezug auf Bodenverbesserung und Niedrighaltung von Kosten und Risiko erforderlich sind.

In den letzten Jahren wurden verschiedene ökologisch orientierte Ansätze entwickelt, die im Bereich der Forstwirtschaft und des Ressourcenschutzes, der Viehhaltung und des Landbaus in unterschiedlichen Ausprägungen in der Entwicklungszusammenarbeit vertreten und in Anfängen umgesetzt werden. Im deutschen Bereich handelt es sich um die Ansätze der Agroforstwirtschaft, der integrierten Viehhaltung bzw. des Agropastoralismus und des standortgerechten Landbaus bzw. des sogenannten Ecofarming. Sie stellen die Überwindung der klassischen sektoralen Herangehensweise dar, betreiben neben umweltschonendem Ackerbau zur Verhinderung von Bodenerosion und Absinken der Bodenfruchtbarkeit Weidekon-

trolle, Nutzung von Wildpflanzen und Nutzbäumen für menschliche
und tierische Ernährung sowie Brenn- und Nutzholzbeschaffung.

Da es sich gezeigt hat, daß die ökologische und ökonomische
Krise in Afrika eine fundamental gesellschaftliche ist, stellt
sich die Frage, ob das Konzept der Ökoentwicklung eine Chance
hat, den Prozeß der ökonomischen und sozialen Destabilisierung
sowie Umweltzerstörung aufzuhalten und den Handlungsspielraum
der Bevölkerung im Hinblick auf mehr Eigenständigkeit/Autonomie
und Sicherheit zu erhöhen.

Die Gefahr ist, daß genauso wie in anderen Entwicklungskonzepten
die Bevölkerung sozialtechnologisch vereinnahmt und bürokratisch
verwaltet wird. Handeln wird nicht in seiner sozialen Einbettung, sondern als Reaktion auf Faktorkonstellationen aufgefaßt.
Die konkrete sozialstrukturelle Situation in bezug auf Machtverhältnisse, soziale Beziehungen etc. wird vernachlässigt. Soziokulturelle Faktoren werden als Mythos behandelt. Partizipation
ist verordnet, Akzeptanz bedeutet Übertragung von Konzepten von
oben.

Richtig ist, daß durch die "low input"-Strategie die Nachteile
einer extremen Marktintegration verbunden mit Raubbau an der
Natur bekämpft werden, jedoch brechen auch Ökokonzepte die Subsistenzlogik auf, machen die Prinzipien der sozialen Solidarität
und des Austausches hinfällig. Es kann jedoch keine 'neue' Sicherheit entstehen aufgrund der geringen Produktivitätssteigerung. Die damit verbundene Individualisierung der Produktion bezieht sich auf die Festschreibung der Bodenbesitzverhältnisse.
Bestimmte Gruppen (Nomaden, Frauen ...) werden vom Zugang ausgeschlossen, 'moderne' Gruppen (Funktionäre, Händler) erhalten privilegierten Zugang.

"Betrieb" und "Haushalt" sind ethnozentrische Begriffe. Die biographische Dimension des Lebenszyklus wird nicht berücksichtigt.
Ein Ökobetrieb geht von der Idylle der Kleinfamilie aus; die Ar-

beitskapazität wird überschätzt. Etablierte soziale Handlungsmuster wie Arbeitsmigration, Kommerzialisierung bestimmter Produkte, lassen sich nicht rückgängig machen und verringern die Effektivität.

Auch wenn ökologische Konzepte nach "weichen", ressourcenschonenden Prinzipien funktionieren, entsprechen sie noch nicht den lokalen Wissensbeständen, Anwendungszusammenhängen und Sicherheitsüberlegungen. Die Erfahrung hat gezeigt, daß Bauern einzelne angebotene Elemente herausgreifen. Nur wenn die Freiheitsgrade hoch sind, wird keine Systemstarrheit präjudiziert. Es geht um "Ethnoscience", d.h. Ansetzen bei dem vorhandenen Potential, nicht in Testsituationen.

Man geht automatisch von "Selbsthilfeorganisationen" aus, ohne zu berücksichtigen, daß Dorfgemeinschaften soziale Unterschiede aufweisen und Klientelbeziehungen nach außen bestehen. Die Regelung der Ressourcennutzung und des -schutzes auch auf der mittleren Ebene wird nicht beachtet (z.B. Weidewanderwege, Forstbewirtschaftung, Wartung von Erosionsschutzbauwerken).

Die Frage ist, wie dem Zwang nach Surpluserzeugung - nicht zuletzt für Beratungszwecke und Inputs - begegnet werden kann. Selbst entwicklungspolitische Zusammenarbeit hat Schwierigkeiten, Subsistenzsysteme zu fördern, und nicht eine marktwirtschaftliche Rentabilität als Kalkulationsbasis zugrunde zu legen. Die Widersprüche der nationalen Agrarpolitik und -forschung stehen der Entwicklung und Umsetzung ökologisch und sozial vernünftiger Agrarsysteme entgegen.

Als Perspektive der Entwicklung zeigt sich, daß es nicht primär um die Frage geht, welche Art von Technologie über welche Institutionen transferiert werden soll, sondern wie die Prozesse aufgehalten werden können, die die Bevölkerung des Sahel zu internationalen Almosenempfängern machen bzw. große Teile der afrikanischen Gesellschaft bis auf das Existenzminimum marginalisieren, und wie ein autonomer Wandel von Gesellschaft und Technologie in Gang gesetzt werden kann. Es geht darum, den Handlungsspielraum an der Basis zu stärken, so daß ökologisch vernünftiges, ökonomisch dynamisches Handeln wieder möglich wird.

Kap. C: Empirie: Das Beispiel Mali

Teil VIII: Destabilisierung und soziale Organisation in Mali

1 Umsetzungsprobleme der Entwicklungspolitik

Das Sahelland Republik Mali ist in extremem Maße von der Desertifikationsproblematik betroffen. Außerdem ist es ein typisches Land für die Strukturprobleme der Länder Afrikas südlich der Sahara, für deren Bewältigung die internationale Gemeinschaft Anpassungsprogramme erarbeitet hat, und eines der Zielländer für konzertierte Aktionen (insbesondere der EG-Länder) für nationale Ernährungssicherungsprogramme. Das zu den ärmsten gehörende (LLDC) Land erstreckt sich von der Oberguineaschwelle bis in die zentrale Sahara, das Pro-Kopf-Einkommen der ca. 7,6 Mio. Einwohner liegt bei 210 US $ (1987). Die Handelsbilanz ist stark defizitär, ebenso unausgeglichen sind die öffentlichen Finanzen. Seit 1982 wird versucht, das mit dem Internationalen Währungsfonds (IWF) ausgehandelte Programm umzusetzen. Das Defizit des Staatshaushaltes wird 1987/88 zum ersten Mal vom IWF finanziert.[1] Die ökonomischen Probleme der Republik Mali, die kaum über natürliche Bodenschätze und über keinen Zugang zum Meer verfügt, wurden mit dem Zerbrechen der Mali-Föderation 1960, bereits zwei Monate nach der Unabhängigkeit, die die ehemaligen Kolonialgebiete Senegal und Sudan vereinigt hatte, angelegt.[2] Das sozialistische Regime Modibo Keitas scheiterte durch den

---

[1] Vgl. Marchés tropicaux et méditerranéens, 43. Jg., Nr. 2192, 1987, S. 3039. Für die im folgenden genannten volkswirtschaftlichen Angaben vgl. verschiedene Nummern. Siehe auch statistischer Anhang S. 481 ff. sowie Karte S. 488

[2] Vgl. F. Ansprenger, 1961, S. 330 - 356: Die Mali-Föderation und die PFA

Putsch 1968 an seiner Unfähigkeit, ökonomische Reformen umzusetzen.[3]

Entscheidend für den Erfolg der Politikmaßnahmen zur Desertifikationsbekämpfung und Strukturanpassung ist die Schaffung der entsprechenden Bedingungen an der Basis. Hauptthese ist, daß die maßgeblichen strukturellen Voraussetzungen und Konzepte der ländlichen Entwicklung nicht vorhanden sind, d.h. die Verankerung bei der Bevölkerung fehlt, der kein Spielraum für eigenständiges Handeln eingeräumt wird.

Im folgenden soll versucht werden, die sozialen Strukturen der ländlichen Entwicklung aufzuzeigen, auf die diese Maßnahmen treffen bzw. auf die sie sich stützen müssen, um wirksam zu sein, nämlich tatsächlich die Eigenproduktion von Nahrungsmitteln wieder in höherem Maße zu ermöglichen und die Sicherheit der Versorgung für die gesamte Bevölkerung zu gewährleisten, d.h. die Destabilisierung der ländlichen Produktions- und Sozialsysteme aufzuhalten bzw. umzukehren. Dabei geht es zum einen um die soziale Organisation der Produktion durch die ländliche Bevölkerung, im Hinblick auf die sozialstrukturellen und politischen Bedingungen, zum anderen um die bisher verfolgten entwicklungspolitischen Konzepte der ländlichen Entwicklung und deren Einfluß auf diese Bedingungen an der Basis.

Die nationale Analyse[4] wird ergänzt durch die Analyse der Ergebnisse einer empirischen Fallstudie im Seengebiet im Norden des

---

[3] Mali war "reumütig" in die Franc-Zone zurückgekehrt (wie später dann wieder 1984), vgl. dazu F. Ansprenger, 1972, S. 61 - 63; ders., 1976, S. 342 ff.

[4] Siehe früher G. Lachenmann, 1986a

Landes, die in dem letzten Jahr der Dürre 1984/85 durchgeführt wurde.[5]

Zentrale Punkte der Entwicklungspolitik in Mali, deren Operationalisierung und Umsetzung auf entscheidende Schwierigkeiten stößt, sind derzeit:

- Eingrenzung von Umfang und Funktion des Staatsapparates
- Liberalisierung des Agrarmarktes
- Umsetzung der Ernährungssicherungsstrategie
- Erstellung eines neuen Entwicklungsplans
- Bekämpfung der Desertifikation
- Neudefinition der Institutionen der ländlichen Entwicklung.

Im Hinblick auf das Verhältnis von Staatshaushalt und Bruttoinlandprodukt (1983 15,2 % auf der Ausgabenseite) erscheint der Staatsapparat zu aufgebläht, was die Anzahl des Personals sowie die Höhe der Gehälter anbelangt (1985 waren es 69 % des laufenden Staatsbudgets, 1987 sollten es nur noch 54 % sein). In der Praxis der ländlichen Entwicklungsarbeit sind jedoch an der Basis nicht genügend Berater bzw. Mittel für deren effizienten Einsatz vorhanden. Auch relativ effiziente Modelle, wie die von der relativ eigenständigen Entwicklungsgesellschaft mit hoher Staatskontrolle, der aus der früheren kolonialen Baumwollgesellschaft hervorgegangenen CMDT praktizierten, fallen jedoch ebenfalls unter die jetzt verfolgten Austeritätsmaßnahmen. Zwischen 1982 und 1987 waren 3.000 Staatsdiener von den Stellenkürzungen betroffen. Die auf internationale Empfehlung eingefrorenen Gehälter sind so niedrig und werden so unregelmäßig ausgezahlt, daß die Funktionäre von den lokalen "urbanen Schichten" (Händler und Machtträger) abhängig werden.

---

[5] Vgl. G. Lachenmann, L. Höttler, D. Köhn, H. Kreft, W. Meyer, K. v. Stackelberg, 1985

In einem Land wie Mali ist eine gemäßigte Form der Urbanisierung normal, wo die städtische Bevölkerung Gartenbau bzw. in naheliegenden Dörfern Agrarproduktion betreibt. Nur geschieht dies immer mehr unter Ausbeutung von Arbeitskraft und Ressourcenzugang z.B. in Bewässerungsperimetern mittels traditioneller und moderner Privilegien und verstärkt die Übernutzung der natürlichen Ressourcen um die Siedlungskerne. Zum Beispiel betreiben junge Absolventen des Bildungssystems (z.B. Agrarwesen), die aufgrund der restriktiven staatlichen Personalpolitik keine Stelle im Staatsbereich finden, auf eigene Initiative Spekulationslandwirtschaft bei guten Witterungsverhältnissen, ohne die informellen Landnutzungs- und damit Bracheregelungen des Landes zu respektieren bzw. indem sie diese aufgrund ihrer 'modernen' Beziehungen umgehen.[6] Dabei stellt sich immer mehr das Problem, daß diese urbanen Schichten die Sparfunktion von Vieh nutzen und die beklagte Wiederaufstockung des Viehbestandes gar nicht durch die traditionellen Viehhalter erfolgt, die marginalisiert werden.

Die Tendenz zu sozialer Differenzierung auf dem Lande und Ineffektivität der staatlichen Entwicklungsanstrengungen wird durch die Liberalisierungspolitik verstärkt, durch die Privatgeschäfte (auch der Staatsbediensteten) ermutigt werden, die gemäß den klassischen Präferenzen im (meist spekulativen) Handel und nicht in Handwerk und Industrie stattfinden. Das gleiche gilt notwendigerweise für ein jetzt mit amerikanischer Entwicklungszusammenarbeit (USAID) zu finanzierendes Programm der Vorruhestandsregelung. Auch fehlt es an komplementären Maßnahmen zum Stellenstop im Staatsdienst, um Beschäftigungsmöglichkeiten für Absolventen von formalen Bildungsinstitutionen zu schaffen. Es gibt praktisch keine Förderprogramme für modernes Handwerk und Kleinindustrie; die wenigen Ansätze beschränken sich auf das Gebiet der Hauptstadt bzw. die südliche Baumwollregion. Allgemein wird je-

---

[6] Vgl. Th. Krings, 1986, S. 212

doch von externer Seite vertreten, daß das ungeheuer große Problem der Logistik und Wartung im agrartechnischen Bereich nur über den privatwirtschaftlichen Sektor zu lösen sei.

Der malische Staatspräsident nannte im Rahmen der politischen Diskussion der Einheitspartei "Korruption und Absentismus" als eines der Hindernisse, die dazu führen, daß die "begonnenen Aufbauprogramme die wirtschaftliche Krise nicht bewältigen können". Dagegen vertrat der Generalsekretär des als politische Kraft unbedeutenden nationalen Gewerkschaftsverbandes (Union nationale des travailleurs du Mali UNTM) in einer Audienz beim Präsidenten, bei der die Verzögerungen bei den Gehaltszahlungen sowie die geringe Kaufkraft der Arbeitnehmer zur Sprache kamen, trotz der offiziell beschlossenen Kürzung der Zahl der Staatsbediensteten im Lande die Meinung, daß es sich eher um ein Problem der "Unternehmensführung als der Beschäftigungszahlen" handelt.[7] Die seit 1987 begonnenen drastischen Maßnahmen der Antikorruptionskampagne können die aufgezeigten Tendenzen nicht aufhalten.

Die Liberalisierung des Agrarmarktes mit der Aufhebung des Monopols der staatlichen Vermarktungsorganisation Office des Produits Agricoles du Mali (OPAM), von der Reis sowieso vorläufig ausgenommen wurde, wurde nur zögerlich umgesetzt. Die Preiserhöhungen blieben weit unter den geplanten Zielen, sie werden nach wie vor festgesetzt - auch wenn es offiziell nur Plafondpreise sein sollen. So wurde für die Kampagne 1986/87 eine leichte Preissteigerung vorgenommen, aber nicht mehr für 1987/88: (F CFA/kg)[8]

---

[7] Marchés tropicaux et méditerranéens, 42. Jg., Nr. 2108/2105, 1986, S. 911 bzw. 682

[8] Marchés tropicaux et méditerranéens, 42. Jg., Nr. 2172, 1986, S. 1739

Kampagne	Reis Paddy	Hirse/Sorghum/Mais	Baumwolle
1985/86	65 - 70	50 - 55	75 - 85
1986/87	70	55	84, 65
1987/88	70	55	84, 65

Die staatliche Vertriebsgesellschaft für Konsumgüter, SOMIEX, erhielt Anfang Oktober 1986 ihr Monopol für Grundbedarfsgüter zurück. Inzwischen wurde die Gesellschaft für private Beteiligung geöffnet.

Die Preiserhöhungen kommen zu einem großen Teil dem Privathandel zugute, bei dem die Bauern verschuldet sind und von dem sie aufgrund der Dürre besonders abhängig sind. Gemäß dem international geförderten Programm zur Neustrukturierung des Getreidemarktes wurden die Funktionen von OPAM auf die Verwaltung der nationalen Sicherheitsreserve und die Intervention in Defizitregionen eingeschränkt. Infolge der zwei guten Ernten 1985/86 und 1986/87 und der zu spät gelieferten Nahrungsmittelhilfe traten Lagerprobleme auf, und OPAM konnte auch wegen seiner gekürzten Haushaltsmittel nur ein Drittel der Überschüsse der Bauern aufkaufen. Der Privathandel zahlte statt des offiziell festgesetzten Preises von 55 F CFA/kg lediglich 30 F CFA bzw. sogar 20-25 F CFA.[9] Das Programm sieht vor, den Privathandel zu fördern und ihm Kreditmöglichkeiten für den Aufkauf zu schaffen.

Zum einen fehlten Maßnahmen, um die Folgen von Preiserhöhungen bei den mittleren und ärmsten urbanen Schichten aufzufangen, zum anderen die strukturellen Voraussetzungen bei Bauern und Nomaden, um auf Preisanreize reagieren zu können. Sofern Produktionssteigerungen erzielt wurden, konnten sie nicht in vollem Umfang abgesetzt werden.

---

[9] Vgl. Marchés tropicaux et méditerranéens, 43. Jg., Nr. 2193, 1987, S. 3108; W. Schmidt-Wulffen, 1988, S. 28

Die Agrarproduktion konnte in einigen Regionen nicht gesteigert werden, obwohl seit 1985 wieder ausreichend Regen fiel, da wegen der extremen Verarmung kein Saatgut vorhanden war. Allerdings hat sich die Getreideproduktion 1985/86 fast verdoppelt, vor allem bei Mais war eine Steigerung um 82 % zu verzeichnen. 1985/86 erfolgte auch eine Rekordproduktion Baumwolle, jedoch brachen die Weltmarktpreise zusammen, und es trat ein Verlust in Höhe von ca. 1/3 des Staatsbudgets ein. 1985/86 und 1986/87 waren Überschußjahre, in denen ca. 100.000 t Getreide exportiert wurden. 1987/88 kommt es wieder zu einem Defizit.

Das Durchschnittseinkommen eines in der Landwirtschaft Beschäftigten betrug 1960 60 % des nationalen Durchschnittseinkommens; zu Beginn der 80er Jahre hat sich dieses Verhältnis mit nur 40 % zuungunsten der im Landwirtschaftssektor Tätigen verschoben. Eine reale Verschlechterung der Lebensbedingungen der städtischen Bevölkerung mit mittlerem Einkommen ist in den letzten 10 Jahren insbesondere aufgrund der über der durchschnittlichen Inflationsrate liegenden Preissteigerungen für Lebensmittel eingetreten, für die 1983 ca. 60 % eines mittleren Einkommens aufgewendet werden mußten. Die Konzessionspreise für die Armee und Staatsdiener wurden aus der Liberalisierungspolitik ausgenommen. Aufgrund der nach Eintritt in die westafrikanische Währungsunion (UMOA) aufgetretenen Preisspekulationen wurden zu Beginn 1985 Lohnerhöhungen zwischen 10 und 35 % durchgeführt.

Die nationale Wirtschaftsentwicklung ist gekennzeichnet durch den Rückgang des Anteils des Landwirtschaftssektors am BIP. Allerdings geht man davon aus, daß 73 % aller Beschäftigten in der Landwirtschaft arbeiten und der Anteil der Subsistenzlandwirtschaft bei 75 % liegt. Baumwolle, Erdnüsse und Vieh machten 1978 mehr als 88 % des Gesamtexportwertes aus; der Anteil der Baumwolle ist bis 1983 auf 44,6 % gestiegen, der des Viehs auf 33,8 %; der Anteil der Erdnüsse ging zurück auf 1,1 % (zusammen 78,5 %). Die Nahrungsmittelproduktion ist absolut und pro Kopf rückläufig, wobei bebaute Flächen und Hektarerträge zurückgingen. Aufgrund der neuerlichen Dürre betrug die Flächenreduktion 1982/83 4 %, 1983/84 7 %, wogegen die Erhöhung bei Baumwolle 24 % bzw. 6 % betrug.

Die ländliche Entwicklungspolitik hat sich bisher vor allem auf die Förderung der ackerbaulichen Produktion konzentriert und dadurch zu einer Ausdehnung des ackerbaulich genutzten Landes zu Lasten der Viehhaltung geführt.

Die Verdrängung der Nahrungsmittelproduktion durch Baumwolle (und früher Erdnuß) scheint in Mali nicht der entscheidende destabilisierende Faktor zu sein. Allerdings ist eindeutig, daß aufgrund der Produktion von Exportfrüchten eine Versorgung der defizitären Gebiete mit nationaler Getreideproduktion nicht stattfindet. Die Benachteiligung des ländlichen Sektors über die Preisverhältnisse insgesamt ist eindeutig, bei dem Verhältnis Nahrungsmittel - Baumwolle ist die Benachteiligung der ersteren jedoch nicht klar nachweisbar,[10] allerdings wurde ein indirekter Zwang über die Bindung an Betriebsmittel ausgeübt. Sicher ist, daß inzwischen versucht wird, auch die Nahrungsmittelproduktion zu fördern. Allein von der Arbeitsorganisation her bietet sich auf dem z.B. im Süden vorhandenen mittleren technischen Niveau eine Kombination an. Das Hauptproblem dürfte grundsätzlich die Marktintegration als solche sein, die auch bei Nahrungsmittelerzeugnissen schon früh durch Zwangsvermarktungsmaßnahmen einsetzte und grundsätzlich bei externer Förderung impliziert ist. Daß die Förderung des Nahrungsmittelanbaus in den letzten Jahren vor allem Mais betraf, der weniger dürreresistent ist, von der Bevölkerung gegenüber Hirse und Sorghum als Nahrungsmittel geringer geschätzt wird, und für den keine Garantiepreise mehr be-

---

[10] Vgl. G. Lachenmann et al., 1985, S. 34 ff.

zahlt werden, hat allerdings sehr negative Konsequenzen gezeitigt.[11]

Die Liberalisierungspolitik wird an der Basis, bei der von der Dürre betroffenen Bevölkerung, ad absurdum geführt. Bisher war als begrenzender Faktor lediglich die Kaufkraft bzw. das Protestpotential der städtischen Schichten genannt worden. In Mali war es jedoch in der letzten Dürre so, daß die ländliche Bevölkerung - sei es über Händler, sei es über Armutsmigration - in den Städten die (teilweise subventionierten) Lebensmittel kaufen mußte, wogegen es auf dem Land zum Teil überhaupt kein Angebot gab bzw. die Preise so hoch waren, daß das Getreide für die ländliche Bevölkerung unerschwinglich war. Angesichts der Dürre und der schwindenden Produktionsgrundlagen konnte ein Teil der Bevölkerung nicht mit höherer Marktproduktion auf die Preisanhebung reagieren, im Gegenteil, der übermäßige Verkauf wegen monetärem Bedarf (u.a. Steuern) und Verschuldung ist ein wichtiger Faktor seit kolonialer Zwangs- bzw. staatlich durchgesetzter Vermarktung. Diese Teile der Bevölkerung verelenden dadurch völlig, daß sie entsparen und über keine Produktionsmittel mehr verfügen. Nach zwei guten Regenjahren besteht die Absurdität der Situation darin, daß die Bauern, die auf die verbesserten Preise für Mais reagierten, im zweiten guten Regenjahr 1987 bereits auf ihrer Produktion sitzenblieben und nun verschuldet sind, da sie allein das Risiko für die Produktionsmittel tragen. Ursache war nicht zuletzt der gleichzeitige Verkauf der Produkte aus Nahrungsmittelhilfe.

Die 1982 mit internationaler Unterstützung verabschiedete Ernährungsstrategie strebt die Ernährungssicherung über nationale (zunächst sogar regionale) Nahrungsmittelautonomie, Diversifizierung (qualitativer Aspekt) und Ernährungssicherheit (natio-

---

[11] Vgl. W. Schmidt-Wulffen, 1988, S. 28 ff.

nale Reservelagerhaltung) an. Die Sicherung der Ernährungsbasis beim Konsumenten bzw. der ländlichen Bevölkerung selbst, d.h. die Förderung der Subsistenzbasis, ist jedoch nicht gewährleistet. Die Nahrungsmittelhilfe - über subventionierte Verkäufe bzw. in geringem Maße Schenkungen - kommt aus bürokratischen und sozialen Gründen nicht ausreichend bei der bedürftigen Bevölkerung an.

Nahrungsmittelimporte und -hilfebedarf stiegen nach der ersten Saheldürre weiter an. Im Jahr 1983/84 mußten 275.000 t Getreide importiert werden; d.h. ein Drittel des Gesamtbedarfs. Im Dürrejahr 1973/74 waren es 226.000 t gewesen. Für 1984/85 war das Getreidedefizit ursprünglich auf 333.000 t geschätzt worden; später wurde es auf 480.000 t korrigiert. Davon sollten 205.000 t durch ausländische Hilfe abgedeckt werden. Wegen Transportproblemen wurde ein Großteil nicht geliefert bzw. blieb unterwegs liegen. 1985 befanden sich 1,9 Mio. Menschen in akuter Not; 60 % der malischen Bevölkerung waren insgesamt von der Dürre betroffen. Die Nahrungsmittelhilfe traf dann so spät ein, daß im September 1986 in der Getreidebilanz ein Überschuß von 78.000 t konstatiert wurde. 1987 wird angesichts der Lagerbestände und Privatimporte nur mit einem über Nahrungsmittelhilfe abzudeckenden Defizit von 14.000 t gerechnet.

In der nationalen Entwicklungspolitik müßte eine Abstimmung zwischen Ernährungsstrategie und Entwicklungsplanung erfolgen, die bisher einerseits einen "shopping list"-Charakter hatte und andererseits völlig illusorische Allgemeinziele beinhaltete bei Setzung quantitativer Produktionsziele, ohne Ausarbeitung konkreter Politikmaßnahmen und regionaler Spezifizierung (zuletzt der Fünfjahresplan 1981-85). Charakteristisch war bisher ein sehr unrealistischer Erwartungshorizont hinsichtlich der Realisierung des natürlichen Potentials und der erforderlichen Managementkapazität, insbesondere für Bewässerungslandwirtschaft.

Die Allokationspolitik des Staates hat sich zunächst nicht verändert. Investitionen werden zu 85 % außenfinanziert. Bei der Geberkonferenz 1982 wurden 1 Milliarde US $ für 79 Projekte beantragt, die sich sektormäßig wie folgt aufteilen: Bergbau, Industrie 533 Mio., ländlicher Sektor 224 Mio., Infrastruktur 172 Mio., Selbsthilfe 74 Mio., Humankapital 45 Mio.[12] Bei einer Revision des laufenden Plans Ende 1983 wurde der Anteil der Investitionen für Infrastruktur auf 32 %, der des sozialen und Verwaltungssektors auf 13 % erhöht, zu Lasten des ländlichen Sektors und der Industrie (bisher 32,3 bzw. 31,2 %). 1985 wurde ein dreijähriges Programm zur Wirtschaftsreform lanciert.

Die Planung erfolgt völlig ohne Beteiligung der Betroffenen, obwohl offizielle Politik ist, daß autonome Dorforganisationen (ton villageois) Träger der Entwicklung sein sollen. Der Durchführungs- (wie auch Beratungs-)ansatz ist autoritär, von oben nach unten.

Die Ökologieproblematik veränderte ihren Charakter insofern, als aufgrund des Regens wie in anderen Ländern eine Heuschreckenplage auftrat, von der bis Ende September 1986 410.000 ha betroffen waren; in den Regionen Mopti - Timbuktu waren es 90.000 ha. Das Ökologieproblem wurde zwar erkannt, jedoch fehlen Informationen über genaue Ausprägung und Ausmaß. Detaillierte, regional differenzierte Planungsgrundlagen fehlen, eine frühere Differenzierung nach ökologischen Zonen wurde nicht weiterverfolgt. Erste Ansätze einer Bestandsaufnahme des natürlichen Potentials erfolgten 1985 mit dem Project Inventaire Ressources Terrestres (PIRT) sowie sogenannten Diagnostics Régionaux. Man befindet sich noch weit weg von einer konzertierten nationalen Ökologiepolitik trotz Zusammenarbeit im CILLS (Comité Permanent Inter-Etats de Lutte contre la Sécheresse dans le Sahel) und externer

---

[12] Vgl. République Mali, 1983

Unterstützung (insbesondere des von der OECD getragenen Club du Sahel). Es gibt keinerlei Konzeptionen einer "Nomadenpolitik", d.h. einer Vorstellung über den Wandel dieser Lebens- und Wirtschaftsweise.

Die seit Beginn der 70er Jahre als dezentrale Entwicklungsträger mit regional definierter Zuständigkeit geschaffenen ländlichen Entwicklungsoperationen (Opérations de Développement Rural ODR) werden ihrem Anspruch nicht wirklich gerecht, nicht mehr allein die Förderung eines Verkaufsproduktes zu betreiben, sondern einen integrierten Ansatz zu verfolgen. Ihre Aufgaben sollen neu definiert werden, insbesondere sollen sie lediglich stützende Funktionen für die als Hauptträger der Entwicklung definierten Dorforganisationen haben und sich letztendlich selbst überflüssig machen.

Die technische und organisatorische Rehabilitation der großen Bewässerungsvorhaben ist geplant, jedoch bisher ebenfalls noch nicht in Angriff genommen worden, insbesondere der für das Office du Niger erarbeitete Plan ist politisch umstritten.

Die Bevölkerung hat keine Möglichkeit zu eigenständiger Organisation, durch die die Sicherheit der Produktions- und Sozialsysteme gewährleistet und damit entscheidende Voraussetzungen für eine Produktivitätssteigerung sowie Ressourcenschutz geschaffen würden. Die Organisation von Vermarktung, Diensten und Versorgung mit Produktions- und Konsumgütern ist ineffizient und zentralistisch. Die Stabilität der inzwischen zu einem großen Teil von der Produktion für den Markt und damit von externen Betriebsmitteln abhängigen Produktions- und Sozialsysteme ist aufgebrochen.

2 Sozialstruktur und 'Blockade' des politischen Prozesses

Die malische Bevölkerung kennt von jeher zentralstaatliche Strukturen, die den Surplus der ländlichen Bevölkerung abschöpften (Ségou-/Mali-, Fulbe-/Massina-, Songhaireich), und hatte mehrere Eroberungen zu verkraften (Marokkaner, Tukulor).

Die wichtigste Stratifizierung der Gesellschaft[1] verlief ursprünglich zwischen Herren und Sklaven, dazu kam die zwischen höheren (Sklavenbesitzern) und niedrigen Kasten. Z.B. war die Malinke-Gesellschaft des Mali-Reiches so strukturiert, daß die Kriegersklaven des Königs vor den aristokratischen "Vasallen" und den Marabouts rangierten. Die höheren Kasten bei den Tuareg umfaßten Aristokraten, Marabouts und "Vasallen"; die niedrigen Handwerker und befreite Sklaven. Kastenzugehörigkeit bedeutet hier nicht grundsätzlich soziale Inferiorität, sondern bezieht sich auf eine professionelle Spezialisierung. Darüber gelagert waren die Altersklassen der Jungen und Alten, die auch der Unterscheidung zwischen Kriegern und "Notablen" entsprachen.

Der Transformationsprozeß betraf in der Kolonialzeit vor allem die sogenannte Sklavenbefreiung, die gezielte Ansiedlung und Kooperation mit sog. befreiten Dörfern durch die Kolonialmacht und die Herausbildung von Hörigen- und Pachtverhältnissen. Die militärische Aristokratie verlor während der Kolonialzeit weitgehend ihre Position, es kam jedoch auch zu Kooperation, wogegen die religiöse Aristokratie ihre Position bewahren (animistische) und eher festigen (islamische) konnte, auch nach der Unabhängigkeit. In seinem empirisch sehr gehaltvollen Buch versucht M. Diop,[2] die von ihm (1971) als sehr wenig revolutionär bezeichnete Gesellschaft in die klassische Produktionsweisendiskussion einzu-

---

[1] Vgl. M. Diop, 1971

[2] M. Diop, 1971, S. 68 ff.; S. 11 f. bzw. S. 224 ff.

ordnen. Er mißt der Tatsache der Sklaverei und Leibeigenschaft zwar große Bedeutung zu, ordnet jedoch das vorkoloniale Mali als asiatische Produktionsweise ein, das sich auf dem allgemein gültigen Weg von der dörflichen Gemeinschaft zur feudalen Gesellschaft befinde. Für seine empirische Gesellschaftsanalyse ein Jahrzehnt nach der Unabhängigkeit unterscheidet er pauschal zwischen "vorkolonialem" oder "archaischem" Bevölkerungsteil (Bauern, Viehhalter, Fischer, Jäger; Händler; traditionelle Führungsschicht) auf der einen Seite und "modernem" Bevölkerungsteil auf der anderen Seite (lohnabhängige Bevölkerung umfassend Staatsfunktionäre, Arbeiter sowie kleine Angestellte; Mitglieder der liberalen Professionen und Studenten). Was die politische Macht anbelangt, so unterscheidet er hier nach der herkömmlichen Theorie der "nationaldemokratischen Revolution" in traditionelle und fortschrittliche Kräfte. Als "ambivalente" Kräfte rechnet er auf der "modernen" Seite die Bürokraten und die Intelligenz, auf der traditionellen" Seite die Bauern.

Charakteristisch für die Sozialstruktur Malis ist zwar einerseits die ethnische Vielfalt, wobei die Bambara die dominante Ethnie darstellen und ihre Sprache die einheimische Verwaltungssprache ist. Der Nord-Süd-Gegensatz, der gleichzeitig der Gegensatz Peripherie - nationalstaatliches Zentrum ist, macht sich eindeutig an dieser Differenz fest. Jedoch erscheinen im Hinblick auf die Entwicklungsprobleme die entscheidenden "strategischen Gruppen" die Bauern, die Viehhalter und die urbanen Schichten (Funktionäre, Händler, religiöse Würdenträger) zu sein, verstanden im Hinblick auf politische und ökonomische Macht (Gallais),[3] aber auch kulturelle Identität. Diese Dreiteilung verschärft sich gerade in der derzeitigen schwierigen wirtschaftlichen Situation, wo die Konkurrenz um natürliche Ressour-

---

[3] J. Gallais, 1984, spricht von "pouvoir paysan, nomade, urbain"

cen zunimmt, und verläuft quer zu den verschiedenen Ethnien. Sie gilt auch, obwohl die entsprechenden ökonomischen Aktivitäten (Ackerbau, Viehhaltung, Dienstleistungen) nicht mehr streng nach dieser Dreiteilung und gemäß den klassischen ethnischen Zuordnungen verlaufen. Die Interaktion zwischen Ackerbau und Viehwirtschaft ist insgesamt zu einem Konfliktbereich geworden; die staatliche Abgabenerhebung zu einer Strangulierung der ländlichen Bevölkerung.

Ursprünglich fielen gesellschaftliche Arbeitsteilung bzw. unterschiedliche ökonomische Produktionssysteme und ethnische Zuordnung sehr klar zusammen. Ackerbau wurde von verschiedenen schwarzafrikanischen Ethnien praktiziert (die z.T. durchaus auch in Vieh akkumulierten), Viehhaltung zum einen von den nomadischen Tuareg und Mauren, zum anderen von den ursprünglich transhumanten Fulbe, die spätestens seit der Gründung ihres Massina-Reiches im Niger-Binnendelta im 19. Jahrhundert feste Landansprüche durchsetzten und im Ackerbau verwurzelt sind. Neben einer weiteren sozio-ökonomischen Gruppe der Fischer (Bozo, Somono), die an Bedeutung verloren hat, war und ist eine wichtige Gruppe im Sinne gesellschaftlicher Macht die der Händler. Um sie als "strategische Gruppe" erfassen zu können, empfiehlt es sich, sie wie von Gallais und anderen vorgeschlagen mit der Gruppe der Staatsfunktionäre zusammen als "pouvoir urbain", d.h. städtische Macht, zu bezeichnen, die Ackerbauern und Viehhaltern (die bei dieser Konfrontation unterschiedliche Interessen vertreten) gegenübersteht. Die herrschende Klasse ist also aus einer bürokratischen und einer Händlerschicht zusammengesetzt.[4] Aufgrund der stark verflochtenen Sozialstruktur erscheint dies derzeit die bestmögliche Konzeption für eine Sozialstrukturanalyse zu sein; sehr deutlich ist der Zugriff der urbanen Schicht auf die Produktionsressourcen und ökonomischen Aktivitäten der beiden ande-

----

[4] Vgl. J.L. Amselle, 1985, S. 259

ren Blöcke, andererseits gibt es natürlich grundlegende interne Gegensätze in dem prekären Herrschaftsgleichgewicht innerhalb der "urbanen Macht".

Die Händler stellen bereits historisch das entscheidende malische Stereotyp für diesen Raum dar und sind eine wichtige gesellschaftliche Kraft, die gerade nach der Unabhängigkeit einen großen Einfluß, oft unter der Oberfläche, gespielt hat, jedoch aus den unterschiedlichsten Perspektiven zwar als flexible, nicht jedoch als dynamisch kreative Macht des gesellschaftlichen Wandels eingeschätzt wird.[5] Im Ségou-Reich waren die Marka die Händler, in den Massina- und Gao-Reichen gab es innerhalb der jeweiligen ethnischen Gruppen Händler.[6] Ansonsten bildete sich hier aufgrund der Tätigkeit eine 'Pseudoethnie' der Dioula heraus. Für die Kolonialzeit spricht Dembélé[7] von der Herausbildung einer Kompradoren-Bourgeoisie, bestehend aus den großen Händlern, die im Rahmen der "économie de traite" in Verbindung mit den großen Kolonialhandelshäusern entstand, und deren Aktivitäten weit über die Grenzen Malis hinausgingen und -gehen. Teile dieser Bourgeoisie haben auch gewisse Erfolge in Kleinindustrie bzw. verarbeitendem Gewerbe erzielt, die Mehrheit hat jedoch neben dem Handel vor allem im Transportwesen, dem Verkauf von Erdölprodukten etc. réussiert. Sie verlor 1962 eine Machtprobe gegen das sozialistische Régime, als die Händler für den Beitritt zur Franc-Zone eintraten.[8] Samir Amin spricht von einer "Verstaatlichung des Handelskapitalismus" nach der Unabhängig-

---

[5] Vgl. M. Diop, 1971, S. 134 ff., besonders S. 151

[6] Vgl. Th. Krings, G. Lachenmann, V. Müller, 1988, S. 48 ff.

[7] K. Dembélé, 1981, S. 108 f.

[8] M. Diop, 1971, S. 149, betrachtet dies interessanterweise als falsche Einschätzung der Händler, die dann durchaus von der nationalen Währung profitierten

keit, d.h. die Staatsfunktionäre traten zum Teil an die Stelle dieser Händlerschicht.[9] Die Händlerschicht verlor zwar ihre Stellung als organisierte politische Macht, hatte jedoch nach wie vor ihre ökonomische Rolle; ein großer Teil verschmolz mit der neuen Staatsklasse. Damit wurde die Basis des sozialistischen Regimes untergraben.[10]

Die Funktionärsschicht hat ihre Ursprünge wie in anderen Ländern im Kleinbürgertum der Kolonialzeit,[11] das sich während der Unabhängigkeitsbewegung aufgrund seines niedrigen Lebensstandards praktisch auf die Seite der Bauern gestellt hatte. Im Einparteienstaat bildete sich sehr schnell eine sehr undemokratische Staatsbürokratie heraus; der parasitäre und autoritäre Charakter der "Staats-Nomenklatur" (J.-L. Amselle) ist offensichtlich. J.-L. Amselle spricht von einer "Bürokratenrente",[12] die während der Keita-Zeit über die Verstaatlichung des Handels und den Zugriff über die Kooperativen auf das Mehrprodukt der Bauern abgeschöpft wurde. Er weist besonders auf die Widersprüche der propagierten Ideologie der Gleichheit angesichts der hierarchisch strukturierten ländlichen Gesellschaft hin und sieht eine, wenn auch nicht ohne Widersprüche bestehende Allianz zwischen Bauern

---

[9] S. Amin, 1971; C. Meillassoux, 1968, S. 26, weist darauf hin, daß die Händlerschicht über keine formale westliche Bildung verfügte; M. Diop, 1971, S. 143 ff., unterscheidet eine kleine "moderne" Händlerschicht

[10] Vgl. J.L. Amselle, 1985, S. 252; C. Meillassaoux, 1969/70, S. 107

[11] C. Meillassoux, 1969/70, S. 101 f., weist auf die niedrige soziale Herkunft der Staatsbediensteten hin, deren Ursache in der ursprünglichen Verweigerung aristokratischer Schichten gegenüber Schulbesuch und Staatsdienst lag, auch wenn sie in der Kolonialzeit die Kantonchefs stellten. Die ehemalige Aristrokratie versuchte dagegen im ländlichen Bereich, ihre Position zu halten.

[12] Vgl. J.-L. Amselle, 1985, S. 251 f.

und Händlerschicht als einen Grund für den Zusammenbruch des sozialistischen Regimes an. Seit ihrer politischen Entmachtung hatte die Händlerschicht teils geduldig die Staatspositionen zu untergraben gesucht, teils symbiotisch mit dem Staat agiert. So fungierten Händler zum Teil als Strohmänner für die Geschäfte der Staatsdiener. Teilweise hatten sie sich direkt der Wirtschaftspolitik widersetzt und den Bauern effizientere Dienste angeboten.

Erst nach dem militärischen Sturz Keitas begann ein ausgesprochener Kampf gegen die "Intelligentsia".[13] Die zum Teil sehr heftige Repression dürfte ein Grund für die jetzt zu konstatierende geringe Flexibilität in bezug auf Analyse und Lösungsmodelle der derzeitigen Krise sein, wozu der erwähnte, als "traditionell" bezeichnete Charakter der Händlerschicht kommt, die ihre spekulative Ausrichtung gerade durch die wirtschaftspolitischen Maßnahmen nach der Unabhängigkeit eher verstärkte.

Das Militärregime hatte den Händlern bereits einige Vergünstigungen eingeräumt, und strebte so eine Rückführung ihres Kapitals aus dem Ausland an. Die seit 1981 als Reaktion auf die durch die Dürre verstärkte Krise und auf externen Druck einsetzende Liberalisierung läßt auch die Händlerschicht wieder zum Zuge kommen. Jedoch sind keine bedeutenden Investitionen in den industriellen Sektor zu erwarten. Das heißt, die gesellschaftliche Basis des derzeitigen Regimes verändert sich, die kleineren Funktionäre werden geopfert, die Händlerinteressen stärker wahrgenommen.

Die Blockade des politischen Systems kommt nicht zuletzt dadurch zustande, daß der Staatsapparat durch vorkoloniale Praktiken

---

[13] Vgl. P.B.F. Couloubaly, 1987, S. 76 ff., der von einer neuen "classe politico-bureaucratique" spricht (S. 122)

(Beutenahme, Verteilung an die Gefolgschaft) usurpiert wurde und in ein breites Klientelnetz eingebunden ist.[14] Zwar profitiert nur eine Minderheit der Staatsfunktionäre tatsächlich von der staatlichen Abschöpfung, jedoch bezieht der Umverteilungsprozeß eine große Anzahl der Bevölkerung ein. Dieses klientelistische Gesellschaftsmodell ist zudem tief in den bäuerlichen Strukturen verankert.

---

[14] Vgl. J.-L. Amselle, 1985, S. 264 bzw. S. 251

3 Destabilisierung der ländlichen Produktions- und Sozialsysteme in Mali

In Mali treten die sozialen Prozesse, die eine Destabilisierung der Existenzgrundlage der Bevölkerung bewirken, klar zutage: es sind dies eine sozio-ökonomische Differenzierung, das Aufbrechen der Subsistenzwirtschaft sowie eine Verschärfung des Gegensatzes Bevölkerung-Staat, die Verdrängung und Marginalisierung bestimmter Gruppen, eine verstärkte, notbedingte Migration und die zunehmende Unsicherheit der Bodennutzungsrechte.

Die von dem 1968 gestürzten Keita-Regime angestrebte 'nicht-kapitalistische' Umgestaltung der traditionellen Dorfgemeinschaften scheiterte grundlegend; ein dynamischer sozio-ökonomischer Wandel scheint seither bei der Bevölkerung wie auch auf der politisch-operationalen Ebene blockiert zu sein. Die traditionellen häuslichen Produktions- und sozialen Machtstrukturen wurden zerschlagen, es fand eine teilweise Integration in den Markt statt, jedoch die angestrebte genossenschaftliche Gegenmacht der Bauern konnte nicht aufgebaut werden. Durch sie sollten die traditionellen Führungskräfte, die Einflüsse des Weltmarktes sowie der nationalen Händler und Wucherer ausgeschaltet werden. Gerade durch die entsprechenden Bemühungen wurde jedoch eine zentralistische Staatsbürokratie gestärkt, die die hierarchische Verflechtung der verschiedenen Produktionsbereiche im Sinne einer Abschöpfung von unten nach oben festschrieb und "die Umwandlung der traditionellen solidarischen sozialen Beziehungen in Beziehungen der Abhängigkeit und Ausbeutung"[1] förderte.

Eine harmonische Entwicklung im ländlichen Raum würde angesichts der Konfrontation zwischen Ackerbau und Viehhaltung nicht nur die Integration der ökonomischen Tätigkeiten in einzelnen Pro-

---

[1] K. Ernst, 1973, S. 287

duktionseinheiten voraussetzen, wie dies bereits der Fall ist, wenn z.B. Bauern im Zuge der Einführung der Ochsenanspannung Vieh halten. Eine solche Integration bedeutet derzeit meist eine Ressourcenübernutzung, da die traditionellen Nutzungsregeln nicht eingehalten werden. Sondern sie würde eine gleichberechtigte Berücksichtigung der entsprechenden Interessen auf nationaler Ebene bedeuten, um großflächig eine rationale Nutzung der Ressourcen durchzusetzen und die Marginalisierung einzelner Gruppen, insbesondere der verarmten Nomaden und der Bauern ohne Bewässerungsland in Dürregebieten, zu verhindern.

Zwar ist der Subsistenzanteil an der Gesamtagrarproduktion hoch und die große Mehrheit der Bevölkerung lebt und wirtschaftet noch in häuslichen Gemeinschaften, der Großfamilie, jedoch bedeutet dies nicht, daß eine intakte Subsistenzwirtschaft auf dem Lande vorhanden ist. Das Aufbrechen der sicherheitsorientierten Strukturen der Subsistenzwirtschaft verlief deswegen besonders schnell, weil die Abschöpfung des Mehrprodukts der ländlichen Bevölkerung durch Oberschichten und Herrschaftssysteme bereits vor der Kolonialzeit üblich war und der Fernhandel eine Monetarisierung vieler Beziehungen bewirkt hatte.

Der Sicherheitsmechanismus der Subsistenzwirtschaft ist grundlegend geschwächt, die modernen Institutionen der ländlichen Entwicklung bieten jedoch keinen ausreichenden Ersatz. Die tributären Produktionssysteme und eine hierarchische Sozialstruktur (Adelige, Freie, Handwerkerkasten, Sklaven) sind in Mali zum Teil noch erhalten, zum Teil haben sie sich von Systemen der sozialen Sicherung und Solidarität bzw. der gegenseitigen Verpflichtung in ausbeuterische Strukturen gewandelt. Dabei spielen nicht zuletzt Entwicklungsmaßnahmen eine Rolle, die 'moderne' Privilegien (z.B. Zugang zu Bewässerungsland) zu vergeben haben.

Durch Dürre und einseitige Ausrichtung bestimmter Entwicklungsmaßnahmen kommt es zur Marginalisierung bestimmter Gruppen, für deren Existenzsicherung keinerlei entwicklungspolitische Vorstellungen vorhanden sind.

Es handelt sich um verarmte Nomaden, die wegen Dürre bzw. der Verdrängung aus Weidegebieten durch (teilweise bewässerte) Landwirtschaft ihre Existenzgrundlage verloren haben. Der von der nationalen Politik geforderten Niederlassung stehen landrechtliche und soziale Beschränkungen entgegen, außerdem wäre sie ökologisch sehr schädlich, wenn die Viehhaltung als Hauptaktivität beibehalten würde. Nur vereinzelt führen Nichtregierungsorganisationen kleine Projekte für verarmte Nomaden durch, in denen die Ressourcennutzung (Pumpenbewässerung, Rehabilitierung von Sumpfgrasweiden) kollektiv organisiert wird.

Die nomadische Bevölkerung wird insgesamt auf 0,5 Millionen geschätzt, zu denen 200.000 Tuareg, 60.000 Mauren und ein Teil der insgesamt 600.000 Fulbe gehören. Der nach der großen Dürre wieder aufgestockte Viehbestand verteilt sich jedoch auf immer weniger Viehhalter und auf andere Gruppen. In Kaarta z.B., einem benachteiligten Gebiet im NW nahe der mauretanischen Grenze, das 8,5 % des nationalen Rinderbestandes aufwies, soll die seßhafte Bevölkerung (80 %) immerhin über 40 % des Gesamtviehbestandes verfügen (1983). Der Bestand von 6 Mio. Rindern ist nach der neuerlichen Dürre von 1982 - 1984 um 21 % gesunken; der Bestand von Schafen und Ziegen um 12 %.

Weitere Problemgruppen sind solche, die durch die großen Bewässerungsprojekte angesiedelt wurden bzw. umgesiedelt werden. Im Office du Niger, dessen Bevölkerung sehr heterogen ist, wird der Bevölkerung jegliche eigenständige ökonomische Betätigung untersagt. Am Staudamm Sélingué wurde bisher nur sehr wenig Bewässerungsland erschlossen. Das Land ist weniger fruchtbar als das verloren gegangene, für Obstgärten genutzte Land. Eine große Gruppe nomadisierender Fischer ist aus dem Norden zugewandert, deren mobile Lebensweise die Administration überfordert. Trinkwasserversorgung und sanitäre Einrichtungen sind nicht vorhanden, so daß krankheitsverursachende Bedingungen (vor allem auch Bilharziose) zugenommen haben. Wegen des im Bau befindlichen Großstaudamms Manantali[2] sollen über 10.000 Personen umgesiedelt werden, wobei der Bevölkerung die freie Wahl hinsichtlich der Neuerrichtung ihrer Dörfer gelassen werden soll. Eine soziale Betreuung ist dabei vorgesehen, bisher jedoch keine besonderen landwirtschaftlichen Maßnahmen. Es werden in hohem Maße negative soziale Konsequenzen mißglückter Urbanisierung (Baustellenökonomie) erwartet.

Frauen[3] sind durch Dürre, Verlust der Sicherheit der ländlichen Produktionssysteme und Migration besonders betroffen. In den Verkaufsfrüchte produzierenden Gebieten nimmt ihre Arbeitsbelastung durch die erforderlichen Hilfstätigkeiten (Jäten etc.) zu, in den Dürregebieten durch tägliche hauswirtschaftliche Arbeiten wie Nahrungsmittelzubereitung, Wasser- und Holzbeschaffung. Teilweise sind Frauen wegen Abwanderung der männlichen Bevölkerung auf sich selbst gestellt, was bisher bei dem Fortbestand der ländlichen Großfamilie selten der Fall war. Zwar haben traditionell auch Frauen ihre eigenen Nahrungsmittelfelder bebaut (nicht im Norden), sie haben jedoch i.a. keinen eigenständigen Zugang zu Land, auf keinen Fall zu modernem, bewässerten Land. Mit der Trockenzeit wird die Tendenz zur Intensivierung des Ackerbaus (Gartenbau/Bewässerung) und zu Kleintierhaltung immer stärker und es besteht die Gefahr ihres tendenziellen Ausschlusses, obwohl ihr Interesse (auch im Norden) hoch ist und dieser Bereich für die eigene Subsistenzsicherung besonders geeignet ist.

----

[2] Zu Manantali vgl. z.B. K. Seiffert, E. Hoffmann, 1984; Dimensionen einer Staumauer. Das Beispiel des Manantalistaudammes in Mali, in: Blätter des iz3w, Nr. 134, 1986, S. 41 - 45

[3] Vgl. dazu E.-M. Bruchhaus, M. Ly, R. Tall, 1979; A. Diarra, 1986

Die früher meist nur temporäre Abwanderung junger Männer in den Süden Malis, in die Elfenbeinküste, Senegal, West- und Zentralafrika sowie Frankreich (1976 bereits auf 500.000 insgesamt geschätzt) ist zu einem etablierten sozialen Muster geworden, das der Intensivierung der Landwirtschaft entgegensteht, allerdings gleichzeitig überhaupt erst eine Existenzgründung (Beschaffung des Brautpreises bzw. von Produktionsmitteln) ermöglicht. Ein besonderes Problem ist jetzt das der internen 'Armutsmigration' von durch die Dürre betroffenen Bevölkerungsgruppen in Richtung Süden. Nur zum Teil handelt es sich um Nomaden, die mit ihrem noch überlebenden Vieh auf der Suche nach Weidegebieten wandern. Der Migrationsprozeß - inzwischen handelt es sich um Familien - findet stufenweise statt, aus ländlichen Gebieten in ländliche Zentren und Bewässerungseinrichtungen; zum Teil sind die Mittel nicht mehr vorhanden, weiter in den Süden zu ziehen. Die Aufnahmegebiete sind völlig überfordert, Konflikte mit der ansässigen Bevölkerung treten auf, Weideordnungen verlieren ihre Geltung, es kommt zu Ressourcenübernutzung auch in den nicht von der Dürre betroffenen Gebieten.[4] Zunächst war vor allem das Nigerbinnendelta betroffen, dann auch Zentralmali.

Die Bodenbesitz- und Ressourcennutzungsverhältnisse stellen einen immer stärkeren Unsicherheitsfaktor in vielen Gegenden Malis dar. Was die großflächige Regelung der Nutzung bestimmter Gebiete und Ressourcen - Weide, Wasser - anbelangt, insbesondere zwischen Ackerbau und Viehhaltung, jedoch auch innerhalb der einzelnen ökonomischen Gruppen, so sind durch koloniale und nationalstaatliche Interventionen traditionelle Regelungen außer Kraft gesetzt worden und keine durchsetzungsfähigen neuen an ihre Stelle getreten. Verschärft wird die Situation durch die Dürre, die die Bevölkerungsgruppen durcheinandermengt und räum-

---

[4] Vgl. Th. Krings, 1985; 1986

liche Organisation und Zeitablauf der Ressourcennutzung fundamental stört.

Die "Dina",[5] die im 19. Jahrhundert im Nigerbinnendelta von den Fulbeherrschern des Massina-Reiches als großräumige Weideordnung eingesetzt wurde, ist de facto trotz administrativer Intervention noch immer gültig, auch wenn die offizielle Außerkraftsetzung zu Mißbrauch hinsichtlich Gebührenerhebung und die Dürre zu chaotischer Zuwanderung führt. Für neue Weiderechtsordnungen auf mittlerer Ebene, auf der eine Interessenaushandlung stattfinden müßte, wurden dort bereits Vorschläge mit externer Unterstützung erarbeitet, in anderen Regionen geht die Administration zunächst halbherzig an eine Bestandsaufnahme.

Außer dem Office du Niger mit seinen abhängigen "Colons" und einigen kleineren, staatlich organisierten Bewässerungsperimetern, die nicht einmal in der Lage sind, das ursprünglich erschlossene Land voll zu nutzen,[6] findet die landwirtschaftliche Produktion vorwiegend in kleinen Einheiten unter 4 ha statt: 42 % der bäuerlichen Bevölkerung und 66 % der landwirtschaftlichen Produktionseinheiten bearbeiten 30 % der Nutzfläche.[7]

Dazu kommen die Kleinstaudämme des Dogonlandes mit seiner altnegritischen Bevölkerung und die Zone Lacustre mit ihren Seen und Nigerarmen.[8]

---

[5] Vgl. J. Gallais, 1984

[6] Siehe Teil VIII, 6, S. 338 ff.

[7] Vgl. Direction Nationale de la Statistique et de l'Informatique, 1983

[8] Siehe Teil IX, S. 349 ff.

4 Nomaden- und Ökologiepolitik

Die französische Kolonialregierung hatte die Befriedung der von
Tuareg und maurischen Nomaden militärisch beherrschten Gebiete
des Nordens erreicht. Sie stellte darüberhinaus ihren Anspruch
auf das Land in Frage, als sie den Boden grundsätzlich zu Staatseigentum erklärte und die Befreiung der Sklaven (teilweise durch
Ansiedlung in kolonialen Landwirtschaftsunternehmen) propagierte
(ohne natürlich ihren eigenen Anspruch auf Beherrschung des Landes und Zwangsarbeit in Frage zu stellen).

In der Zeit vor der Unabhängigkeit war, teilweise mit französischer Unterstützung, ein eigener Nomadenstaat zusammen mit Teilen Südalgeriens und Mauretaniens diskutiert worden.[1] Der unabhängige malische Staat bzw. die Vertreter der an die Macht gekommenen schwarzafrikanischen Mehrheit benützten die Gleichheitsideologie, um die politisch unsicheren Tuareg auszuschalten und
den bisher von ihnen (und der Kolonialmacht) erhobenen Surplus
der Bauern auf die 'Gemeinschaft' umzulenken.

Dadurch, daß den Nomaden keine Verfügungsgewalt über Ackerland
mehr eingeräumt wurde, wie auch ihre Weidegründe für die Trockenzeit durch Regenfeldbau und staatliche Bewässerungssysteme eingeschränkt wurden, verloren sie ihr ackerbauliches 'Standbein',
das entscheidend für ihre Existenzsicherheit und die Aufrechterhaltung ihrer nomadischen Lebensweise war.

Propagiert wird das entwicklungspolitische Konzept der Integration der Viehhaltung in den Ackerbau. Auf traditionelle Art und

---

[1] F. Ansprenger, 1961, S. 350, weist auf die energische Position Modibo Keitas gegen die "konservativen Stammesfürsten" hin - "mochten auch im November 1959 noch vereinzelte französische Offiziere davon träumen, die lanzenschwingenden 'weißen' Tuareg der Wüste gegen die Unabhängigkeit des 'schwarzen' Mali aufzubieten."

Weise wird dieses schon lange von den Fulbe praktiziert, denen es aufgrund historischer und sozialer Gegebenheiten gelungen ist, beide Wirtschaftstätigkeiten zu betreiben (die Transhumanz der Viehhaltung kann dabei mehr oder weniger aufrechterhalten werden) und deren Sicherheit, zumindest im Norden, daher am größten von allen Bevölkerungsgruppen ist. Auch ist schon lange das Prinzip bekannt, daß Ackerbauern ihr Vieh den Fulbe zur Betreuung übergeben (Auftragsrinderhaltung). Die staatlich geförderte Politik bedeutet nur, daß Ackerbauern jetzt mehr Vieh halten und dies in einem technisch verbesserten wirtschaftlichen Kreislauf tun (innerhalb eines 'Betriebes'), und nicht umgekehrt.

Trotz offizieller gegenteiliger Regelungen blieben die Grenzen für die Wanderwege der Nomaden in und aus den Nachbarländern (Mauretanien, Algerien, Niger, Burkina Faso[2]) durchlässig. Nach der ersten großen Dürre Anfang der 70er Jahre strandeten viele Nomaden in den Nachbarländern; erst 1986 wurden mehrere Tausend Malier aus Algerien ausgewiesen - anscheinend noch 'Überbleibsel' aus dieser Zeit.

Eine zielgerichtete Förderpolitik wurde nicht betrieben, auch keine Niederlassungsmaßnahmen in größerem Stil, auch wenn im Landwirtschaftsministerium die Ansicht vertreten wurde, die nomadische Lebensweise sei überholt und 'moderne Nomaden' haben sich niederzulassen. Dabei wurde allerdings außer acht gelassen, daß in offiziellen Bewässerungseinrichtungen und an natürlichen Überflutungsgebieten praktisch kein Land mehr für die Nomaden zur Verfügung steht. Das Ministerium, das für "Viehhaltung und natürliche Ressourcen" zuständig ist, ist politisch sehr viel schwächer.

---

[2] Mit Burkina Faso sind alte Grenzkonflikte wieder aufgelebt.

Das erste größere Projekt im Norden ist der von der Bundesrepublik Deutschland seit 1981 geförderte wasserwirtschaftliche Ausbau der Zone Lacustre,[3] wo entgegen der anfänglichen Absicht inzwischen keine Nomaden einbezogen sind. Erste Versuche mit der Gründung einer Viehhalterkooperative und Rehabilitation der zerstörten Burgufelder (Sumpfgras-) scheiterten.

Die Situation nach der zweiten Dürre (1981 - 1984), die als chaotisch bezeichnet werden kann, scheint zu einer gewissen Umorientierung bzw. Realismus geführt zu haben. Es wird berichtet,[4] daß das Innenministerium Anträge für die Niederlassung von Nomaden erhält (verwaltungsmäßig erfaßt in Camps und Fraktionen), die jedoch nicht als endgültig angesehen wird. Auch ist klar ersichtlich, daß die Regierung sieht, daß eine Rückkehr nach Norden unumgänglich ist. Allerdings überwiegt das Verständnis der "Rückständigkeit" gerade auch, wenn davon gesprochen wird, daß die Nomaden "beginnen, ihre Zukunft zu planen", d.h., eine Kombination mit dem Ackerbau zu "akzeptieren beginnen". Man fordert eine bessere Planung von Herdengröße und -zusammensetzung, weniger, jedoch bessere Tiere.

Es gibt jedoch keine entsprechenden größeren Projekte. Die Entwicklungsoperation Elevage Mopti (ODEM) wird als sehr problematisch angesehen. Es geht dabei vor allem um Fulbe, so auch in der Opération Développement Intégré Kaarta, mit kanadischer Zusammenarbeit, im NW, an der mauretanischen Grenze, wo sog. terroirs agro-sylvo-pastoraux aufgezogen werden sollen. Um Bamako wurden kleinere Maststationen eingerichtet, von denen jedoch die urbanen Schichten profitieren.

---

[3] Siehe Teil IX, S. 360 ff.

[4] Vgl. L. Doucet, 1986

Während der ersten Dürre wurde behauptet, daß die Regierung den Nomaden mit voller Absicht Nahrungsmittelhilfe vorenthalten habe (es waren mehrere Camps eingerichtet worden, z.B. bei Timbuktu, Goundam, Gao). Während der letzten wurde darüber nichts berichtet. Jedoch konnte bei der Studie 1984/85 in der Zone Lacustre festgestellt werden, wie schlecht die Nahrungsmittelhilfe bei den Bedürftigen ankommt. Um Hauptorte hatten sich Gruppen völlig verarmter Nomaden niedergelassen, die von der Mildtätigkeit der übrigen Bewohner lebten; Nahrungsmittelhilfe erhält man nur an seinem Hauptwohnsitz (d.h., wo man auf der Steuerliste eingetragen ist). Außerdem wurde nur vereinzelt Essen an Risikogruppen verteilt, ganz wenig allgemeine Rationen; ansonsten wurde das Getreide aus der Nahrungsmittelhilfe verkauft.

Im Dezember 1986 fand in Bamako eine Konferenz über die Viehhaltung statt, auf der eine fundamentale Krise des Sektors konstatiert wurde, angesichts der "Dürre, der Wirtschaftsrezession, der hohen Verlustziffern beim Vieh, den Umwälzungen innerhalb der Viehhaltergesellschaften, dem Zwangsverkauf des Viehs, der Degradation der natürlichen Ressourcen".[5]

Die nationale Forstdirektion im Ministerium für natürliche Ressourcen und Viehhaltung erstellte 1985 einen "indikativen" Plan zur Bekämpfung der Desertifikation und Wüstenausbreitung.[6] Er vertritt einen breiten Ursachenansatz - falsche landwirtschaftliche Bodennutzung nicht zuletzt aufgrund der fehlenden Verantwortung der ländlichen Bevölkerung für die Bodenbewirtschaftung, Störung der Nomadengesellschaft, Übernahme ökonomischer Funktionen durch Händler und Funktionäre, Buschfeuer, unkontrollierter Zustrom von Menschen und Vieh aus dem Norden.

---

[5] Vgl. Marchés tropicaux et méditerranéens, 43. Jg., No. 2150, 1987, S. 205

[6] Ministère des ressources naturelles et de l'élevage, 1985

Es wird bemängelt, daß für die Bekämpfung dieser Ursachen finanzielle Mittel fehlen, vor allem jedoch auch Institutionen zur Durchführung, gesetzliche Regelungen und Kommunikationsmittel sowie Forschungseinrichtungen. Die Ökologiepolitik soll sich in das Ziel der Nahrungsmittelselbstversorgung, der Gesundheit für alle im Jahr 2000 sowie der integrierten Basisentwicklung einfügen. Es wird eine "Revolution der Landnutzung" gefordert.

Zur Umsetzung der Strategie wird gefordert:

- Gründung eines eigenen Ministeriums
- Erarbeitung der entsprechenden Gesetzgebung hinsichtlich verschiedener Eigentumsformen am Boden
- Ausarbeitung von Landnutzungsplänen für jede Region auf der Basis von Partizipation und Konzertierung
- Seßhaftmachung des Ackerbaus
- Generalisierung der Agroforstwirtschaft
- Gründung von Dorfkomitees zur Bekämpfung der Desertifikation und Schaffung eines Amtes für Umweltschutz in jedem Arrondissement
- Einführung einer Aufforstungspflicht auf Dorfebene und je Einwohner
- Entlastung der Weiden mit Hilfe der Festlegung optimaler Herdengrößen je Familie in den verschiedenen Zonen
- Reservierung bestimmter Zonen für mobile (nomadische und transhumante) Bevölkerung, Reduzierung der sonstigen Aktivitäten (Ackerbau, Fischerei, Holzwirtschaft) auf Subsistenzniveau
- Neustrukturierung der Viehhaltung (Raumnutzung, Herdenbewirtschaftung)
- Verbot des Ackerbaus außerhalb Bewässerungsanlagen in Zonen unter 400 mm Niederschlag p.a.
- Schutz und Rehabilitation der Burgufelder als Weiden
- Obligatorische Integration Ackerbau/Viehhaltung in der Sudan-Zone

Betont wird der partizipative, eigenständige Ansatz innerhalb der "tons villageois", die Notwendigkeit einer dezentralisierten, "nicht-antagonistischen" Forstberatung, die Stärkung der Rolle der Entwicklungsorganisationen und der Partei für die Desertifikationsbekämpfung.

Als Programm wird benannt:

- Grüner Gürtel gegen die Wüste
  1. Phase: 15 Jahre, 5 km breit, 5.275 km^2, 3.500 Arbeitskräfte p.a., 200.000 F CFA / ha[7]
- Bekämpfung der Desertifikation durch
- Abgrenzung von Naturschutzgebieten (classement de forêts)
- Energiesparen
- Aufforstung
- Weiderehabilitation
- Bodenfruchtbarkeitserhaltung und Wasserwirtschaft

Verschiedene Aspekte dieser Ökologiepolitik erscheinen sehr problematisch. Insbesondere der Ansatz des grünen Gürtels ist überholt und unrealistisch.[8] Die Finanzierung ist nicht gesichert, bisher gibt es einen Aufforstungsfonds mit geringen Mitteln; die Berechnung der "Rentabilität" ist bei den Gebern unklar.

Die Verwaltungskoordination wirft Probleme auf: Die Forstabteilung hat nur wenige kontrollierende statt beratende Stellen. Es bestehen Kompetenzprobleme gegenüber dem Landwirtschaftsministerium, dem die "Operations de Développement Rural" unterstehen. Die Strategie erscheint nicht integriert in bezug auf Entwicklungsplan, Ernährungsstrategie, internationale Geberrunde. Die

---

[7] Über die Wartung wird nichts gesagt.

[8] Vgl. dazu Th. Krings, G. Lachenmann, V. Müller, 1988, S. 62 f.

Förderung echter Partizipation ("tons villageois") durch ODR, Kooperativen-Direktion, Innenministerium (Administration territoriale et Développement à la base) ist anzuzweifeln.

Die Zuständigkeit für die globale Ressourcennutzungsplanung ist ungeklärt. Weder ist die aktuelle Ressourcennutzung bekannt, noch sind traditionelle Rechte erfaßt; der für das Nigerbinnendelta mit ausländischer Hilfe erstellte "code pastoral" (Gallais) erlangte keinen Rechtscharakter.

Grundlegende politische Probleme sind die fehlende Legitimität der Regierung und damit Durchsetzungsgewalt für neue Regelungen; das prekäre Gleichgewicht aufgrund verschiedener Landnutzungsinteressen (der Funktionäre, Händler etc.); es gibt keine echte Dezentralisierung der politischen Gewalt und, wie gesagt, keine dezidierte "Nomadenpolitik", auch wenn im Gegensatz zu früher eine feste Niederlassung im Süden anscheinend nicht mehr verfolgt wird.

Die formulierte Politik sowie das auf die Erhaltung der natürlichen Ressourcen orientierte Aktionsprogramm sind nicht operational. Zwar ist von partizipativen Ansätzen die Rede, jedoch gibt es keine Institutionen, die diese wirklich fördern könnten - die Forstverwaltung ist allein als Kontrollinstanz ausgerichtet und verfügt über völlig unzureichende Mittel. In regionalen, sog. integrierten Entwicklungsmaßnahmen, die mit externer Unterstützung durchgeführt werden, sind teilweise ökologische Komponenten eingeschlossen, jedoch erfolgt bisher, abgesehen von Einzelmaßnahmen (wie Einführung energiesparender Herde), keine konsequente Umsetzung, und die nationale Forstdirektion beklagt ihre fehlende Zuständigkeit für die Verwaltung der entsprechenden Finanzmittel.

5 Konzeptionen und Institutionen der ländlichen Entwicklung

Eine ländliche Entwicklungskonzeption im engeren Sinne ist in Mali nicht vorhanden, auch wenn wesentliche Optionen zumindest formal klar definiert sind. Der Militärputsch von 1968 war Ausdruck des Scheiterns der sozialistischen Konzeption gerade auch der institutionellen Neuordnung der ländlichen Gesellschaft; seither gibt es keine kreativen Neuansätze. Es fehlt der politische Konsens über den anzustrebenden sozialen Wandel. Der Operationalisierung und Umsetzung der vorhandenen Konzepte stehen strukturelle Widerstände und bürokratische Hindernisse entgegen. Allerdings wäre aufgrund der sehr unterschiedlichen natürlichen, ethnischen, ökonomischen und sozialen Strukturen auf keinen Fall ein starres, landesweit zu verfolgendes Konzept wünschenswert, sondern hohe Flexibilität und Anpassung an konkrete Gegebenheiten angemessen. Folgende Konzepte institutioneller ländlicher Entwicklung wurden bisher verfolgt:

Die "action rurale" des Keita-Regimes hatte den Schwerpunkt der Entwicklung auf den ländlichen Bereich gelegt und eine sozialistische Umgestaltung der Landwirtschaft in Form von Genossenschaften auf der einen Seite und zentralistisch organisiertem Beratungsdienst auf der anderen Seite angestrebt. Unterstützung (und Kontrolle) sollte durch Parteigremien erfolgen, die (auch nach der jetzt noch gültigen Konzeption) auf den verschiedenen Ebenen mit den einzelnen Fachbehörden und der Verwaltung zusammen eine Entwicklungsstruktur (-komitees) bilden sollten.

In der Keita-Zeit wurde das Konzept der "éducation civique" entwickelt, durch das die (nicht formal gebildete) Landjugend zu paramilitärischer und landwirtschaftlicher Ausbildung erfaßt werden sollte. Sie wird noch jetzt von der Bevölkerung als Zwangsdienst angesehen. Diesen Bildungsansatz (im Gegensatz zu einem Produktions- oder Organisationsansatz) vertreten noch die "Centres d'Animation Rurale (CAR)", die Pilotbauern ausbilden und mit Kreditmöglichkeiten für Produktionsmittel, insbesondere

Ochsengespanne, ausstatten. In sog. CAR mixtes werden neuerdings auch die Ehefrauen einbezogen. Eine Nachbetreuung im Dorf erfolgt nicht.

Gemeinwesenarbeit soll dagegen seit 1974 von den "Centres de Développement Communautaire" betrieben werden. Sie wurden als eine Weiterentwicklung des sozialarbeiterischen Ansatzes - unter Zuständigkeit des Gesundheits- und Sozialministeriums - gegründet und sollten speziell die sozialen Folgen mildern, die bei der Gründung der Entwicklungsoperationen auftraten. Sie führen bestimmte "Aktionen" durch, z.B. zur Förderung handwerklicher Tätigkeiten oder Gartenbau, die sich speziell auch an Frauen richten, und arbeiten einerseits mit speziell ausgebildeten "techniciens de développement communautaire", andererseits mit freiwilligen Gemeinwesenarbeiterinnen (animatrices).

Seit 1972 wurden - zunächst um einzelne Verkaufsprodukte organisiert, inzwischen etwas breiter als integrierte, räumlich definierte Entwicklungsorganisationen - die "Opérations de Développement Rurale" (ODR) geschaffen, die einen großen Teil des nationalen Gebiets (mit Agrarpotential) umfassen und Träger von Projekten der bi- und multilateralen Entwicklungszusammenarbeit sind. Sie sind direkt einem Fachministerium zugeordnet (die Mehrheit dem Landwirtschaftsministerium), repräsentieren jedoch dem Anspruch nach durchaus die in Konzepten der ländlichen Entwicklung als wichtig angesehene, horizontal strukturierte, dezentrale Managementeinheit, in der verschiedene Fachdienste zusammenwirken.

Die bedeutendste ODR ist die Opération Mali Sud, deren Träger die nationale Baumwollgesellschaft CMDT (Compagnie Malienne pour le Développement des Textiles) ist. Neben dem Baumwollanbau wird inzwischen dem Anspruch nach gleichberechtigt die Nahrungsmittelproduktion gefördert, insbesondere Mais als Verkaufsfrucht. Allerdings kam es bei diesem in den letzten Dürrejahren zu extremen Ertragseinbußen und in den beiden Überschußjahren 1985 -

1987 zu extremen Absatzschwierigkeiten. Ein relativ hoher Mechanisierungsgrad (Ochsenanspannung) und der Aufbau von Wartungseinrichtungen (Ausbildung traditioneller Schmiede) sind charakteristisch für diese am 'stärksten entwickelte' Region Malis.[1]

Die Opération Riz Mopti stellt seit 1972 Bewässerungsflächen in der 5. Region für den Reisanbau bereit. Die Stärkung der urbanen Schichten durch die Zuteilung an Funktionäre (teilweise bis zu 50 %) ist hier besonders extrem. Zu den sozialen Problemen kommen technische. Die Wasserverfügbarkeit ist bei niedriger Nigerflut (wie in den letzten Jahren) für einen Großteil des Landes nicht gesichert. Die Ausbreitung der wilden Reissorten als Unkraut könnte nur mit tiefer Bodenbearbeitung und Herbizidanwendung zurückgedrängt werden, so daß weite Teile aufgegeben werden mußten.

Die Opération Haute Vallée strebt die Substitution von Baumwolle durch Förderung der Nahrungsmittelproduktion an. An Erscheinungen wie extrem niedriger Kreditrückzahlung ist jedoch abzulesen, daß die 'Modernisierung' der Landwirtschaft stagniert.

Die Opération de Développement Intégré pour la Promotion d'Arachides et Céréales (ODIPAC) versucht in einem der CMDT nachempfundenen Ansatz, das völlig darniederliegende ehemalige Erdnußanbaugebiet im Westen für einen Rotationsanbau mit Mais und Hirse zu rehabilitieren.

Die Opération Zone Lacustre (OZL) ist seit 1981 deutscher Projektpartner zur Fortführung der bis 1947 vom Office du Niger betriebenen Wasserbauwerke für Bewässerungslandwirtschaft am Horosee sowie zum Betrieb eines Pumpenbewässerungsperimeters an ei-

---

[1] Vgl. dazu U. Schmoch, 1983, S. 200 ff.; Th. Krings, 1986

nem Nigerarm.[2] Angesichts der logistischen Problematik und der durch die Dürre entstandenen Notsituation der Gesamtbevölkerung kann nicht erwartet werden, daß eine Übernahme mittelfristig erfolgen und sich das Projekt wirtschaftlich tragen kann. Eine Produktionssubventionierung von außen wäre jedoch der ineffizienten Nahrungsmittelhilfe vorzuziehen, und ein weniger autoritärer Ansatz wäre wünschenswert.

Das Problem der fachlichen und administrativen Zuständigkeit ist im Bereich der ländlichen Entwicklung sehr groß und führt zu einer Verdoppelung von Anstrengungen bzw. der Entwicklung unterschiedlicher Ansätze, von denen dann keiner mit Nachdruck verfolgt wird. Die Kompetenzstreitigkeiten blockieren aktionsorientierte Initiativen und behindern ein integriertes Vorgehen auf lokaler und regionaler Ebene. Allerdings arbeiten die auf nationaler Ebene vorhandenen "Directions Nationales" (DN), die für Subsektoren wie Ackerbau, Viehzucht, Forstwirtschaft, Kooperativen, Soziales, Ausbildung und ländliche Gemeinwesenarbeit zuständig sind, relativ kontinuierlich, auch wenn ihre Zuordnung zu verschiedenen Ministerien wechselt.

Die ursprüngliche Konzeption der sozialistischen ländlichen Entwicklung stellte ein komplexes System aus verschiedenen organisatorischen und Service-Elementen dar, deren Verschränkung sicherlich zur Ineffektivität beitrug und von dem inzwischen nur noch rudimentäre Teilstücke existieren. Die genossenschaftlichen Einrichtungen auf den verschiedenen Ebenen sollten auch spezielle Funktionen wahrnehmen: die "Fédérations des Groupements Ruraux" (FGR), der Zusammenschluß der Genossenschaftsgruppierungen auf Arrondissement-Ebene, die Vermarktungsfunktion der bis auf der übergeordneten Cercle-Ebene vertretenen OPAM, die Funktion der Kredit- und Geräteversorgung der 1981 wegen Mißwirtschaft

---

[2] Siehe Teil IX, 1, S. 359 ff.

aufgelösten Société du Crédit Agricole et de l'Equipement (SCAER) wie auch die Versorgung mit Grundbedarfsgütern. Übriggeblieben ist vor allem die letztere Funktion, einschließlich des Vertriebs subventionierten Getreides im Rahmen des Ernährungssicherungsprogramms.

Die Beratungsdienste sollten ursprünglich parallel dazu unter der gleichen zentralen Leitung (früher "Centre National de la Coopération des Services de l'Action Rurale", heute "Direction Nationale de la Coopération") aufgebaut werden und über Pilotbauern bis auf Dorfebene reichen. De facto kam es jedoch zu einer Verschmelzung, so daß die Genossenschaften praktisch von den technischen Diensten geleitet wurden und der Zugriff auf die Bauernorganisationen absolut war.

Nach Einführung der ODR als Träger der ländlichen Entwicklung wurde diesen für ihre jeweilige Zuständigkeitsregion auch die Funktion der Beratung und Versorgung mit landwirtschaftlichen Betriebsmitteln sowie Kredit übertragen. Hinsichtlich der Vermarktung kam es oft zu Kompetenzstreitigkeiten mit OPAM. Tatsächlich monopolisierten bisher die ODR die früher von der SCAER geleisteten Kredite (nur an Gruppen) und die Versorgung mit (nur bis 1976 subventionierten) Betriebsmitteln und Geräten. Seit 1981 besteht eine neue Kreditinstitution, die Banque Nationale de Développement Agricole (BNDA), die jedoch bisher über keine Instrumente verfügt, um direkt bis zur bäuerlichen Bevölkerung vorzudringen. Das relativ hohe, angepaßte Mechanisierungsniveau in Mali (Ochsenanspannung, Pflüge, Multiculteurs) beschränkt sich ebenfalls de facto auf das Gebiet der ODR, und dort nur auf Dörfer mit Potential zur Entwicklung der Marktproduktion.

Eine Diffusion der Ergebnisse angewandter Agrarforschung findet trotz entsprechender Programme kaum statt, die Bereitstellung von Saatgut überhaupt (besonders nach Dürrejahren, wenn die Bauern nicht mehr selbst darüber verfügen) und verbessertem Saatgut insbesondere ist ein extrem defizitärer Bereich. Das Gleiche gilt für die Wartungseinrichtungen für agrartechnische Geräte (z.B. Bewässerungspumpen), die nur, wie erwähnt, im Aktionsbereich der CMDT vorhanden zu sein scheinen.

6 Das Beispiel des Office du Niger (ON)

Eine besonders starre Organisationsstruktur weist die Staatsgesellschaft des Office du Niger (ON) auf, in dem die Parzelleninhaber (colons) einen völlig eingeschränkten Handlungsspielraum haben und angesichts der steigenden technischen Probleme immer weniger produzieren. Produziert wird vor allem der für die Versorgung des Staats- und Militärapparates erforderliche Reis sowie neuerdings vermehrt Zucker. Das Potential ist bei weitem nicht erschlossen, im Gegenteil, Land ging - auch für die Viehhaltung - verloren, da die Unterhaltung nicht funktioniert. Rehabilitationsmaßnahmen gehen sehr langsam voran. Erschlossen wurden ursprünglich 200.000 ha, davon werden weniger als 40.000 ha betrieben, 10.000 ha werden zur Zeit mit niederländischer Zusammenarbeit rehabilitiert. Ursprünglich vorgesehen waren 1 Mio. ha. Die agroindustriellen Anlagen umfassen vier Reismühlen und zwei Zuckerraffinerien. Wie erwähnt, erscheint das derzeit diskutierte Rehabilitationsprogramm, abgesehen von der Frage der Billigversorgung der Staatsfunktionäre mit Reis, deswegen so wenig erfolgversprechend, weil die Verflechtungen der Landverfügung bis in hohe Verwaltungs- und Regierungsebenen gehen. Es geht um Fragen der Zulassung des Anbaus anderer Produkte und der privaten Vermarktung, der privaten Viehhaltung, der Wartung der Bewässerungseinrichtungen hinsichtlich Verunkrautung, des Technologieniveaus der Verarbeitung im Hinblick auf eigenständige Verarbeitungsmöglichkeiten der Produzenten angesichts der ineffizienten zentralen Organisation.

Bei Gründung des Office du Niger 1932[1] als französische Kolonialgesellschaft wurden die Arbeiten zum Bau des Staudamms, der Anlage der Bewässerungskanäle und der ackerbaulichen Erschließung von über 2.000 zwangsrekrutierten Arbeitskräften durchge-

---

[1] Vgl. zum folgenden E. Schreyger, 1984

führt, die in Arbeitslagern untergebracht waren und deren Arbeits- und Lebensbedingungen verheerend waren. 1941 erfolgten neue Rekrutierungsmaßnahmen zur Fertigstellung.

Es wurden vor allem Siedler aus Obervolta und dem Sudan angesiedelt, denen staatliches Pachtland zugeteilt wurde und Produktionsmittel auf Kreditbasis von Kooperativen zur Verfügung gestellt wurden, die auch die Vermarktung übernahmen. Die Kooperativen wurden autoritär von den Behörden geleitet. Die Erträge blieben hinter den Erwartungen zurück und gingen in hohem Maße für Pachtzins und Kredittilgung verloren, so daß es zu hoher Verschuldung kam. Gegen Ende des zweiten Weltkrieges wanderte ein hoher Teil der Pächter und Siedler wieder ab, als sich eine eigenständige Bewirtschaftung als Fiktion erwiesen hatte.

Schwierigkeiten ergaben sich aus der Einführung von Ochsenanspannung, mit der die Siedler nicht vertraut waren und für die keine ausreichende Futterbasis und Veterinärdienste eingeplant waren. Außerdem kam es zu Engpässen bei der Arbeitsorganisation, da die Aussaatarbeiten von Hirse bzw. Reis und Baumwolle konkurrierten und der Einsatz von Pflügen zu einem ungleichgewichtig hohen Arbeitsanfall bei Jät- und Erntearbeiten führte. Außerdem mußten die Siedler die Kanäle instandhalten. Den sozialen und ökonomischen Schwierigkeiten versuchte man ab 1949 mit der Einführung der Motorisierung in einer neuen Reisplantage zu begegnen, wo statt Siedlern Lohnarbeiter eingesetzt wurden. Auch dieses Projekt erwies sich als ökonomisch nicht rentabel.

Nach der Unabhängigkeit wurde ein Teil der Reisplantagen in Staatsbetriebe mit Lohnarbeitern umgewandelt, denen zur Eigenversorgung jeweils ein halber ha Ackerland zur Verfügung gestellt wurde, außerdem wurden Kollektivfelder wie im übrigen Mali eingeführt, im Gegensatz zur bisherigen individualisierten Produktionsform der Siedler. Die Reisplantagen mußten nach großen Verlusten nach 1965 aufgegeben werden. Zur Sicherstellung der Arbeiten auf den Kollektivfeldern und Verhinderung von Eigenverkauf auf dem Schwarzmarkt wurde eine Produktionspolizei eingesetzt, die jetzt noch existiert.

Seit 1962 wird mit Hilfe der Volksrepublik China Zuckerrohr in einer Plantage mit Lohnarbeitern angebaut. Die erforderlichen zusätzlichen saisonalen Arbeitskräfte werden im ganzen Land angeworben. Einerseits waren nicht genügend Arbeitskräfte dazu bereit, andererseits wurde das destabilisierende Phänomen der Migration dadurch in hohem Maße perpetuiert. Trotzdem erwies sich der Zuckeranbau als ökonomisch rentabel und die in einem bisher unbewohnten Gebiet niedergelassene Bevölkerung - Ende der 70er Jahre über 5.000 - hatte nicht zwangsrekrutiert werden müssen.

Nach dem Sturz des Keita-Regimes wurden die Kollektivfelder wie überall in Mali aufgegeben und der Baumwollanbau zugunsten des Reisanbaus eingestellt (und in den Süden, in den Zuständigkeitsbereich der CMDT verlagert). Trotz Dürre wurde 1978 eine Rekordernte bei Reis erzielt (101.000 t), seither fiel die Produktion stetig. Der Unterhalt der Bewässerungsanlagen war völlig vernachlässigt worden, der Boden war durch die Monokultur ausgelaugt, die wirtschaftliche Lage der Siedler verschlechterte sich rapide. Sie wandten sich immer mehr dem unzulässigen privatwirtschaftlichen Gemüseanbau zu.

Eine Weltbankstudie stellte Anfang der 80er Jahre fest, daß Stauwehr und Verteilungskanäle reparaturbedürftig waren, Bewässerungskanäle und Maschinenpark sowie Infrastruktur in Stand gesetzt werden müßten, eine Partizipation in den Kooperativen nicht stattfand. Tierhaltung, Fruchtwechsel und Produktdiversifikation wären erforderlich, die Reispreise müßten angehoben werden. Seit 1979 sanken Hektarerträge und bebaute Fläche[2] bei

---

[2] Vgl. Club du Sahel, 1982, S. 22

Reis von 1978 bis 1981 von 2.262 kg auf 1.656 kg. Die Zuckerrohrproduktion ging im gleichen Zeitraum von 15.000 t auf 12.000 t zurück.[3]

Die Vermarktung erfolgt über die staatliche Monopolgesellschaft OPAM, deren Verschuldung (vor den internationalen Sanierungsmaßnahmen ab 1982) dazu führte, daß das ON die Versorgung mit Betriebsmitteln nicht mehr sicherstellen konnte. Das hohe finanzielle Defizit des ON ging zu Lasten der Siedler. Deren Abgabenbelastung (in Naturalien) wurde auch bei Ertrags- und Flächenrückgang gleich hoch gehalten, sie verfügen über kein monetäres Einkommen mehr (da ihnen das ON Geld schuldet),[4] und ihr Eigenkonsum ging zurück.[5] Die Situation hat eine ausgeprägte Verweigerungshaltung der Bevölkerung hervorgerufen, die zu den massiven Produktionsrückgängen führte.

Die autoritäre und monokulturorientierte Produktionsform des ON widerspricht den Prinzipien der seit 1982 verfolgten Ernährungsstrategie, die eine Produktdiversifizierung anstrebt. Gartenbau wird nicht gefördert, inzwischen gerade toleriert. Die Produzenten haben keinerlei eigenständigen ökonomischen Handlungsspielraum, was die Organisation der Produktion, die Wahl der Produkte, die Versorgung mit Betriebsmitteln, die Vermarktung der Produkte sowie das Kreditsystem anbelangt. Sie hängen völlig von einer ineffizienten Organisation ab, die ihnen jegliche Eigeninitiative verbietet.

---

[3] Vgl. Ph. Malvé, 1983, S. 46

[4] Vgl. N. Dominique, 1983, S. 44; "Ernährungsstrategie" am Beispiel Mali, in: Neue Züricher Zeitung, Fernausg. Nr. 171, 26.7.1984, S. 3 f., hier S. 4

[5] Vgl. zum folgenden Club du Sahel, 1982; Institut d'Economie Rurale, 1981

Der technische Betrieb ist so schlecht, daß die Wasserversorgung aller Flächen nicht mehr gesichert ist. Die Bodenfruchtbarkeit geht aufgrund der Auslaugung durch Monokultur und damit (sowie fehlender Wartung der Kanäle) einhergehender Verunkrautung zurück. Die Bevölkerung der Parzelleninhaber ist überaltert. Die Frage der Eigenernährung wird vom ON nicht als Problem angesehen, sie gilt jedoch zum Teil als nicht mehr gesichert.

Eine Förderung der Diversifizierung der Produkte findet nicht statt, trifft bei einem Bewässerungssystem auch auf mehr technische Schwierigkeiten (unterschiedlicher Wasserbedarf) als bei Überflutungsfeldbau.

Selbst in einer Anlage wie dem ON ist also die Ernährungssicherheit, d.h. laut Club du Sahel die mehrjährige Stabilität der Versorgung, nicht gewährleistet. Die Größe der bebauten Fläche kann nicht kurzfristig je nach Witterungsverhältnissen variiert werden. Durch die schlechten technischen Dienstleistungen ist die - im Prinzip ständige - Wasserverfügbarkeit nicht mehr gesichert. Die seit 1978 festzustellenden Schwankungen bzw. der Rückgang der Durchschnittserträge sind auf den unterschiedlichen Zustand der Wasserbauwerke zurückzuführen; außerdem variieren die Betriebsgrößen sehr. Zum Teil sind sie - da ursprünglich ein höheres technisches Niveau vorgesehen war - zu hoch.

Ein 1982 erstelltes Rehabilitationskonzept geht von einer möglichen Ausweitung auf 150.000 ha innerhalb eines Zeitraums von 10 bis 20 Jahren aus, wobei 105.000 als günstig angesehen werden. Das Schwergewicht soll nach wie vor auf Reis und Zuckerrohr liegen, doch ist eine entscheidende Diversifizierung der Produktion vorgesehen, in Form einer Wiederaufnahme von Baumwollproduktion, Soja, Mais, Garten- und Obstbau. Allerdings blieben technische Fragen der Bewässerung und Finanzierung ungeklärt. Man geht von einer zusätzlichen Ansiedlung von Arbeitskräften aus, jedoch wird nicht diskutiert, ob dabei tatsächlich eine Ansiedlung von Bevölkerungsgruppen aus dem Norden möglich wäre.

Erst Ende 1984 wurde ein Dreijahresplan zur Liberalisierung des Reismarktes und Neuorganisation des ON verabschiedet. 1986 wurde als Grundlage einer Rehabilitation diskutiert,[6] den Status der Pächter abzusichern, die Reisvermarktung zu liberalisieren, die Schulden der Bauern auf einen Zeitraum von drei Jahren zu stunden und die Finanzen des ON zu sanieren.

---

[6] Vgl. Marchés tropicaux et méditerranéens, 42. Jg., Nr. 2111, 1986, S. 1089

7 Organisationsformen an der Basis

Im Rahmen der sozialistischen Kooperativenbewegung mußte jedes Dorf ein Gemeinschaftsfeld anlegen, dessen Erträge in die soziale, ökonomische und kulturelle Gemeinschaftsentwicklung fließen sollten, de facto jedoch oft traditionellen bzw. modernen Führungskräften zugutekamen bzw. von der Bevölkerung als deren Pfründe wahrgenommen wurden. Auch hier entstand eine unheilige Allianz zwischen neuen sozialistischen Ideen und traditionellen Institutionen (wie der des traditionell dem Dorfchef unterstehenden Gemeinschaftslandes), die die Herausbildung ausbeuterischer Klientelbeziehungen ermöglichte. 1968 wurden die kollektiven Felder aufgelöst und den Dorfautoritäten zur Verfügung überstellt, wodurch die Nutzung oft einen privaten Charakter annahm.

Die verschiedenen Entwicklungsoperationen (ODR) verfolgen inzwischen jeweils eigene Ansätze und fördern unterschiedliche Zusammenschlüsse der ländlichen Bevölkerung - nicht zuletzt aufgrund der unterschiedlichen sozialen und ökonomischen Gegebenheiten. Eine Bestandsaufnahme[1] wies 1984 insgesamt 1.294 Zusammenschlüsse aus, die von verschiedenen ODR bzw. den Fachbehörden der DN de la Coopération gegründet und betreut wurden.

Insbesondere die Opération Mali Sud hat sog. "associations villageoises" (460) gegründet, die in offiziellen Dokumenten als dem politischen Konzept der "tons villageois" entsprechend behandelt werden.

Im Gegensatz dazu stehen die Gründungen der DN de la Coopération, die teilweise über Beratungsdienste auf regionaler Ebene verfügt und die wenigen noch vorhandenen Kooperativen betreut

----

[1] Vgl. Direction Nationale de la Coopération, 1984

(143) und Vorgenossenschaften gründet, sog. "groupements villageois" (400). Da die ODR für die "tons" zuständig sein sollen, ist sie anscheinend nicht mehr für die soziale Organisation des "monde rurale" zuständig und ihre Funktionen sollen neu definiert werden.

In dem Parteigründungsdokument der UDPM von 1979 wurde die Wiederbelebung der traditionellen solidarischen Dorfinstitutionen, der "tons", zur offiziellen Politik erklärt. Die Möglichkeit der Anknüpfung an traditionelle Strukturen ist grundsätzlich problematisch, nicht zuletzt aufgrund ihrer in Mali besonders heiklen Machtverhältnisse. Außerdem ist der Widerspruch zwischen Autonomie-Anspruch, Leitungsaufgabe von landwirtschaftlichen Beratungsdiensten und Partei sowie administrativen Regelungen (amtliche Eintragung) extrem hoch. Dadurch scheint eine gewisse Lähmung der Initiative auch bei den verschiedenen Gebern eingetreten zu sein.

Im Gegensatz zu der im Prinzip vorhandenen Entwicklungsorganisationsstruktur der comités de développement, die politische Instanzen (Partei), Verwaltung und Fachbehörden vereinen soll, ist in dem Dekret über die tons jetzt von einer eigenständigen Organisation der Fachbehörden die Rede, die die tons betreuen sollen: Auf allen Ebenen sollen "commissions techniques ad-hoc" eingerichtet werden, in denen Fachbehörden und Projekte der verschiedenen Bereiche ("départements") unter dem Vorsitz des Innenministeriums (d.h. Verwaltung) vertreten sein sollen. Die Fachbehörden der DN de coopération haben die Funktion von Berichterstattern.

Entscheidend ist die Schaffung der Möglichkeit der Selbsthilfe, der "Basisinitiativen", durch die offizielle malische Politik, die bisher jedoch nur in geringem Umfang realisiert wird. Für die Gründung von "tons villageois" wurde zur Bedingung gemacht, daß bereits ein gemeinsames "Entwicklungsprojekt" initiiert wurde. Bei der Geberkonferenz 1982[2] wurde ein entsprechender Finanzierungsantrag eingereicht, Träger sind die ODR. Die sog. Basisinitiativen werden inzwischen von verschiedenen externen Gebern gefördert. Dabei ist z.B. der Zusammenschluß einer Frauengruppe möglich, die für das Dorf eine Karité-Presse betreibt.[3]

Nachdem die Kooperativen sich einerseits als Instrument des Zugriffs seitens der Staatsmacht auf die ländliche Bevölkerung und ihr Mehrprodukt erwiesen haben und andererseits dadurch traditionelle Machtverhältnisse, die ein Netz der sozialen Sicherheit mit Versorgungsansprüchen und -pflichten bedeutet hatten, in ausbeuterische umgewandelt wurden, mutet es um so seltsamer an, daß nun auf die ursprünglichen Alters- und Arbeitsorganisationsformen zurückgegriffen werden soll. Einerseits sind sie nicht mehr intakt, andererseits folgen sie einer anderen Logik, und können gerade aus der Sicht der Bevölkerung nicht mit anderen Inhalten, insbesondere der individualistischen Marktproduktion, gefüllt werden, wo sie ursprünglich gerade zur Verteilung des Mehrprodukts und der Herstellung von sozialer Gleichheit beigetragen haben. Von der Bevölkerung im Norden wird der "ton" auf jeden Fall als eine Institution der Bambara angesehen, obwohl dort natürlich ebenfalls Altersklassen, Sparvereine etc. vorhanden waren, die allerdings nicht zuletzt durch die Dürre in Auflösung begriffen sind.

Wichtig an dem Konzept der "ton" ist ihr grundsätzlich informeller Charakter der Spontaneität, Nichtkonformität und Uneinheitlichkeit. Dagegen sehen die gesetzlichen Bestimmungen letztendlich eine Bürokratisierung und Kontrolle von oben vor, auch wenn bisher dieser Grad der Formalität noch nicht erreicht wurde. Hin-

---

[2] Vgl. République du Mali, 1983

[3] Vgl. Deutsche Gesellschaft für technische Zusammenarbeit (GTZ), 1986c

derlich ist auf jeden Fall die Bedingung, daß prinzipiell das ganze Dorf beteiligt sein soll. Dies bedeutet eine Verschleierung tatsächlich vorhandener Gegensätze und macht praktisch die Bildung kleinerer Gruppierungen, z.B. zum Betrieb eines Bewässerungskollektivs, unmöglich (auf privatwirtschaftlicher Basis Einzelner sind solche Investitionen möglich).

In dem Konzept fehlt die Ausarbeitung der Idee der Selbstverwaltung. Einzelne, von externen Gebern, Nichtregierungsorganisationen und auch bilateralen Projekten geförderte Bewässerungsanlagen haben diesen Anspruch, den sie auch schon in unterschiedlichem Grade verwirklicht haben. In dem Moment, wo jedoch eine ODR Trägerorganisation ist und die Erzielung ökonomischer Eigenständigkeit in kürzester Zeit verlangt wird, handelt es sich de facto um eine autoritäre Verwaltungsstruktur. Andererseits kommen in großem Umfang keine anderen Institutionen zur Selbsthilfeförderung in Frage, und völlig selbstverwaltete, unabhängige Einheiten wären der Willkür lokaler Machtträger ausgesetzt. Nationale Nichtregierungsorganisationen zur Förderung von Selbsthilfeeinrichtungen sind erst in Anfängen vorhanden - z.B. "Six S", die vor allem in Burkina Faso arbeitet.

Es kann zudem von der betroffenen Bevölkerung nicht erwartet werden, daß sie ihren Hunger insoweit selbst verwaltet, als Abgaben von der Ernte zur Deckung der Betriebskosten einbehalten werden, wenn die eigene Familie und die größere soziale Gruppe nichts zu essen haben.

In dem extern geförderten Programm zur Neustrukturierung des Getreidemarktes ist vorgesehen, den "associations villageoises" organisatorische Unterstützung zu gewähren.[4] Das würde bedeuten,

---

[4] Vgl. Marchés tropicaux et méditerranéens, 43. Jg., Nr. 2197, 1987, S. 3412

daß die Verhandlungsmacht bei Vermarktung und Vergabe von Betriebsmitteln und Kredit gestärkt würde.

Allerdings wird in einer Evaluierung der von der Baumwollgesellschaft im Süden (CMDT) geförderten "associations villageoises" von J.-L. Amselle auf ihre ambivalente Funktion hingewiesen.[5] Durch die Gleichheitsideologie wird übersehen, daß frühere Arbeitszusammenschlüsse den Verwandtschaftslinien folgten und die Stärkung der Selbstverwaltungsstrukturen auch die Stärkung bestimmter reicher Familien und die Verflechtung mit Verwaltungs- und Fachbehörden bedeutet. Gleichzeitig wird die Dorfgemeinschaft dazu gebracht, bestimmte, im Prinzip vom Staat zu tragende Investitionen zu finanzieren. Die Selbstorganisation der Dorfbevölkerung ist darüber hinaus von der Baumwollwirtschaft abhängig und dürfte daher durch den rapiden Rückgang der Baumwollpreise seit 1985, der zu starken Verlusten bei der CMDT geführt hat, stark beeinträchtigt werden.

---

[5] Vgl. J.-L. Amselle, (1986)

Teil IX: Folgen der Entwicklungspolitik und Überlebensstrategien in der Zone Lacustre[1]

Exkurs: Methodisches Vorgehen[2]

Empirische Grundlage dieser Arbeit ist ein dreimonatiger Feldaufenthalt in Mali und der Zone Lacustre von Nov. 1984 bis Jan. 1985 im Rahmen einer Länderarbeitsgruppe des Deutschen Instituts für Entwicklungspolitik, Berlin.

In Gesprächen mit verschiedenen malischen Stellen sowie Vertretern der deutschen Entwicklungszusammenarbeit war das Seengebiet nördlich des Nigerbinnendelta, die Zone Lacustre in der 6. Region (Timbuktu) als Ort für die Feldstudie im Rahmen der Länderarbeitsgruppe des Deutschen Instituts für Entwicklungspolitik ausgewählt worden, da das Problem der Desertifikation dort stark ausgeprägt ist, die sozio-ökonomische Situation der Bevölkerung immer prekärer wird und die Untersuchungsergebnisse unmittelbar in die Arbeit des integrierten ländlichen Entwicklungsprojektes (im folgenden "das Projekt") der deutsch-malischen Zusammenarbeit einfließen konnten. Das Ziel der Untersuchung war die Analyse der Zusammenhänge zwischen der Verschlechterung der natürlichen Bedingungen und dem sozio-ökonomischen Wandel, um daraus Schlüsse für Entwicklungsmaßnahmen zu ziehen, die auf der Partizipation der Bevölkerung beruhen.

---

[1] Siehe früher G. Lachenmann 1988a

[2] Es handelt sich hier um das seinerzeit von der Verfasserin geschriebene Kapitel 4 in dem Bericht über die von ihr geleitete Länderarbeitsgruppe, vgl. G. Lachenmann, L. Höttler, D. Köhn, H. Kreft, W. Meyer, K. v. Stackelberg, 1985, S. 50 - 59.

Der methodologische Ansatz[3] war dadurch gekennzeichnet, daß als Ausgangspunkt der Analyse die Problemsicht der Bevölkerung gewählt wurde, um deren Handlungsmuster und -spielraum zu verstehen. Dieser Standpunkt wurde mit dem der Ökologie, Agrarökonomie, Verwaltung etc. verglichen, und so das Problem in einen breiteren Zusammenhang gestellt.

Dabei ist wesentlich, daß nicht beabsichtigt war und sein konnte, vollständige Informationen über die sozio-ökonomische Situation der Bevölkerung oder den genauen Stand der Umweltverschlechterung zu erheben. Es ging vielmehr darum, die Handlungsrationalität der Bevölkerung zu begreifen und die Strukturen und deren Veränderungstendenzen zu analysieren, unter dem besonderen Gesichtspunkt der Ökologierelevanz.

Als geeignete Methode dazu wurde die der Fallstudien auf verschiedenen Ebenen gewählt. Sie ermöglicht es, die komplexen Zusammenhänge des Problems zu analysieren und in seiner Gesamtheit zu verstehen, ohne es auf Einzelaspekte zu reduzieren. Sie gibt keine verallgemeinerbaren Ergebnisse, erlaubt jedoch, Empfehlungen für Entwicklungsmaßnahmen für konkrete Fälle und für bestimmte Fälle nach spezifizierbaren Bedingungen zu formulieren.

Dadurch, daß das Problem von verschiedenen sozialen und theoretischen Perspektiven aus und auf verschiedenen Ebenen angegangen wird, ist es möglich, Beziehungen zu erkennen und erhaltene Informationen zu überprüfen. Die Forschung kann als kommunikativer Prozeß durchgeführt und so die Gültigkeit der erhobenen Daten sichergestellt werden, da sie aus der sozialen Realität der befragten Personen und nicht aus vorgefaßten Konzepten der For-

---

[3] Grundsätzlich zu politikorientierten Untersuchungen in Entwicklungsländern vgl. G. Lachenmann, 1982, Exkurs methodologische Überlegungen, S. 214 - 227

scher, die diese dem Untersuchungsgegenstand aufstülpen, stammen.

Untersuchungsdesign der Felderhebung

Untersuchungs- einheit/-ebene	Anzahl	Methode	Gültigkeit der empirischen Aussagen
1) Region	1	Sekundärmaterialanalyse, Vergleich	beispielhaft
2) Dörfer/Camps	8	Fallstudien	wesentliche Aussageebene
3) sozio-ökonomische u. soziale Gruppen	ca. jeweils 2 - 4	Gruppengespräche	konkrete Fälle
4) Vetreter bestimmter Problembereiche	ca. jeweils 10 - 20	Intensivinterviews	konkrete Fälle Problembeispiele

Stichprobenzusammenstellung

Im Gegensatz zu standardisierten Erhebungen, die Stichproben nach dem Zufallsprinzip aus der kleinsten Einheit ziehen und durch Aggregierung sowie über statistische Verfahren begründete Argumentation Aussagen repräsentativen Anspruchs über die Grundgesamtheit sowie die höhere Ebene machen, erfolgte die Stichprobenbestimmung nicht von unten nach oben, sondern von der oberen Ebene nach unten. Das Verfahren wird als theoretical sampling bezeichnet. Es richtet sich nach theoretischen Kriterien und vorab vorhandenen Informationen; in dem vorliegenden Fall war das entscheidende Kriterium jeweils der Umweltbezug und die diesbezüglich erwartete Varianz zwischen den konkreten untersuchten Fällen (crucial case study).

Folgende Untersuchungsinstrumente wurden eingesetzt:

- Vorbereitung der Studie auf der Grundlage der entwicklungstheoretischen und -politischen Diskussion sowie von Studien und Datenmaterial über das Land und die Region;

- Analyse des nationalen Rahmens, der sozio-ökonomischen Situation, der entwicklungspolitischen und umweltpolitischen Orientierung auf der Grundlage von Gesprächen in der Hauptstadt Bamako mit Behörden und Entwicklungsorganisationen sowie der Sammlung und Analyse von weiterem Sekundärmaterial und Statistiken;

- Felduntersuchung in der Zone Lacustre auf der Grundlage von Dorfstudien mit Hilfe von offenen Interviews, die anhand von Interviewleitfäden[4] strukturiert und themenzentriert geführt wurden

   . mit Behörden und Entwicklungsdiensten
   . mit Experten für verschiedene Bereiche
   . mit Informanten und Funktionsträgern
   . mit Gruppen - Bauern, Viehhaltern, Frauen, Schülern etc.
   . mit Vertretern einzelner Produktionseinheiten
   . mit Personen, die von bestimmten Problemlagen betroffen sind;

Die Untersuchungsbereiche wurden aufgrund von theoretischen Überlegungen und der Aufarbeitung von Sekundärmaterial vorstrukturiert;[5]

- Auswertung und Diskussion der vorläufigen Ergebnisse mit den verschiedenen interessierten Gruppen und Instanzen, um die Relevanz von Schlußfolgerungen und möglichen Empfehlungen zu überprüfen.

---

[4] Vgl. G. Lachenmann et al., 1985, Anlage

[5] Vgl. G. Lachenmann et al., 1985, Anlage

Prinzipien der Befragung (Datengenerierung)

Alle Befragungen und Gespräche mit einzelnen Funktionsträgern wie auch mit sozio-ökonomischen und sozialen Gruppen, die in einer möglichst natürlichen Atmosphäre (im Gegensatz zu Test, Fragebogenerhebung) durchgeführt wurden, wurden um die Frage nach dem Problem der Dürre, der Umweltverschlechterung und was dagegen gemacht werden kann, aufgebaut. Folgende weitergehenden methodische Prinzipien, über die nicht nur die Problemsicht der Betroffenen, sondern die von ihnen gesehene Entwicklung erfaßt werden sollte, wurden jeweils als Einstieg und Strukturierung angeboten:

- Vergleich der jeweiligen Befragungsgegenstände gemäß "guter" und "schlechter" Jahre;

- Aufforderung zu erzählen, was seit der Dürre passiert ist / was der/die Betreffende(n) gemacht haben;

- Frage nach den Problemen, die sich für den Lebensunterhalt stellen;

- Frage nach den (schlechten) Erfahrungen, die mit gewissen Dingen gemacht wurden (z.B. Abwanderung, Ressourcenschutzmaßnahmen, Befolgung bestimmter Beratungsinhalte);

- Frage danach, was man das nächste Mal im Falle einer Dürre tun würde.

Vorgehen vor Ort

Der Forschungsaufenthalt in Mali fand vom 12. November 1984 bis zum 25. Januar 1985 statt, der Feldaufenthalt in der Zone Lacustre vom 20. November 1984 bis 14. Januar 1985, wo der Hauptstandort Tonka, der Sitz des Projekts, war.[6]

Dort fanden zahlreiche Gespräche und Diskussionen mit den Verantwortlichen der Trägerorganisation Opération Zone Lacustre (OZL) sowie den deutschen Experten des Projekts statt, die Auswertung von vor Ort einsehbaren Unterlagen sowie Informationsbeschaffung bei verschiedenen Fach- und Verwaltungsbehörden sowie politischen Instanzen.

Es wurden acht Dorffallstudien jeweils von zwei Personen durchgeführt, mit einer Dauer von zwei Wochen (Guindigata, Yourmi, Douékiré) bis eine Woche (Echell, Kel Antessar/Kel Haoussa, Tin Tara, Bintagoungou, Mékoré). Die Auswahl der Dörfer erfolgte in enger Abstimmung mit der malischen Trägerorganisation und dem Projekt. Es wurden zu Vergleichszwecken zwei Phasen realisiert; zunächst konzentrierten sich die Studien auf das unmittelbare Arbeitsgebiet des Projekts, d.h die direkt am Horosee gelegenen Dörfer, danach auf weiter entfernte Dörfer am Fati- und Faguibinesee, die jedoch enge ökonomische und soziale Bindungen zum Horosee haben. Das Dorf Douékiré stellt mit seinem an einem Nigerarm vom Projekt eingerichteten Bewässerungsperimeter in ca. 90 km Entfernung einen Sonderfall dar. Mit diesen Dörfern wurden die typischen Wirtschaftsformen, ethnischen Gruppen sowie ökologischen Fälle der Zone abgedeckt, und durch die starke Heterogenität waren die aus dem Vergleich resultierenden Schlußfolgerungen sehr fruchtbar.

---

[6] Unser malischer "Counterpart", Frau Dipl. Agraring. Naminata Sissoko vom Institut d'Economie Rurale in Bamako, unterstützte uns bei der Vorbereitung der Studie während eines Aufenthaltes in Berlin vom 5. bis 25.10.1984, stellte in Bamako die erforderlichen Kontakte her und beteiligte sich an den Diskussionen und begleitete uns in das Untersuchungsgebiet, wo sie uns während einer Woche bei der malischen Projektträgerorganisation einführte.

Wie geplant war die Untersuchungseinheit jeweils das Dorf, und es wurden Interviews auf Dorfebene bzw. der daruntergelegenen Ebene bestimmter Gruppen geführt. In Abstimmung mit dem Projekt wurde auf eine systematische Untersuchung auf der dritten Ebene der individuellen Produktionseinheiten verzichtet, da eine solche gerade von dem Bereich "Ausbildung/Begleitforschung" in den Interventionsdörfern begonnen worden war. Die Einführung in den Dörfern, bei Dorfchef, Mitgliedern des Dorfrats und Verantwortlichen der Partei (Sekretär, Verantwortlicher für die Jugendlichen, Frauen) erfolgte durch malische Mitarbeiter der Opération Zone Lacustre. Es wurde das Vorhaben erklärt und um Mitarbeit und Aufnahme im Dorf gebeten. Die Dorfbewohner gingen mit Ausnahme eines Falles, wo wegen technischer Projektprobleme zunächst eine etwas kühle Atmosphäre herrschte, gern auf das Anliegen ein und fanden meist schnell eine Unterkunft, die uns (meist gegen Entgelt) überlassen wurde.

Um kein Gefühl der Kontrolle von außen aufkommen zu lassen, wurde mit Ausnahme einer Gruppe jeweils um die Bereitstellung eines Dolmetschers und Begleiters im Dorf gebeten. Dadurch war zweifellos zunächst eine gewisse Steuerung der Forschungsarbeit durch die Dorfautoritäten gegeben, in allen Fällen wurden dann jedoch eindeutig die durch die soziale Identität des Dolmetschers vorgegebene Kopflastigkeit zu den herrschenden Gruppen durchbrochen. Nur in einem Fall handelte es sich um einen politischen Funktionsträger (Parteisekretär in Yourmi), in den anderen Fällen um Dorfbewohner mit einer relativ niedrigen formalen Bildung (ca. sechs Schuljahre), was sich besonders bei Interviews mit größeren Gruppen sicherlich negativ auf die Qualität der Informationen auswirkte, die an uns weitergegeben wurden. Allerdings waren diese Personen sehr gute Informanten, da sie unmittelbar in der Dorfstruktur integriert waren. Eine Frau konnte nur in einem Fall (ebenfalls Yourmi) als Dolmetscherin gewonnen werden; ihre Französischkenntnisse ware jedoch so gering, daß das betreffende Gruppenmitglied bald mehr Songhai sprach. In den untersuchten Dörfern des Projekteinzugsbereichs waren jeweils ein bis drei malische Berater bzw. Interviewer tätig, die vom Projekt um Unterstützung gebeten wurden. Diese ging in einigen Fällen bis hin zu ständigen Dolmetscherdienstleistungen (Guindigata) und - in den wenigen Fällen, wo es sich um Personen unmittelbar aus der Gegend handelte - wertvollen Informantenfunktionen und interessanter Problemdiskussion. Gedolmetscht wurde in den meisten Fällen zwischen Französisch und der Verkehrssprache Songhai, in einigen Fällen mußte eine bei den Interviews anwesende Person, die spontan einsprang, entweder direkt zwischen Französisch und Fulani bzw. Tamaschek übersetzen oder die Verständigung über Songhai herstellen.

Nur ein Team, das vorwiegend solche Gebiete aufsuchte, in denen mehr Viehhalter vermutet wurden, hatte in Tonka einen ständigen Dolmetscher und Führer rekrutiert, der über eine höhere formale Bildung verfügte und aus einer Tamaschek-Familie stammte, deren Angehörige zum Teil schon urbane Tätigkeiten ausübten (Krankenpfleger, Lehrerin), sich jedoch noch weitgehend mit der traditionellen Tuareg-Viehhalter-Lebensweise identifizierten. Anfängliche Schwierigkeiten, die aufgrund der ethnischen Differenzen in bestimmten Dörfern bzw. mit den malischen Funktionären auftraten, konnten ausgeräumt werden.

Die Rolle der Forschungsgruppe wurde von der Dorfbevölkerung sehr klar mit der Projekttätigkeit in Verbindung gebracht, und natürlich bestand eine Erwartungshaltung dahingehend, daß in irgendeiner Weise eine Verbindung mit Hilfsorganisationen angenommen wurde. Dies wurde immer klar verneint, jedoch darauf hingewiesen, daß der Bericht über die Situation möglichst breit gestreut würde. Die Aufnahme in den Dörfern war ausgesprochen freundlich, es wurde immer betont, wie sehr man es schätze, daß die Gruppe mit der Bevölkerung lebe (was in der Gegend bei Weißen nicht üblich war) und sich mit ihr zusammensetze, um mit ihr zu diskutieren und ihre Probleme anzuhören. In allen Dörfern kam es mit der Zeit zu einem ausgesprochenen kommunikativen Prozeß und die Gesprächspartner stellten mehr und mehr Fragen über Deutschland, unsere Einschätzung der Situation in Mali, Afrika und zu anderen weltpolitischen Problemen. In bestimmmten Bereichen wurden von den Gruppenmitgliedern klar eigene Positionen über soziale und ökonomische Sachverhalte vertreten, die von denen der Gesprächspartner abwichen, und darüber diskutiert, z.B. daß Mädchen auch in die Schule gehen sollten etc.

Von den meisten Dörfern aus wurden auch in deren Umgebung liegende Ansiedlungen anderer Ethnien (Bella-Dörfer bzw. Nomadencamps) besucht, deren Vertreter oft eigens ins Dorf kamen, um uns einzuladen. Es wurde anscheinend immer als erstrebenswert angesehen, mit uns sprechen zu können. Daher ergaben sich auch viele Gespräche in den Dörfern unmittelbar durch Zugehen der Bevölkerung auf uns, vor allem Gespräche mit einzelnen Informanten, die uns Höflichkeitsbesuche abstatteten, uns wegen der uns zugeschriebenen Rolle auf mögliche Hilfeleistungen und Projekte (v.a. Pumpenbewässerung) ansprachen oder auch - dies geschah durchaus oft - gezielte, von den herrschenden Meinungen abweichende Informationen geben wollten. Ansonsten wurden die Interviews mit einzelnen sozio-ökonomischen und ethnischen Gruppen zunächst jeweils in Absprache mit den Dorfverantwortlichen organisiert, teils ganze Dorfversammlungen, teils Gespräche mit mehreren Mitgliedern des Dorfrats. Danach wurden von der Gruppe ganz bestimmte Wünsche geäußert, z.B. nach einem Gespräch mit jungen Parzelleninhabern, mit Frauen, Bewohnern eines bestimmten Dorfviertels etc. Später ergab es sich dann, daß man direkt mit den Dolmetschern auf Vertreter einzelner Problembereiche zugehen konnte. Bei allen Gesprächen, die meistens aber nicht immer von beiden Gruppenmitgliedern geführt wurden, wurden Notizen gemacht und anschließend ausführliche Gesprächsprotokolle erstellt.

Interpretation

Ein wichtiger Weg zur Validierung der Daten und Schlußfolgerungen war die ausführliche Diskussion innerhalb der Forschungsgruppe und mit verschiedenen malischen Personen und Projektmitarbeitern. Es war sehr oft Gelegenheit, während der Forschungsarbeit über erhaltene Informationen und Probleme an anderer Stelle nachzufragen. Das heißt nicht, daß man dann immer zu einheitlichen Interpretationen oder auch nur zur Abklärung gewisser Sachverhalte kam, jedoch konnte der Anforderung der qualitativen Sozialforschung, Probleme von verschiedenen Sichtweisen aus zu beleuchten, auf jeden Fall Genüge getan werden. Die Gültigkeit der in den Dörfern erhobenen Daten wurde durch die meist sehr große Anzahl zuhörender oder sich auch beteiligender Dorfbewohner gewährleistet. Allerdings war es offensichtlich, daß auch bei großen Versammlungen teilweise Dinge einseitig oder gar unzutreffend dargestellt wurden (z.B. Viehbesitz, nach dem allerdings nicht direkt gefragt wurde; Landzuteilungspraktiken etc.), jedoch wurden diese in sehr vielen Fällen später gezielt von Dorfbewohnern richtiggestellt.

Unseren Interpretationen der Daten folgten insbesondere die nicht aus der Gegend stammenden malischen Funktionäre teilweise nicht. Bei den Diskussionen des schriftlich vorgelegten vorläufigen Ergebnisberichts war ihnen die Absicht, die Problemlage und -sicht vom Standpunkt der Bevölkerung darzustellen, sehr schwer einsichtig. Auch daß diese, gleichgültig ob sie "wahr" war oder nicht, für die Arbeit des Projekts als wichtiges soziales Faktum einzubeziehen war, war nicht leicht zu vermitteln. Typisch war ein Ausspruch, wenn die Bauern dies oder jenes gesagt hätten oder täten, dann müsse man sie zur Ordnung rufen ("rappeler à l'ordre"). Auch das sozialwissenschaftliche Erkenntnisinteresse, die soziale Realität bestimmter administrativer und rechtlicher Regelungen kennenzulernen, stieß auf gewisses Unverständnis. Als zum Beispiel über verschiedene Wandlungen der Pachtverhältnisse und über den Status verschiedener sozialer Schichten berichtet wurde, wurde mit einem Zitat aus geltenden Gesetzestexten erwidert, nach denen es solche Ungleichheiten nicht geben darf, also auch nicht geben kann. Damit zeigen sich die grundsätzlichen Probleme, die die malische Entwicklungsverwaltung mit dem Verständnis der Bevölkerung hat, obwohl offiziell eine basisorientierte Entwicklung vertreten wird.

Da das wichtigste empirische Instrument das der Fallstudie war, wurden die Dorfstudien in dem ursprünglichen Forschungsbericht als solche dargestellt. Danach erfolgte eine Interpretation der Daten nach theoretischen Konzepten, die für die Fragestellung relevant erscheinen. Die Ergebnisse bezogen sich unmittelbar auf das Untersuchungsgebiet, dürften jedoch zum großen Teil auch für eine größere Region typische Problembereiche aufzeigen, ohne daß sie generalisiert werden können. Im letzten Kapitel wurden aus den Ergebnissen der Analysen auf der nationalen und regionalen Ebene und den primären Erhebungen entwicklungspolitische Schlußfolgerungen für typische Problemsituationen gezogen.

1 Sozialer Wandel in der Zone Lacustre

Das Seengebiet in der 6. Region (Timbuktu) in Mali ist ein besonders interessantes Beispiel für die komplexen Folgen entwicklungspolitischer Interventionen, die nicht zu trennen sind von den in der Kolonialzeit eingeleiteten Wandlungsprozessen und den aufgrund der sozialen, ökonomischen und politischen Charakteristika angelegten Strukturen, mit denen sie in eine Wechselwirkung treten. Zwar sind die Überlebensstrategien, die die Bevölkerung - zuletzt während der neuerlichen Saheldürre 1982 - 1984 - entsprechend vielfältig, jedoch ist das Überleben nicht mehr gesichert.

Die naturräumliche Besonderheit besteht darin, daß die Seen jedes Jahr mit der Nigerflut gefüllt werden und dadurch traditionelle Überflutungslandwirtschaft bzw. seit der wasserbaulichen Erschließung durch die koloniale Entwicklungsgesellschaft Bewässerungswirtschaft möglich ist. Die Gesellschaft war traditionellerweise differenziert in drei große ethnische und ökonomische Gruppen - Nomaden (Tuareg), transhumante Viehhalter (Fulbe/Peul) sowie Ackerbauern (Songhai), die jeweils Sklaven bzw. Abhängige hatten, die zum Teil Ackerbau für ihre Herren betrieben.

Die Überlebensstrategien im Norden Malis waren gekennzeichnet durch die Grundprinzipien Flexibilität und Sicherheit, auf denen die Handlungsrationalität der bäuerlichen und nomadischen Produktionssysteme (und deren Interaktion) beruhte. Durch die sozioökonomischen Veränderungen - Landzuteilung, Marktintegration etc. - wird die Logik dieser Produktions- und Sozialsysteme aufgebrochen, weswegen sie für die Dürre extrem anfällig werden. Der Degradationsprozeß der Existenzgrundlage wird immer stärker beschleunigt, da die neuen Handlungsstrategien der Bevölkerung auf kurzfristige Überlebenssicherung ausgerichtet sind, die mit Raubbau an den natürlichen Ressourcen einhergehen.

Die Wirkungen der Interventionen von außen, wie wir sie heute sehen, sind zum Teil eindeutig, zum Teil widersprüchlich. Z.B. kam es eindeutig immer dann zu Ressourcenzerstörung, wenn das Niveau der Subsistenzproduktion überschritten wurde: Die im letzten Jahrzehnt verstärkt praktizierten Fischexporte führten zu Überfischung; die in den 20er Jahren praktizierte Dampfkraftbewässerung zwecks Weizenanbau zu radikaler Abholzung. Allerdings stellt heute die Bewässerungslandwirtschaft in der Dürrezeit die wichtigste Überlebensgrundlage dar.

Durch Landreformen und die Einrichtung von Bewässerungsperimetern seit der Zeit des Office du Niger (ON) am Horosee und am Niger bzw. Nigerarmen - inzwischen auch mit deutscher Zusammenarbeit - wurde einerseits die Möglichkeit für eine stärker egalitäre Sozialordnung geschaffen, andererseits werden dadurch die Landbesitzverhältnisse festgeschrieben und tendenziell bestimmte Gruppen ausgeschlossen. Bewässertes Land ist knapp, und alte und neue Oberschichten haben privilegierten Zugang. Das gesetzlich unzulässige Pachtsystem 'modernisiert' sich. Dagegen werden die Nomaden, die ehemals die Kontrolle über weite Gebiete ausübten, i.a. gerade aus Gründen der sozialen Gerechtigkeit, aber auch zwischenethnischer Distanz, von Bewässerungsprojekten ausgeschlossen und sind völlig verarmt. Sie haben ihr Vieh verloren, den Zugriff auf den traditionellen Ackerbau eingebüßt und keinen Zugang zu dem modernen Ackerbau erhalten. Ihre Marginalisierung wird durch die entwicklungspolitisch geförderte Integration der Viehhaltung in den Ackerbau verstärkt. Projekte mit Viehhalterkooperativen zur Rekonstitution von Weiden und der Einführung kontrollierter Weidewirtschaft scheiterten.

Die Bevölkerung, die zum Teil vom Office du Niger zwangsweise angesiedelt wurde und daher meist keine homogenen sozialen Gemeinschaften bildet, sieht die Abgaben für die Bewässerungseinrichtungen nicht anders an als früher den Tribut an ihre Herren. Kollektive ('Selbsthilfe'-)Arbeitsmaßnahmen erinnern an die koloniale Zwangsarbeit, auch Zwangsvermarktung ist ihr nicht neu. Sie verteilt außerdem das erwirtschaftete Produkt über verschiedene Kanäle an einen größeren Kreis der Bevölkerung, wodurch sie in Konflikt mit den Prinzipien der Projekte gerät, deren wirtschaftliche Rentabilität nicht gesichert ist.

Zunächst war aufgrund des wasserwirtschaftlichen Ausbaus ein weiträumiges System des Austausches von Arbeit und Gütern, das den Sicherungsmechanismus der Subsistenzwirtschaft darstellte, ermöglicht bzw. verstärkt worden. Gleichzeitig wurde jedoch dadurch und durch die zur Ableistung der Abgaben und Steuern erforderlichen Vermarktung die Vorratshaltung reduziert. Die Individualisierung von Landbesitz führte zum Abbau der sozialen Sicherung durch Rückgang des sozialen Zusammenhalts und Monetarisierung der Arbeit. Allerdings besteht ein fließender Übergang von Arbeits- und Produkttausch, Zusammenarbeit und karitativer Hilfe bzw. bezahlter Arbeit, wobei der soziale Umverteilungsmechanismus tendenziell der Logik der Marktintegration und der kleinbetrieblichen Nutzenmaximierung zuwiderläuft. Auch sind diese 'modernen Betriebe' angesichts der natürlichen Bedingungen allein nicht überlebensfähig, was die langfristige Sicherheit anbelangt, und die Marktintegration führt zu ökologischer Zerstörung: Akkumulation von Vieh, Monokultur, Flächenausdehnung, Eintritt in die Verschuldungsspirale.

Die nachfolgende Analyse setzt an der sozialen Wirklichkeit der Bevölkerung an und erfolgt daher mit Hilfe von Begriffen aus dem Französisch jener angeblich halbgebildeten "Makler-Persönlichkeiten", die einerseits zu der ländlichen Bevölkerung gehören, und andererseits die Verbindung zur modernen Welt von Stadtleben, Industrie, Verwaltung und damit zum Staat schaffen und aufrechterhalten.

Die Zone Lacustre ist aufgrund der historischen Einbindung in unterschiedliche Reiche, in Fernhandel, Sklavenwirtschaft, Tributsysteme und hierarchische Sozialordnungen ein besonderer Fall, an dem gleichwohl die entscheidenden Prozesse der sozialen Destabilisierung exemplifiziert werden können. Eine ackerbauliche Subsistenzwirtschaft im völlig autonomen Sinne gab es auch vor der Kolonialisierung nicht, am nächsten kamen dem Idealtyp die Kategorie der 'Freien' bei den Songhai, die jedoch nicht über einen eigenständigen, durch traditionelle Rechte abgesicherten Landzugang verfügten, sondern in dieser Beziehung abhängig waren von den aristokratischen Dorfgründerfamilien, allerdings gegenüber den Sklaven entscheidende Vorteile hatten. Ein besonderes Charakteristikum der Region ist der Fernhandel,[7] über den in der vorkolonialen Zeit nicht nur Prestigegüter, sondern auch lebenswichtige Güter wie Salz gehandelt wurden, dessen Erlöse zum großen Teil im Sinne der Herrschaftslegitimation umverteilt wurden.

Ein weiterer typischer Faktor ist die Koexistenz von zwei, teilweise drei grundsätzlich unterschiedlichen Wirtschaftstätigkei-

---

[7] Zur Rolle des Handels in Westafrika vgl. C. Meillassoux (Hrsg.), 1971

ten - Feldbau, (nomadische bzw. transhumante) Viehhaltung, Fischerei. Diese erfordern einen großräumigen Austausch und politische Regelungen zu seiner Absicherung. Dazu kommen die ganz besonderen natürlichen Bedingungen - wenig intensiv als Weiden nutzbare Vegetationsflächen, trockenes Klima, jedoch Wasserverfügbarkeit durch Flußtäler und -becken -, die allerdings die sozialen und politischen Organisationsformen nicht im engeren Sinne determinieren.

Hierarchische Sozialstrukturen bis hin zur Sklaverei waren in allen - nach Ethnien und Wirtschaftstätigkeiten bzw. Lebensweisen unterschiedlichen - gesellschaftlichen Gruppierungen (Songhai-Bauern, Tuareg- bzw. maurische Nomaden, Fulbe-Transhumante) vorhanden.[8] Sklaverei war nicht erst von den Anfang des letzten Jahrhunderts nach Süden drängenden nordafrikanischen Viehhaltern eingeführt und praktiziert worden. Auch handelte es sich durchweg um tributäre Produktionsweisen, da, wie in ganz Mali, die Reiche sich die Dorfgemeinschaften in unterschiedlichem Grade untertan gemacht hatten - die schwarzafrikanische (sudanische) Bevölkerung war den Sklavenraubzügen der Nordafrikaner ausgesetzt, und selbst aristokratische Songhai mußten zeitweise Tribut leisten.

Aus technischen Gründen der Wirtschaftstätigkeit war nur insofern ein Zusammenschluß auf höherer Ebene erforderlich, als die Nomaden innerhalb der großen Räume, in denen sie sich bewegten, ohne ihre Rechte durch dauernde Bindung an einen Ort zu fixieren (wie in immer stärkerem Maße die Fulbe), auf eine Legitimation dieser Rechte angewiesen waren, ohne Notwendigkeit bzw. sogar bei Dysfunktionalität zentralistischer Regelungen. Charakteristisch war eine ausgesprochene militärische Form der Aneignung

---

[8] Vgl. dazu C. Grandet, 1958; J. Clauzel, 1962

von Ressourcen durch unmittelbare Gewalt untereinander und gegenüber anderen Gruppen.

Der Eingriff der europäischen Kolonialmacht in dieses System mußte notwendigerweise entscheidende Umstrukturierungen dieser sozialen Komplexität bewirken, die entscheidend für die gegenwärtige Gesellschaftsentwicklung in Mali sind.

Die natürlichen Ressourcen sind gekennzeichnet durch eine hohe Variabilität, jede dritte Ernte gilt als gefährdet. Die Handlungsstrategien, die nicht nur Sicherheit, sondern Überleben in den häufig auftretenden Krisen gewährleisten, beruhen auf dem Grundprinzip der räumlichen, zeitlichen und inhaltlichen Flexibilität und Differenziertheit. Ausmaß und Ausgestaltung der Flexibilität sind allerdings unterschiedlich bei den verschiedenen Produktions- und Sozialsystemen, die trotz (oder wegen) ihrer Unterschiedlichkeit aufeinander bezogen sind.

Wichtig ist zu sehen, wie diese Flexibilität einerseits durch externe Interventionen gestärkt wurde, und wie andererseits diese Interventionen letztendlich die Probleme anlegte, aufgrund derer jetzt großräumige sozio-ökonomische Veränderungen und klimatische Verschlechterung eine derart destabilisierende Wirkung haben können.

Durch die Wasserbauwerke zur Seeregulierung,[9] die das Prinzip der traditionellen Methode des Überflutungsfeldbaus an Seen, Maren und Flußufern aufgriff, in größerem Umfang möglich machte und bis hin zur Bewässerungslandwirtschaft ausbaute, wurde zunächst ein weiträumiges System des Austausches von Arbeit und Gütern geschaffen bzw. gestärkt. Dieses stellte den wichtigsten

---

[9] Vgl. Gouvernement Général de l' Afrique Occidentale Française, 1941

Sicherheitsmechanismus innerhalb einer nicht auf die häusliche bzw. dörfliche Gemeinschaft beschränkten Subsistenzwirtschaft dar und beruhte auf einem Geflecht von sozialen Beziehungen verwandtschaftlicher bis hin zu tributärer Art und schloß - wenn auch mit unterschiedlicher Intensität - die verschiedenen, durch unterschiedliche ökonomische Haupttätigkeiten gekennzeichneten Gruppen ein. Mehrere Faktoren wirkten zusammen, um dieses Austauschsystem zu ermöglichen: Die unterschiedliche Wasserführung des Niger ermöglicht zeitlich und räumlich abgestuften Feldbau und Weide. Unterschiedliche ethnische und soziale Gruppen, die sich auf eine jeweils charakteristische Wirtschaftstätigkeit stützten (Viehhaltung, Feldbau, Fischerei), hatten über soziale und politische Mechanismen auch Zugang zu den jeweils anderen Ressourcen. Als drittes ermöglichte es der wasserbauliche Ausbau und die formale Landzuteilung an verschiedene Gruppen, ihren Zugang zu Land oder Produkten an verschiedenen Orten und in verschiedenen Wirtschaftsbereichen zu sichern.

In dem Moment, wo dieser Austausch aufgrund verschiedener Entwicklungen - Einschränkung der Landrechte, Integration einzelner Gruppen in den Markt, Dürre - nicht mehr möglich ist, ist die Sicherheit nicht mehr gewährleistet.

Lange Zeit beherrschten die kriegerischen Nomaden das für extensive Weidewirtschaft genutzte Gebiet und kontrollierten den Fernhandel. Die schwarzafrikanische Bevölkerung betrieb Ackerbau an Wasserressourcen und, soweit bei den niedrigen und variablen Niederschlägen möglich, Regenfeldbau. Die in der sudanischen Bevölkerung erbeuteten Sklaven wurden im Laufe der Zeit in immer stärkerem Ausmaß durch ihre Herren zu Ackerbau eingesetzt. Ursprünglich ließen die Tuareg-Nomaden ihre Abhängigen nur zu den landwirtschaftlichen Arbeiten an bestimmten Orten, später erfolgte deren feste Niederlassung einerseits aus Gründen der

Wahrnehmung der Landrechte[10] der Nomaden, andererseits aufgrund des Drucks der Kolonialmacht gegen die Sklavenhaltung. Die ursprünglichen persönlichen Abhängigkeitsverhältnisse verwandelten sich in tributäre, wobei sich bei den Niedergelassenen eine eigene Herrschaftsstruktur (Fraktions- bzw. Dorfchef) herausbildete.

Der wasserbaulich geförderte Ackerbau durch die Kolonialmacht führte zur Ansiedlung völlig heterogener Bevölkerungsgruppen bzw. zur Rekrutierung von Zwangsarbeitskräften, die seitens ihrer Herren delegiert wurden. Zum großen Teil hielten sie ihre Abhängigkeits- bzw. sozialen Bindungen aufrecht, wodurch die Grundlage des Austauschsystems für die Zeit gelegt wurde, als die Kolonialmacht ihre wirtschaftliche (1948) und dann politische Herrschaft (1960) aufgab. Kurz nach dem ersten Weltkrieg[11] hatte die private Gesellschaft CIDUNIG (Compagnie Industrielle du Niger) im nördlichen Nigerbinnendelta um die Stadt Diré großflächige Bewässerungsanlagen aufgebaut, die das Flußwasser mit Hilfe von dampfkraftbetriebenen Pumpen zum Anbau von Weizen nutzten. Das Projekt ging mit der Verknappung des Holzes, nachdem die weitere Umgebung völlig abgeholzt war, ein. Im zweiten Weltkrieg sollte die Anlage mit Hilfe von Dieselkraftstoff durch die französische Kolonialverwaltung wieder aufgenommen werden, scheiterte jedoch an der Logistik für Diesel und Ersatzteile. Als erstes großes Entwicklungsprojekt des unabhängigen Mali im Norden wurde 1979 eine Sonnenenergieanlage mit französischer Entwicklungszusammenarbeit erbaut, die jedoch nach wenigen Wochen aus technischen Gründen außer Betrieb ging. Neben völlig ineffizienter Leistungsbemessung konnte nur während der heißesten Tageszeit von 10 bis 17 Uhr Wasser gepumpt werden. Inzwi-

---

[10] Vgl. P. Idiart, 1961/62

[11] Vgl. H. Schissel, 1984a

schen wird die 160 ha umfassende Anlage wieder mit einem Dieselaggregat bewässert.

Die französiche Kolonialentwicklungsgesellschaft Office du Niger begann 1939 die wasserbauliche Erschließung des Horosees (über Wehre und Kanalbauten),[12] die sie jedoch 1948 aufgab. Das Experiment wurde von französischer Seite als gescheitert angesehen, da von den geplanten 10.000 ha nur 2.000 tatsächlich für Bewässerungslandwirtschaft erschlossen werden konnten. Die Ursachen dürften komplizierter sein als die von der Verwaltung genannten - Unwirtschaftlichkeit der Baumwollproduktion und logistische Schwierigkeiten - und sich auf die politische Machbarkeit beziehen. "Ils ont cédé à l'administration" sagte einer der früheren einheimischen Agrarberater und -aufseher. D.h., die Verwaltung, die sich in hohem Maße auf die als Kantonchefs eingesetzten Tuaregführer stützte, übernahm dann den Betrieb. Dadurch war einerseits eine Befreiung von dem unmittelbaren Joch der Zwangsarbeit gegeben, andererseits wurde hier die Verflechtung zwischen traditioneller Oberschicht und moderner Verwaltung begründet.

Die im Sinne des weiträumigen Subsistenz-Sicherungssystems positive Seite bestand darin, daß das am See erschlossene Ackerland jetzt den ursprünglich zwangsweise aus verschiedenen Dörfern angesiedelten Arbeitskräften zugeteilt wurde, die damit über eigenständigen Zugang zu produktivem Land verfügten und sich so im Prinzip aus der hierarchischen, tributären Sozialstruktur befreiten. Ein Teil der Seebevölkerung war zwar noch von ihren Tuareg-Herren abhängig, die ihre ehemaligen Sklaven auf dem ihrer Verfügungsgewalt unterstellten Land ansiedelten. Die unmittelbare soziale Abhängigkeit wandelte sich hier jedoch in ein Pachtverhältnis. Die Pächter bauten gleichzeitig an ihren Her-

---

[12] Vgl. Secrétariat d'Etat de l'Economie Rurale, (1966/67); Ministère de la Production, République du Mali, 1972; WIP - Wirtschaft und Infrastruktur GmbH & Co. Planungs-KG, 1980

kunftsorten (z.B. an dem nördlich gelegenen Faguibinesee, für den keiner der vielen von der Kolonialmacht erstellten Ausbaupläne realisiert wurde) weiterhin für ihre Herren an, was aufgrund des versetzten Agrarkalenders möglich war. Dieses System des Zugangs zu landwirtschaftlichen Ressourcen an unterschiedlichen Orten wurde in großem Umfang geschaffen, als bei der offiziellen Landreform des unabhängigen malischen Staates nach dem anerkannten sozialistischen Prinzip des "la terre à ceux qui la travaillent" (das Land denen, die es bebauen) Land am See gezielt auch Gruppen aus seefernen Dörfern, sogar völlig Außenstehenden zugeteilt wurde, das teils eigenständig bebaut wurde, teils in Pacht gegeben wurde, vor allem seitens der Fulbe-Bevölkerung. Aus politischen Gründen wurde zu diesem Zeitpunkt (1971/72) den Tuareg bereits kein Land mehr zugeteilt, da klar war, daß diese es nicht selbst bebauen würden. Bei den Fulbe ist die Trennung zwischen Herren und Abhängigen weniger ausgeprägt, schon da der soziale Unterschied nicht am rassischen Unterschied festzumachen ist. Diese Situation ist als Ursache dafür anzusehen, daß nach der Dürre die Tuareg-Nomaden verarmt sind, da sie ihren Zugriff auf den Ackerbau verloren haben, und die Fulbe am besten gestellt sind, da sie die Kombination von Ackerbau und Viehhaltung zugunsten des ersteren verstärken konnten.

2 On partage (wir teilen)

Die Sicherungsstrategie beruhte also auf einem Tausch von Arbeitskräften und Produkten im räumlichen Zusammenhang der Zone Lacustre auf Subsistenzniveau. Ein gewisser Surplus wurde erwirtschaftet, der über - zum Teil noch tributäre - Produktionsverhältnisse, überregional operierende Händler und den Staat abgeschöpft wurde. Die Praxis der Abgaben stammt aus der Kolonialzeit, wo auch in den nicht direkt vom Office du Niger mit unfreien Bauern bewirtschafteten Dörfern Kollektivfelder angelegt werden mußten, deren Ertrag direkt an die Verwaltung ging. Abschöpfung und Umlage von Betriebskosten der Wasserbauwerke gingen von jeher Hand in Hand, so daß jetzt von der Bevölkerung kein Unterschied gemacht wird, was sehr negative Auswirkungen auf die mögliche Selbstverwaltung derartiger Anlagen hat.

Produkt- und Arbeitsaustausch sind zwar analytisch zu trennen, beruhen jedoch aufeinander, was den Charakter der Subsistenzwirtschaft im Gegensatz zur Marktwirtschaft hervorhebt. Die Bevölkerung - Ackerbauern und Viehhalter - ist räumlich mobil und zieht dahin, wo Feldarbeit ansteht, sei es auf eigenem Land, sei es auf dem Land ihrer Herren, sei es auf dem Land von Gruppen, zu denen soziale Beziehungen bestehen. Sie erhält jeweils einen Teil der Ernte und versorgt sich auf diese Weise zu verschiedenen Zeitpunkten mit verschiedenen Produkten. Nicht nur werden an den verschiedenen Orten unterschiedliche Produkte angebaut (Weizen, Reis, Hirse, Süßkartoffeln etc.), die ihren bestimmten Platz in der Ernährung haben, der Austausch geht soweit, daß auch der Zugang zur Fischerei (im Falle von hohem Wasserstand und damit geringer ackerbaulicher Möglichkeit an den Seen) und Viehhaltung eingeschlossen ist. Der Zugang zu den Produkten findet über eigene Arbeit, aber auch über die Arbeit anderer auf den verpachteten Feldern statt (man fährt zur Ernte hin, um den Anteil einzuholen), durch unmittelbaren Tausch, aber auch monetären Tausch der typischen Produkte. Jede Region hatte ihre Spezialisierung. Zum Beispiel galt der Faguibinesee als Weizenlieferant, zu dem von der Bevölkerung von Douékiré (an einem Nigerarm gelegen) in großem Umfang Reis, aber vor allem handwerkliche Produkte aus dort nicht vorhandenen Rohstoffen (Matten, Tabak) gebracht wurden.

Von der Bevölkerung wird dieses System heute noch mit dem sozialen Muster des "Teilens" gekennzeichnet: "on partage". In dieser Bezeichnung für die Art der Aneignung der Produktion bei der Ernte zeigt sich die subsistenzbezogene Art der Produktionsverhältnisse. Diese sind hier erstens verwandtschaftliche und soziale Arbeits- und Solidaritätsbeziehungen, zweitens Abhängigen- und Pachtverhältnisse, sowie drittens karitative Hilfe auf islamischer Grundlage. Sogar wenn über Pachtverhältnisse berichtet wird, sagt man "wir teilen". Es gilt heute noch als selbstverständliches Handlungsmuster, was natürlich einer individuellen Marktorientierung entgegensteht. Das soziale Prestige leitet sich von der Höhe der 'Umsätze' beim Abgeben ab. Allerdings wird gesagt, daß in der augenblicklichen Notsituation familiäre Verpflichtungen und noch mehr die karitativen gegenüber "Fremden" sehr schwer erfüllbar seien, da eine Verteilung "von Armen an Arme" stattfinde. Im Falle von Arbeits-, Alters- oder Freundesgruppen wird von Geschenk (cadeau) gesprochen. Das Geschenk reicht jedoch praktisch bereits an den staatlichen Mindestlohn für Tagelöhner heran und wird ebenfalls monetär entrichtet.

Zwar befindet sich das System des "on partage" in einem schnellen Wandel und Differenzierungsprozeß, jedoch wird noch genau nach der Bedeutung einzelner Handlungen, Verpflichtungen und Personenkategorien unterschieden. Tatsächlich ist der Übergang fließend, einmal
- zwischen dem System des Arbeitsaustausches und der Zusammenarbeit sowie der Arbeit für andere
- und dem System des Austausches, der Abgabe und des Schenkens von Produkten;
zum anderen zwischen
- tributärer Produktionsweise in Form von Arbeits- und Abgabeverpflichtungen, angefangen von persönlichen Abhängigkeitsverhältnissen bis zu Pachtsystemen einerseits
- und Sach- bzw. monetärem Entgelt innerhalb von Kooperationsbeziehungen ("cadeau") sowie bezahlter Arbeit bzw. Lohnarbeit.

Im ersten Handlungssystem handelt es sich einerseits um Reziprozitätsbeziehungen, um die Zusammenarbeit von Personen, die selbst Land besitzen (möglicherweise an unterschiedlichen Orten), um Altersgruppen und informelle Arbeitsgruppen, deren Parzellen nicht unbedingt nebeneinander liegen müssen, ja - im Sinne des weiträumigen Austausches - die Land an unterschiedlichen Orten haben und sich bei den zu unterschiedlichen Zeiten anfallenden Arbeiten helfen. Die Altersgruppen scheinen dabei - durch die heterogene Bevölkerungsstruktur - nicht mehr sehr tief verankert zu sein. Wir konnten beobachten, wie die Dürre den Auflösungsprozeß beschleunigte, als bei einer Hochzeit die Altersgruppenmitglieder des Bräutigams in Schwierigkeiten kamen, den ihnen früher erbrachten Leistungen zu entsprechen. Auch durch die Auflösung der hierarchischen Beziehungen Herr/Abhängiger werden die Gruppierungen stärker willkürlicher Art, so daß jetzt auch gleichberechtigte Zusammenarbeit zwischen früherem Herrn/ Abhängigen möglich ist. Außerdem werden durch die stärkere Monetarisierung der Reziprozitätsbeziehungen (auch das "cadeau" erhält die Geldform) die Übergänge zu dem zweiten System, also entlohnten Tätigkeiten bzw. Lohnarbeit, fließend, ja sogar das Pachtsystem 'modernisiert' sich insofern, als bei den neuen Landbesitzern (Beamten, Händlern) sich spezielle Regelungen herausbilden, die zum Teil reine Lohnarbeitsbeziehungen sind (die Arbeitskräfte werden als "manoeuvre" bezeichnet). Dabei wird das Ernterisiko jetzt immerhin voll von dem Bodeneigner getragen und im Gegensatz zu früher, wo die Ernte "geteilt" wurde (was es natürlich auch noch gibt), die Arbeit vom Besitzer vorfinanziert, was von diesem als große Belastung angesehen wird.

Das Pachtsystem der traditionellen Landeigner verschärft sich dagegen insofern, als das bewässerte Land so knapp ist, daß Zupachtmöglichkeiten gesucht werden und daher das Teilungsverhältnis (früher 1:2) zu Lasten der Arbeitskräfte verschlechtert wird. Außerdem gibt es Mehrfachpachtverhältnisse, wobei ein Landbesitzer seine eigene Parzelle verpachtet, um die größere eines einflußreichen Angehörigen der Oberschicht[13] zu bebauen,

---

[13] J. Gallais, 1984, spricht von "pouvoir paysan, nomade, urbain".

und dadurch gleichzeitig moderne Klientelbeziehungen aufzubauen. Es wurde sogar berichtet, daß es vernünftig sei, Pächter zu sein bzw. Land in Pacht bebauen zu lassen, da dann bei der Ernte durch den Abhängigen keine weitere Umverteilungspflicht an Bedürftige bestehe.

Die Zunahme der Lohnarbeit ("manoeuvre") wird natürlich durch Aktivitäten von Entwicklungsprojekten verstärkt. Sie ist jedoch kein Zeichen für einen freien Arbeitsmarkt, so wie nach wie vor bestimmte Tätigkeiten und Landzugang an soziale Kategorien - auch 'moderner' Art - gebunden sind. So erhält ein "Fremder" (étranger) kein Land zur Pacht auch in traditionellen Beziehungen - er kann sich höchstens als Wächter verdingen und hoffen, daß er bei der Ernte etwas erhält. Noch weniger hat er einen modernen Anspruch auf Bewässerungsland (genausowenig auf Nahrungsmittelhilfe), da er kein eingetragener Steuerbürger ist. Ebensowenig kommt es in Frage, daß Nomaden als Pächter oder Landarbeiter unterkommen. Selbst bei den bezahlten Entwicklungsprojektarbeiten ist der soziale Druck stark, sie auszuschließen.

Das System des Teilens hat den Widerstand gegenüber der Integration in den Markt bewirkt, ist jedoch selbst durch die Dürre in Frage gestellt, da diese im Gegensatz zu früher das ganze Land erfaßt hat. Als Erklärung für die derzeitige Misere wird von den 'traditionellen Intellektuellen' geäußert, daß man nicht mehr wie früher aufgrund irgendwelcher Beziehungen immer noch etwas auftreiben kann.

Trotzdem gilt das Prinzip des Teilens nach wie vor. Es steht der Logik der modernen Bewässerungsprojekte entgegen, die auf einem über der Subsistenzebene liegenden Produktivitätsniveau operieren müssen, da sie externe Leistungen (Herstellung und Betrieb von Wasserbauwerken, verbessertes Saatgut, Düngemittel und andere Inputs, Energie für Pumpenbetrieb) benötigen, die nur über Marktintegration zirkulieren können. Das soziale Tauschmuster ist jedoch so wirksam und insbesondere zum Zeitpunkt der Dürre, wo außer den Bewässerungseinrichtungen keine Produktionsressourcen vorhanden sind, so daß der ganze Ertrag innerhalb kürzester Zeit in einer viel größeren Gemeinschaft umverteilt wird.

3 "On va chercher à manger" (wir besorgen etwas zu essen)

Dieses Austausch- und Sicherungssystem benötigte kaum Vorratshaltung bzw. deren Niveau war aufgrund der Diversifizierung der Subsistenzprodukte (bis hin zur Sammelwirtschaft), wie natürlich auch der klimatischen Verhältnisse überhaupt, relativ niedrig. Außerdem konnte die Masse der Bevölkerung grundsätzlich wegen der tributären Produktionsverhältnisse bzw. des drohenden Raubs durch die Tuareg (seien es Herren, ehemalige Herren oder früher völlig fremde, militärisch überlegene Gruppierungen) und dann wegen der kolonialen Herrschaft nur geringe Vorratshaltung betreiben. In den Dörfern, deren Einwohner als direkt abhängige "colons" (Siedler) für das Office du Niger arbeiteten, war dies eindeutig der Fall. In Yourmi z.B. erhielten seit Beginn des Bewässerungsbaus 1942 die "colons" zunächst nur Lebensmittelzuteilungen - gerechnet wurde mit 300 kg/Person Getreideproduktion[14] -, erst 1945, drei Jahre vor Abzug des ON, wurden ihnen eigene Felder zur Selbstversorgung zugeteilt.

Die relativ niedrige Vorratshaltung hatte während der Dürre besonders negative Konsequenzen für die Bevölkerung; es kam sehr schnell zu einem Verelendungsprozeß, als ihre zweite 'Sparmöglichkeit', das Vieh, zum großen Teil eingegangen war und sich die Dürre generalisiert hatte. Es wird berichtet, daß Fulbe-Herren, die sich einen vergleichsweise hohen Zugang zur Agrar-

---

[14] Vgl. Gouvernement Général ..., 1941, S. 71. Dies ist mehr als in der heutigen Ernährungssicherungsstrategie zugrundegelegt wird.

produktion - über Abhängige, aber auch Viehtausch mit den Bauern - sichern konnten, oft einen höheren Getreidevorrat hatten als Bauern.

Das gleiche Problem der relativ starken Anfälligkeit gegenüber der allgemeinen Dürre gilt für Saatgut, das oft nicht vorgehalten wurde, sondern von dem jeweils letzten Ort mit einer Ernte beschafft wurde. In den öffentlich organisierten Bewässerungsanlagen wurde die Funktion der Saatgutzuteilung sowieso von der zuständigen Behörde (Office du Niger bzw. seit 1974 Opération Zone Lacustre (OZL) bzw. seit 1976 Action Blé Diré) übernommen und mit der Erhebung der Betriebskosten kombiniert. Die Bauern erhalten Saatgut, das sofort nach der Ernte in natura einbehalten wird (und jetzt auch gegen Parasitenbefall behandelt wird).

Jegliche zusätzliche Wirtschaftstätigkeit der ländlichen Bevölkerung wird mit dem sehr oft verwendeten Begriff des etwas zu essen-Besorgens, "on va chercher à manger", bezeichnet. Damit ist eine subsistenzorientierte Handlungsrationalität angesprochen. Unter Essen-Besorgen wird primär nicht das Bitten um Essen verstanden, wie dies die jungen Schüler der Marabouts tun; der Begriff betrifft vielmehr Fremde, aber auch jemanden aus dem eigenen Dorf, der auf den Markt oder sonst irgendwohin geht, um seine Dienste anzubieten, seine Produkte einschließlich Vieh, aber auch - und dies nimmt bei der Dürre extrem überhand - um Prestigegüter und sogar Gebrauchsgegenstände (Schmuck etc.) zu verkaufen. Er bezieht sich auch auf die verschiedenen Überlebensstrategien der Arbeitsmigration und der Migration, um drohender Verelendung zu entfliehen.

4 "Les femmes portent la charge"[15] (die Frauen tragen die Last)

Oft wird gesagt, auch und gerade von den Männern, daß in der derzeitigen Situation, wo die Felder keine Ernte bringen und man auf monetäre Einkommensquellen angewiesen ist bzw. durch Hilfsarbeiten etwas zu Essen sucht ("on cherche à manger"), die Frauen an erster Stelle zum Lebensunterhalt der Familien beitragen.

Die landläufige, auch von malischen Entwicklungsadministratoren und angewandten Forschern vertretene Meinung über die Frau im Norden (d.h. in der 6. und 7. Region) ist, daß sie nicht arbeitet. Das Ideal sei die wohlbeleibte Frau, die sich kaum bewegt, kaum aus ihrem Haus geht, lediglich ihren zahlreichen Dienstboten und Abhängigen ("captifs") sowie Kindern und Adoptivkindern Anweisungen gibt und auf diese Weise das Hauswesen steuert. Nur zur Unterhaltung macht sie besonders feine Handarbeiten - bunte Bastmatten mit komplizierten Mustern, sonstige Flechtarbeiten etc. Dieses Bild betrifft beide Ethnien der traditionell herrschenden Schichten gleicherweise: bei den Songhai verkörpert dieses Bild vor allem die Frau aus Timbuktu, die zu ihrer leiblichen Fülle durch den Ruf besonderer Kochkünste beiträgt, und bei den Tuareg-Nomaden ist erstaunlicherweise ebenfalls die wohlbeleibte Frau das Ideal, obwohl doch eine räumliche Mobilität erforderlich war und Frauen früh gelehrt wurde, mit Kamelen umzugehen.

Wenn es je bestanden hat, so ändert sich jetzt dieses Idealbild grundlegend mit der Dürre. Selbst die Grundregel, daß Frauen nicht auf dem Feld arbeiten, kann jetzt diskutiert werden. Allerdings pochen die alten Männer, gestützt auf ihre Interpreta-

---

[15] Es handelt sich hier um das seinerzeit von der Verfasserin geschriebene Kapitel 7.6 in dem genannten Bericht, vgl. G. Lachenmann, L. Höttler, D. Köhn, H. Kreft, W. Meyer, K. v. Stackelberg, 1985, S. 172 - 183.

tion des Islam, auf die Einhaltung der alten Regeln, jetzt möglicherweise mehr als früher, wo sie beobachten müssen, daß alles in Auflösung begriffen ist. Z.B. wurde von den in den Männer-Diskussionsrunden im Dorf Guindigata maßgeblichen Wortführern (Berater im Dorfrat) kategorisch betont, daß in ihrer Gemeinschaft Frauen (gemeint waren Fulbe- und Songhai-Frauen) nicht auf dem Feld arbeiten. Die Tuareg-Lehrer in Douékiré, die sehr viel auf westliche Bildung und Kultur gaben, vertraten unerschütterlich die Ansicht, daß sie ihre eigenen Töchter nicht in ihre (eigene) Schule schicken wollten, um die "Authentizität" zu wahren. Allerdings mußten sie gleichzeitig zugeben, daß bereits jetzt eine große Kluft zwischen westlich gebildeten Ehemännern und traditionell orientierten Ehefrauen herrsche, die Probleme mit sich bringe.

Die Eingrenzung des Handlungsfeldes der Frau auf das Haus kann soweit gehen, daß in bestimmten Marabout-Familien (so in Guindigata) die Frauen fremden Männern nicht gegenübertreten dürfen. In Douékiré wird noch betont, daß die 'adeligen' Frauen nur abends aus dem Haus gehen, und nur bei familiären Angelegenheiten, Trauerfällen etc. Songhai- und Tuareg-Frauen haben natürlich einen hohen sozialen Status und eine Machtposition im Haus. Sie haben allerdings keinen Zugang zu den Nahrungsmittelreserven der Familie, die allein der Familienvorstand verwaltet. Der Mann muß auch Zutaten für die Soße beschaffen - wozu er monetäres Einkommen benötigt. Bereits eine etwas freiere Position haben die Fulbe-Frauen, auf jeden Fall diejenigen der ehemals Abhängigen (Rimaibe), die jedoch nicht mehr als solche ausgewiesen sind (z.B. in Guindigata). Ihre Aufgabe ist traditionell das Erstellen der - sehr kunstreichen - Rundhütten aus gemusterten Matten. Diese Tätigkeit ist in ganz bestimmte Rituale eingebunden und vereinigt die Frauen eines Gehöfts, einer Gruppe, bis hin zum Dorf. Andere Tätigkeiten werden kaum von Frauengruppen ausgeführt. Wo verschiedene ethnische Gruppen relativ eng zusammenleben (z.B. Guindigata), nehmen die Fulbe-Frauen diese Funktion für das ganze Dorf wahr und führen z.B. bei Hochzeiten die Aktivitäten an, die sich vor allem um die Erstellung der Rundhütte für die Frau (das Banko-Haus wird von der Familie des Mannes in deren Konzession erstellt) und die Ausstellung des Brautschatzes (kunstvoll gewebte Decken und Matten, Töpfe und sonstige Utensilien) gruppieren. Fulbe-Frauen haben - was die aus den verschiedenen Wirtschaftsweisen herrührende Arbeitsteilung anbelangt - die Verantwortung für die Milchprodukte der Viehhaltung. Sie melken selbst und tauschen bzw. verkaufen die Produkte an benachbarte Ethnien.

Eine besondere Stellung haben die Frauen der Handwerker-Kasten, die es bei allen Ethnien als Minderheit gibt. Es handelt sich vor allem um Schmiede (Eisen- bzw. Edelmetall-), die auch Holz bearbeiten, Weber und auch die Barden (griots), die traditionellen Träger oraler Tradition. Sie singen und sagen den Ruhm derer, die sie bezahlen, vor allem bei Festlichkeiten, und waren ursprünglich, wie alle Kastenangehörigen, bestimmten adeligen Familien zugeordnet. Heutzutage haben die Leute nicht mehr genug Geld, um diese Kaste zu erhalten, es gehört jedoch immer noch zum sozialen Status, wenn irgend möglich einen Barden zu bezahlen. Qua Regierungsdekret ist dies jedoch, z.B. bei Taufen und Hochzeitsfeiern, sehr eingeschränkt, so daß die offizielle Meldung von Geburten und die behördlichen Heiraten relativ abnehmen. Die Frauen der Barden haben ähnliche Wortführerrollen bei sozialen Ereignissen (z.B. Hüttenbau bei Hochzeit s.o.).

Insgesamt haben die Frauen der Kastenangehörigen oft ebenfalls eine besondere, meist handwerkliche Tätigkeit. Die Frauen von Schmieden z.B. sind oft Töpferinnen, die die noch sehr gebräuchlichen Tonkrüge (canaris) herstellen. (Diese werden gebrannt, was an sich sehr energieintensiv ist; angeblich wird jedoch nicht Kohle, sondern oft Viehdung verwendet.) Die Tatsache, daß die Töpferei sehr bekannt ist, erleichtert auch die Einführung verbesserter Herde, obwohl jetzt Gruppen angesprochen werden, die bisher nie Banko angefaßt haben. Außerdem machen Frauen von Kasten-Handwerkern traditionellerweise Lederarbeiten, ein eng mit der Viehhaltung zusammenhängender Bereich. In den verschiedenen sozialen und ethnischen Gruppen gibt es immer Personen, die spinnen und weben. Nähen wird wenig praktiziert; als moderne Tätigkeit in den urbanen Zentren haben es hauptsächlich Männer monopolisiert.

Dagegen war die Situation bei den abhängigen Gruppen, vor allem den Bella, den Abhängigen der Tuareg, anders. Bei ihnen ist es selbstverständlich, daß die Frauen das Haus verlassen und körperlich arbeiten. Diese Arbeiten betrafen schon immer Hausarbeit (vor allem Getreidestampfen) bei der Herrenfamilie und, nachdem sie sich für Ackerbau niedergelassen hatten (später unabhängig), durchaus auch gewisse Feldarbeiten. Herkömmliche Arbeiten sind auch Wasserholen und Holzschlagen, die jetzt als Tätigkeiten zum Erzielen eines kleinen monetären Einkommens an Bedeutung gewinnen.

Inzwischen wird öfter die Meinung geäußert, daß es nicht gut sei, eine Songhai-Frau zu haben, da diese nicht arbeiten würde. Damit wird z.B. auch begründet, daß in diesen Kreisen Polygamie weniger verbreitet ist. Dagegen würden Bella und ehemalige Songhai-Abhängige mehrere Frauen heiraten, da diese gerade in der jetzigen schwierigen Zeit mehr arbeiten. Dies bezieht sich auf handwerkliche Arbeiten und den jetzt immer mehr praktizierten Bewässerungsgartenbau.

Grundsätzlich wird von Frauen nach wie vor keine Feldarbeit verrichtet. Von den Frauen selbst wird jedoch immer betont, daß es ihnen nichts ausmache, auf das Feld zu gehen und zu arbeiten. Tatsächlich machen sie nicht die Feldbestellung, unterstützen jedoch die Männer, indem sie Essen (auch weit) auf's Feld bringen, zusammen mit den Kindern Vögel verscheuchen (in der Vorernteperiode sehr wichtig), bei der Ernte selbst zupacken und vor allem die Produkte transportieren (reichere Bauern haben dafür Esel) sowie dreschen.

Bewässerte Landwirtschaft (z.B. Weizen, Bohnen) ist schon lange in der Gegend bekannt und wird von Männern praktiziert. Eine wichtige ökonomische Strategie zur Überbrückung der Dürre ist der verstärkte Übergang zum bewässerten Gartenbau - an Seen und Maaren sowie Flußarmen. Der Zugang zu Land für Gartenbau ist sehr schwierig; Frauen haben keine eigenen Gärten. Selbst als Gruppen scheinen sie keinen Zugang zu Land zu haben (so geäußert von den Frauenkomitee-Präsidentinnen in Tonka sowie Guindigata). Sie wären auf jeden Fall bereit zu Gartenarbeit und arbeiten zum Teil schon sehr intensiv und selbständig, z.b. in Douékiré und Umgebung (vor allem Bella-Dörfer). Es wird gesagt, daß Männer mit Eimern bewässern, Frauen mit Kalebassen. Jedoch scheint es sich meist um Gärten von Männern bzw. anderen männlichen Familienangehörigen zu handeln. Produkte sind Tomaten, Zwiebeln, Bohnen, in Douékiré auch mit zunehmender Bedeutung Tabak.

Nur auf lokaler Ebene verkaufen die Frauen diese Produkte selbst, wobei auch die Bella-Frauen wieder einen größeren Aktionsradius haben. Eine Vermarktung in größerem Maßstab - z.B. getrocknete Tomaten und Zwiebeln von Douékiré bis Timbuktu, früher auch z.T. Matten - erfolgt jedoch durch die Männer.

Gartenbau wäre auf jeden Fall eine Tätigkeit, die sozial für Frauen akzeptiert wird, an der sie selbst Interesse haben, und die für Gruppen organisiert werden könnte.

Es gibt nach der Dürre bereits neue Handlungsstrategien und ökonomische Tätigkeiten. Handwerkliche Arbeiten, die bisher nur von einzelnen Frauen ausgeführt wurden, werden jetzt von allen Frauen ausgeführt. Sie verbringen täglich mehrere Stunden - d.h. jede freie Minute neben Getreidestampfen (das jetzt immer mehr auch in ehemals bessergestellten Familien von den Frauen selbst gemacht wird), Wasserholen etc. - mit Mattenflechten. Das Problem ist jedoch, daß der Markt - früher kamen auf den Markt von Tonka Aufkäufer von überall her - sehr geschrumpft ist und die Preise extrem gefallen sind.

Die handwerklichen Tätigkeiten werden auch dadurch begrenzt, daß nicht mehr genügend Rohmaterial vorhanden ist bzw. dort teuer bezahlt werden muß, wo es nicht wächst. Traditionellerweise haben die Frauen z.B. von Douékiré viele Matten am Faguibinesee verkauft, weil es dort die entsprechenden Binsen nicht gab. In Tonka verkaufen Frauen aus Gao Binsen.

Durch die Bedeutung der Hilfstätigkeiten, die mit Geld oder Sachmitteln entlohnt werden, die traditionell von bestimmten Frauen gemacht werden - und auch jetzt noch nicht von allen, ehemals sozial bessergestellten Frauen - wie z.B. Bella-Frauen, erklärt es sich, daß diese zum Teil sich besser durchschlagen können als die verarmten Familien. (Auf der anderen Seite haben sie weniger Zugang zu bewässertem Land). Bella-Frauen oder Frauen der zugewanderten Fremden sind überall in den Dörfern als Hilfskräfte tätig, außerdem haben vor allem sie bestimmte Sammeltätigkeiten als Geldeinkommensquelle erschlossen und diese Tätigkeit kommerzialisiert: Holz holen und verkaufen (in gewissen Dörfern, z.B. Guindigata, wird dies noch nicht von allen Frauen gemacht), Holzkohle herstellen und verkaufen, Binsen schneiden und verkaufen, Gräser schneiden und als Viehfutter verkaufen, wilde Früchte aus dem Busch und See sammeln und verkaufen (z.B. in Douékiré werden die "Hungerfrüchte" sogar von den Songhai-Einwohnern gegessen, jedoch von den Bella-Frauen teils als Abhängige, teils zwecks Vermarktung gesammelt).

Die Aufgeschlossenheit gegenüber neuen einkommenschaffenden Tätigkeiten ist groß. Jedoch bei den traditionellen Handwerksprodukten dürften mit Ausnahme möglicherweise von Leder keine neuen Märkte zu erschließen sein. Das jetzt vom Projekt übernommene Programm zur Einführung energiesparender Herde dürfte auch deswegen auf Interesse stoßen, weil es den Frauen - sei es in Gruppen, sei es individuell - die Möglichkeit zu einem kleinen monetären Einkommen gibt, wenn sie für andere bauen.

Wie erwähnt gibt es außer im Zusammenhang mit Hochzeiten und Hüttenbau keine Tätigkeiten, die von Frauen gemeinsam, über ihr Gehöft hinaus (innerhalb dessen verschiedene Ehefrauen des gleichen Mannes sowie von Söhnen und Brüdern und unverheiratete Töchter leben können) gemacht werden. Es wird betont, daß aufgrund der Dürre viel mehr gearbeitet werden muß, weswegen noch weniger Zeit vorhanden ist, sich mit anderen Frauen zu treffen. Es ist zu sehen, daß lediglich die Tätigkeiten der Männer (Ackerbau, Viehhaltung) nicht mehr oder in geringerem Maße möglich sind, dagegen die Tätigkeiten der Frauen jetzt viel zeitaufwendiger geworden sind und ihnen neue zugemutet werden.[16]

Es gibt bisher keinerlei arbeitssparende Geräte in den Dörfern, die die Nahrungsmittelzubereitung (z.B. Getreidehandmühlen) oder Bearbeitung von Früchten erleichtern würden, weder in Haushalten noch kommerziell. Es ist auch kein Geld vorhanden, um eventuelle neue Angebote wahrzunehmen. Wenn die Frauen jedoch mehr produktive Tätigkeiten übernehmen sollen, z.B. Gartenbau, müßte die alltägliche Reproduktionsarbeit erleichtert werden. Hier ist auch ein Grund für die geringe Einschulungsrate von Mädchen zu sehen; ihre Arbeitskraft wird gebraucht (allerdings oft auch die von Jungen, vor allem zur Viehhaltung).

Die Strukturen der politischen Organisation der Frauen (Frauenkomitee in jedem Dorf mit Präsidentin) sind überall vorhanden, sie waren jedoch ursprünglich lediglich für Repräsentationsaufgaben da (Bewirtung von politischen Besuchern), und haben nicht begonnen, gemeinsame Einkommensaktivitäten zu initiieren. Teilweise ist die Organisationsmacht der Präsidentinnen gering, da sie innerhalb des allgemeinen politischen Gerangels meist eine

---

[16] Dies wird auch von G. Broetz, 1988, in einer 1987/88 durchgeführten Studie über Songhai-Frauen bestätigt. Die Autorin vertritt die These, daß sich der soziale Status der Frauen jedoch nicht verbessert hat.

ganz bestimmte Fraktion vertreten - z.B. geht die Trennung der politischen Fraktionen in Tonka auch durch die Frauengruppen. Besonders in Guindigata war der Einfluß der Präsidentin gering, die soziale Funktion einer Griot-Frau viel entscheidender. Diese Präsidentin stammte aus einem anderen Dorf (Yourmi) - zu dem allerdings viele verwandtschaftliche Beziehungen bestehen - und war dort auch in die Schule gegangen.

Es wurde jedoch nie von Frauen berichtet, die ihre Schulbildung in irgendeiner Weise beruflich nutzten. Im Gegenteil, die meisten Mädchen gingen früh von der Schule ab und gliederten sich wieder in die normale Dorfstruktur ein. Das Verlernen scheint - sozial unterstützt - rapide vor sich zu gehen, da die Frauen ihre Kenntnisse überhaupt nicht anwenden, z.B. für die Erledigung von Schriftlichenkeiten in der Familie. Allerdings wurde von der Ehefrau eines Ladenbesitzers in Douékiré (wo eine Schule ist) berichtet, daß sie im Gegensatz zu ihrem Ehemann schreiben und lesen könne, jedoch bisher haben solche Frauen keinen Einfluß auf den sozialen Wandel.

Was die Heiratsbeziehungen anbelangt, so werden die Endogamieregeln der einzelnen ethnischen und sozialen (noble - captif) Gruppierungen noch überall angewandt. Die Normen, die inzwischen als geltend anerkannt werden, besagen jedoch, daß dies jetzt nicht mehr so ist bzw. auf jeden Fall Ausnahmen möglich sind. Tatsächlich heiraten z.B. in Guindigata noch die Fulbe bzw. die Abhängigen unter sich. Es sind jedoch auch früher Regelungen für Mischehen (hinsichtlich der Zugehörigkeit der Kinder) bekannt gewesen, die jetzt angeblich angewandt werden.

Die Mobilität der Bevölkerung war traditionell in allen Gruppierungen relativ groß, so daß Heiraten innerhalb der gesamten Zone stattfinden, sich dabei aber auf enge Verwandtschaftsbeziehungen stützen. Z.B. findet zwischen Guindigata und der Gruppierung in Yourmi, die in der Kolonialzeit aus Guindigata angesiedelt wurde, ein Austausch von Partnern statt. In den größeren Orten (z.B. Douékiré) stammen aber doch die meisten Frauen aus dem gleichen Ort. Danach befragt, ob Kindern auch zugestanden wird, sich selbst einen Ehepartner zu suchen, wird z.b. gesagt, wenn ein Sohn in Bamako eine Frau der gleichen Ethnie findet und diese heiraten will, dann wird dies akzeptiert. Die gleiche Ethnie ist aber noch entscheidend.

Als beliebteste Heiratsbeziehung werden Geschwisterkinder genannt. Die Ehen sind patrilokal, die zuziehenden Ehefrauen sind jedoch nicht isoliert, da sie aus den gleichen Ortschaften stammen bzw. vorher schon Verwandtschaftsbeziehungen im Ort pflegten. Die Schwiegertochter z.b. stammt aus der eigenen Herkunftsfamilie. Dadurch ist an sich eine organisierter Zusammenhalt unter den Frauen möglich bzw. kann aktiviert werden. Die starke Betonung der Cousin-Heiraten hängt möglicherweise auch damit zusammen, daß innerhalb engerer Familienbeziehungen ein geringerer Brautpreis bezahlt werden muß. Dieser gilt noch in allen Fällen, allerdings ist bekannt, daß die Administration einen Höchstbetrag festgesetzt hat, der dann in Interviews oft genannt wird. Er scheint tatsächlich realistisch zu sein (30 - 40.000 F CFA). Wegen der Dürre kann dieser immer seltener aufgebracht werden. Jedoch kann eine Frau nicht beim Ehemann leben, bevor der Brautpreis entrichtet wurde, selbst wenn bereits ein Kind vorhanden ist. Zwar werden voreheliche Kinder tendenziell verborgen (dies ist z.b. nachteilig für die Nutzung von Schwangerschaftsberatung und Entbindungseinrichtungen), jedoch de facto akzeptiert. Die Tuareg-Gesellschaft scheint am strengsten zu sein, was das Verbot von außerehelichem Geschlechtsverkehr anbelangt. Dort ist das Heiratsalter auch am höchsten. Es ist sonst recht niedrig, wird aber stark durch die gesetzlichen Regelungen (16 Jahre) beeinflußt. Mit 17 haben dann die Frauen aber auf jeden Fall schon Kinder. Der Brautpreis wird zum Teil in Geld erbracht, und es ist im allgemeinen praktisch unabdingbar, daß der Bräutigam (oder jemand aus der Familie) in die Arbeitsemigration geht, um diesen aufzubringen. Junge Mädchen und Ehefrauen gehen im allgemeinen nicht mit.

Es gibt zwar ältere Frauen, Witwen, die ökonomische Schwierigkeiten haben; das anderweitig bekannte Phänomen der alleinstehenden Frauen, die nach Abwanderung des Ehemannes allein wirtschaften müssen, ist jedoch nicht bekannt. Die Familien sind noch so groß, daß jeweils nur ein männliches Mitglied abwandert. Wenn nur ein Sohn vorhanden ist, kommt dieser zurück, wenn der Vater das Feld nicht mehr bearbeiten kann.

Frauen haben zwar die Möglichkeit, Vieh zu besitzen, jedoch keinen Anspruch auf Land. Allerdings ist es üblich, daß ein Vater, dessen Schwiegersohn kein oder nicht ausreichend Land hat, diesem von seinem eigenen Land gibt. Im Projektperimeter Douékiré wurde beschlossen, daß Frauen keine Parzelleninhaber sein können (am Horosee sind sie es nur in ganz wenigen Fällen). In einem Fall wurde nach dem Tod eines Parzelleninhabers der Familie gemäß Beschluß des Cercle die Parzelle entzogen, da der Sohn noch nicht volljährig war. Allerdings handelte es sich dabei um Verwandte des Dorfchefs, dessen Familie über Land verfügt.

Von allen Frauen wird als Hauptproblem genannt, daß sie für ihre Familien nicht genügend zu essen haben. Dies betrifft in allen Dörfern auch die sozial angeseheneren bzw. ursprünglich bessergestellten Familien; Ausnahmen sind lediglich Frauen der allerhöchsten Funktionäre in größeren Orten (z.B. des Dorfchefs oder des Secrétaire d'Arrondissement in Douékiré).

5 "Ils ont amené de l'argent dans le village" (sie brachten Geld ins Dorf)

Während der Zeit der Zwangsarbeit für das Office du Niger durften zunächst nicht einmal Nahrungsmittel für den Eigenverbrauch einbehalten werden; erst später konnte jede Familie ein eigenes Feld bestellen. Ein wesentliches Element, das die Vorratshaltung reduzierte, war die Zwangsvermarktung auch in nicht unmittelbar unter kolonialer Wirtschaftsverwaltung stehenden Dörfern, wo der

Ertrag eines Kollektivfelds an die Verwaltung floß. Die spätere staatliche Vermarktung über die nationale Monopolgesellschaft (OPAM) bzw. deren Vertreter auf Dorf- bzw. Arrondissementebene - der von dem 1968 gestürzten sozialistischen Keita-Regime gegründeten Kooperativenorganisation - kommt einer Zwangsvermarktung gleich. Trotz eigener Handelstradition kann nicht von einer primär auf den Markt ausgerichteten Produktion gesprochen werden, sondern lediglich vom gezielten Verkauf zur Bezahlung der Steuer und zum Kauf von Kleidung u.a.

Die von einem Dorf als ganzem verlangten Mengen richteten sich nach dem von der Verwaltung geschätzten Ertrag, so daß der Produktionsanreiz reduziert wurde bzw. die soziale und räumliche Diversifizierung der Wirtschaftstätigkeiten als Verweigerungsstrategie für die Bevölkerung rational wurde. Dabei zeigt sich wieder, daß zwar durchaus Überschüsse erzielt und vermarktet wurden, um andere, den Mindestexistenzbedarf überschreitende Güter zu erwerben, jedoch vor allem der Geldbedarf für Steuern und Abgaben entscheidend war für den Verkauf. Geld gewann an Bedeutung. Die Belastung durch diese direkte und indirekte Zwangsvermarktung war unterschiedlich und wird unterschiedlich wahrgenommen. Die Bauern in Douékiré kennzeichneten dies mit dem positiv verstandenen Satz "ils ont amené l'argent dans le village" (sie brachten Geld ins Dorf).

Dieses Phänomen war sicher in vielen Fällen und ist jetzt eindeutig als "overselling" zu bezeichnen, da ein Großteil der Bevölkerung nicht mehr aus eigener Kraft von Ernte zu Ernte gelangt. D.h. es wird mehr verkauft, als angesichts des Eigenbedarfs angemessen wäre. Das Risiko wird insofern allein von den Bauern getragen, als nach wie vor Steuern erhoben werden, trotz Dürre, und die Abgaben bzw. Umlagen grundsätzlich erhoben werden, angeblich ursprünglich ohne Berücksichtigung der tatsächlichen Ertragshöhe. Erst seit 1982/83 wurde der Horosee zum Notstandsgebiet erklärt und von der OZL keine Abgaben mehr erhoben. Durch Verschuldung bei Händlern und traditionellen Führungsschichten (z.B. wegen Steuerzahlung) wird der Zwang zum Verkauf nach der Ernte - zu niedrigen Preisen - aufrechterhalten.

Das derzeit am Horosee wichtigste Produkt, die Süßkartoffel, zeigt, daß einerseits ein Produkttausch üblich war, andererseits keine Marktrationalität besteht. Die Süßkartoffel wurde in kleinerem Umfang - als Ergänzung zu dem Grundnahrungsmittel Getreide - schon früher angebaut. Dem Rat des Bewässerungsträgers hinsichtlich ihres vermehrten Anbaus wurde sicherlich deswegen Folge geleistet, weil die Süßkartoffel eine typische Frucht ist, um - wenn nötig - sich von einem Tag zum andern zu ernähren, aber vor allem um den alltäglichen Geldbedarf zu decken. Es wird nur jeweils soviel geerntet, wie zum Zurückzahlen der Schulden und zur Ernährung benötigt wird. Außerdem erfolgt der Verkauf, um ein ganz bestimmtes anderes Produkt einkaufen zu können - nämlich Getreide, das als Grundnahrungsmittel vorgezogen wird.

Durch die technologische Entwicklung der Bewässerungslandwirtschaft ist die Marktintegration zwangsweise impliziert, wird jedoch nicht effektiv. Auf der einen Seite werden die geforderten Abgaben von den Parzelleninhabern genau wie früher als Tributzahlungen angesehen, auf der anderen Seite besteht ein so hoher sozialer Umverteilungsdruck, daß die Abgaben nur durch Zwang von der Ernte einbehalten werden können und die angestrebte Selbstverwaltung z.B. der Bewässerungseinrichtung an einem Nigerarm in Douékiré zur Fiktion wird.

Gewisse Erscheinungen der Marktintegration - die Kommerzialisierung von Brennholz und Viehfutter - führen jetzt als notbedingte Überlebensstrategie zu Raubbau an den ökologischen Ressourcen und zu einem tendenziellen Ausschluß der traditionellen Viehhalter von den Ressourcen. Es ist nicht anzunehmen, daß diese Entwicklungen nach der Dürre wieder rückgängig zu machen sind.

6 "J'ai corrompu les gens" (ich habe die Leute bestochen)

Ein Charakteristikum der Destabilisierung ist, daß die Funktion der Vorratshaltung sowie Saatgutversorgung in den Dörfern an die Dorfhändler übergegangen ist, die großenteils keine Aufkauffunktion für einen überregionalen Markt haben. In der knappen Zeit vor der Ernte geben sie den Bauern Kredite in Form von Getreide, das diese nach der Ernte, jedoch berechnet nach dem dann gültigen niedrigeren Preis, wieder in natura an die Händler zurückzugeben haben. Heutzutage verhindert die Verschuldung eine Sicherheitsvorratshaltung und oft die Verfügbarkeit von Saatgut.

Getreidevorratshaltung war auch deswegen bei allen Gruppen weniger notwendig, da sich die zweite Wirtschaftstätigkeit, die Viehhaltung, insofern besser als Sicherheit anbot, da Vieh bei unmittelbarem monetärem Bedarf bei bestimmten, klar definierten Gelegenheiten - d.h. einschließlich Getreidezukauf - verkauft werden kann. Das widerspricht gerade dem Marktprinzip, da damit nicht nach Marktlage (d.h. Preishöhe), sondern nach Eigenbedarf verkauft wird. Um kleiner fraktionierte Mengen zu haben, werden zu diesem Zweck vor allem Schafe gehalten.

Die Verschuldung stammt heutzutage nicht nur aus dem Zusammenbruch des flexiblen Sicherheitssystems des räumlichen Austausches, aufgrunddesssen die Ernährung nicht mehr das ganze Jahr sichergestellt ist. Dazu kommt das Problem der Abgaben an die Bewässerungsträger und die fortdauernde Steuerlast. Wie im Falle der zentralistischen Vermarktung, so wird auch in diesem Fall die Dorfgemeinschaft als ganze bzw. der Dorfchef als verantwortlich für die tatsächliche Leistung angesehen. Einerseits spricht es für den noch vorhandenen sozialen Zusammenhalt und die Gültigkeit des Prinzips des "Teilens", daß keines der untersuchten Dörfer mit den Steuerzahlungen im Rückstand war. Andererseits entstehen insofern soziale Folgen für das Gemeinwesen, als sozialer Druck auf säumige Zahler bzw. angesehene Dorfbewohner ausgeübt wird, um die Zahlung zu leisten. Dies kann so weit gehen, daß, wie aus einem Dorf berichtet, ein großer Teil der Bevölkerung persönlich beim Dorfchef wegen der Steuern verschuldet war, so daß dessen Machtstellung unangreifbar wurde und - auch persönlich über Angehörige seiner Familie - eine unauflösliche Verschmelzung zwischen ökonomischer und politischer Macht hergestellt wurde.

Im extremen Falle erfolgt eine Produktionsmittelverpfändung, die letztendlich durch das grundsätzliche Prinzip des Teilens des Feldprodukts zwischen Inhabern der Landrechte und Arbeitskräften ermöglicht wird bzw. sozial nicht verpönt ist: das Produkt einzelner Beete (planches) wird zu Niedrigstpreisen bereits vor der Ernte verkauft, die dann von dem Kreditgeber in eigener Regie durchgeführt wird. In seltenen Fällen soll dies die ganze Bewässerungsparzelle betreffen, jedoch nicht den Zeitraum von ein bis zwei Jahren überschreiten. Der endgültige Verlust der Parzelle wurde als unmöglich bezeichnet; der Entzug bei Nicht-Leistung der Abgaben an den Bewässerungsträger ist jedoch legal und wird praktiziert.

Trotz grundsätzlicher Aufrechterhaltung der Austauschbeziehungen und des Prinzips des Teilens ist eine klare Monetarisierung aller Lebensbereiche zu beobachten, die den Zwang zu der ungünstigen Marktintegration auch sozial aufrechterhält.

Die Monetarisierung der Produktions- und Sozialbeziehungen nimmt extrem zu, wobei sehr klar die von Elwert[17] aufgezeigten Folgen auftreten, da die entsprechende 'Marktethik' sich in der Gesellschaft nicht herausbilden konnte. "J'ai corrompu les gens" erklärte uns völlig selbstverständlich ein Informant, der als Adlatus des oben erwähnten Chefs des Dorfes, in dem eine Bewässerungsanlage eingerichtet wurde, dessen Verflechtung zum moder-

---

[17] Vgl. G. Elwert, 1984, S. 397

nen System personifiziert. (Er hat Grundschulbildung; der Dorfchef spricht weder die einheimische Verwaltungssprache Bambara noch Französisch und ist Analphabet - allerdings möglicherweise arabisch gebildet). Er bezog sich auf den 1984 kurz vor unserem Feldaufenthalt stattgefundenen 'Wahlkampf', in dem es um die Besetzung der Parteiposten der Parteikommissare auf Gemeinde- und Kreisebene (arrondissement und cercle) ging, an den ein Grundkonflikt zwischen zwei unterschiedlichen traditionellen Machtgruppen gebunden war. Die Selbstverständlichkeit, mit der ein derartiges Phänomen hingenommen wird, zeigt, wie traditionelle soziale Institutionen - hier die Umverteilung durch den Chef - ihre alte Sinnhaftigkeit verlieren und eine für die Bevölkerung schädliche Verbindung zu 'modernen' Institutionen herstellen.

7 "Nous sommes tous des Bella" (wir sind alle Hintersassen der Tuareg)

Dieses Schlagwort wurde in dem Wahlkampf verwendet. Bella sind die ehemaligen Abhängigen der Tuareg-Nomaden. Die es verwenden, sind nur in geringem Maße (wenn überhaupt) ehemalige Tuareg-Herren, deren politische und ökonomische Position nach Landzuteilung durch Kolonialmacht und unabhängigen Staat sowie Dürre extrem geschwächt ist. Es hat im konkreten Anwendungskontext wohl nur die eine Bedeutung, daß es keine sozialen Unterschiede zwischen Herren und Sklaven mehr gibt. Denkbar wäre, daß sogar die Konnotation der Solidarisierung der unterdrückten gegenüber der 'urbanen' Schicht in dem vom Staat weit entfernten Norden impliziert ist.

Andererseits hat dieser Ausspruch auch eine ideologische Konnotation, da mit ihr die neu entstehende soziale Differenzierung zwischen urbanen und ländlichen Schichten - letztere haben zum Teil ihre guten Beziehungen - verschleiert werden kann. Tatsächlich ist es zu einer Homogenisierung der alten sozialen Unterschiede gekommen, die durch die Dürre besiegelt wurde. Zwar ist der Status nach abhängiger oder freier Herkunft noch bekannt, aus ökonomischen Gründen zählen jedoch andere Verbindungen. Nicht nur sind die ehemaligen Herren zu Bettlern geworden, auch die Umwandlung der Hörigkeitsbeziehungen in Pachtbeziehungen hat zu einer Statusumkehr geführt. Wer das Glück hat, bewässertes Land zupachten zu können, befindet sich in einer günstigen Lage. Die Verpächter sind jetzt vor allem Vertreter der 'urbanen' Schicht (Händler, Funktionäre), die privilegierten Zugang zu Ressourcen haben. Sofern sie mit der modernen Macht liiert sind, gehören dazu auch Vertreter traditioneller Schichten, vor allem Fulbe, die ihre beiden ökonomischen 'Standbeine' - Viehhaltung und Ackerbau - bewahren konnten.

Auch wenn die abhängige oder freie Herkunft immer noch klar bekannt und für das Zusammenleben relevant ist, verbessert sich jetzt - infolge des durch die Landreform grundsätzlich möglich gewordenen Emanzipationsprozesses - der soziale Status der ehemals Abhängigen. Der Status des Pächters wird positiv bewertet, da neue interessante Beziehungen dadurch aufgebaut werden können. Da die früheren Herren - zu denen über die formale Befreiung hinaus bis zur Dürre noch Abhängigkeitsbeziehungen bestanden - jetzt ihren Verpflichtungen nicht mehr nachkommen können, sind die ehemaligen Abhängigen frei, sich neu zu orientieren. Es ist ganz offensichtlich, daß in dieser Gesellschaft niemand ohne 'Beziehungen' traditioneller oder moderner Art überleben kann. Zum Teil haben sich die Verhältnisse sogar umgedreht und die ehemaligen Abhängigen fühlen sich verpflichtet, für ihre verarmten Herren zu sorgen, da sie selbst im Prinzip die sichere Strategie der doppelten Wirtschaftstätigkeit schon lange verfolgen (Ackerbau und Viehhaltung), wobei ihre nomadischen Herren durch legale Emanzipation und vor allem Landverteilung direkt an die Abhängigen das ackerbauliche 'Standbein', und durch die Dürre das viehwirtschaftliche, verloren haben. Insofern wandeln sich sogar frühere Abgabebeziehungen in Schenkbeziehungen.

Trotz dieser Vermischungen bleiben die einzelnen Kategorien der beteiligten Personen jedoch klar getrennt; sie entsprechen zum Großteil auch der vorkolonialen Hierarchie. Der Adlige (noble) kann seinen Abhängigen (captif) haben, Pächter (metayer) (hier wird meistens der Begriff "on partage" verwendet) und Hilfsarbeiter (manoeuvre) werden. Mitglieder von Altersgruppen erhalten ein Geschenk (cadeau), auch wenn dies fast den Mindestlohn erreicht, "Hilfsarbeiter" werden entlohnt (wie dies durch die Tätigkeit von externen Entwicklungshilfeträgern der Fall ist), Verwandte und Verschwägerte helfen bei der Ernte und erhalten ihren Anteil, ebenso erhält der Landeigner seinen Anteil bei der Ernte. Ganz klar abgegrenzt ist die Kategorie des "Fremden" (étranger), von denen es jetzt durch die Dürre im Zuge der festzustellenden 'Verelendungsmigration' immer mehr gibt. Hier gelten die Regeln des Islams für die karitative Hilfe, man gibt vom Essen ab und teilt bei der Ernte ein paar Hände voll aus. Diese Fremden werden nicht zum Arbeitseinsatz bei der Ernte benötigt, und man verneint heftig, daß sie mitarbeiten. Es wird jedoch erwartet, daß ihnen die Erlaubnis zur Nachlese eingeräumt wird.

Die Arbeitskräfte, die aufgrund der Austauschbeziehungen kommen, werden völlig anders angesehen. Sie kehren selbstverständlich nach der Ernte wieder in ihre Herkunftsdörfer zurück und besitzen auch kein Land. Dieses wurde im Rahmen der wasserbaulichen Erschließung des Horosees innerhalb eines jeweils geschlossenen Uferabschnitts an Personen verteilt, die in bestimmten, auch seefernen, Dörfern ansässig sind. Personen, die nicht am Ort wohnen, jedoch Landbesitzer sind, werden völlig anders kategorisiert; zu ihnen bestehen keine Reziprozitätsbeziehungen.

Daß Fremde kein Land zugeteilt bekommen, versteht sich von selbst; auch als Pächter kommen sie nicht in Frage. Selbst Einwohner der Seeanrainer-Dörfer, die aus verschiedenen Gründen zum Zeitpunkt der Landreform nicht (auf der Steuerliste) registriert waren, haben kein Land; sie können jetzt jedoch prinzipiell einen Antrag stellen. Wenn die Fremden Glück haben, bereits mehrere Jahre (seit der Dürre 1982 kam es verstärkt zu dieser Verelendungsmigration) im Dorf sind und einen einflußreichen "Gastgeber" gefunden haben, können sie für diesen arbeiten; die Frauen in der Hauswirtschaft, die Männer als Feldwächter. Im Gegensatz zu den "Hilfsarbeitern" werden sie jedoch nicht direkt entlohnt, sondern hoffen auf einen kleinen Anteil an der Ernte.

Nachdem der ursprüngliche Ansatz des zwangsarbeitenden Siedlers aufgegeben worden war, machte die wasserbauliche Erschließung von Seen und die Anlage von Bewässerungsanlagen die soziale Emanzipation ehemals abhängiger sozialer Gruppen möglich, da diesen unmittelbar eigene Parzellen zugeteilt werden konnten. Dieses Ziel wurde auch explizit von der französischen Kolonialverwaltung und später vom unabhängigen Nationalstaat verfolgt. Allerdings ist der Ideologiecharakter dieses Zieles in beiden Fällen eindeutig; die französische Kolonialverwaltung stellte einerseits Überlegungen an, wie der Zugriff der Nomadenherren auf die Bella verhindert werden könne; die plötzliche 'Befreiung' qua Dekret wurde als gescheitert angesehen und ein vorsichtiges, allmähliches Vorgehen propagiert. Andererseits wurde der grundsätzliche Anspruch nicht in Frage gestellt, dieses Land zu beherrschen und insbesondere auch Arbeitskräfte unter extrem schlechten Bedingungen und bei klar berechnetem Ausbeutungsgrad einzusetzen.[18] Natürlich dürfte das Argument der Befreiung, das in diesem Fall hinsichtlich der Tuareg in extenso angeführt wurde, und des Mitteltransfers für Verwaltung und Infrastruktur die entscheidende Legitimation geliefert haben.

Der unabhängige Staat wiederum bzw. die Vertreter der an die Macht gekommenen schwarzafrikanischen Mehrheit benutzten die Gleichheitsideologie, um die politisch unsicheren - Frankreich

---

[18] Vgl. Gouvernement Général ..., 1941, S. 68 bzw. 71

hatte seinerzeit einen eigenen Nomadenstaat mit Teilen Südalgeriens und Mauretaniens angeregt[19] - Tuareg auszuschalten und den Surplus der Bauern auf die 'Gemeinschaft' umzulenken. Der Ertrag der in allen Dörfern - wie teilweise in der Kolonialzeit - angelegten Gemeinschaftsfelder sollte zur Verbesserung der Lebensverhältnisse im Dorf eingesetzt werden, wurde jedoch oft veruntreut. Nach Sturz des sozialistischen Keita-Regimes wurde die Situation nicht besser, sondern die Dorfautoritäten interpretierten die Verwaltungsanordnung, über das entsprechende Land in Wahrung des öffentlichen Interesses zu verfügen, indem sie es sich privat aneigneten oder - im Gegensatz zu, aber auch in Anlehnung an ihre jetzt nicht mehr gültigen traditionellen Landverteilungspflichten - an ihre eigene Gefolgschaft verteilten.

Einerseits war das geschilderte weiträumige Austausch- und Subsistenzsystem durch die Bewässerungsanlagen gestärkt, wenn nicht überhaupt erst begründet worden, andererseits erfolgte durch die Übertragung der Landnutzungsrechte an einzelne männliche "Haushaltsvorstände" und ihre Festschreibung das Aufbrechen der Struktur der Verwandtschaftsgruppen und damit der häuslichen Produktionsweise in ihrer Gesamtheit. Der damit verbundene Verlust der Kontrolle über Ressourcen mußte zwangsweise einen sozialen Auflösungprozeß und damit den Verlust der Sicherheit bringen. Denn die klare Herausbildung von marktintegrierten modernen Betrieben war nicht möglich. Einerseits blieben bestimmte soziale Bindungen und Verpflichtungen bestehen, durch die eine Umverteilung des Produkts anstatt Akkumulation erfolgte, andererseits sind heute die Produktionsmittel zu unbedeutend, um noch die Existenz einer Familie sicherzustellen. Die Dürre und ökologische Degradation (Versandung etc.) haben das Ihre getan; dazu kommt die natürliche Vermehrung der Bevölkerung - Erbteilung ist nicht zulässig, wird aber de facto praktiziert - und der Zustrom von

---

[19] Vgl. H. Schissel, 1984b

großen Bevölkerungsgruppen, da die Bewässerungslandwirtschaft während der Dürre die einzige landwirtschaftliche Produktionsgrundlage darstellt.

Die Individualisierung des Landbesitzes führte also zum Abbau der sozialen Sicherung durch Rückgang des sozialen Zusammenhalts und Monetarisierung der Arbeit. Es erfolgte eine Festschreibung der Sozialstruktur insofern, als im Gegensatz zum Gemeinschaftseigentum an Boden nun nicht mehr der Boden gemäß den jeweiligen Bedürfnissen der Dorfbewohner neu aufgeteilt wird. Letztendlich wurde also dadurch überhaupt erst die Möglichkeit einer landlosen Schicht geschaffen, die sich jetzt in der bereits beträchtlichen Zahl von zugewanderten bzw. ursprünglich nicht registrierten Einwohnern zeigt. Zum anderen wurde dadurch eindeutig eine ganze soziale Gruppe marginalisiert, da den Nomaden keine Verfügungsgewalt über Ackerland eingeräumt wurde und außerdem ihre herkömmlichen Trockenzeit-Weidegründe eingeschränkt wurden. Teilweise geschah dies unmittelbar durch die Anlage von Bewässerungseinrichtungen für Reisanbau, andererseits durch die Zerstörung der Sumpfgras(Burgu-)felder, zu der verschiedene Faktoren beigetragen haben: Dürre, Überweidung, Aberntung für Nutzung zu Futterzwecken bzw. Kommerzialisierung durch die bäuerliche Bevölkerung.

8 "Nous avons besoin du nomade moderne" (wir brauchen den modernen Nomaden)

Nach Ansicht der Staatsbediensteten im Landwirtschaftsministerium in Bamako (das im Sinne einer Interessenvertretung der ackerbaulichen Macht, d.h. der anti-nomadischen Politik, viel stärker ist als das Ministerium für natürliche Ressourcen und Viehhaltung) ist die Zeit der extensiven Viehhaltung vorbei, es gibt keinen Platz mehr für den Nomaden, der traditionelle extensive Viehhaltung betreibt, für den - als Idealbild propagierten - "modernen Typ" des Nomaden, der 5 - 10 Rinder in einem Agrarbetrieb hält, gäbe es jedoch Platz in der Seenwirtschaft. Tatsächlich ist dies angesichts der bereits erfolgten Festschreibung der Besitzverhältnisse bei bewässertem bzw. bewässerbarem Boden nicht realistisch. Abgesehen von den unberührten Verhältnissen am Nordufer des Faguibinesees, dessen Wasserzufuhr jedoch nicht mehr gesichert ist, konnten Nomaden nur in Einzelfällen in der Zone Lacustre ihre Rechte auf Land mit Wasserzugang bewahren. Nach Ansicht von Landwirtschaftsfunktionären in Bamako haben sie diese Rechte mehrmals "verkauft", und sie werden jetzt von ihnen wieder reklamiert. Jedoch wird auch von den Nomaden die Ansicht vertreten, daß die Epoche der extensiven Nomadenwirtschaft zu Ende ist und alle Viehhalter eine zweite Wirtschaftstätigkeit zur Absicherung benötigen. Diese Einschätzung bedeutet allerdings nicht, daß bei verbesserten klimatischen Bedingungen nicht die alten Handlungsmuster wieder aufgenommen werden und Nomaden wie Bauern erneut eventuell erwirtschaftete Überschüsse in den Kauf von Tieren anlegen würden, mit all den damit verbundenen ökologischen Risiken. Trotz unveränderter Identifizierung mit der traditionellen viehhalterischen Lebensweise sind jedoch zumindest bei den jüngeren Personen inzwischen neue Handlungsmuster und sozio-ökonomische Strukturen entstanden (wie Vermarktung von Futter, Individualisierung von Futterressourcen, soziale Differenzierung der Viehhalter), deren Existenz nicht von einem Tag zum anderen mit der Verbesserung der natürlichen Bedingungen ausgelöscht sein dürfte. Auch scheint der Grad der Verarmung und Verelendung vieler Nomaden so hoch zu sein, daß die Wiedererreichung einer wirtschaftlichen Herdeneinheit kaum möglich sein wird. Gerade die Tatsache jedoch, daß eine externe Einkommensquelle erforderlich sein wird, kann die ökologischen Risiken einer unangepaßten, räumlich weniger flexiblen und sozial ungleicheren Viehhaltung verstärken. Zu beachten ist allerdings, daß neben Vieh als Akkumulationsmöglichkeit jetzt auch noch die Anschaffung von Bewässerungspumpen in den Rahmen des Möglichen getreten ist, wodurch eine ganz andere Verwendung eventueller Mehrproduktion möglich wird, sofern Landzugang vorhanden ist.

In der intensiven Bewässerungslandwirtschaft ist das Prinzip der Integration der Viehhaltung in den Ackerbau technisch impliziert und wird jetzt als entwicklungspolitisches Konzept propagiert. Angestrebt werden technisch verbesserte wirtschaftliche Kreisläufe innerhalb eines 'Betriebssystems'. Das bedeutet jedoch immer nur, daß Ackerbauern jetzt auch Vieh halten. Gefördert wird diese Tendenz der Vernachlässigung der früheren Viehhaltergruppen natürlich dadurch, daß es sich bei vielen Bauern um ehemalige Abhängige der Viehhalter handelt, für die eigentlich immer die Identität und Normen der nomadischen Lebensweise galten und für die Viehbesitz ein wichtiges soziales Ziel ist. Die Gefahr der Überweidung durch diese neue, räumlich viel weniger flexible Art der 'neo-traditionalen' Viehhaltung wird extrem hoch sein, sollten sich die klimatischen Bedingungen in der Zone Lacustre bessern.

Einige wenige Versuche der ackerbaulichen Niederlassung verarmter Nomaden gibt es in der Region nur durch Nicht-Regierungsorganisationen, und jeweils nur aufgrund völliger Verarmung und Tierverlust nach der Dürre: es handelt sich um ein Projekt der amerikanischen Quäker am Faguibinesee sowie um ein erfolgreiches Projekt der Kleinpumpenbewässerung am Niger bei Diré durch die Hilfsorganisation Terre des Hommes France. Bei den anderen Nomadengruppen handelt es sich um eine notgedrungene, eine 'Armutsniederlassung' an Verwaltungshauptorten bzw. ackerbaulichen Gunstorten. Die Abteilungschefs der Nomaden haben sich am Verwaltungssitz des Kreises (cercle) in Goundam angesiedelt, kleinere Gruppen um den Verwaltungssitz der Gemeinde (arrondissement) in Douékiré, wo sich eine Bewässerungsanlage befindet. Es handelt sich um solche Orte, zu denen traditionelle Beziehungen bestehen, d.h. Trockenzeitweideorte. In klimatisch günstigen Jahren wäre dort zwar wahrscheinlich noch Land für Garten- oder Überschwemmungsfeldbau vorhanden, die kläglichen Versuche des handbewässerten Gartenbaus durch Nomaden scheitern jedoch. Zwar wird von der ethnisch homogenen Songhaibevölkerung in Douékiré und den ehemaligen Abhängigen der umliegenden Bella-Dörfer eine gewisse karitative Verpflichtung wahrgenommen. Die Tuareg gehören jedoch zu keiner sozialen Kategorie, die in die Arbeitsaustauschbeziehungen einbezogen ist. Eine Zuteilung der knappen Bewässerungsparzellen kommt nicht einmal für Bewohner umliegender Dörfer in Frage, selbst als vom Projekt bezahlte Handlanger werden Tuareg abgelehnt. Man verachtet sie, da sie angeblich keine Hacke in die Hand nehmen können, gibt ihnen jedoch ein Almosen. Zumindest gegenüber den weißen Forschern beteuern die Tuareg dagegen ihre Bereitschaft zu körperlicher Arbeit und Feld- bzw. Gartenbau.

Die Einführung der Bewässerungslandwirtschaft impliziert nicht nur eine Individualisierung des Bodenbesitzes und damit einen Rückgang der sozialen und räumlichen Flexibilität durch die Festschreibung der Bodenbesitzverhältnisse. Auch aus arbeitstechnischen Gründen geht die Flexibilität verloren, da das Prinzip der Bewässerungslandwirtschaft darin besteht, daß über das ganze Jahr Ackerbau betrieben wird, entweder ein kompletter zweiter Erntezyklus oder ein Zwischenprodukt (culture de contresaison) eingeführt wird. Das bedeutet, daß Arbeitskräfte das ganze Jahr über benötigt werden und nicht mehr für den intraregionalen Austausch zur Verfügung stehen bzw. nicht an anderen Orten ackerbauliche Interessen oder andere Wirtschaftstätigkeiten wahrnehmen können. Außerdem stehen weniger Arbeitskräfte für eine ökologisch sinnvollere, weiträumige Viehhaltung zur Verfügung. Es widerspricht auch dem seit langen Jahren eingeführten sozialen Handlungsmuster der saisonalen oder mehrjährigen Migration junger Arbeitskräfte, das nicht ohne weiteres wieder aufgegeben werden dürfte, da es inzwischen sozial fest verankert ist im Sinne des sich in die 'moderne Welt Initiierens' und eine ökonomische Funktion erfüllt - zum Erwerb von Produktionsmitteln sowie zur Erbringung des Brautpreises besteht keine andere Möglichkeit.

Grundsätzlich kann die Arbeitsmigration aus dieser Gegend nicht als destabilisierend angesehen werden, da der natürliche Produktionsrhythmus normalerweise eingehalten wurde und die Arbeitskräfte zurückkehrten, sobald eine gute Regenzeit gemeldet wurde. Die eingespielten sozialen Muster der Migration stehen jedoch einer intensiven Bewässerungslandwirtschaft entgegen und dürften in Zukunft tendenziell die Herausbildung einer neuen Art von räumlich flexibler (integrierter) Viehhaltung verhindern. Es sei denn, es entwickelt sich eine sozial tragbare neue Interaktion, d.h. Arbeitsteilung mit den Nomaden (Tuareg), so daß diese - wie in anderen Regionen die Fulbe - Auftragsviehhaltung betreiben und nicht nur wie jetzt als verarmte Hirten sich bei den ansässigen Bevölkerungsgruppen verdingen.

Die Bedeutung der Transferleistungen durch Migration und der externe Beitrag zum Überleben der Gesellschaft ist nach den empirischen Erhebungen geringer als angenommen. Regelmäßige Transferleistungen finden nicht mehr statt, von vielen abgewanderten Familienangehörigen wird der völlige Abbruch der Beziehungen gemeldet, wahrscheinlich weil sie nicht in der Lage sind, angesichts der auch in den Städten herrschenden extremen Notsituation einen Beitrag von Bedeutung zu leisten.

9 "Il y a encore un peu de tout" (es gibt noch von allem etwas)

Die Problematik der Zerstörung der natürlichen Ressourcen wird von der Bevölkerung als ein Problem des fehlenden Regens und Wassers gesehen, das nur von Allah (und, wie ein paar Informierte vorsichtig andeuten, vielleicht einem Staudamm im Süden ...) abhängt. Auf keinen Fall wird die Degradation auf menschliches Handeln, vor allem nicht auf Überstockung mit Vieh, zurückgeführt. Allerdings werden die auf Raubbau beruhenden Überlebensstrategien (Überfischen, Schneiden von Viehfutter auf der früheren Trockenzeitweide) durchaus als solche gesehen.

Trotzdem gleitet die Bevölkerung nicht in Hoffnungslosigkeit ab und meint nicht, daß die Grundlagen ihrer ökonomischen Existenz endgültig zerstört sein könnten, es sei denn, es regne nicht ("bana si ka" - Der Regen kommt nicht). "Von allem ist noch ein wenig vorhanden, Menschen, ein paar Tiere, ein paar Leute haben noch etwas Saatgut. Sie werden aussäen, es wird sich mehren, und sie werden den anderen davon abgeben." Im einzelnen werden folgende Phänomene als Problem definiert:

Das Verschwinden des Grasbewuchses in den Dünen und im Busch könne niemals, so die Ansicht der Bevölkerung, durch zu hohen Tierbesatz oder durch Ackerbau verursacht sein. Wenn es regnet, könne es nie zu viele Tiere haben, da die Flächenausdehnung ja immens sei. Auch die Verursachung des Absterbens von Bäumen und der Entwaldung wird kategorisch zurückgewiesen, denn "man hackt die Bäume oder Zweige nicht so ab, daß sie sterben". Alles kommt nur vom Wassermangel. Die fortschreitende Versandung der Felder am See und der Kanäle durch Windantrag wird von der Bevölkerung als großes Problem angesehen und auf die Entwaldung zurückgeführt.

Die von Vögeln (Webervögel), deren Überhandnehmen als Zeichen für das aus dem Gleichgewicht geratene Ökosystem anzusehen ist, verursachten Schäden sind ziemlich bedeutend. Die Bevölkerung beschränkt sich darauf, Frauen und Kinder als Vogelscheuchen einzusetzen, ohne gezielt Nester zu zerstören. Sie hegt hier recht unrealistische Vorstellungen über die Bekämpfungsmöglichkeiten seitens der Entwicklungsorganisation.

Das Verschwinden des Burgugrases am See, der Futtergrundlage für die Viehhaltung in der Trockenzeit, stellt für die Bauern- wie die Viehhalterbevölkerung eine starke Beunruhigung dar. Jedoch wird weder Überweidung noch Abschneiden als Ursache angesehen. Allerdings beobachtet die Bevölkerung, daß das Burgugras nicht mehr zur Blüte gelangt und daher kein Samen mehr vorhanden ist. Nur einige wenige Personen sehen, daß eine Ursache auch in den praktizierten Überlebensstrategien zu suchen ist, nämlich der Ressourcenübernutzung für Vermarktungszwecke: Die Bauern nämlich schneiden das Burgugras vor der Blüte und verkaufen es bis hin nach Timbuktu; früher konnte es auch von fremden Viehhaltern genutzt werden.

Es ist nicht üblich, Viehdung einzusammeln und als Dünger aufzubringen; als Brennmaterial für Tongefäße wird allerdings Rinderdung verwendet. Die Felder sind nach der Ernte ohne Beschränkung für alle Tiere zugänglich - es ist sogar so, daß die Bauern selbst Wärter stellen (z.B. in der Bewässerungseinrichtung in Douékiré). Am Horosee ist jedoch im allgemeinen keine intensive Tierdüngung möglich, da die Felder schnell gesäubert werden müssen, bevor das Wasser in den See tritt. Nach dem Rückzug des Wassers muß dann sofort gesät werden können. Aufgrunddessen werden die Erntereste oft abgeschnitten und dann noch als Viehfutter verwertet, oder oft auch abgebrannt.

Die Vermarktung von Sammelprodukten als ökonomische Überlebensstrategie ist ein bedeutender Faktor bei den Degradationsprozessen. Meist sind es bestimmte soziale Gruppen in den Dörfern, wie Bella oder "Fremde", die über keine oder nur kleine Bewässerungsparzellen verfügen, die Brennholz verkaufen, die Binsen zu Matten verarbeiten und Holzkohle herstellen. Letzteres hat bereits eine gewisse Tradition und war die Begleiterscheinung der Inwertsetzung des Fischreichtums. Bis vor einigen Jahren wies diese Gegend die höchste Produktion von Räucherfisch in Mali auf.

Als allgemeines Grundmuster kann festgestellt werden, daß es immer zu einem derartigen Raubbau und Übernutzung der natürlichen Ressourcen kommt, wenn diese in einem Maßstab ökonomisch verwertet werden, der über die Subsistenzökonomie hinausgeht. Die Erfahrungen, die in der Kolonialzeit mit dem bewässerten Baumwollanbau am Niger in Diré auf der Basis von mit Holz betriebenen Dampfmaschinen gemacht wurden, sind in der Erinnerung der Bevölkerung noch sehr lebendig, und nicht nur die alten Maschinenteile, auch die weiten abgeholzten Flächen werden noch gezeigt.

In letzter Zeit ist Raubbau noch in einem weiteren Bereich zu verzeichnen, und auch hier ist sich die Bevölkerung über die menschliche Verursachung durchaus im klaren - möglicherweise weil es sich vor allem um Bevölkerungsgruppen handelt, die von außerhalb des Gebiets kommen und nur durchziehen. Es handelt sich um Überfischung mit feinmaschigen Netzen. Seit einigen Jahren ist der Fischbestand im Horosee und im Niger extrem zurückgegangen und die Bevölkerung ist sich bewußt, daß sie mit dieser kurzfristigen Überlebensstrategie ihre letzten ökonomischen Grundlagen im wahrsten Sinne des Wortes aufißt. Wie in früheren Jahren mit geringer Ernte (teilweise gerade durch zu hohe Wasserstände) betreibt auch in der jetzigen Dürreperiode ein Teil der einheimischen Bevölkerung wieder Fischfang (z.B. einzelne Bellafamilien in Guindigata); der Schaden wurde jedoch vor allem durch Fischer aus der weiter südlich gelegenen Region Mopti verursacht, die dann das Gebiet wieder verlassen haben.

Was die ackerbaulichen Praktiken der Bauern anbelangt, so sind die einheimischen Landwirtschaftsberater der Ansicht, daß die Bevölkerung nicht solche Sorten einsetzt, die für die klimatischen und hydrologischen Bedingungen am besten geeignet sind. Dabei wird verschwiegen, daß die Bevölkerung kein verbessertes Saatgut einsetzen kann, wenn das Geld dazu fehlt oder keines angeboten wird. Zum anderen ist es der Bevölkerung auch bereits nicht mehr möglich, ihre früher üblichen mittelfristigen Sicherheitsstrategien anzuwenden, und sie mußte diese zugunsten von kurzfristigen Überlebensstrategien, die dann ökologisch bedenklich sind, aufgeben. Z.B. hatte die Entwicklungsorganisation 1983 den Bauern empfohlen, auf den Überflutungsfeldern keinen Reis anzubauen, sondern Sorghum (gros mil), das trockenheitsresistenter ist, allerdings eine längere Fruchtdauer hat (9 gegenüber 3 Monaten), ohne daß die Bauern diesem Rat gefolgt waren. Sie mußten das höhere Risiko eingehen, in drei Monaten eventuell eine Ernte zu haben, als erst in neun Monaten mit ziemlicher Sicherheit. In der Bewässerungseinrichtung von Douékiré hatten die Bauern auch große Bedenken, das empfohlene Sorghum anzupflanzen, da sie Angst hatten, dann die rentablere Weizenernte zu verlieren. Diese wurde dann tatsächlich durch technische Schwierigkeiten, die die Bauern nicht beeinflussen konnten, verzögert und damit reduziert. Das Konzept der Anbau- und Felderrotation zur Bodenfruchtbarkeitserhaltung ist nicht bekannt. Man sagt, daß man überall säen könne, irgend etwas wächst (bzw. wuchs bisher) dann immer.

10 "Nous n'avons pas les forces" (wir haben nicht die Kraft)

Besondere ressourcenschützende Maßnahmen sind nicht üblich. Es handelt sich nicht wie im Süden um eine Gesellschaft, die eine ausgesprochene Agrarkultur entwickelt hat. Der Nutzen von Baumwuchs - auch im Hinblick auf die rapide fortschreitende Versandung - ist jedoch bekannt. Wenn Setzlinge geliefert werden, werden diese auch in dem eigenen Hof oder Feld gepflanzt. Eine immense Anstrengung besteht darin, daß die Bauern jedes Jahr den Kanal vor ihren Feldern wieder neu ausgraben.

Für alle darüber hinausgehende Maßnahmen fehlt jedoch die "Kraft", worunter ganz unmittelbar die erforderliche Ernährung gemeint ist, aber auch die jungen Arbeitskräfte, von denen so viele abgewandert sind. Auch fehlt, wie gesagt wird, das Wasser, das aufgrund des niedrigen Wasserstandes entweder weit vom See hergeholt oder aus immer tiefer zu grabenden Brunnen, von denen viele versiegen, gezogen oder mit Eimern und Kalebassen (dem Gerät der Frauen) in Gärten gehoben werden muß. Die Bevölkerung sieht keine Möglichkeit, selbst etwas gegen Versandung zu unternehmen, da es schwierig sei, Lebendhecken anstelle der jetzt gegen Tiereinfall angebrachten Zäune aus abgeschlagenem Dornengestrüpp zu pflanzen. Bei Bezahlung - wenn also die unmittelbare Reproduktion sichergestellt ist - besteht eine sehr hohe Bereitschaft zur Beteiligung an Ressourcenschutzmaßnahmen, wie vor allem größerflächige Anpflanzung zum Schutz gegen die Versandung, deren Ausmaß die gesamte wasserbauliche Nutzung der Region in Frage stellt, oder auch die Rehabilitation der für die nomadische Viehhaltung entscheidenden aquatischen Weiden, der sog. Burgufelder.

Allgemein wird einstimmig, selbst von Nomaden, großes Interesse an der bisher nicht praktizierten Anpflanzung von Burgugras geäußert. Was die mögliche Arbeitsbelastung anbelangt, so fällt diese allerdings am Horosee mit einer Periode intensiver Feldarbeit zusammen, wurde aber trotzdem an einigen Orten durch Entwicklungsorganisationen technisch erfolgreich durchgeführt. Allerdings gab es Schwierigkeiten im Zusammenhang mit der Organisation der Nutzung, da die Spannungen angesichts der prekären ökonomischen Lage zu groß waren.

Aufgrund der verschachtelten Produktionsverhältnisse (Abhängigkeitsverhältnisse, modernisierte Pacht, Lohnarbeiter), die gerade durch die Vergabe von Bewässerungsland zustandekamen, ist allerdings das Interesse an langfristig wirksamen Ressourcenschutzmaßnahmen auch auf den Feldern nicht allzu groß, und oft sind die Adressaten der Beratung, d.h. die, die Arbeit ausführen, nicht die tatsächlichen Entscheidungsträger.

11 "Il faut les rappeler à l'ordre" (man muß sie zur Ordnung rufen)

Die technologische Entwicklung, die aufgrund des externen Anstoßes immer mit der (ungleichen) Einbindung in den nationalen, teils sogar internationalen Markt verbunden ist - wie hier über den Kauf von Pumpen, Dieseltreibstoff, Ersatzteilen, Saatgut, Dünger etc. -, bedeutet einen fundamentalen Widerspruch zwischen

- dem Prinzip der islamischen Verpflichtung zur Teilung des Produkts mit den Armen,

- den weiträumigen sozialen Arbeits- und Produktaustauschbeziehungen, auf denen die soziale und ökologische Sicherheit beruhte,

- der flexiblen, schonenden Ressourcennutzung,

auf der einen Seite und andererseits

- der individualistischen, unternehmerischen Rationalität, die von einem von außen geförderten Projekt zur Steigerung der Produktivität individueller "Betriebe" und der "Grundbedürfnisbefriedigung" individueller "Haushalte" verfolgt werden muß.

Eine autonome Handhabung der Technik und ein eigenständiges Wirtschaften sind angesichts dieser Widersprüche und der existenziellen Notsituation unmöglich. Die Abhängigkeit von außen ist in jeder Hinsicht total: ökonomisch zur Finanzierung der technischen Neuerung, technologisch zur Bedienung und Wartung, sozial zur Verwaltung; sie läuft der eigenen substantiellen Rationalität zuwider.

Von den externen Gebern wird die 'Selbstverwaltung des Hungers' verlangt, wenn sie die Abgaben für die Gemeinkosten nicht zuletzt aus pädagogischen Gründen einfordern,

- da im Falle der untersuchten Bewässerungseinrichtung an einem Nigerarm in Douékiré nur ein Drittel der Dorffamilien ein bewässertes Stück Land besitzt, darunter ein Fünftel Staatsbedienstete

- sich um das Dorf und die Bewässerungseinrichtung eine Gruppe völlig verarmter Tuareg-Nomaden angesiedelt hat, denen die Bauern zwar nicht zugestehen, daß sie eine Hacke in die Hand nehmen, denen sie aber zum Zeitpunkt der Ernte eine Handvoll Getreide geben.

Um dies zu verhindern, muß das Entwicklungshilfeprojekt aus seiner eigenen Logik heraus die einheimischen Mitarbeiter zur Erntepolizei degradieren, damit die Produktivitätssteigerung gemessen und die Wirtschaftlichkeit des Projekts nachgewiesen werden kann.

Der Handlungsspielraum der Bauern in den Bewässerungseinrichtungen ist sehr gering. Die Abhängigkeit von nicht beeinflußbaren technischen Parametern (Kanalbau, Energieversorgung, Wartung, Saatgut) einschließlich Wasserverfügbarkeit ist extrem. Zum Teil sind die Anlagen nicht für derart niedrige Flutstände, wie sie zwischen 1981 und 1984 auftraten, ausgelegt. Aus technischen, ökonomischen und politischen Gründen ist kaum anzunehmen, daß jemals eine entsprechende Bewässerungsanlage auf Dorfebene, wie sie in Douékiré mit ca. 50 ha eingerichtet wurde, in Selbstverwaltung betrieben werden kann. Bei der Verwaltung ist, wie das Zitat zeigt, kein entsprechendes Verständnis da. Außerdem besteht ein unmittelbarer Zugriff dadurch, daß Staatsbedienstete selbst Eigner von Bewässerungsparzellen sind. Die Effizienz der staatlichen Entwicklungsorganisation ist sehr gering; allerdings gibt es einige wenige von Nicht-Regierungsorganisationen betreute Projekte.

In der Gegend gibt es einige Kleinpumpen in privatem Besitz, die teils mit externer Entwicklungshilfe angeschafft wurden, teils durch externe Akkumulation. Wartungsdienste und Logistik sind besonders schwierige Bereiche. Das Interesse an Gruppenzusammenschlüssen wäre vorhanden, scheitert jedoch an der staatlichen Entwicklungsideologie, die davon ausgeht, daß praktisch das ganze Dorf in einer Dorfarbeitsgesellung (ton villageois) organisiert sein soll. Diese in Anlehnung an die traditionellen Arbeitsgruppen konzipierte Institution kann nach Meinung der Bevölkerung nur bei den Bambara im Süden, von wo sie stammt, funktionieren.

Das Problem einer weiteren Mechanisierung stellt sich unter den vorhandenen Produktionsbedingungen im Norden nicht. Allerdings wird in der staatlichen Bewässerungseinrichtung, der Nachfolgeeinrichtung der kolonialen Weizenanbaugesellschaft in Diré, mit Traktoren gepflügt. Die Parzelleninhaber sind völlig abhängig von den Anweisungen der Behörde.

Nachdem es 1985 wieder geregnet hat, hat sich gezeigt, daß fehlendes Saatgut, Verschuldung, Verlust der Tiere, Abwanderung der wichtigsten Familienarbeitskräfte die optimistischen Erwartungen zunichte gemacht haben.

Eine Saison lang verweigerten die Bauern völlig die Mitarbeit im Projekt, da man auf dem Anordnungswege Pachtverhältnisse verboten hatte. Inzwischen wird die Bewässerungslandwirtschaft für die glücklichen Parzellenbesitzer am Horosee weiter intensiviert. Als der deutsche Bundespräsident 1988 den Horosee besuchte, wurde in der Presse euphorisch von der "Speisung der Fünftausend" gesprochen. Tatsächlich wurden jedoch 1987/88 knapp 1.600 Hektar bewässert, nachdem es 1986/87 erst 545 Hektar gewesen waren. Dies liegt jedoch noch unter der Fläche, die bereits vor 40 Jahren durch das Office du Niger bewässert worden war.

Eine Evaluierung weist nach, daß die Bauern eine sehr hohe "return of investment" erreichen und einen Überschuß erwirtschaften, daher zur Zahlung der Abgaben in der Lage sind. Was passiert jedoch in den schlechteren Jahren? Was passiert mit den übrigen Menschen in der Zone Lacustre? Von den Nomaden ist nicht mehr die Rede, anscheinend haben sie das Seengebiet verlassen ...

Zusammenfassend ist festzuhalten, daß das Sahelland Mali ein typisches Land nicht nur für die Ökologie- und Ernährungsproblematik, sondern auch allgemein für die Strukturprobleme der Länder Afrikas südlich der Sahara ist, für deren Bewältigung die internationale Gebergemeinschaft Anpassungsprogramme erarbeitet hat. Die Wirksamkeit und der Erfolg der anstehenden Politikmaßnahmen in Mali - Liberalisierung des Agrarmarktes, Eingrenzung von Umfang und Funktion des Staatsapparats, Ernährungssicherungsstrategie, Bekämpfung der Desertifikation - sind nicht durch die Schaffung der entsprechenden Bedingungen an der Basis gesichert.

Die Ökologieproblematik wurde zwar erkannt, jedoch ist die formulierte Politik zur Erhaltung der natürlichen Ressourcen nicht operational. Die seit der ersten Saheldürre auf die nationale Nahrungsmittelautonomie abzielende Ernährungssicherungsstrategie steht in Widerspruch zu den neuerdings verordneten Strukturanpassungsmaßnahmen, einschließlich der Getreidemarktliberalisierung. Es kann gezeigt werden, wie Prozesse der sozio-ökonomischen Differenzierung, des Aufbrechens der Subsistenzwirtschaft, des zunehmenden Konflikts zwischen verschiedenen ökonomischen Gruppen sowie eine Verschärfung des Gegensatzes Bevölkerung - Staat, die Verdrängung und Marginalisierung bestimmter Gruppen, eine verstärkte, notbedingte Migration und die zunehmende Unsicherheit der Bodennutzungsrechte die Destabilisierung der Produktions- und Sozialsysteme bewirken. Maßnahmen, um diese Prozesse aufzufangen, insbesondere eine angemessene Nomadenpolitik bzw. eine Rehabilitation und Statusverbesserung der Produzenten in den Bewässerungseinrichtungen, vor allem dem Office du Niger, wird nicht formuliert, geschweige denn umgesetzt.

Dafür sind die maßgeblichen sozialstrukturellen Bedingungen und Konzepte der ländlichen Entwicklung nicht vorhanden. Aufgrund des externen Liberalisierungsdrucks und der internen prekären Machtverhältnisse kommt es zu keiner kreativen Neugestaltung der seit dem sozialistischen Regime Keitas eingeleiteten Konzeption der ländlichen Entwicklung, und die vorgesehenen Organisationsformen an der Basis lassen - trotz offiziell propagierter Dorforganisationen - keine Eigenständigkeit und Überwindung der ineffizienten, zentralistischen Strukturen zu.

Die Fallstudie in der Zone Lacustre in der sechsten Region (Timbuktu) im Norden Malis zeigt, daß die Wirkungen externer Intervention zum Teil eindeutig, zum Teil widersprüchlich sind: Sobald eine Surplusproduktion, nämlich Fischexport sowie Weizenproduktion mit Dampfkraftbewässerung, stattfand, kam es zu Ressourcenzerstörung. In der extremen Dürrezeit stellt jedoch jetzt die Bewässerungswirtschaft die wichtigste Überlebensgrundlage dar. Zunächst kam es zur Stärkung eines weiträumigen Systems des Austausches von Arbeit und Produkten, das den Sicherungsmechanismus der Subsistenzwirtschaft darstellte, gleichzeitig jedoch - zusammen mit der Zwangsvermarktung - die Vorratshaltung reduzierte. Einerseits kam es zur Aufhebung der tributären Produktionsverhältnisse, andererseits zur Herausbildung neuer sozialer Ungleichheit durch privilegierten Zugang bzw. Ausschluß von - zu Staatseigentum erklärtem - bewässerten Land. Dabei kam es zur Festigung von Herrschaft über Klientelbeziehungen auch der nationalen Entwicklungsfunktionäre bei Geltungsverlust ihrer sozialen Verpflichtungen. Es kam zu einer 'Modernisierung' des Pachtsystems. Die Individualisierung von Landbesitz führte zum Abbau der sozialen Sicherung durch den Rückgang des sozialen Zusammenhalts und die Monetarisierung der Arbeit. Es kam zum Ausschluß der ehemals dominanten Nomaden von der Bewässerungslandwirtschaft und zu ihrer Marginalisierung durch Integration der Viehhaltung in den Ackerbau.

"On partage" steht für die Art des Teilens der Ernte unter Abhängigen und Pächtern, gemäß verwandtschaftlicher und sozialer Arbeits- und Solidaritätsbeziehungen sowie islamischer Pflichten. Die technologische Entwicklung, die aufgrund des externen Anstoßes immer mit der (ungleichen) Einbindung in den nationalen, oft sogar internationalen Markt verbunden ist - wie hier über den Kauf von Pumpen, Dieseltreibstoff, Ersatzteilen, Saatgut, Dünger etc. -, bedeutet einen fundamentalen Widerspruch gegenüber diesen bisherigen sozialen und ökonomischen Beziehungen, die auch ökologisch relevant waren. Eine autonome Handhabung der Technik und ein eigenständiges Wirtschaften sind angesichts dieser Widersprüche und der existenziellen Notsituation unmöglich. Die Abhängigkeit von außen ist in jeder Hinsicht total: ökonomisch zur Finanzierung der technischen Neuerungen, technologisch zur Bedienung und Wartung, sozial zur Verwaltung; sie läuft der eigenen substantiellen Rationalität zuwider.

Kap. D: Ausblick: Internationale Krisenbewältigung

Teil X: Die gesellschaftlichen Bedingungen der "Strukturanpassungspolitik"[1]

1 Fehlende Verankerung der Strukturanpassungspolitik bei der Bevölkerung

Bisher wurde zu zeigen versucht, daß die Krise der Existenzsicherung der Bevölkerung und die Umweltzerstörung in afrikanischen Ländern nicht zuletzt dadurch bedingt ist, daß kein eigenständiger sozialer Wandel stattfinden kann. Im letzten Kapitel, das über den bisherigen Rahmen der Arbeit hinausgeht, wird nun in einer Art Ausblick die seit Beginn der 80er Jahre international für Afrika südlich der Sahara propagierte (und durchgesetzte) Krisenbewältigung der "Strukturanpassungspolitik", die die Entwicklungsstrategien im engeren Sinne fast in den Hintergrund treten ließ, im Hinblick auf ihre gesellschaftlichen Bedingungen und Implikationen hinterfragt. These ist, daß sie den eigenständigen sozialen Wandel nicht fördert, im Gegenteil, die Gefahr besteht, daß sie ihn weiter behindert.

Ausgangspunkt ist die Überlegung, daß weder die vorherrschende Problemdefinition noch die von der internationalen Gemeinschaft vertretenen Lösungsansätze dem der Krise Schwarzafrikas[2] zugrundeliegenden gesellschaftlichen Problem gerecht werden. Dieses sozialstrukturelle Problem besteht, wie gezeigt wurde, außer in der absoluten Armut in den Prozessen der Verarmung, dem Verlust der Sicherheit, der Flexibilität und der Autonomie der Bevölkerung, deren Handlungsspielraum extrem eingeengt ist.

---

[1] Siehe G. Lachenmann, 1987d, 1987e

[2] Vgl. Deutsches Institut für Entwicklungspolitik, 1985

Angesichts dessen müßte Hauptaufgabe der Entwicklungspolitik sein, diese Prozesse aufzuhalten, weswegen es zunächst viel mehr um Stabilisierung als, wie dies beansprucht wird, um Wachstum gehen müßte. Es wird die These vertreten, daß den von den afrikanischen Regierungen mit der internationalen Gemeinschaft ausgehandelten und durchzuführenden sogenannten Stabilisierungs- und Strukturanpassungsprogrammen die Verankerung in der Gesellschaft fehlt, um wirksam zu sein. Wie gezeigt wurde, hat die Bevölkerung keinen Spielraum für eigenständiges Handeln. Es fehlen die Vermittlungsstrukturen für die Reformanstrengungen zwischen Makro- und Mikroebene, sichere und angepaßte Konzepte einer ökologisch fundierten Produktionsverbesserung sowie die Unterstützung der erforderlichen sozialen Organisation an der Basis.

Zwar wird nach sozialen Kompensationsmaßnahmen gerufen, die man als Sozialpläne bezeichnen könnte, jedoch kann es nicht um eine sekundäre wohlfahrtsstaatliche Umverteilung gehen, sondern die gesellschaftlichen Implikationen der Programme - nicht bezüglich des sozialen Wohlergehens, sondern des Zugangs zu Produktionsmitteln, Produkt, politischer Macht und sozialem Status - sind zu betrachten. Daher kann auch keine Sozialpolitik im Sinne von Sozialhilfe gefordert werden,[3] sondern fundamentale gesellschaftliche Wandlungprozesse sind erforderlich, die - und das ist ein zentraler Aspekt - durch die von außen geförderten, lediglich auf die 'moderne' ökonomische Teilwelt bezogenen Strukturanpassungsmaßnahmen eher verhindert werden.

Erstens sind die Implikationen und unmittelbaren Auswirkungen sozialer und gesellschaftlicher Art aufzuzeigen, die zu Lasten der armen Bevölkerung gehen und ansatzweise bereits in der Literatur diskutiert werden.

---

[3] Vgl. G. Lachenmann, 1982, Kap. 4.6: Perspektiven einer Theorie der Sozialpolitik in Entwicklungsländern, S. 98 ff.

Zweitens geht es darum, zu verdeutlichen, daß nicht nur die unmittelbar negativen sozialen Auswirkungen der Maßnahmen festzustellen und mögliche kompensatorische - im Grunde wohlfahrtspolitische statt strukturverändernde - Maßnahmen zu fordern sind. Darüber hinaus müssen die kontraproduktiven Wirkungen der Maßnahmen im unmittelbar wirtschaftlichen Bereich, im Hinblick auf politische Stabilität und Demokratisierungsprozesse sowie auf die Sozialstruktur aufgezeigt werden.

Drittens soll auf die Gefahr hingewiesen werden, daß durch diese Maßnahmen lediglich kurzfristig und oberflächlich wirtschaftliche Strukturen angepaßt werden, und dies auch nur im Hinblick auf den weltmarktorientierten Bereich. Das Problem könnte darin liegen, daß solche Wirkungen eintreten, die mittel- und langfristig einem eigenständigen Wandel der wirtschaftlichen, politischen und sozialen Strukturen entgegenstehen. Durch die Implikationen im politischen und sozialen Bereich wären möglicherweise die angestrebten wirtschaftlichen Strukturveränderungen zumindest mittel- und langfristig wieder in Frage gestellt.

Kernthese ist, daß die Chance gering ist, daß die gewünschten und postulierten Effekte der Anpassungsprogramme mangels gesellschaftsstruktureller Basis - sollte man sie theoretisch[4] und politisch gutheißen - tatsächlich eintreten, und außerdem die Gefahr besteht, daß die bisherigen Ungleichgewichte und Strukturverzerrungen verschärft werden, ohne daß die angestrebte Lösung der ökonomischen Probleme erreicht wird. Das bedeutet, daß gesellschaftliche Strukturveränderungen notwendig wären, die die Kritik an der Übertragung von Wachstums- und Industrialisierungsmodellen berücksichtigen sowie die Anforderungen einer Entwicklung aus eigener Kraft erfüllen und eine Grundbedürfnisstrategie umsetzen würden.

---

[4] Vgl. R. Green, C. Allison, 1984, S. 7 f.

Dazu wäre eine Umkehr der Mechanismen erforderlich, die die Produktions- und Sozialsysteme großer Teile der Bevölkerung destabilisieren. Sicherheit und Handlungsspielraum der Bevölkerung werden allein die entscheidenden Voraussetzungen für Produktivitätssteigerungen in einem ökologisch angemessenen Entwicklungsmodell schaffen können. Dies bedeutet eine bewußte Abkehr von autoritären, zentralistischen, abschöpfenden Strukturen und eine Stärkung von lokaler Autonomie, Wirtschaftskreisläufen, eigenständigen Organisationen und sozialen Bewegungen, die an der sozialen Realität und dem vorhandenen Potential anknüpfen und dem bisherigen 'modernistischen' Entwicklungsmodell eine eigenständige Konzeption entgegensetzen.

2 Grundprinzipien der Strukturanpassungsmaßnahmen und ihre methodische Erfassung

Im folgenden wird versucht, Elemente einer tiefergehenden sozialstrukturellen Analyse anhand der für relevant gehaltenen Bereiche und als entscheidend angesehenen Prinzipien der Maßnahmen zu skizzieren, die aufgrund des Anspruchs der Nichteinmischung vernachlässigt werden. Diese betreffen die Frage der unmittelbaren sozialen Folgen - umschrieben mit der viel zu kurzgreifenden Forderung nach einer "gerechten Verteilung der sozialen Kosten" -, die Frage der Änderung bzw. Begrenzung der Rolle des Staates - zu kennzeichnen durch die Forderung nach "weniger Staat" -, die grundsätzliche Orientierung auf eine Liberalisierung der Wirtschaft - zu charakterisieren durch das Schlagwort "get prices right" -, die grundsätzliche Frage der Ernährungssicherung, an der sich die Maßnahmen messen lassen müssen, sowie die politischen Implikationen und ablaufenden Prozesse.

Dieses Vorgehen rechtfertigt sich daraus, daß nicht nur die Grundprinzipien für alle Länder gelten, sondern sogar von vielen Seiten der Vorwurf gemacht wird,[1] daß weder beim IWF noch bei der Weltbank eine angemessene Länderanpassung erfolgt, bzw. nicht oder jedenfalls zu wenig an den konkreten Verhältnissen angesetzt wird.

Außerdem beziehen sich die Ausführungen nicht nur oder nicht spezifisch auf IWF-Maßnahmen und Weltbank-Programme, sondern auf die wirtschaftspolitischen Maßnahmen im allgemeinen, die seit Mitte der 80er Jahre in Afrika durchgeführt werden und auf einen Abbau der Strukturverzerrungen zielen. Der deutsche Begriff der "Anpassungspolitik" trifft den Kern der Sache sicher-

---

[1] Vgl. z.B. GKKE Gemeinsame Konferenz Kirche und Entwicklung, 1987, S. 10, 34

lich weniger gut als "adjustment" im Englischen oder "redressement" im Französischen. Diese Strukturanpassungspolitik wird von den meisten internationalen Organisationen und auch bilateralen Gebern in verschiedener Art und Weise mitgetragen, auch wenn durchaus auf Widersprüche innerhalb dieser Maßnahmen sowie der Ziele der einzelnen Institutionen hingewiesen wird. Außerdem werden die zum Teil auch ohne Abkommen mit dem IWF oder der Weltbank von den Ländern selbst im gleichen Sinne initiierten Austeritätsmaßnahmen mit einbezogen.

Anspruch ist nicht, einzelne Maßnahmen in bezug auf die verfolgten Ziele abzuhandeln und ihre unmittelbaren Wirkungen nachzuweisen. Dies wäre methodologisch kaum möglich, schon gar nicht hinsichtlich der gesellschaftlichen Wirkungen, da einzelne Erscheinungen nicht eindeutig zugeordnet werden können, sondern aus einem komplexen Systemgefüge resultieren. Vielmehr wird hier ein Ansatz vertreten, der die Angemessenheit der Maßnahmen an die Realität der gesellschaftlichen Strukturverzerrungen und der externen Systemzwänge sowie die ausgelösten Wirkungen und Prozesse in ihrem Gesamtzusammenhang zu analysieren versucht.

Natürlich ist die gesellschaftliche Strukturproblematik nicht erst durch diese Maßnahmen entstanden. Andererseits muß ihnen der Vorwurf gemacht werden, daß sie nicht 'modelltheoretisch' und in der Zielsetzung richtig sein können, wenn die gesellschaftlichen Strukturen, auf die sie treffen, theoretisch wie empirisch ihre Zielerreichung verhindern und sie aufgrund dieser Situation verschärfende und geradezu gegenteilige Wirkungen haben. Hier interessiert nicht die Intention, sondern die Angemessenheit angesichts der gesellschaftlichen Problematik, die die Rationalität der Maßnahmen zu einer partialen werden läßt.[2] Selbst wenn bestimmte Maßnahmen grundsätzlich für richtig gehalten werden (z.b. eine Erhöhung der Preise für das wichtigste nationale Grundnahrungsmittel) angesichts einer über Jahre hin verfehlten Politik (z.B. der Reispolitik in Madagaskar), können sie nicht in der Schärfe und Zeitabfolge vertreten werden, wenn dadurch extreme soziale Mißstände ausgelöst werden (z.B. Hungersnot der städtischen Armen in Madagaskar).[3] Dann erweisen sich solche 'modelltheoretisch' abgeleiteten Maßnahmen als politisch und empirisch unangemessen, und es müssen andere Wege und Zeiträume der Durchführung gefunden bzw. andere Prioritäten gesetzt werden.

Ebensowenig können Weltmarktentwicklungen (wie Verfall der Rohstoffpreise) als Erklärung für die Nichterreichung der Anpassungsziele angesehen werden, denn gerade diese müssen von multilateralen Institutionen berücksichtigt und können von ihnen noch am ehesten beeinflußt werden. Deren Stellenwert in der Verursachung der Krise wird vernachlässigt, wenn nur einseitig von den afrikanischen Ländern Austeritätsmaßnahmen gefordert werden. Auch werden Ursache und Wirkung verwechselt, wenn - wie in einem Weltbankpapier geäußert[4] - die Nichterreichung der Ziele damit begründet wird, daß die konzipierten Programme lediglich nicht richtig umgesetzt wurden, wie wenn es sich hier nur um eine Frage des guten Willens oder des Managements handelte. Die so-

------

[2] R. H. Green unterscheidet analytisch die "Kosten der Stabilisierung" von den "Kosten der IWF-Stabilisierungsansätze". Als wichtigste Fragen sieht er, "ob IWF-Ansätze vermeidbare, zusätzliche Kosten verursachen", und ob "die Art, wie sie stabilisieren, Sinn macht." 1986, S. 3. Eine grundsätzliche, historisch-entwicklungsphilosophische Diskussion der zugrundeliegenden Prämissen findet sich bei A. G. Hopkins, 1986

[3] Vgl. Madagascar hit by IMF's rice import proposals, in: Africa Analysis, no. 4, 22.8.1986, S. 7

[4] Vgl. International Bank for Reconstruction and Development, 1987, Annex, S. 3

ziale Realität verhindert eben dies gerade. 'Modelltheoretisch' abgeleitete, potentiell positive Wirkungen für die Armen können nicht einfach als real unterstellt werden.

Im folgenden werden nicht einzelne Länderfallstudien speziell behandelt, da empirisches Material nicht ausreichend vorliegt; die allgemeine Problematik steht im Vordergrund. Es wird die Literatur aufgegriffen, in der gesellschaftliche Implikationen und Auswirkungen zur Sprache kommen. Mit Hilfe der angeführten Fallbeispiele sollen für die Gesamtproblematik typische Fragen angesprochen werden. Absicht ist, auf mögliche Probleme, unerwünschte Tendenzen und vernachlässigte Aspekte aufmerksam zu machen, die sich nach den ersten Jahren des Versuches einer Krisenbewältigung abzeichnen.

Ein Vorwurf, der den internationalen Institutionen gemacht werden muß, ist, daß gesellschaftliche Folgen weder theoretisch noch empirisch ausreichend behandelt werden. Positive soziale Auswirkungen werden nur modelltheoretisch postuliert und negative Erscheinungen als Übergangsphänomene dargestellt, für die Sozialhilfemaßnahmen durchgeführt werden sollen (Speisungsprogramme u.ä.), was bisher für Afrika jedoch noch nicht der Fall ist.

Es wird nicht der Anspruch erhoben, sich mit der gesellschaftlichen oder sozialen Zielsetzung der einzelnen Akteure zu beschäftigen; auch die Entwicklung und Veränderung ihrer Konzepte ist ein anderes Thema. Allerdings werden afrikanische Positionen in der internationalen Diskussion aufgezeigt, um Ansätzen eines internen Strukturwandels nachzugehen.

Kern der angesprochenen Anpassungspolitik sind

- die Stabilisierungsprogramme des Internationalen Währungsfonds (IWF) sowie

- die Struktur- und Sektoranpassungsprogramme der Weltbank,[5] auf die sich die allgemeine Diskussion konzentriert und die eine Leitfunktion für die Maßnahmen der internationalen Gebergemeinschaft haben.

Erstere beruhen auf dem Prinzip, ihre Kredite an bestimmte Auflagen zu binden, die in einem "letter of intent" der jeweiligen Regierung akzeptiert werden und bei deren Nichteinhaltung die Auszahlung der entsprechenden Raten eingestellt wird. Diese Programme wurden häufig mit dem Argument kritisiert, sie seien auf zu kurzfristige finanzielle Stabilisierung ausgerichtet. Die Weltbank-Programme sind als Ergänzung der IWF-Stabilisierungsprogramme und als mittelfristige Entwicklungsprogramme konzipiert.

Der Auflagenkatalog kann sinngemäß wie folgt skizziert werden:[6]

- Schaffung realistischer Wechselkurse, meist gleichbedeutend mit Abwertung
- Liberalisierung des Handels- und Zahlungsverkehrs mit dem Ausland
- Einschränkung des inländischen Kreditangebots
- Begrenzung öffentlicher Haushaltsdefizite
- Begrenzung der öffentlichen Beschäftigung
- Privatisierung von öffentlichen Unternehmen
- Begrenzung von Lohn- und Gehaltserhöhungen
- Streichung von Subventionen
- Förderung privater Investitionen
- Aufhebung von Preiskontrollen
- Verbesserung des internationalen Schuldendienstes.

---

[5] Vgl. The World Bank, 1981b, 1983, 1984, 1986

[6] Vgl. J. B. Zulu, S. M. Nsouli, 1985; dazu vgl. O. Kreye, A. Schubert, 1987, S. 39; vgl. auch T. W. Parfitt, 1986

Bis Ende Januar 1987 haben 17 afrikanische Länder mit dem IWF Bereitschaftskreditabkommen geschlossen.[7] Die Weltbank führt in den meisten Ländern Programme durch.

---

[7] Vgl. Fund activities. Stand-by, extended, and structural adjustment facility (SAF) arrangements as of January 31, 1987, in: IMF Survey, March 9, 1987, S. 76

3 "Eine gerechte Verteilung der sozialen Kosten"

Der erste Problembereich sind die unmittelbaren sozialen Folgen der bisher durchgeführten bzw. in Angriff genommenen Maßnahmen.

Als These kann formuliert werden, daß in allen betroffenen Ländern Anhaltspunkte für eine Beschleunigung der Verschlechterung der realen Lebenssituation bestehen. Dimensionen der Lebenssituation sind auf dieser Ebene (Real-)Einkommen, Nahrungsmittelpreise, Preise sowie Verfügbarkeit von Grundbedarfsgütern und -dienstleistungen sowie Beschäftigung, bezüglich der ländlichen Bevölkerung außerdem Produzentenpreise sowie Preise und Verfügbarkeit der Produktionsinputs.

Es wird davon ausgegangen, daß wirtschaftliches Wachstum zwangsweise mit sozialen Ungleichgewichten oder 'Opfern' verbunden sei, und versäumt, die Befriedigung der Grundbedürfnisse der gesamten Bevölkerung explizit als conditio sine qua non zugrunde zu legen, wie dies die Weltbank noch Anfang der 80er Jahre gemacht hatte.[1]

Wenn negative soziale Wirkungen angesprochen werden, so oft nur im Hinblick auf die Gefährdung der Umsetzbarkeit, nicht weil die Maßnahmen als falsch angesehen werden, wenn sie solche Wirkungen

---

[1] Vgl. dagegen H. Chenery et al., 1974. Die entscheidende Weltbank-Veröffentlichung zur Grundbedürfnisstrategie war: World Bank, 1981a

haben.[2] Die theoretischen Annahmen der Maßnahmen werden implizit auch dann akzeptiert, wenn nach einer "gerechten oder gleichmäßigen Verteilung der Lasten" gerufen wird, da bisher die sozialen Kosten vor allem von den Schwachen getragen wurden. So bei der Anhörung vor dem Ausschuß für wirtschaftliche Zusammenarbeit des Bundestages im November 1986: "Einig ist man sich allerseits, daß die sozialen Kosten dieser Anpassungsprogramme besser verteilt werden müssen und nicht wie bisher hauptsächlich zu Lasten der sozial Schwachen gehen dürfen".[3]

R. Jolly[4] hält die Berücksichtigung humaner Gesichtspunkte in den Anpassungsprogrammen für möglich: "adjustment with a human face". Man müsse den Verantwortlichen ("Führern" sagt er) zeigen, was möglich sei. Er fordert eine "fundamentale Art des Strukturwandels" in Richtung auf "größere Eigenständigkeit, Dezentralisierung, Kleinproduktion und Gemeinwesenaktionen, Machtverschiebung hin zu den Menschen und Haushalten". Jedoch kann sein Vorschlag, eine - in Ernährungsstandards formulierte - Untergrenze festzulegen, unter die die Auswirkungen der ökonomischen Anpassungsprogramme nicht gehen sollten, kaum einen derartigen Strukturwandel einleiten.

---

[2] So z.B. bei J. Betz, 1986: Er bezeichnet es als "populäres Vorurteil", daß Bereitschaftsabkommen u.a. zu "Sozialabbau und Umverteilung zugunsten der Reichen im Lande" führten. Die "exakten Verteilungswirkungen" hingen u.a. von der "politischen Stärke der verschiedenen gesellschaftlichen Gruppen (ab), die sich gegenüber geforderten Einschränkungen zur Wehr zu setzen." (S. 180f.) Dies besagt natürlich nicht sehr viel.

[3] I. Krugmann-Randolf, 1986; vgl. Deutscher Bundestag, 1986a, 1986b

[4] Vgl. R. Jolly, 1985; dazu neuerdings auch G.A. Cornia, R. Jolly, F. Stewart (Hrsg.), 1987

Abgesehen von den o.a. theoretischen Implikationen und den Durchführungsschwierigkeiten von empirischen Messungen und ihren politischen Konsequenzen ist angesichts der fatalen Lage eines Großteils der afrikanischen Bevölkerung nicht zu vertreten, daß diese Menschen Anpassungskosten tragen sollen; sie leben und wirtschaften in vielen Fällen nahe genug am Existenzminimum. Das heißt nicht, daß nicht laufende Untersuchungen in bezug auf die Lebensbedingungen der Bevölkerung notwendig sind - im Gegenteil. Unangemessen erscheint jedoch die Stoßrichtung, das soziale Problem auf ein Meßproblem und das politische der ungerechten Gesellschaftsstrukturen auf ein Problem des gerade noch zu erfüllenden Überlebensminimums zu reduzieren. Der Punkt ist nicht, daß nicht bekannt wäre, daß es bestimmten Teilen der Bevölkerung schlecht geht. Vielmehr kommt es darauf an, aktiv im Sinne einer Verbesserung der Lebensbedingungen zu intervenieren und nicht nur auf unerträgliche Mißstände sozialtechnologisch zu reagieren.

Was den Verteilungsaspekt anbelangt, so entspricht den politischen Tabus, daß im besten Falle global gefordert wird, die "Eliten" (oder "Staatsklasse") in die Austeritätsmaßnahmen einzubeziehen. Es wäre notwendig, zwischen sozialen und politischen Schichten zu differenzieren. Tatsächlich wird bei Erwähnung der sozialen Auswirkungen höchstens unterschieden zwischen städtischen Gruppen (meist vage differenziert nach städtischen Armen und teilweise niedrigeren Rängen von Staatsbediensteten), ländlicher Bevölkerung (oft unspezifisch mit Kleinbauern gleichgesetzt) und nur zum Teil die Differenzierung nach besonders gefährdeten Gruppen (groups at risk) eingeführt.[5]

---

[5] Vgl. R. H. Green, 1985, S. 32; Ph. Daniel, R. H. Green, M. Lipton, 1985, S. 122 f.

Konkrete Untersuchungen über die Entwicklung der Lebensbedingungen bestimmter Bevölkerungsgruppen liegen nicht vor.[6] Gültige Statistiken über Einkommens- und Preisentwicklung bei Grundbedarfsgütern bis hin zu tatsächlich bezahlten Produzentenpreisen sind praktisch nirgends vorhanden. Auch ist nicht bekannt, daß für eines der betreffenden Länder soziale Begleitstudien oder zielgerichtete Informationssysteme über die sozialen Auswirkungen eingeführt wurden; ebensowenig weiß man von gezielten, tatsächlich durchgeführten kompensatorischen Maßnahmen.[7] Erst neuerdings spricht die Weltbank davon, daß die Armen "geschützt" werden müssen.[8]

Allerdings gibt Jolly[9] anschauliche und erschreckende Beispiele von Studien über Unter- und Mangelernährung. Sicher ist, daß teilweise krasse Einbußen des Lebensstandards durch Austeri-

----

[6] Die vom IWF durchgeführten Erhebungen bzw. von Weltbank und UNDP geplanten Untersuchungen scheinen mehr in die Richtung eines Sozialindikatorenansatzes zu gehen, können also keine gesellschaftspolitischen Fehlentwicklungen aufzeigen.

[7] Es wird lediglich berichtet, daß USAID Projekte zum privatwirtschaftlichen Einstieg von (nicht wie bisher in den Staatsdienst übernommen) Hoch- und Fachschulabsolventen plant; außerdem ein Projekt zur Vorruhestandsregelung für Staatsbedienstete in Mali. Nur aus dem Senegal wird berichtet, daß die Regierung die Einrichtung eines besonderen "Wiedereingliederungsfonds" vorsieht, um den Konsequenzen der neuen Industriepolitik für die Beschäftigung zu begegnen, vgl. Le Sénégal sur la voie de la diversification économique, in: Marchés tropicaux et méditerranéens, 42, no. 2139, 1986, S. 2784 f. + 2788. 1988 soll ein umfassendes "Programme of action for the mitigation of the social consequences of adjustment for development" für Ghana als erstes Land der internationalen Gebergemeinschaft zur Finanzierung vorgelegt werden, das maßgeblich von Unicef erarbeitet wurde, vgl. K. Whiteman, 1987

[8] Vgl. International Bank for Reconstruction and Development, 1987

[9] Vgl. R. Jolly, 1985, S. 84

tätsmaßnahmen eintraten, die jedoch nur langfristige Abwärtsentwicklungen krönten. Außerdem wird häufig darauf hingewiesen, daß nicht nur keine "gleichmäßige" Verteilung der Lasten stattfindet, sondern eine ungleiche allein zuungunsten der ärmeren Bevölkerung. Abgesehen davon, daß die Löhne überhaupt nicht oder nur sehr viel geringer als Konsum- und Produktionsgüterpreise gestiegen sind, war die Steigerung des Konsumentenpreisindex für Niedrigeinkommen z.B. in Simbabwe doppelt so hoch wie für obere Einkommensempfänger. Die negativen Auswirkungen kumulierten dort wegen der Einführung einer 2 %-Steuer bei Niedrigverdienern sowie der Abschaffung der Subventionen bei Grundbedarfsgütern.[10]

In vielen Ländern sind die Reallöhne seit 1979 bis zu 50 % zurückgegangen.[11] Es erfolgt ein Abbau von Subventionen, Preisanpassungen, Senkung der Sozialausgaben, wogegen die (nach dem theoretischen Modell angenommenen) positiven Wirkungen auf den Lebensstandard der Mehrheit der Bevölkerung auf sich warten lassen.[12] In bestimmten Extremsituationen kamen viele Faktoren zusammen, z.B. Preisspekulationen, die durch Abwertung und allgemeine Liberalisierungsmaßnahmen oder Preisniveauangleichung zwischen Ländern gefördert wurden. So konnte in Zaire nach der extremen Abwertung (77,5 %) 1983 ein Empfänger durchschnittli-

---

[10] Vgl. Th. Mkandawire, 1985. Dort wird von "hausgemachten" Austeritätsmaßnahmen berichtet. Simbabwe führte zum 9.12.1982 eine 20%ige Abwertung ein, 1984 betrug sie effektiv 40 % (zum US $). Die 1979 eingeführten Konsumgütersubventionen wurden 1983 erstmalig gesenkt, ebenso wurden 1983/84 die Produzentensubventionen drastisch gesenkt und nur geringfügige Lohnerhöhungen in den untersten Gehaltsstufen zugelassen.

[11] Vgl. Institute for Development Studies at the University of Sussex, 1984, S. 11

[12] Vgl. GKKE, 1987, S. 36

chen Einkommens (z.B. Lehrer) mit seinem Monatsgehalt nur noch die Hälfte des Grundnahrungsmittelbedarfs (Maniok) decken.[13] In Mali wurden nach der CFA-Einführung 1984 (2 FM : 1 FCFA) oft die Preise 1:1 angepaßt. Charakteristisch ist, daß sozialen Implikationen außer Appellen und Zukunftsplänen wenig entgegengesetzt wird. In den o.a. Fällen waren die spekulativen und Preiserhöhungsreaktionen nicht in Betracht gezogen worden bzw. wurden völlig wirkungslos durch Appelle bekämpft. Nicht nur wurde die ärmere städtische Bevölkerung oft übermäßig getroffen, die Maßnahmen, die die Armen betrafen, wurden auch immer sofort umgesetzt, wogegen einschneidende sonstige Maßnahmen, wie z.B. Zurücknahme der protektionistischen Industrieförderung, sich eher in längerfristigen Ankündigungen erschöpften. Dies bedeutet, daß die Abfolge der Maßnahmen und die erforderliche Gegensteuerung nicht angemessen geplant sind.

Die allgemeine Einschätzung geht dahin, daß insgesamt die arme und ärmere städtische Bevölkerung von den unmittelbar einschneidenden Maßnahmen am stärksten betroffen ist. "Dramatische Verarmung der Bevölkerung"[14] z.B. wird aus der Elfenbeinküste berichtet, von der die Städter stärker in Mitleidenschaft gezogen seien als die Bauern. Selbst aus Simbabwe wird für die Jahre 1983/84 von einer dramatischen Verschlechterung der Situation der niedrigen Einkommensgruppen berichtet, insbesondere sollen in den städtischen Bereichen viele Menschen unterhalb der Armutsgrenze leben.[15] Eine scharfe Trennung zwischen der Situation der städtischen bzw. ländlichen Bevölkerung kann jedoch nicht gemacht werden. Es wird konstatiert, daß auch die ländliche

---

[13] Vgl. K. Fresenius, G. Lachenmann, 1984, Kap. 5: Sozioökonomische Lage und Einbeziehung der Bevölkerung; K. McParland, 1986

[14] Prof. Dr. Tetzlaff, in: Deutscher Bundestag, 1986a, S. 36

[15] Vgl. T. Mkandawire, 1985, S. 256 - 258

Bevölkerung in Simbabwe von Maßnahmen gegen die städtische negativ betroffen ist, da sie zum Teil von städtischen Überweisungen abhängig ist. Dieser monetäre Ressourcenfluß Stadt-Land kann sicherlich nur für wenige Länder und für extreme Abwanderungsregionen angenommen werden. In extremen Fällen - z.B. einer Dürre - wirken sich darüber hinaus die erhöhten städtischen Nahrungsmittelpreise negativ auf die ländliche Bevölkerung aus, wenn es wie in Mali auf dem Land zum Teil überhaupt kein Angebot gab bzw. die Preise so hoch waren, daß das Getreide für die ländliche Bevölkerung unerschwinglich war.[16]

Besonders betroffen von den verschlechterten Lebensbedingungen sind die Frauen, die außerdem die größte Last bei der Überlebenssicherung tragen.[17]

Die Preise der wichtigsten Grundbedarfsgüter sind stark gestiegen, was bedeutet, daß die sozialen und Verteilungsprobleme dem Markt überlassen werden, obwohl ein Großteil der Bevölkerung nicht über die entsprechende Kaufkraft verfügt. Z.B. hatte früher in Gambia nur das Gambia Produce Marketing Board (GPMB) Reis einführen können, der zu subventionierten Preisen abgegeben wurde, wobei jedoch die Nachfrage nicht befriedigt werden konnte. Nach der Liberalisierung und Freigabe von Import und Preisen kommt es nicht mehr zu Warteschlangen, die Preise sind zu hoch. Die Versorgungssituation soll besonders schlecht sein. Man hofft jetzt, die einheimische Produktion durch Anhebung der Produzentenpreise zu steigern.[18]

---

[16] Siehe Teil VIII, 1, S. 308 ff.; vgl. R. H. Green, 1985a, S. 20

[17] Vgl. zum städtischen Bereich in Nigeria G. Zdunnek, 1988; zu Jamaika C. v. Braunmühl, 1988

[18] Vgl. F. Sey, 1986, S. 2208

Der Rückgang der Kaufkraft und des Realeinkommens geht soweit, daß die unmittelbare Ernährung[19] betroffen ist. Die übrigen Grundbedarfsgüter und -dienstleistungen sind noch schwerer erreichbar. Z.B. stiegen die Transportpreise der privaten Transportwirtschaft; die staatlichen Transportunternehmen bieten immer weniger und schlechtere (teils auch teurere) Dienste an, da die Einsparungen den laufenden Betrieb und natürlich die Unterhaltungsinvestitionen beeinträchtigen.

Negative Beschäftigungswirkungen, vor allem in bezug auf den städtischen Bereich - Staatsapparat und öffentliche Unternehmen, jedoch auch im modernen Agrarsektor -, werden ebenfalls in allen Berichten erwähnt. Selbst im 'modernen' Sektor wird eine Schrumpfung der Beschäftigung hingenommen. So gilt dies für den Senegal in bezug auf die neue Industriepolitik, die auf Abbau des protektionistischen Systems gerichtet ist, sowie für die Elfenbeinküste, wo selbst im modernen Exportagrarsektor negative Beschäftigungswirkungen eintreten.[20] Diese harten Maßnahmen, die die ohnehin vorhandene geringe Kapazitätsauslastung weiter senken, werden von Green[21] als monetaristische Lehrbuchmaßnahmen kritisiert, die einen wirtschaftlichen Aufschwung (mit möglicher Schuldentilgung sowie Importgüterverdienst) verhindern.

---

[19] Vgl. GKKE, 1987, S. 45

[20] Vgl. Le Sénégal sur la voie de la diversification économique, in: Marchés tropicaux et méditerranéens, 42, no. 2139, 1986, S. 2139, 2784 f., 2788, hier S. 2785

[21] Vgl. R. H. Green, 1985b, S. 4

4 "Weniger Staat"

Eine Forderung und Implikation der Maßnahmen ist der Ruf nach weniger Staat. Abgesehen von dem sicherlich notwendigen Ausgleich der Staatshaushalte bezieht sich diese Forderung auf eine direkte Senkung der Zahl der Staatsbediensteten, die Verkleinerung des Staatsapparats insgesamt und den Rückzug des Staates aus eigenständiger Wirtschaftstätigkeit und Marktregulierung (einschl. Ex- und Import) sowie auf den Abbau der staatlichen Sozialpolitik, d.h. von Subventionen und staatlichen Dienstleistungen zugunsten von mehr Eigenbeteiligung.

Tatsächlich scheint der Staatsapparat vielfach zu aufgebläht, was die Anzahl des Personals sowie die Gehaltssumme anbelangt. Dazu kommt der große para-staatliche Sektor in den meisten afrikanischen Ländern, der - vor allem im industriellen Bereich - ineffizient wirtschaftet. Die Staatseinnahmen kommen in den meisten Ländern nicht aus dem staatlichen Produktions- und Dienstleistungsbereich, sondern aus Export- und Importabgaben und indirekten Steuern.

Es geht hier nicht um die grundsätzliche Frage der privaten Marktwirtschaft gegenüber staatlicher Produktion und Planung. Allerdings mußten in vielen Ländern - gerade z.B. in der meist als Beispiel für ein privatwirtschaftliches Modell genannten Elfenbeinküste - aus historischen Gründen viele wirtschaftliche Funktionen vom Staat übernommen werden.[1]

These ist jedoch, daß die Maßnahmen von den gesellschaftlichen Machtverhältnissen und den sozialstrukturellen Gegebenheiten sowie den Verflechtungen zwischen Staat und Gesellschaft abstrahieren. Diese führen dazu, daß am falschen Platz gespart und

---

[1] Vgl. B. K. Campbell, 1985

damit die Effektivität der notwendigen Staatstätigkeit gemindert wird und letztendlich unerwünschte sozialstrukturelle Folgen auftreten. Tatsächlich müssen in Afrika nach wie vor bestimmte gesellschaftliche Funktionen vom Staat übernommen werden; das Problem ist deren Definition und Trägerschaft durch andere Gruppen. Auf der einen Seite ist es eine Fiktion, von der Nicht-Einmischung der externen Geber in politische und gesellschaftliche Angelegenheiten auszugehen und die Entscheidung über die konkrete Umsetzung der wirtschaftspolitischen Maßnahmen der Regierung selbst zu überlassen. Dies bedeutet nicht eine Zubilligung von Autonomie, sondern die Durchsetzung von Zwängen, unabhängig von der realen Machbarkeit und den unerwünschten Folgen. Auf der anderen Seite kann dies nicht heißen, daß nun die externen Geber die Umsetzung managen und nach ihren Vorstellungen Gesellschaftspolitik entwerfen.

4.1 Staatseinnahmen und Akkumulationsmodell

Die internationale Verschuldung beträgt derzeit in Afrika fast 200 Mrd. US $, d.h. 44 % des jährlichen Sozialprodukts. Der Schuldendienst übersteigt im Durchschnitt 30 % der Exporterlöse und ist im Steigen begriffen. Seit 1975 bis Ende 1986 wurden mit 22 Staaten 87 Umschuldungen vorgenommen. Eine Erholung der Wirtschaft bei Aufrechterhaltung dieses Ressourcenabflusses kann nicht erwartet werden.[2]

Wenn, wie in den Anpassungsmaßnahmen vorgesehen, die Staatseinnahmen gestärkt werden sollen, werden - in Anbetracht der staat-

---

[2] Vgl. Afrika-Wirtschaftstag 1987, in: E+Z, Nr. 5, 1987, S. 23. Für eine genaue Analyse der Verschuldungssituation der afrikanischen Länder vgl. C. S. Hardy, 1986. Dort wird u.a. auf die Notwendigkeit der Überwindung des kurzfristigen Stabilisierungsansatzes und auf den Investitions- und Importbedarf für wirtschaftliche Strukturreformen hingewiesen.

lichen Einnahmenstrukturen - die indirekten, d.h. die Mehrheit der Bevölkerung treffenden, Steuern angehoben. Dabei wird das Ziel der Entlastung der Agrarbevölkerung gerade nicht erreicht, und außerdem wird notwendigerweise wieder die Exportlandwirtschaft gefördert. Direkte Besteuerung der hohen Einkommen ist meist kein bedeutender Faktor. Beide Maßnahmen verringern - einmal auf der Ebene des Konsums, einmal der Produktion - die Ernährungssicherung. In Ländern wie Mali ist allerdings die direkte Steuer (praktisch noch Kopfsteuer) eine große Belastung. Dort wird ihre derzeitige Stagnation (1986 ca. 1/7 der Staatseinnahmen) im Hinblick auf die konstatierte "Verarmung der Bauernschaft" als notwendig angesehen.[3]

Der Ausgleich des Staatshaushaltes reicht insofern nicht aus, als ein Aspekt der Krise gerade darin besteht, daß die Staatseinnahmen aus den "klassischen Sektoren" zurückgehen, womit dann wieder das Strukturproblem der Landwirtschaft angesprochen ist. Besonders gilt dies für Länder wie die Elfenbeinküste, deren gesamtes Akkumulationsmodell - Abschöpfung aus der Landwirtschaft, Investition in von ausländischem Kapital abhängiger Industrie, die ineffizient und unter Protektionismus arbeitet, bzw. unproduktivem Handel und Spekulationen - jetzt in Frage gestellt ist.[4]

Selbst wenn es zu Streichungen im Staatshaushalt und vereinzelt zur Schließung völlig ineffizient wirtschaftender Staatsbetriebe kommt, wird noch lange nicht das Hauptproblem der verzerrten Agrarmarktstrukturen beseitigt, d.h. nach wie vor zu niedrigen Weltmarktpreisen Getreide eingeführt, wie z.B. in Togo.

---

[3] Vgl. Mali, in: Marchés tropicaux et méditerranéens, 42, 2107, 1986, S. 849

[4] Vgl. B. K. Campbell, 1985

4.2 Personalkürzungen und Ineffizienz

Was die Kürzung der Zahl der Staatsbediensteten anbelangt, so müßte nach ihrem Aufgabenbereich differenziert werden. Anderenfalls kommt es zu kontraproduktiven Wirkungen, zum einen, was die Effektivität der (notwendigen) Staatstätigkeit betrifft, und zum anderen hinsichtlich der Konsequenzen, die für Wirtschaft und Gesellschaft daraus entstehen, daß Staatsbedienstete entlassen bzw. Absolventen des formalen Bildungssystems nicht mehr in den Staatsdienst übernommen werden.

Niemand wird bestreiten, daß in den afrikanischen Ländern ein ländliches Beratungssystem notwendig und verbesserungswürdig ist, vor allem in bezug auf die Verfügbarkeit angewandter Forschung, den Einsatz forstwirtschaftlicher Berater, die eine Ökologiepolitik tatsächlich umsetzen, und vieles andere mehr. Privatwirtschaftliche Beratungssysteme (z.B. durch Kaffee-Exportunternehmen) haben immer eine Tendenz zu Monokulturen und damit niedriger Ernährungssicherung und Raubbau an der Natur mit sich gebracht. Günstigere Zwischenformen, wie die von relativ eigenständigen Entwicklungsgesellschaften mit hoher Staatskontrolle praktizierten (z.B. der aus der früheren kolonialen Baumwollgesellschaft in Mali hervorgegangenen CMDT), fallen jedoch ebenfalls unter die jetzt verfolgten Austeritätsmaßnahmen.

In der Praxis der ländlichen Entwicklungsarbeit sind jedoch an der Basis nicht genügend Berater bzw. Mittel für deren effizienten Einsatz vorhanden. Eingespart wird - entgegen möglicherweise anders lautenden zentralen Anweisungen - immer zuerst an der Basis. Dies hat eindeutig gegenläufige Folgen in bezug auf Produktion (und damit auch Staatseinnahmen) und soziale Lebensbedingungen. Nur wenn politische Macht vorhanden ist, an den zentralen Stellen bei den höheren Kategorien zu kürzen, besteht eine Erfolgschance. Der politische Konsens dafür ist jedoch nicht vorhanden, da die Maßnahmen insgesamt keinerlei innenpolitische Grundlage haben.

Oft wird am falschen Ort eingespart. Zum Beispiel wurde 1986 im Niger die Getreidevermarktungsbehörde in ihren Funktionen sowie ihrem Personalbestand aufgrund der Weltbankanforderungen stark eingeschränkt, die Marktreservehaltung wurde gestrichen, nur noch eine minimale Sicherheitsreserve soll betrieben werden. Die Folge war, daß besonders im mittleren Managementbereich - wo ein Hauptproblem des in allen Ländern konstatierten Mißmanagements liegen dürfte - der Betrieb zusammenbrach, nämlich in der Buchführung. Daraufhin wurden von mehreren ausländischen Gebern Experten verschiedener Nationalität und professioneller Ausrichtung an die defizitären Stellen gesetzt. Das bedeutet, daß in bestimmten staatlichen Funktionen einheimische Funktionäre durch ausländische Experten ersetzt werden, die dann andere Ausgabenkonten belasten, d.h., eine externe Bürokratie wird aufgebaut, die letztlich mit einer 'Bewirtschaftung' des Landes gleichgesetzt werden könnte.[5]

Außerdem verlangt die Durchführung der Anpassungsprogramme eine besonders flexible Verwaltung, die in Afrika nicht vorhanden ist - darauf wird ja von den Geberorganisationen immer wieder hingewiesen. Es müßten mehr qualifizierte Arbeitskräfte eingestellt[6] bzw. besonders gefördert und geschult werden, anstatt Personal einzusparen oder durch sonstige Kürzungen zu entmutigen. Es wird angesichts der Beschäftigungssituation schwierig sein, für die - durch wirtschaftliche Liberalisierungsmaßnahmen sowie staatliche

---

[5] Von deutscher Seite wird z.B. eine sog. TZ-Fazilität neben der finanziellen Zusammenarbeit jetzt auch für die technische Zusammenarbeit beabsichtigt, die Anpassungsmaßnahmen kurzfristig unterstützen kann. Damit wird der Illusion angehangen, die Prinzipien der Personalstraffung seien erfüllt, jedoch bleibt das einheimische Personalpotential auf der Strecke. Vgl. Deutscher Bundestag, 1986b, S. 78/15 f.

[6] Darauf weist die GTZ bei der Expertenanhörung vor dem AWZ hin, in: Deutscher Bundestag, 1986b, S. 78/8; vgl. auch R.H. Green, 1985a, S. 22 ff. zu "institutionelle Infrastruktur"

Personaleinsparungen - z.B. in Nigeria freigesetzten Bediensteten, die bisher den Papierkrieg der Ein- und Ausfuhrregelungen betrieben, alternative produktive Verwendungsmöglichkeiten zu finden. Andererseits ist zu befürchten, daß die auf einem (so auch in anderen Gesellschaften nicht realisierten) liberalen Anspruch beruhenden Maßnahmen wie die Versteigerung knapper Devisen für Importzwecke, die an die Stelle der Zuteilung gemäß entwicklungspolitischer Planung getreten ist, zu einer neuen Bürokratie für die Verwaltung dieser knappen Güter führen werden. Kritisiert wird auch, so z.B. in Ghana,[7] daß im Rahmen dieses Verfahrens keine Grundbedarfsgüter oder entsprechende Produktionsmittel eingeführt werden. In Sambia wird sogar der Vorwurf erhoben, daß durch die schockartige Erhöhung des Preissystems nach Abwertung und Einführung des Devisenversteigerungssystems die Wirtschaft destabilisiert würde, ja daß speziell das Versteigerungssystem die staatliche Korruption fördere.[8] In Sambia wurde das Versteigerungssystem zeitweise suspendiert.[9]

Es ist sehr problematisch, daß gerade im Bereich der staatlichen Organisation, der Verlaufskontrolle und der Informationsverarbeitung gekürzt wird, der als einer der am wenigsten entwickelten und als entscheidender Engpaßfaktor im Hinblick auf die Herausbildung einer "société civile" anzusehen ist. Gemäß dem zugrundeliegenden theoretischen Ansatz hat der Prozeß der Verschriftlichung[10] der Informationen, die für den alltäglichen Arbeits- und Lebensablauf erforderlich sind, noch nicht im notwendigen Ausmaße stattgefunden. Im Sinne des rationalen bürokrati-

---

[7] Vgl. Deutscher Bundestag, 1986b; B. Ephson, 1986; E. Schmidt, 1986; S. Klein, 1987

[8] Vgl. N. Seidman Makgetla, 1986, S. 414 ff.

[9] Vgl. BfA/NfA 3.2.1987; V. Mallet, 1987

[10] Vgl. Elwert, 1984, S. 397

schen Handelns treten z.B. so 'ineffiziente' Erscheinungen auf wie die des "suivre le dossier", d.h., die Bürokratie arbeitet nicht nach allgemeingültigen Regeln - erledigt nicht Angelegenheiten auf dem Dienstwege -, sondern diese müssen persönlich verfolgt werden.

4.3 Faktor Arbeitskraft

Die fehlende Effektivität des Staatsdienstes und vor allem die wirtschaftlichen Nebentätigkeiten der Bediensteten (die zum Teil zu Haupttätigkeiten werden) wurden schon lange von den Ländern selbst konstatiert, z.B. in Benin oder in Mali. Jedoch wurde lange Zeit eine grundsätzliche Personalkürzung abgelehnt.[11]

Gewerkschaften vertreten die Meinung, daß es sich eher um ein Problem der "Unternehmensführung als der Beschäftigungszahlen" handelt.[12] Dies zeigt, wie die Maßnahmen gesellschaftspolitisch umstrittene Bereiche berühren und von den Regierungen nach innen oft kaum vertreten werden.

In den meisten Ländern wurden die Gehälter der staatlichen Bediensteten entweder eingefroren oder nur geringfügig - in seltenen Fällen nur die untersten Gehaltsstufen - angehoben. Das gleiche gilt allgemein für die staatlich festgesetzten Mindestlöhne, die aufgrund der schwierigen Beschäftigungssituation (gerade auch durch die Sparmaßnahmen) sowie auch des Angebots an Wanderarbeitern de facto noch nicht einmal bezahlt werden dürf-

---

[11] Vgl. G. Lachenmann, 1981, S. 212; siehe Teil VIII, 1, S. 304

[12] Vgl. Mali, in: Marchés tropicaux et méditerranéens, 42, 2105, 14.3.1986, S. 682

ten.[13] Allgemein gilt, daß die Realeinkommen der Staatsbediensteten und abhängig Beschäftigten schon über längere Zeit, abrupt jedoch durch die Wirtschaftsanpassungsmaßnahmen, gefallen sind. Teilweise unbedingt notwendige Lohnangleichungen nach extremen Abwertungen und Preissteigerungen erfolgten meist mit großer Zeitverzögerung und glichen nur einen Teil des Kaufkraftverlustes aus (z.B. in Zaire).

Grundsätzlich ist das Prinzip der Maßnahmen insofern zu hinterfragen, als es eine schrittweise Liberalisierung und freie Preisbildung auf dem Gütermarkt anstrebt, jedoch den Faktor Arbeit[14] mit dem Hinweis auf seine geringe Produktivität in seiner Entlohnung einschränkt. Dies heißt, daß in diesem Falle die Strukturverzerrungen, die in diesen Ländern natürlich noch extremer sind als in den Volkswirtschaften der Industrieländer und in höherem Maße zu sozialer Ungerechtigkeit führen, im Bereich der Produktion und (auch sozialen) Dienstleistungen akzeptiert und perpetuiert werden.

Dabei wurde und wird - und dies stützt die These der notwendigen Differenzierung bei der Betrachtung des Staatsapparats und der 'Befriedungsfunktion' der staatlichen Stellen und Privilegien - oft sehr unterschiedlich vorgegangen. Die Gruppen mit geringer politischer Macht sind am ersten betroffen, bzw. die für die politische Stabilität notwendigen werden geschont oder hofiert, ohne daß soziale oder Effizienzüberlegungen eine Rolle spielen. So hat die Elfenbeinküste bestimmte "strategische Gruppen" von Gehalts- bzw. Lohnempfängern begünstigt, wie z.B. die Lehrer Mitte der 70er Jahre.[15]

---

[13] Dies vertritt B. K. Campbell für die Elfenbeinküste, 1985, S. 290

[14] Vgl. Th. Mkandawire, 1985, S. 253

[15] Vgl. B. K. Campbell, 1985, S. 299

4.4 Ökonomische und soziale Verflechtung des Staatsapparats

Die Frage der Ineffizienz der staatlichen Dienste stellt sich nicht nur im Zusammenhang mit Entlassungen von Personal, sondern grundsätzlich infolge unregelmäßiger und/oder niedriger Gehaltszahlungen, und auch hier ist eine Differenzierung nach den mittleren und unteren Gehaltsgruppen vorzunehmen. Eine Folge ist, daß Staatsfunktionäre dem Arbeitsplatz fernbleiben, Geschäfte nebenher betreiben, daß sie staatliche Arbeitsmittel zu ihrem persönlichen Nutzen verwenden, daß sie sich aufgrund ihrer staatlichen Machtbefugnis öffentliche Ressourcen oder die konkreter Bevölkerungsgruppen aneignen, daß sie sich aufgrund ihrer privilegierten Stellung Zugang zu staatlich zugeteilten oder verwalteten privatwirtschaftlichen Produktionsressourcen verschaffen (z.B. in Bewässerungsprojekten), oder in anderen Wirtschaftssektoren (z.B. Handel) Vorteile genießen.

Dabei werden auf illegale und unsoziale Weise Ressourcen bei der Bevölkerung abgeschöpft und der Staatsapparat aufgrund seiner steigenden Repressivität ineffektiv. So erhebt das Militär in Zaire 'Straßengebühren' und die Verwaltung 'Strafen', die teils rechtens sind, aber nicht in den Staatshaushalt fließen, teils willkürlich oder überhöht gefordert werden. Lehrer erteilen in der offiziellen Unterrichtszeit bezahlte Privatstunden und verkaufen Schulbücher, da ihre Gehälter ausbleiben bzw. unzureichend sind. Das Bildungssystem ist wegen der Sparmaßnahmen in einem dermaßen schlechten Zustand, daß die Oberschichtkinder immer häufiger ins Ausland in die Schule geschickt werden, wodurch die sozialen Unterschiede und die 'modernistische' Ausrichtung der Gesellschaft langfristig weiter verstärkt werden.[16]

---

[16] Vgl. K. McParland, 1986; auch K. Fresenius, G. Lachenmann, 1984

Diese Art der ökonomischen Verflechtung des Staatsapparates mit Wirtschaft und Gesellschaft bedeutet, daß der Anspruch des 'neutralen' Charakters der Bürokratie aufgegeben wird; die Entscheidungen werden abhängig von politisch nicht kontrollierten Einflüssen. Zum Beispiel werden die kleinen Funktionäre in den ländlichen Gebieten immer stärker von den lokalen Machtträgern abhängig (Händler, traditionelle Machtträger, reichere Bauern etc.). Aufgrund der Klientelbeziehungen kommen die im Rahmen der staatlichen Entwicklungsmaßnahmen erschlossenen Ressourcen (z.B. Bewässerungsland, Wasser, Weide) vorzugsweise diesen Gruppen zugute. Der Handlungsspielraum der Verwaltung im Sinne effizienter Entwicklungsmaßnahmen verringert sich; die soziale Differenzierung zu Lasten der 'traditionellen' Bevölkerungsgruppen wird verstärkt.[17]

Ein Großteil der Staatsfunktionäre, ja der 'urbanen Schichten' überhaupt, ist in der derzeitigen Situation geradezu gezwungen, sich unmittelbar privaten Zugriff auf landwirtschaftliche Produktionsfaktoren zu beschaffen. Dies ist in allen Ländern auch mit sozialistischer Ausrichtung möglich und tatsächlich der Fall - sei es Produktion zum unmittelbaren Eigenverbrauch,[18] Gartenbau um Städte, oder kommerziell bzw. mit traditionellen Mitteln betriebene Landwirtschaft. In privatwirtschaftlich orientierten Ländern (z.B. Malawi, Zaire) wurden und werden besonders auch hohe Staatsfunktionäre hierzu aufgefordert, teils um ein Beispiel zu geben, teils um durch kommerzielle Betriebe einen unmittelbaren Marktbeitrag zu leisten.

---

[17] Wie im Falle der Zone Lacustre in Mali, siehe Teil X, 7, 8, S. 389 ff.

[18] Z.B. fordert die Regierung in Tansania alle Beschäftigten dazu auf, ihre eigenen Nahrungsmittel anzubauen, wodurch ihre normale Arbeitsleistung gesenkt wird; vgl. GKKE, 1987, S. 37

4.5 'Urbane Schichten' in der Landwirtschaft

Die allgemeinen Tendenzen der sozialen Differenzierung in der Landwirtschaft durch Hereindrängen 'urbaner Schichten' werden durch die Verschlechterung der Arbeitsbedingungen bzw. die Kürzungen im Staatsapparat gefördert. Das Gleiche geschieht auch durch die Privatisierung des Handels, da die (ehemaligen) Staatsbediensteten die ersten sind, die diese Chance wahrnehmen. Außerdem besteht in den meisten Ländern - auch mit nicht-privatwirtschaftlicher Ordnung - eine soziale und politische Verflechtung zwischen Staatsfunktionären und Händlerschicht.

Ein positiver Punkt könnte sein, daß die erste Unabhängigkeitsgeneration, die zum großen Teil noch eine koloniale Sozialisation und Ausbildung erhalten hat, aufgrund der Personalkürzungen früher abtritt und den Weg für eine eigenständige Entwicklung freigibt.[19] Daß dies in größerem Ausmaß der Fall ist, dürfte nur durch einen politischen Umbruch möglich sein, wie in Burkina Faso geschehen, wo der Staatsapparat extrem verjüngt wurde.

Eine Abschwächung der Folgen der Urbanisierung durch landwirtschaftliche Betätigung derart, daß die städtische Bevölkerung Gartenbau bzw. in naheliegenden Dörfern Agrarproduktion betreibt, ist durchaus angemessen. Nur geschieht dies oft unter Ausbeutung von Arbeitskraft und Ressourcenzugang z.B. in Bewässerungsperimetern mittels traditioneller und moderner Privilegien und erhöht die Gefahr der Übernutzung der natürlichen Ressourcen um die Siedlungskerne. Im allgemeinen ist die von diesen (Teil-) Absentisten betriebene Landwirtschaft qualitativ und ökologisch schlechter. Andererseits sind Investitionen in produktivitätssteigernde Maßnahmen in der Landwirtschaft oft nur

---

[19] Dieses Argument wurde vom Leiter des Koordinationsbüros für NGOs in Burkina Faso, Alfred Sawadoso, in Berlin am 7.10.1986 geäußert

mit Hilfe von monetärem Einkommen aus dem urbanen Bereich möglich. Dabei stellt sich besonders in Sahelländern das Problem, daß diese urbanen Schichten die Sparfunktion von Vieh nutzen und die beklagte Wiederaufstockung des Viehbestandes nach Dürren nicht durch die traditionellen Viehhalter erfolgt, deren großräumige, flexible nomadische oder transhumante Haltungsweise ursprünglich ökologisch viel angemessener war.

Soweit 'moderne' landwirtschaftliche Produktionsbetriebe von ehemaligen oder sogar noch amtierenden Funktionären im Staatsdienst offiziell gewünscht und über privilegierten Zugang zu Kredit und Inputs gefördert werden wie z.B. in Malawi oder Zaire, wird auch allgemein Kritik an ihrer Wirtschaftlichkeit und der Effizienz ihrer Betriebsführung - oft mit ausländischen Managern - laut.[20] Außerdem wird ihnen "soil mining" vorgeworfen, d.h. Raubbau an der Natur, da es sich im Grunde um spekulativen Anbau handelt. Dies ist ausgesprochen der Fall bei jungen Absolventen des Bildungssystems (z.B. Agrarwesen), die aufgrund der restriktiven staatlichen Personalpolitik keine Stelle im Staatsbereich finden, wie dies früher in allen Ländern der Fall war. Sie betreiben auf eigene Initiative Spekulationslandwirtschaft.

Teilweise wird eine entsprechende Strategie in der Entwicklungszusammenarbeit im Rahmen der Sektoranpassungsmaßnahmen diskutiert und in Ansätzen verfolgt. Es scheint, als ob auf diese Weise die wenig erfolgreichen, auf allgemeine Produktivitäts-

----

[20] Vgl. M. Martin, 1984, S. 39 ff.: Die Entwicklung des nationalen kapitalistischen Plantagensektors; J. Kydd, A. Hewitt, 1986, wo die Autoren die Meinung vertreten, daß die Maßnahmen i.a. im Interesse der Mehrheit der ärmeren Bevölkerung lagen; eine Ausnahme sind die Gebühren für soziale Dienstleistungen, einschließlich Schulgebühren für Primärerziehung. Außerdem wird darauf hingewiesen, daß keine systematische Berücksichtigung der Wirkungen auf die Armen in die Programme "eingebaut" ist (hier S. 362); allgemein: A. Jennings, 1986

steigerung zielenden Bemühungen bei der Landbevölkerung aufgegeben und nun unmittelbar 'moderne' Landwirtschaftsproduzenten angesprochen würden. Es geht nicht grundsätzlich um die Herausbildung unternehmerischer Agrarbetriebe, die in allen afrikanischen Ländern stattfindet. Entscheidend ist jedoch die Frage, inwieweit diese - oft mit Hilfe externer Intervention - besondere Produktionsvorteile aus der ungleichen Sozialstruktur ziehen. Wenn z.B. Mastbetriebe von Absolventen landwirtschaftlicher Ausbildungseinrichtungen um die großen Städte herum gefördert werden, entsteht eine ungleiche Verteilung des Mehrprodukts zu Lasten der traditionellen Viehhalter.[21] Besonders problematisch wird die Sache, wenn dabei Nahrungsmittel verfüttert werden, deren Preise subventioniert wurden - z.B. Brot in bestimmten Ländern - und/oder die aus Nahrungsmittelhilfe stammen.[22]

In anderen Ländern fehlt es an komplementären Maßnahmen zum Stellenstop im Staatsdienst, um Beschäftigungsmöglichkeiten für Absolventen von formalen Bildungsinstitutionen zu schaffen. Es gibt z.B. kaum Förderprogramme für modernes Handwerk und Kleinindustrie; die wenigen Ansätze beschränken sich im allgemeinen auf das Gebiet der Hauptstadt. Sie werden jetzt noch stärker benachteiligt, was (importierte) Betriebsmittel und (einheimische) Rohstoffe anbelangt, wenn z.B. in Ghana die Holzexporte verstärkt gefördert werden. Es besteht jedoch ein großer Bedarf im Hinblick auf die Stärkung der Binnenwirtschaftskreisläufe, d.h. Zulieferungen und Dienstleistungen.

---

[21] Vgl. A. Bourgeot, 1981; siehe Teil III, 1, S. 97 f.

[22] Denn natürlich ist es wichtig, die Nahrungsmittelsubvention effektiv zu gestalten, wozu z.B. bei dem International Food Policy Research Institute in Washington Überlegungen angestellt werden: vgl. J. von Braun, 1987

4.6 Kürzung im Dienstleistungsbereich

Die teilweise vertretene Vorstellung, die Krise der Staatsfinanzen sei auf zu hohe Sozialausgaben zurückzuführen, kann zurückgewiesen werden.[23] Der propagierte effizientere Mitteleinsatz, der de facto auf Kürzungen hinausläuft, steht im Widerspruch zu den neuerdings vorgeschlagenen Sozialhilfemaßnahmen.[24]

Genau wie in bezug auf Personal in den Staatsapparaten an den weniger etablierten Einrichtungen und neueren Programmen am ehesten eingespart wird, so geht die Konsolidierung der Staatseinnahmen in allen Ländern zu Lasten der staatlichen Dienstleistungen. Dies betrifft zunächst den wirtschaftlichen Bereich - das klassische Problem der Wartung und des Betriebs von Infrastruktur- und Transporteinrichtungen hat sich extrem zugespitzt.

Im Bereich der Wirtschaft besteht vielfach die Gefahr, daß die Maßnahmen kontraproduktiv wirken und ein Zirkel eines fallenden Produktionsniveaus, d.h. eine Spirale "nach unten", entsteht. Diese Sichtweise wird besonders vom Institute for Development

---

[23] Vgl. H. Campbell, 1985, S. 76

[24] Vgl. International Bank for Reconstruction and Development, 1987

Studies in Sussex vertreten[25]. Es wird an Ersatzteilen bzw. den dazu erforderlichen Devisen in so extremem Maße gespart, daß die zu rehabilitierenden Produktionsanlagen auf immer niedrigerem Niveau arbeiten und daher die Aussichten, die Staatseinnahmen (durch Exporte) zu konsolidieren und Produktionsanreize durch die Verfügbarmachung von Grundbedarfsgütern und Produktionsmitteln zu schaffen, immer geringer werden. Als Folge sinkt die Produktion; eine Erholung ist schon aufgrund der hohen Verschuldung und der damit verbundenen immer größer werdenden Tilgungsschwierigkeiten nicht in Sicht. Es entstehen negative Multiplikatoreffekte durch die auf schnelle Anpassung ausgerichteten Maßnahmen, die die Beseitigung der Ursachen verhindern, da entweder Ressourcen zur Durchführung strukturellen Wandels fehlen oder negative Reaktionen entstehen, die dann die Anpassungsmaßnahmen stören.[26] Im Bereich der ländlichen Entwicklung gilt dies wie gesagt für Personal, angemessene Forschung sowie die Bereitstellung von Produktionsmitteln und Dienstleistungen.

Der stärkste Einbruch ist bei den sozialen Dienstleistungen zu verzeichnen, auf die bisher das Hauptaugenmerk hinsichtlich der sozialen Problematik gelegt wird.[27] Dieser Punkt ist - vom so-

---

[25] Vgl. v.a. Institute of Development Studies (IDS), Bulletin, vol. 14, Nr. 1, 1983; R. H. Green (Hrsg.), 1985. Allerdings verweist R. Jolly auf Keynes, doch ist das angeführte Beispiel der britischen Kriegswirtschaft, die eine besonders vorteilhafte Ernährungssituation der Bevölkerung sicherstellte, wohl doch zu hinterfragen; vgl. R. Jolly, 1985, S. 85 f.; vgl. dazu R. J. Langhammer, 1984, der seine Arbeit mit einer Kritik an der Kritik an den WB-Vorschlägen einleitet, speziell der vom Institute of Development Studies in Sussex geäußerten. Er setzt dessen Forderung nach konkretem Länderbezug mit mehr Eklektizismus gleich und konstatiert, daß wichtige Aspekte der Diagnose und Möglichkeiten für eine Therapie vernachlässigt würden. Solche werden jedoch nicht erkennbar geliefert.

[26] Vgl. R. H. Green, 1985b, S. 5

[27] Vgl. z.B. C. Allison, 1985; R. Miller, 1985

zialen und wirtschaftlichen Standpunkt, d.h. auch dem der Arbeitsfähigkeit und der Anreize in Form von Dienstangeboten und Grundbedarfsgütern, aus gesehen - zweifellos richtig. Allerdings erschöpft sich die soziale Problematik keineswegs in der Kürzung der (ohnehin nicht hohen und einen Großteil der Bevölkerung nicht erreichenden) Sozialleistungen; der Haupteinwand zielt auf die grundsätzlichere Benachteiligung und Behinderung nicht nur im Bereich der (sozialen) Umverteilung des Sozialprodukts, sondern der primären Verteilung.

Aus allen Ländern wird berichtet, daß die Gesundheitsdienste[28] und die Bildungseinrichtungen wegen der erwähnten Personal- und Gehaltsproblematik und der Kürzung von Sachmitteln (Arbeitsmittel und Medikamente) schwer beeinträchtigt wurden. Diese Dienstleistungen mußten zwar bisher schon recht häufig - selbst wenn offiziell ein staatliches kostenloses Leistungssystem existierte - von der Bevölkerung selbst getragen werden, jetzt werden sie jedoch überhaupt nicht mehr eingeführt bzw. erreichen die Bevölkerung nicht. Auch die Weltbank konstatiert eine klare Verschlechterung der (sozialen) Dienstleistungen, ohne diese in einen Zusammenhang mit den extern empfohlenen Austeritätsmaßnahmen zu bringen.[29] In vielen Ländern sind die Kirchen und sonstige Nicht-Regierungsorganisationen gezwungen, in diesen wohlfahrts- statt entwicklungsorientierten Bereich zurückzukehren bzw. müssen auf staatliche Zuschüsse verzichten, ohne daß sie vollen Ersatz leisten können, was dann wieder die Durchführung ihrer entwicklungsorientierten Projekte behindert.

Gesundheit und Bildung werden wieder - soweit überhaupt verfügbar - unmittelbar einkommensabhängig. Die Tendenz geht überall

------

[28] Als Symptom der Krise wird die Zunahme von Cholera und Malaria in Tansania berichtet von H. Campbell, 1985, S. 82

[29] Vgl. The World Bank, 1986, S. 38 ff.

dahin, Nutzergebühren für öffentliche Dienstleistungen zu erhöhen bzw. einzuführen,[30] ohne daß deren Standards verbessert würden, im Gegenteil, die Qualität sinkt!

Der Forderung, daß öffentliche Versorgungseinrichtungen - Verkehr, Wasser, Strom, Energie - unmittelbar vom Nutzer zu kostendeckenden Tarifen getragen werden sollten,[31] kann nicht zugestimmt werden, da innerhalb des jeweiligen Landes keine gleichmäßigen Kostenstrukturen und Versorgungsbedingungen existieren, was unterschiedliche Qualitätsstandards bedeutet. Außerdem ist eine ungleiche Aufteilung der Kosten in bezug auf die Gesamtgesellschaft impliziert, wobei die Mehrheit der Bevölkerung ohnehin nicht in den Genuß von nationalen Reichtümern und Ressourcen kommt. Das bedeutet, daß bestehende soziale Ungleichgewichte weiter verstärkt werden. Außerdem bauen Gebühren für Basisdienstleistungen Nutzungsschranken auf und stehen in bezug auf Personal und Aufwand in keinem angemessenen Verhältnis zu den erzielten Einnahmen.[32]

Das einzige Argument für die offiziellen Gebührenerhebungen z.B. im Gesundheitsbereich ist, daß damit eine Dezentralisierung der Finanz- und Entscheidungsmacht einhergehen kann, wenn mit diesen Einnahmen rational gewirtschaftet wird, so daß sie tatsächlich der betroffenen Bevölkerung zugute kommen. Außerdem kommt es zu einer erhöhten Transparenz der Zugangsbedingungen, denn auch bisher waren Gesundheitsleistungen - ein Großteil der Medikamente jedenfalls - de facto nirgends kostenlos.[33]

---

[30] Vgl. GKKE, 1987, S. 41 f.; Y. Usman Bala, 1985, S. 191

[31] Z.B. vertreten von der GTZ bei der AWZ-Anhörung, vgl. Deutscher Bundestag, 1986b, S. 78/16 f.

[32] Vgl. R. H. Green, 1985a, S. 21

[33] Vgl. K. Fresenius, G. Lachenmann, 1984, Kap. III, 4: Prinzipien der Eigenfinanzierung und Trägernetzwerke, S. 39 ff.

Lebensstandard und Arbeits- bzw. Absatzmöglichkeiten der Bevölkerung werden in vielen Ländern durch einen desolaten Zustand der öffentlichen Verkehrsmittel gesenkt. Das Fehlen von Wartungsleistungen und Ersatzinvestitionen wird natürlich zu negativen Multiplikatoreffekten im Produktionsbereich führen. Private Verkehrsmittel werden aufgrund der schlechten Konkurrenzlage wichtiger und können höhere Gebühren verlangen.

Was den Energiebereich anbelangt, so ist zwar richtig, daß auf der Makroebene die ärmsten Länder, die über keine Energieressourcen verfügen (MSAC), von der Ölpreissenkung am meisten profitiert haben, jedoch wurden diese Vorteile aufgrund der Wechselkursveränderungen und Maßnahmen zur Konsolidierung der Staatshaushalte nicht an den Verbraucher weitergegeben. Im Gegenteil, der Preis für das besonders in städtischen Bereichen für den Massenverbrauch wichtige Kerosin stieg, womit eine ökologisch schädliche, noch stärkere Belastung durch Brennholzverbrauch sowie Holzkohlegewinnung einhergeht, da alternative Energieträger bisher nur in geringem Umfang gefördert werden.[34]

4.7 Verlust der entwicklungspolitischen Gestaltungskraft

Schon bisher wurde in den armen Ländern ein Großteil des Investitionshaushalts des Staates - etwa für Infrastrukturmaßnahmen und ländliche Entwicklungsvorhaben - durch externe Geber finanziert. Die Abdeckung des 'Eigenbeitrags' und die Übernahme der laufenden Kosten war oft nicht einmal haushaltsmäßig erfaßt und stellte schon immer ein Hauptproblem in der Entwicklungszusammenarbeit dar. Nicht nur was den finanziellen, sondern auch den konzeptionellen Aspekt anbelangt, kann behauptet werden, daß in vielen afrikanischen Ländern praktisch alle Arten von Neuerungen

---

[34] Z.B. in Tansania, vgl. GKKE, 1987, S. 67, 52

oder Entwicklungsbemühungen mit extern unterstützten 'Projekten' gleichgesetzt wurden. Es ist eindeutig, daß sich diese Abhängigkeit der entwicklungspolitischen Gestaltungsmacht durch die Sparmaßnahmen und die Konzentration der nationalen Anstrengungen auf die makro-ökonomischen Größen verstärken wird. Schon jetzt betonen die Geber, daß sie fast ganz auf die Counterpartleistungen verzichten müssen und sehen es als Fortschritt an, nun doch, wenn auch nicht grundsätzlich, z.B. laufende Kosten zu finanzieren[35] - was bisher dem Prinzip der Übergabefähigkeit widersprach.

Dazu kommt, daß überall betont wird, daß die Bevölkerung selbst aufgrund der sich verschlechternden Lebensbedingungen kaum noch Selbsthilfekräfte aufbieten kann und die Förderung derselben durch Nicht-Regierungsorganisationen wegen der Lückenbüßerfunktion für (bisher staatliche) soziale Dienstleistungen eingeschränkt ist.[36] Dies bedeutet, daß jegliche Art von initiiertem sozialem Wandel tendenziell in den Händen ausländischer Geber liegt.

Dieser Einschätzung widerspricht nicht, daß es in letzter Zeit in größerem Maße zur Herausbildung von sog. Selbsthilfegruppen kommt, die als unmittelbare Träger der Entwicklungszusammenarbeit für die Geber interessant werden. Zum einen handelt es sich sicherlich um eine Frage der verstärkten Wahrnehmung durch die Geber. Auf der anderen Seite besteht auch ein Aspekt des Rückzugs, der Abkoppelung aus dem 'modernen' Wirtschaftsbereich sowie möglicherweise der Verweigerung und des Protests, aber auch der notwendigen Überlebenssicherung durch diese Organisatio-

---

[35] So GTZ und KfW bei der AWZ-Anhörung, vgl. Deutscher Bundestag 1986b, S. 78/16 bzw. 78/25

[36] Vgl. GKKE, 1987, S. 15; GTZ bei der AWZ-Anhörung, vgl. Deutscher Bundestag, 1986b, S. 78/6

nen, die in manchen Ländern möglicherweise den Charakter einer sozialen Bewegung erlangen können.

Es ist ganz eindeutig, daß die Tendenz dahin geht, eine Liberalisierung im Hinblick auf eine 'freie' Marktwirtschaft durchzusetzen und dann davon auszugehen, daß die dabei auftretenden Kosten durch soziale Programme (Ernährungsprogramme an Bedürftige,[37] gezielte Subventionen, deren Steuerung jedoch schwierig sein wird) kompensiert werden, anstatt den entsprechenden Gruppen den gleichen Zugang zum Produktionssektor und ihre Sicherheit im Markt zu gewährleisten.

---

[37] Terre des hommes weist darauf hin, wie absurd es ist, für Bauernkinder Schulspeisungsprogramme durchführen zu müssen, ebda., S. 78/94

5 "Get prices right"

Ein Grundpfeiler der Maßnahmen ist die Rücknahme der staatlichen Preiskontrollen und damit die beabsichtigte Erhöhung der Produzentenpreise, die Rücknahme der Subventionen von Grundbedarfsgütern und - teilweise - Produktionsmitteln sowie die Liberalisierung des Handels, d.h. die Rücknahme der Kompetenzen bis hin zur Abschaffung staatlicher Vermarktungsbehörden und (Wieder-)Zulassung des privaten Handels.

Grundsätzlich wäre die Verminderung der konstatierten Abschöpfung aus dem ländlichen Bereich unabdingbar.[1] Wie inzwischen jedoch allgemein konzediert wird, führt eine Produzentenpreiserhöhung aufgrund der Handlungszwänge in den bäuerlichen Produktionssystemen nicht ohne weiteres zu einer Erhöhung der Gesamtproduktion. These ist, daß darüber hinaus offizielle Preiserhöhungen, sofern sie stattfinden, oft nicht über ein (notwendiges) Angleichen an die gesellschaftlichen Realitäten der Parallelmärkte hinausgehen. Aufgrund der besonderen Stellung, die die Händlerschicht in vielen Ländern in bezug auf politischen Einfluß und gesellschaftliche Bedeutung einnimmt, sowie des gleichzeitigen Abbaus der Inputsubventionen und der Beeinträchtigung der (oft sowieso schon unangemessenen) Agrardienste durch die Sparmaßnahmen ist nicht gesichert, daß die Erhöhungen tatsächlich der Mehrheit der ländlichen Produzenten zugute kommen.

Bisher wird vor allem von einer Erhöhung der Nahrungsmittelkonsumentenpreise berichtet, die jedoch nicht mit der Erhöhung der Einkommen der Bauern gleichgesetzt werden darf. Von den Nahrungsmittelpreiserhöhungen profitieren sicherlich vor allem der Privathandel und Mittelsmänner. Erhöhungen der Aufkaufpreise blieben weit unter den vorgesehenen Werten; in manchen Ländern,

---

[1] Siehe Teil III, 2.1, S. 105 ff.

wo zum Teil aufgrund verbesserter klimatischer Bedingungen und sehr gezielter Förderung durch Projekte (z.B. Togo, Benin) und sonstiger ökonomischer Vergünstigungen (z.B. Simbabwe) die Produktion in einzelnen Regionen tatsächlich in die Höhe schnellte, gingen die Preise gar zurück. Nach wie vor werden vor der Landwirtschaftssaison offizielle Preise proklamiert. Da diese eigentlich nur indikativen bzw. Plafond-Charakter haben, haben sie für die Händler, deren Verhandlungsmacht so groß ist, daß sie auch niedrigere Preise festsetzen können, nur wenig Bedeutung. Auch ist die reale Macht des Staatsapparates so groß, daß er nach wie vor Preise nach oben kontrolliert und abschöpft.[2] Außerdem nimmt die Korruption der staatlichen Aufkäufer zu.[3]

Die Agrarproduktion ist gestiegen, jedoch wahrscheinlich nur in wenigen Fällen stärker, als im Rahmen der normalen Erholung nach der Trockenheit zu erwarten gewesen wäre.[4] Vereinzelt kam es zu Verweigerung und Verarmung der Bauern wegen fehlenden Saatgutes.[5] Aus politischen Gründen wurde die Liberalisierung wichtiger landwirtschaftlicher Produktionsbereiche - wie in Mali die Reisproduktion - trotz gegenteiliger Abmachung zunächst nicht in Angriff genommen, ebenso die Privatisierung von Vertriebsketten von Grundbedarfsgütern.

----

[2] Z.B. Mali, siehe Teil VIII, 1, S. 304 f.

[3] Z.B berichtet aus Mali von Jean-Loup Amselle, Braga, April 1986; aus Madagaskar, Madagascar hit by IMF's rice import proposals, in: Africa Analysis, no. 4, 22.8.1986, S. 7; sowie aus Tansania, R. Hofmeier, 1984, S. 58; aus Nigeria wird ein extremes Steigen der Preise in der Baubranche berichtet, Y. Usman Bala, 1985, S. 199 f., sowie die Monopolisierung des Nahrungsmittelhandels durch wenige große Händler, P.L. Arya, 1986, S. 2205

[4] Von der FAO in verschiedenen Nummern von "food outlook" berichtet

[5] Vgl. Mali, in: Marchés tropicaux et méditerranéens, 41. Jg., no. 2091, 1985, S. 2990

Die erhöhte Produktion konnte in einigen Fällen nicht - zumindest nicht zu guten Preisen - abgesetzt werden, teils wegen der Konkurrenz durch Nahrungsmittelhilfelieferungen, die teilweise noch verspätet nach der bis 1985 andauernden Notzeit eintrafen, bzw. durch hereindrängende EG- und Weltmarktimporte, teils wegen fehlender Kaufkraft der armen Bevölkerung.[6]

Sofern es zu den erwähnten spektakulären Produktionserhöhungen kam, besteht die Gefahr, daß diese mit Raubbau an den natürlichen Ressourcen sowie "overselling" einhergehen. Sie kamen durch Preisanreize, aber auch durch die sehr deutliche Aufforderung seitens der staatlichen, unter Leistungsdruck stehenden Beratungsdienste zustande und gingen oft zu Lasten der eigenen Versorgung der bäuerlichen Bevölkerung mit Lebensmitteln. Z.B. wurde in Simbabwe Mais in Monokultur mit hohen Düngemittelgaben angebaut, inzwischen die Produktion jedoch wieder gedrosselt.

Es kann vermutet werden, daß die Produzenten selbst nicht ausreichend von den Preiserhöhungen profitieren, jedenfalls weniger als Handel sowie staatliche Abschöpfung. Entgegen den Annahmen, die den Liberalisierungsmaßnahmen zugrunde liegen, konnte früher von einer gewissen Konkurrenz zwischen offiziellem Aufkaufsystem und Privathandel bzw. Parallelmarkt ausgegangen werden, während sie jetzt zum Teil weggefallen ist.[7] Da die Lage der Produzenten unsicherer geworden ist, sind sie immer mehr auf die informellen Hilfeleistungen der Händler in Form von Kredit, Versorgung mit notwendigen Produktionsmitteln etc. angewiesen, die daher die Preise niedrig halten können. Die ursprünglich als Garantiepreise konzipierten Mindestpreise können von den nach wie vor vorhandenen offiziellen Aufkauforganisationen, die jedoch aufgrund

---

[6] Z.B. in Mali, siehe Teil VIII, 1, S. 305 ff.

[7] Madagascar hit by IMF's rice import proposals, in: Africa Analysis, no. 4, 22.8.1986, S. 7

der Sparmaßnahmen geschwächt sind, nicht eingehalten werden, bzw. es ist überhaupt unsicher, ob sie die Produkte abnehmen. Die Bauern sind nach wie vor zum Verkauf (oft sogar auf dem Halm) unmittelbar nach der Ernte zu niedrigsten Preisen gezwungen.

Durch die verstärkte Zulassung des privaten Handels und die Kürzung des Funktionärsapparats wird die privatwirtschaftliche Tätigkeit von (ehemaligen) Staatsbediensteten angeregt, die gemäß den klassischen, historisch begründeten Präferenzen im (oft spekulativen) Handel und nicht in Handwerk und Industrie stattfindet. Dabei ist zu sehen, daß die Wurzeln der historischen Verdrängung der nationalen Kapitaleigner in den Handel und dessen spekulativen Charakters nicht nur in traditionellen Strukturen liegen, sondern auch in der Konzentration von kolonialer Tätigkeit und ausländischem Kapital in der Industrie.[8]

Die Weltbank behauptet, einen "klaren Trend zu höheren Nahrungsmittelproduzentenpreisen" sowie eine Minderung des "urban-rural bias" feststellen zu können und führt besonders Sambia (1984), Tansania (1985), Mauretanien (1985), Zaire (1984) sowie Guinea (1986) an. Diese Information ist jedoch insofern widersprüchlich, als andererseits für 1986 auf eine Abschwächung der Nahrungsmittelverbraucherpreise in vielen Ländern hingewiesen wird. Produzentenpreiserhöhungen bei Industrierohstoffen werden für Ghana (1985), Sambia und Zaire berichtet.[9]

Zwar können keine sicheren Aussagen über die Gesamtsituation gemacht werden, jedoch scheint es, daß ein ausreichender Produktionsanreiz in Form von Preissystemen nach wie vor nicht be-

---

[8] Vgl. B. K. Campbell, 1985, S. 267 f.

[9] Vgl. The World Bank, 1986, S. 19 bzw. 20

steht.[10] Eine wesentliche Voraussetzung ist neben den sozialstrukturellen Bedingungen der Sicherheit die effiziente Versorgung mit Produktionsmitteln und Grundbedarfsgütern, die schon seit längerer Zeit in vielen Staaten auf dem Land nicht mehr sichergestellt ist[11] und jetzt - aufgrund der restriktiven Maßnahmen - noch stärker beeinträchtigt ist. Sofern nach den Liberalisierungsmaßnahmen wieder Grundbedarfsgüter auf den Markt kommen, sind sie für die Mehrheit der Bevölkerung unerschwinglich; vorher waren sie entweder nicht vorhanden oder wegen der Inflation bereits extrem teuer.

Wenn die Produzentenpreise für Nahrungsmittel gestiegen sind, so bedeutet dies einen angemessenen Abbau der Vorzugsbehandlung von Industrierohstoffen. Die Produzenteneinkommen sind jedoch in Wirklichkeit real nicht gestiegen, sondern nur weniger schnell gefallen als die Reallöhne. Auch werden eventuelle Produzentenpreiserhöhungen oft durch den Wegfall von Inputsubventionen und durch Kostensteigerungen z.B. im Dienstleistungsbereich wettgemacht. Green[12] führt die Tatsache, daß die Produktionsleistung nur in wenigen Ländern erhöht wurde, auch darauf zurück. Trotzdem bedeutet dies einen Rückgang des 'urban bias'. Die entscheidenden strukturellen Probleme des allgemeinen Ressourcenzugangs, der Verfügbarkeit von Inputs und Grundbedarfsgütern, Transport- und anderen Dienstleistungen sowie organisatorische Verbesserungen und Managementleistungen wurden noch nicht in Angriff genommen. Es fehlt an kohärenten Strategien zur Produktionssteigerung, die den Handlungsspielraum der Bevölkerung berücksichtigen.[13]

----

[10] Vgl. R. H. Green, 1985a, S. 24

[11] So z.B. in Tansania, vgl. H. Campbell, 1985 S. 77 ff., ebenso in Sambia, vgl. H. Gsänger et al., 1986, oder Mosambik, vgl. W. Schöller, 1981

[12] Vgl. R. H. Green, 1985b, S. 5 f.

[13] Vgl. Ph. Daniel, R. H. Green, M. Lipton, 1985, S. 117

6 Ernährungssicherung

Das Hauptproblem, in dem sich die Krise Schwarzafrikas niederschlägt, ist das der nicht mehr gesicherten Ernährung ihrer Bevölkerung.

Parallel zu den Anpassungsprogrammen wurden in einigen Ländern Ernährungssicherungsprogramme verabschiedet, deren Umsetzung mit Hilfe der internationalen Gebergemeinschaft, insbesondere EG[1] und auch Weltbank, erfolgen soll.

These ist, daß die Anpassungsprogramme die strukturellen Probleme der Nahrungsmittelversorgung nicht lösen, sondern im Gegenteil die vorhandenen Widersprüche eher verstärken. Staatliche Agrarvermarktungsbehörden und Nahrungsmittelhilfeprogramme haben Bürokratien aufgebaut, die durch Anpassungsprogramme wieder abgebaut werden sollen, de facto jedoch die Ernährungssicherungsstrategien gefährden. Soweit in den Anpassungsprogrammen tatsächlich der Landwirtschaftssektor gezielt gefördert wird, überwiegt die Förderung des modernen Subsektors und der Exportproduktion.

Die Tatsache, daß in einigen der am stärksten von der Krise betroffenen afrikanischen Ländern mit Hilfe der internationalen Gemeinschaft Ernährungssicherungsstrategien konzipiert wurden, die weit über eine öffentliche Reservelagerung hinausgehen, zeugt davon, daß es sich hier um einen Ersatz für autonome Entwicklungsprozesse handelt. Jedoch sind jetzt die Interventionen der ausländischen Geber insofern widersprüchlich, als die Liberalisierungsmaßnahmen diese Ernährungssicherungsstrategien zum Teil in Frage stellen, was den Anspruch der Versorgung aller

---

[1] Vgl. Kommission der Europäischen Gemeinschaften, 1986; Dossiers: La stratégie alimentaire (Mali, Kenia, Sambia, Ruanda), in: Le Courrier, Nr. 84, 1984, S. 46 - 69

defizitären Regionen und Bevölkerungsgruppen sowie die Sicherheitsfunktionen anbelangt.

Nicht nur sind die Ernährungssicherungsstrategien nicht ausreichend mit der allgemeinen Entwicklungsplanung und diese wiederum nicht mit den bei den internationalen Geberrunden vorgelegten Projekten koordiniert,[2] sondern die Anpassungsmaßnahmen stehen in weiten Bereichen im Widerspruch zu ihren Umsetzungserfordernissen. Wenn die Strategien die Ernährungssicherung über nationale, innerhalb der Länder teilweise auch über regionale Nahrungsmittelautonomie (quantitativer Aspekt), Diversifizierung (qualitativer Aspekt) und Ernährungssicherheit (nationale Reservelagerhaltung) anstreben, so bedeutet dies Teilmärkte, läuft also einer völligen Liberalisierung entgegen. Ein Schwachpunkt der Strategien ist, daß auch sie die Sicherung der Ernährungsbasis beim Konsumenten bzw. bei der ländlichen Bevölkerung selbst, d.h. die Förderung der Subsistenzbasis, nicht gewährleisten.

Nahrungsmittelhilfe, die rechtzeitig dorthin kommt, wo sie benötigt wird und nicht den nationalen Markt stört, gibt es bisher kaum. Es ist notwendig, den Begriff "Nahrungsmittelhilfe" zu problematisieren, da nur in Fällen aktueller Not Nahrungsmittel umsonst verteilt werden. Ansonsten kommt die Hilfe dem Staatshaushalt zugute, da die Nahrungsmittel auf dem einheimischen Markt verkauft werden, also nur die kaufkräftige Nachfrage erreichen und der Erlös (Gegenwertmittel) dem nationalen Haushalt zur Verfügung steht, im Prinzip meist zum Aufkauf der Eigenproduktion. Es ist leichter für die Regierung, von Gebern Nahrungsmittelhilfe zu bekommen, als eine soziale und technische Infrastruktur aufzubauen, um einen Ausgleich zwischen Überschuß- und Defizitregionen herzustellen. Erst neuerdings macht sich die

---

[2] Vgl. Club du Sahel, 1982, zum Fall Mali

Gebergemeinschaft ernsthaft Gedanken darüber, wie Überschüsse innerhalb verschiedener afrikanischer Länder ausgetauscht werden können, was schon seit langem, z.B. auf der Welternährungskonferenz 1974, gefordert wird.[3] Es gibt Fälle, wo diese als Futtermittelimporte in die EG gehen. Natürlich ist zu sehen, daß der Transport innerhalb und zwischen den verschiedenen afrikanischen Ländern sehr hohe Kosten, ganz besonders auch in Devisen, mit sich bringt.

Wenn ein Ziel der Anpassungsmaßnahmen ist, Bürokratie abzubauen, so wurde im Gegensatz dazu für die Abwicklung der Nahrungsmittelhilfe eine große Bürokratie aufgebaut. Die Verteilung der Nahrungsmittelhilfe hat die Macht der staatlichen Funktionäre gestärkt, die außerdem über das Instrument der teilweise damit verbundenen Arbeitsprogramme (food for work) verfügen können. Wenn die Weltbank plötzlich, wie in Niger 1986 geschehen, das nationale Ernährungssicherungsprogramm auf eine Notreserve reduziert, werden die Angehörigen dieser bisher aufgebauten Behörden arbeitslos. Wie in anderen Bereichen werden sie durch externe Experten ersetzt.

Zwar ist es nicht deklarierte Politik, jedoch scheint unbestritten, daß es sich bei den gesamten Anpassungsmaßnahmen de facto um Maßnahmen zur Förderung von Exporten aus der modernen Landwirtschaft handelt, um Devisen zu erwirtschaften,[4] und nicht um Maßnahmen zur Förderung der Nahrungsmittelproduktion für den

---

[3] Vgl. Sahelländer. Gemeinsamer Getreidemarkt angestrebt, in: BfAI/NfA (s/z) 25.2.87; CILSS - Comité Inter Etats de Lutte contre la Sécheresse dans le Sahel - fordert dazu ausländische Finanzierung, um in die Defizit-Sahelländer Kap Verde, Mauretanien, Tschad und Senegal im Erntejahr 1986/87 umzuverteilen.

[4] Zur Kritik in bezug auf die Aufnahmefähigkeit der Weltmärkte und zur Problematik des Weltmarktpreiseinbruches vgl. Deutsches Institut für Entwicklungspolitik, 1985, S. 219 ff.

Eigenverbrauch. In seltenen Fällen wird die Nahrungsmittelproduktion für die nationalen urbanen Märkte unterstützt. Z.B. handelt es sich in Ghana im Kern um Rehabilitationsprojekte im Exportsektor, einschließlich der von der Weltbank geförderten Edelholz- und Kakao-Neupflanzprojekte.[5]

Die zum Großteil importierten Inputs stehen aufgrund der Anpassungsmaßnahmen für die Nahrungsmittelproduktionssteigerung nicht zur Verfügung. Die offizielle Verfolgung der Exportförderungspolitik wird überall wieder eine Rechtfertigung großer Agrarproduktionsprojekte nötig machen, seien sie staatlicher oder privatwirtschaftlicher Organisationsform, obwohl die Anpassungsstrategie sich so stark auf die Förderung der Privatinitiative bei Kleinunternehmern und Kleinbauern beruft. Z.B. setzt Senegal[6] im Hinblick auf die Reisproduktion auf ein Großprojekt im Rahmen des Senegalstaudamms (Organisation de mise en valeur du fleuve Sénégal, OMVS), nicht zuletzt auch, um das zunehmende Süd-Nordgefälle auszugleichen. Andererseits hat die Weltbank neuerdings den traditionellen Überflutungsfeldbau als förderungswürdig entdeckt, nachdem dieser durch die verschiedenen Großwasserbauwerke immer mehr eingeschränkt worden war. Die organisatorische, soziale und ökologische Problematik dieses mit Mali und Mauretanien zusammen verfolgten Projekts ist groß.[7] Mit seiner Hilfe wird die Weltmarktanpassung vorangetrieben, z.B. im Hinblick auf Gummi arabicum, das den Platz der Erdnuß als Exportprodukt einnehmen soll, dessen Gewinnung (aus der Acacia senegal) jedoch ökologisch ebenfalls umstritten ist.

----

[5] Vgl. E. Hutchful, 1985, S. 133

[6] Vgl. Le Sénégal sur la voie de la diversification économique, in: Marchés tropicaux et méditerranéens, 42, 2139, 1986, S. 2784 f. + 2788

[7] Vgl. dazu z.B. Dimensionen einer Staumauer. Das Beispiel des Manantalistaudammes in Mali, in: blätter des iz3w, Nr. 134, 1986, S. 41 - 45, siehe Teil VIII, 3, S. 321 f.

Teilweise wurde die Vernachlässigung insbesondere der Wartung und des Ausbaus der Verkehrsinfrastruktur mit dem Argument kritisiert, dadurch käme es zu keinem regionalen Ausgleich der Nahrungsmittelversorgung innerhalb der Länder.[8] Der Ausbau der Infrastruktur sollte jedoch nicht als wichtigstes Mittel der nationalen Nahrungsmittelautonomie betrachtet werden, da auch unerwünschte Folgen eintreten könnten. Z.B. könnte die Exportproduktion übermäßig gesteigert werden; auch ist nicht sicher, ob die Betroffenen über genügend Mittel zum Ankauf verfügen. Außerdem würden dadurch tendenziell wieder stärker kapitalintensive Projekte vorgezogen. In den meisten Ländern gibt bzw. gab es traditionelle Transportwege und Austauschsysteme auch grenzübergreifender Art, die gerade im Zuge der Liberalisierung des Handels rehabilitiert bzw. wieder zugelassen werden könnten.

Die in Anbetracht der Anpassungsmaßnahmen notgedrungen erfolgte Verstärkung der Orientierung der Landwirtschaft auf Export, Großbetriebe und moderne Technologie verhindert deren Strukturwandel.[9] Der Versuch der Wiedereingliederung der Kleinbauern in die Markt- und damit Exportwirtschaft erfolgt oft mit den aus der Kolonialzeit bekannten Zwangsmaßnahmen und nicht über ökonomische Vorteile. Z.B. wurde in Tansania eine allgemeine Entwicklungsabgabe und ein Arbeitsprogramm eingeführt; die 1976 unterbundenen Kooperativen sollen wieder zugelassen werden, nicht zuletzt, um Vermarktungsfunktionen der staatlichen Behörden zu übernehmen.[10] Die Exportproduktion wird profitabler als die Nahrungsmittelproduktion werden.[11]

---

[8] Wie dies z.B. Th. J. Heinrich tut, 1985, S. 205

[9] Vgl. R. Hofmeier, 1984, S. 58, wo dieses Argument in bezug auf Tansania diskutiert wird

[10] Vgl. Th. J. Heinrich, 1985, S. 205; L. Kleemeier, 1984

[11] Vgl. GKKE, 1987, S. 12 ff.

Die Importliberalisierung drückt trotz Verteuerung - der wiederum oft durch Dumping-Preise begegnet wird - die qualitativ und weltmarktpreismäßig nicht konkurrenzfähige Produktion in kleineren Einheiten - Genossenschaften oder Einzelbauern.[12] Die Kredite werden vor allem für solche Produktionsbereiche vergeben, die kurzfristig die Produktion - insbesondere die Exportproduktion - steigern, nicht jedoch für Bereiche, die für die längerfristige Sicherung der Existenzgrundlage erforderlich sind, wie Bekämpfung der Umweltzerstörung, Schaffung erneuerbarer Energiequellen, Agrarforschung, Wasserversorgung und allgemein Grundbedürfnisbefriedigung.[13] Es fehlt die Bereitstellung sicherer und angepaßter Konzepte einer ökologisch fundierten Produktionsverbesserung, die Unterstützung der erforderlichen sozialen Organisation an der Basis und die Herstellung der Vermittlungsstrukturen für die Reformanstrengungen zwischen Makro- und Mikroebene. Die Strukturen, auf die diese Maßnahmen treffen bzw. auf die sie sich stützen müssen, um wirksam zu sein, nämlich tatsächlich die Eigenproduktion von Nahrungsmitteln wieder in höherem Maße zu ermöglichen und die Sicherheit der Versorgung für die gesamte Bevölkerung zu gewährleisten, d.h. die Destabilisierung der ländlichen Produktions- und Sozialsysteme aufzuhalten bzw. umzukehren, werden nicht berücksichtigt. Dabei geht es zum einen um die soziale Organisation der Produktion durch die ländliche Bevölkerung im Hinblick auf die sozialstrukturellen und politischen Bedingungen, zum anderen um die bisher verfolgten entwicklungspolitischen Konzepte der ländlichen Entwicklung und deren Einfluß auf diese Bedingungen an der Basis.

---

[12] Vgl. GKKE, 1987, S. 38

[13] Vgl. GKKE, 1987, S. 12 ff.

7 Politische Dimensionen

Die internationale Gebergemeinschaft geht von der Fiktion aus, daß kein Eingriff in interne politische Angelegenheiten stattfindet. Der IWF lehnt grundsätzlich eine Beteiligung an sozialpolitischen Programmen ab, obwohl zum Teil sein Mandat weiter ausgelegt wird.[1]

These ist, daß einerseits die gesellschaftliche Basis für den Erfolg der Strukturanpassungsmaßnahmen fehlt, sie aber andererseits überhaupt nur angenommen werden konnten - allerdings auch gerade deshalb so realitätsfern sind -, weil sie keinen politischen Konsens in Richtung auf einen Gesellschaftsentwurf im Lande verkörpern. Ein nicht erkannter Widerspruch liegt eindeutig darin, daß gerade Vertreter westlicher Länder und auch internationaler Institutionen sich allein auf technokratische Institutionen verlassen, die - wie der IWF - explizit keine sozialpolitischen Strukturveränderungen beeinflussen wollen, andererseits gerade von der von ihnen offiziell durchaus nicht gutgeheißenen starren politischen Struktur profitieren. Denn in demokratischen Ländern wäre es nicht möglich, derart harte wirtschaftliche Maßnahmen, die natürlich politische und soziale Implikationen haben, ohne politische Diskussion zu verabschieden.[2]

Da die Krise eine Krise des Staates, des politischen Systems und des von ihm gestützten Akkumulationsmodells ist, kann sie auch nicht durch technokratische Maßnahmen behoben werden, die einer politischen Lösung eher im Wege stehen. Die politischen Konstel-

---

[1] Vgl. J. Betz, 1986, S. 181

[2] Auch wenn die i.e.S. IWF-typischen Maßnahmen, wie Wechselkursänderung, Kreditlimits etc. normalerweise verordnet werden. Auch in Großbritannien, Italien, Australien wurden die Maßnahmen seinerzeit nicht in einem parlamentarischen Diskussionsprozeß erörtert. Vgl. dazu Th. Kampffmeyer, 1987

lationen und die Handlungsspielräume der Regierungen werden zu wenig beachtet.

Letztendlich reicht es nicht aus, sozial-kompensatorische Maßnahmen technokratisch zu konzipieren, sondern es ist eine Demokratisierung der Gesellschaften dergestalt notwendig, daß wirtschaftliche Problemregelungen politisch ausgehandelt werden und damit die soziale Machbarkeit Berücksichtigung findet. Durch die straffe Maßnahmendurchsetzung von oben wird jedoch ein politischer Demokratisierungs- und Wandlungsprozeß verhindert,[3] und dies ist kontraproduktiv für den Erfolg der Maßnahmen, die auf breite Ablehnung in der Administration, die sie durchführen soll, stoßen. Autoritäre Regime werden tendenziell eher stabilisiert und noch repressiver, während reformerische politisch eher destabilisiert werden, da sie ihre Programme einschränken müssen.

7.1 Fehlen eines politischen Aushandlungsprozesses

In der Literatur wird im allgemeinen hinsichtlich der politischen Dimension der Anpassungsmaßnahmen lediglich auf ihre "Umsetzbarkeit" in bezug auf möglichen Protest der städtischen armen Bevölkerung hingewiesen; es werden "Hungerrevolten" des städtischen 'Mobs' befürchtet. Tatsächlich werden in vielen Ländern die Nahrungsmittelpreiserhöhungen sowie Kürzungen der Subventionen für Grundnahrungsmittel so krass durchgeführt[4], daß

---

[3] Bei der Anhörung im AWZ am 5.11.1986 wird der Demokratisierungsprozeß in einigen Ländern als gefährdet angesehen, vgl. I. Krugmann-Randolf, 1986, S. 4

[4] Aus Madagaskar wurde berichtet, daß bis Februar 1986 die freigegebenen Preise von 564 auf 1.200 US $/t Reis gestiegen waren, bei einem Weltmarktpreis von 174 $, vgl. Madagascar hit by IMF's rice import proposals, in: Africa Analysis, no. 4, 22.8.1986, S. 7

die Verantwortlichen kaum annehmen konnten, daß sie so realisierbar seien. Man könnte dies als Protest der Regierungen gegen den Druck von außen interpretieren, um die Wirkung drastisch zu demonstrieren. Allerdings ist das politische Risiko hoch, wie der Sturz von Präsident Numeiri im Sudan 1985 gezeigt hat, wobei die Preiserhöhungen der auslösende Faktor waren. Immer wieder müssen derartige Maßnahmen zurückgenommen werden, zuletzt im Dezember 1986 in Sambia, wodurch die Autorität von Präsident Kaunda geschwächt wurde.[5]

Für Simbabwe gibt es Stimmen, die eine gewisse politische und soziale Stagnation - Verlangsamung von Landreform und Umsiedlungsprogrammen - mit den Austeritätsmaßnahmen in Zusammenhang bringen.[6] In Mali kommt es aufgrund des externen Liberalisierungsdrucks und der internen prekären Machtverhältnisse zu keiner kreativen Neugestaltung der von dem 1968 gestürzten sozialistischen Regime Keitas eingeleiteten Konzeption der ländlichen Entwicklung. Die vorgesehenen Organisationsformen an der Basis lassen - trotz offiziell propagierter Dorforganisationen - keine Eigenständigkeit und Überwindung der ineffizienten, zentralistischen Strukturen zu.[7]

Das Problem ist, daß in den afrikanischen Ländern kein politischer Prozeß zur Lösung der Krise in Gang kommt. Dazu tragen nicht zuletzt die von außen verordneten Programme bei, die der Regierung die Möglichkeit geben, alle Probleme und unliebsamen Maßnahmen auf den von außen ausgeübten Druck zu schieben. Bei den internationalen Institutionen scheint nicht bedacht zu wer-

---

[5] Vgl. Zambie. Contestation au sein du parti unique, in: Marchés tropicaux et méditerranéens, 43. Jg., no. 2155, 1987, S. 513; W. Biermann, 1987

[6] Vgl. Th. Mkandawire, 1985, S. 244

[7] Siehe Teil VIII, 7, S. 344 ff.

den, daß die von ihnen angestrebten, gewünschten Änderungen im Lande erarbeitet und von den entsprechenden gesellschaftlichen Akteuren getragen und durchgeführt werden müssen; die technokratische Verordnung einer Wirtschaftsverfassung ist politisch nicht möglich.

Die Maßnahmen wurden nicht in einem offenen politischen Diskussionsprozeß erörtert und ausgehandelt, sei es innerhalb der Parlamente oder auch der verschiedenen Gremien der Einheitsparteien in den jeweiligen Ländern. Die Regierungen sehen sich aufgrund der internationalen Verschuldung und fehlenden nationalen Liquidität zur Annahme der Maßnahmen gezwungen.[8]

Selbst die Diskussion im Zusammenhang mit dem "Politikdialog"[9] - die allerdings eher grundsätzlich auf die "Rahmenbedingungen" von Entwicklungsprojekten abstellt, jedoch wenigstens den Anspruch der gleichberechtigten Verhandlungen impliziert - blendet die Frage demokratischer Strukturen aus und verhandelt nur mit (wie auch immer legitimierten) Regierungen, selbst wenn die Verhandlungsgegenstände sich auf demokratische Einrichtungen richten können.

---

[8] "Nach unseren Eindrücken ist Interesse und Beteiligung der betroffenen Partnerregierungen an der Planung, Konzeption und Durchführung der IWF- und Weltbankprogramme häufig nicht hinreichend sichergestellt. Es entsteht eher der Eindruck eines Diktats seitens der Finanzinstitutionen. In vielen Fällen ist wesentlich mehr Zusammenarbeit und Überzeugungsarbeit notwendig als bisher aufgewendet wurde. Die Programme sollten von den Regierungen selbst umfassend und intensiv miterarbeitet und ihre Konzeption von den Entscheidungsträgern mitgetragen werden." Deutsche Gesellschaft für technische Zusammenarbeit (GTZ) in: Deutscher Bundestag, 1986a, S. 27

[9] Siehe Teil II, 3.3, S. 50 ff.

N. Seidman Makgetla[10] weist in ihrer Kritik an den IWF-Auflagen für Sambia darauf hin, daß aufgrund der von den Regierungen verlangten Geheimhaltung der mit dem IWF ausgehandelten Bedingungen einerseits verhindert wird, daß die Öffentlichkeit Druck auf die Regierungen ausübt, ihre Prioritäten zu ändern und IWF-Vorschläge zurückzuweisen, andererseits eine demokratische Diskussion über die Zukunft des Landes verhindert wird. Daraus resultiert auch, daß ohne entsprechende Beteiligung von Unternehmern, Arbeitern (bzw. Gewerkschaften) und Wissenschaftlern im Sinne einer Herausarbeitung der konkreten Bedingungen und Verankerung bei den relevanten gesellschaftlichen Akteuren die Maßnahmen nur oberflächlich erreicht und ihre Konsequenzen kaum durchdacht werden.

In den Ländern, in denen politische Opposition zugelassen ist, wird viel Kritik in diesem Sinne geäußert; dadurch sinkt ebenfalls die Durchführungseffizienz, wie z.B. in Gambia.[11] In Tansania seien nicht einmal die Mitglieder des Zentralkomitees der Partei informiert worden, bevor - nach sechsjähriger Verweigerung gegenüber den Auflagen des IWF - die Währung 1986 um 25 % abgewertet wurde, nachdem bereits ein Abfall von 40 % eingetreten war.[12] Eboe Hutchful weist darauf hin, daß in Ghana keine demokratische, politische Diskussion über die Optionen Ghanas bzw. die Übereinkunft mit dem IWF und deren gesellschaftspolitische Konsequenzen stattgefunden hat.[13]

---

[10] Vgl. N. Seidman Makgetla, 1986

[11] Gambia erhielt 1986 einen Strukturanpassungskredit (structural adjustment credit SAC) für sein Wirtschaftserholungsprogramm (Economic recovery programme), vgl. F. Sey, 1986, S. 2208

[12] Vgl. K. McParland, 1986

[13] Vgl. E. Hutchful, 1985, S. 132 f

Sofern Gewerkschaften überhaupt eine Stimme haben, haben sie sich in allen Ländern gegen die Maßnahmen ausgesprochen, z.B. in Mali[14] oder Ghana. Dort haben die Gewerkschaften (TUC) Staatschef Rawlings wegen zunehmender politischer Repression die Unterstützung aufgekündigt.[15] Im Senegal kritisieren die Gewerkschaften den zu erwartenden weiteren Rückgang der Beschäftigungszahlen in der Industrie, die bereits jetzt mit niedriger Kapazitätsauslastung arbeitet.[16]

Der senegalesische Unternehmerverband (mit über 400 Mitgliedern) hat der Regierung fehlende Abstimmung mit den Verantwortlichen der Wirtschaft vorgeworfen.[17] Es erscheint unrealistisch, quasi hinter dem Rücken der Unternehmer durch derartige Maßnahmen die Absurdität der bisherigen Situation aufbrechen zu wollen, die darin bestand, daß Staats- und Privatbetriebe nicht zu effizientem Wirtschaften gezwungen waren.

7.2 Gefährdung der politischen Stabilität

Eine grundsätzliche Frage, die hier nur berührt werden kann, ist die nach dem Charakter des politischen Systems und der Verflechtung von Staat und Gesellschaft im Sinne der "staatstragenden Schichten" außerhalb des eigentlichen bürokratischen Apparates. Es scheint weniger ein Problem des effizienten Wirtschaftens zu

---

[14] Vgl. Mali, in: Marchés Tropicaux et méditeranéens, 42. Jg., 2105, 1986, S. 682

[15] Vgl. Prof. Dr. Tetzlaff, in: Deutscher Bundestag, 1986a, S. 124

[16] Vgl. Le Sénégal sur la voie de la diversification économique, in: Marchés tropicaux et méditerranéens, 42, 2139, S. 2784 f. + 2788. Die Regierung hat einen Wiedereingliederungsfonds vorgesehen.

[17] Vgl. ebda., S. 2785

sein, das durch drakonische Maßnahmen von außen erzwungen werden könnte, als grundsätzlich des Akkumulations- und Industrialisierungsmodells überhaupt, das bisher mit Hilfe und unter dem Einfluß externer Kräfte durchgeführt wurde und notwendigerweise protektionistische Maßnahmen beinhaltete. Dies wird von B.K. Campbell für die Elfenbeinküste herausgearbeitet, wo die staatstragende Schicht die "Pflanzerbourgeoisie" war, die sich langsam mit der Staatsklasse vermengte, obwohl das Akkumulationsmodell auf der Abschöpfung aus der Exportlandwirtschaft beruhte.[18] Die Stabilität der Staaten hängt unmittelbar davon ab, daß die bisherigen "staatstragenden Schichten" ihre Position wahren können. Sie bestand in vielen Ländern gerade deswegen so lange, weil der Staat die Privatwirtschaft stärkte und die Staatsfunktionäre im Produktionsbereich Interessen hatten. Die Gefährdung der Programme resultiert weniger aus "Hungerrevolten" oder gar aus demokratisch-politischer Willensbildung, sondern dürfte eher daher kommen, daß diese staatstragenden Schichten wegen der Beschränkung der Staatstätigkeit und der protektionistischen Maßnahmen ihre Kooperation aufkündigen. Daher die These, daß die aufgezwungenen, unrealistischen Maßnahmen einen politischen Aushandlungsprozeß und Wandel verhindern.

Auf der anderen Seite könnte man meinen, daß die Regierung durchaus soziale Unruhen riskiert, um die Sinnlosigkeit der Maßnahmen gegenüber den Befürwortern von außen zu demonstrieren. Darüber hinaus bedeuten die Programme möglicherweise auch eine Stärkung ihrer politischen Stabilität und Legitimität, da nun sämtliche unpopulären Maßnahmen auf IWF und Weltbank geschoben werden können. Das feindselige Klima gegenüber diesen Institutionen in Afrika, die den "Imperialismus" als 'Buhmann' abgelöst haben, ist nicht zu unterschätzen. Absurderweise verlieren dagegen gerade solche Regierungen, die sozialreformerische Ziele ver-

---

[18] Vgl. B.K. Campbell, 1985, S. 267

folgen, durch die Austeritätsmaßnahmen ihre Legitimation (z.B. Jamaika 1980), oder ökonomisch gefährdete Mittelschichten stützen Militärregime (Türkei 1980).[19]

Da die Maßnahmen so unrealistisch und unsozial sind, erhöhen sie den repressiven Charakter des Staates, der Proteste niederschlagen, Gebühren und Steuern eintreiben und Strafen verhängen muß, wodurch die Verweigerungshaltung bei der Bevölkerung steigt. Es besteht die Gefahr einer zunehmenden Militarisierung.[20] Eine Senkung des Rüstungsetats ist weder von internationaler noch von nationaler Seite ein Thema, nicht zuletzt deshalb, weil der IWF auf die Interessen seiner mächtigen Mitglieder Rücksicht nehmen muß.

Nicht nur die Art des Industrialisierungs- und Akkumulationsmodells war entscheidend für die politische Stabilität, sondern vor allem die Schaffung von Posten innerhalb des Staatsapparates und öffentlichen Sektors selbst; dies gilt für so unterschiedliche Länder wie die Elfenbeinküste[21] und Mali. Für Mali[22] spricht J.-L. Amselle bereits nicht mehr von Staatskapitalismus, sondern von einem "état prédatoire" (Beutestaat), der keinerlei echte Kapitalakkumulation betreibt. Die Verminderung der Anzahl der Staatsbediensteten ist damit natürlich alles andere als eine reine Rationalisierungsmaßnahme zur Effizienzsteigerung, sondern stellt grundsätzlich das politische Interessengleichgewicht in Frage.

---

[19] Vgl. Prof. Dr. Tetzlaff, in: Deutscher Bundestag, 1986a, S. 125

[20] Vgl. GKKE, 1987, S. 34; Prof. Dr. Tetzlaff, in: Deutscher Bundestag, 1986a, S. 124

[21] Vgl. B. K. Campbell, 1985, S. 298

[22] Vgl. J.-L. Amselle, 1985

B.K. Campbell[23] weist darauf hin, daß diese Staatskrise - sie spricht von der Begrenzung des auf der Staatsfunktion beruhenden Akkumulationsmodells - lediglich durch eine andere Organisationsweise der produktiven Tätigkeit gelöst werden kann, da sonst eine Produktivitätserhöhung in der Landwirtschaft und im Industriesektor nicht möglich ist. Dies bedeutet die Konsolidierung neuer lokaler Kräfte als ökonomische Partner und politische Verbündete. Dies scheint bisher gerade verhindert zu werden.

Denn abgesehen davon, daß eigenständige Wirtschaftstätigkeit durch die Krisensituation erschwert und ihre Förderung seitens nicht-staatlicher Organisationen aufgrund ihrer Lückenbüßerfunktion für staatliche Dienstleistungen nur eingeschränkt möglich ist, nimmt die Selbsthilfekapazität der Bevölkerung und der Handlungsspielraum der nicht-staatlichen Träger ab.[24]

7.3 Erfahrungen und Abbrüche

Einige Länder haben die Durchführung der Programme - zum Teil nur eine Zeitlang - abgelehnt[25] und trotzdem entsprechende "hausgemachte" Austeritätsprogramme[26] durchgeführt. Zwar beträgt die Abbruchquote 40 % bei Bereitschafts-, 56 % bei erweiterten Abkommen mit dem IWF,[27] jedoch ist wenig bekannt über die diesen Abbrüchen zugrundeliegenden Entscheidungsprozesse.

----

[23] Vgl. B. K. Campbell, 1985. S. 302 ff.

[24] Darauf weist die Gemeinsame Konferenz der Kirchen hin: GKKE, 1987, S. 44

[25] Explizit mit der Absicht, politische Unruhen zu vermeiden z.B. Congo und Madagaskar, vgl. B. Moussa, 1985, S. 160 bis

[26] Wie im Falle Simbabwes, vgl. T. Mkandawire, 1985

[27] Vgl. J. Betz, 1986, S. 182

Eine deutliche Gegenposition wurde in Zaire im Oktober 1986 nach 3 Jahren Erfahrung vom ZK der Einheitspartei (Mouvement Populaire de la Révolution MPR) vertreten;[28] die Kritik am Wirtschaftskurs führte dabei zum Rücktritt des Premierministers. Natürlich ist in einem Land wie Zaire, das von einer "Kleptokratie" regiert wird,[29] ein derartiger Protest dahingehend zu interpretieren, daß diese um ihre eigene politische Position bangt, wenn sich aufgrund der Austeritätsmaßnahmen die Lebensbedingungen der Bevölkerung weiter verschlechtern würden. Und dies, obwohl das Regime die von außen angeordneten Maßnahmen durchaus als Apologie für sich selbst verwenden kann. Zaire könnte mit seinen Bodenschätzen ein reiches Land sein, wenn diese für eine auf die Mehrheit der Bevölkerung orientierte Entwicklung verwendet würden.

Die zairischen Beschlüsse kommen einer Umkehr der Liberalisierungsanstrengungen gleich, die allerdings bisher nur zögerlich umgesetzt worden sind. Stärkere staatliche Eingriffe in Währungs-, Finanz- und Wirtschaftspolitik werden in Aussicht gestellt und die sozialen und wirtschaftlichen Sparmaßnahmen des IWF in bezug auf die Löhne und Investitionen angegriffen. Externe sollen sich an das nationale Entwicklungsprogramm anpassen. Zairische Mitarbeiter und Unternehmen sollen gefördert, der Raubbau in der Holzwirtschaft seitens ausländischer Firmen soll unterbunden werden. Bei Devisenzuteilungen soll der Landwirtschaft und der Ersatzteilversorgung Priorität eingeräumt werden, staatliche Preiskontrollen sollen wieder möglich sein. Die zairische Industrie arbeitet nur mit ca. 40 % ihrer Kapazität, hohe Inflation und Lohnstopp (bis Mai 1986) ließen die Kaufkraft extrem fallen. Entgegen den IWF-Empfehlungen wurden die Löhne am

---

[28] Vgl. Zaire, in: Afrika Information, 11, 1986, S. 31 - 34

[29] Der Begriff der Kleptokratie in Zaire stammt von St. Andreski, 1970

31.5.1986 um 40 % erhöht. Die Schuldenrückzahlung wurde auf 10 % der Deviseneinnahmen beschränkt. Daraufhin suspendierte der Währungsfonds sein Programm, und Mobutu verhandelt über günstigere Konditionen für ein neues Beistandsabkommen.[30]

Für Mauretanien zieht der Chef der Militärregierung (Colonel Maaouya Ould Sid'Ahmed Taya) dagegen eine positive Bilanz der ersten zwei Jahre seit Inkraftsetzung des Plans zur Wirtschafts- und Finanzstrukturanpassung (Plan de redressement économique et financier) im Dezember 1984.[31] Allerdings wird auch hier die Preiskontrolle nicht aufgegeben, und die Tatsache, daß nach der Dürrekatastrophe für 1986/87 eine Steigerung der Agrarproduktion um 58 % auf 32 % des nationalen Bedarfs an Nahrungsmitteln erwartet wird, ist nicht ungewöhnlich.

Die Situation in Tansania ist sehr widersprüchlich und ihre Einschätzung kontrovers. Von H. Campbell[32] wird vertreten, daß die von Tansania auch schon vor den eigentlichen IWF-Vereinbarungen von 1986 in eigener Regie - vor allem im Rahmen des Staatshaushaltes von 1984 - durchgeführten Maßnahmen eine Desintegration der Gesellschaft bedeuten. Er sieht die Regierung hier auf einer Seite mit IWF und Weltbank, wobei die Dorfgemeinschaften der Abschöpfung Widerstand leisten, der durchaus den Charakter von "popular political movements"[33] besitzt. Er ist der Meinung, daß die ökonomische Krise dazu benutzt wird, die grundlegenden

---

[30] Vgl. Mobutu spricht mit Weizsäcker und Kohl, in: FAZ, Nr. 54, 5.3.1987, S. 6

[31] Vgl. Mauritanie, Bilan des deux premières années du Plan de redressement économique et financier, in: Marchés tropicaux et méditerannéens, 42. Jg., 2146, 1986, S. 3367 - 3370. Die Liberalisierung hat nicht zur Aufgabe der Preiskontrolle geführt, vgl. S. 3369

[32] Vgl. H. Campbell, 1985, S. 72 ff.

[33] Vgl. dazu P. Geschiere, 1986, siehe Teil VI, 1, S. 197 ff.

Fakten der Konzentration von Macht und Ressourcen in der Hand der Staatsbürokratie und die Aufkündigung der in der Ujamaa-Bewegung verkörperten Klassenallianz zu verschleiern. Er sieht das Problem darin, daß die von tansanischer Seite 1981 und 1982 für ein Strukturanpassungsprogramm gemachten Vorschläge zur Bekämpfung der Korruption lediglich auf moralischer Grundlage beruhten und daher unwirksam waren. Die arme Bevölkerung besaß nicht das gesellschaftliche Gewicht und die organisatorische Stärke, um der kleinbürgerlichen Akkumulation und Konsumption einen Riegel vorzuschieben. Notwendig wäre eine "Neusammlung der politischen Kräfte".

8 Die afrikanische Sichtweise

Afrika selbst ist viel zu wenig an der intellektuellen Aufarbeitung und Diskussion der Krise sowie insbesondere am Entwurf von Strategien beteiligt. Sie können nicht erfolgreich sein, wenn afrikanische Initiativen in diesem Makrobereich nicht ernst genommen werden.[1]

Tatsächlich ging der von der Weltbank 1981 vorgeschlagene Aktionsplan für Afrika nicht auf den 1980 von der OAU verabschiedeten Lagos Plan of Action[2] ein. Die Weltbank selbst betont nach außen, daß kein Gegensatz zwischen den beiden Orientierungen bestünde. Tatsächlich wurde sie aus OAU-Kreisen dazu aufgefordert, die Initiative zu ergreifen. Sie argumentiert im ersten Dokument zur Krise Schwarzafrikas,[3] daß sie sich auf mittel- und langfristige Maßnahmen zur Bewältigung der derzeitigen wirtschaftlichen Schwierigkeiten Afrikas bezieht. Sie beansprucht, das Wachstum so anzukurbeln, daß die von den afrikanischen Regierungen aufgestellten längerfristigen Ziele - mit internationaler Unterstützung - erreicht werden können.

Die Inhalte des Lagos Plan of Action müssen in bezug auf seinen schwierigen politischen Kontext hinterfragt werden, der eine Reflexion über die eigenen Strukturen ausblendet und eine Diskussion der auf politischen Macht- und Herrschaftsverhältnissen beruhenden fehlenden strukturellen Manövrierbarkeit nicht zuläßt. Er verdient durchaus den Vorwurf der Unangepaßtheit an die Realität, wie z.B. im Hinblick auf die stark betonten Vorstellungen der regionalen Zusammenarbeit. So schloß im April 1984 Nigeria

---

[1] Vgl. R. H. Green, 1985a, S. 36 ff.

[2] Vgl. Organisation of African Unity (OAU), 1980

[3] Vgl. World Bank, 1981, A. 1

seine Grenzen und brachte durch die Ausweisung von Gastarbeitern und den Abbruch der ökonomischen Zusammenarbeit seine sehr viel kleineren Nachbarländer ernsthaft in Schwierigkeiten.

Von kritischer afrikanischer Seite[4] wird diese "Arbeitsteilung" zwischen afrikanischen Regierungen und internationalen Institutionen angegriffen und ihre Implikationen damit widerlegt, daß die Weltbank selbst[5] Sudan und Senegal als Negativbeispiele anführt, wo trotz makroökonomischer und Sektoranpassungen im Hinblick auf eine Steigerung der Exportproduktion (Baumwolle bzw. Erdnüsse) die Anstrengungen durch den Rückgang der Weltmarktpreise zunichte gemacht wurden.

Ein weiterer Beleg für die afrikanische Einschätzung der Krise und Strategieerarbeitung ist das bei der ersten Sitzung der Vereinten Nationen zur Krise Schwarzafrikas 1986 vorgelegte und verabschiedete Dokument. Es übernimmt die gängigen Klischees einer unpolitischen Beurteilung der Strukturkrise[6] und liest sich wie ein 'mea culpa'. Es ist die lehrbuchartige Aufzählung aller "Defekte", die den Ländern angelastet werden, offensichtlich, um die internationale Gemeinschaft zufriedenzustellen und gebefreu-

---

[4] Vgl. B. Founou-Tchuigoua, 1985, S. 102 f.

[5] Vgl. World Bank, 1983, S. 3

[6] Vgl. Africa's submission to the special session of the United Nations General Assembly on Africa's economic and social crisis, synopsis prepared by the Hunger Project, New York, 16 May 1986; Après la session spéciale des Nations-Unies, Afrique subsaharienne: plan de redressement et endettement, in: Marchés tropicaux et méditerranéens, 42. Jg., no. 2119, 1986, S. 1628 - 1633; En marge de la session spéciale de l'ONU consacrée à l'Afrique. Sous-alimentation, faim et famine: des problèmes plus que millenaires ..., in: ebda., S. 1634 f. Dort wird die Sozialstruktur als Problem angesprochen, eine gezielte Veränderung und tiefgreifende Reform der "Mentalität und der sozialen Hierarchie" (S. 1635) als unabdingbar angesehen.

dig zu stimmen. Als Ursachen der auf unzureichenden Strukturwandel zurückgeführten Krise wird zum Beispiel aufgeführt, daß der Subsistenzbereich 60 bis 80 % des Bruttoinlandprodukts ausmacht. Als einer der Faktoren, die die niedrige Leistungskraft der Landwirtschaft bedingen, wird eine "übermäßige Abhängigkeit von Regenfeldbau" genannt. Als "endogene" und die Ursachen verschärfende Faktoren werden das "Vorherrschen entwicklungshemmender gesellschaftlicher Werte, Einstellungen und Praktiken" aufgeführt. Es wird akzeptiert, daß besondere Aufmerksamkeit u.a. der Rolle der "menschlichen Ressourcen" und der Bevölkerungspolitik zukommt.

Das afrikanische Programm für die Prioritäten der wirtschaftlichen Erholung 1986 - 1990[7] (APPER) der OAU räumt dem Agrarsektor erste Priorität ein. Die neue Agrarpolitik soll den Weg zur nationalen Autonomie und Sicherung der einheimischen Nahrungsmittelversorgung beschleunigen. Gleichzeitig werden jedoch auch die Rehabilitation und Ausweitung der Produktionskapazität für Industrierohstoffe und Exportprodukte genannt, soweit sie für die Importkapazität als notwendig erachtet werden.[8]

In seiner eher beiläufigen Analyse der Wirtschafts- und Sozialstruktur übernimmt es das Paradigma eines "tiefverwurzelten so-

---

[7] Das Afrikanische Programm für die Prioritäten der wirtschaftlichen Erholung 1986-1990 - Africa's Priority Programme for Economic Recovery - wurde auf einer außerordentlichen Sitzung des Ministerrates der OUA in Addis Abeba vom 30. - 31.1.1986 angenommen und stellt die Operationalisierung des Programmes dar, das im Juli 1985 von der XXI. Konferenz der Staats- und Regierungschefs der OAU angenommen worden war, vgl. Afrique subsaharienne: plan de redressement et endettement, in: Marchés tropicaux et mediterranéens, 42, 2119, 20.6.1986, S. 1628 - 1633, hier S. 1629

[8] Vgl. Africa's submission to the special session of the UN General Assembly on Africa's economic and social crisis, synopsis prepared by the Hunger Project, New York, 16.5.1986, S. 18

zio-ökonomischen Dualismus, der zu Verzerrungen" führt, und fordert eine "stärkere Partizipation aller afrikanischen Völker am Entwicklungsprozeß". Die politischen Verhältnisse werden nicht angesprochen, als Maßnahmen zur politischen Unterstützung von APPER wird ein Bekenntnis zur Liberalisierung abgegeben: "Der politische Rahmen, innerhalb dessen der Privatsektor tätig ist, soll verbessert und liberalisiert werden". Politische und ideologische Zielvorgaben wurden fallengelassen, wenn betont wird, daß die Maßnahmen zur Begrenzung der öffentlichen Ausgaben trotz des gesellschaftlichen und politischen Gegendrucks in Angriff genommen wurden. Entsprechend erteilt die Weltbank den Afrikanern das Lob, inzwischen einen pragmatischen Ansatz für die Entwicklung zu verfolgen.[9]

Eine interessante Entwicklung stellt die zeitlich davor liegende sog. Deklaration von Zaria dar, die afrikanische Sozialwissenschaftler 1985 "zur Anpassung der afrikanischen Wirtschaften an die Weltwirtschaftskrise" abgegeben haben.[10] Sie kritisieren und weisen darauf hin, daß die nationalen Solidaritätsappelle der Eliten in bezug auf Austeritätsmaßnahmen eine politische Passivierung bedeuten.

----

[9] Vgl. World Bank, 1986, S. 15

[10] Déclaration de Zaria faite par les spécialistes africains en sciences sociales sur l'ajustement des économies africaines à la crise économique mondiale, als Dokument abgedruckt in: Africa Development, vol. X, no. 1/2, 1985, S. 303 - 307. Die Erklärung wurde bei einer Tagung an der Universität Ahmadu Bello in Zaria/Nigeria von 11. - 16.3.1985 zum Thema "L'adaptation des économies africaines à la crise économique mondiale" erarbeitet, die von dieser sowie CODESRIA (Conseil pour le Développement de la Recherche Economique et Sociale en Afrique) organisiert worden war.

In einer "Erklärung zu Afrika" für "Demokratie, Entwicklung, Einheit"[11] äußerte bei einer von der International Foundation for Development Alternatives (IFDA) im April und Mai 1986 einberufenen Tagung eine Gruppe von afrikanischen Wissenschaftlern, (ehemaligen) Politikern, Schriftstellern und Gewerkschaftlern Kritik an den afrikanischen Regierungen und forderten sie zu mehr Demokratie und Einhaltung der Menschenrechte auf. Sie betonen die Notwendigkeit, einen "neuen Entwicklungsentwurf" zu erarbeiten, der "self-reliance", Erfüllung materieller und immaterieller Bedürfnisse aller Afrikaner sowie Nahrungsmittelselbstversorgung vorsieht. Als Ursache der Krise wird nicht zuletzt die nach der Unabhängigkeit betriebene Eingliederung in die internationale Arbeitsteilung gesehen und weitreichende strukturelle Veränderungen gefordert. Der Ressourcenabfluß durch eine vollständige Schuldenrückzahlung wird als untragbar angesehen. Die "verordnete Anpassungspolitik" wird als Gefahr für eine langfristige Destabilisierung der Produktions- und Sozialsysteme sowie eine neue Form der Unterordnung gesehen. Außer der Senkung der Schuldenmenge wird gefordert, daß die Lasten von denen übernommen werden, die von ihnen profitiert haben - wobei anzunehmen ist, daß hier Afrikaner gemeint sind.

Eine "kollektive Revolte" gegen den IWF und die Weltbank wurde im Februar 1987 von den 7 Mitgliedsländern der Westafrikanischen Währungsunion (UMOA) beschlossen, von denen bisher nur Burkina Faso und Benin (das jedoch seine Bereitwilligkeit erklärt hat) keine Abkommen abgeschlossen haben. Insbesondere wurde vereinbart, keine bilateralen, sondern nur noch gemeinsame Verhandlungen mit dem IWF durchzuführen bzw. die Unterstützung der Mitgliedsländer bei allen Verhandlungen durch die UMOA sicherzustellen.

---

[11] Quelle voie pour l'Afrique? / Which way Africa?, in: ifda dossier 54, july/august 1986, S. 35 - 45; Erklärung zu Afrika, in: der überblick, 3, 1986, S. 70 f.

Sam Oni weist darauf hin, wie sehr das Thema der Verarmung der Mehrheit der afrikanischen Bevölkerung bis vor kurzem ein "streng bewahrtes 'Geheimnis' der privilegierten Clique der 'Afrika-Experten' außerhalb des Kontinents war" und die Afrikaner selbst gleichgültig gegenüber dieser Problematik waren.[12]

---

[12] Vgl. Le conseil des ministres de l'UMOA a défini une approche commune à l'égard des institutions internationales, in: Marchés tropicaux et méditerranéens, 43. Jg., no. 2454, 1987, S. 434

9 Schlußbemerkung: Destabilisierung der Gesellschaften als Chance für eine radikale Strukturveränderung?

Es war Absicht, die gesellschaftlichen Implikationen der derzeitigen Strukturanpassungsmaßnahmen in Schwarzafrika zu diskutieren. Rein auf Sozialhilfe orientierte Kompensationsmaßnahmen dürften nicht ausreichen. Denn Faktum bleibt, daß es in Afrika einer neuen Gesellschafts- und Sozialpolitik bedarf und ein grundlegender gesellschaftlicher Strukturwandel erforderlich ist. Es kann von außen nur auf die Gefahr aufmerksam gemacht werden, ihn von vornherein durch technokratische Maßnahmen im Keim zu ersticken. Wo sind jedoch die neuen Ansätze und Kräfte?

Grundsätzlich könnte man die Überlegung anstellen, daß durch die Notwendigkeit der eigenständigen Organisation des Überlebens und der - oft durchaus ungewollten - Abkopplung von der nationalen Wirtschaft sowie durch den angeregten Protest und Widerstand gegen die unmittelbar die Bevölkerung betreffenden Maßnahmen, sozusagen als "List der Geschichte", die jetzt durchaus stärker auftretenden und notwendigerweise tolerierten und sogar geförderten Selbsthilfegruppen eine qualitativ neue Strukturentwicklung einleiten. Möglicherweise können neue politische Kräfte von der von außen verschärften Krise und von der durch die ökonomischen Maßnahmen zunehmenden Destabilisierung der Gesellschaft profitieren und sich formieren; bisher sind sie allerdings schwer auszumachen. Man könnte spekulieren, daß dadurch die - für die von afrikanischer Seite geforderte grundlegende Neuorientierung und Revitalisierung gesellschaftspolitischer Art - notwendigen Kräfte freigesetzt werden, die seit der Unabhängigkeit der afrikanischen Länder immer mehr verschüttet wurden.

Zusammenfassend ist festzuhalten, daß die derzeit durchgeführten Stabilisierungs- und Strukturanpassungsprogramme der Verankerung bei der Bevölkerung bedürfen, um wirksam zu sein, jedoch die maßgeblichen strukturellen Voraussetzungen und Konzepte dazu nicht vorhanden sind. Das heißt, die gewünschten und behaupteten

Effekte können gar nicht eintreten, und darüber hinaus werden die bisherigen Strukturverzerrungen verschärft, ohne daß die Lösung der ökonomischen Probleme erreicht wird. Die theoretischen Grundlagen der Programme fallen hinter den Stand der entwicklungspolitischen und -theoretischen Diskussion seit Erarbeitung der Grundbedürfnisstrategie Mitte der 70er Jahre zurück. Was fehlt ist eine tiefergehende sozialstrukturelle Analyse.

In allen betroffenen Ländern bestehen Anhaltspunkte für eine Beschleunigung der Verschlechterung der realen Lebenssituation eines bedeutenden Teils der Bevölkerung, und zwar nicht nur der städtischen, sondern auch der ländlichen. Außerdem sind sich alle Stimmen einig, daß die Anpassungskosten bisher hauptsächlich zu Lasten der sozial Schwachen gehen.

Die Forderung nach "weniger Staat" bezieht sich, angefangen von dem Ausgleich der Staatshaushalte, auf eine direkte Kürzung der Zahl der Staatsbediensteten, die Verkleinerung des Staatsapparates und den Rückzug des Staates aus eigenständiger Wirtschaftstätigkeit und Marktregulierung sowie den Abbau der staatlichen Sozialpolitik. Nicht berücksichtigt wird die ganz besondere Rolle, die dem Staate in Afrika aufgrund der historischen Entwicklung auch in Ländern mit nicht explizit sozialistischer Gesellschaftsordnung angesichts fehlender Ausdifferenzierung politischer und ökonomischer Rollen zugekommen ist, und die Verflechtung zwischen Staat und Gesellschaft. Durch die Maßnahmen - und die Strukturkrise überhaupt - steht das gesamte Entwicklungsmodell in Frage. Eine oberflächliche Sanierung des Staatshaushaltes reicht nicht aus, wenn aufgrund der Strukturprobleme die Staatseinnahmen zurückgehen. Angesichts der politischen Machtverhältnisse wird am falschen Platz gespart, die Effektivität der notwendigen Staatstätigkeit wird gemindert und unerwünschte sozialstrukturelle Folgen treten auf. So wird z.B. die ökonomische Repression der Bauern, die Polizeiwillkür, der sie ausgesetzt sind, nicht reduziert.

Ein Grundpfeiler der Maßnahmen ist die Rücknahme der staatlichen Preiskontrollen und die Liberalisierung des Handels, jedoch ist nicht gesichert, daß tatsächlich die Kleinbauern einen Nutzen ziehen und sie mit erhöhter Produktion reagieren können. Das Ansteigen der Agrarproduktion war zwar zum Teil durch die Erhöhung der Produzentenpreise, zum Teil aber durch die Erholung nach der Trockenzeit bedingt. Auch besteht die Gefahr, daß ökologisch unangemessen produziert wird und zu viel verkauft wird, was die eigene Ernährungssicherung der Bauern in Frage stellt. Von kritischer afrikanischer Seite wird die "Arbeitsteilung" zwischen afrikanischen Regierungen - längerfristige politische Zielsetzungen - und internationalen Institutionen - kurz- und mittelfristige Wirtschaftsstabilisierung - in Frage gestellt, nicht zuletzt da die Weltmarktentwicklungen dabei völlig außer acht gelassen werden, die die Anstrengungen zunichtemachen. Das den Vereinten Nationen zur Krise Schwarzafrikas 1986 von der Organisation für afrikanische Einheit vorgelegte Dokument übernimmt dagegen die gängigen Klischees einer völlig unpolitischen Beurteilung der Strukturkrise. Die entscheidende Frage ist, ob durch die wirtschaftliche Krise und die Destabilisierung der Gesellschaft politische Kräfte an die Oberfläche kommen, die die gesellschaftlichen Strukturverzerrungen tatsächlich bekämpfen. Ansätze in Form von sozialen Bewegungen, popular political movements und Selbsthilfegruppen sind vorhanden; die Gefahr ist, daß sie jedoch durch die wirtschaftlichen Einschränkungen im Keim erstickt werden.

Statistischer Anhang und Landkarten

Tabelle 1 – Kernindikatoren zum Entwicklungsstand in Schwarzafrika und im Sahel

Länder	Fläche (1000 km²)	Bevölkerung 1984 (Mio.)	Bevölke-rungszu-wachs 1985 – 90 (% p.a.)	BSP$_m$ 1985 (US $ p.c.)	BSP$_m$ pro Kopf 1965 – 84 (% p.a.)	Netto-ODA-Transfer 1984 (US $ p.c.)	Nahrungs-hilfeimpor-te 1984 (kg p.c.)	Schulden-dienst[a],[b] 1986 – 87 (% der Ex-porte)
Gambia	11	0,7	2,7	260	1,4	79,9	29,8	30,8
Senegal	196	6,4	2,9	370	– 0,5	52,0	23,7	31,9
Mauretanien	1.031	1,7	2,6	420	0,3	99,1	70,4	45,7
Mali	1.240	7,3	2,5	150	1,2	43,9	14,4	53,1
Burkina	274	6,6	2,0	150	1,4	28,5	8,7	19,4
Niger	1.267	6,3	3,2	250	– 1,2	25,7	2,1	30,4
Tschad	1.284	4,9	2,4	.	.	23,5	14,0	5,4
Sudan	2.506	21,5	2,8	300	1,3	28,7	21,5	150,9
Sahel	7.809	55,4	2,6	271	0,6	35,0	23,1	46,0
Schwarz-afrika	22.207	411,0	3,2	420	1,8	18,3	6,6	31,1

[a] fälliger Schuldendienst; [b] die "terms of trade" für Schwarzafrika sanken 1986 um 26 %

Quelle: The World Bank, Financing adjustment with growth in Sub-Saharan Africa, 1986 – 90, Washington 1986

Tabelle 2 - Getreideproduktion und Nahrungshilfe in einigen Sahel-Ländern, 1964 - 1985, in 1000 t

Jahr	Niger	Mali	Senegal	Maure-tanien	Burkina-Faso	Produktion insgesamt	Nahrungsh. insgesamt	kommerz. Importe	Verfügbar insgesamt
1964	1.341	890	677	115	1.416	4.439	.	.	4.435
1965	1.070	930	718	105	1.167	3.990	.	.	3.990
1966	1.142	972	591	94	1.150	3.949	.	.	3.949
1967	1.483	1.068	846	93	767	4.257	.	.	4.257
1968	1.075	756	536	55	985	3.407	.	.	3.407
1969	1.536	915	824	105	887	4.267	.	.	4.267
1970	1.140	912	509	88	1.046	3.695	225	371	4.066
1971	1.254	944	729	55	875	3.857	175	528	4.610
1972	1.161	760	380	44	870	3.215	442	495	3.885
1973	802	752	610	30	824	3.018	481	788	4.248
1974	1.135	1.141	964	55	1.082	4.377	233	920	5.571
1975	868	1.129	791	51	1.245	4.084	311	481	4.798
1976	1.346	1.197	677	45	987	4.252	225	615	5.178
1977	1.499	1.380	506	29	1.091	4.505	253	678	5.408
1978	1.534	1.172	952	39	1.160	4.857	170	614	5.724
1979	1.639	1.066	664	36	1.179	4.584	263	644	5.398
1980	1.772	875	667	52	1.042	4.408	380	792	5.463
1981	1.683	1.146	958	78	1.265	5.130	342	894	6.404
1982	1.698	1.299	775	58	1.175	5.005	381	1.005	6.352
1983	1.732	1.458	514	37	1.100	4.841	663	1.045	6.267
1984	1.072	1.087	706	20	1.113	3.998	652	1.476	6.137
1985	1.836	1.337	1.244	97	1.587	6.101		1.251	8.004

Quelle: CILLS: Les Politiques Céréalières dans les Etats-Membres du CILLS, Ouagadougou, 1987.
Jean-Jacques Gabas and Jacques Gire, The Food Situation in The Sahel, in: CILLS (ed.), Cereals Policies in Sahel Countries, Paris 1987

Tabelle 3 – Entwicklung der Agrar- und Nahrungsmittelproduktion pro Kopf (in % p.a.)

Länder	Agrarproduktion		Nahrungsmittelproduktion	
	1969 – 1973	1973 – 1984	1969 – 1973	1973 – 1984
Gambia	- 2,4	- 4,7	- 2,0	- 2,2
Senegal	- 5,5	- 3,0	- 7,4	- 3,1
Mauretanien	- 4,4	0,6	- 10,1	0,5
Mali	- 2,8	0,8	- 8,8	0,5
Burkina	- 1,9	0,5	- 4,8	0,4
Niger	- 5,3	2,2	- 11,6	2,9
Tschad	- 3,1	- 0,5	- 5,3	1,1
Sudan	- 5,5	- 3,0	- 7,4	- 3,1
Sahel	- 3,9	- 0,9	- 7,2	- 0,4
Schwarzafrika	- 0,7	- 1,9	- 2,3	- 1,7

Quelle: The World Bank, World Development Report 1987

Tabelle 4 - Indikatoren des sozialen Entwicklungsstands im Sahel

Länder	Einwohner pro Arzt (1000) 1965	1980	Einwohner pro Kranken- pfleger (1000) 1965	1980	Primarschüler (% der Alters- gruppe) 1965	1980	Sekundar- (% der Alters- gruppe) 1965	1980	Ernährungs- situation (% des Be- darfs) 1982	Lebenser- wartung 1982
Gambia	27,9	12,3	1,8	1,8	21	56	6	16	86	36
Senegal	21,1	13,8	2,6	1,4	40	48	7	12	101	46
Mauretanien	36,6	14,5	.	2,1	13	33	1	10	97	46
Mali	49,1	22,1	3,2	2,4	24	27	4	9	74	45
Burkina	74,1	48,5	4,2	5,0	12	28	1	3	79	44
Niger	71,4	38,8	6,2	4,7	11	23	1	5	105	45
Tschad	73,0	47,6	13,6	3,9	34	.	1	3	68	43
Sudan	23,5	8,9	3,4	1,4	29	52	4	18	96	48
Sahel	47,1	25,8	5,0	2,8	23	38	3	10	88	44
Schwarzafrika	37,1	22,9	4,6	3,0	42	71	5	15	96	49

Quelle: The World Bank, Financing adjustment ..., a.a.O.

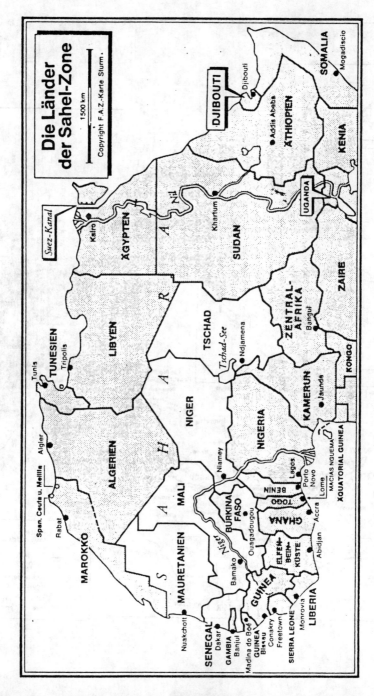

Karte: Die Sahelländer. Quelle: Frankfurter Allgemeine Zeitung, Nr. 120, 25.5.1987, S. 14

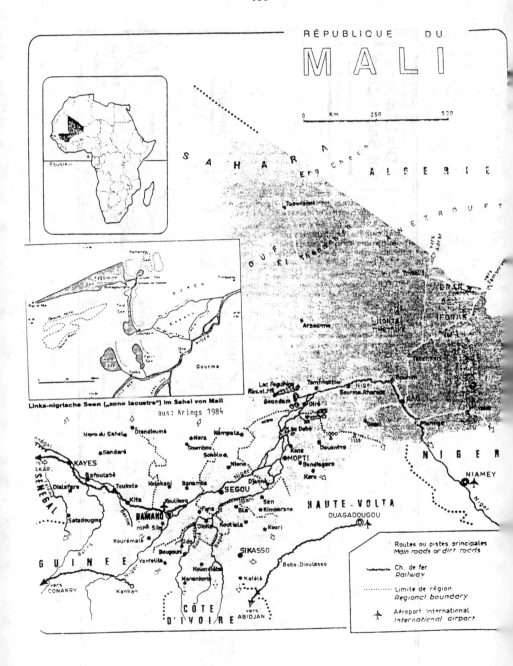

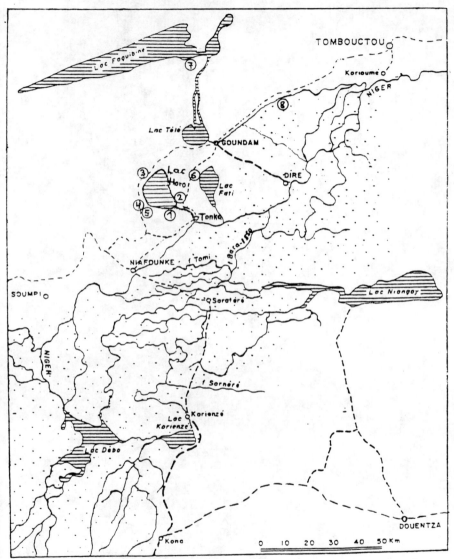

Dorfstudien in der Zone Lacustre

Quelle: G. Lachenmann, L. Höttler, D. Köhn, H. Kreft,
W. Meyer, K. v. Stackelberg, 1985

1. Yourmi
2. Guindigata
3. Echell
4. Kel Antessar/Kel Hous-
5. Tin Tara
6. Mékoré
7. Bintagoungou
8. Douékiré

Literaturverzeichnis

Acakpovi, A., et al., 1979, L'Economie agricole béninoise. Eléments pour une stratégie de développement, Cotonou: Min. du Plan, de la Statistique et de la Coopération Technique, Direction de la Planification d'Etat, Programme des Nations Unies d'Assistance à la Planification Centrale

Advisory Committee on the Sahel, 1984, Environmental change in the West African Sahel. Resource management for arid & semiarid regions, Washington: National Research Council, Nat. Academy Press

Albrecht, Dieter, 1983, Notwendigkeit und Bedingungen einer ökologisch orientierten Landnutzung in Entwicklungsländern, Frankfurt/M. /Bern: Peter Lang

Amin, Samir, 1971, L'Afrique de l'Ouest bloquée, économie politique de la colonisation (1800 - 1970), Paris: Ed. de Minuit

-, 1975, Die ungleiche Entwicklung. Essay über die Gesellschaftsformationen des peripheren Kapitalismus, Hamburg: Hoffmann & Campe

Amselle, Jean-Loup, 1985, Socialisme, capitalisme, et précapitalisme au Mali (1960 - 1982), in: H. Bernstein, B. K. Campbell (Hrsg.), S. 249 - 266

-, (1986), Les associations villageoises (AV) C.M.D.T. au Mali, o.O. (Paris: Ecole des Hautes Etudes en Sciences Sociales), o.J., vf. Ms.

Andreski, Stanislav, 1970, Kleptocracy as a system of government in Africa, in: A. J. Heidenheimer (Hrsg.), S. 346 - 357

Anhut, Reimund, 1987, Der Politikdialog in den Ernährungsstrategien. Grenzen eines interventionistischen Konzepts und Möglichkeiten der Neuorientierung - Das Beispiel Mali, Bielefeld: Universität, Fakultät für Soziologie, Diss.

Ansprenger, Franz, 1961, Politik im Schwarzen Afrika. Die modernen politischen Bewegungen im Afrika französischer Prägung, Köln/Opladen: Westdeutscher Verlag

-, 1976, Mali, Länderanalyse in: D. Nohlen, F. Nuscheler (Hrsg.), S. 342 - 355, Bd. 2/I

Arbeitsgruppe Bielefelder Entwicklungssoziologen (Hrsg.), 1979, Subsistenzproduktion und Akkumulation, Saarbrücken: Bielefelder Studien zur Entwicklungssoziologie 5, Breitenbach

Arditi, Claude, 1980, Economie et politiques céréalières dans le Sahel, in: Présence Africaine, Nr. 113, S. 77 - 95

Arnould, Eric J., 1985, Evaluating regional economic development: results of a marketing systems analysis in Zinder Province, Niger Republic, in: the Journal of Developing Areas, 19, S. 209 - 244

Asche, Helmut, 1984, Industrialisierte Dritte Welt? Ein Vergleich von Gesellschaftsstrukturen in Taiwan, Hongkong und Südkorea, Hamburg: VSA-Verlag

Aubertin, Catherine, Robert Canes, Jean-Pierre Chauveau, Philippe Couty, Guy Pontie, Claude Robineau, 1982, Sociologie du développement, 2. Histoire de développer ..., in: Revue Tiers-Monde, 23. Jg., Nr. 90, S. 297 - 344

Aves, Maho A., Karl-Heinz W. Bechtold (Hrsg.), 1987, Somalia im Wandel, Entwicklungsprobleme und Perspektiven am Horn von Afrika, Tübingen: Institut für wissenschaftliche Zusammenarbeit

Ay, Peter, 1980, Agrarpolitik in Nigeria. Produktionssysteme der Bauern und die Hilflosigkeit von Entwicklungsexperten. Ein Beitrag zur Revision agrarpolitischer Maßnahmen in Entwicklungsländern - Feldforschung in Westnigeria, Hamburg: Arbeiten aus dem Institut für Afrika-Kunde, Nr. 24

Bannerman, Robert H., Gudrun Lachenmann, 1983, UNDP/WHO/FRG(BMZ) Study on Human Resources for Primary Health Care in the 1980s. Country Review Malawi, Berlin: Deutsches Institut für Entwicklungspolitik vf. Ms.

Banque mondiale, 1985, La désertification dans les zones sahélienne et soudanienne de l'Afrique de l'Ouest, Washington

Bargatzky, Thomas, 1986, Einführung in die Kulturökologie. Umwelt, Kultur und Gesellschaft, Berlin: Dietrich Reimer

Barth, Frederik (Hrsg.), 1969, Ethnic groups and boundaries, London:

Baumann, Werner, et al., 1984, Ökologische Auswirkungen von Staudammvorhaben. Erkenntnisse und Folgerungen für die entwicklungspolitische Zusammenarbeit, Köln: Forschungsberichte des Bundesministeriums für wirtschaftliche Zusammenarbeit, Bd. 60, Weltforum Verlag

Bayer, Wolfgang, Alhaji Habibu Suleiman, Ralph von Kaufmann, Ann Waters-Bayer, 1987, Resource use and strategies for development of pastoral systems in subhumid West Africa - The case of Nigeria, in: Journal of International Agriculture (Zeitschrift für ausländische Landwirtschaft), vol. 26, No. 1, S. 58 - 71

Bechmann, Arnim, et al. (Hrsg.), 1987, Entwicklungspolitik auf dem Weg zur ökologischen Wende? - Eine Zwischenbilanz - Beiträge zum Fachbereichstag 1986, Berlin: Landschaftsentwicklung und Umweltforschung. Schriftenreihe des Fachbereichs Landschaftsentwicklung der TU Nr. 48

Beck, Kurt, 1988, Die Kawahla von Kordofan. Ökologische und ökonomische Strategien arabischer Nomaden im Sudan, Wiesbaden: Franz Steiner

-, 1989, Stämme im Schatten des Staats: Zur Entstehung administrativer Häuptlingstümer im nördlichen Sudan, in: Sociologicus, 39. Jg., H. 1, S. 19 - 35

Bennett, John W., 1984, Political ecology and development projects affecting pastoralist peoples in East Africa, Madison/Wisconsin: Land tenure center Univ. of Wisconsin-Madison, A research paper no. 80

Bennholdt-Thomsen, Veronika, 1979, Marginalität in Lateinamerika - Eine Theoriekritik, in: dies. et al. (Hrsg.), S. 45 - 85

-, 1984, Diskussion. Auch in der dritten Welt wird die Hausfrau geschaffen - warum?, in: Peripherie, 4. Jg., Nr. 15/16, S. 178 - 187

- et al. (Hrsg.), 1979, Lateinamerika. Analysen und Berichte 3. Verelendungsprozesse und Widerstandsformen, Berlin: Olle & Wolter

Bennoit-Cattin, Michel, Jacques Faye, 1982, L'exploitation agricole familiale en Afrique soudano-sahélienne, Paris: Presses Univ. de France, Agence de Coopération Culturelle et Technique

Berger, Peter L., Thomas Luckmann, 1977 (5), Die gesellschaftliche Konstruktion der Wirklichkeit. Eine Theorie der Wissenssoziologie, Frankfurt/M.: Fischer

Bergmann, Christel et al., 1981, Nutzungsmöglichkeiten moderner Erkenntnisse der Biotechnologie für Entwicklungsländer, München usw.: Forschungsberichte des BMZ, Bd. 18, Weltforum Verlag

Bernadet, Philippe, 1986, Eleveurs, agriculteurs et assistance technique en Côte d'Ivoire. Les épreuves d'une rencontre, Braga: 13. Europ. Kongress für ländliche Soziologie 1. - 4.4.1986, vf. Ms.

Bernus, Edmond, 1979, Le contrôle du milieu naturel et du troupeau par les éleveurs touaregs sahéliens, in: Equipe écologie ...(Hrsg.), S. 67 - 74

Bernstein, Henry, Bonnie K. Campbell (Hrsg.), 1985, Introduction, in: dies. (Hrsg.), S. 7 - 23

- (Hrsg),1985, Contradictions of accumulation in Africa. Studies in economy and state, Beverly Hills usw.: Sage

Best, Günter, 1984, Nomaden und Bewässerungsprojekte. Eine Studie zum rezenten Wandlungsprozeß der Eheform und Familienstruktur bei den Turkana am oberen Turkwell, NW-Kenia, Berlin: Dietrich Reimer

Betz, Joachim, 1986, Die Stabilisierungspolitik des IWF, in: Verfassung und Recht in Übersee, 19. Jg., Nr. 2, S. 169 - 185

Biermann, Werner, 1987, Der IWF und Sambia. Destabilisierung eines Frontstaates, in: informationsdienst südliches afrika, 1, S. 11 - 13

Bierschenk, Thomas, 1988, Entwicklungshilfeprojekte als Verhandlungsfelder strategischer Gruppen oder Wieviele Tierhaltungsprojekte gibt es eigentlich im Atakora (VR Benin), Berlin: FU Institut für Ethnologie, Sozialanthropologische Arbeitspapiere Nr. 8, Das Arabische Buch

Billaz, R., 1984, La notion d'exploitation agricole en Afrique sahélo-soudanienne, in: Groupe de Travail Economie Rurale, S. 33 - 76

Binsbergen, Wim van, Filip Reyntjens, Gerti Hesseling (Hrsg.), 1986, State and local community in Africa, Brüssel: Centre d' Etude et de Documentation Africaines (CEDAF), Cahier 2-3-4

Blaikie, Piers, 1981, Class, land-use and soil erosion, in: odi review, Nr. 2, S. 57 - 77

-, 1985, The political economy of soil erosion in developing countries, London: Longmans

-, Harold Brookfield et al., 1987, Land degradation and society, London/New York: Methuen

Bliss, Frank (Hrsg.), 1986, Sozio-kulturelle Faktoren der Entwicklungszusammenarbeit und der Beitrag der Ethnologie, Bonn: Beiträge zu Kulturkunde 4, Polit. Arbeitskreis Schulen

- (Hrsg.), 1987, Ethnologische Beiträge zur Entwicklungspolitik, Bonn: Beiträge zu Kulturkunde 7, Polit. Arbeitskreis Schulen

Boiral, P., J.-F. Lanteri, J.-P. Olivier de Sardan (Hrsg.), 1985, Paysans, experts et chercheurs en Afrique Noire. Sciences sociales et développement rural, Paris: Karthala, CIFACE

Bosse, Hans, 1979, Diebe, Lügner, Faulenzer. Zur Ethno-Hermeneutik von Abhängigkeit und Verweigerung in der Dritten Welt, Frankfurt: Syndikat

Botte, R., Agriculteurs/éleveurs et domination du groupe pastoral, 1979, in: Equipe écologie ... (Hrsg.), S. 399 - 418

Bourgeot, André, 1979, Structure de classe, pouvoir politique et organisation de l'espace en pays touareg, in: Equipe écologie ...(Hrsg.), S. 141 - 154

-, 1981, Nomadic pastoral society and the market: the penetration of the Sahel by commercial relations, in: J.G. Galaty, Ph.C. Salzman (Hrsg.), S. 116 - 127

Brah Mahamane, M., 1986, Les problèmes de développement de l'Afrique au Sud du Sahara, Le cas des pays sahéliens, in: Deutsche Gesellschaft für technische Zusammenarbeit (GTZ), 1986a, S. 105 - 134

Brandt, Gerhard, 1972, Industrialisierung, Modernisierung, gesellschaftliche Entwicklung, in: Zeitschrift für Soziologie, 1, S. 5 - 14

Brandt, Hartmut, 1983, Ernährungssicherungsprogramme in den Ländern des Sudano-Sahel-Raums. Konzept und Evaluierung, Berlin: Deutsches Institut für Entwicklungspolitik

- et al., 1986, Afrika in Bedrängnis. Entwicklungskrise und Neugestaltung der Entwicklungspolitik, Bonn: Deutsche Welthungerhilfe, Reihe Problem Nr. 15, ursprünglich ersch. als: Deutsches Institut für Entwicklungspolitik, 1985, Strukturverzerrungen und Anpassungsprogramme in den Armen Ländern Afrikas. Herausforderung an die Entwicklungspolitik, Berlin: Schriftenreihe des DIE 85

- et al., 1987, Potential contribution of irrigated agriculture to food security in the Sudan - the case of the Gezira irrigation scheme, Berlin: Deutsches Institut für Entwicklungspolitik

Braun, Gerald, Heribert Weiland, 1984, Nomaden zwischen Krise und Prosperität. Der Fall Somalia, Freiburg: Arnold-Bergstraesser-Institut, Aktuelle Informations-Papiere zu Entwicklung und Politik, Nr. 9

Braun, Joachim von, 1987, Food security policies for the urban poor, in: A. Kopp (Hrsg.), S. 305 - 328

Braunmühl, Claudia v., 1988, Strukturanpassung - mit Frauenaugen gesehen. Was die Politik des Internationalen Währungsfonds (IWF) und der Weltbank für die Frauen in Jamaika bedeutet, in: beiträge zur feministischen theorie und praxis, 10. Jg., H. 23, S. 53 - 64

Bremer, Frank (Hrsg.), 1986, Les possibilités de promotion des petites exploitations agricoles dans la province Atlantique (R.P. Bénin), Berlin: Schriftenreihe des Fachbereichs Internationale Agrarentwicklung Nr. 94, Technische Univ., Seminar für Landwirtschaftliche Entwicklung (SLE)

Broetz, Gabriele, 1988, "Ihr könnt uns nicht den Regen bringen". Der tägliche Überlebenskampf der Songhay-Frauen im nördlichen Sahel von Mali, in: beiträge zur feministischen theorie und praxis, 10. Jg., H. 23, S. 41 - 52

Bruchhaus, Eva-Maria, 1982, "Bois de village" - Aufforstung an den Graswurzeln, in: E+Z Entwicklung und Zusammenarbeit, Nr. 4, S. 22 - 23

-, 1988, Frauenselbsthilfegruppen: Schlüssel zur Entwicklung aus eigener Kraft oder Mobilisierung der letzten Reserve?, in: Peripherie, 8. Jg., Nr. 30/31, S. 49 - 61

-, Madina Ly, Rokiatou Tall, 1979, Femmes au Mali. Analyse de la situation et possibilités de développement, particulièrement sous l'angle des organisations non-gouvernementales, Freiburg: Arnold-Bergstraesser-Institut

Bühl, Walter L., 1986, Soziologie und Systemökologie, in: Soziale Welt, 37. Jg., H. 4, S. 363 - 389

Bundt, Christian, et al., 1979, Wo ist "vorn"? Sinn und Unsinn entwicklungspolitischen Eingreifens bei ostafrikanischen Hirtennomaden, in: Sociologus, 29. Jg., H. 1, S. 21 - 59

Burnham, Philip, 1979, Spatial mobility and political centralization in pastoral societies, in: Equipe écologie ... (Hrsg.), S. 349 - 360

Buttel, Frederick H., 1986, Sociology and the environment: the winding road toward human ecology, in: International Social Science Journal, Nr. 109, S. 337 - 356

Campbell, Bonnie K., 1985, The fiscal crisis of the state. The case of the Ivory Coast, in: H. Bernstein, B.K. Campbell (Hrsg.), S. 267 - 310

Campbell, Horacee, 1985, The budget and the people, in: Africa Development, vol. X, no. 1/2, S. 72 - 89

Cernea, Michael M., 1981, Land tenure systems and social implications of forestry development programs, Washington: World Bank Staff Working Paper no. 452

- (Hrsg.), 1985, Putting people first. Sociological variables in rural development, Oxford: publ. for the World Bank, Oxford Univ. Press

Chauveau, Jean-Pierre, 1985, Mise en valeur coloniale et développement. Perspective historique sur deux exemples ouest-africains, in: P. Boiral, J.-F. Lanteri, J.-P. Olivier de Sardan (Hrsg.), S. 143 - 166

Cheikh, Abdel Wedoud Ould, 1982, L'anthropologie et l'avenir des sociétés pastorales - à propos de: The future of pastoral peoples - proceedings of a conference held in Nairobi 4-8 Aug. 1980 ed. by John G. Galaty, Dan Aronson, Philip Carl Salzman and Amy Chouinard, International Development Centre - Ottawa, Canada, 1981, in: Africa Development, Bd. VII, Nr. 3, S. 139 - 154

Chenery, Hollis, et al., 1974, Redistribution with growth, London: Oxford Univ. Press

Christiansson, Carl, 1981, Soil erosion and sedimentation in semi-arid Tanzania. Studies of environmental change and ecological imbalance, Uppsala /Stockholm: Scandinavian Institute of African Studies, Department of Physical Geography, University of Stockholm

CILLS (Comité Permanent Inter-Etats de Lutte contre la Sécheresse dans le Sahel), 1987, Les politiques céréalières dans les états-membres du CILLS, Ouagadougou

Cissé, Salamana, 1982, Les Leyde du delta central du Niger: tenure traditionnelle ou exemple d'un aménagement de territoire classique, in: E. Le Bris, E. LeRoy, F. Leimdorfer (Hrsg.), S. 178 - 188

Claus, Burghard, 1983, Berufschancen für deutsche Hochschulabsolventen in der Entwicklungszusammenarbeit, Berlin: Deutsches Institut für Entwicklungspolitik

Clauzel, J., 1962, Evolution de la vie économique et des structures sociales du pays nomade du Mali de la conquête française à l'autonomie interne (1883 - 1958), in: Tiers Monde, 3, 9/10, S. 283 - 311

Cliffe, Lionel, Richard Moorsom, 1979, Rural class formation and ecological collapse in Botswana, in: Review of African Political Economy, nos. 15/16, S. 35 - 52

Club du Sahel, 1982, Problématique de la cohésion entre projets de développement rural et stratégie alimentaire au Mali, Paris: Organisation de Coopération et de Développement Economique (OCDE), Comité Permanent Inter-Etats de Lutte contre la Sécheresse dans le Sahel (CILSS)

Collins, Joseph, Frances Moore Lappé, 1978, Vom Mythos des Hungers. Die Entlarvung einer Legende: Niemand muß hungern, Frankfurt/M.: Fischer Taschenbuch

Conze, Peter, Thomas Labahn (Hrsg.), 1986, Somalia. Agriculture in the winds of change, Saarbrücken: epi Dokumentation no. 2

Cooper, Charles, 1981, Economic evaluation and the environment, a methodological discussion with particular reference to developing countries, London usw.: Hodder and Stoughton

Copans, Jean, 1980, Les Marabouts de l'arachide. La confrérie mouride et les paysans du Sénégal, Paris: Le Sycomore

-, 1983, The Sahelian drought: social sciences and the political economy of underdevelopment, in: K. Hewitt (Hrsg.), S. 83 - 97

Cornia, Giovanni Andrea, Richard Jolly, Frances Stewart (Hrsg.), 1987, Adjustment with a human face. Protecting the vulnerable and promoting growth, Oxford: Clarendon Press, vol. I + II (Unicef)

Coughenour, C. Milton, 1984, Social ecology and agriculture, in: Rural Sociology, 49, 1, S. 1 - 11

Couloubaly, Pascal Baba F., 1987, Crise économique et contre-pouvoirs au Mali, in: Afrique et Développement, 12, 2, S. 57 - 87

Cunha, Antonio, et al., 1981, Terrains vagues et terres promises. Les concepts de l'éco-développement et la pratique des géographes, Paris/Genf: Institut Univers. d'Etudes du Développement, Presse Univ. de France

Dahl, Gudrun, 1979, Suffering grass. Subsistence and society of Waso Borana, Stockholm: Univ. of Stockholm, Dpt. of Social Anthropology, Stockholm Studies in social anthropology

-, Anders Hjort, 1979, Pastoral change and the role of drought, Stockholm: Swedish Agency for Research Cooperation with Developing Countries, SAREC report R2

Dams, Theodor (Hrsg.), 1980, Integrierte ländliche Entwicklung. Theoretische Grundlagen und praktische Erfahrungen, München/Mainz: Kaiser, Grünewald

- et al., 1985, Integrierte ländliche Entwicklung. Theorie, Konzepte, Erfahrungen, Programme, Hamburg: Weltarchiv

Daniel, Philip, Reginald H. Green, Michael Lipton, 1985, A strategy for the rural poor, in: R.H. Green (Hrsg.), S. 113 - 136

Darling, F. Fraser, Mary A. Farvar, 1972, Ecological consequences of sedentarization of nomads, in: M. Taghi Farvar, J.P. Milton (Hrsg.), S. 671 - 682

Déclaration de Zaria, 1985, faite par les spécialistes africains en sciences sociales sur l'ajustement des économies africaines à la crise économique mondiale, in: Africa Development, vol. X, no. 1/2, S. 303 - 307

Dembélé, Kary, 1981, La dimension politique du développement rural, in: P. Jacquemot (Hrsg.), S. 104 - 132

Deutsch, Karl W., 1977, On the interaction of ecological and political systems: some potential contributions of the social sciences to the study of man and his environment, in: ders. (Hrsg.), S. 23 - 32

- (Hrsg.), 1977, Ecosocial systems and ecopolitics: a reader on human and social implications of environmental management in developing countries, Paris: Unesco

Deutsche Gesellschaft für technische Zusammenarbeit (GTZ) et al., 1982, Projet Productivité Tahoua. Feasibility-Studie Hauptbericht, Heidelberg/Frankfurt: APF Arbeitsgemeinschaft Planungsforschung GmbH, Projekt-Consult Gesellschaft für internationale Industrieberatung mbH

Deutsche Gesellschaft für technische Zusammenarbeit (GTZ), 1983a, Fleisch aus Ferké. Ein Feedlot am tropischen Standort, Eschborn

-, 1983b, Ländliche Regionalentwicklung. Ein Orientierungsrahmen, Eschborn

-, 1983c, Sahel-Info Koordinierung der Maßnahmen gegen die Desertifikation im Sahel, Eschborn/Ouagadougou: Deutsches Sahelprogramm, CILSS Comité Interétats de Lutte contre la Sécheresse au Sahel (o.O. o.J.)

-, 1984, Bearb. Karl M. Müller-Sämann, Annotierte Literaturliste zur standortgerechten Landwirtschaft, Eschborn

-, 1985, Überleben trotz Dürre. Statt Nahrungsmittelhilfe Eigenproduktion, Eschborn: Schriftenreihe der GTZ Nr. 178

-, 1986a, Atelier sur le développement rural régional en Afrique au Sud du Sahara, Cotonou, 23.-30.10.1986, Eschborn: 2 Bde.

-, 1986b, Bearb. Karl M. Müller-Sämann, Bodenfruchtbarkeit und standortgerechte Landwirtschaft. Maßnahmen und Methoden im Tropischen Pflanzenbau, Eschborn: Schriftenreihe GTZ No. 195

-, 1986c, Dokumentation über die deutsche Technische Zusammenarbeit mit Mali, Eschborn: Länderreihe

-, 1987a, Natürliche Ressourcen schonend nutzen - Umweltschutz in der Technischen Zusammenarbeit, Eschborn: Begleitpublikation zum Jahresabschluß und Lagebericht 1986

-, 1987b, Entwicklung der Tierproduktion in Savannengebieten Westafrikas. Studien aus dem Norden der Elfenbeinküste, Eschborn: Sonderpublikation Nr. 196

Deutsche Stiftung für internationale Entwicklung (DSE), 1984, Ländliche Entwicklung und Ressourcenschonung - Herausforderung oder Widerspruch? Bericht über eine Tagung der DSE, Zentralstelle für Ernährung und Landwirtschaft in Feldafing vom 21. - 24.6.1983, Baden-Baden: Nomos

-, Zentralstelle für Ernährung und Landwirtschaft (ZEL), 1985, Agroforstwirtschaft in den Tropen und Subtropen. Aktualisierung und Orientierung der Forschungsaktivitäten in der Bundesrepublik Deutschland. Bericht über ein DSE/ATSAF-Expertengespräch vom 29. - 31.5.1984, Feldafing

Deutsche Welthungerhilfe, Deutscher Entwicklungsdienst (DED), 1987, Ökologischer Landbau im Sahel. Partnerschaftsprojekt Burkina Faso, Bonn, Berlin

Deutscher Bundestag, 1985, Die Erhaltung und Sicherung der natürlichen Lebensgrundlagen in der Dritten Welt. Große Anfrage der Abgeordneten Repnik etc. 02.08.84 Deutscher Bundestag 10. Wahlperiode Sachgebiet 2129, Drucksache 10/1824, Antwort der Bundesregierung 22.11.84, Drucksache 10/2405, Stenographischer Bericht 130. Sitzung, Bonn 29.3.1985, Plenarprotokoll 10/130

-, 1986a, AWZ, Ausschußdrucksache 10/470, Materialien zur öffentlichen Anhörung von Sachverständigen durch den Ausschuß für wirtschaftliche Zusammenarbeit zum Thema "Einfluß der von der Weltbank und dem Internationalen Währungsfonds geforderten Anpassungsprogramme auf die entwicklungspolitische Zusammenarbeit" am 5.11.1986, Bonn: 29.10.1986

-, 1986b, 10. Wahlperiode, AWZ 714 - 2450, Protokoll 10/78, Stenograph. Protokoll der 78. Sitzung des AWZ - Öffentliche Informationssitzung - am Mittwoch, 5.11.1986, Öffentliche Anhörung von Sachverständigen zum Thema "Einfluß der von der Weltbank ..."

Deutsches Institut für Entwicklungspolitik, 1982, Arme Länder Afrikas: Strukturprobleme und krisenhafte Entwicklung, Berlin: Schriften des DIE Bd. 71

-, 1985, Strukturverzerrungen und Anpassungsprogramme in den Armen Ländern Afrikas. Herausforderung an die Entwicklungspolitik, Berlin; auch erschienen als H. Brandt et al., 1986

Deutsches Rotes Kreuz, 1984, Sonderausgabe Afrikahilfe, in: Auslandshilfe aktuell, Bonn, Nr. 5

Diarra, Abdramane, 1986, Politische Sozialisation und Rolle der Frau in Mali, Aachen: Rader

Diercks, Rolf, 1983, Alternativen im Landbau. Eine kritische Gesamtbilanz, Stuttgart: Ulmer

Diop, Majhemout, 1971, Histoire des classes sociales dans l'Afrique de l'Ouest. Le Mali, Paris: Maspero

Direction Nationale de la Coopération, Ministère chargé du Développement Rural, 1982, Recueil de documents sur les TON villageois, Bamako

Direction Nationale de la Statistique et de l'Informatique, 1983, Rapport de l'enquête agricole 1980-81, Bamako: République du Mali, Ministère du Plan

Djeflat, Abdelkader, 1985, Les difficultés de l'intégration inter-industrielle en Algérie et la dépendance technologique, in: Afrique et développement, vol. X, no. 3

Dokumentationsdienst Afrika, 1976/1980, Dürre in Afrika, Hamburg: Institut für Afrika-Kunde Reihe A, Bd. 14/I und II

Dominique, N., 1983, Les blocages structurels, in: Actuel Développement, Nr. 52, S. 42 - 45

Doucet, Lyse, 1986, Adapt or disappear?, in: West Africa, Nr. 3598, 18.8., S. 173 f.

Dressler, Jürgen, 1984, Standortgerechter Landbau (SGL) im tropischen Bergland, Stuttgart: Universität Hohenheim, Diss. Institut für landwirtschaftliche Betriebslehre

Dürste, Hartmut, Manfred Fenner, 1980, Öko-Strategie - Neue Chance für den Sahel?, in: E+Z Entwicklung und Zusammenarbeit, 1, S. 6 - 8

Dumas-Champion, Françoise, 1983, Les Masa du Tchad: bétail et société, Paris/Cambridge: Ed. de la Maison des Sciences de l'Homme, Cambridge Univ. Press

Dumont, René, 1978, Paysans écrasés terres massacrées. Equateur, Inde, Bengladesh, Tailande, Haute-Volta, Paris: Editions Robert Laffont

-, 1986, en collaboration avec Charlotte Paquet, Pour l'Afrique, j'accuse. Le journal d'un agronome au Sahel en voie de destruction, Paris: Librairie PLON (Terres humaines)

Dyson-Hudson, Rada & Neville, 1970, The food production system of a seminomadic society: the Karimojong, Uganda, in: P.F.M. McLoughlin (Hrsg.), S. 91 - 123

Eckholm, E.P., 1976, Losing ground. Environmental stress and world food prospects, New York (zit. nach V. Janssen 1984)

Egger, Kurt, 1979, Ökologie als Produktivkraft - Erfahrungen bei "Ecofarming" in Ostafrika, in: H. Elsenhans (Hrsg.), 1979, S. 217 - 254

-, 1984a, Ökologische Alternativen im tropischen Landbau - Notwendigkeit, Konzeption, Realisierung, in: P. Rottach (Hrsg.), S. 191 - 210

-, 1984b, Neue Landbaumethoden als sektoraler Beginn einer stufenweise umfassender werdenden Agrarentwicklung am Beispiel des "Projet Agro-Pastoral Nyabisindu/Rwanda", in: P. Rottach (Hrsg.), S. 211 - 228

- et al., 1980, Ökologische und sozio-ökonomische Bestandsaufnahme der Provinz Atlantique/Benin als Basis für die Entwicklung ökologisch angepaßter

Landnutzung, Heidelberg: Gutachten im Auftrag der GTZ, Forschungsstelle für Internationale Agrarentwicklung e.V.

-, Bernhard Glaeser, 1975, Politische Ökologie der Usambara-Berge in Tanzania, Bensheim: Kübel-Stiftung

Eilers, K., 1982, Möglichkeiten und Grenzen der Kleinbauernförderung an tropischen Standorten durch ökologisch orientierten Landbau, dargestellt am Beispiel Ruanda/Ostafrika, Witzenhausen: Gesamthochschule Kassel, Dipl.arb. FB Internationale Agrarwirtschaft

Elias, Gabriele, Ulf-H. Brockner, 1983, Ökologische Forschung zwischen Realität und Utopie. Fünf Jahre Öko-Institut - Anspruch und Wirklichkeit. Arbeitstagung des Öko-Instituts Gießen, 18. - 19.3.1983, in: Das Argument, Nr. 139, S. 430 - 432

Elliott, Charles, 1980, Rural poverty in Africa, Swansea: Centre for Development Studies, Univ. College of Swansea, Occas. Paper 12

Elsenhans, Hartmut (Hrsg.), 1978, Migration und Wirtschaftsentwicklung, Frankfurt/New York: Campus

- (Hrsg.), 1979, Agrarreform in der Dritten Welt, Frankfurt/New York: Campus

-, Abhängiger Kapitalismus oder bürokratische Entwicklungsgesellschaft - Versuch über den Staat in der Dritten Welt, Frankfurt/New York: Campus

El-Sherbini, A.A., 1981, Marketing modernization and ecological disequilibria, in: Mazingira, Dublin, 5, 4, S. 66 - 75

Elwert, Georg, 1980a, Überleben in Krisen, kapitalistische Entwicklung und traditionelle Solidarität. Zur Ökonomie und Sozialstruktur eines westafrikanischen Bauerndorfes, in: Zeitschrift für Soziologie, 9. Jg., Nr. 4, S. 343 - 365

-, 1980b, Die Elemente der traditionellen Solidarität. Eine Fallstudie in Westafrika, in: Kölner Zeitschrift für Soziologie und Sozialpsychologie, 32. Jg., Nr. 4, S. 681 - 704

-, 1983a, Der entwicklungssoziologische Mythos vom Traditionalismus, in: D. Goetze, H. Weiland (Hrsg.), S. 29 - 55

-, 1983b, Bauern und Staat in Westafrika, Frankfurt/New York: Campus

-, 1984, Die Verflechtung von Produktionen: Nachgedanken zur Wirtschaftsanthropologie, in: Kölner Zeitschrift für Soziologie und Sozialpsychologie, Sonderheft 26, Ethnologie als Sozialwissenschaft, S. 379 - 402

-, Hans-Dieter Evers, Werner Wilkens, 1983, Die Suche nach Sicherheit: Kombinierte Produktionsformen im sog. informellen Sektor, in: Zeitschrift für Soziologie, 12. Jg., H. 4, S. 281 - 296

-, Roland Fett (Hrsg.), 1982, Afrika zwischen Subsistenzökonomie und Imperialismus, Frankfurt/New York: Campus

Elwert-Kretschmer, Karola, 1986, "Befreit Euch von den Zwängen der traditionellen Religion" - Der Wandel der Vodun-Kulte in Benin, in: Journal für Geschichte, Nr. 6, S. 48 - 59

Engel, Albert, et al., 1986, Promoting smallholder cropping systems in Sierra Leone. An assessment of traditional cropping systems and recommendations for the Bo-Pujehun Rural Development Project, Berlin: TU, Seminar für Landwirtschaftl. Entwicklung (SLE), Schriftenreihe Fachber. Internationale Agrarentwicklung Nr. IV/86

Entwicklung und ländlicher Raum, 1986, Schwerpunkt Biotechnologie, 20. Jg., H. 5

Environmental Development Action in the Third World (ENDA Dakar), 1981, Environment and Development in Africa. A study prepared for the United Nations Environment Programme, Oxford usw.: UNEP Studies vol. 2, Pergamon Press

Ephson, Ben, 1986, Ghana. Fewer bids at auction, in: West Africa, no. 3607, S. 2203

Ernst, Klaus, 1973, Tradition und Fortschritt im afrikanischen Dorf. Soziologische Probleme der nichtkapitalistischen Umgestaltung der Dorfgemeinde in Mali, Berlin: Akademie-Verlag

Equipe, l', Ecologie et anthropologie des sociétés pastorales (Hrsg.), 1979, Pastoral production and society. Proceedings of the international meeting on nomadic pastoralism, Paris 1 - 3 Dec. 1976, Cambridge usw.: Cambridge Univ. Press

Evans-Pritchard, E.E., 1977 (1956), Nuer religion, Oxford/New York: Oxford Univ. Press

-, 1940, The Nuer, London

Evers, Hans-Dieter, 1982, Sequential patterns of strategic group formation and political change in South-East Asia, Bielefeld: Universität, Forschungsschwerpunkt Entwicklungssoziologie, Working paper

-, Tilman Schiel, 1988, Strategische Gruppen. Vergleichende Studien zu Staat, Bürokratie und Klassenbildung in der Dritten Welt, Berlin: Reimer

Evers, Tilman, T., Peter von Wogau, 1973, "Dependencia": lateinamerikanische Beiträge zur Theorie der Unterentwicklung, in: Das Argument, Bd. 15, H. 79, S. 404 - 452

Fabrègues, P. de, 1984, Sahel: la fin du monde pastoral?, in: Marchés Tropicaux et Méditerranéens, 40. Jg., Nr. 2031, S. 2488 - 2491

Fahim, Husein M., 1980, Nubian resettlement and nomadic sedentarization in Khasm el-Girba Scheme, Eastern Sudan, in: Ph.C. Salzman (Hrsg.), S. 140 - 156

Fahrenhorst, Brigitte, 1988, Der Versuch einer integrierten Umweltpolitik. Das Entwicklungsmodell Burkina Faso unter Sankara, Hamburger Beiträge zur Afrika-Kunde 35, Hamburg: Institut für Afrika-Kunde

FAO, Organisation des Nations Unies pour l'Alimentation et l'Agriculture, 1977, Les systèmes pastoraux sahéliens. Données socio-démographiques de base en vue de la conservation et de la mise en valeur des parcours arides et semi-arides. Avec le concours du Fonds des Nations Unies pour les Activités de Population, Rom: Etude FAO: Production végétale et protection des plantes 5

FAO, Forestry Department, 1985, Changes in shifting cultivation in Africa, in: Unasylva, 37. Jg., Nr. 150, S. 40 - 50

Fett, Roland, Elenor Heller, 1978, Zwei Frauen sind zuviel, Saarbrücken: Bielefelder Studien zur Entwicklungssoziologie 2, Breitenbach

Fiege, Karin, Jutta Kranz-Plote, 1985, "Le cacao ne se bouffe pas!" L'influence des cultures d'exportation sur les structures socio-économiques de l'agriculture traditionnelle. Etude de cas dans le Centre-Ouest de la Côte d'Ivoire, Berlin: Freie Universität Berlin, Arbeitspapiere zu Wirtschaft, Gesellschaft und Politik in Entwicklungsländern, Nr. 3

Fischer, Knut M., et al., 1981, Ländliche Entwicklung. Ein Leitfaden zur Konzeption, Planung und Durchführung armutsorientierter Entwicklungsprojekte, München usw.: Weltforum

Förster, Till, 1985, Divination bei den Kafibele-Senufo: zur Aushandlung und Bewältigung von Alltagskonflikten, Berlin: Reimer

-, 1987, Umwelt und Gesellschaft in Afrika. Methodologische Vorbemerkungen, Berlin: FU, Institut für Ethnologie, Sozialanthropologische Arbeitspapiere Nr. 1, Das Arabische Buch

Ford, Robert Elden jr., 1984, Subsistence farming systems in semi-arid Northern Yatenga (Upper Volta), Univ. of Calif. Riverside, Ph.D. 1982, Ann Arbor: Univ. Microfilms Internat.

Forschungsstelle für internationale Agrarentwicklung, 1981, Agrarentwicklung in Entwicklungsländern unter Berücksichtigung des natürlichen und sozialen Umfeldes, Heidelberg

Founou-Tchuigoua, Bernard, 1985, Limite des alternatives capitalistes d'Etat ou privées à la crise agricole africaine, in: Africa Development, vol. X, Nr. 3, S. 100 - 111

Franke, Michael, 1982, "... und alles weil wir arm sind". Produktions- und Lebensverhältnisse in westafrikanischen Dörfern, Saarbrücken: Bielefelder Studien zur Entwicklungssoziologie 18, Breitenbach

-, Artur Bogner, 1982, Die Hungerproduzenten, Wien/Osnabrück: Terre des Hommes

Franke, Richard W., Barbara H. Chasin, 1980, Seeds of Famine. Ecological destruction and the development dilemma in the West African Sahel, Montclair/New York: Allanheld, Osmun, Universe Books

Frantz, Charles, 1978, Ecology and social organization among Nigerian Fulbe (Fulani), in: W. Weissleder (Hrsg.), S. 97 - 118

-, 1981, Fulbe continuity and change under five flags atop West Africa: territoriality, ethnicity, stratification and national integration, in: J.G. Galaty, Ph.C. Salzman (Hrsg.), S. 89 - 115

Fraser, F. Darling, Mary A. Farvar, 1973, Ecological consequences of sedentarization of nomads, in: M. Taghi Farvar, J.P. Milton (Hrsg.), S. 671 - 682

Freiberg, Jörg, Wolfgang Hein, Thomas Hurtienne (Hrsg.), 1984, Drei Welten - eine Umwelt. Materialien einer Tagung über Ökologie und Dritte Welt, Saarbrücken/Fort Lauterdale: Breitenbach

Fresenius, Klaus, Gudrun Lachenmann, 1984, Zaire. Sektorstudie Gesundheit, BMZ-Länderevaluierung Zaire, Berlin: Deutsches Institut für Entwicklungspolitik, vf. Ms.

Galaty, John G., 1981, Introduction: Nomadic pastoralists and social change - processes and perspectives, in: ders., Ph.C. Salzman (Hrsg.), S. 4 - 26

- et al. (Hrsg.), 1981, The future of pastoral peoples - proceedings of a conference held in Nairobi 4 - 8 Aug. 1980, Ottawa: International Development Centre

-, Philip C. Salzman (Hrsg.), 1981, Change and Development in nomadic and pastoral societies, Leiden: E.J. Brill

Gallais, Jean, 1976, Options prises ou ignorées dans les aménagements hydro-agricoles en Afrique sahélienne, in: Cahiers Géographiques de Rouen, no. 6, S. 77 - 95

-, 1984, Hommes du Sahel, Paris: Flammarion

- (Hrsg.), 1977, Stratégies pastorales et agricoles des Sahéliens durant la sécheresse 1969-1974. Elevage et contacts entre pasteurs et agriculteurs, Bordeaux: Centre National de la Recherche Scientifique, Centre d' Etudes de Géographie Tropicale, Travaux et documents de géographie tropicale no. 30

Galtung, Johan, 1984, Perspectives on environmental politics in overdeveloped and underdeveloped countries, in B. Glaeser (Hrsg.), S. 9 - 22

Gate (Dorothee Obermaier), (1986), Frauenförderung in der technischen Zusammenarbeit - Situation, Ziele, Konzeption und Instrumente, (Eschborn: Deutsche Gesellschaft für technische Zusammenarbeit, GTZ)

Geertz, Clifford, 1963, Agricultural involution. The process of sociological change in Indonesia, Berkeley/Los Angeles: Univ. of California Press

Geschiere, Peter, 1986, Hegemonic regimes and popular protest - Bayart, Gramsci and the state in Cameroon, in: W. van Binsbergen, F. Reyntjens, G. Hesseling (Hrsg.), S. 309 - 347

-, Jos van der Klei, 1985, La relation Etat-paysans et ses ambivalences: modes populaires d'action politique chez les Maka (Cameroun) et les Diola (Casamance), Paris: Table ronde "L'Etat contemporain en Afrique", EHESS, vf. Ms.

-, 1986, African peasants against the state: "popular modes of political action" and their implications for development projects, Braga: European Congress for Rural Sociology 1. - 4.4.1986

GKKE Gemeinsame Konferenz Kirche und Entwicklung, 1986, in: Deutscher Bundestag, 1986a; auch ersch. als: GKKE, 1987, Der Internationale Währungsfonds, die Weltbank und die Armen. Beiträge der GKKE zur Öffentlichen Anhörung des Bundestagsausschusses für wirtschaftliche Zusammenarbeit am 5.11.1986 in Bonn, Bonn

Glaeser, Bernhard, 1981, Ökoentwicklung in Tanzania. Ein empirischer Beitrag zu Bedürfnissen, Selbstversorgung und umweltschonender Agrartechnologie im kleinbäuerlichen Betrieb, Saarbrücken/Fort Lauderdale: Wissenschaftszentrum Berlin, Internat. Institut für Umwelt und Gesellschaft, breitenbach publishers

- (Hrsg.), 1977, Ecodevelopment, in: Vierteljahresberichte, special issue, Nr. 70

- (Hrsg.), 1984, Ecodevelopment. Concepts, Projects, Strategies, Oxford usw.: Pergamon Press

- (Hrsg.), 1988, Humanökologie. Grundlagen präventiver Umweltpolitik, Opladen: Westd. Verlag

Godelier, Maurice, 1973, Ökonomische Anthropologie. Untersuchungen zum Begriff der sozialen Struktur primitiver Gesellschaften, Reinbek b. Hamburg: Rowohlt

Goetze, Dieter, 1983, Entwicklungspolitik 1. Soziokulturelle Grundfragen, Paderborn usw.: UTB 1243 F. Schöningh

-, Herbert Weiland (Hrsg.), 1983, Soziokulturelle Implikationen technologischer Wandlungsprozesse, Saarbrücken/Fort Lauderdale: breitenbach publishers

Goldschmidt, Walter, 1979, A general model for pastoral social systems, in: Equipe écologie ... (Hrsg.), S. 15 - 27

-, 1981, The failure of pastoral economic development programs in Africa, in: J. Galaty et al., S. 101 - 118

Gordon, Robert, 1985, Gehegt bis zur Ausrottung: Buschleute im Südlichen Afrika. Mit einem Vorwort von Henning Melber: "Wer ist ein Buschmann", in: Peripherie, 5. Jg., Nr. 20, S. 18 - 35

Gouvernement Général de l'Afrique Occidentale Française, 1941, Office du Niger. Programme Décennal, Aménagement Général de la Région Lacustre, Ségou (signé Bauzil)

Grandet, Claude, 1958, La vie rurale dans le cercle de Goundam (Niger soudanaise), in: Cahiers d'Outre-Mer, 11, 41, S. 25 - 46

Green, Reginald H., 1985a, From deepening economic malaise towards renewed development: an overview, in: ders. (Hrsg.), S. 9 - 44

-, 1985b, Introductory note: malaise to recovery: an overview, in: ders. (Hrsg.), S. 3 - 8

-, 1986, The IMF and stabilisation in sub-saharan Africa: a critical review, Brighton: Institute of Development Studies Discussion Paper DP 216

- (Hrsg.), 1985, Sub-saharan Africa: towards oblivion or reconstruction?, in: Journal of Development Planning, no. 15

-, Caroline Allison, (1984), The Bank's agenda for accelerated development: dialectics, doubts and dialogues, Brighton: Institute of Development Studies, o.J., vf. Ms.

Grosser, Eberhard, 1982, Projet productivité Tahoua, Soziologische Aspekte, in: Deutsche Gesellschaft für technische Zusammenarbeit (GTZ) et al., Feasibility-Studie Bd. 7

-, 1983, Sozioökonomische Bedingungen für die Einführung standortgerechter Landnutzungssysteme in ausgewählten Projektgebieten Obervoltas, in: Deutsche Gesellschaft für technische Zusammenarbeit (GTZ), 1983c, Teil II (ursprüngl. Paris 1980)

Groupe de Travail Economie Rurale (Hrsg.), 1984, L'exploitation agricole en Afrique Noire, Paris: Groupement d'Etudes et de Recherches pour le Développement de l'Agronomie Tropical (GERDAT), 2. Aufl.

Gsänger, Hans, 1987, Biotechnologischer Fortschritt und bäuerliche Landwirtschaft afrikanischer Länder, Berlin: Deutsches Institut für Entwicklungspolitik

- et al., 1986, Strengthening local linkages for socioeconomic development at regional level. A study on the rural economy of the Gwembe District, Zambia, Berlin: Deutsches Institut für Entwicklungspolitik

Gutkind, Peter C.W., Immanuel Wallerstein (Hrsg.), 1976, The political economy of contemporary Africa, London-Beverly Hills: Sage Publications

-, Peter Waterman (Hrsg.), 1977, African social studies. A radical reader, London usw.: Heinemann

Gutto, S.B.O., 1981, Law, rangelands, the peasantry and social classes in Kenya, in: Review of African Political Economy, no. 20, S. 41 - 56

Guyer, Jane I., Pauline E. Peters, 1987, Introduction, in: dies. (Hrsg.), S. 197 - 214

-, (Hrsg.), 1987, Conceptualizing the household: issues of theory and policy in Africa, in: Development and Change, vol. 18, no. 2

Haaland, Gunnar, 1980a, Problems in savannah development, in: ders. (Hrsg.), S. 1 - 38

-, 1980b, Social organization and ecological pressure in Southern Darfur, in: ders. (Hrsg.), S. 55 - 106

- (Hrsg.), 1980, Problems of savannah development: the Sudan case, Bergen: Univ. of Bergen, Occasional Paper, Department of Social Anthropology, No. 19

Hanisch, Rolf, Rainer Tetzlaff, 1979, Agrarpolitik, externe Entwicklungshilfe und die Überwindung der ländlichen Armut in der Dritten Welt, in: dies. (Hrsg.), S. 5 - 56

- (Hrsg.), 1979, Die Überwindung der ländlichen Armut in der Dritten Welt. Probleme und Perspektiven kleinbäuerlicher Entwicklungsstrategien, Frankfurt: A. Metzner

Hardin, Garrett, 1968, The tragedy of the commons, in: Science, 162, S. 1243 - 1248; auch abgedruckt in: G.H.E. Daly (Hrsg.), 1972, Towards a steady-state economy, San Francisco: W.H. Freeman

Harsche, Edgar P., 1974, Sozialkulturelle und gesellschaftspolitische Implikationen einer langfristigen Entwicklung der Sahelländer Obervolta, Mali und Niger, Bonn: Der Bundesminister für wirtschaftliche Zusammenarbeit, Forschungsvorhaben Möglichkeiten der langfristigen Entwicklung der Sahelländer Obervolta, Mali und Niger Bd. 5, Agroprogress GmbH

Hartje, Volkmar J., 1982, Umwelt- und Ressourcenschutz in der Entwicklungshilfe: Beihilfe zum Überleben?, Frankfurt/New York: Campus

Heald, Carol, Michael Lipton, 1984, African food strategies and the EEC's role: an interim review, Brighton: Institute of Development Studies, Univ. of Sussex

Heidenheimer, Arnold J. (Hrsg.), Political corruption: readings in comparative analysis, New Brunswick

Heinrich, Thomas J., 1985, Adjustment of structural change in crisis management policy of Tanzania, in: Verfassung und Recht in Übersee, 18, 2, S. 195 - 207

Helander, Bernhard, 1986, The social dynamics of Southern Somali agro-pastoralism: a regional approach, in: P. Conze, Th. Labahn (Hrsg.), S. 93 - 114

Herskovits, M.J., 1926, The cattle complex in East Africa, in: American Anthropologist, Nr. 28, S. 655 ff.

Herzog, Rolf, 1963, Seßhaftwerden von Nomaden. Geschichte, gegenwärtiger Stand eines wirtschaftlichen wie sozialen Prozesses und Möglichkeiten der sinnvollen technischen Unterstützung, Köln/Opladen: Westdeutscher Verlag

Hewitt, Kenneth (Hrsg.), 1983, Interpretations of calamity from the viewpoint of human ecology, Boston/London/Sydney: Allen & Unwin

Hilpert, Ulrich, 1985, Ecology and economy - socio-economic development in the Third World and the problems of the conservation of natural resources, Besprechungsaufsatz in: Verfassung & Recht in Übersee, 18. Jg., H. 3, S. 355 - 370

Hirschman, Albert O., 1958, The strategy of economic development, New Haven/London: Yale Univ. Press

Hjort, Anders, 1985, Introduction - Interdisciplinary views on land management and survival, in: ders. (Hrsg.), S. 9 - 15

- (Hrsg.), 1985, Land management and survival, Uppsala: Scandinavian Institute of African Studies

Hofmeier, Rolf, 1984, Zur Lage in Tansania. Anhaltende Wirtschaftskrise und Folgen für die entwicklungspolitische Zusammenarbeit, in: der überblick, 201, S. 56 - 61

Hopkins, Antony G., 1986, The World Bank in Africa: historical reflections on the African present, in: World Development, 14, no. 12, S. 1473 - 1487

Hopkins, Michael, Rolph van der Hoeven, 1983, Basic needs in development planning, Aldershot: Gower

Hugon, Philippe, 1986, L'Afrique subsaharienne face au Fonds monétaire international (FMI), in: Afrique Contemporaine, 25. Jg., Nr. 139, S. 3 - 19

Hummen, Wilhelm, 1981, Wirtschaftliche Probleme Somalias zu Beginn der achtziger Jahre, in: afrika spectrum, 16. Jg., Nr. 2, S. 163 - 178

Hurtienne, Thomas, 1974, Zur Ideologiekritik der lateinamerikanischen Theorien der Unterentwicklung und Abhängigkeit, in: Probleme des Klassenkampfs, Nr. 14/15, S. 213 - 283

-, 1986, Fordismus, Entwicklungstheorie und Dritte Welt, in: Peripherie, 6. Jg., Nr. 22/23, S. 60 - 110

Hutchful, Eboe, 1985, IMF adjustment policies in Ghana since 1966, in: Africa Development, vol X, no. 1/2, S. 122 - 136

Hyden, Goran, 1980, Beyond Ujamaa in Tanzania. Underdevelopment and an uncaptured peasantry, London usw.: Heinemann

Ibrahim, Fouad N., 1980, Desertification in Nord-Darfur. Untersuchungen zur Gefährdung des Naturpotentials durch nicht angepaßte Landnutzungsmethoden in der Sahelzone der Republik Sudan, Hamburg: Hamburger Geograph. Studien H. 35, Verl. F. Hirt

-, 1982a, Die Rolle des Nomadismus im Desertifikationsprozeß im Westsudan, in: F. Scholz, J. Janzen (Hrsg.), 1982, S. 49 - 58

-, 1982b, Die Frauen und die Wüste - Tragen die Frauen die Schuld an der Umweltzerstörung in der Sahelzone?, in: geographie heute, H. 14, S. 45 - 48

-, 1984, Ecological imbalance in the Republic of the Sudan - with reference to desertification in Darfur, Bayreuth: Bayreuther Geowissenschaftl. Arbeiten, Bd. 6, Bayr. Verlagsges.

Idiart, P., 1961/62, Métayage et régimes fonciers dans la région du Faguibine (cercle de Goundam - Soudan), in: Etudes Rurales, nos. 2 + 3, S. 37 - 59, 21 - 44

Imfeld, Al, 1982a, Ökologie und Self Reliance, in: epd-Entwicklungspolitik, Nr. 5/6, S. 15 - 18

-, 1982b, Zukunft politischer Institutionen, in: epd-Entwicklungspolitik, Nr. 5/6, S. 23 - 27

-, 1983, Vom Überfluß zur Dürre, Etappenweiser Zerfall der westafrikanischen Sahelzone, in: epd-Entwicklungspolitik, Nr. 14, S. 11 - 15

-, 1985, Hunger und Hilfe. Provokationen, Zürich: Unionsverlag

Institut d'Economie Rurale, 1981, Etude sociologique des colons de l'Office du Niger, Bamako

Institute of Development Studies at the Univers. of Sussex, 1984, Why have sub-saharan Africa's economies fared so badly in the recession? A series of questions and answers prepared for the rt. Hon. Sir Geoffrey Howe, Q.C., M.P., Secretary of State for Foreign and Commonwealth Affairs, Brighton

International Bank for Reconstruction and Development, 1987, Protecting the poor during periods of adjustment, Washington: unveröff. Ms. February 9 (siehe auch World Bank)

International Social Science Journal, 1986, Environmental awareness. Sociology, geography, political science, law and economics, Basil Blackwell, Unesco, Nr. 109

Jacquemot, Pierre (Hrsg.), 1981, Le Mali. Le paysan et l' état, Paris: Editions L'Harmattan

Jahnke, Hans E., 1982, Livestock production systems and livestock development in tropical Africa, Kiel: Kieler Wissenschaftsverl. Vauk

Janssen, Volker, 1984, Bäuerliche Selbsthilfe in einer ökologisch abgesicherten ländlichen Entwicklung, in: entwicklung + ländlicher raum, 18. Jg., H. 3, S. 25 - 28

-, 1986, Umweltbewußtsein in ländlichen Entwicklungsgesellschaften, in: entwicklung + ländlicher raum, 20. Jg., H. 4, S. 6 - 10

Janzen, Jörg, 1984, Nomadismus in Somalia, Struktur der Wanderweidewirtschaft und Hintergründe aktueller Entwicklungsprobleme im nomadischen Lebensraum - ein Überblick, in: afrika spectrum, 19. Jg., Nr. 2, S. 149 - 171

-, 1987, Kennzeichen und Tendenzen ländlicher Entwicklung in Somalia, in: A. Maho Aves, K.-H. Bechtold (Hrsg.), S. 16 - 43

Jennings, Anthony, 1986, Measures to assist the least developed countries: the case of Malawi, in: World Development, vol. 14, no. 12, S. 1463 - 1468

Johnson, D.L., 1977, The human dimensions of desertification, in: Economic Geography, Bd. 53, Nr. 4, S. 317 - 321

Jolly, Richard, 1985, Adjustment with a human face, in: Development, 4, S. 83 - 87

Kampffmeyer, Thomas, 1987, Die Verschuldungskrise der Entwicklungsländer. Probleme und Ansatzpunkte für eine Lösung auf dem Vergleichswege, Berlin: Schriften des Deutschen Instituts für Entwicklungspolitik (DIE) Bd. 89

Kantowsky, Detlef, 1985, Von Südasien lernen. Erfahrungen in Indien und Sri Lanka, Frankfurt/New York: Edition Qumran Campus

Kébé, Youssouf Gaye, 1981, L' agriculture malienne, le paysan, sa terre et l' état, in: P. Jacquemot (Hrsg.), S. 22 - 102

Kemper, Thomas, Martin Kleene, 1985, Umweltkrise im Yatenga (Burkina Faso) - Gesellschaftliche Ursachen, bäuerliche Strategien und institutionelle Praxis, Bielefeld: Universität, Fak. f. Soziologie, Dipl.arb.

Kiene, Werner, 1987, Ökologisch verträgliche Projektgestaltung in der technischen Zusammenarbeit - Erfahrungen und Konzepte der GTZ, in: A. Bechmann et al. (Hrsg.), S. 40 - 59

Kitching, Gavin, 1985, Politics, method, and evidence in the "Kenya debate", in: H. Bernstein, B.K. Campbell (Hrsg.), S. 115 - 152

Klaus, Dieter, 1981, Klimatologische und klima-ökologische Aspekte der Dürre im Sahel, Wiesbaden: Franz Steiner

Klein, Stefan, 1987, Ghana: Der schwere Weg aus der Wirtschaftskrise. Eine Roßkur, die Schule machen soll, in: Süddeutsche Zeitung, Nr. 40, 18.2., S. 3

Kommission der Europäischen Gemeinschaften, 1986, Schutz der natürlichen Ressourcen - Bekämpfung der Desertifikation in Afrika, Mitteilung der Kommission an den Rat und das Europäische Parlament, Brüssel: 22.1.1986, KOM(86) 16 endg.

Kopp, Andreas (Hrsg.), 1987, Scientific positions to meet the challenge of rural and urban poverty in developing countries, Hamburg: Weltarchiv

Kotschi, Johannes, Reinhard Adelheim, 1984, Standortgerechte Landwirtschaft. Zur Entwicklung kleinbäuerlicher Betriebe in den Tropen und Subtropen, Eschborn: Deutsche Gesellschaft für technische Zusammenarbeit (GTZ)

Kotschi, Johannes, Jochen Pfeiffer, Eberhard Grosser, 1982, Fachseminar "Standortgerechter Landbau", Tagungsbericht, Feldafing: Deutsche Stiftung für Internationale Entwicklung (DSE)/Deutsche Gesellschaft für technische Zusammenarbeit (GTZ)

Kreditanstalt für Wiederaufbau (KfW), 1982, Hans-H. Prestele, Landwirtschaftliche Entwicklung im Sahel. Ein Diskussionsbeitrag, Frankfurt/M.: Veröffentlichungen aus dem Arbeitsbereich der KfW, 18/82

-, 1985, Ländliche Entwicklung im Rahmen der finanziellen Zusammenarbeit mit Entwicklungsländern, Frankfurt/M.: Veröffentlichungen der KfW 22/85

Kreye, Otto, Alexander Schubert, 1987, Zahlen und verhungern. Die sozialen Folgen der internationalen Verschuldung, in: blätter des iz3w, Nr. 139, S. 377 - 43

Krings, Thomas, 1978, Strategien der integrierten ländlichen Entwicklung in den Sahelländern Westafrikas, in: afrika spectrum, 13. Jg., Nr. 2, S. 117 - 138

-, 1980, Kulturgeographischer Wandel in der Kontaktzone von Nomaden und Bauern im Sahel von Obervolta. Am Beispiel des Oudalan (Nordost-Obervolta), Hamburg: Hamburger Geograph. Studien H. 36, F. Hirt

-, 1982, Wandel und Kontinuität im sahelischen Nomadismus am Beispiel des Gourma von Mali und Obervolta (Nigerbogen), in: F. Scholz, J. Janzen (Hrsg.), S. 41 - 48

-, 1984, Das schleichende Elend im Sahel von Mali, in: Afrika-Post, Nr. 1, S. 16 - 19

-, 1985a, Periodische Seespiegelschwankungen und ihre Auswirkungen auf die Agrarwirtschaft im Faguibine-See (Republik Mali), in: Erdkunde, 39. Jg., S. 116 - 128

-, 1985b, Viehhalter contra Ackerbauern. Eine Fallstudie aus dem Nigerbinnendelta (Republik Mali), in: Die Erde, 116, S. 197 - 206

-, 1986, Die Vorteile und Risiken von Pflugbau und Monokultur in den zentralen und südlichen Savannen der Republik Mali, in: Die Erde, 117, S. 201 - 216

-, 1987, Surviving in the periphery of the town - the living conditions of Sahelian drought refugees in Mopti (Republic of Mali), in: GeoJournal, 14, 1, S. 63 - 70

Krugmann-Randolf, Inga, 1986, Parlamentarier: Wie "böse" sind IWF und Weltbank? Sachverständige: Was sie tun ist notwendig, wie sie's tun ist falsch, in: E+Z Entwicklung + Zusammenarbeit, 12, S. 3 f. + 16

Kurth, E.W., 1985, Die "andere" Natur, in: Blätter des iz3W, Nr. 125, Ökologie und Dritte Welt II, S. 7 - 9

Kydd, J., A. Hewitt, 1986, The effectiveness of structural adjustment lending: initial evidence from Malawi, in: World Development, vol. 14, no. 3, S. 347 - 365

Lachenmann, Gudrun, 1981, Volksrepublik Benin: Schwierigkeiten auf dem Weg zu einer eigenständigen Entwicklung, in: afrika spectrum, 16. Jg., Nr. 2, S. 205 - 219

-, 1982, Entkolonisierung der Gesundheit. Theorie und Praxis der Gesundheitsversorgung in Namibia und Benin, Diessenhofen: Rüegger

-, 1983, Die Destabilisierung der ländlichen Produktions- und Sozialsysteme in Schwarzafrika, in: afrika spectrum, 18. Jg., H. 1, S. 5 - 25

-, 1984a, Ökologie und Sozialstruktur im Sahel. Wechselwirkungen zwischen ökologischen und ökonomischen Veränderungen sowie soziostrukturellem und -kulturellem Wandel, in: afrika spectrum, 19. Jg., Nr. 3, S. 209 - 229

-, 1984b, Thesenpapier: Bauern und ihre natürliche Umwelt in Entwicklungsländern - typische Handlungszwänge und -spielräume, in: Deutsche Stiftung für internationale Entwicklung (DSE)/Zentralstelle für Ernährung und Landwirtschaft (ZEL), Bäuerliche Selbsthilfe in einer ökologisch abgesicherten ländlichen Entwicklung. Bericht über eine Tagung 19. - 22.6.1984 in Feldafing, S. 15 - 18

-, 1985, Thesenpapier: Problembereiche der ländlichen Entwicklung in Mali, in: Finanzielle Zusammenarbeit Republik Mali - Bundesrepublik Deutschland. Untersuchung von Förderansätzen für die ländliche Entwicklung in Mali, Stuttgart: IP Institut für Projektplanung i.A. der KfW, Teil I Workshopbericht - Materialband, Anh. 3, S. 5 - 23

-, 1986a, Rural development in Mali - destabilisation and social organisation, in: Quarterly Journal of International Agriculture (Zeitschrift für ausländische Landwirtschaft), Vol. 25, No. 3, S. 217 - 233

-, 1986b, Perspektiven der Beteiligung von Ethnologen an der Entwicklungszusammenarbeit. Thesen zur Tagung der Dt. Gesellschaft für Völkerkunde in Lübeck 7. - 10.10.1985, in: F. Bliss (Hrsg.), 1986, S. 27 - 34

-, 1987a, Ökosysteme ohne Menschen? Kritik des Ecodevelopment-Konzepts, in: der überblick, 23. Jg., Nr. 2, S. 59 - 61

-, 1987b, Ecodevelopment - Ökosysteme ohne Menschen?, in: A. Bechmann et al. (Hrsg.), S. 93 - 110

-, 1987c, Ökologische Entwicklung zur Krise und Strategien angepaßter Entwicklung im Sahel, in: Burkart Lutz (Hrsg.), "Technik und sozialer Wandel", Verhandlungen des 23. Deutschen Soziologentages in Hamburg 1986, Frankfurt/New York: campus, S. 390 - 404

-, 1987d, Anmerkungen zu den gesellschaftlichen Aspekten der Strukturkrise in Afrika, Berlin: Deutsches Institut für Entwicklungspolitik

-, 1987e, Die gesellschaftliche Problematik der Strukturanpassungspolitik in Afrika, in: vierteljahresberichte, Nr. 109, S. 275 - 292

-, 1987f, Comment on Gloria L.N. Scott, Women and rural poverty, in: A. Kopp (Hrsg.), S. 231 - 236

-, 1987g, Soziale Implikationen und Auswirkungen der Basisgesundheitspolitik, in: D. Schwefel (Hrsg.), S. 315 - 366

-, 1988a, Development policy and survival strategies in the Zone Lacustre in Mali, in: Sociologia Ruralis, vol. XXVIII, no. 2/3, S. 182 - 198

-, 1988b, Sozio-kulturelle Bedingungen und Wirkungen in der Entwicklungszusammenarbeit, Berlin: Deutsches Institut für Entwicklungspolitik

-, Lutz Höttler, Doris Köhn, Heinz Kreft, Wolfgang Meyer, Klaus von Stackelberg, 1985, Ökologie und Sozialstruktur in Mali. Fallstudie Zone Lacustre, Berlin: Deutsches Institut für Entwicklungspolitik (auch auf Französisch)

-, Siegfried Holtkemper, Andreas Proksch, Cornelia Richter, Petra Schäfer, 1980, Ansätze zu einer basisorientierten Gesundheitspolitik in Benin. Sozio-ökonomische Untersuchung des 'Bereiches Gesundheit' im Rahmen der allgemeinen Entwicklungsanstrengungen im Distrikt Bassila (Provinz Atacora), Berlin: Deutsches Institut für Entwicklungspolitik (auch auf Französisch)

Langhammer, Rolf J., 1984, Schwarzafrikas wirtschaftliche Malaise, Kiel: Kieler Diskussionsbeiträge 104, Institut für Weltwirtschaft

Lateef, Noel V., 1980, Crisis in the Sahel. A case study in development cooperation, Boulder: Westview special studies in social, political, and economic development, Westview Press

LeBris, E., E. LeRoy, F. Leimdorfer (Hrsg.), 1982, Enjeux fonciers en Afrique noire, Paris: ORSTOM/Karthala

Lefébure, Claude, 1979, Introduction. The specificity of nomadic pastoral societies, in: Equipe écologie ... (Hrsg.), S. 1 - 14

Leipert, Christian, Udo Ernst Simonis, 1982, Sozialindikatoren und Entwicklungsplanung, in: D. Nohlen, F. Nuscheler (Hrsg.), S. 432 - 450

Lele, Uma, 1986, Women and structural transformation, in: Economic Development & Cultural Change, vol. 34, no. 2, S. 195 - 221

Leng, Gunter, 1982, Desertification. A bibliography with regional emphasis on Africa, Bremen: Bremer Beiträge zur Geographie und Raumplanung, H. 4, Univ. Bremen

Ley, Albert, 1982, La logique foncière. 2. L'expérience ivoirienne, in: E. LeBris, E. LeRoy, F. Leimdorfer (Hrsg.), S. 135 - 141

Lipton, Michael, 1977, Why poor people stay poor. A study of urban bias in world development, London: Temple Smith

-, 1984, Urban bias revisited, in: The Journal of Development Studies, vol. 20, no. 3, S. 139 - 166

Little, P.D., 1985, Social differentiation and pastoralist sedentarization in Northern Kenya, in: Africa, 3, 55, S. 256 - 261

Livingstone, Ian, 1977, Economic irrationality among pastoral peoples: myth or reality?, in: Development and Change, Nr. 8, S. 209 - 230

-, 1985, The common property problem and pastoral economic behaviour, Development Studies Discussion Paper No. 174, School of Development Studies, Univ. of East Anglia

Luckmann, Thomas, 1980a, Lebenswelt und Gesellschaft. Grundstrukturen und geschichtliche Wandlungen, Paderborn usw.: F. Schnöningh, Uni-Taschenbücher 1011

-, 1980b, Rationalität der Institutionen im modernen Leben, in: ders., 1980a, S. 190 - 206

Lühr, Volker, 1987, Armutsbekämpfung durch Hilfe zur Selbsthilfe?, in: D. Schwefel (Hrsg.), S. 111 - 144

Luhmann, Niklas, 1986, Ökologische Kommunikation. Kann die moderne Gesellschaft sich auf ökologische Gefährdungen einstellen? Opladen: Westdeutscher Verlag

Luig, Ute, 1986, Naturverständnis und Agrarproduktion. Zur Agrarkultur der Baule in der Elfenbeinküste, in: Peripherie, Nr. 22/23, S. 29 - 43

Maathai, Wangari, 1985, Kenya: The green belt movement, in: ifda dossier (international foundation for development alternatives), sept./oct., S. 3 - 12

Mäckel, Rüdiger, Dierk Walther, 1983, Die landschaftsökologische Bedeutung der Bergwälder für die Trockengebiete Nordkenyas, in: Die Erde, H. 114, S. 211 - 235

Mafeje, Archie, 1985, Peasants in sub-saharan Africa, in: Africa development, vol. X, no. 3, S. 28 - 39

Mallet, Victor, 1987, Auction sees Zambia currency at record low, in: Financial Times, 14.4., S. 3

Malvé, Philippe, 1983, L'enjeu de la stratégie alimentaire: l'Office du Niger, in: Actuel Développement, Nr. 52, S. 45 - 48

Manger, Leif, 1980, Cultivation systems and the struggle for household viability under conditions of desert encroachment, in: G. Haaland (Hrsg.), 1980, S. 133 - 166

Mansilla, Hugo C.F., 1986, Die Trugbilder der Entwicklung in der Dritten Welt, Paderborn usw.: Ferdinand Schöningh

Marchal, J.Y., 1983, Yatenga, Nord Haute Volta. La dynamique d'un espace rural soudano-sahelien, Paris: Travaux et Documents de l'ORSTOM No. 167

Marnham, Patrick, 1977, Nomads of the Sahel, London: Minority Rights Group, report no. 33

Martin, Michael, 1984, Malawi. Ein entwicklungspolitisches Musterland, Bonn: Informationsstelle Südliches Afrika

Maxwell, Simon, 1984, The role of case studies in farming systems research; Farming systems research: hitting a moving target, in: Discussion paper DP 198, 199, IDS Sussex

Mauss, Marcel, 1975, Soziologie und Anthropologie Bd. 2 Gabentausch, München: Hanser

Maydell, v., Hans-Jürgen, 1983a, Bericht über die Evaluierung des TH-Projekts PN 74.2015.1 Aufforstung bei Ouagadougou und im Norden Obervoltas, Hamburg: i.A. der Deutschen Gesellschaft für technische Zusammenarbeit, Institut für Weltforstwirtschaft der Bundesforschungsanstalt für Forst- und Holzwirtschaft

-, 1983b, Bericht über die Evaluierung des TH-Projekts PN 75.2003.4 Aufforstung von Brunnenstellen im N. Senegals, Hamburg: i.A. der Deutschen Gesellschaft für technische Zusammenarbeit, Instiut für Weltforstwirtschaft der Bundesforschungsanstalt für Forst- und Holzwirtschaft

-, et al., 1983, Agroforstliche Landnutzung im Einzugsbereich zentraler Orte im Sahel. Fallbeispiele Nord-Senegal, München usw.: Weltforum Verlag

Mayer, Hans, A.A.R. Belal, Berthold Bös, 1983, Der pastoral-nomadische Subsistenzsektor in Afrika. Ursachen und Folgen ökonomischer und sozialer Transformationsprozesse, in: afrika spectrum, 18. Jg., H. 3, S. 295 - 304

McLoughlin, Peter F.M. (Hrsg.), 1970, African food production systems. Cases and theory, Baltimore/London: The Johns Hopkins Press

McParland, Kelly, 1986, Africa takes the IMF medicine, in: New African Market, no. 227, S. 36 f.

Meillassoux, Claude, 1968, Urbanization of an African community. Voluntary associations in Bamako, Seattle/London: Univ. of Washington Press

-, 1969/70, A class analysis of the bureaucratic process in Mali, in: Journal of Development Studies, 6, 2, S. 97 - 110

-, 1976, Die wilden Früchte der Frau. Über häusliche Produktion und kapitalistische Wirtschaft, Frankfurt/M.: Syndikat

- (Hrsg.), 1971, L'évolution du commerce africain depuis le XIXe siècle en Afrique de l'Ouest, Oxford: Oxford Univ. Press

Mensching, Horst, Fouad N. Ibrahim, 1976, Das Problem der Desertification, in: Geographische Zeitschrift, 64. Jg., H. 2, S. 81 - 93

Mies, Maria, 1981/82, Hausfrauen produzieren für den Weltmarkt - Die Spitzenmacherinnen von Narsapur (Indien), in: Peripherie, Nr. 7, S. 70 - 87

Ministère de la Production, République du Mali, 1972, Etude socio-économique de la zone du Lac Horo et des mares de Niafunké et de Diré. Tome 2, 2ème partie: Projet de mise en valeur du Lac Horo, Paris: Société d'Etudes pour le Développement Economique et Social (SEDES)

Ministère des ressources naturelles et de l'élevage,.1985, Plan national de lutte contre la désertification et l'avance du désert 1985 - 2000, Bamako: Direction Nationale des eaux et forêts

Mkandawire, Thandika, 1985, "Home grown" (?) austerity measures: The case of Zimbabwe, in: Africa development, vol. X, no. 1/2, S. 236 - 263

Moussa, Bamba, 1985, Les mesures de réajustement de l'économie ivoirienne face à la crise économique mondiale: leurs résultats et leurs implications sociales, in: Africa Development, vol. X, no. 1/2, S. 150 - 160

Mtetwa, Jonathan, 1982, Man and cattle in Africa, Saarbrücken/Fort Lauderdale: breitenbach publishers

Müller, J.O., 1984, Rechtliche, soziokulturelle und ökologische Wirkungen unter dem Einfluß von Bodenrechtswandel im Zuge kapitalwirtschaftlicher Entwicklung, in: H.H. Münkner (Hrsg.), S. 35 - 83

-, 1985, Einführung: Sozioökonomische und soziokulturelle Probleme bei der Einführung von agroforstlichen Nutzungssystemen in den Tropen und Subtropen, in: Deutsche Stiftung für Internationale Entwicklung (DSE), Arbeitsgruppe Tropische und Subtropische Agrarforschung (ATSAF), S. 149 - 154

Münkner, Hans H. (Hrsg.), 1984, Entwicklungsrelevante Fragen der Agrarverfassung und des Bodenrechts in Afrika südlich der Sahara, Marburg: Institut für Kooperation in Entwicklungsländern, Studien u. Berichte Nr. 17

Munoz, Heraldo (Hrsg.), 1981, From dependency to development: strategies to overcome underdevelopment and inequality, Boulder, Colorado: Westview Press

Mustaba, Mustafa Abdel Rahman, 1980, A comparative note on the impact of market on sedentary cultivators and pastoralists in the Radoam area, Southern Darfur, in: G. Haaland (Hrsg.), S. 107 - 132

Neunhäuser, Peter, et al., 1983, Appropriate land use systems for smallholder farms. A survey of ecological and socio-economic conditions in the Machakos District (Kenya), Berlin: Seminar für Landwirtschaftliche Entwicklung (SLE), Technische Univ., Studien Nr. IV/19

Niasse, Madiodio, Pierre-Pol Vincke, 1985, Perception de l'environnement et réactions des agriculteurs et des éleveurs du Galodjina face aux modifications récentes de leurs espaces traditionnels, in: Mondes en Développement, 13, 52, Univ. de Dakar, Senegal, S. 633 - 647

Nitsch, Manfred, 1986, "Tödliche Hilfe"? Zur Modifikation der Außenwirtschafts- und Entwicklungstheorie durch die Einbeziehung des Verhaltens von Entwicklungsbürokratien, in: Entwicklungsländer und Weltmarkt, Frankfurt/New York: Ökonomie und Gesellschaft Jahrbuch 4, Campus

Njonjo, Apollo L., 1981, The Kenya peasantry: a re-assessment, in: Review of African Political Economy, Nr. 20, S. 27 - 40

Nohlen, Dieter, Franz Nuscheler, 1982, Indikatoren von Unterentwicklung und Entwicklung. Probleme der Messung und quantifizierenden Analyse, in: dies. (Hrsg.), S. 451 - 487

- (Hrsg.), 1974 (1982 überarb. u. erw.), Handbuch der Dritten Welt, Hamburg: Hoffmann & Campe

Noronha, Raymond, Francis J. Lethem, 1983, Traditional land tenures and land use systems in the design of agricultural projects, Washington D.C.: World Bank Staff Working Papers no. 561

Nuscheler, Franz, 1974, Bankrott der Modernisierungstheorien?, in: D. Nohlen, F. Nuscheler (Hrsg.), Bd. 1, S. 195 - 207

Östberg, Wilhelm, 1986, The Kondoa transformation. Coming to grips with soil erosion in Central Tanzania, Uppsala: Scandinavian Institute of African Studies, Research Report No. 76

Oesterdiekhoff, Peter, John Tait, 1979, Kapitalisierung und Proletarisierung in den Agrarsektoren des Sudan: Eine Fallstudie über Entwicklungstendenzen kleinbäuerlicher und nomadischer Produktionsverhältnisse, in: R. Hanisch, R. Tetzlaff (Hrsg.), S. 115 - 142

O'Keefe, Phil, Ben Wisner (Hrsg.), 1977, Landuse and development, London: International African Institute in assoc. with the Environment Training Programme UNEP-IDEP-SIDA, African Environment Special Report 5

Olivier de Sardan, Jean-Pierre, 1982, Despotische Ausbeutung und Klassenkämpfe im Songhay Djerma-Land (Niger), in: G. Elwert, R. Fett (Hrsg.), S. 204 - 234

-, 1984, Les sociétés Songhay-Zarma (Niger-Mali). Chefs, guerriers, esclaves, paysans, Paris: Karthala

-, 1988, Peasant logics and development project logics, in: Sociologia Ruralis, vol. XXVIII, no. 2/3, S. 216 - 226

Oni, Sam, 1986, Africa's ill wind, in: West Africa, no. 3607, S. 2213

Organisation of African Unity (OAU), 1980, The Lagos plan of action for the implementation of the Monrovia strategy for the economic development of Africa, Lagos: 28.-29.4.

Oxby, Clare, 1984, Settlement schemes for herders in the subhumid tropics of West Africa: issues of land rights and ethnicity, in: Development Policy Review, 2, 2, S. 217 - 233

-, 1985, Forest farmers: the transformation of land use and society in eastern Madagascar, in: Unasylva, 37, 148, S. 42 - 51

Parfitt, Trevor W., 1986, Africa in the debt trap: which way out?, in: The Journal of Modern African Studies, 24, 3, S. 519 - 527

Pedersen, Knut, 1987, Auch Afrika macht seinen Gläubigern Schwierigkeiten. Westafrikanische Währungsunion (UMOA) will IWF erstmals gemeinsame Bedingungen stellen, in: die tageszeitung, 24.2., S. 8

Pélissier, Paul, 1966, Les paysans du Sénégal. Les civilisations agraires du Cayor a la Casamance, St. Yrieux: Fabrègue

Ploeg, Van der, Jan Douwe, 1985, Patterns of farming logic, structuration of labour and impact of externalization. Changing dairy farming in Northern Italy, in: Sociologia Ruralis, 27. Jg., H. 1, S. 5 - 25

Post, Ken, 1977, Peasantization in Western Africa, in: C.W. Gutkind, P. Waterman (Hrsg.), S. 241 - 250

Pouillon, François, 1986, Les Peul du Ferlo sénégalais face à un projet d'intensification de l'élevage (La Sodesp) 1983 - 1984, Braga: 13. Europ. Kongress für ländliche Soziologie 1. - 4.4.1986, vf. Ms.

Priebe, Hermann, Wilhelm Hankel, 1980, Der Agrarsektor im Entwicklungsprozeß. Mit Beispielen aus Afrika, Frankfurt/New York: Campus

Prinz, Dieter, 1982, Ökologisch angepaßte Bodennutzung in den Usambara-Bergen Tansanias, Gießen: Beiträge zur Entwicklungsforschung Reihe I, Bd. 8, Tropeninstitut Gießen

-, 1983, Zwei Konzepte zur Steigerung der landwirtschaftlichen Produktivität in den humiden Tropen - die "Yurimaguas Technologie" und das "Ecofarming"-Modell. Versuch eines Vergleichs, in: Der Tropenlandwirt, Zeitschrift für die Landwirtschaft in den Tropen und Subtropen, 84. Jg., S. 186 - 199

-, Franz Rauch, 1985, Das Bamenda-Modell. Entwicklung eines Systems permanenter Landnutzung im Hochland von Kamerun, in: Entwicklung + ländlicher Raum, 19. Jg., H. 3, S. 22 - 26

Quelle voie pour l'Afrique / Which way Africa?, 1986, in: ifda dossier 54, S. 35 - 45

Raay, van, Hans G.T., Peter N. de Leeuw, 1974, Fodder Resources and grazing management in a savanna environment: an ecosystem approach, The Hague: Institute of Social Studies, Occasional Papers no. 45

Raich, Helmut, 1977, Zum Begriff der asiatischen Produktionsweise, in: ders., C. Leggewie, S. 23 - 98

-, Claus Leggewie, 1977, Asiatische Produktionsweise - Zur Theorie der Entwicklung nicht-bürgerlicher Gesellschaften, Göttingen: Verein zur Förderung gesellschaftstheoretischer Studien e.V.

Redclift, Michael, 1984, Development and the environmental crisis. Red or green alternatives?, London/New York: Methuen

Reij, Chris, 1983, L'évolution de la lutte anti-érosive en Haute-Volta depuis l'indépendance - vers une plus grande participation de la population, Amsterdam: Institute for Environmental Studies

République du Mali, 1983 bzw. 1985, Première bzw. Deuxième conférence internationale de bailleurs de fonds pour le redressement économique et le développement de la République du Mali, Bamako: vol. I: rapport principal, vol. II: annexes

Rey, Pierre-Philippe, 1973, Les alliances de classes. Sur l'articulation des modes de production suivi de matérialisme historique et luttes de classes, Paris: F. Maspero

Reyna, Stephen P. (Hrsg.), 1980, Sahelian social development, Abidjan: US AID Regional Economic Development Services Office West Africa

Richards, Paul, 1985, Indigenous agricultural revolution: ecology and food production in West Africa, London: Hutchinson

-, 1986, Bringing the green revolution to Sierra Leone, Braga: Europ. Kongreß für ländl. Soziologie 1. - 4.4.1986, vf. Ms.

-, 1987, The politics of famine - some recent literature, in: African Affairs, 86, 342, S. 111 - 116

Riddell, Robert, 1981, Ecodevelopment. Economics, ecology and development. An alternative to growth imperative models, Westmead, Farnb.: Gower

Riesman, Paul, 1977, Freedom in Fulani social life, Chicago: Univ. of Chicago Press

Rodd, Lord Rennell of, 1966 (1926), People of the veil, Oosterhout N.B.: Anthropological Publications (London: Macmillan)

Rondos, Alex, 1981, Has aid really helped the Sahel?, in: West Africa, Nr. 3320, S. 544 - 547

Rott, Renate, 1987, Frauen im Entwicklungsprozeß, in: D. Schwefel (Hrsg.), S. 53 - 81

Rottach, Peter, 1987, Ausweg aus der Sackgasse? Standortgerechter Landbau am Beispiel Madagaskars, in: der Überblick, 23. Jg., H. 2, S. 55 - 58

- (Hrsg.), 1984, Ökologischer Landbau in den Tropen. Ecofarming in Theorie und Praxis, Karlsruhe: C.F. Müller

Salzman, Philip Carl (Hrsg.), 1980, with the assistance of Edward Sadala, When nomads settle. Processes of sedentarization as adaptation and response, New York: Praeger

- (Hrsg.), 1984, Theoretical approaches in the study of nomadic and pastoral peoples, in: Nomadic Peoples, no. 16, S. 1 - 84

Santoir, Christian, 1977, Les sociétés pastorales du Sénégal face à la sécheresse 1972 - 1973. Réactions à la crise et degré de rétablissement 2 ans après. Le cas des Peul du "Galodjina", in: J. Gallais (Hrsg.), S. 17 - 59

Schade, Burkhard, 1983, Psychologische Aspekte umweltgerechter Entwicklungspolitik, in: E+Z Entwicklung und Zusammenarbeit, Nr. 10, S. 24 f.

Schiffers, Heinrich, 1976, Nach der Dürre. Die Zukunft des Sahel, München: IFO-Institut für Wirtschaftsforschung, Weltforum Verlag

Schissel, Howard, 1983a, Sahel stock-taking, in: West Africa, Nr. 3459, S. 2731 f.

-, 1983b, Drought strikes again in Mauritania, in: West Africa, Nr. 3419, S. 457 - 459

-, 1984a, Mali Economy: 3. A tale of two projects, in: West Africa, no. 3469, S. 324 f.

-, 1984b, Tough times for the lords of the desert, in: West Africa, no. 3500, S. 1886 - 1888

Schleich, Karl, 1985, Beitrag der bäuerlichen Rinderhaltung zur ländlichen Entwicklung im Norden der Elfenbeinküste, Hamburg: Studien zur integrierten ländlichen Entwicklung 5, Verlag Weltarchiv

Schmidt-Wulffen, Wulf D., 1983, Zur Verflechtung interner und externer Bedingungen bei der Sahel-Dürrekatastrophe. Eine Diskussion "traditioneller" und "radikaler" Positionen, Karlsruhe: Karlsruher Manuskripte zur mathemat. und theoret. Wirtschafts- und Sozialgeographie H. 64, Geograph. Institut, Univ. Karlsruhe

-, 1985, Dürre- und Hungerkatastrophen in Schwarzafrika - Das Fallbeispiel Mali, in: Geographische Zeitschrift, 73. Jg., H. 1, S. 46 - 59

-, 1988, Ernährungssicherung durch Marktwirtschaft? Das Beispiel Mali, in: Geographische Zeitschrift, 76. Jg., H. 1, S. 21 - 35

Schmoch, Ulrich, 1983, Arbeiter, Bauern, Staatsdiener, Saarbrücken/Fort Lauderdale: Bielefelder Studien zur Entwicklungssoziologie 21, Breitenbach

Schneider, H.K., 1981, The pastoralist development problem, in: J.G. Galaty, Ph.C. Salzman (Hrsg.), S. 27 - 49

Schöller, Wolfgang, 1981, Mosambik. Struktur und Krise einer Dienstleistungs-ökonomie im südlichen Afrika, in: afrika spectrum, 16. Jg., Nr. 3, S. 345 - 368

Schönherr, Siegfried, 1983, Armutsorientierte Entwicklungspolitik. Ansatzpunkte zur Verbindung von Wachstum und Armutsreduzierung durch Förderung kleinbäuerlicher Zielgruppen, Berlin: Duncker & Humblot

Schönmeier, Hermann, 1984, Psychological aspects of planning ecodevelopment projects: a case study of the Lushoto Integrated Development Project, Tanzania, ursprüngl. 1977, rev. in: B. Glaeser (Hrsg.), S. 91 - 106

Scholz, Fred, Jörg Janzen (Hrsg.), 1982, Nomadismus - Ein Entwicklungsproblem? Beiträge zu einem Nomadismus-Symposium in der Gesellsch. f. Erdkunde zu Berlin v. 11. - 14.2.1982, Berlin: Abhandlungen des geograph. Instituts Anthropogeographie Bd. 33, Dietrich Reimer

Schreyger, Emil, 1983, Office du Niger: Ein agro-industrielles Großunternehmen in Mali, in: Internationales Afrikaforum, 19. Jg., H. 1, S. 83 - 89

-, 1984, L'Office du Niger au Mali, 1932 à 1982. La problématique d'une grande entreprise agricole dans la Zone de Sahel, Wiesbaden: Franz Steiner

Schüttrumpf et al., 1979, Wasserbau Teloua Agadez/Niger, Gutachten i.A. der GTZ, Eschborn

Schütz, Alfred, Thomas Luckmann, 1979 bzw. 1984, Strukturen der Lebenswelt, Frankfurt/M.: suhrkamp taschenbuch wissenschaft, 2 Bde.

Schulz, Manfred, 1977, Zur Sozialstrukturanalyse afrikanischer Gesellschaften. Beitrag zu: Underdevelopment - An international comparison. Conference on Black Africa, Bielefeld

-, 1979, Arbeitskraftreservoir und Pflanzerökonomie am Beispiel der Verflechtung von Obervolta und der Elfenbeinküste, in: R. Hanisch. R. Tetzlaff (Hrsg.), S. 83 - 114

-, 1987, Côte d'Ivoire: Das Wirtschaftswunderland in Afrika will nicht mehr zahlen, in: E+Z Entwicklung und Zusammenarbeit, 28. Jg., 8/9, S. 22 f.

-, E.O. Dinter, 1981, Kleinbauernförderung durch Beratung in Kabare / Süd-Kivu Zaire. Situationsanalyse und Projektvorschlag, Berlin/Eschborn: Gutachten i.A. der Deutschen Gesellschaft für technische Zusammenarbeit (GTZ)

Schwartz, Sabine, 1986, Ökonomie des Hungers. Konsummuster und Vermarktungsverhalten nomadischer Viehhalter Nordkenias, Berlin: Dietrich Reimer

Schwefel, Detlef (Hrsg.), 1987, Soziale Wirkungen von Projekten in der Dritten Welt, Baden-Baden: Nomos

Scott, Earl P. (Hrsg.), 1984, Life before the drought, Boston: Allen & Unwin

Scott, James, 1976, The moral economy of the peasant, New Haven/London: Yale Univ. Pr.

Secrétariat d'Etat de l'Economie Rurale, Présidence du Gouvernement, Ministère du Développement Economique, o.J. (1966/67), Requête du Gouvernement de la République du Mali pour l'étude d'un plan d'aménagement intégré de la Zone Diré - Goundam, o.O. (Bamako)

Seeland, Klaus, 1985, Ökologische Problemlösungen in traditionellen Kulturen. Ableitung und Deutung autochthoner Potentiale anhand eines Fallbeispiels aus der östlichen Himalaya-Region, in: Internationales Asienforum, 16. Jg., H. 1/2, S. 5 - 23

Seibel, Hans Dieter, et al., 1987, Ländliche Entwicklung als Austauschprozeß, Saarbrücken, Fort Lauderdale: Breitenbach

Seidman Makgetla, Neva, 1986, Theoretical and practical implications of I.M.F. conditionality in Zambia, in: The Journal of Modern African Studies, 24, 3, 1986, S. 395 - 422

Seiffert, Kurt, Eva Hoffmann, 1984, Manantali. Problematische Neuordnung einer Flußregion, in: Entwicklungspolitische Korrespondenz (EPK), 1, S. 18 - 22

Sen, Amartya, 1981, Poverty and Famines. An essay on entitlement and deprivation, New York: Oxford Univ. Press

Senghaas, Dieter, 1977, Weltwirtschaftsordnung und Entwicklungspolitik, Plädoyer für Dissoziation, Frankfurt/M.: edition suhrkamp 856

- (Hrsg.), 1979, Kapitalistische Weltökonomie. Kontroversen über ihren Ursprung und ihre Entwicklungsdynamik, Frankfurt/M.: edition suhrkamp 98

Senghaas-Knobloch, Eva, 1978, "Informeller Sektor" und peripherer Kapitalismus. Zur Kritik einer entwicklungspolitischen Konzeption, in: H. Elsenhans (Hrsg.), S. 187 - 207

Sey, Fatou, 1986, The Gambia. Living with the ERP, in: West Africa, no. 3607, 20.10.86, S. 2208 - 2209

Shepherd, Gill, 1985, Social forestry in 1985: lessons learnt and topics to be addressed, in: odi Social Forestry Network Paper 1 a

-, 1986, Forest policies, forest politics, in: odi Social Forestry Network Paper 3a, S. 9 - 20

Silberfein, Marilyn, 1984, Differential development in Machakos District, Kenya, in: E.P. Scott (Hrsg.), S. 101 - 123

Simon, Wieland, 1987, Felder ohne Früchte. Ökologie am Beispiel Tansania, München: Deutscher Taschenbuch Verlag

Simonis, Georg, 1981, Autozentrierte Entwicklung und kapitalistisches Weltsystem - Zur Kritik der Theorie der abhängigen Reproduktion, in: Peripherie, Nr. 5/6, S. 32 - 48

Sonnen-Wilke, Christa, 1981, Probleme der Ansiedlung und Integration von afrikanischen Nomadenvölkern - am Beispiel der Maasai in Tanzania, Hamburg: Arbeiten aus dem Institut für Afrika-Kunde, 31

Spittler, Gerd, 1978, Herrschaft über Bauern. Die Ausbreitung staatlicher Herrschaft und einer islamisch-urbanen Kultur in Gobir (Niger), Frankfurt/New York: Campus

-, 1982, Kleidung statt Essen - Der Übergang von der Subsistenz- zur Marktproduktion bei den Hausa (Niger), in: G. Elwert, R. Fett (Hrsg.), S. 93 - 105

-, 1984, Karawanenhandel und Kamelrazzia bei den Kel Ewey. Zur Kontrolle des Salz- und Hirsehandels zwischen Air, Bilma und Kano (1850 - 1900), in: Paideuma, 30, S. 139 - 160

-, 1987, Nomaden, Dürren und Entwicklungshilfe, in: F. Bliss (Hrsg.), S. 109 - 128

Spooner, Brian, H.S. Mann (Hrsg.), 1982, Desertification and Development, London usw.: Academic Press

Steinbauer, Friedrich, 1971, Melanesische Cargo-Kulte, München: Delp'sche Verlagsbuchhandlung

Steppacher, Rolf, 1982, Was bewirken Entwicklungsprojekte im ländlichen Raum auf die soziale und natürliche Umwelt?, in: Entwicklung und ländlicher Raum, 5, S. 3 - 7

Streeten, Paul, 1983, Food prices as a reflection of political power, in: Ceres, no. 2, S. 16 - 22

Sullivan, Gregory M., Donald E. Farris, James R. Simpson, 1985, Production effects of improved management practices in East African cattle grazing systems, in: Quarterly Journal of International Agriculture (Z f Ausländische Landwirtschaft), 24. Jg., H. 1, S. 22 - 37

Sunkel, Osvaldo, 1981, Development styles and the environment: an interpretation of the Latin American case, in: H. Munoz (Hrsg.), S. 93 - 114

-, José Leal, 1986, Economics and environment in a developmental perspective, in: International Social Science Journal, Nr. 109, S. 411 - 428

Suret-Canale, Jean, 1980, Sécheresse et famine dans le Sahel ... et ailleurs, in: Culture et Développement, 12, 1, S. 136 - 141

Swift, Jeremy, 1977, Sahelian pastoralists: underdevelopment, desertification, and famine, in: Ann. Rev. Anthropol., 6, S. 457 - 478

-, 1979, The development of livestock trading in nomad pastoral economy: the Somali case, in: Equipe écologie ..., S. 447 - 466

-, 1981, The economics of traditional nomadic pastoralism: the Twareg of the Adrar N Iforas (Mali), Ann Arbor: Univ. Microfilms International (zuerst Sussex 1980)

-, Angelo Maliki, 1984, A cooperative development experiment among nomadic herders in Niger, in: odi Overseas Development Institute, Pastoral Development Network, Sept.

Tacher, Georges, 1983, Drought and strategy of animal production development in Sahelian countries, in: Quarterly Journal of International Agriculture (Z f Ausländische Landwirtschaft), 22. Jg., H. 1, S. 57 - 68

Taghi Farvar, M., John P. Milton (Hrsg.), 1973, The careless technology. Ecology and international development, London: Tom Stacey

Taylor, J.G., 1979, From modernization to modes of production: a critique of the sociologies of development and underdevelopment, London: Macmillan

Technische Universität Berlin, 1980, Ökologische Landwirtschaft - Ein neues Konzept für Entwicklungsländer? Öffentliche Vortragsveranstaltung des Fachbereichs am 24.1.1979 anläßl. der internat. Grünen Woche, Berlin: Fachbereich Internationale Agrarentwicklung der TU

Teherani-Krönner, Parto, 1988, Humanökologisch orientierte Entwicklungsprojekte, in: B. Glaeser (Hrsg.), S. 191 - 205

-, Michel-Kim, Weiler, 1982, Sozio-kulturelle Faktoren des Entwicklungsprozesses und deren Berücksichtigung im Rahmen der Entwicklungspolitik. Interne Entwicklungsansätze und Self-Reliance, Berlin: vf. Ms.

Tetzlaff, Rainer, 1986, Anhörung zum Thema "Einfluß der von der Weltbank und dem Internationalen Währungsfonds geforderten Anpassungsprogramme auf die entwicklungspolitische Zusammenarbeit", in: Deutscher Bundestag, 1986a, S. 122 - 133

Thomson, James T., 1982, Le processus juridique, les droits fonciers et l'aménagement de l'environnement dans un canton hausaphone du Niger, in: E. LeBris, E. LeRoy, F. Leimdorfer (Hrsg.), S. 170 - 177

Thurmes, Fernand, 1986, After the Dublin emergency plan...: A rehabilitation and revival plan for the countries hit by drought, in: The Courier, no. 95, S. 8 - 9

Tiffen, Mary, 1985, Land tenure issues in irrigation planning design & management in sub-saharan Africa, London: Overseas Development Institute, Working Paper no. 16

Timberlake, Lloyd, 1985, Africa in crisis. The causes, the cures of environmental bankruptcy, London & Washington: International Institute for Environment and Development, Earthscan

Toulmin, Camilla, 1983, Economic behaviour among livestock-keeping peoples: a review of the literature on the economics of pastoral production in the semi-arid zones of Africa, Norwich: University of East Anglia, Development Studies Occasional Paper no. 25

Tschiersch, Joachim E., 1983, Sozialökonomische Aspekte standortgerechter Landwirtschaft, in: Forschungsstelle für internationale Agrarentwicklung, Solidarität mit der Dritten Welt, Heidelberg

-, Kurt Egger, Jürgen Steiger, Alfred Pfuhl, 1984, Ökologische Problembereiche und mögliche Handlungsansätze in Entwicklungsländern. Folgerungen für eine umweltbezogene Entwicklungspolitik, München usw.: Forschungsberichte des BMZ Bd. 61, Weltforum Verlag

United Nations Development Programme (UNDP), Food and Agriculture Organization of the United Nations (FAO), 1984, National agricultural research. Report of an evaluation study in selected countries, New York/Rom

Unep, UN Environment Programme, 1980, Implementation of the plan of action to combat desertification. Report of the Executive Director, Nairobi

Unesco/UNEP/FAO, 1979, Tropical grazing land ecosystems. A state-of-knowledge report, Paris

Vohrer, Manfred, 1982, Ökologisch orientierte Entwicklungspolitik, in: Entwicklung und ländlicher Raum, 5, S. 8 - 9

Wagner, Horst-Günter, 1984, Wirtschaftsräumliche Folgen von Straßenbaugroßprojekten in westafrikanischen Ländern. Kamerun - Obervolta - Mali - Sierra Leone, in: Würzburger Geograph. Arbeiten, H. 62, Institut für Geographie der Universität

Waters-Bayer, Ann, Wolfgang Bayer, 1984, The Fulani of Abet: research for development of agropastoralism in the West African Savannah, in: entwicklung + ländlicher raum, 5, S. 16 - 20

Watts, Michael J., 1984, The demise of the moral economy: food and famine in a Sudano-Sahelian region in historical perspective, in: E. Scott (Hrsg.), S. 124 - 148

Weicker, Martin, 1982, Die Beziehungen zwischen Nomaden und Bauern im senegalesischen Sahel. Eine konflikttheoretische Analyse, Bayreuth: Bayreuther Geowissenschaftl. Arbeiten, Bd. 4, Druckhaus Bayreuth Verlagsgesellschaft

Weimer, Bernhard, 1984, Reiche Bauern - zerstörte Umwelt. Zum Zusammenhang von Ökonomie, Ökologie und Entwicklungspolitik, dargestellt am Beisp. der Rindfleischerzeugung in der BRD und der Republik Botswana, in: afrika spectrum, H. 3, S. 253 - 67

Weiß, Roland, 1986, Wir haben mehr Geld - aber es geht uns schlechter. Über die Folgen der Entwicklungshilfe am Beispiel Burkina Faso, Saarbrücken: Bielefelder Studien zur Entwicklungssoziologie, Bd. 32, breitenbach

Weissleder, Wolfgang (Hrsg.), 1978, The nomadic alternative, modes and models of interaction in the African-asian deserts and steppes, The Hague/ Paris: Mouton

Werlhof, v., Claudia, 1983, Zum Natur- und Gesellschaftsbegriff im Kapitalismus, in: dies., V. Bennholdt-Thomsen, M. Mies, S. 140 - 163

-, Maria Mies, Veronika Bennholdt-Thomsen, 1983, Frauen, die letzte Kolonie, Reinbek bei Hamburg: Rowohlt, Technologie und Politik 20

Whiteman, Kaye, 1987, The meaning of PAMSCAD, in: West Africa, Nr. 3668, S. 2338

Wichterich, Christa, 1984, Opfer im patriarchalischen Netz. Feminisierung des Elends trotz Frauendekade, in: epd-Entwicklungspolitik, 21, S. 13 - 17

-, 1987, Paradigmenwechsel: Von der "Integration in die Entwicklung" zur "Feminisierung der Entwicklung", in: Peripherie, Nr. 25/26, S. 122 - 142

Williams, Gavin, 1976, Taking the part of peasants: rural development in Nigeria and Tanzania, in: P.C.W. Gutkind, I. Wallerstein (Hrsg.), S. 131 - 154

Winckler, Günter, 1982, Desertifikation in den Sahelländern. Bericht zur aktuellen Situation und zu den Aussichten der Desertifikationsbekämpfung in den Sahelländern, Eschborn/Ouagadougou: Deutsche Gesellschaft für technische Zusammenarbeit (GTZ)

-, 1984, Desertifikationsbekämpfung in Burkina Faso. Konflikte zwischen kleinbäuerlichen Maßnahmen und staatlichen Programmen, in: entwicklung + ländlicher Raum, 18. Jg., H. 6, S. 15 - 18

WIP, Wirtschaft und Infrastruktur GmbH & Co. Planungs-KG, 1980, Integrierte viehwirtschaftliche und pflanzliche Entwicklung in der Zone Lacustre. Feasibilitystudie i.A. der Deutschen Gesellschaft für technische Zusammenarbeit (GTZ), München: 2 Bde.

Wisner, Ben, 1982, Migration, Dürre und Hungersnot in Ost- und Süd-Ost-Afrika, in: G. Elwert, R. Fett (Hrsg.), S. 106 - 140

Wittfogel, Karl A., 1964, Oriental despotism. A comparative study of total power, New Haven/London: Yale Univ. Press

Wood, Geof, 1985, The politics of development policy labelling, in: ders. (Hrsg.), S. 347 - 373

- (Hrsg.), 1985, Labelling in development policy, in: Development and Change, vol. 16, no. 3

World Bank, The, 1979a, The economy of Benin, Washington: Document of the WB, Western Africa Regional Office, Report no. 2079-BEN

-, 1979b, (Gloria L. Scott) Recognizing the "invisible" woman in development: The World Bank's experience, Washington

-, 1981a, First things first, meeting basic needs in developing countries, Washington D.C.

-, 1981b, Accelerated development in Sub-Saharan Africa. An agenda for action, Washington D.C.

-, 1983, Sub-saharan Africa: progress report on development prospects and programs, Washington D.C.

-, 1986, Financing adjustment with growth in sub-saharan Africa, 1986-90, Washington D.C.

-, 1987, Toward sustained development: a joint program of action for sub-saharan Africa, Washington D.C.

(siehe auch Banque mondiale sowie International Bank for Reconstruction and Development)

Worsley, Peter, 1973, Die Trompete wird erschallen, Frankfurt/M.: Suhrkamp

Zdunnek, Gabriele, 1988, Strukturanpassung - ein Ausweg aus der Krise? Auswirkungen der Strukturanpassungspolitik auf die Situation von Frauen in nigerianischen Städten, in: beiträge zur feministischen theorie und praxis, 10. Jg., H. 23, S. 65 - 76

Zehender, Wolfgang, 1982, Entwicklungsprobleme und -planung in Botswana, in: Deutsches Institut für Entwicklungspolitik, S. 23 - 37

SPEKTRUM
Berliner Reihe zu Gesellschaft, Wirtschaft und
Politik in Entwicklungsländern · ISSN 0176-277 X

Herausgegeben von
Prof. Dr. Volker Lühr und Prof. Dr. Manfred Schulz
Freie Universität Berlin · Institut für Soziologie
Babelsberger Straße 14-16 · 1000 Berlin 31

---

1 Uta Borges et al., Proalcool: Analyse und Evaluierung des brasilianischen Biotreibstoffprogramms. 1984. V, 226 S. ISBN 3-88156-265-6.

2 Helmut Asche (Hrsg.), Dritte Welt für Journalisten: Zwischenbilanz eines Weiterbildungsangebotes. 1984. 231 S. ISBN 3-88156-266-4.

3 Detlev Ullrich, Barriopolitik in Caracas (Venezuela): eine sozialempirische Untersuchung am Beispiel der Erwachsenenbildung und der Stadtteilarbeit. 1984. XI, 388 S. Zahlr. Fotos, Schaub., Tab. ISBN 3-88156-280-X.

4 Thomas Hurtienne: Theoriegeschichtliche Grundlagen des sozialökonomischen Entwicklungsdenkens. 1984. Bd.I: Rationalität und sozialökonomische Entwicklung in der frühbürgerlichen Epoche. XVI, 264 S. Bd. II: Paradigmen sozialökonomischer Entwicklung im 19. und 20. Jahrhundert. V, 422 S. ISBN 3-88156-285-0.

5 Volker Lühr (Hrsg.): Die Dritte Welt vor der Tür? Zwischen christlichem Wohlfahrtskonzern und türkischem Frauenladen: Berichte über Projekte der »Selbsthilfe« in Berlin. 1984. 216 S. ISBN 3-88156-292-3.

6 Wolfram Kühn: Agrarreform und Agrarkooperativen in Nicaragua. 1985. IV, 131 S. ISBN 3-88156-299-0.

7 Hassan Omari Kaya: Problems of Regional Development in Tanzania. 1985. VII, 243 S. ISBN 3-88156-302-4.

8 Manfred Wetter: Der Mythos der Selbsthilfe. Illegale Siedlungen und informeller Sektor in Nairobi. 1985. XV, 337 S. 15 Kln. 61 Fotos. ISBN 3-88156-312-1.

9 Wolfgang J. Herbinger: Von Japan lernen? Die Relevanz seiner Erfahrungen für die Entwicklungsländer heute. 1985. IV, 218 S. ISBN 3-88156-317-2.

10 Ludgera Klemp: Von der »Gran Aldea« zur Metropole. Zur Entwicklung von Buenos Aires unter besonderer Berücksichtigung des Stadt-Land-Gegensatzes. 1985. 168 S. ISBN 3-88156-320-2.

11 Maren Jacobsen: Ein mexikanischer Erdölstaat: Tabasco. 1986. 175 S. ISBN 3-88156-332-6.

12 Claudia Maennling: Interne Formen und Folgen außeninduzierter Entwicklung: Goldboom und Goldbaisse in Madre de Dios/Peru. 1986. 637 S. 8 Fotoseiten. ISBN 3-88156-350-4.

13 Lühr/Schulz (Hrsg.) Zur Öffentlichkeitsarbeit entwicklungspolitischer Organisationen in Berlin. 1987. 129 S. ISBN 3-88156-355-5.

14 Reinhard Doleschal: Automobilproduktion und Industriearbeiter in Brasilien. Eine Untersuchung über Volkswagen do Brasil und die internationale Arbeitsteilung. 1987. XII, 320 S. ISBN 3-88156-363-6.

Verlag **breitenbach** Publishers
Memeler Straße 50, D-6600 Saarbrücken, Germany
P.O.B. 16243 Fort Lauderdale, Fla. 33318, USA

SPEKTRUM

Berliner Reihe zu Gesellschaft, Wirtschaft und
Politik in Entwicklungsländern · ISSN 0176-277 X

Herausgegeben von
Prof. Dr. Volker Lühr, Prof. Dr. Manfred Schulz und
Prof. Dr. Georg Elwert

---

15 Evelin Lubig: Wie die Welt in das Dorf und das Dorf in die Welt kam. Transformation ökonomischer und sozialer Strukturen in einem türkischen Dorf. 1988. V, 184 S. ISBN 3-88156-420-9.

16 Volkmar Blum: Zur Organisation kleinbäuerlichen Wirtschaftens. Entwicklungstendenzen, Erklärungsansätze und Fallstudien aus den östlichen Anden Südperus. 1989. VI, 425 S. ISBN 3-88156-439-X.

17 Harald K. Müller: Changing Generations: Dynamics of Generation and Age-Sets in Southeastern Sudan (Toposa) and Northwestern Kenya (Turkana). 1989. IX, 204 S. ISBN 3-88156-440-3.

18 Marc Meinardus: Kleine und kleinste Betriebe auf den Philippinen. Eine Fallstudie zur Diskussion um die Rolle des Kleingewerbes im Entwicklungsprozeß. 1989. 386 S. ISBN 3-88156-445-4.

19 Karin Luke: Die Entwicklung der Tierhaltung in Deutschland bis zum Beginn der Neuzeit. Modell und historische Realität. 1989. IV, 179 S. ISBN 3-88156-446-2.

20 Christine Wyatt: Regionale Integration und Entwicklung: Möglichkeiten und Grenzen des Andenpakts. 1989. III, 103 S. ISBN 3-88156-449-7.

21 Peter Waldmann; Georg Elwert (Hg.): Ethnizität im Wandel. 1989. 338 S. ISBN 3-88156-451-9.

22 Francisco de Assis Costa: Amazonien – Bauern, Märkte und Kapitalakkumulation. Entstehung und Entwicklung der Strukturen kleinbäuerlicher Produktionen im brasilianischen Amazonasgebiet. 1989. XVIII, 450 S. ISBN 3-88156-455-1.

23 Petra Schierholz: Bauern im Transformationsprozeß. Ver- und Entbäuerlichung als Entwicklungsdynamik in Botswana. 1989. VI, 257 S. ISBN 3-88156-460-8.

24 Gudrun Lachenmann: Ökologische Krise und sozialer Wandel in afrikanischen Ländern. Handlungsrationalität der Bevölkerung und Anpassungsstrategien in der Entwicklungspolitik. Mit einer empirischen Studie über Mali. 1990. VI, 527 S. ISBN 3-88156-463-2.

Verlag **breitenbach** Publishers
Memeler Straße 50, D-6600 Saarbrücken, Germany
P.O.B. 16243 Fort Lauderdale, Fla. 33318-6243, USA